林晨曄
2000 6 6 端午．於大方書局

天星居士／著

陽宅公寓、店鋪、街路圖

實際斷法

進源書局

目錄

目錄

自序

堪理之名言：山管人丁，水管禍福，說明：山司後代出人丁貴賤之事，水影響現世之人禍福之事，由此可見水法在堪理學為重要之首。本書以九星水法，「亦稱：生龍口」「也稱：些子救貧水法」，另制有都市街路圖，說明陽宅量水之法，室內平面佈置圖，說明陽宅室內設計，擺設方位吉凶，如何應用河圖先天數理，洛書後天數理，說明九星水法，收五吉星，走四凶星；九煞水、桃花水、滅竜水、四金殺等等，加以圖解說明，讓初學者能一目了然，無師自通。

一九九六年十二月二十三日　天星居士筆

一 先天八卦圖與數理

陽宅水法由來取之先天八卦與後天八卦數理。

註：先天八卦數理配合後天八卦數理，爲陽宅水法滅龍論。

先天八卦圖

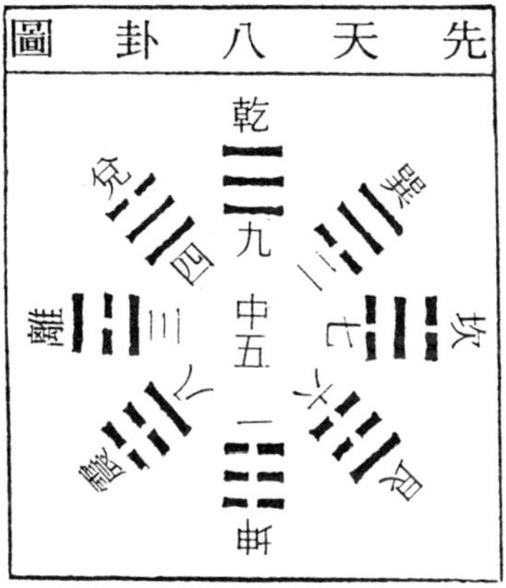

八卦先天數

乾	震	坎	艮	兌	離	巽	坤	卦名
9	8	7	6	4	3	2	1	先天數

二 後天八卦圖與數理

陽宅水法九星吉凶論，取之後天八卦數理。

註：十四山坐山後天數理與來水後天數理相加，餘數爲一貪狼、二巨門、三祿存、四文曲、五、十廉貞、六武曲、七破軍、八左輔、九右弼。

後天八卦圖

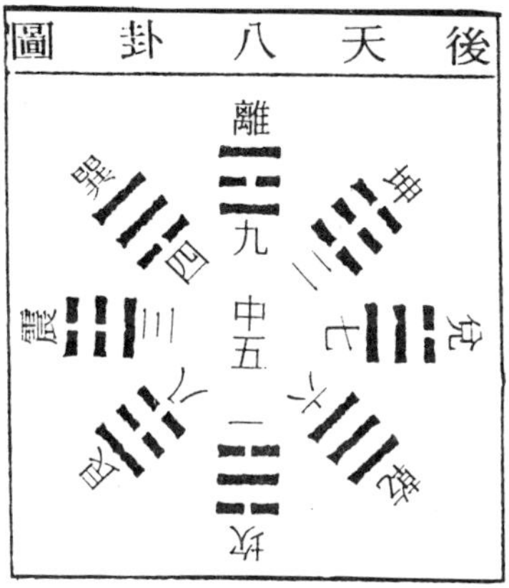

八卦後天數

卦名	坎	坤	震	巽	乾	兌	艮	離
先天數	1	2	3	4	6	7	8	9

三　二十四山納卦與數理

納卦之理由來，取六卦應月候（亦稱太陰納卦）。

乾卦納甲：值望者，三陽盛滿，又望時，以初昏候之月，見甲方也；坤卦納乙：值晦者，三陰盛滿，又晦時，以平明候之月，見乙方也；震卦納庚：值生明者，一陽始生，又生明之時，以初昏候之月，見庚方也；巽卦納辛：值生魄者，一陰始生，又生魄之時，以平明候之月，見辛方也；兌卦納丁：值上弦者，二陽浸盛，又上弦之時，以初昏候之月，見丁方也；艮卦納丙：值下弦者，二陰浸盛，又下弦之時，以平明候之月，見丙方也；而坎卦納戊，離卦納己，爲日月之本體居中不用，故坎離不納戊己，又二十四山無戊己之山，因此離納乾之壬，坎納坤之癸，其理按啓蒙附論曰：火之體陰也，其用則陽，而天用之（先天之用），故乾中畫與坤交，而變爲離水之體陽也，其用則陰，而地用之（後天之用），故坤中畫與乾交而變爲坎，然則坎離納戊己者，固先天之傳，而離納壬，坎納癸，則後天之用也。

納甲圓圖

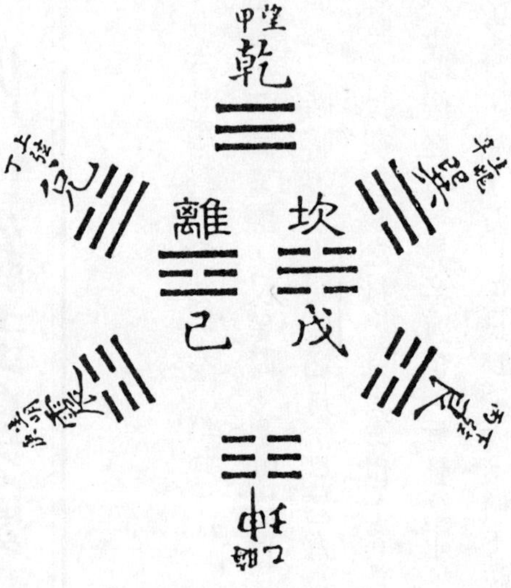

其四正卦（坎、震、離、兌）兼納八支，取與本卦支爲三合局。

例如：坎卦納癸、申、子、辰，震卦納庚、亥、卯、未，離卦納壬、寅、午、戌，兌卦納丁、巳、酉、丑。

八卦納甲三合

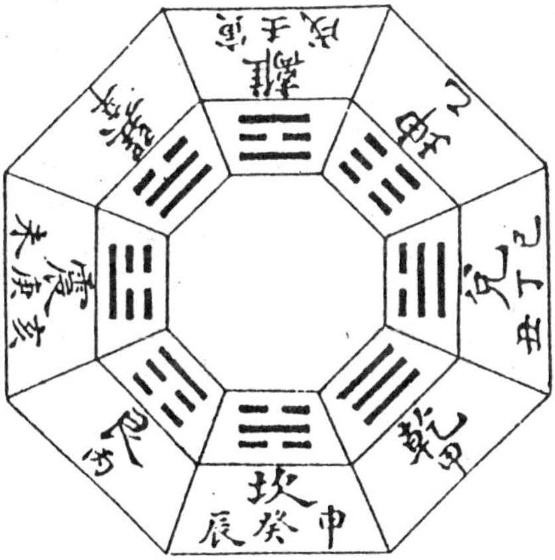

納卦與後天數

卦名	太陰納卦	後天數
坎	癸申子辰	1
坤	乙	2
震	庚亥卯未	3
巽	辛	4
乾	甲	6
兌	丁巳酉丑	7
艮	丙	8
離	壬寅午戌	9

兌 金釘刺有仇
坎 水貴生子成
乾甲来睡椅 坤乙
離 火人影斜虛
震 木根害毛胃
巽辛去啃餅 艮丙
我的口訣

乾納甲 坤納乙 巽納辛 艮納丙

子→丑→寅→卯
辰→巳→午→未
申→酉→戌→亥

坎 子丑寅卯辰巳午未申酉戌亥

二十四山數理值位

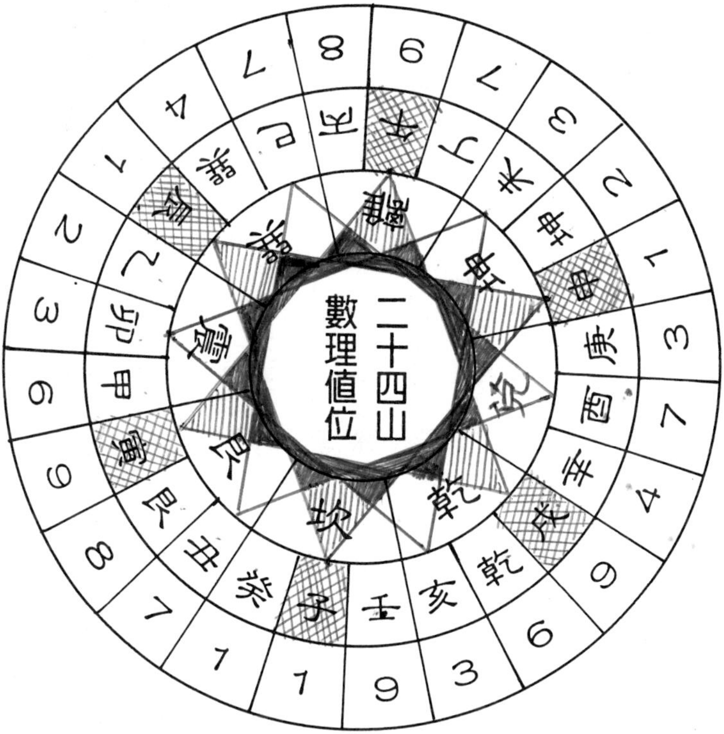

註：陽宅水法九星吉凶論，以坐山後天之數相加收水後天之數，相加之數超過十整數，其餘數一貪狼、二巨門、三祿存、四文曲、五、十廉貞、六武曲、七破軍、八左輔、九右弼。坐山與收水之數，不超過十數，同上一貪狼、二巨門……。

四 水法滅龍數理組合

水法滅龍之理由來，以坐山先天數遇走水後天數相同，及坐山後天數遇走水先天數相同是也，來水限收單條水爲論，收兩條水以上者，不合滅龍之論。

例：坐乾山先天數九，水走寅後天數九，謂之滅龍水。坐子山後天數1，水走坤先天數1，謂之滅龍水。坐巳山先天數4，來水辛後天數4，謂之滅龍水。坐亥山後天數3，來水寅先天數3，謂之滅龍水。滅龍者：故爲無男丁接代，多生女子，因而招子傳宗，來水與走水主長壽，來水應以單條論，兩條水以上者，不合滅龍之論，陰陽兩宅逢者一概論。

滅龍水說明圖

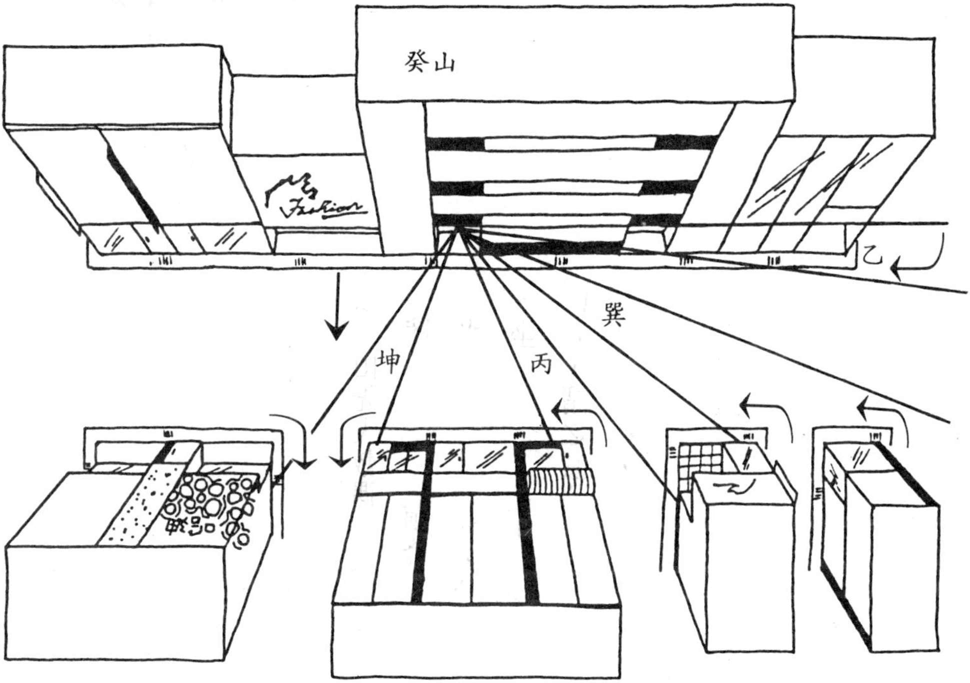

註：坐癸山後天數1，收乙水先天數1，爲滅龍水，但是另有巽、丙共三條水，不合滅龍水之論。

水走坤先天數1，爲水走滅龍水，主多生女子，招子傳宗。

滅龍水速查表

卦名	太陰納卦	先天數	卦名	太陰納卦	後天數
坎	癸申子辰	7	兌	丁巳酉丑	7
坤	乙	1	坎	癸申子辰	1
震	庚亥卯未	8	艮	丙	8
巽	辛	2	坤	乙	2
乾	甲	9	離	壬寅午戌	9
兌	丁巳酉丑	4	巽	辛	4
艮	丙	6	乾	甲	6
離	壬寅午戌	3	震	庚亥卯未	3

五

八煞水由來

八煞水者：取之渾天甲子官鬼爻也。訣云：坎龍「辰」坤兔「卯」震山猴「申」，巽雞「酉」乾馬「午」兌蛇「巳」頭」，艮虎「寅」離豬「亥」爲八煞，宅墓逢之一旦休。歌訣只包括八煞，其實依渾天甲子起官鬼爻爲煞，實有九煞，除坎卦外，其餘七卦只得一爻是官鬼，而坎卦則有戊戌、戊辰兩爻皆爲官鬼，故坎狗「戌」應八煞論，一般未加注意，只特口誦八煞歌，應改口爲九煞。以下八卦官鬼例：坎卦戊戌、戊辰爲官鬼；乾卦壬午爲官鬼；艮卦丙寅爲官鬼；震卦庚申爲官鬼；巽卦辛酉爲官鬼；離卦己亥爲官鬼；坤卦乙卯爲官鬼；兌卦丁巳爲官鬼。九煞水凶禍輕重有別，煞者：不外五行生剋之論，五行配卦云：生我者爲父母，我生者爲子孫，我剋者爲妻財，剋我者爲官鬼，比劫者爲兄弟，九煞凶禍輕重，生剋應配合用。

九煞水通解：坎龍「辰」者，坎納癸申子辰，龍「辰」者，屬坎卦，坎納癸申子辰

坎爲水
第一卦

六親	爻	納甲	世應
兄弟	▬ ▬	戊子	世
官鬼	▬▬▬	[戊戌]	
父母	▬ ▬	戊申	
妻財	▬ ▬	戊午	應
官鬼	▬▬▬	[戊辰]	
子孫	▬ ▬	戊寅	身

，坐山與來去水，本身卦坐山與來去水不可相見，見者爲九煞水。例：坐癸山收申水，坐子山走辰水，子水與辰土相剋，禍爲重。坎狗「戌」者，坎納癸申子辰，狗「戌」者，屬離卦，離納壬寅午戌，坎離兩卦，坐山與來去水，不可相見，見者爲九煞。例：坐辰山收壬水，辰土與壬水相剋，禍爲重。坐午山收癸水，午火與癸水相剋，禍爲重。坤兔者，坤兔「卯」者，坤納乙，兔卯者，屬震卦，震納庚亥卯未，坤震兩卦，坐山與來去水，不可相見，見者爲九煞。例：坐乙山收庚水，乙木與庚金相剋，禍爲重。坐卯山收坤水，卯木與坤土相剋，禍爲重。震山猴「申」者，震納庚亥卯未，猴「申」者，屬坎卦，坎納癸申子辰，震坎兩卦，坐山與來去水，不可相見，見者爲九煞。例：坐未山收辰水，坐申山走亥水，申金與亥水相生，禍

爲輕。巽雞「酉」者，巽納辛，雞「酉」者，屬兌卦，兌納丁巳酉丑，巽兌兩卦，坐山與來去水，不可相見，見者爲九煞。例：坐巽山來丑水，巽木與丑土相剋，爲禍重。坐丁山走辛水，丁火與辛金相剋，禍爲重。乾馬「午」者，乾納甲，馬「午」者，屬離卦，離納壬寅午戌，乾離兩卦，坐山與來去水，不可相見，見者爲九煞。例：坐甲山收壬水，甲木與壬水相生，禍爲輕。坐戌山收甲水，戌土與甲木相剋，禍爲重。兌蛇「巳」者，兌納丁巳酉丑，蛇「巳」者，屬兌卦，兌納丁巳酉丑，坐山與來去水，本身卦坐山與來去水不可相見，見者爲九煞。例：坐酉山收丑水，酉金與丑土相生，禍爲輕。坐丁山收丑水，丁火與丑土相生，禍爲輕。艮虎「寅」者，艮納丙，虎「寅」者，屬離卦，離納壬寅午戌，艮離兩卦，坐山與來去水，不可相見，見者爲九煞。例：坐艮山收戌水，艮土與戌土爲比肩，禍爲輕。坐寅山收丙水，寅木與丙火相生，禍爲輕。離豬「亥」者，離納壬寅午戌，豬「亥」者，屬震卦，震納庚亥卯未，離震兩卦，坐山與來去水，不可相見，見者爲九煞。例：坐壬山走亥水，壬水與亥水爲比肩，禍爲輕。坐午山走卯水，午火與卯木相生，禍爲輕。

九煞水速查表

卦名	太陰納卦	卦名	太陰納卦	九煞水
坎	癸申子辰	坎	癸申子辰	坎龍「辰」
坎	癸申子辰	離	壬寅午戌	坎狗「戌」
坤	乙	震	庚亥卯未	坤兔「卯」
震	庚亥卯未	坎	癸申子辰	震山猴「申」
巽	辛	兌	丁巳酉丑	巽雞「酉」
乾	甲	離	壬寅午戌	乾馬「午」
兌	丁巳酉丑	兌	丁巳酉丑	兌蛇頭「巳」
艮	丙	離	壬寅午戌	艮虎「寅」
離	壬寅午戌	震	庚亥卯未	離豬「亥」

九煞水說明圖

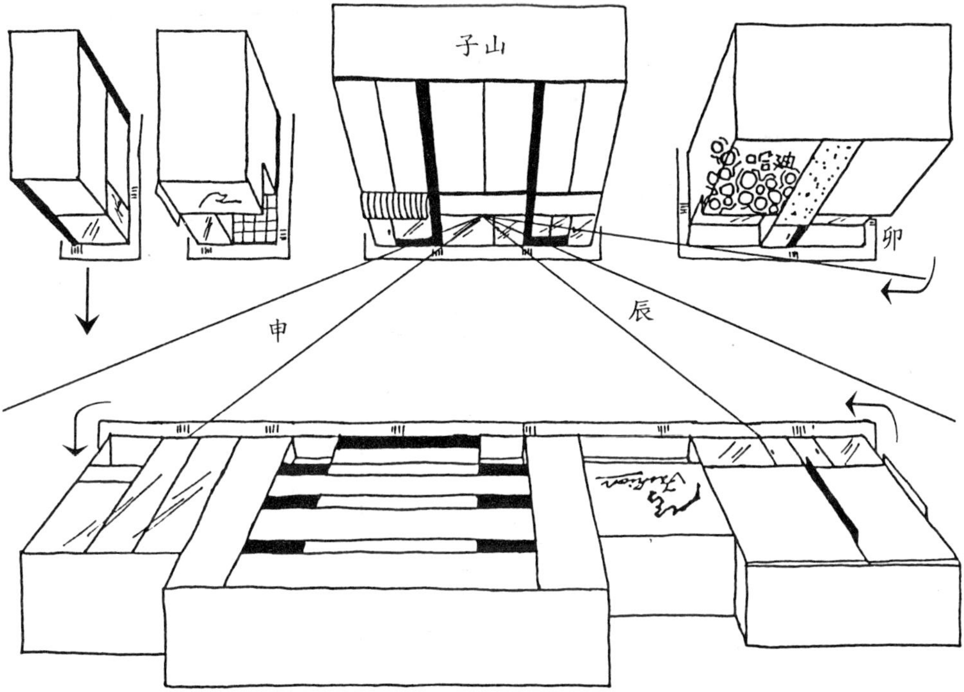

註：坐子山，收卯辰兩條水，水走申。收卯辰水，爲震山猴「申」九煞，是水本身九煞水，水走申爲震山猴「申」，是水走九煞水。

另註：坎震兌離四納卦山，其內有一卦純清城門吉水，不以九煞水同論，容後詳解。

九煞水，分爲水本身九煞，是收兩條水，水本身是九煞，收三條水以上，不論爲九煞水，及收單條水與坐山，爲九煞水，或走水與坐山，爲九煞水。

九煞水凶應：主出流氓、忤逆、官非、凶死、自縊、夫妻不和等。

六　一卦純清城門吉水

一卦純清係從納卦歸元位，因此坎兌兩卦本身卦相見爲九煞水，自然不受九煞水侵害。一卦純清非每卦都有，只坎、震、兌、離等四卦山納有地支，取地支三合爲一卦純清，若取天干爲一卦純清，不合納卦歸元之義。例：坎卦納癸申子辰，以坐申山收子水走辰水，爲一卦純清城門吉水，坐癸山收申水走辰水，不合納卦歸元之義；震卦納庚亥卯未，以坐亥山收未水走卯水，爲一卦純清城門吉水，坐卯山收亥水走庚水，不合納卦歸元之義；兌卦納丁巳酉丑，以坐巳山收酉水走丑水，爲一卦純清城門吉水，坐丑山收酉水走丁水，不合納卦歸元之義；離卦納壬寅午戌，以坐戌山收午水走寅水，爲一卦純清城門吉水，坐午山收寅水走壬水，不合納卦歸元之義。一卦純清如同三合，不可收兩條水以上，否則不論一卦純清城門吉水。

七 四金殺水

金殺者，為四墓之地，辰、戌、丑、未，坐辰戌丑未山，不可收辰戌丑未水及走水，收辰戌丑未水及走水，為四金殺禍重重，故為最忌。凶應：凶死、車禍、開刀、牢獄、官司、流氓、忤逆、凶暴等。例：坐辰山收丑水，坐戌山收未水，坐丑山走戌水，坐未山走戌水，均為四金殺，來水二條以上不可論為四金殺。

四金殺水說明圖

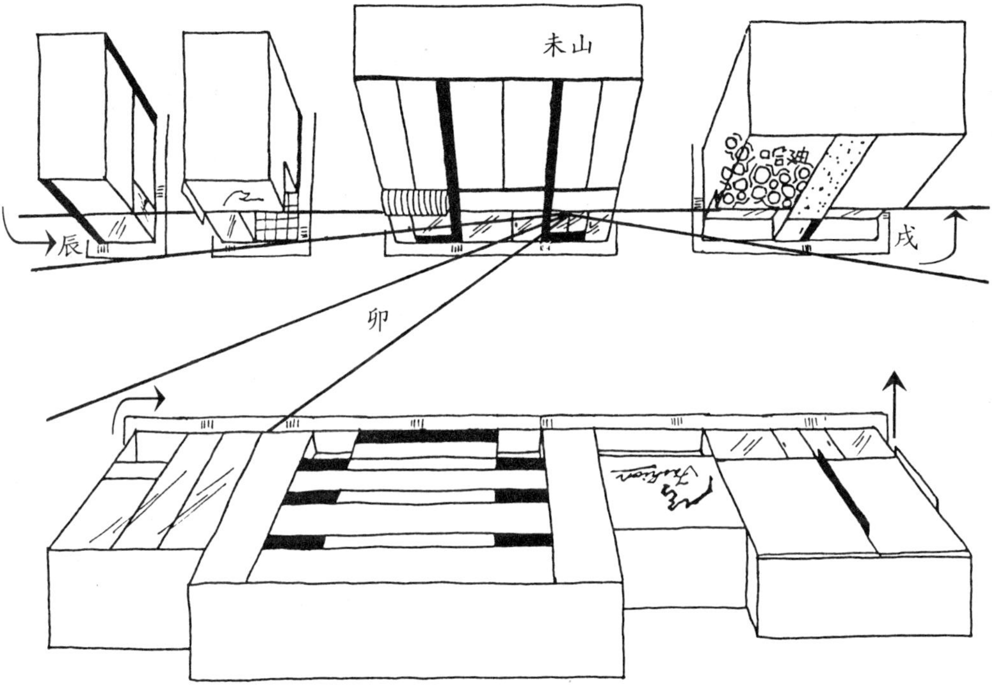

註：坐未山收辰卯兩條水，不可論爲四金殺，以收單水爲論四金殺。水走戌爲四金殺禍重重。

八　陽宅二十四山分房位

訣云：子午卯酉、乾坤艮巽長房當。寅申巳亥、甲庚壬丙屬二房。辰戌丑未、乙辛丁癸三房是。註：二十四山分房位，應用在斷何房吉凶，及斷何年吉凶。

二十四山分房說明圖

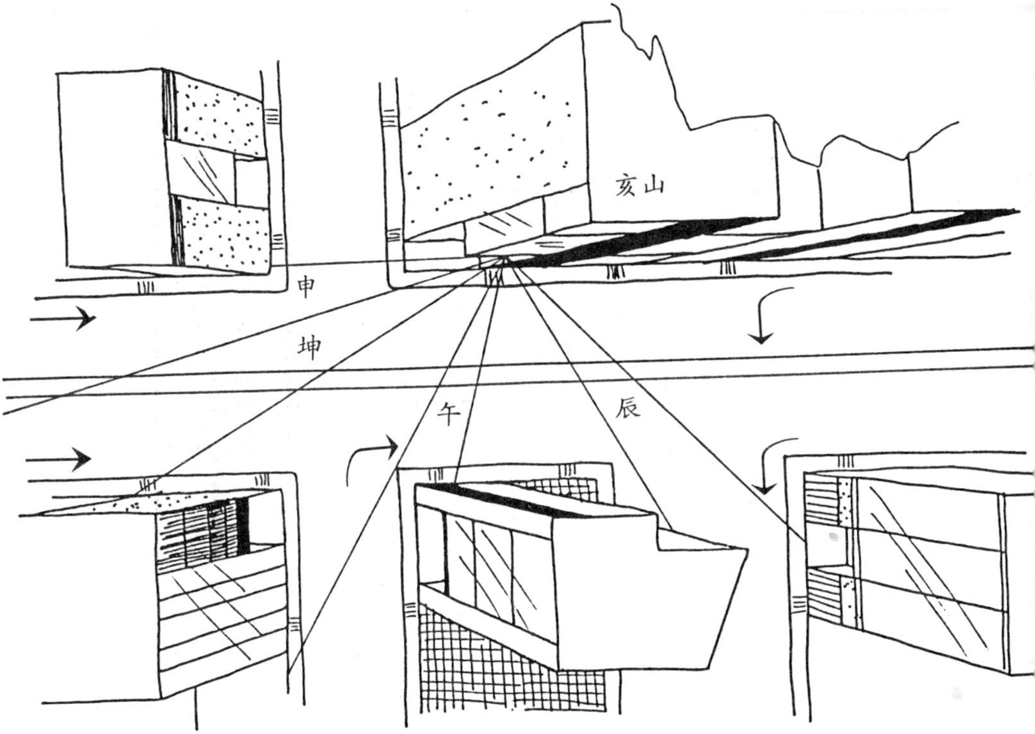

註：坐亥山主禍福二、五、八房當。坐亥山數3，收申水數1，坤水2，午水9，坐山與來水相加共十五數，交媾爲廉貞五鬼凶水，主亥、卯、未年發凶。水走辰數1，坐亥山3，交媾爲文曲吉水。

九 陽宅宅運斷法

三元宅運卦數，以六十四卦貪狼九星九運，歸先天八卦，洛書數所管，以三畫卦，陰「⚋」爻爲六年，陽「⚊」爻爲九年，如貪狼一運坤卦「☷」司令，主管十八年；巨門二運巽卦「☴」司令，主管二十四年；祿存三運離卦「☲」司令，主管二十四年；文曲四運兌卦「☱」司令，主管二十四年；武曲六運艮卦「☶」司令，主管二十一年；破軍七運坎卦「☵」司令，主管二十一年；左輔八運震卦「☳」司令，主管二十一年；右弼九運乾卦「☰」司令，主管二十七年。

二十四山坐山卦運圖

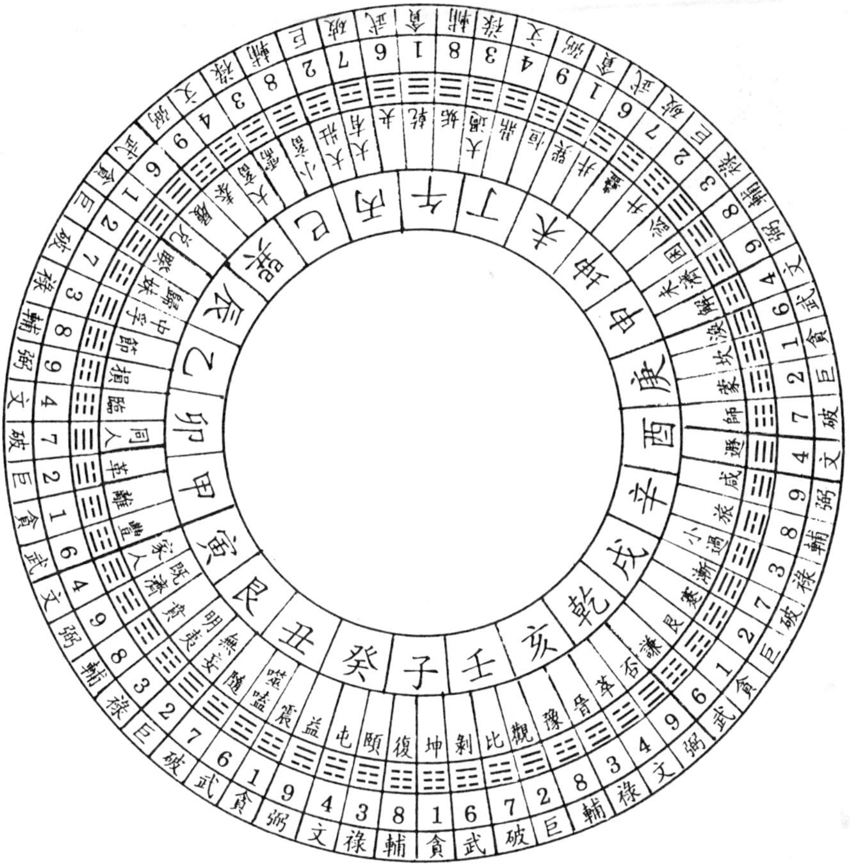

一、地盤二十四山
二、六十四卦外盤
三、卦象
四、三元氣運卦數
五、貪狼九星、九運

三元九運表

元	干支	年代	運
上元	甲子～辛巳十八年	清同治三年～光緒七年	貪狼坤卦一運
上元	壬午～乙巳二十四年	光緒八年～光緒三十一年	巨門巽卦二運
上元	丙午～己巳二十四年	光緒三十二年～民國十八年	祿存離卦三運
中元	庚午～癸巳二十四年	民國十九年～民國四十二年	文曲兌卦四運
中元	甲午～甲寅二十一年	民國四十三年～民國六十三年	武曲艮卦六運
中元	乙卯～乙亥二十一年	民國六十四年～民國八十四年	破軍坎卦七運
下元	丙子～丙申二十一年	民國八十五年～民國一〇五年	左輔震卦八運
下元	丁酉～癸亥二十七年	民國一〇六年～民國一三二年	右弼乾卦九運

注：三元氣運本應分上下二元，一運至四運主管九十年，五運寄中，六運至九運主管九十年。

十　桃花水之論

歌訣云：申子辰雞「酉」叫亂人倫，寅午戌玉兔「卯」東方出，亥卯未鼠「子」當頭騎，巳酉丑騎馬「午」南方走，桃花水中犯有滅龍、刑、四金殺、九煞、男桃花、女桃花等之別。例：申子辰雞「酉」叫亂人倫，申子辰納坎卦中男，雞「酉」叫納兌卦少女，如坐子山收酉水，犯滅龍，主男桃花；坐巳山收申水，犯滅龍，無恩之刑，主女桃花。寅午戌玉兔「卯」東方出，寅午戌納離卦中女，玉兔「卯」納震卦長男，如坐午山收卯水，犯滅龍九煞、主女桃花；坐未山收戌水，犯滅龍、九煞、四金殺、恃勢之刑、主男桃花。亥卯未鼠「子」當頭騎，亥卯未納震卦長男，鼠「子」納坎卦中男，如坐未山收辰水，犯九煞、四金殺、三殺、主男桃花；坐子山收卯水，犯九煞、無禮之刑、主男桃花。巳酉丑騎馬「午」南方走，巳酉丑納兌卦少女，騎馬「午」納離卦中女，如坐酉山走午水，犯成材之子早歸陰，主女桃花；坐戌山收丑水，犯恃勢之刑、三殺、四金殺，主女桃花。上述桃花水之論，來水兩條以上者，不合桃花水之論，來單條水與走水同論爲桃花水。

桃花水説明圖

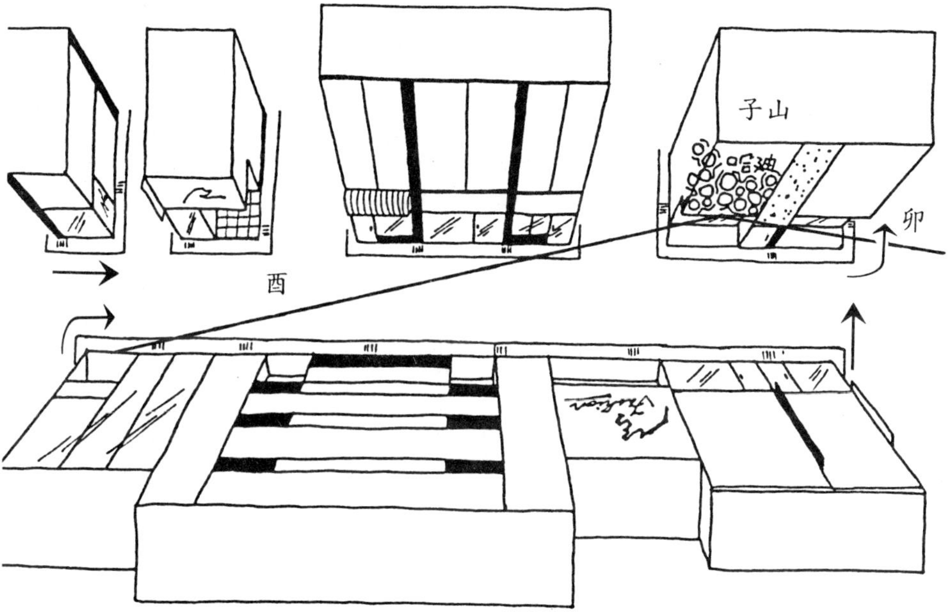

註：坐子山收酉水，主男桃花、滅龍，水走卯，主男桃花、九煞。

十二 九星水法由來

九星水法由來，以八卦納甲洛書後天數，坐山與來去水相加組合而成。例如：坐癸山後天數1，來水收乙2、辰1、丙8與坐山癸1相加共12數，其餘數二爲巨門吉星，水走坤2與坐山癸1相加共3數，爲水走祿存吉水。九星水法又分五吉星與四凶星，來水要收五吉星：貪狼、巨門、武曲、左輔、右弼星等，走水要走四凶星：祿存、文曲、廉貞、破軍星等。走水不可走吉星，走吉星爲破局，來水不可收凶星，收凶星爲破局，收吉星走凶星爲合局。

九星水法說明圖

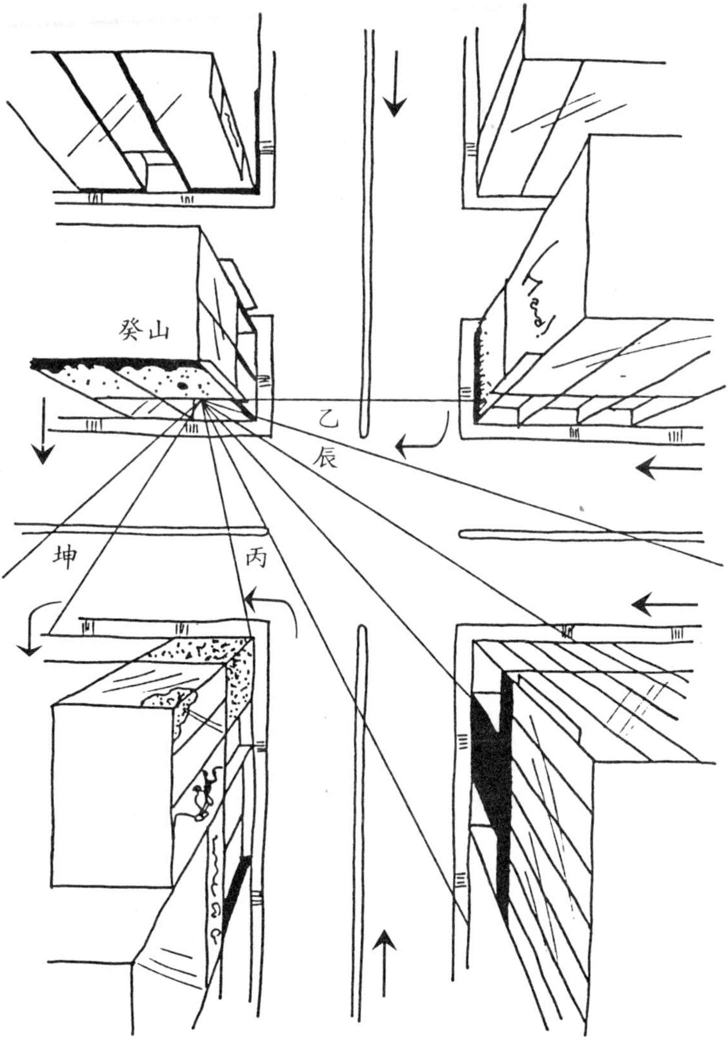

註：九星水法其重點爲合局與破局，所謂合局來水收五吉星，走水走四凶星。所謂破局收四凶水，走五吉水，或收五吉水，走五吉水，及收四凶水，走四凶水。例如說明圖，坐癸山收乙辰丙水交媾爲巨門吉水，水走坤交媾爲祿存凶水爲合局。

十二 九星水法吉凶斷法

貪狼星餘數一，如人之口可入不可出，在卦震爲生氣，五行陽一木，天機爲紫氣，公位一四七，歲遇亥卯未年發福應大房，得木旺之方與年月日時，爲發福甚速。

貪狼合局吉論：聰明孝友，因公進田，財帛旺盛，登科及第。

貪狼破局凶論：貪花喜酒，破家財。疾病論：肝膽之病、腰足之病、氣病、腳氣、梅毒、風濕、驚恐。

巨門星餘數二，如人之胃可入不可出，在卦坤爲天醫，五行陰一土，天機爲天財，公位二五八，歲遇辰戌丑未年發福應中房，得土旺之方與年月日時，發福甚速。

巨門合局吉論：忠孝多壽出神童，做生意發福甚速。

巨門破局凶論：官司牽連，家散不合，多是非破敗，生子不成全。疾病論：胃腸、舌唇破傷、皮膚病、胸膜痛、飲食不振。

祿存星餘數三，如人之小便可出不可入，在卦艮爲絕體，五行陽二土，天機爲孤曜，公位三六九，歲遇辰戌丑未年發禍應小房，得土旺之方與年月日時爲禍甚速。

祿存合局吉論：祿存玄空卦中之庫，爲人勤儉守財。

祿存破局凶論：出人心性頑鈍，行事妄誕，離祖過房，男僧女道，飲毒藥自縊，好酒色及賭，癲狂不善終、夭折、絕嗣、蛇傷。疾病論：胃腸障礙、水腫、脹滿、神經系統。

文曲星餘數四，如人之耳可出不可入，在卦坎爲遊魂，五行陽一水，天機爲掃蕩，公位一四七，歲遇申子辰年發禍應大房，得水旺之方與年月日時，爲禍甚速。

文曲合局吉論：文曲是玄空卦中之桃花星，不管吉凶亦有桃花之論，生貴子旺家財，男人會納妾。

文曲破局凶論：女插花枝逐客行，男人破家因酒色及賭，女人內亂公訟興，令人冷退絕人丁，墮胎、自縊、落水。疾病論：子宮、帶下症、風濕、疝氣、膀胱、睪丸、腎臟病、耳疾、血系、心臟栓塞。

廉貞星餘數五、十，如人之目可出不可入，在卦離爲五鬼，五行陰獨火，天機爲燥火，公位一四七，歲遇寅午戌年發禍應大房，得火旺之方與年月日時，爲禍甚速。

廉貞合局吉論：健康長壽，榮華富貴。

廉貞破局凶論：為人陰險不實，不禮貌好勇鬥，瘟瘟連連出巫師術士，失火刑配，自縊產亡，出異體兒，墮胎，但初遷入或安神、安位、二年內可發福，二年後禍事連連。疾病論：眼疾、殘缺開刀、心氣不足、血癌、腸疾。

武曲星餘數六，如人之腹可入不可出，在卦兌為福德，五行陰一金，天機為金水，公位三六九，歲遇巳酉丑年發福應三房，得金旺之方與年月日時，發福甚速。

武曲合局吉論：出人清貴富厚，登科及第，福壽雙全，為官近帝王。

武曲破局凶論：成材之子早歸陰，愚子不歸陰，男女走他鄉，血光，車禍。疾病論：喉疾、喘息、呼吸、梅毒、痰疾、鼻血。

破軍星餘數七，如人之大便可出不可入，在卦乾為絕命，五行陽二金，天機為天罡，公位一四七，歲遇申子辰年、寅午戌年，發禍應大房，得金旺之方與年月日時，為禍甚速。

破軍合局吉論：大吉昌，為官英雄近帝王。

破軍破局凶論：凶暴作賊好訟，投軍劫掠，樂士木匠，瘟瘟連連，虧體人，欠債不還，產死雷傷，落水絕嗣，投河自縊，先殺長房。疾病論：腳腫、缺唇、聾啞、肺病、頭病、筋骨痛、開刀、大腸病、骨癌。

左輔星餘數八，如人之喉可入不可出，在卦巽爲本宮，五行陰二木，天機爲太陽，公位一四七，歲遇亥卯未年發福應大房，得木旺之方與年月日時，發福甚速。

左輔合局吉論：生人慈祥，夫妻和合，子女孝順，富貴福壽長。

左輔破局凶論：夫妻不和，子女忤逆，退敗寡孀。疾病論：股肱病、腸肺病、喉嚨病、白眼。

右弼星餘數九，如人之腹可入不可出，在卦坎爲本宮，五行陽二水，天機爲太陰，公位一四七，歲遇申子辰年發福應大房，得生旺之方與年月日時，發福甚速。

右弼合局吉論：生人明理孝順，夫妻恩愛，子女孝順。

右弼破局凶論：夫妻不和，子女忤逆，退敗寡孀。疾病論：罹患病、性急、心躁，女人有經血不足。

九星水法吉凶斷法說明圖

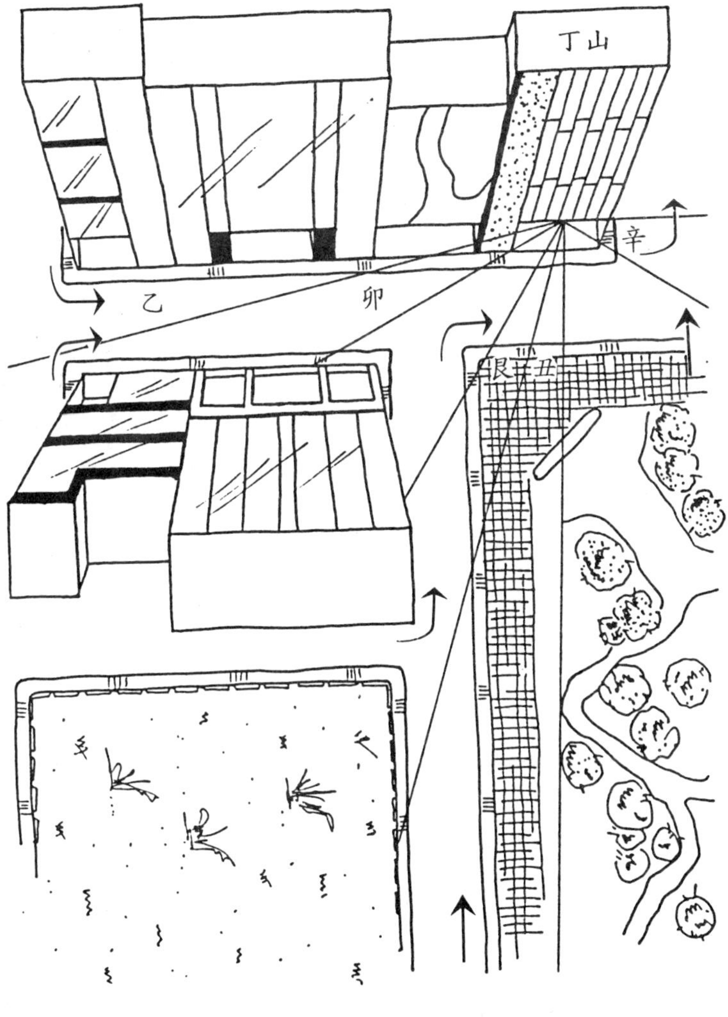

註：此圖坐丁山收乙卯艮丑水，交媾爲破軍凶水，主凶暴作賊好訟，投軍劫掠，樂士木匠，瘟瘽連連，虧體人，欠債不還，產死雷傷，落水絕嗣，投河自縊，先殺長房。疾病論：腳腫、缺唇、聾啞、肺病、頭病、筋骨痛，開刀、大腸病、骨癌。水走辛交媾爲貪狼凶水，主貪花喜酒，破家財。疾病論：肝膽之病、腰足之病、氣病、腳氣、梅毒、風濕、驚恐。

十三　九星水法禍福斷年、斷月訣

九星水法禍福斷年、斷月訣，以八卦納甲干支之年之月而論。如坐子山斷年禍福，以申子辰三合年斷論，斷月禍福，以申子辰三合月斷論。來水以收單條水論之，收兩條水以上者以坐山論之，如坐子山收卯水單條，斷年、斷月禍福，以亥卯未三合年論斷，斷月以亥卯未三合月論斷，及以坐子山，申子辰三合年、月、斷年、斷月禍福。如坐子山水走酉，斷年、斷月禍福，以巳酉丑三合年論斷，斷月以巳酉丑三合月論斷，及以坐子山，申子辰三合年、月、斷年、斷月禍福。

九星水法禍福斷年、斷月説明圖（例一）

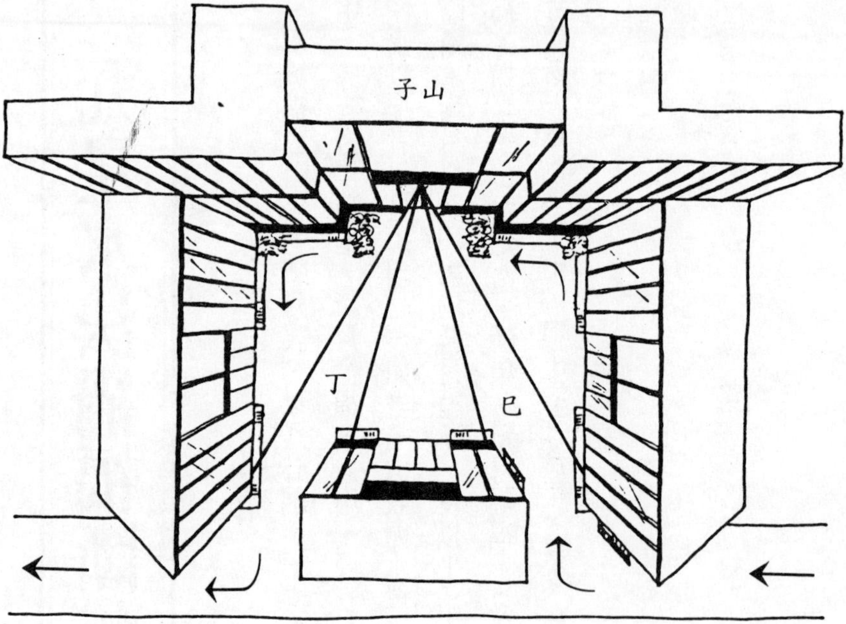

註：坐子山收巳水，交媾爲左輔吉水，水走丁水，交媾爲左輔凶水破局。主申子辰年發凶，月應在申子辰月發凶，及流年天干丁年發凶。

九星水法禍福斷年、斷月說明圖（例二）

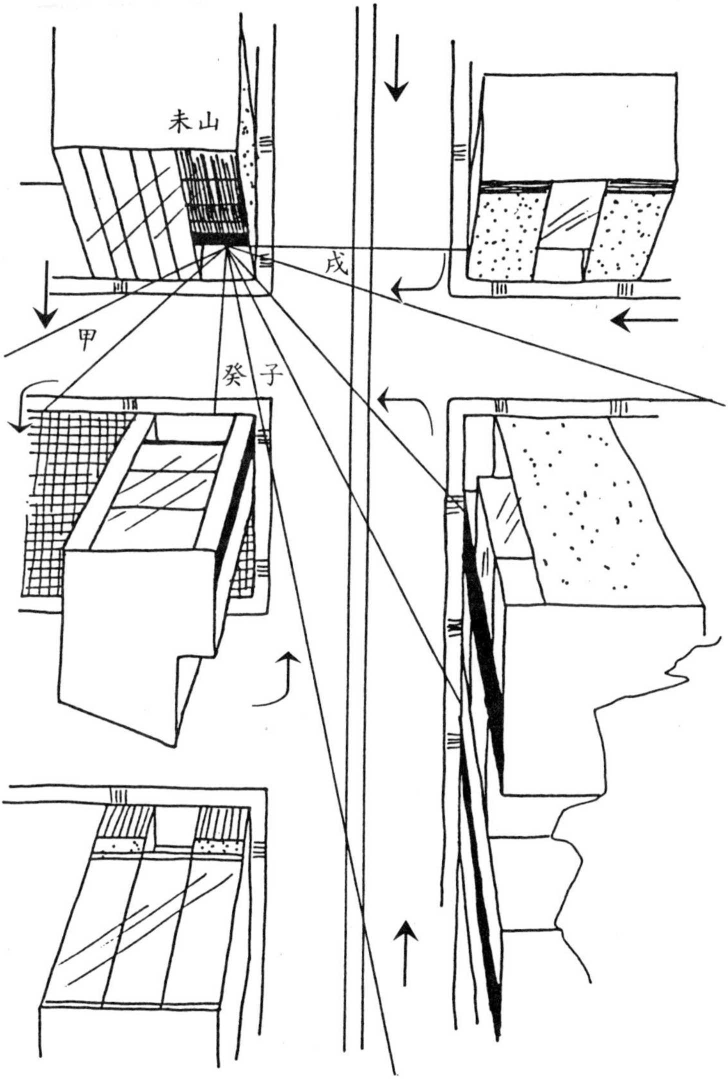

註：坐未山收戌子癸水，交媾爲文曲凶水破局，主亥卯未年發凶，月應在亥卯未月發凶。水走甲交媾爲右弼凶水破局，主亥卯未年發凶，月應在亥卯未月發凶，及流年天干甲年發凶。

十四 二十四山坐山吉凶論

二十四山坐山吉凶論，以來去水合局爲吉論，來去水破局爲凶論。如來水收五吉星，貪狼、巨門、武曲、左輔、右弼星等，走水走四凶星，祿存、文曲、廉貞、破軍星等，爲合局吉論。如收水四凶星，走水走四凶星，及收水五吉星，走水走五吉星，均以破局凶論。

壬山合局吉論：壬山聚富可救貧，血財興旺多利，午龍得此砂水秀，文武全才爲公卿，亦多納票貢行人，水來居家發，去水則離鄉富貴盛。

壬山破局凶論：破局敗退出遊蕩，水盛多生黃腫病，亦有水厄落水者，逃竄他方爲災殃。

子山合局吉論：子山是帝座位，變衆臣朝拜之位，非紫微天皇位，亦不能處居天皇之位。故，只能偏座，霸首一方，主出人雄心萬丈，處事膽大，作賊積富或貪污致富。盈生六指難養兒，家生胞胎喜臨門。

子山破局凶論：破局桃花多耳聾，水盛落水或黃腫，又犯盜賊並車禍，忽然縊死令人驚。

癸山合局吉論：癸山合局出人魁，做事勇敢不懼退，卻生貴女作皇妃，六指缺唇兒異怪，家生胞胎喜臨門。

癸山破局凶論：破局桃花多耳聾，水盛落水或黃腫，又犯盜賊並車禍，生六指缺唇之人，忽然縊死令人驚。

丑山合局吉論：丑山合局旺田庄，牛羊樂息滿牧場，出人信佛求佛道，產業肥饒金帛光。

丑山破局凶論：破局生人多夭折，鰥寡僧道定不良，橫逆惡死多瘋癲，殺戮公事禍非常，四墓之位破局非為吉，路死扛屍哭一場。

艮山合局吉論：艮山合局天市垣，世人財旺聚其間，生意人發財甚速。

艮山破局凶論：艮山破局多冷退，亦主絕嗣神不泚，雖有文章不顯達。

寅山合局吉論：寅山合局旺丁財，來水則居家主近福，去則離家發遠財，十二年須重新安香一次。

寅山破局凶論：破局爲艮之九煞，主生瘋盲及車災，煞帶廉貞血滿懷。

甲山合局吉論：甲山合局出富貴，乾水得此最爲美，蜚聲魁第少年郎，文章佳高人欽畏，十二年須重新安香一次。

甲山破局凶論：破局跛腳多瘋癲，功曹行龍雜陰璣，子孫世受瘋瘓累。

卯山合局吉論：能出文武官員，操持膽略人欽畏，斬砍自由顯威權，將相掘起英雄隊。

卯山破局凶論：破局偷盜並淫亂，常生多因賊牽累，定主殺戮徒刑罪。

乙山合局吉論：乙山原來可催官，出科技人才，名利顯達多生女。

乙山破局凶論：乙山破局手足病，螟蛉繼兒如親男，若如卯水混流入，定然剋妻三五番。

辰山合局吉論：大旺財產是辰山，出山醫命卜相之士，爲人勤儉守財。

辰山破局凶論：破局瘋癲並落水，坎龍辰水爲九煞，水亡之後家滅毀，庚龍見之主喑啞，或生露齒缺嘴唇，丑位龍來生痼疾。

巽山合局吉論：少年科甲考運通，兄弟聯科入翰苑，巽爲長女位，貞節女兒美貌濃，或因女家致財富，或因妻財得恩榮。

巽山破局凶論：破局冷退爲乞食，抱花山見多淫風，或山碎水斜側，室女懷胎好私通。

巳山合局吉論：巳山合局旺丁財，卯乙巨富巳水來，赤蛇達印配金印，壬山落穴貴一般。

巳山破局凶論：破局吐血並癆瘵，少年多損見蛇災。

丙山合局吉論：丙山合局多富貴，犯罪之家用此救，丙丁赦文山水朝，皇恩浩蕩叩原佑。

丙山破局凶論：破局家敗或火燒，廢而不起多災咎，丙午現水並流入，寅午戌年火難救。

午山合局吉論：午山富豪貴又顯，壬寅戌水最合宜，此水朝來但聚發，時至離鄉是發期。

午山破局凶論：破局火災並淫亂，盜賊時生不肖男，又主盲目墮胎犯，刑獄破家遭刑難，婦人室女同淫濫。

丁山合局吉論：丁山合局南極星，男女康能最多壽，丙丁二官名赦文，家無凶禍福頻佑。

丁山破局凶論：丁山破局多腹痛，退敗之時無可救，短壽破敗人丁損。

未山合局吉論：未山合局旺丁財，庫守田庄最樂懷，出人信宗近邪道，產業肥饒金帛光，水來雷擊家漸發。

未山破局凶論：未山破局看詩經，尼姑僧道拜蓮台，辰戌二山未水來，尤招鰥寡夭折媒，悖逆出人亦不忠，屍山路死不聞回。

坤山合局吉論：坤山合局主財富，寡母興家多倉庫。

坤山破局凶論：坤山破局懶洋洋，婦女相繼爲孤孀。

申山合局吉論：申山合局旺丁財，少年發達呈豪邁，卯龍申水遷申局，化煞爲官登將台。

申山破局凶論：破局癆瘵少年死，卯龍庚向可畏哉，人命犯來遭刑憲，逃竄絕亡實堪哀。

庚山合局吉論：庚山合局可催官，武人取貴不非難，胸襟膽略世無匹，來去皆富合家歡。

庚山破局凶論：偷盜時生不肖男，被人殺戮取凶頑，強盜頭目賽樓欄。

酉山合局吉論：酉水酉砂來合局，雅如清袋魚砂生，登朝有砂又有水，巽辛高貴近君王，爲官清正不貪污。

酉山破局凶論：破局淫亂不堪言，巽山酉水煞相爭，無水有路亦非宜，犯罪遭刑罹災咎。

辛山合局吉論：辛山合局司文章，狀元魁首姓名揚，巽龍少年登科甲，翰林學士邀龍光，更有如花女人貌，家多金帛珠萃香。

辛山破局凶論：破局不覺多冷退，爲乞無救致絕亡，八門山缺八風吹，雖在朱門不自安，負袋提包播外客，提籃托碗沿街行。

戍山合局吉論：戍山合局廣田庄，富堪敵國多稅量，戍砂戍水端照穴，翰林學士顯文章，辰戍丑未四墓庫，泄戍則吉來去分別。

戍山破局凶論：破局回祿瞎且聾，鼓盆之煞剋妻重，甲龍戍水主喑啞，辰龍戍水聾盲逢，丑未龍來見痼疾，少亡悖逆人不忠，午戍破局瞎眼者，或砂或水病不同。

乾山合局吉論：乾山多富且而貴，龍神喜座坤乙類，若見乾峰侵雲霄，世登要路居相，乙山得此砂水秀，馬上金階出大尉。

乾山破局凶論：乾山破局跛且聾，頭痛跎蹊列相通，鰥寡絕嗣多不吉，繼贅剋妻疊重重。

亥山合局吉論：亥山合局大旺人丁，財帛廣進，且蔭大家久積善，艮丙二砂富貴足。

亥山破局凶論：破局癆瘵損少年，吐血症犯登鬼應，午山見之宮丁財，橫過災輕終少福。

二十四山坐山吉凶說明圖

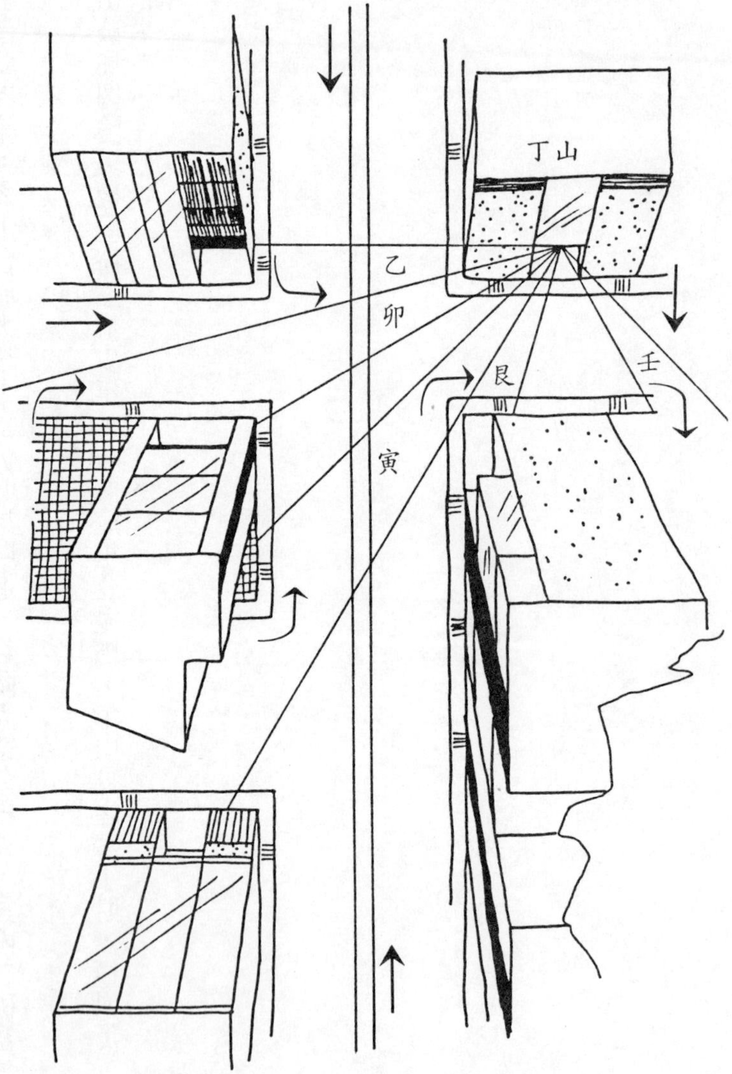

註：坐丁山收乙卯寅艮水，交媾爲右弼吉星，水走壬交媾爲武曲凶水。主來吉水，走吉水爲破局，主坐丁山破局凶論，丁山破局多腹痛，退敗之時無可救，短壽破敗人丁損。

𠀑 內外陽宅改造法

陽者，移動之意，亦稱改造之意，以陽宅九星水法而言，收水及走水不合局之下，將神位、櫃台、辦公桌、大門、看板、遮陽板等，改變方位附和收水及走水合局，因此謂之內外陽改造法。神位、櫃台、辦公桌、大門為內陽，看板、遮陽板為外陽。

例一：座午山收卯水交媾為九煞、滅龍、巨門水，水走酉交媾為桃花，武曲凶水破局。上述有安神位者以神位為主，將神位重新安在卯山，變成座卯山收卯水交媾為武曲吉水，水走酉交媾為廉貞五鬼吉水。上述是內陽改造法。

例二：座坤山收乾水交媾為左輔吉水，水走巽交媾為武曲凶水破局。宜用外陽改造法，將水走之方，作個看板伸長至乙的方位，變成座坤山收乾水交媾為左輔吉水，水走乙交媾為文曲吉水合局。

十六 陽宅九星水法量水須知

說明圖一：

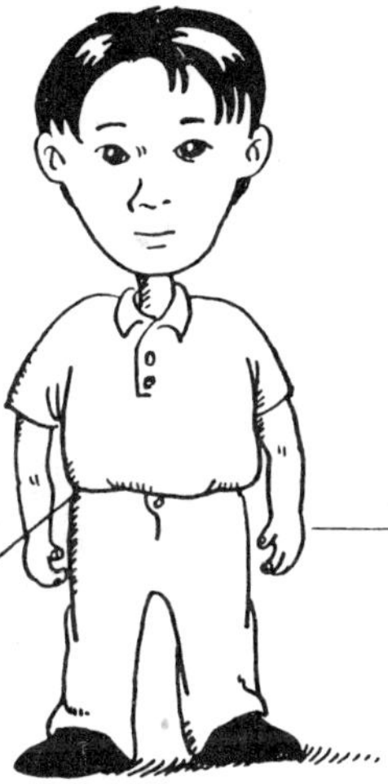

註：測量人員身上不要戴有鐵質的東西，否則會影響指南針的磁場，及影響測量來去水之方位的準確性。

說明圖二：

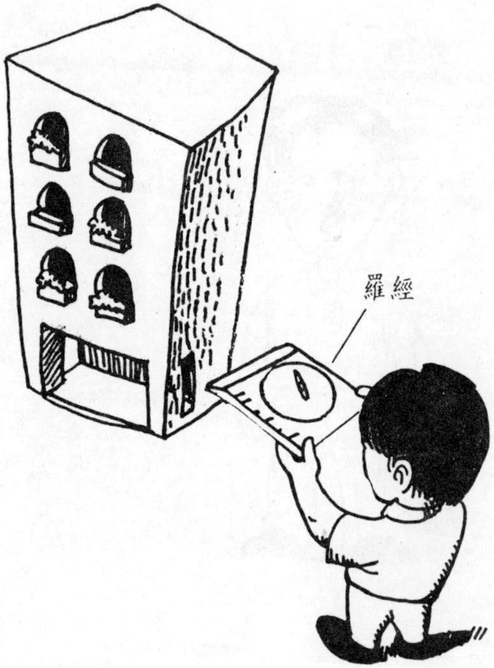

註：測量房屋方位，不得靠牆壁，因有鋼筋會影響羅經測量方位的準確性。

說明圖三：

註：測量房屋方位，由兩人拉一條線與牆壁平行，測量人員須離房屋一公尺半，避免受鋼筋影響而不準。

說明圖四：

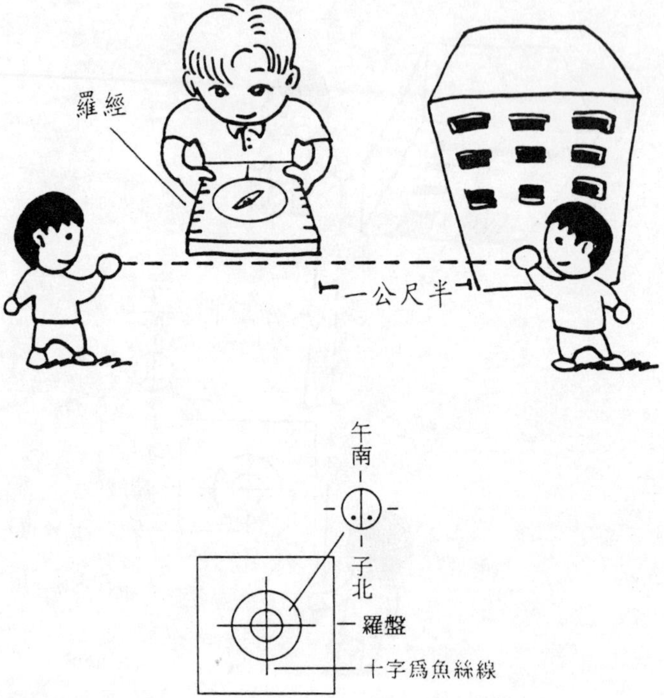

註：測量房屋方位，由兩人拉一條線與兩根柱子平行，測量人員須離房屋一公尺半，避免受鋼筋影響而不準。

說明圖五：

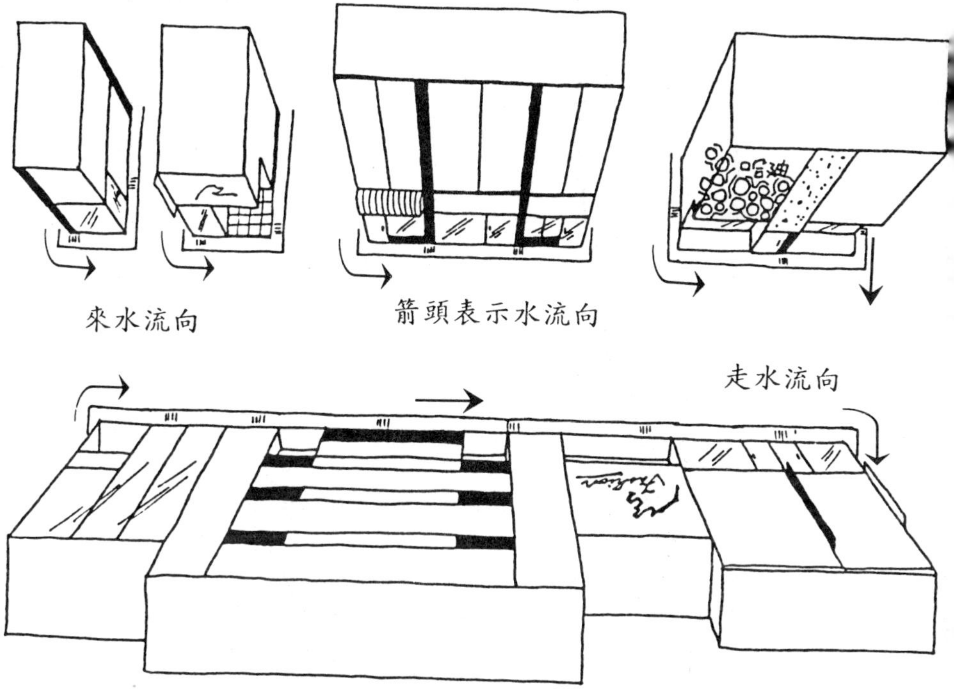

註：測量來去水之方位，首先要觀察來去水之流向，有水溝的地方，以水溝的流向爲來去水，沒有水溝的地方，以路面的高處爲來水，低處爲走水。

說明圖六：

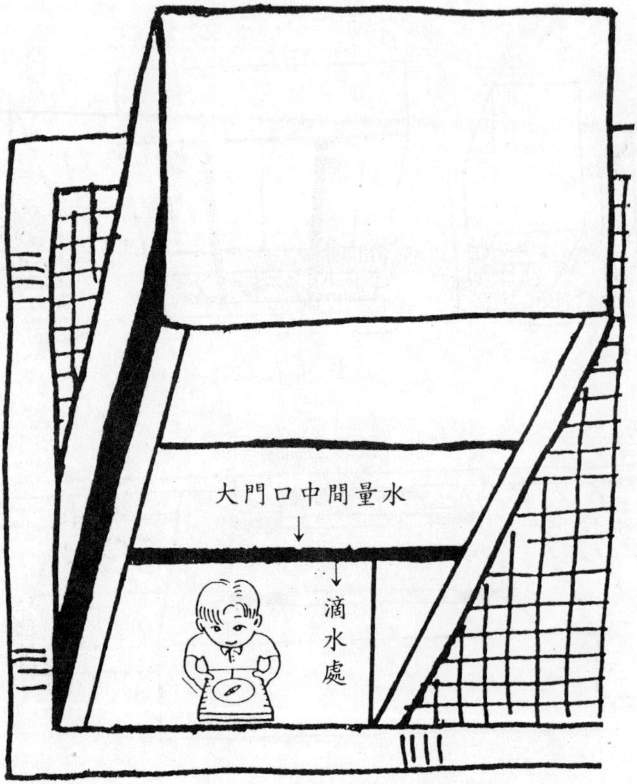

註：測量來去水之方位，測量人員要站在大門口中間滴水處「亦稱：收氣口」「也稱：生龍口」量水，有遮陽板與遮雨棚之處，以上述同樣地方量水。古厝三合院，另有大門者，在大門中間量水，沒有大門者，在公廳大門口中間量水。

說明圖七：

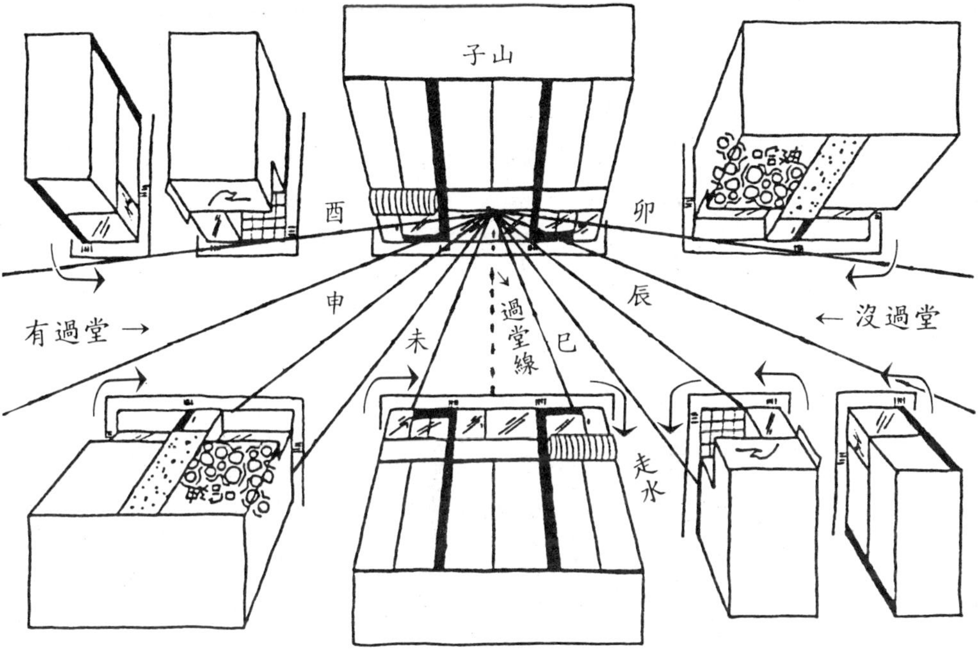

註：收水要收過堂水，否則不算來水。所謂：過堂水，也就是來水要流經大門口中間量水處而過，才算水有過堂。如圖：坐子山來酉申未水，水走巳，以上來水有經過過堂線，才能成氣化元素。另一邊坐子山來卯辰水，水走巳，以上來水沒經過過堂線，不算來水之論。

說明圖八：

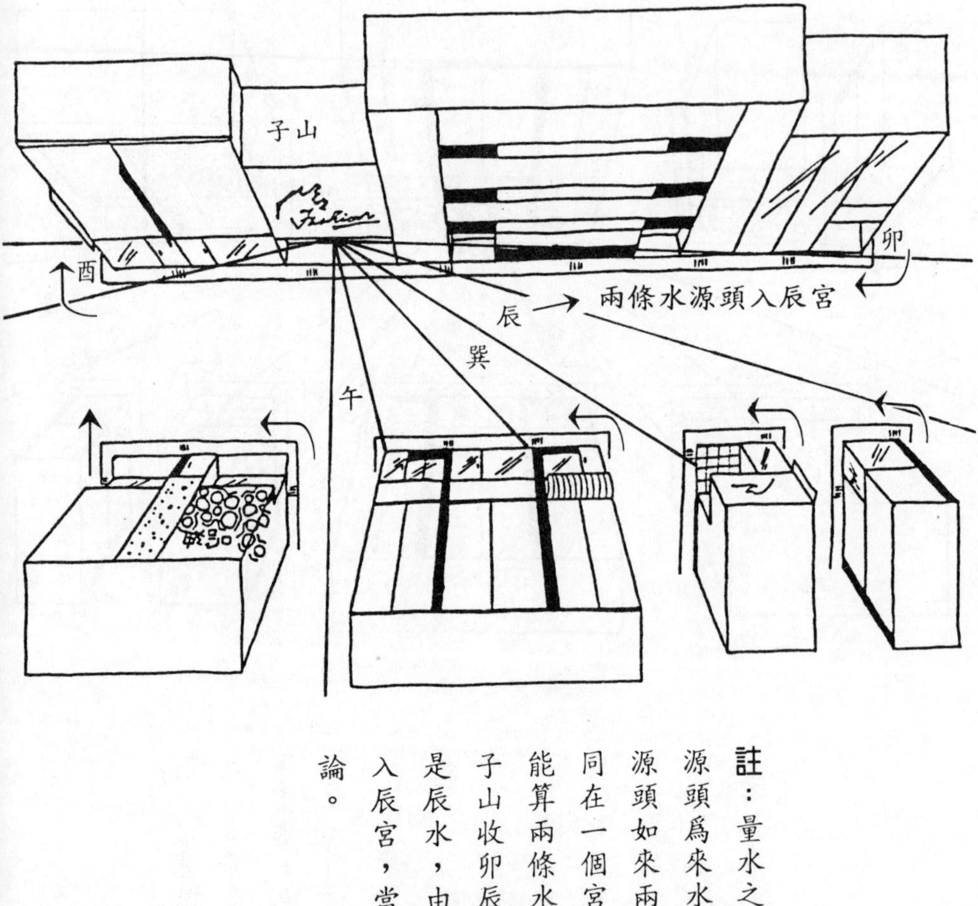

註：量水之方位，以水源頭爲來水之方位。水源頭如來兩條水，但是同在一個宮位之內，不能算兩條水。如圖：坐子山收卯辰巽午水，但是辰水，由兩條水源頭入辰宮，當然以辰水而論。

十七　五鬼運財水法

五鬼者，有吉凶之論；吉者：爲五鬼運財，興家立業可救貧。應用方法：以來水之後天數相加，相加之數爲廉貞五鬼（亦稱：水本身五鬼），然後再加坐山後天數理，交媾爲收五吉星及水走四凶星是也。凶者：爲五鬼纏身，禍事連連敗家業。應用方法：以坐山及來水之後天數相加，相加之數爲廉貞五鬼凶水是也（俗稱：五鬼入中，無死也帶傷）。

註一：五鬼運財吉論：

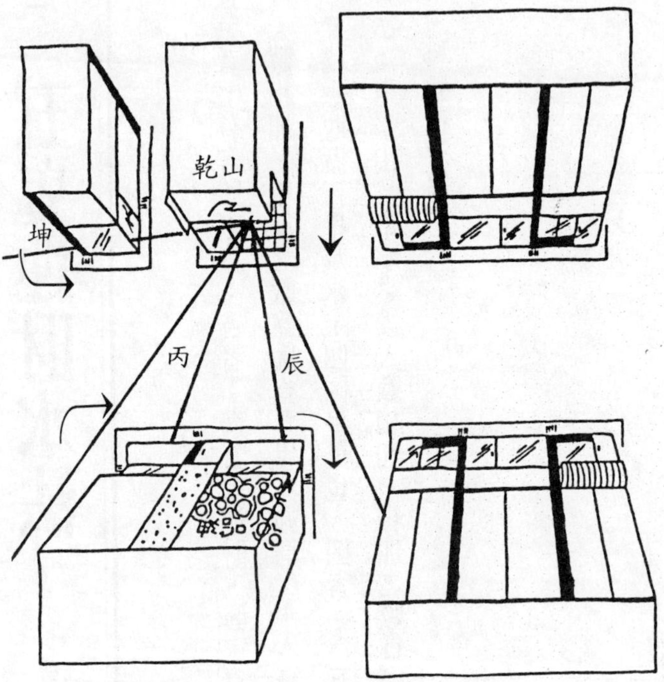

坐乾山收坤丙水，交媾爲武曲五吉水，水走辰交媾爲破軍四凶水，主合局吉論。此例：因來水收坤後天數二、丙後天數八相加共十數，爲廉貞五鬼，亦稱：水本身五鬼，也是玄空水法中的五鬼運財救貧法。

註二：五鬼纏身凶論

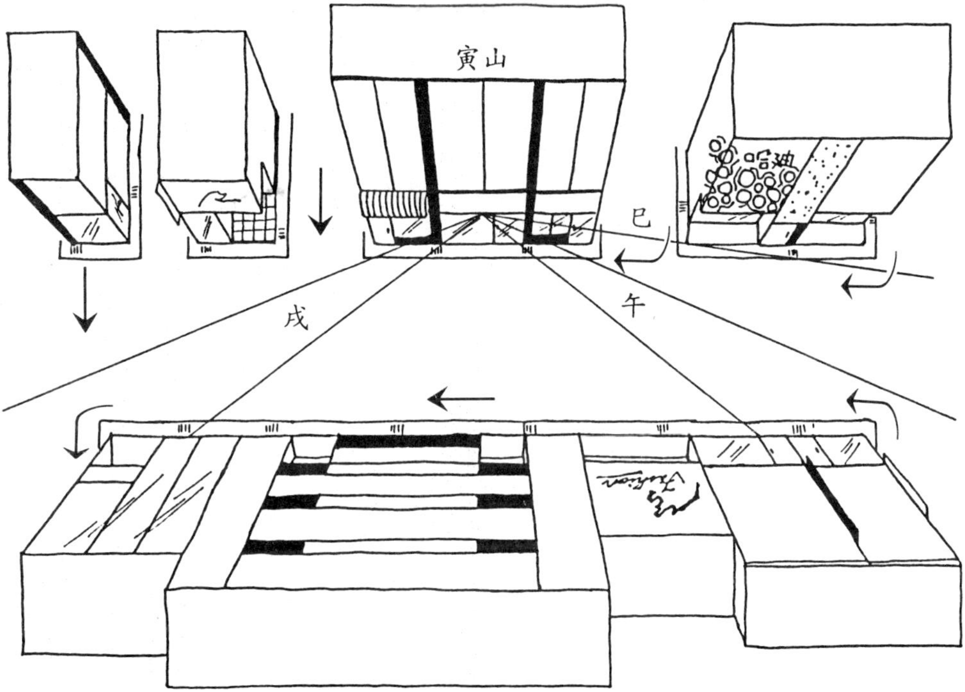

坐寅山收巳午水，交媾爲廉貞五鬼四凶水，水走戌交媾爲左輔五吉水，主破局凶論。此例：因坐寅山後天數九、來水巳後天數七、午後天數九相加共二十五數，交媾爲廉貞五鬼四凶水，也是玄空水法中的五鬼纏身敗家法。

十八 玄空水法水走面前偏無禍

九星玄空水法，以玄空之理，水走面前偏無禍，其法如壬山水走丙、子山水走午、癸山水走丁、丑山水走未、艮山水走坤、寅山水走申、甲山水走庚、卯山水走酉、乙山水走辛、辰山水走戌、巽山水走乾、巳山水走亥、丙山水走壬、午山水走子、丁山水走癸、未山水走丑、坤山水走艮、申山水走寅、庚山水走甲、酉山水走卯、辛山水走乙、戌山水走辰、乾山水走巽、亥山水走巳，以上之法不管水走四凶星或水走五吉星均無禍。

註一：水走面前偏無禍

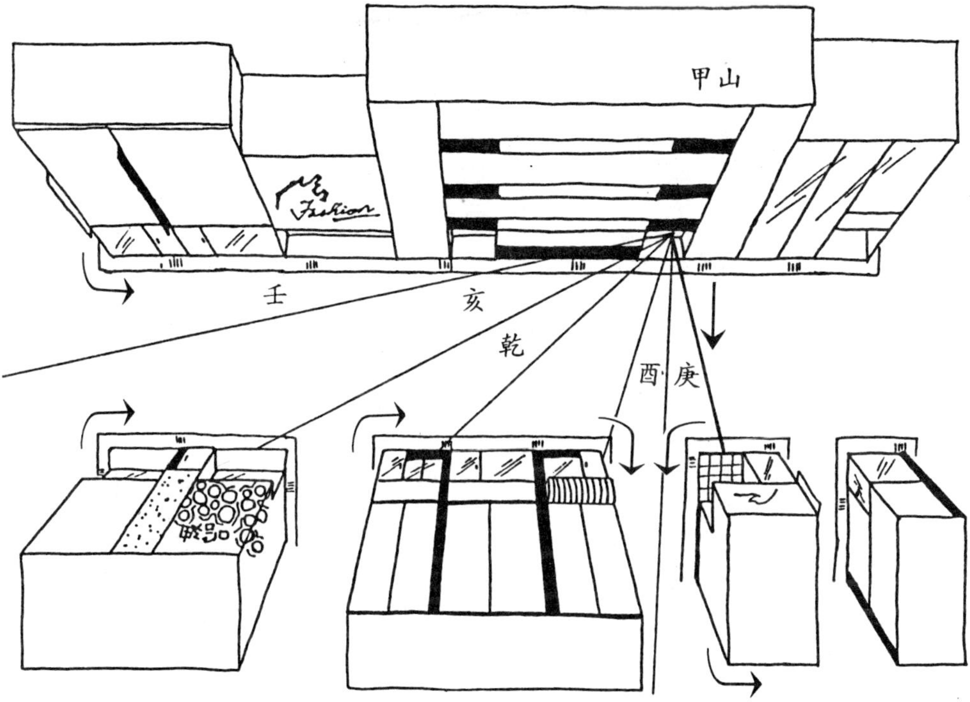

坐甲山收壬亥乾酉水，交媾爲貪狼吉水，水走庚交媾爲右弼水（因水走面前偏無禍）以合局吉論。

十九 陽宅、公寓、店舖、街路圖實際斷法

上述談到很多的斷法，如滅龍水、九煞水、一卦純清、四金殺、二十四山分房位、宅運斷法、桃花水、九星吉凶斷法、斷年斷月禍福、二十四山坐山吉凶論等，初學者若沒有熟悉現場實際斷法，確實有霧裡看花，不知從何斷起，因此下述依現場公寓、店舖、街路圖實際斷法說明。

斷法說明：首先要知來去水是合局或破局，何謂是合局來水收五吉星，水走四凶星；何謂是破局來水收四凶星，水走五吉星；合局斷法：以來水交媾爲何屬五吉星，如是貪狼吉星，依貪狼合局吉論；破局斷法：以來水或走水交媾爲何屬凶星，如水走貪狼凶星，依貪狼破局凶論，或來水祿存凶星，依祿存破局凶論。第二、坐山吉凶論，以九星合局或破局而定，合局以吉論，如坐子山以子山合局吉論；破局以凶論，如坐子山以子山破局凶論。第三、斷何房吉凶，當然還是以合局與破局而

定，如坐子山合局，應長房；坐子山破局，當然還是長房，因斷何房吉凶是依二十四山分房位而論。第四、斷何年何月吉凶，還是依九星合局或破局而定，如坐子山合局，斷申子辰年及申子辰月發福，若破局斷申子辰年及申子辰月發凶。其他滅龍水，來水以單條而論，兩條水以上者，不合滅龍之論。九煞水，來一條水或來兩條水，水本身九煞，及走水相見。一卦純清如同三合，不可收兩條水以上，否則不論一卦純清。四金殺，來水二條以上者不可論為四金殺，走水不可相見。桃花水，來水二條以上者，不合桃花之論，來水單條與走水同論為桃花。宅運以坐三元氣運卦數而定。

說明圖：

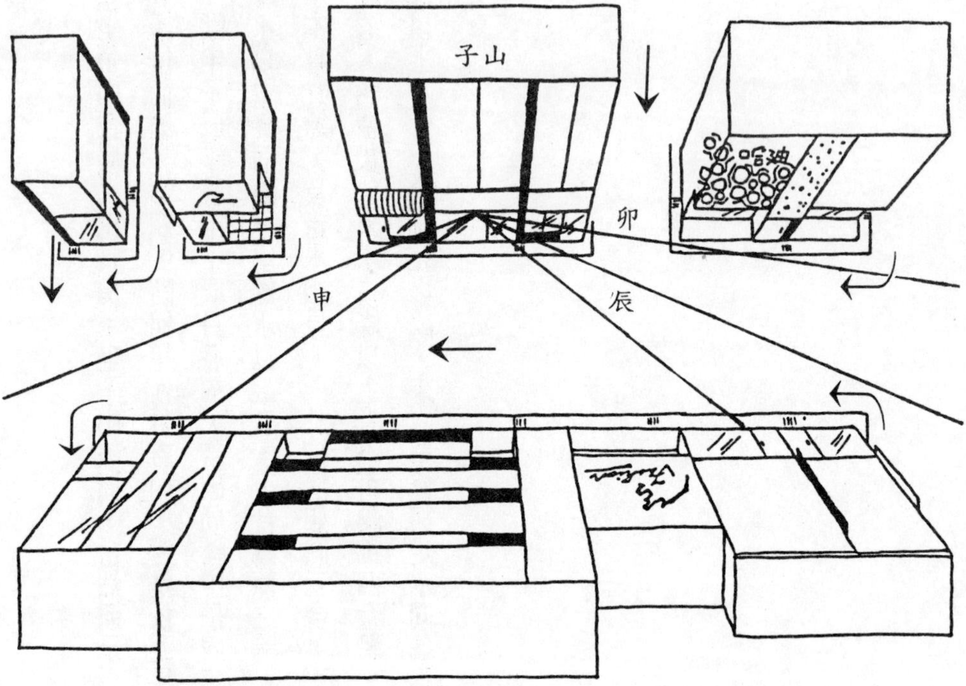

註：坐子山收卯辰水父媾為廉貞五鬼凶水，水走申交媾為巨門凶水。一、九星吉凶斷：廉貞破局凶論、巨門破局凶論。二、斷年月：申子辰年月發凶。三、坐山吉凶論：子山破局凶論。四、九煞水，水本身九煞「卯辰」水入、水走申。

壬山與各宮數理：

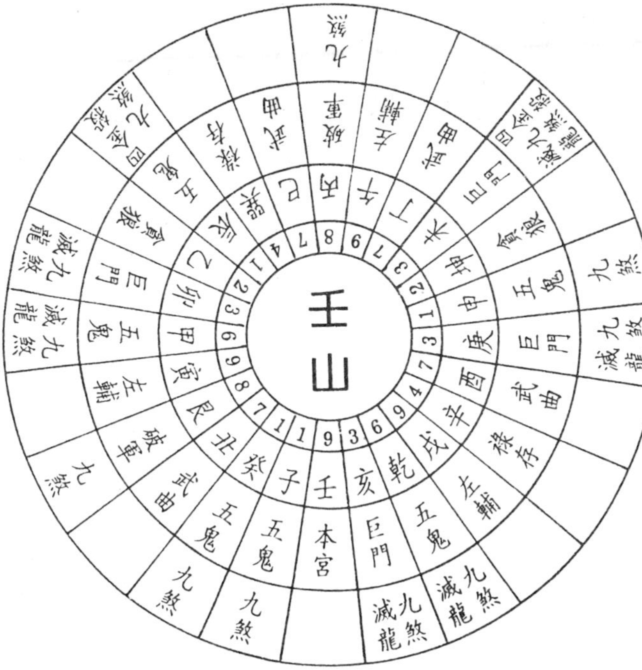

二十 陽宅二十四山、公寓、店舖、街路圖實際斷法說明

壬山三元氣運卦數

壬山是天星天輔，卦位風地觀☴☷，卦運巨門二運，巽卦司令☴，司二十四年，從上元壬午年起，光緒八年歲次壬午年至光緒三十一年歲次乙巳年止。卦位水地比☵☷，卦運破軍七運，坎卦司令☵，司二十一年，從中元乙卯年起，民國六十四年歲次乙卯年至民國八十四年歲次乙亥年止。卦位

山地剝☶☷，卦運武曲六運，艮卦司令☶，司二十一年，從中元甲午年年起，民國四十三年歲次甲午年至民國六十三年歲次甲寅年止。

陽宅實際斷法說明

壬山收庚申丁水，交媾爲廉貞五鬼凶水，水走巽交媾爲祿存吉水，主破局凶論。

收廉貞五鬼凶水，主爲人陰險不實，不禮貌好勇鬥，瘟瘽連連，出巫師術士，失火刑配，自縊產亡，出異體兒，墮胎，但初遷入或安神、安位、二年內可發福，二年後禍事連連。水走祿存吉水，主爲人勤儉守財。

疾病論：眼疾、殘缺開刀、心氣不足、血癌、腸疾。

壬山破局凶論：主敗退出遊蕩，水盛多生黃腫病，水厄、落水，逃竄他方爲災殃。

斷年月：流年流月，天干壬年壬月禍應。

斷房份：壬山主二房應。

宜內陽改造法：重新安神位，坐子山收庚申丁水，交媾爲巨門吉水，水走巽交媾爲廉貞五鬼吉水，主合局吉論。

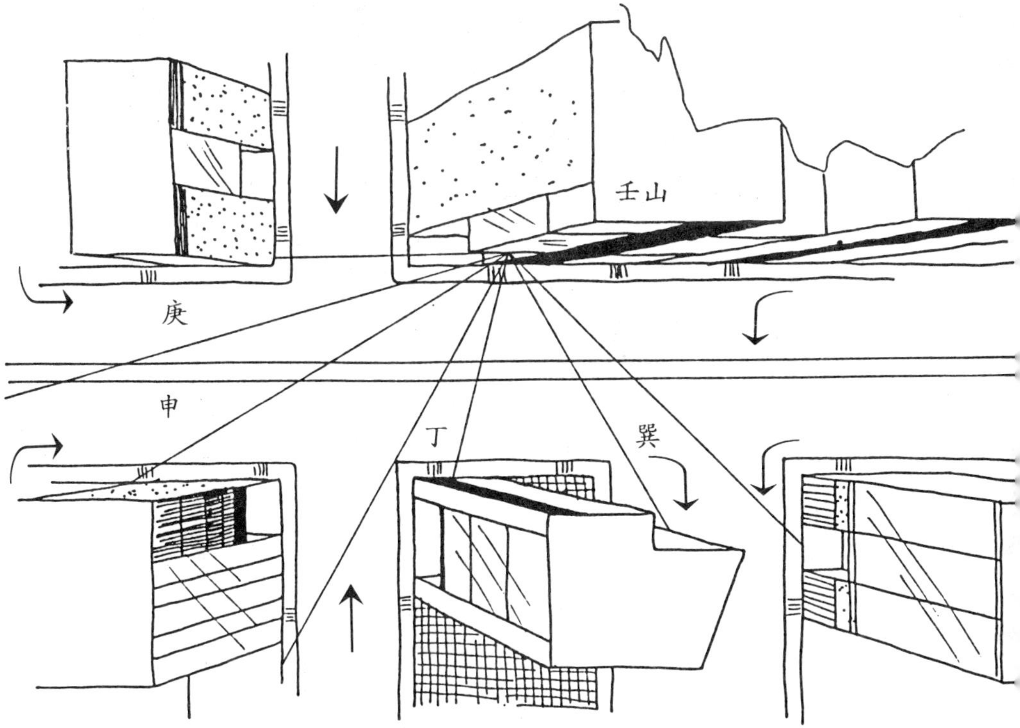
壬山
庚
申
丁
巽

陽宅實際斷法說明

壬山收庚申坤丁丙水，交媾爲廉貞五鬼凶水，水走巳交媾爲武曲凶水，主破局凶論。

收廉貞五鬼凶水，主爲人陰險不實，不禮貌好勇鬥，瘟㾮連連，出巫師術士，失火刑配，自縊產亡，出異體兒，墮胎，但初遷入或安神、安位、二年後禍事連連。水走武曲凶水，主成材之子早歸陰，愚子不歸陰，男女走他鄉，血光、車禍。

疾病論：眼疾、殘缺開刀、心氣不足、血癌、腸疾。

壬山破局凶論：主敗退出遊蕩，水盛多生黃腫病，水厄、落水，逃竄他方爲災殃。

斷年月：流年流月，天干壬年壬月禍應，及水走巳，流年巳酉丑年、月禍應。

斷房份：壬山主二房應，及水走巳二房應。

宜內陽改造法：重新安神位，坐丙山收庚申坤丁丙水，交媾爲右弼吉水，水走巳交媾爲廉貞五鬼吉水，主合局吉論。

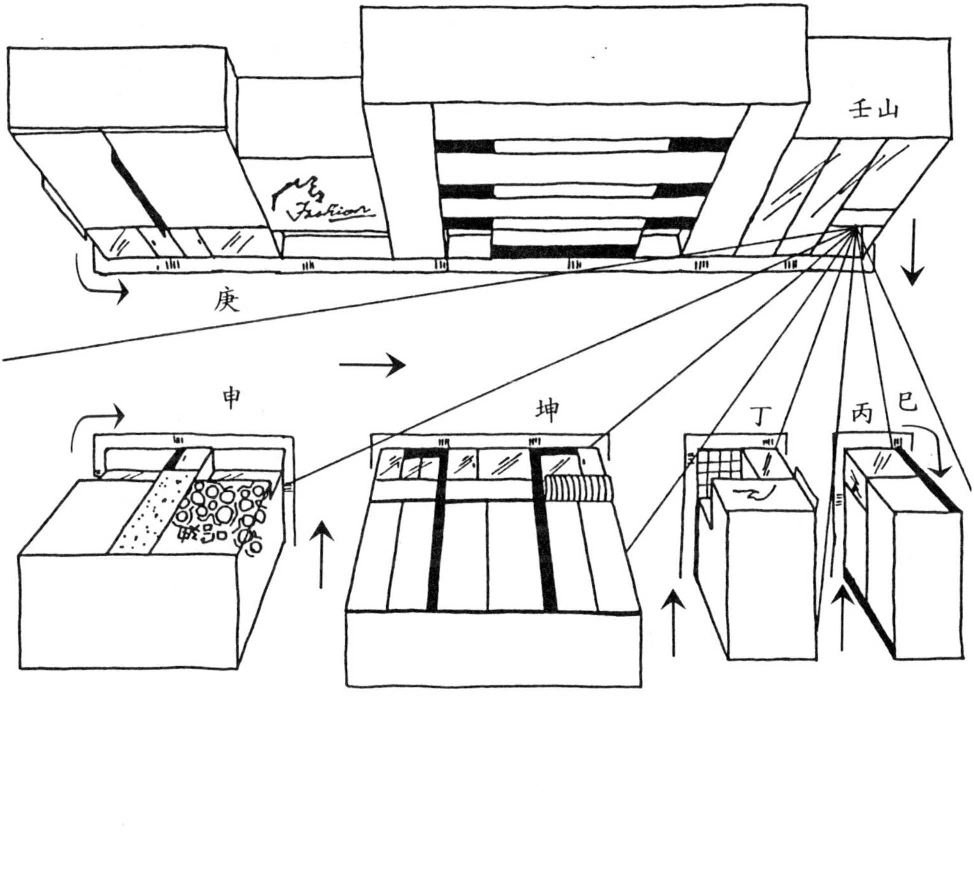
壬山
Fashion
庚
申
坤
丁
丙
巳

陽宅實際斷法說明

壬山收甲巽巳水，交媾爲武曲吉水，水走未交媾爲巨門、九煞、滅龍凶水，主破局凶論。

收武曲吉水，主出人清貴富厚，登科及第，福壽雙全，爲官近帝王。水走巨門凶水，主官司牽連，家散不合，多是非破敗，生子不成全。

疾病論：胃腸、舌唇破傷、皮膚病、胸膜痛、飲食不振。

水走未破局凶論：未水破局看詩經，尼姑僧道拜蓮台，悖逆出人亦不忠，屍山路死不聞回。

斷年月：水走未，流年亥卯未年、月禍應。

斷房份：水走未應三房。

宜內陽改造法：重新安神位，坐子收甲巽巳水，交媾爲左輔吉水，水走未交媾爲文曲吉水，主合局吉論。

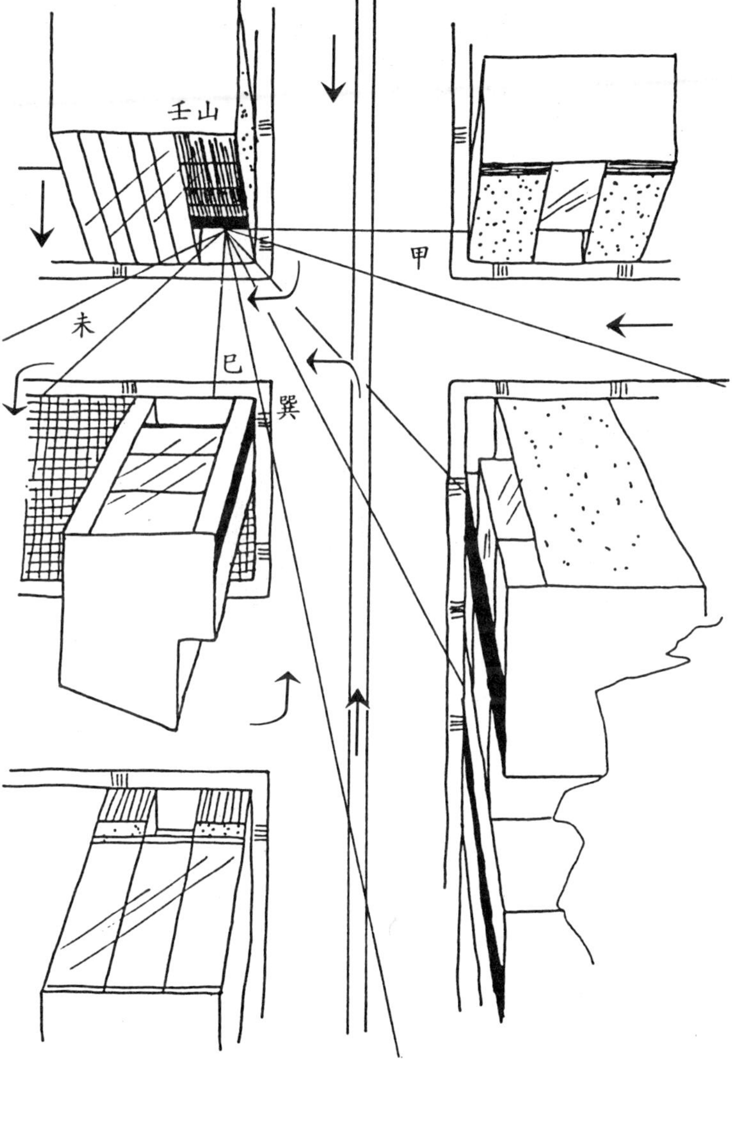
壬山
甲
未
巳
巽

陽宅實際斷法說明

壬山收庚申坤午甲辰巽水，交媾爲廉貞五鬼凶水，水走丙交媾爲破軍吉水（註：水走面前偏無禍）主破局凶論。

收廉貞五鬼凶水，主爲人陰險不實，不禮貌好勇鬥，瘟瘽連連，出巫師術士，失火刑配，自縊產亡，出異體兒，墮胎，但初遷入或安神、安位，二年內可發福，二年後禍事連連。水走破軍吉水，主大吉昌，爲官英雄近帝王。

疾病論：眼疾、殘缺開刀、心氣不足、血癌、腸疾。

壬山破局凶論：主敗退出遊蕩，水盛多生黃腫病，水厄、落水，逃竄他方爲災殃。

斷年月：流年流月，天干壬年壬月禍應。

斷房份：壬山主二房應。

宜內陽改造法：重新安神位，坐甲山收庚申坤午甲辰巽水，交媾爲巨門吉水，水走丙交媾爲文曲吉水，主合局吉論。

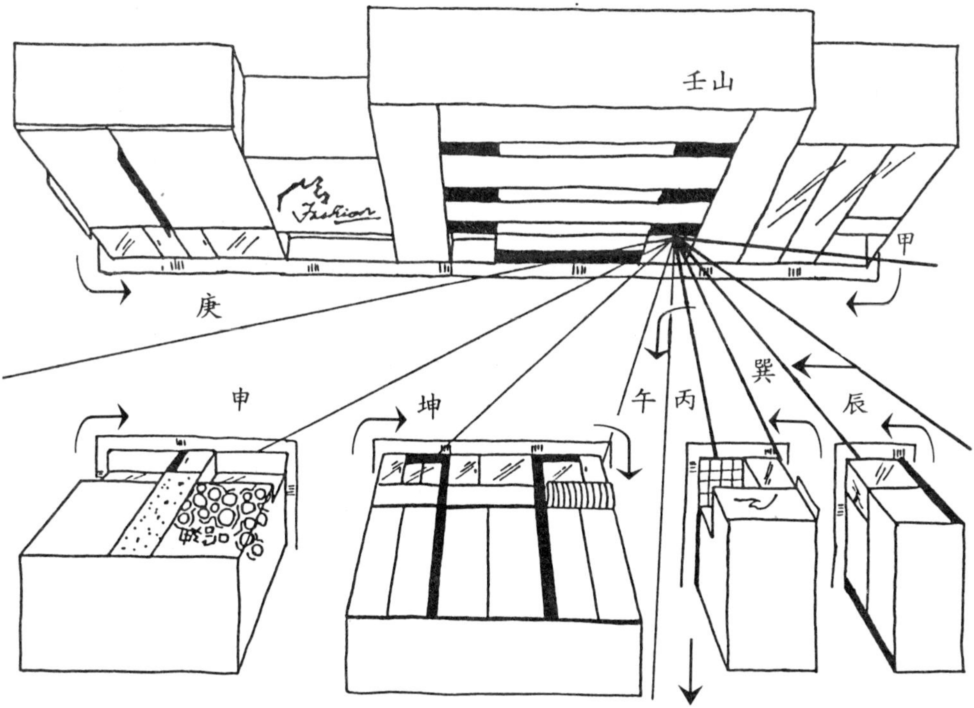
壬山
Fashion
甲
庚
申
坤
午
丙
巽
辰

陽宅實際斷法說明

壬山收庚申丁午水，交媾爲右弼吉水，水走甲交媾爲廉貞吉水，主合局吉論。收右弼吉水，主生人明理孝順，夫妻恩愛，子女孝順。水走廉貞吉水，主健康長壽，榮華富貴。

壬山合局吉論：主聚富可救貧，血財興旺多利，文武全才爲公卿，亦多納票貢行人。

斷年月：流年流月，天干壬年壬月福應。

斷房份：壬山主二房應。

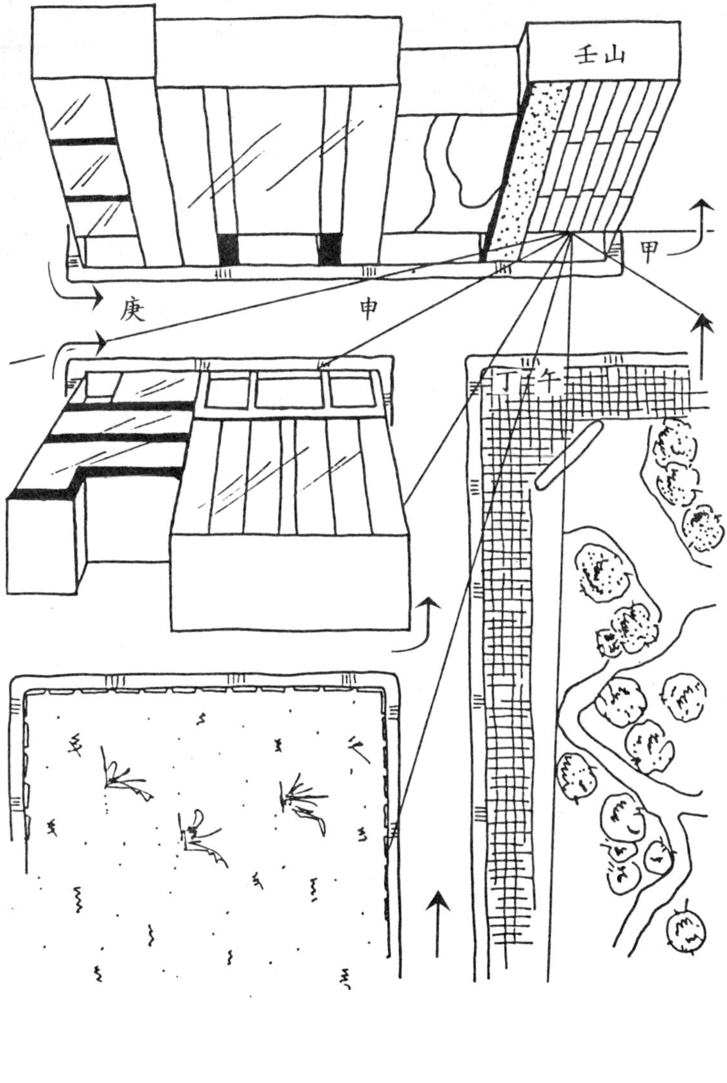
壬山
甲
庚
申
丁
午

陽宅實際斷法說明

壬山收甲卯巽水，交媾爲巨門吉水，水走丁交媾爲武曲凶水，主破局凶論。收巨門吉水，主忠孝多壽出神童，做生意發福甚速。水走武曲凶水，主成材之子早歸陰，愚子不歸陰，男女走他鄉，血光、車禍。

疾病論：喉疾、喘息、呼吸、梅毒、痰疾、鼻血。

水走丁破局凶論：退敗之時無可救，腹痛、短壽，破敗人丁損。

斷年月：水走丁，流年流月，天干丁年丁月禍應。

斷房份：水走丁，主三房應。

宜內陽改造法：重新安神位，坐庚山收甲卯巽水，交媾爲武曲吉水，水走丁交媾爲廉貞吉水，主合局吉論。

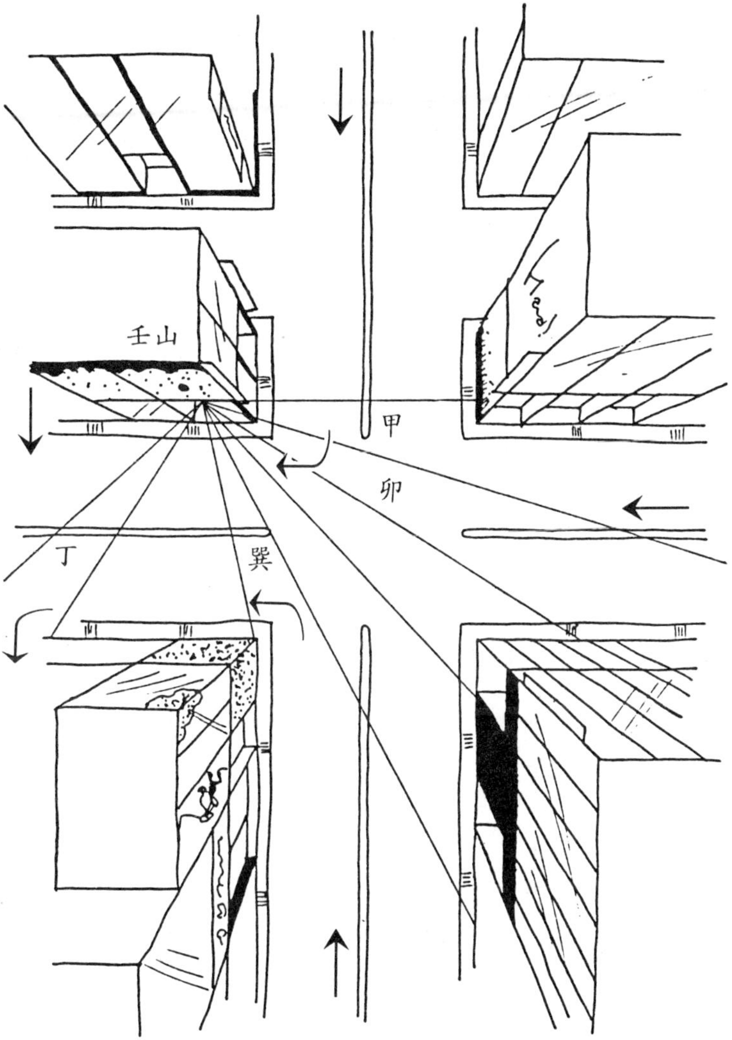
壬山
甲
卯
丁
巽

陽宅實際斷法說明

壬山收庚申未丁水，交媾爲祿存凶水，水走巽交媾爲祿存吉水，主破局凶論。收祿存凶水，主出人心性頑鈍，行事妄誕，離祖過房，男僧女道，飲毒藥自縊，好酒色及賭，癲狂不善終，夭折、絕嗣、蛇傷。水走祿存吉水，主爲人勤儉守財。

疾病論：胃腸障礙、水腫、脹滿、神經系統。

壬山破局凶論：主敗退出遊蕩，水盛多生黃腫病，水厄、落水，逃竄他方爲災殃。

斷年月：流年流月，天干壬年壬月禍應。

斷房份：壬山主二房應。

宜內外陽同時改造：首先外陽改造，在滴水處加遮陽板，改變收水方位，及走水方位，改變後收酉庚坤未水，水走巳。內陽改造，坐庚山。

內外陽改造後：坐庚山收酉庚坤未水，交媾爲左輔吉水，水走巳交媾爲廉貞吉水，主合局吉論。

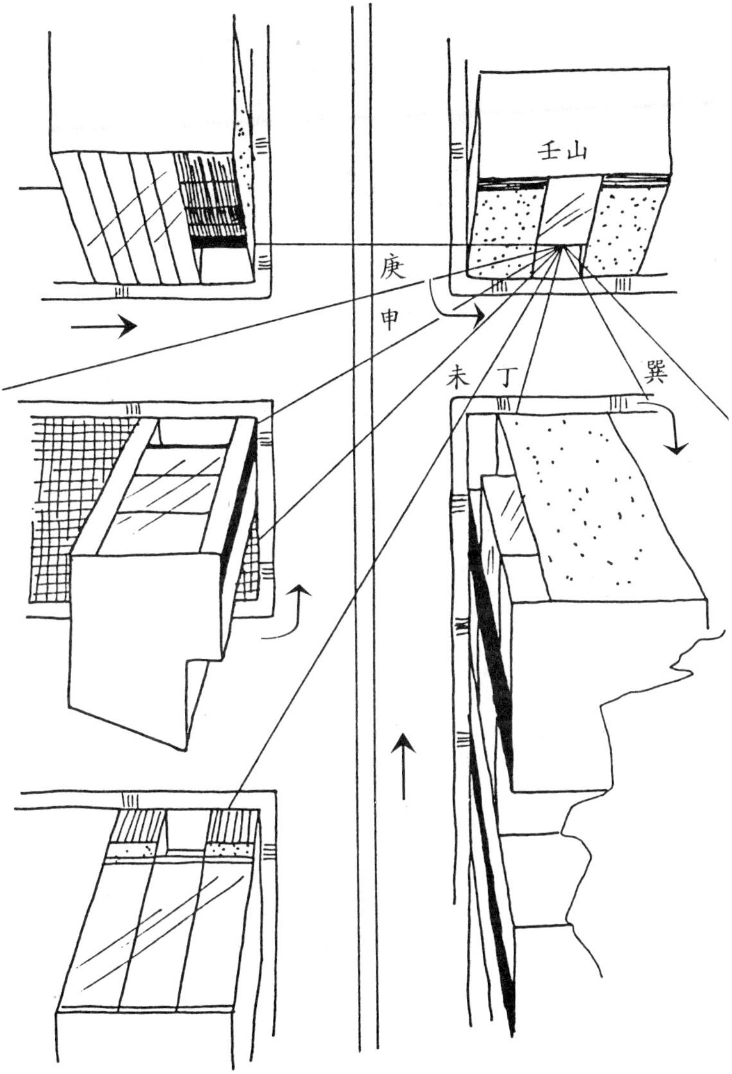
壬山
庚
申
未
丁
巽

陽宅實際斷法說明

壬山收甲乙水，交媾爲破軍凶水，水走坤交媾爲貪狼凶水，主破局凶論。

收破軍凶水，主凶暴作賊好訟，投軍劫掠，出樂士木匠，瘟瘽連連，出虧體人，欠債不還，產死雷傷，落水絕嗣，投河自縊。水走貪狼凶水，主貪花喜酒，破家財。

疾病論：腳腫、缺唇、聾啞、肺病、頭病、筋骨痛、開刀、大腸病、骨癌。

壬山破局凶論：主敗退出遊蕩，水盛多生黃腫病，水厄、落水，逃竄他方爲災殃。

斷年月：流年流月，天干壬年壬月，及乙年乙月禍應。

斷房份：壬山主二房應，及水走坤長房應。

宜內陽改造法：重新安神位，坐庚山收甲乙水，交媾爲貪狼吉水，水走坤交媾爲廉貞吉水，主合局吉論。

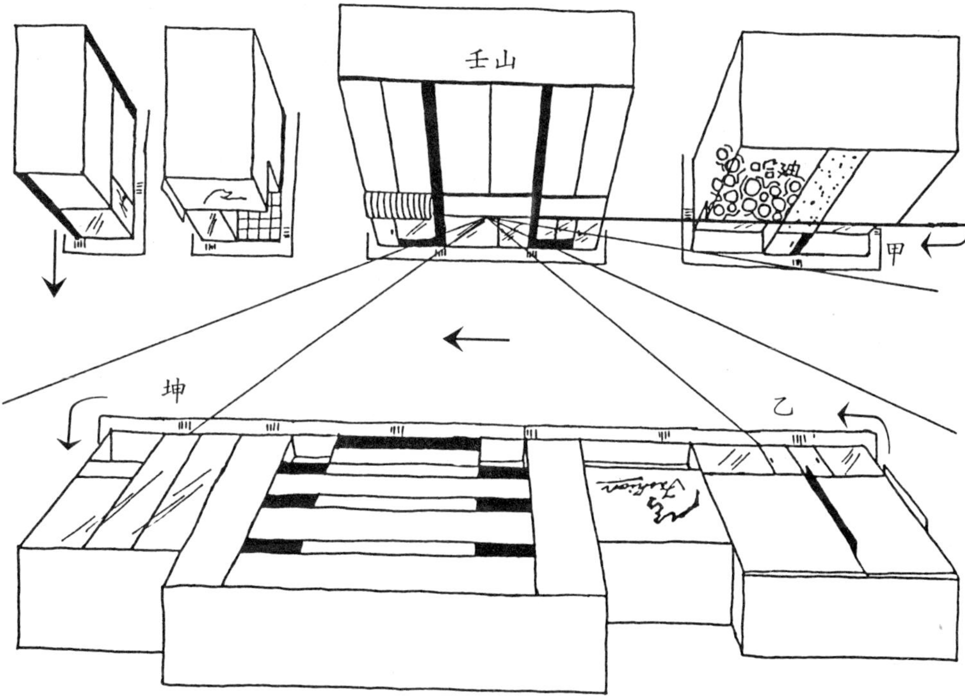
壬山
甲
坤
乙

子山三元氣運卦數

子山天星陽光，卦位山地剝䷖，卦運武曲六運，艮卦司令☶，司二十一年，從中元甲午年起，民國四十三年歲次甲午年至民國六十三年歲次甲寅年止。卦位坤爲地䷁，卦運貪狼一運，坤卦司令☷，司十八年，從上元甲子年起，同治三年歲次甲子年至光緒七年歲次辛巳年止。卦位地雷復䷗，卦運左輔八運，震卦司令☳，司二十一年，從中元丙子年起，民國八十五年歲次丙子年至民國一〇五年歲次丙申年止。卦位山雷頤䷚，卦運祿存三運，離卦司令☲，司二十四年，從上元丙午年起，光緒三十二年歲次丙午年至民國十八年歲次己巳年止。

子山與各宮數理：

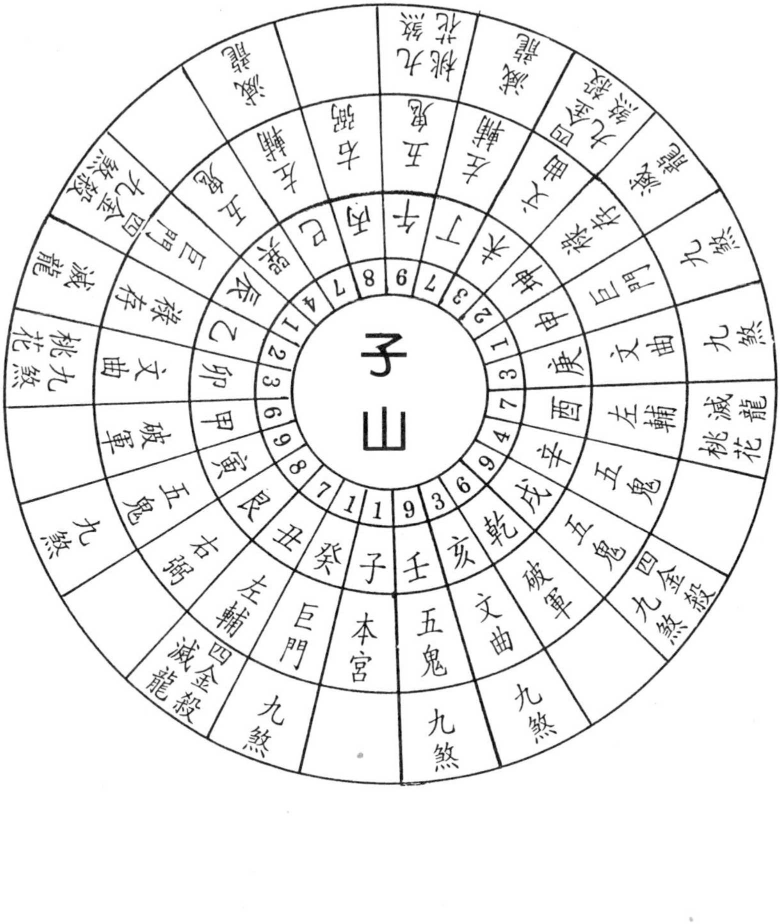

陽宅實際斷法說明

子山收卯巽巳水，交媾爲廉貞五鬼凶水，水走未交媾爲文曲吉水，主破局凶論。

收廉貞五鬼凶水，主爲人陰險不實，不禮貌好勇鬥，瘟癀連連，出巫師術士，失火刑配，自縊產亡，出異體兒，墮胎，但初遷入或安神、安位，二年內可發福，二年後禍事連連。水走文曲吉水，文曲是玄空卦中之桃花星，不管吉凶亦有桃花之論，生貴子旺家財，男人會納妾。

疾病論：眼疾、殘缺開刀、心氣不足、血癌、腸疾。

子山破局凶論：主桃花多耳聾，水盛落水或黃腫，又犯盜賊並車禍，忽然縊死令人驚。

斷年月：申子辰年月禍應。

斷房份：子山主長房應。

宜內陽改造法：重新安神位，坐酉山收卯巽巳水，交媾爲貪狼吉水，水走未交媾爲廉貞吉水，主合局吉論。

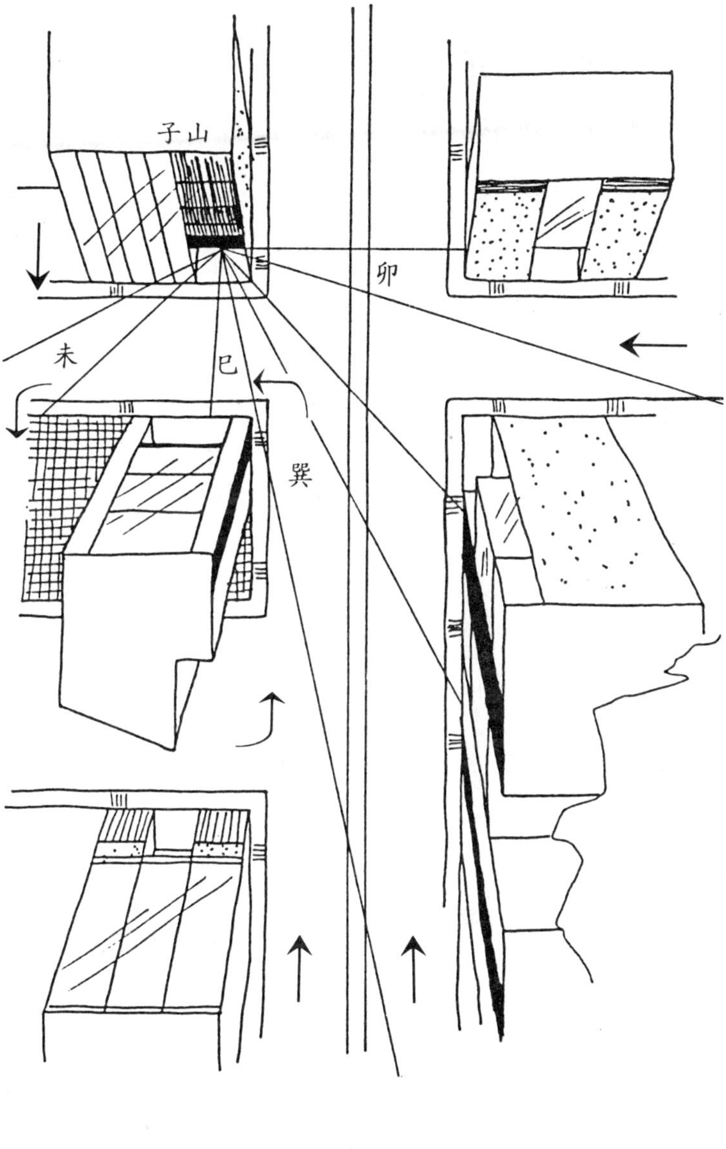
子山
卯
未
巳
巽

陽宅實際斷法說明

子山收酉庚申丁卯丙水，交媾爲廉貞五鬼凶水，水走午交媾爲廉貞吉水，主破局凶論。

收廉貞五鬼凶水，主爲人陰險不實，不禮貌好勇鬥，瘟瘇連連，出巫師術士，失火刑配，自縊產亡，出異體兒，墮胎，但初遷入或安神、安位，二年內可發福，二年後禍事連連。水走廉貞吉水，主健康長壽，榮華富貴。

疾病論：眼疾、殘缺開刀、心氣不足、血癌、腸疾。

斷年月：申子辰年月禍應。

斷房份：子山主長房應。

宜內外陽同時改造：首先外陽改造，在滴水處加遮陽板，改變收水方位，及走水方位，改變後收辛酉庚未午乙水，水走丁。內陽改造，坐卯山。

內外陽改造後：坐卯山收辛酉庚未午乙水，交媾爲貪狼吉水，水走丁交媾爲廉貞吉水，主合局吉論。

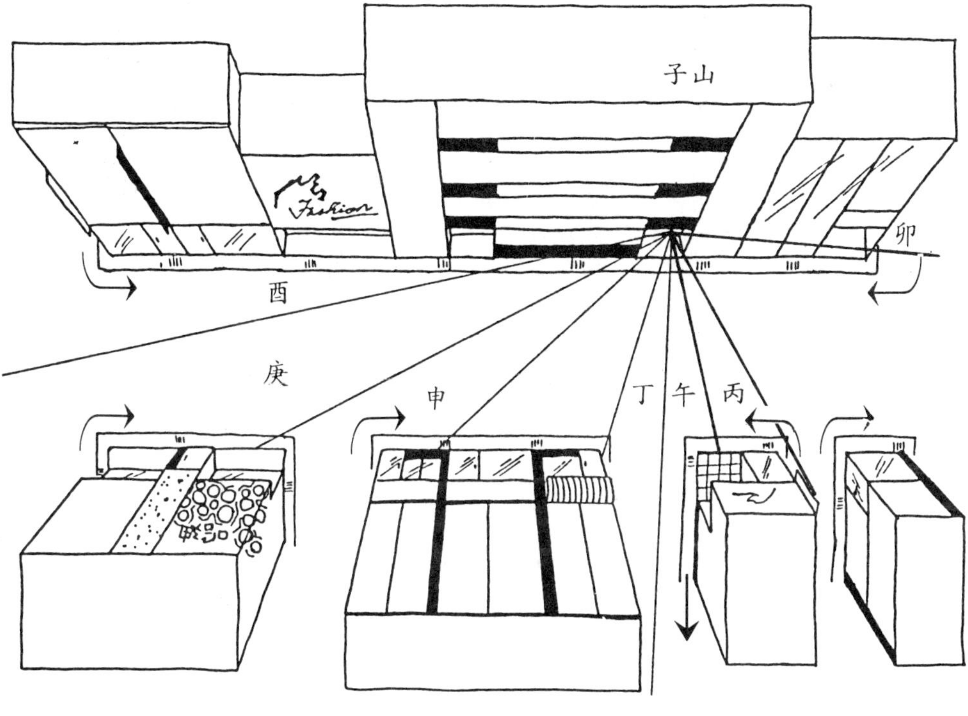
子山
Fashion
卯
酉
庚
申
丁
午
丙

陽宅實際斷法說明

子山收酉庚坤未水，交媾爲武曲吉水，水走巳交媾爲左輔凶水，主破局凶論。水走左輔

收武曲吉水，主出人清貴富厚，登科及第，福壽雙全，爲官近帝王。

凶水，主夫妻不和，子女忤逆，退敗寡孀。

疾病論：股肱病、腸肺病、喉嚨病、白眼。

水走巳破局凶論：主吐血並癆瘵，少年多損見蛇災。

斷年月：水走巳，巳酉丑年月禍應。

斷房份：水走巳，主二房應。

宜內陽改造法：重新安神位，坐卯山收酉庚坤未水，交媾爲左輔吉水，水走巳交媾

爲廉貞吉水，主合局吉論。

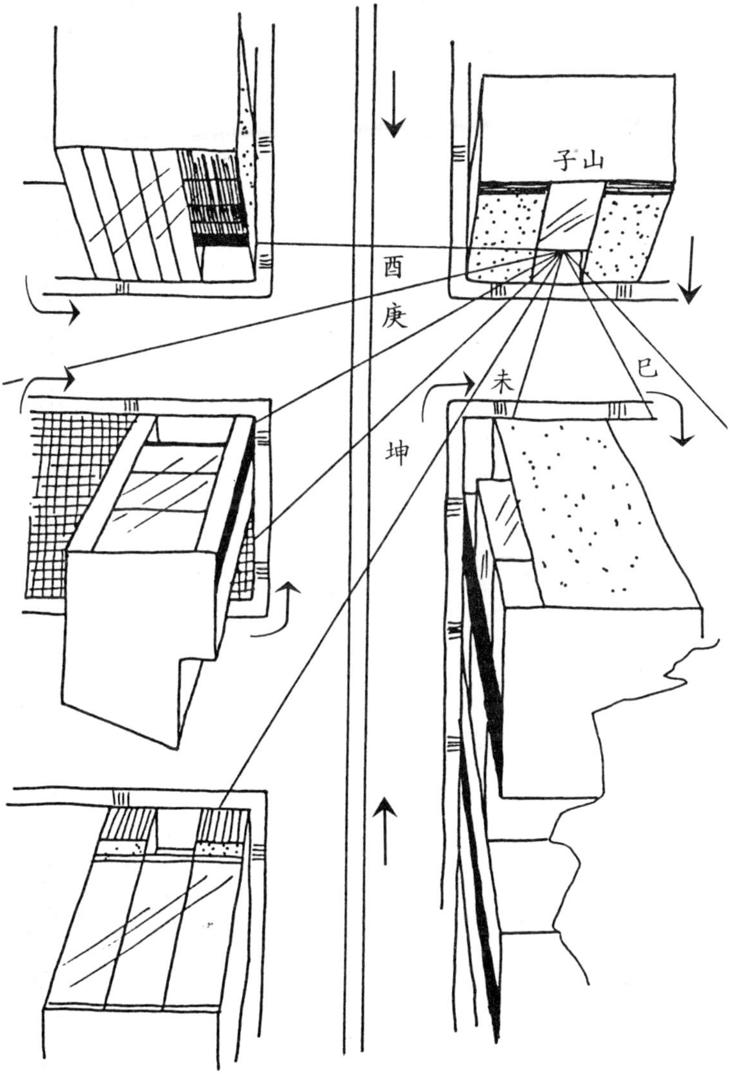
子山
酉
庚
未
巳
坤

陽宅實際斷法說明

子山收卯辰水，交媾爲廉貞五鬼，又收卯辰水，水本身九煞凶水，水走巨門、九煞凶水，主破局凶論。

收廉貞五鬼凶水，主爲人陰險不實，不禮貌好勇鬥，瘟癀連連，巫師術士，失火刑配，自縊產亡，出異體兒，墮胎。水走巨門凶水，主官司牽連，家散不合，多是非破敗，生子不成全。

疾病論：眼疾、殘缺開刀、心氣不足、血癌、腸疾。

子山破局凶論：主桃花多耳聾，水盛落水或黃腫，又犯盜賊並車禍，忽然縊死令人驚。

水走申破局凶論：主癆瘵少年死，人命犯來遭刑憲，逃竄絕亡實堪哀。

斷年月：申子辰年月禍應，水走申，同申子辰年月禍應。

斷房份：子山主長房應，水走申主二房應。

宜內外陽同時改造：首先外陽改造，在滴水處上方作個看板至乙水中間，改變收水，改變後收卯乙辰水，水走申。內陽改造，坐卯山。

內外陽改造後：坐卯山收卯乙辰水，交媾爲右弼吉水，水走申交媾爲文曲吉水，主合局吉論。

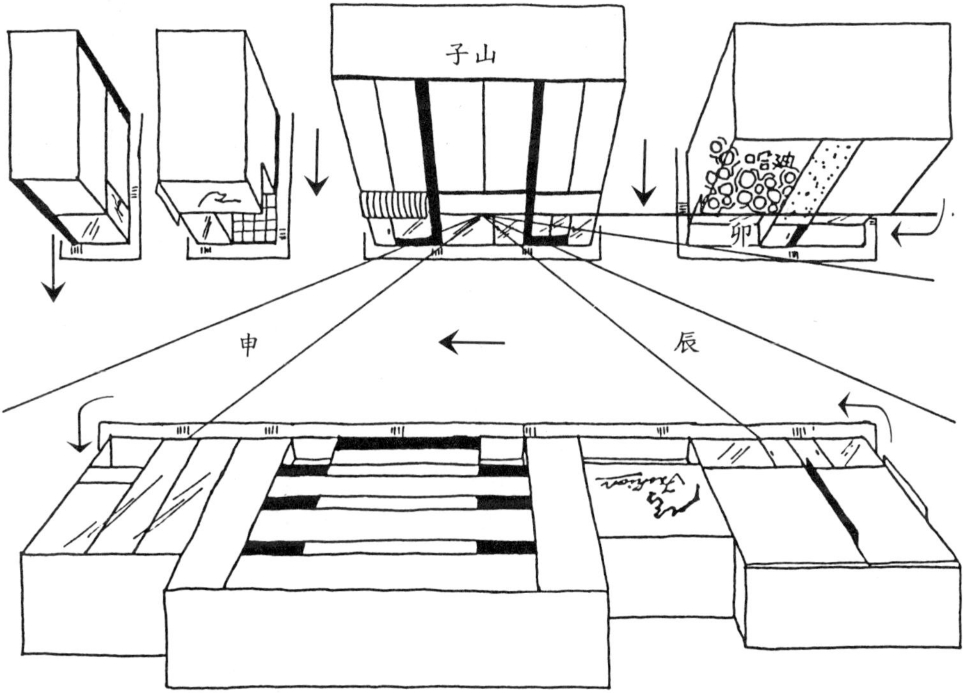
子山
卯
申
辰

陽宅實際斷法說明

子山收酉庚申未午水，交媾爲文曲凶水，水走丙交媾爲右弼凶水，主破局凶論。收文曲凶水，主女插花枝逐客行，男人破家因酒色及賭，女人內亂公訟興，令人冷退絕人丁，墮胎、自縊、落水。水走右弼凶水，主夫妻不和，子女忤逆，退敗寡孀。

疾病論：子宮、帶下症、風濕、疝氣、膀胱、睪丸、腎臟病、耳疾、血系、心臟栓塞。

子山破局凶論：主桃花多耳聾，水盛落水或黃腫，又犯盜賊並車禍，忽然縊死令人驚。

水走丙破局凶論：主家敗或火燒，廢而不起多災咎。

斷年月：申子辰年月禍應，水走丙，流年流月，天干丙年丙月禍應。

斷房份：子山主長房應，水走丙主二房應。

宜內陽改造法：重新安神位，坐午山收酉庚申未午水，交媾爲巨門吉水，水走丙交媾爲破軍吉水，主合局吉論。

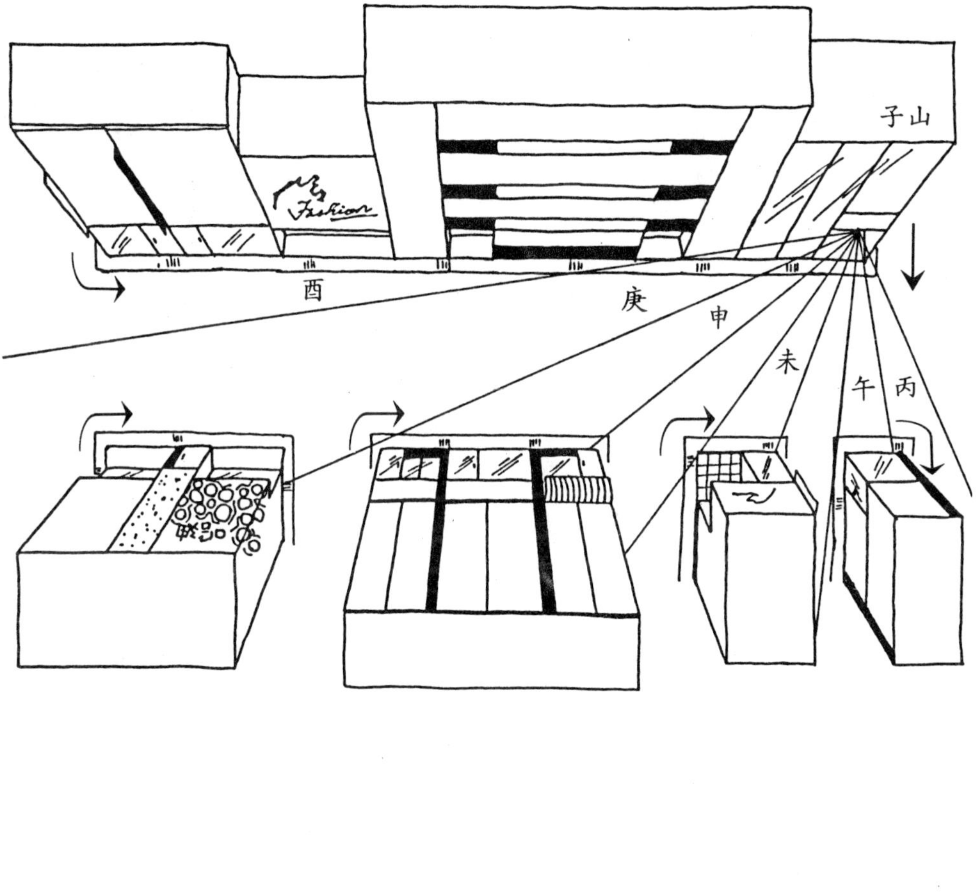
子山
Fashion
酉
庚
申
未
午
丙

陽宅實際斷法說明

子山收酉庚未水，交媾爲文曲凶水，水走巳交媾爲左輔、滅龍凶水，主破局凶論。

收文曲凶水，主女插花枝逐客行，男人破家因酒色及賭，女人內亂公訟興，令人冷退絕人丁，墮胎、自縊、落水。水走左輔凶水，主夫妻不和，子女忤逆，退敗寡孀。

疾病論：子宮、帶下症、風濕、疝氣、膀胱、睪丸、腎臟病、耳疾、血系、心臟栓塞。

子山破局凶論：主桃花多耳聾，水盛落水或黃腫，又犯盜賊並車禍，惚然縊死令人驚。

水走巳破局凶論：主吐血並癆瘵，少年多損見蛇災。

斷年月：申子辰年月禍應，水走巳，巳酉丑年月禍應。

斷房份：子山主長房應，水走巳主二房應。

宜內陽改造法：重新安神位，坐卯山收酉庚未水，交媾爲武曲吉水，水走巳交媾爲廉貞吉水，主合局吉論。

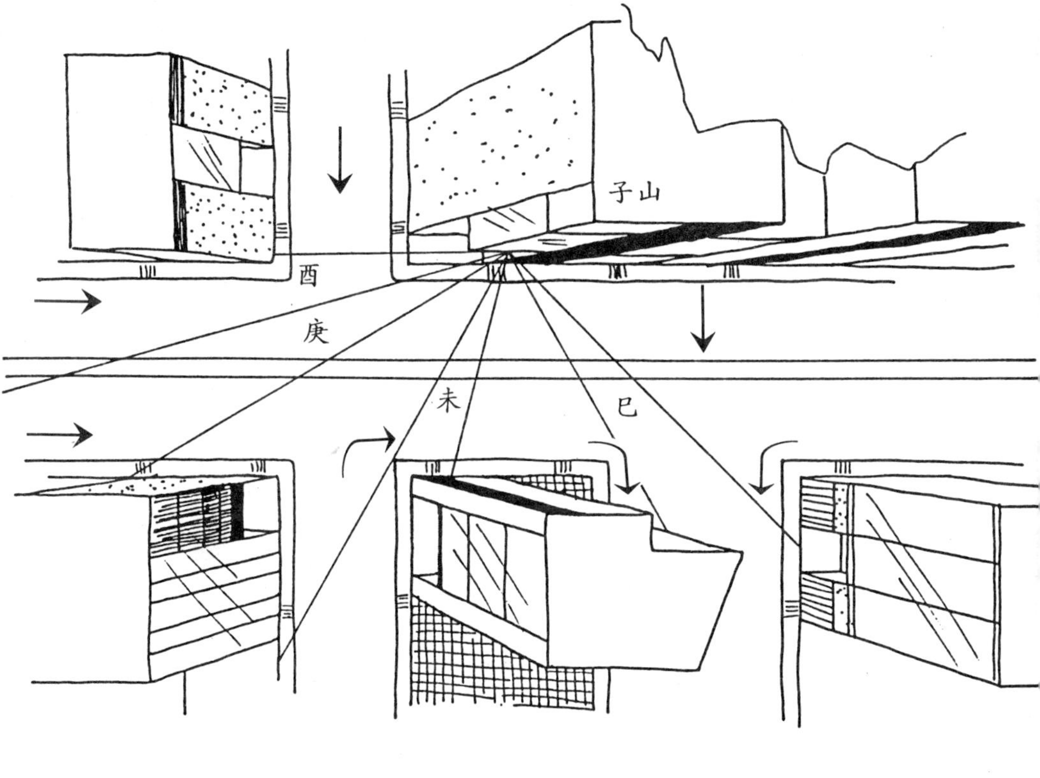
子山
酉
庚
未
巳

陽宅實際斷法說明

子山收酉庚未丁水，交媾爲貪狼吉水，水走卯交媾爲文曲吉水，主合局吉論。收貪狼吉水，主聰明孝友，因公進田，財帛旺盛，登科及第。水走文曲吉水，主文曲是玄空卦中之桃花星，不管吉凶亦有桃花之論，生貴子旺家財，男人會納妾。

子山合局吉論：主子山是帝座位，變衆臣朝拜之位，非紫微天皇位，亦不能處居天皇之位，故只能偏座，霸首一方，主出人雄心萬丈，處事膽大，作賊積富或貪污致富，盈生六指難養兒，家生胞胎喜臨門。

斷年月：申子辰年月福應。

斷房份：子山主長房應。

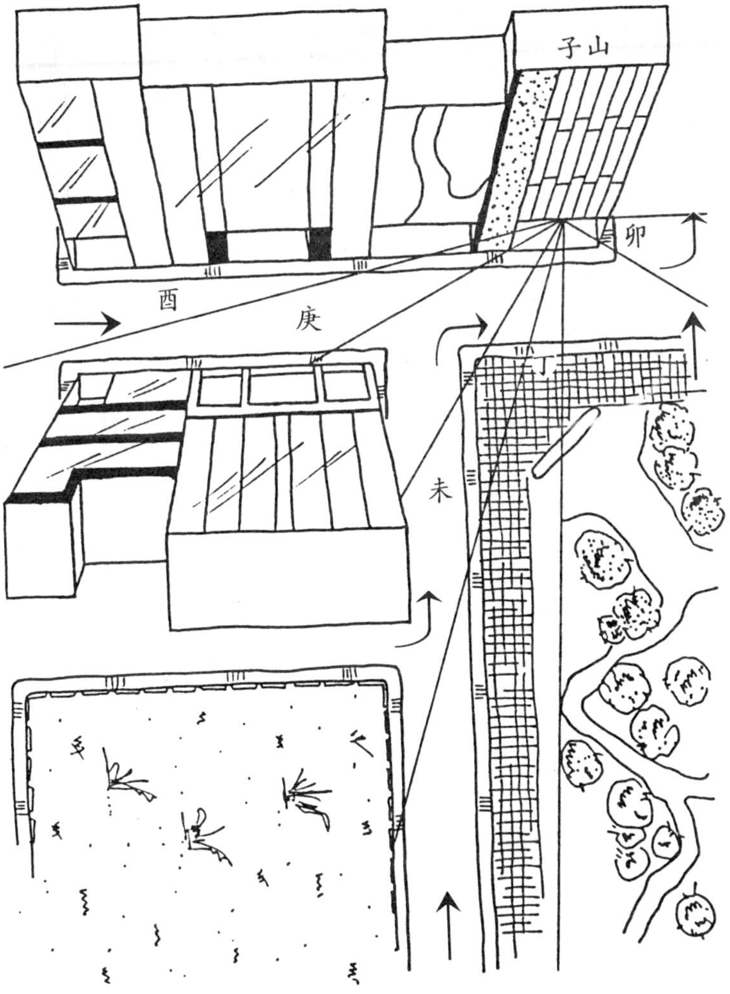
子山
卯
酉
庚
未

陽宅實際斷法說明

子山收卯乙巳水，交媾爲祿存凶水，水走未交媾爲文曲吉水，主破局凶論。

收祿存凶水，主出人心性頑鈍，行事妄誕，離祖過房，男僧女道，飲毒藥自縊，好酒色及賭，癲狂不善終，夭折、絕嗣、蛇傷。水走文曲吉水，主文曲是玄空卦中之桃花星，不管吉凶有桃花之論，生貴子旺家財，男人會納妾。

疾病論：胃腸障礙、水腫、脹滿、神經系統。

子山破局凶論：主桃花多耳聾，水盛落水或黃腫，又犯盜賊並車禍，忽然縊死令人驚。

斷年月：申子辰年月禍應。

斷房份：子山主長房應。

宜內陽改造法：重新安神位，坐酉山收卯乙巳水，交媾爲右弼吉水，水走未交媾爲廉貞吉水，主合局吉論。

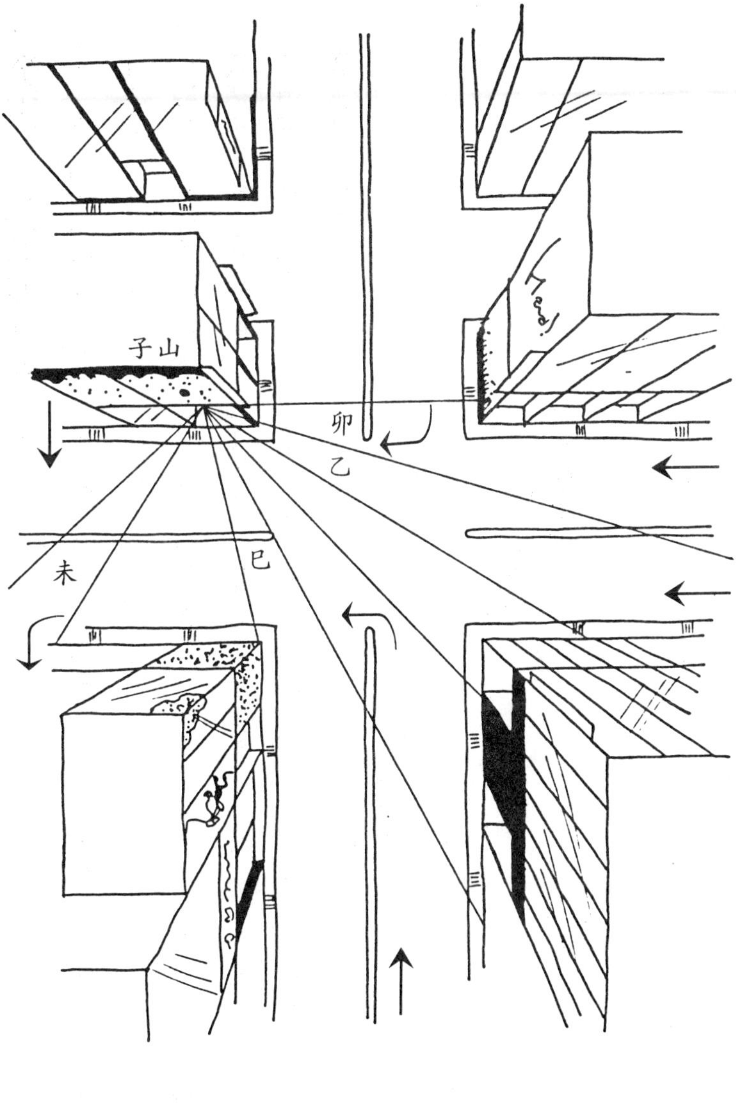
子山
卯
乙
未
巳

癸山三元氣運卦數

癸山天星陰光，卦位山雷頤☶☳，卦運祿存三運，離卦司令☲，司二十四年，從上元丙午年起，光緒三十二年歲次丙午年至民國十八年歲次己巳年止。卦位水雷屯☵☳，卦運文曲四運，兌卦司令☱，司二十四年，從中元庚午年起，民國十九年歲次庚午年至民國四十二年歲次癸巳年止。卦位風雷益☴☳，卦運右弼九運，乾卦司令☰，司二十七年，從下元丁酉年起，民國一〇六年歲次丁酉年至民國一三二年歲次癸亥年止。

癸山與各宮數理

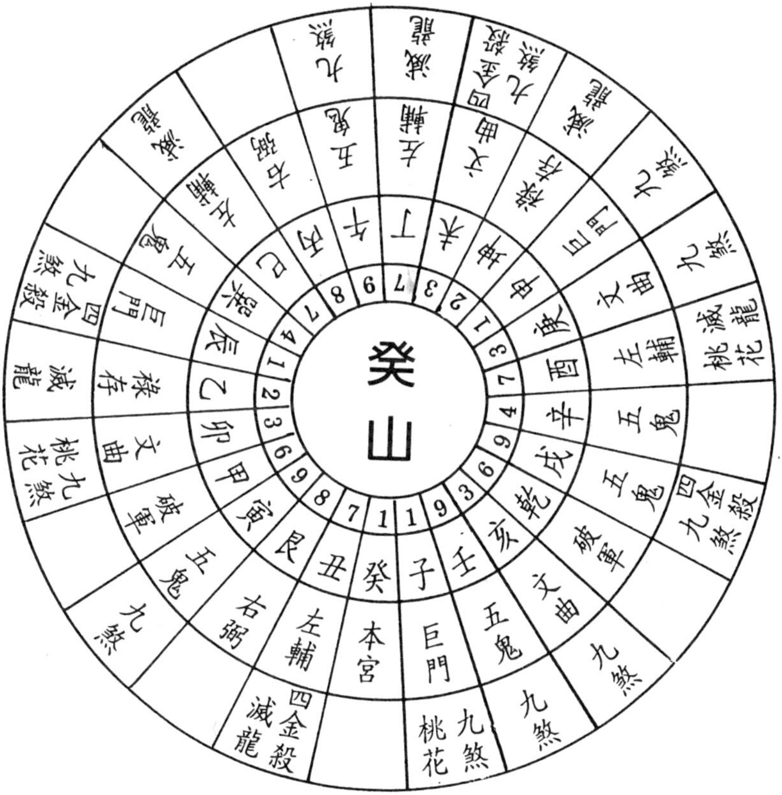

陽宅實際斷法說明

癸山收辛酉申坤水，交媾爲廉貞五鬼凶水，水走丙交媾爲右弼凶水，主破局凶論。

收廉貞五鬼凶水，主爲人陰險不實，不禮貌好勇鬥，瘟瘽連連，巫師術士，失火刑配，自縊產亡，出異體兒，墮胎。水走右弼凶水，主夫妻不和，子女忤逆，退敗寡孀。

疾病論：眼疾、殘缺開刀、心氣不足、血癌、腸疾。

癸山破局凶論：主桃花多耳聾，水盛落水或黃腫，又犯盜賊並車禍，生六指缺唇之人，忽然縊死令人驚。

水走丙破局凶論：主家敗或火燒，廢而不起多災咎。

斷年月：流年流月，天干癸年癸月禍應，及水走丙，流年流月，天干丙年丙月禍應。

斷房份：癸山主三房應，水走丙，主二房應。

宜內陽改造法：重新安神位，坐丁山收辛酉申坤水，交媾爲貪狼吉水，水走丙交媾爲廉貞吉水，主合局吉論。

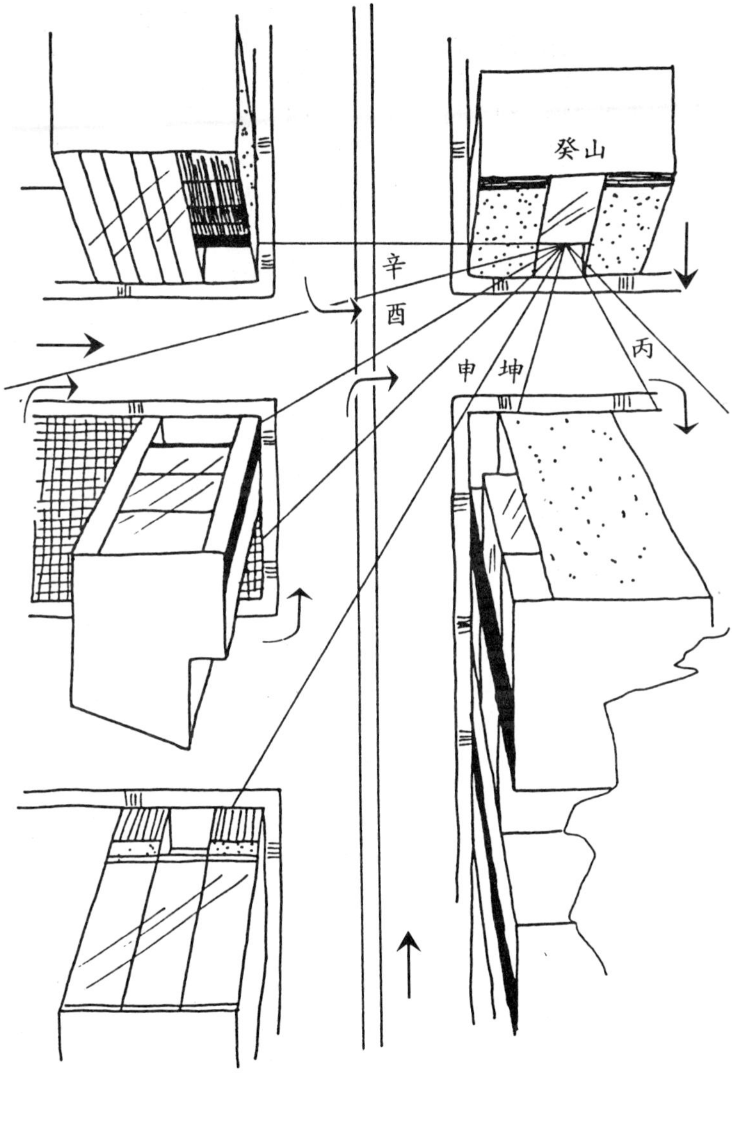
癸山
辛
酉
申
坤
丙

陽宅實際斷法說明

癸山收乙巽水，交媾爲破軍凶水，水走庚交媾爲文曲吉水，主破局凶論。收破軍凶水，主凶暴作賊好訟，投軍劫掠，樂士木匠，瘟瘽連連，虧體人，欠債不還，產死雷傷，投河自縊。水走文曲吉水，主文曲是玄空卦中之桃花星，不管吉凶亦有桃花之論，生貴子旺家財，男人會納妾。

疾病論：腳腫、缺唇、聾啞、肺病、頭病、筋骨痛、開刀、大腸病、骨癌。

癸山破局凶論：主桃花多耳聾，水盛落水或黃腫，又犯盜賊並車禍，生六指缺唇之人，忽然縊死令人驚。

斷年月：流年流月，天干癸年癸月禍應。

斷房份：癸山主三房應。

宜內陽改造法：重新安神位，坐乙山收乙巽水，交媾爲左輔吉水，水走庚交媾爲廉貞吉水，主合局吉論。

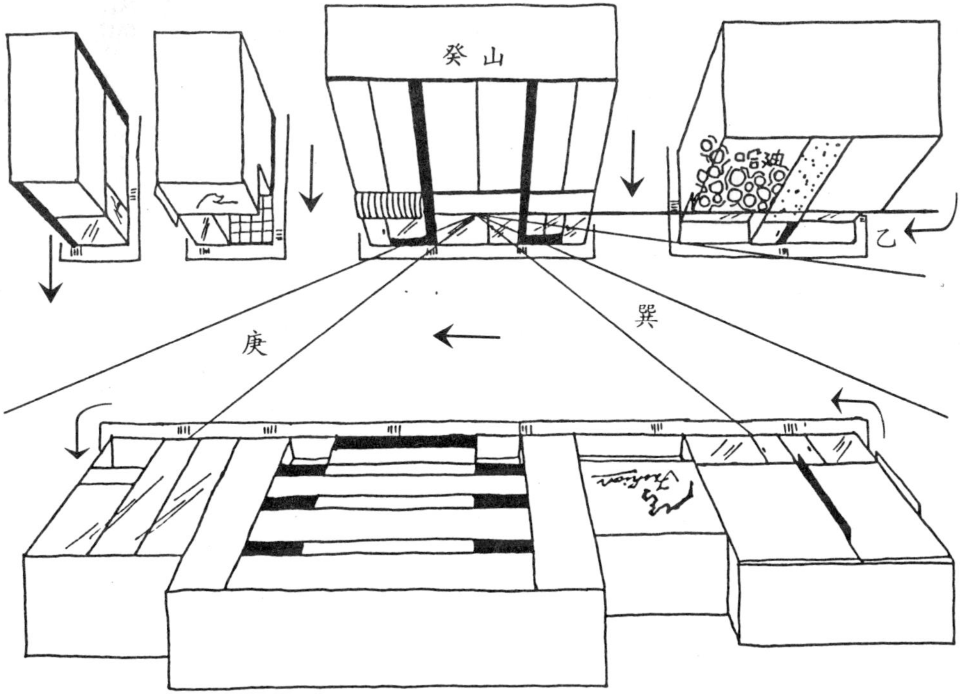
癸山
乙
庚
巽

陽宅實際斷法說明

癸山收辛酉庚坤丁水，交媾爲文曲凶水，水走午交媾爲廉貞五鬼吉水，主破局凶論。

收文曲凶水，主女插花枝逐客行，男人破家因酒色及賭，女人內亂公訟興，令人冷退絕人丁，墮胎、自縊、落水。水走廉貞吉水，主健康長壽，榮華富貴。

疾病論：子宮、帶下症、風濕、疝氣、膀胱、睪丸、腎臟病、耳疾、血系、心臟栓塞。

癸山破局凶論：主桃花多耳聾，水盛落水或黃腫，又犯盜賊並車禍，生六指缺唇之人，忽然縊死令人驚。

斷年月：流年流月，天干癸年癸月禍應。

斷房份：癸山主三房應。

宜內陽改造法：重新安神位，坐艮山收辛酉庚坤丁水，交媾爲貪狼吉水，水走午交媾爲破軍吉水，主合局吉論。

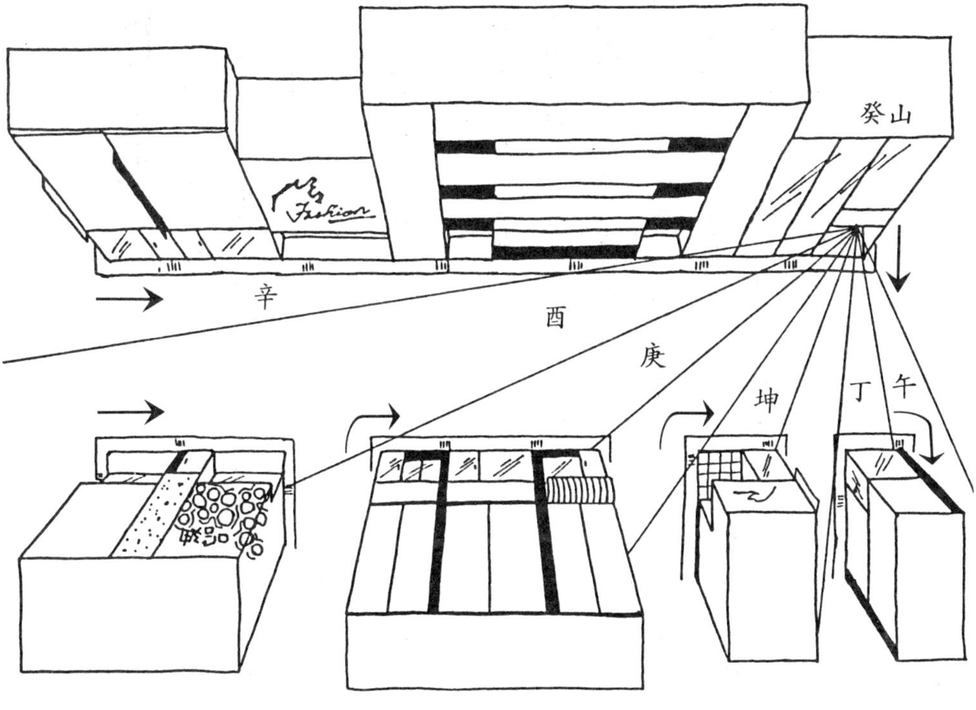
癸山
Fashion
辛
酉
庚
坤
丁
午

陽宅實際斷法說明

癸山收辛酉坤水，交媾爲文曲凶水，水走丙交媾爲右弼凶水，主破局凶論。

收文曲凶水，主女插花枝逐客行，男人破家因酒色及賭，女人內亂公訟興，令人冷退絕人丁，墮胎、自縊、落水。水走右弼凶水，主夫妻不和，子女忤逆，退敗寡孀。

疾病論：子宮、帶下症、風濕、疝氣、膀胱、睪九、腎臟病、耳疾、血系、心臟栓塞。

癸山破局凶論：主桃花多耳聾，水盛落水或黃腫，又犯盜賊並車禍，生六指缺唇之人，忽然縊死令人驚。

水走丙破局凶論：主家敗或火燒，廢而不起多災咎。

斷年月：流年流月，天干癸年癸月禍應，及水走丙，流年流月，天干丙年丙月禍應。

斷房份：癸山主三房應，水走丙，主二房應。

宜內陽改造法：重新安神位，坐寅山收辛酉坤水，交媾爲巨門吉水，水走丙交媾爲破軍吉水，主合局吉論。

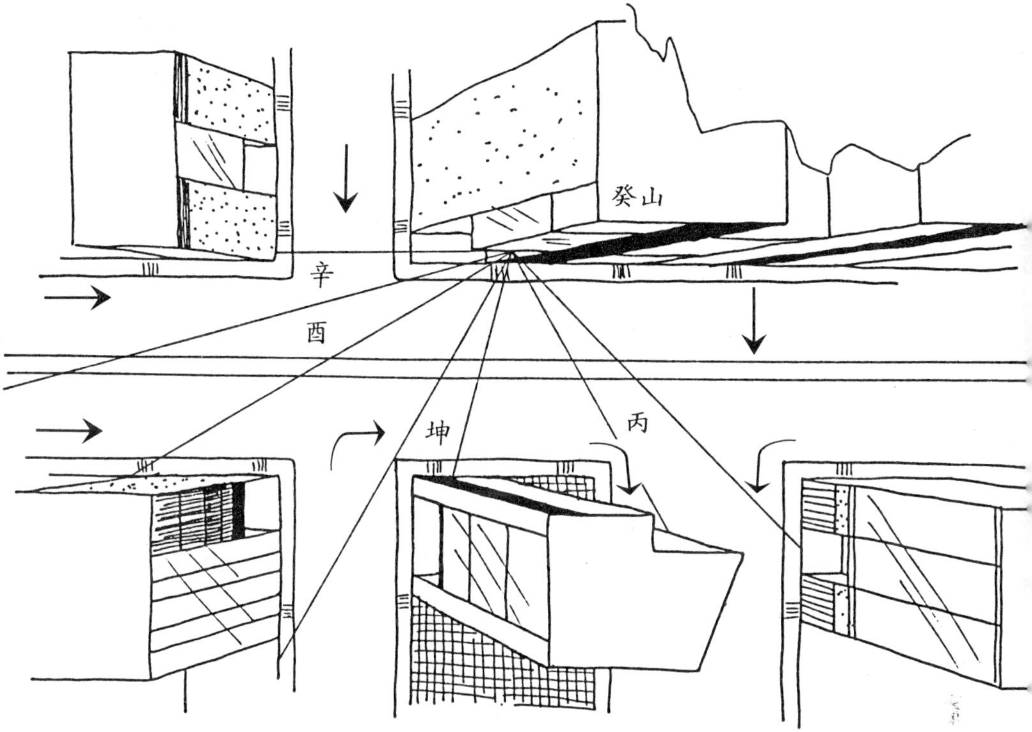
癸山
辛
酉
坤
丙

陽宅實際斷法說明

癸山收辛酉庚未水，交媾為左輔吉水，水走丁交媾為左輔凶水，但玄空水法水走面前偏無禍，因此水走左輔以合局吉論。

癸山合局吉論：主出人魁，做事勇敢不懼退，卻生貴女作皇妃，六指缺唇兒異怪，家生胞胎喜臨門。

斷年月：流年流月，天干癸年癸月福應。

斷房份：癸山主三房應。

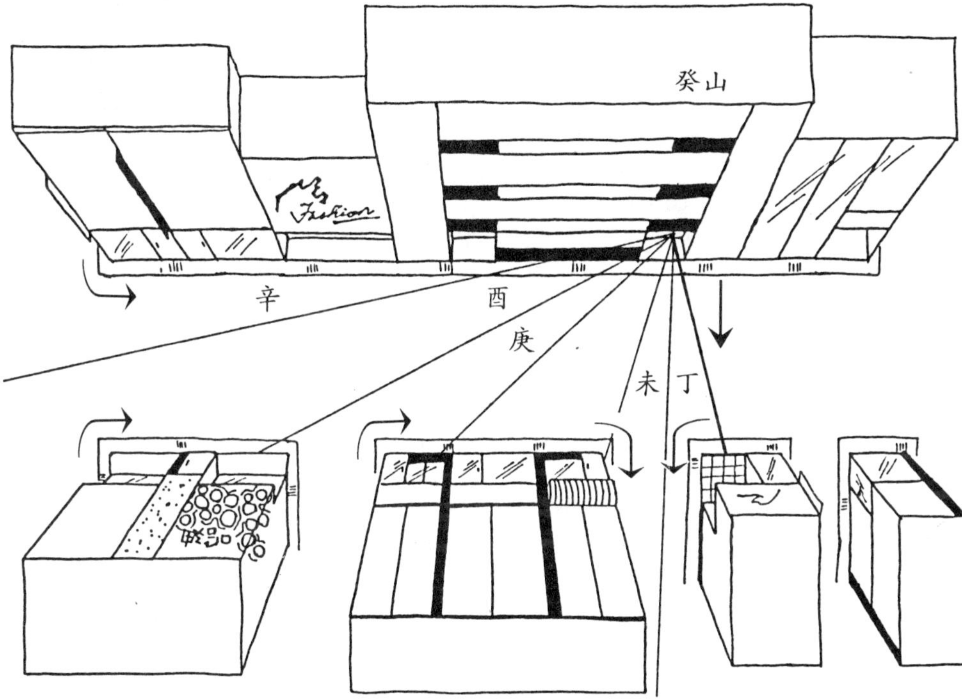
癸山
Fashion
辛
酉
庚
未
丁

陽宅實際斷法說明

癸山收乙辰丙午水，交媾為貪狼吉水，水走申交媾為巨門、九煞凶水，主破局凶論。

收貪狼吉水，主聰明孝友，因公進田，財帛旺盛，登科及第。水走巨門、九煞凶水，主官司牽連，家散不合，多是非破敗，生子不成全。

疾病論：胃腸、舌唇破傷、皮膚病、胸膜痛、飲食不振。

水走申破局凶論：主癆瘵少年死，人命犯來遭刑憲，逃竄絕亡實堪哀。

斷年月：水走申，申子辰年月禍應。

斷房份：水走申，主二房應。

宜內陽改造法：重新安神位，坐乙山收乙辰丙午水，交媾為巨門吉水，水走申交媾為祿存吉水，主合局吉論。

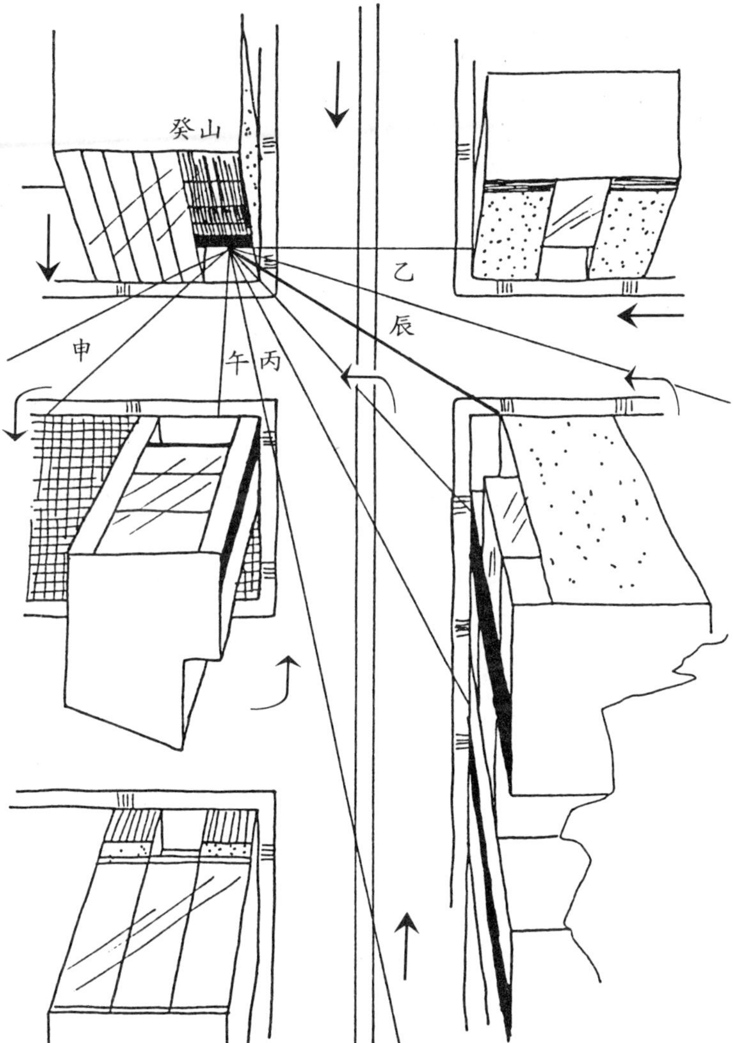
癸山
乙
辰
申
午
丙

陽宅實際斷法說明

癸山收乙辰丙水，交媾爲巨門吉水，水走坤交媾爲祿存吉水，主合局吉論。

收巨門吉水，主忠孝多壽出神童，做生意發福甚速。水走祿存吉水，主祿存是玄空卦中之庫，爲人勤儉守財。

癸山合局吉論：主出人魁，做事勇敢不懼退，卻生貴女作皇妃，六指缺唇兒異怪，家生胞胎喜臨門。

斷年月：流年流月，天干癸年癸月福應。

斷房份：癸山主三房應。

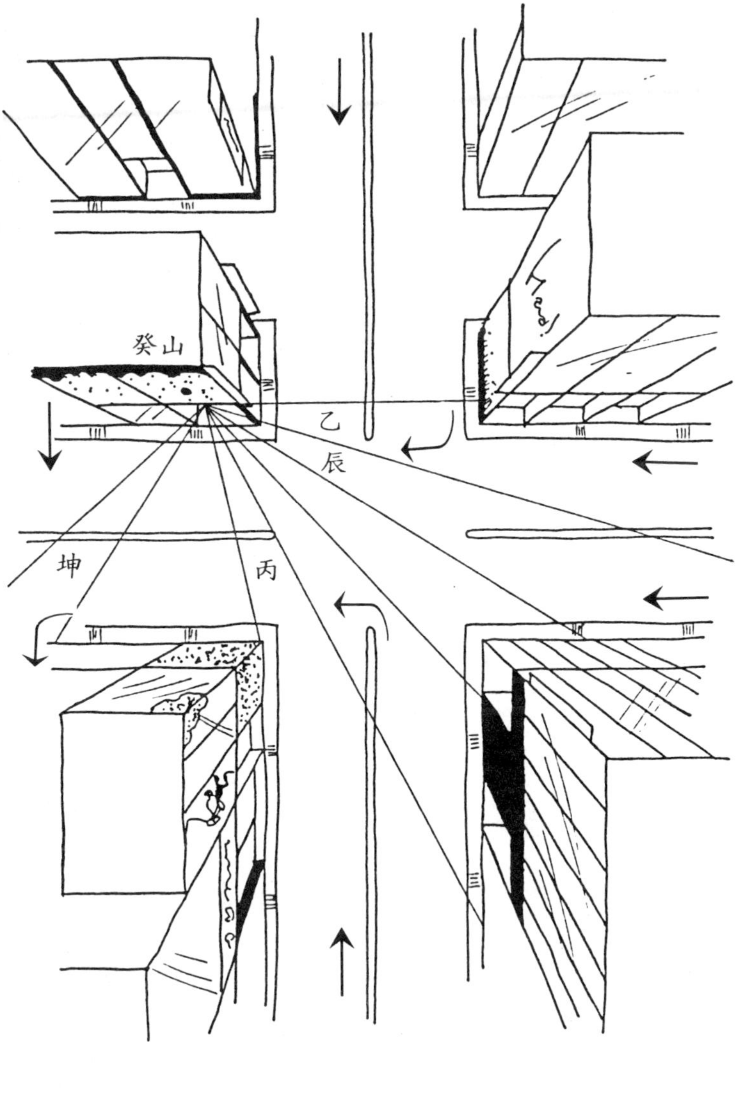
癸山
乙
辰
坤
丙

陽宅實際斷法說明

癸山收辛酉坤未水，交媾爲破軍凶水，水走乙交媾爲祿存吉水，主破局凶論。收破軍凶水，主凶暴作賊好訟，投軍劫掠，樂士木匠，瘟癀連連，出虧體人，欠債不還，產死雷傷，落水絕嗣，投河自縊。水走祿存吉水，主祿存是玄空卦中之庫，爲人勤儉守財。

疾病論：腳腫、缺唇、聾啞、肺病、頭病、筋骨痛、開刀、大腸病、骨癌。

癸山破局凶論：主桃花多耳聾，水盛落水或黃腫，又犯盜賊並車禍，生六指缺唇之人，忽然縊死令人驚。

斷年月：流年流月，天干癸年癸月禍應。

斷房份：癸山主三房應。

宜內陽改造法：重新安神位，坐乙山收辛酉坤未水，交媾爲左輔吉水，水走乙交媾爲文曲吉水，主合局吉論。

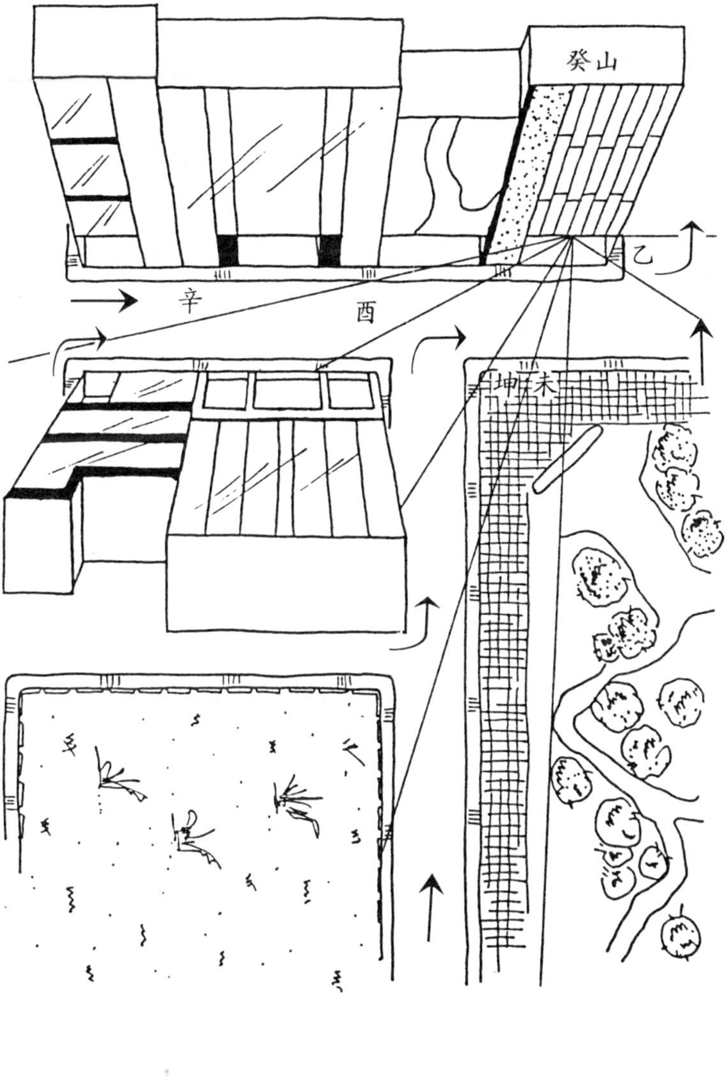
癸山
乙
辛
酉
坤
未

丑山三元氣運卦數

丑山天星天廚，卦位震爲雷䷲，卦運貪狼一運，坤卦司令☷，司十八年，從上元甲子年起，同治三年歲次甲子年至光緒七年歲次辛巳年止。卦位火雷噬嗑䷔，卦運武曲六運，艮卦司令☶，司二十一年，從中元甲午年起，民國四十三年歲次甲午年至民國六十三年歲次甲寅年止。卦位澤雷隨䷐，卦運破軍七運，坎卦司令☵，司二十一年，從中元乙卯年起，民國六十四年歲次乙卯年至民國八十四年歲次乙亥年止。

丑山與各宮數理

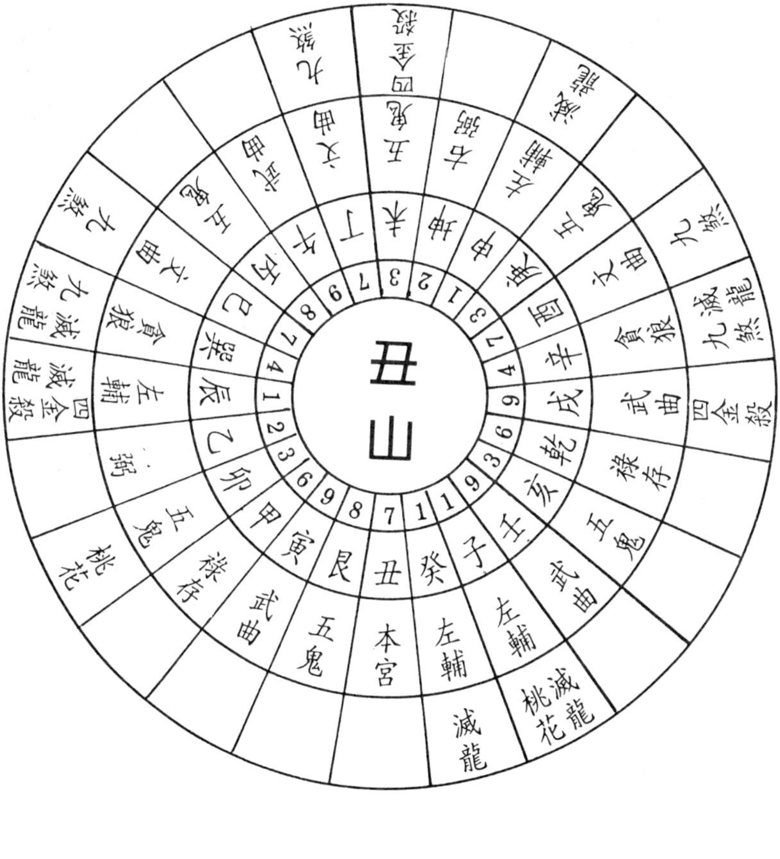

陽宅實際斷法說明

丑山收戌辛酉申未水，交媾爲貪狼吉水，水走丁交媾爲文曲吉水，主合局吉論。收貪狼吉水，主聰明孝友，因公進田，財帛旺盛，登科及第。水走文曲吉水，主文曲是玄空卦中之桃花星，不管吉凶亦有桃花之論，生貴子旺家財，男人會納妾。

丑山合局吉論：主旺田庄，牛羊樂息滿牧場，出人信佛求佛道，產業肥饒金帛光。

斷年月：巳酉丑年福應。

斷房份：丑山主三房應。

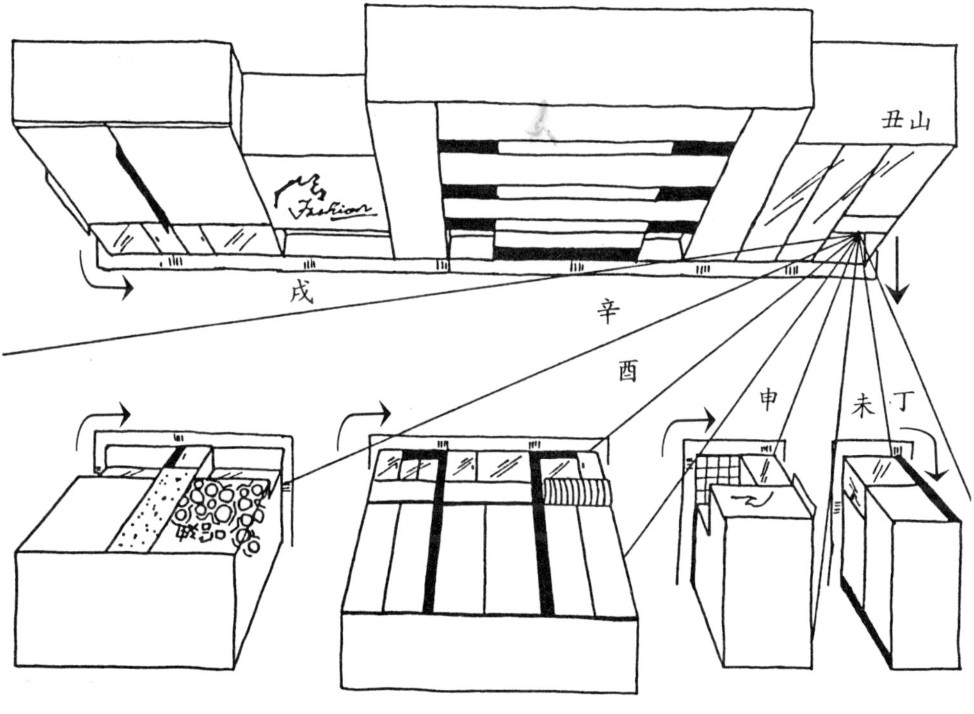
丑山
戌
辛
酉
申
未
丁

陽宅實際斷法說明

丑山收戌辛申水，交媾為貪狼吉水，水走午交媾為武曲凶水，主破局凶論。

收貪狼吉水，主聰明孝友，因公進田，財帛旺盛，登科及第。水走武曲凶水，主成材之子早歸陰，愚子不歸陰，男女走他鄉，血光、車禍。

疾病論：喉疾、喘息、呼吸、梅毒、痰疾、鼻血。

水走午破局凶論：主火災並淫亂，盜賊時生不肖男，又主盲目墮胎犯，刑獄破家遭刑難，婦人室女同淫濫。

斷年月：水走午，寅午戌年月禍應。

斷房份：水走午，主長房應。

宜內陽改造法：重新安神位，坐艮山收戌辛申水，交媾為巨門吉水，水走午交媾為破軍吉水，主合局吉論。

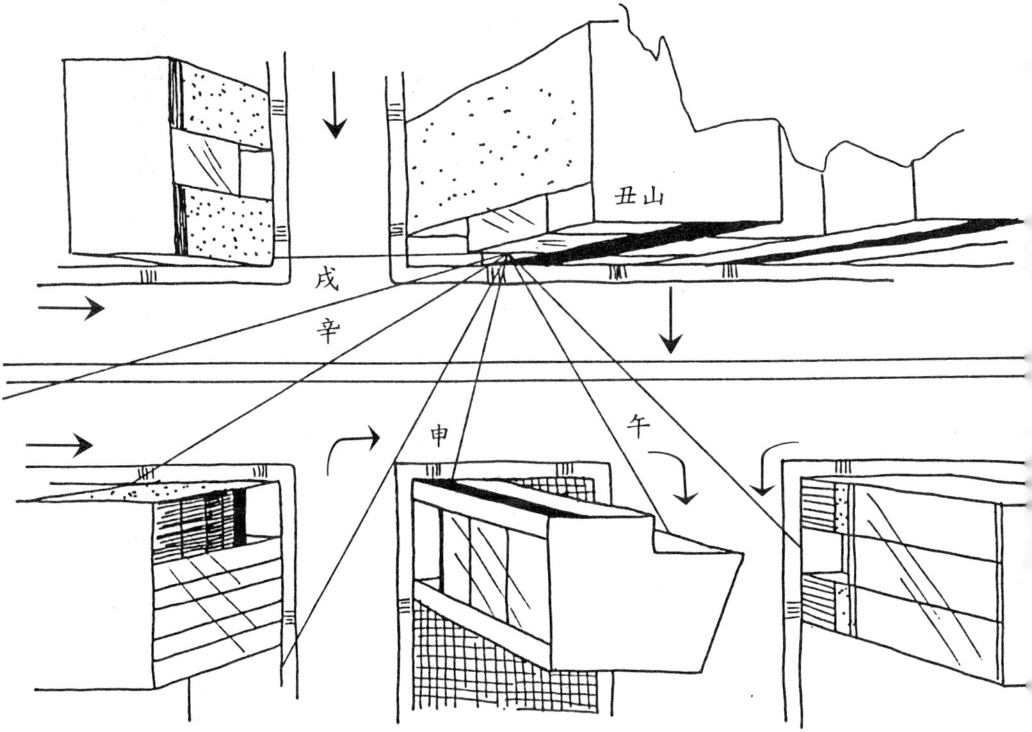
丑山
戌
辛
申
午

陽宅實際斷法說明

丑山收辰巳水，交媾為廉貞五鬼凶水，水走文曲吉水，主破局凶論。

收廉貞五鬼凶水，主為人陰險不實，不禮貌好勇鬥，瘟瘟連連，巫師術士，失火刑配，自縊產亡，出異體兒，墮胎。水走文曲吉水，主文曲是玄空卦中之桃花星，不管吉凶亦有桃花之論，生貴子旺家財，男人會納妾。

疾病論：眼疾、殘缺開刀、心氣不足、血癌、腸疾。

丑山破局凶論：主生人多夭折，鰥寡僧道定不良，橫逆惡死多瘋癲，殺戮公事禍非常，四墓之位破局非為吉，路死扛屍哭一場。

斷年月：巳酉丑年月禍應。

斷房份：丑山主三房應。

宜內陽改造法：重新安神位，坐未山收辰巳水，交媾為貪狼吉水，水走酉交媾為廉貞吉水，主合局吉論。

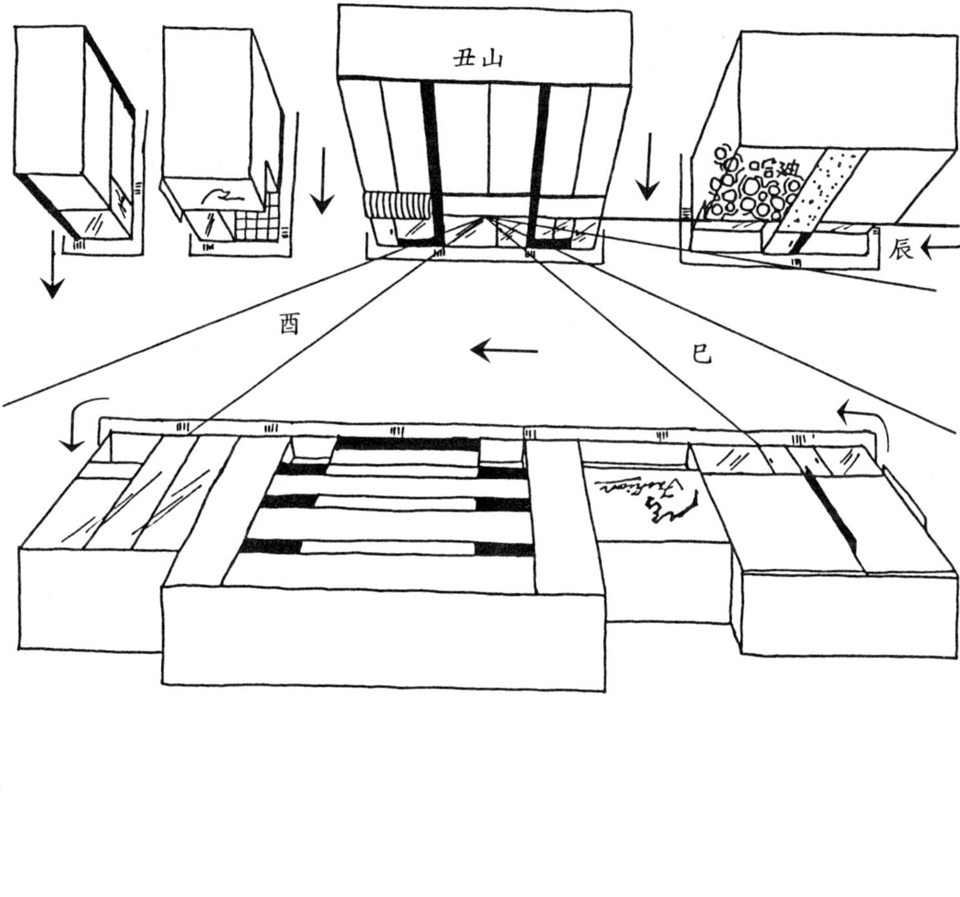
丑山
辰
酉
巳
哈迪

陽宅實際斷法說明

丑山收戌辛庚申水，交媾爲文曲凶水，水走午交媾爲武曲凶水，主破局凶論。

收文曲凶水，主女插花枝逐客行，男人破家因酒色及賭，女人內亂公訟興，令人冷退絕人丁，墮胎、自縊、落水。水走武曲凶水，主成材之子早歸陰，愚子不歸陰，男女走他鄉，血光、車禍。

疾病論：子宮、帶下症、風濕、疝氣、膀胱、睪丸、腎臟病、耳疾、血系、心臟栓塞。

丑山破局凶論：主生人多夭折，鰥寡僧道定不良，橫逆惡死多瘋癲，殺戮公事禍非常，四墓之位破局非爲吉，路死扛屍哭一場。

水走午破局凶論：主火災並淫亂，盜賊時生不肖男，又主盲目墮胎犯，刑獄破家遭刑難，婦人室女同淫濫。

斷年月：巳酉丑年月禍應，及水走午，寅午戌年月禍應。

斷房份：丑山主三房應，及水走午長房應。

宜內陽改造法：重新安神位，坐辰山收戌辛庚申水，交媾爲左輔吉水，水走午交媾爲廉貞吉水，主合局吉論。

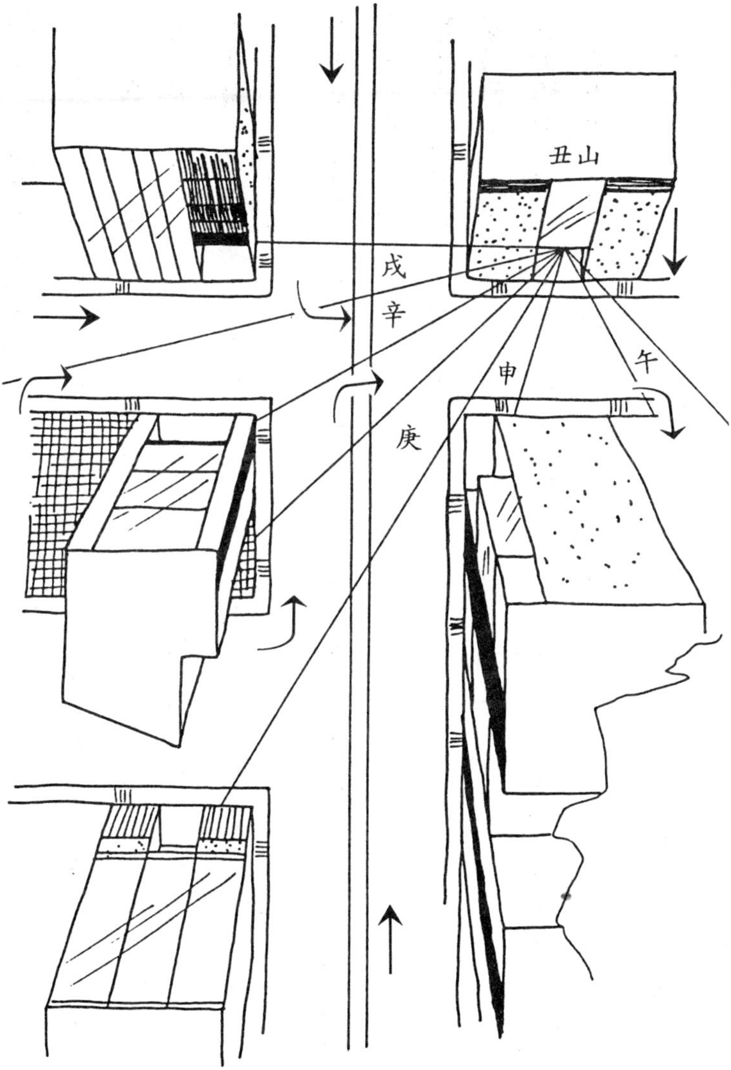
丑山
戌
辛
申
午
庚

陽宅實際斷法說明

丑山收辰午丁水，交媾爲文曲凶水，水走庚交媾爲廉貞五鬼吉水，主破局凶論。收文曲凶水，主女插花枝逐客行，男人破家因酒色及賭，女人內亂公訟興，令人冷退絕人丁，墮胎、自縊、落水。水走廉貞五鬼吉水，主健康長壽，榮華富貴。

疾病論：子宮、帶下症、風濕、疝氣、膀胱、睪丸、腎臟病、耳疾、血系、心臟栓塞。

丑山破局凶論：主生人多夭折，鰥寡僧道定不良，橫逆惡死多瘋癲，殺戮公事禍非常，四墓之位破局非爲吉，路死扛屍哭一場。

斷年月：巳酉丑年月禍應。

斷房份：丑山主三房應。

宜內陽改造法：重新安神位，坐辰山收辰午丁水，交媾爲左輔吉水，水走庚交媾爲文曲吉水，主合局吉論。

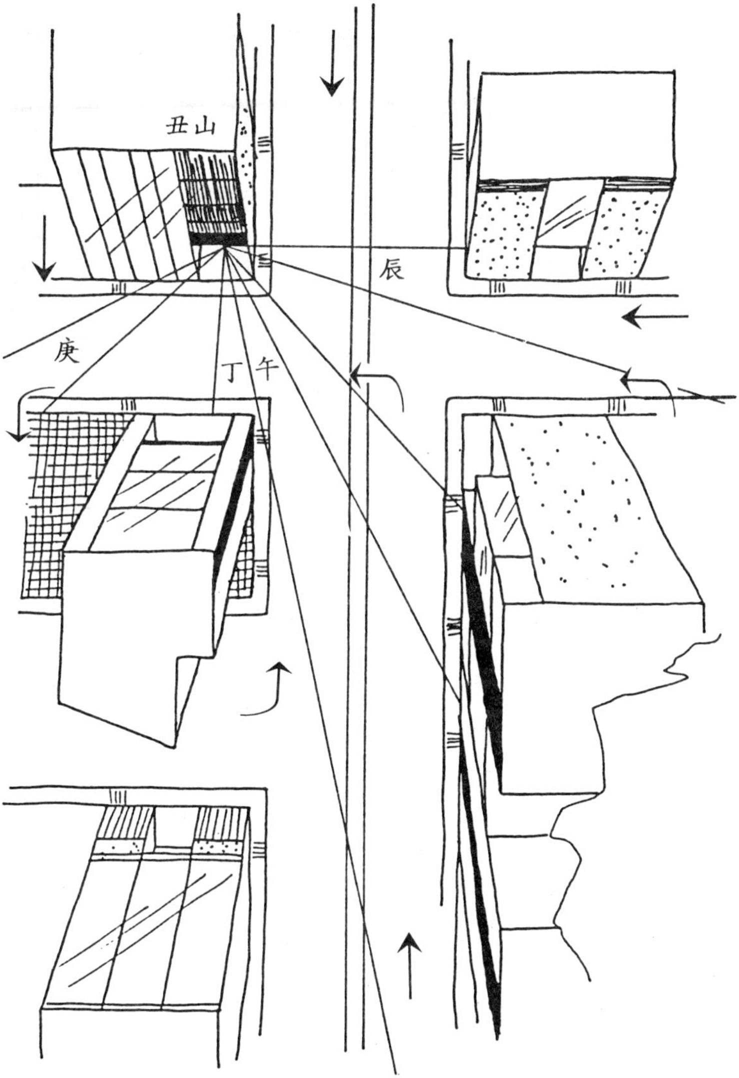
丑山
辰
庚
丁
午

陽宅實際斷法說明

丑山收戌辛酉坤水，交媾爲右弼吉水，水走未交媾爲廉貞五鬼吉水，主合局吉論。

收右弼吉水，主生人明理孝順，夫妻恩愛，子女孝順。水走廉貞五鬼吉水，主健康長壽，榮華富貴。

丑山合局吉論：主旺田庄，牛羊樂息滿牧場，出人信佛求佛道，產業肥饒金帛光。

斷年月：巳酉丑年月福應。

斷房份：丑山主三房。

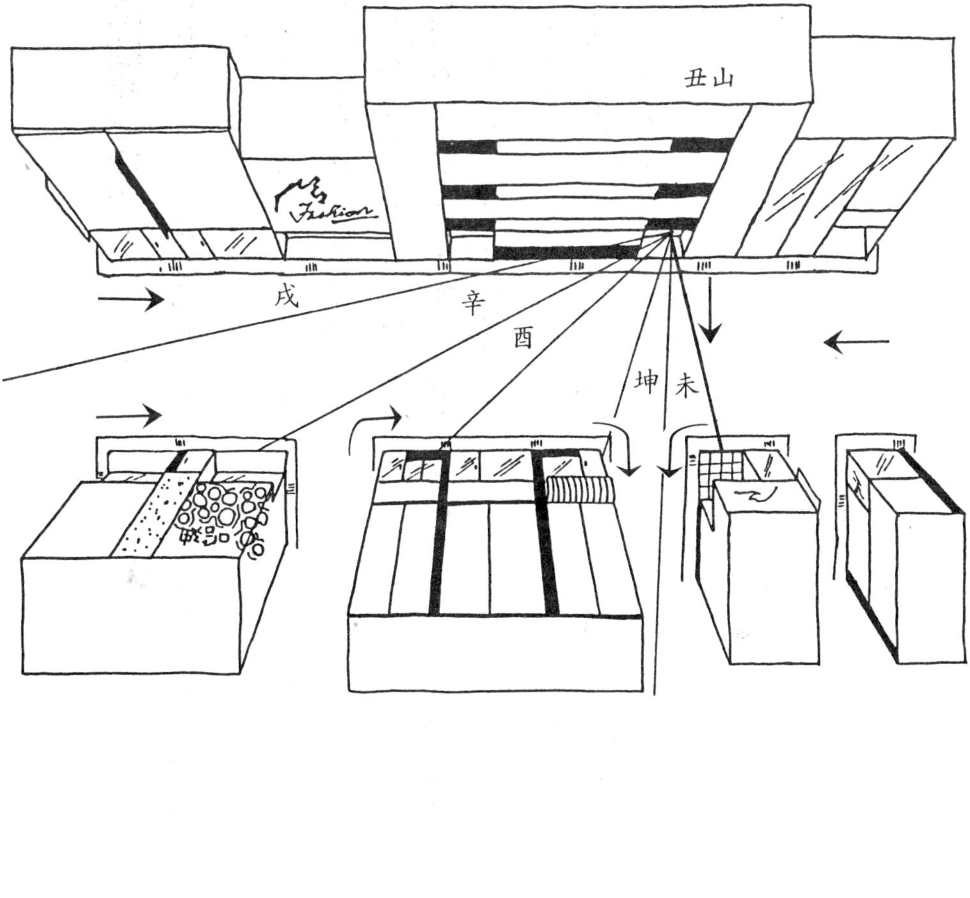
丑山
Fashion
戌
辛
酉
坤
未

陽宅實際斷法說明

丑山收辰巽午水，交媾爲貪狼吉水，水走申交媾爲左輔、滅龍凶水，主破局凶論。

收貪狼吉水，主聰明孝友，因公進田，財帛旺盛，登科及第。水走左輔凶水，主夫妻不和，子女忤逆，退敗寡孀。

疾病論：股肱病、腸肺病、喉嚨病、白眼。

水走申破局凶論：主癆瘵少年死，人命犯來遭刑憲，逃竄絕亡實堪哀。

斷年月：水走申，申子辰年月禍應。

斷房份：水走申，主二房應。

宜內陽改造法：重新安神位，坐乙山收辰巽午水，交媾爲武曲吉水，水走申交媾爲祿存吉水，主合局吉論。

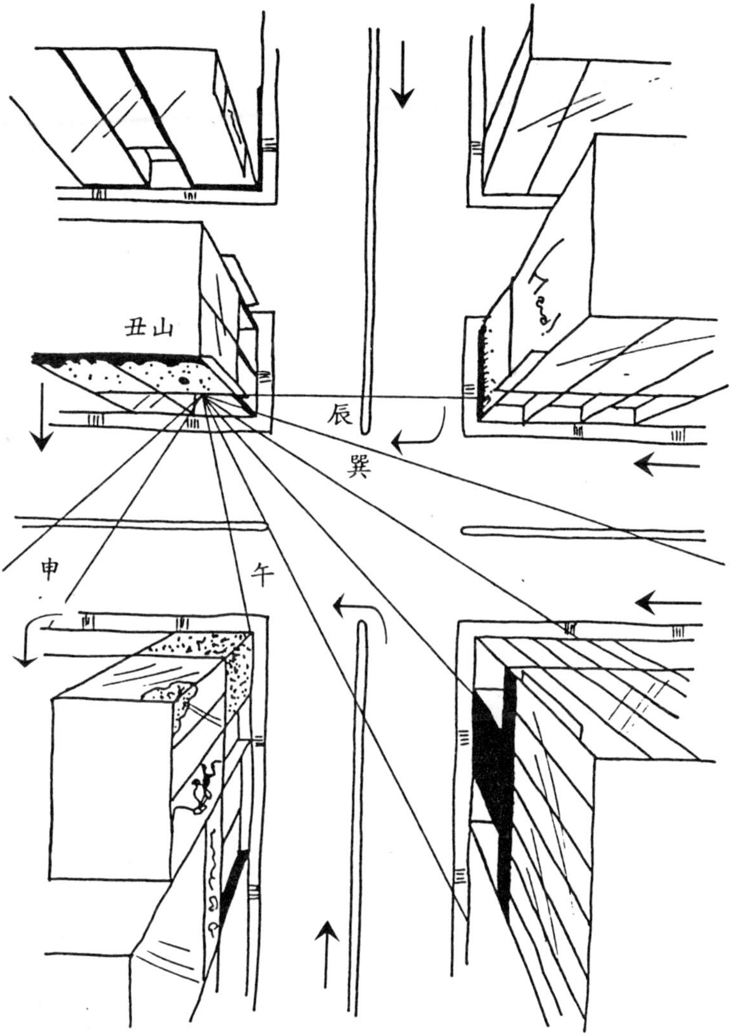
丑山
辰
巽
申
午

陽宅實際斷法說明

丑山收戌辛申坤水，交媾為祿存凶水，水走辰交媾為左輔、四金殺、滅龍凶水，主破局凶論。

收祿存凶水，主出人心性頑鈍，行事妄誕，離祖過房，男僧女道，飲毒藥自縊，好酒色及賭，癲狂不善終，夭折、絕嗣、蛇傷。水走左輔、四金殺、滅龍凶水，主夫妻不和，子女忤逆，退敗寡孀。四金殺：凶死、車禍、開刀、牢獄、官司、出流氓。滅龍：無男丁接代，多生女子，因而招子傳宗。

疾病論：胃腸障礙、水腫、脹滿、神經系統。

丑山破局凶論：主生人多夭折，鰥寡僧道定不良，橫逆惡死多瘋癲，殺戮公事禍非常，四墓之位破局非為吉，路死扛屍哭一場。

斷年月：巳酉丑年月禍應，及水走辰，申子辰年月禍應。

斷房份：丑山主三房應，及水走辰，三房應。

宜內陽改造法：重新安神位，坐乙山收戌辛申坤水，交媾為左輔吉水，水走辰交媾為祿存吉水，主合局吉論。

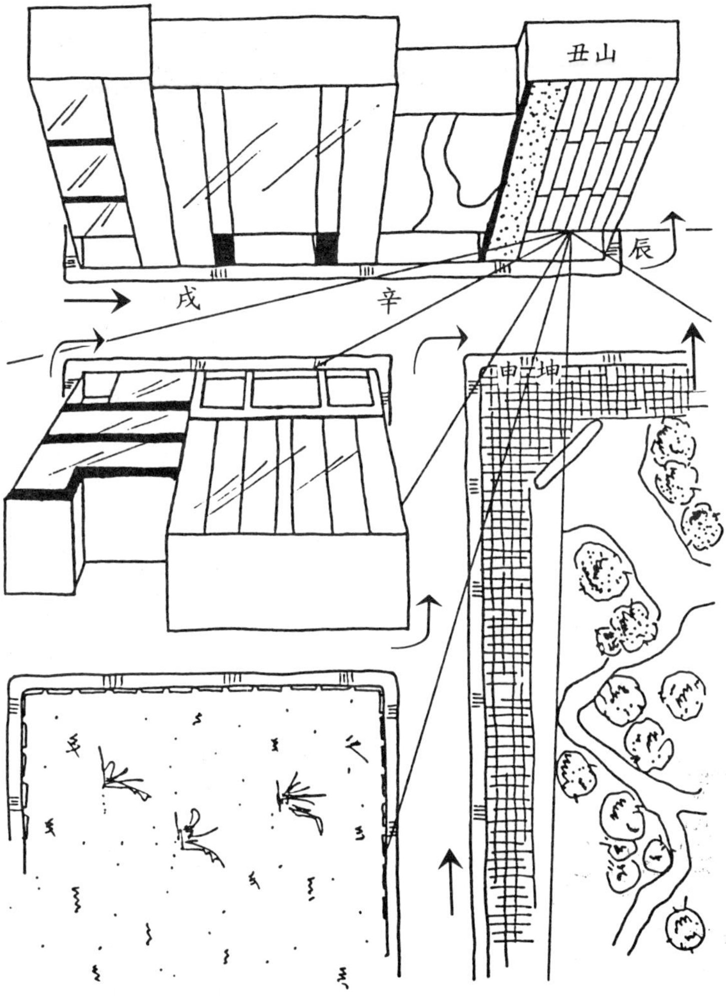
丑山
辰
戌
辛
申
坤

艮山天星天市，卦位天雷旡妄☰☳，卦運巨門二運，巽卦司令☴，司二十四年，從上元壬午年起，光緒八年歲次壬午年至光緒三十一年歲次乙巳年止。卦位地火明夷☷☲，卦運祿存三運，離卦司令☲，司二十四年，從上元丙午年起，光緒三十二年歲次丙午年至民國十八年歲次己巳年止。卦位山火賁☶☲，卦運左輔八運，震卦司令☳，司二十一年，從中元丙子年起，民國八十五年歲次丙子年至民國一〇五年歲次丙申年止。

艮山與各宮數理

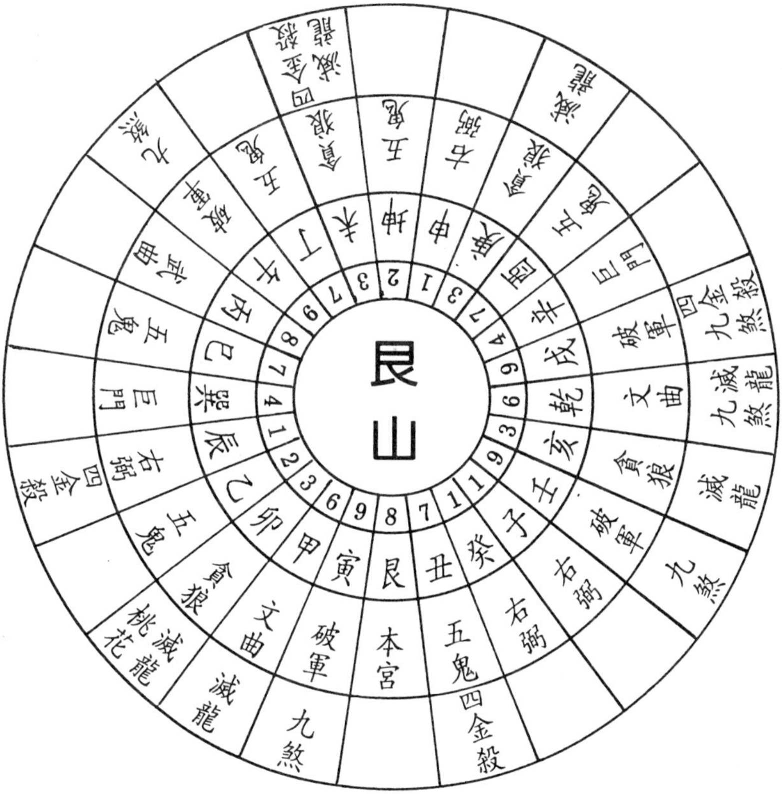

陽宅實際斷法說明

艮山收乾戌酉庚水，交媾爲祿存凶水，水走丁交媾爲廉貞五鬼吉水，主破局凶論。

收祿存凶水，主出人心性頑鈍，行事妄誕，離祖過房，男僧女道，飲毒藥自縊，好酒色及賭，癲狂不善終，夭折、絕嗣、蛇傷。水走廉貞五鬼吉水，主健康長壽，榮華富貴。

疾病論：胃腸障礙、水腫、脹滿、神經系統。

艮山破局凶論：主多冷退，亦主絕嗣神不泚，雖有文章不顯達。

斷年月：流年流月，天干丙年丙月禍應。

斷房份：艮山主長房應。

宜內陽改造法：重新安神位，坐乾山收乾戌酉庚水，交媾爲貪狼吉水，水走丁交媾爲祿存吉水，主合局吉論。

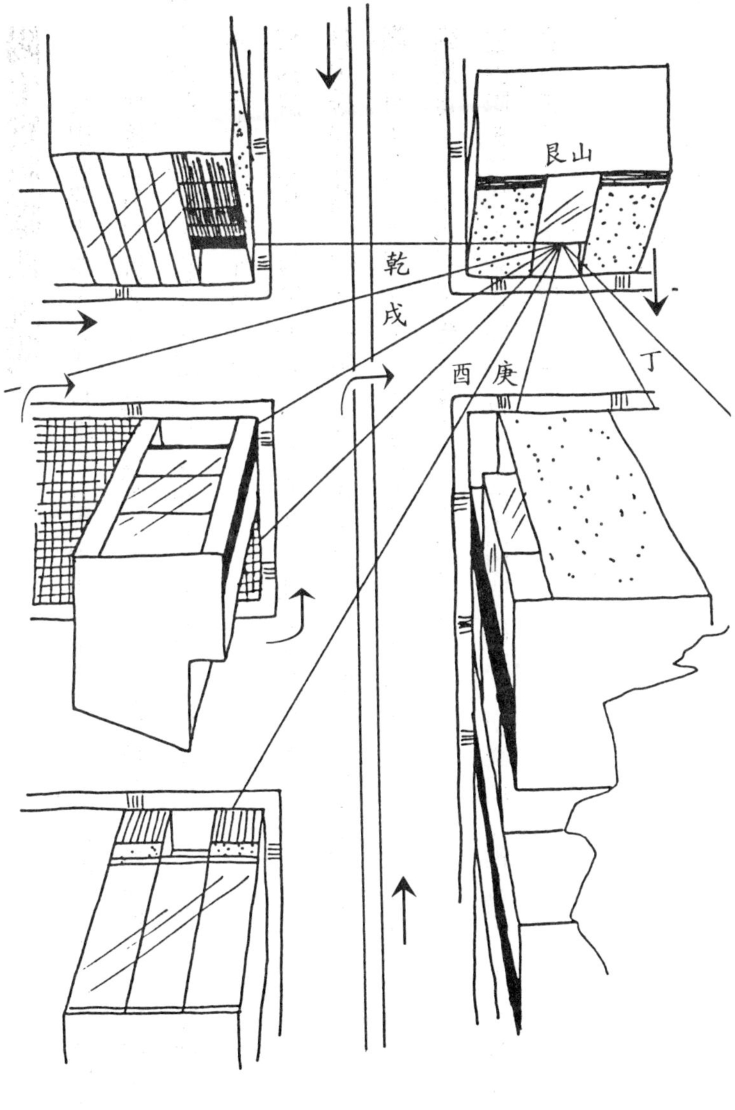
艮山
乾
戌
酉
庚
丁

陽宅實際斷法說明

艮山收巽丙水，交媾為廉貞五鬼凶水，水走辛交媾為巨門凶水，主破局凶論。收廉貞五鬼凶水，主為人陰險不實，不禮貌好勇鬥，瘟瘟連連，巫師術士，失火刑配，自縊產亡，出異體兒，墮胎。水走巨門凶水，主官司牽連，家散不合，多是非破敗，生子不成全。

疾病論：眼疾、殘缺開刀、心氣不足、血癌、腸疾。

艮山破局凶論：主多冷退，亦主絕嗣神不卹，雖有文章不顯達。

斷年月：流年流月，天干丙年丙月禍應，及水走辛，辛年辛月禍應。

斷房份：艮山主長房應，及水走辛主三房應。

宜內陽改造法：重新安神位，坐乾山收巽丙水，交媾為左輔吉水，水走辛交媾為廉貞五鬼吉水，主合局吉論。

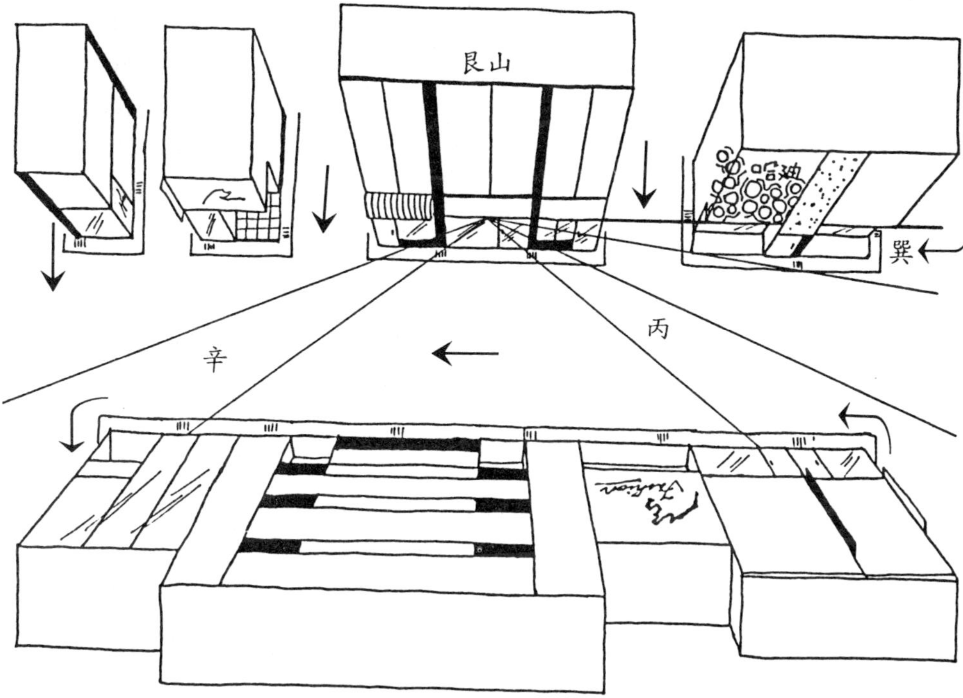
艮山
巽
丙
辛

陽宅實際斷法說明

艮山收乾戌庚水，交媾為武曲吉水，水走丁交媾為廉貞五鬼吉水，主合局吉論。收武曲吉水，主出人清貴富厚，登科及第，福壽雙全，為官近帝王。水走廉貞五鬼吉水，主健康長壽，榮華富貴。

艮山合局吉論：主天市垣，世人財旺聚其間，生意人發財甚速。

斷年月：流年流月，天干丙年丙月福應。

斷房份：艮山主長房應。

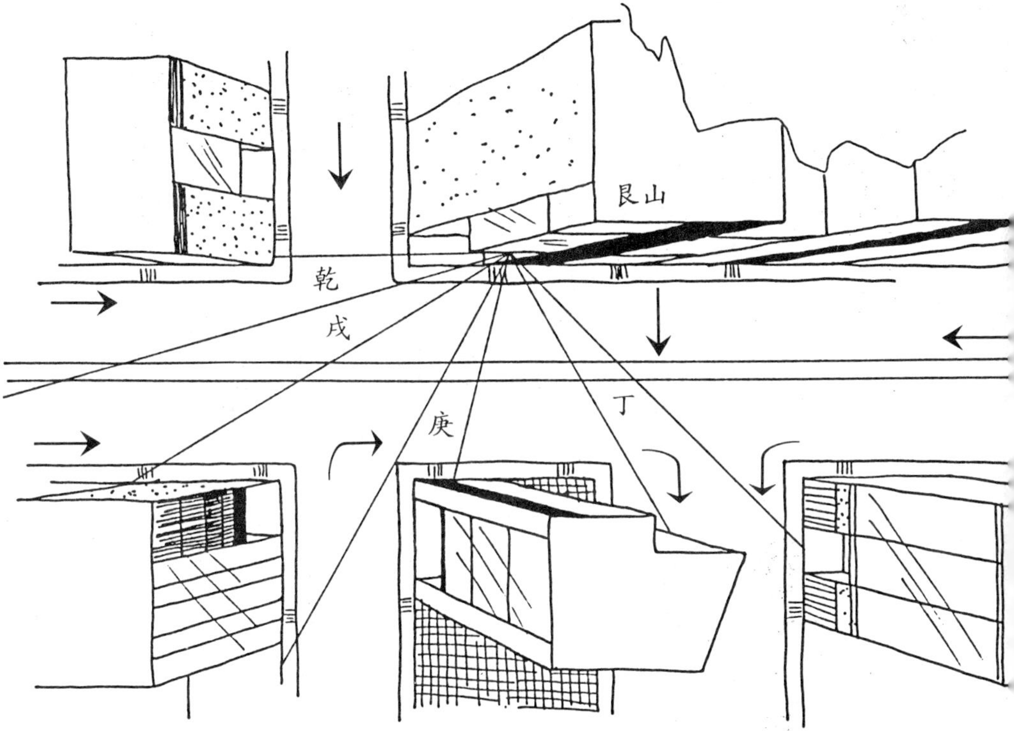
艮山
乾
戌
庚
丁

陽宅實際斷法說明

艮山收乾戌辛庚坤水，交媾爲巨門吉水，水走未交媾爲貪狼、滅龍凶水，主破局凶論。

收巨門吉水，主忠孝多壽出神童，做生意發福甚速。水走貪狼、滅龍凶水，主貪花喜酒，破家財，無男丁接代，多生女子，因而招子傳宗。

疾病論：肝膽之病、腰足之病、氣病、腳氣、梅毒、風濕、驚恐。

水走未破局凶論：主看詩經，尼姑僧道拜蓮台，尤招鰥寡夭折媒，悖逆出人亦不忠，屍山路死不聞回。

斷年月：水走未，亥卯未年月禍應。

斷房份：水走未主三房應。

宜內陽改造法：重新安神位，坐巽山收乾戌辛庚坤水，交媾爲左輔吉水，水走未交媾爲破軍吉水，主合局吉論。

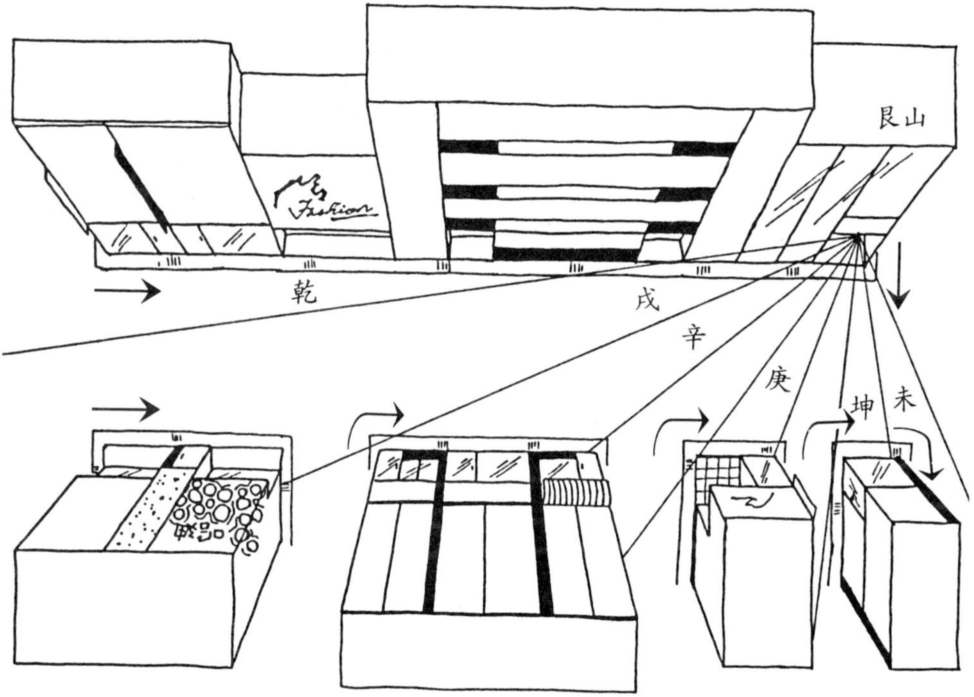
艮山
乾
戌
辛
庚
坤
未

陽宅實際斷法說明

艮山收乾戌辛申水，交媾爲左輔吉水，水走坤交媾爲廉貞五鬼吉水，主合局吉論。

收左輔吉水，主生人慈祥，夫妻和合，子女孝順，富貴福壽長。水走廉貞五鬼吉水，主健康長壽，榮華富貴。

艮山合局吉論：主合局天市垣，世人財旺聚其間，生意人發財甚速。

斷年月：流年流月，天干丙年丙月福應。

斷房份：艮山主長房應。

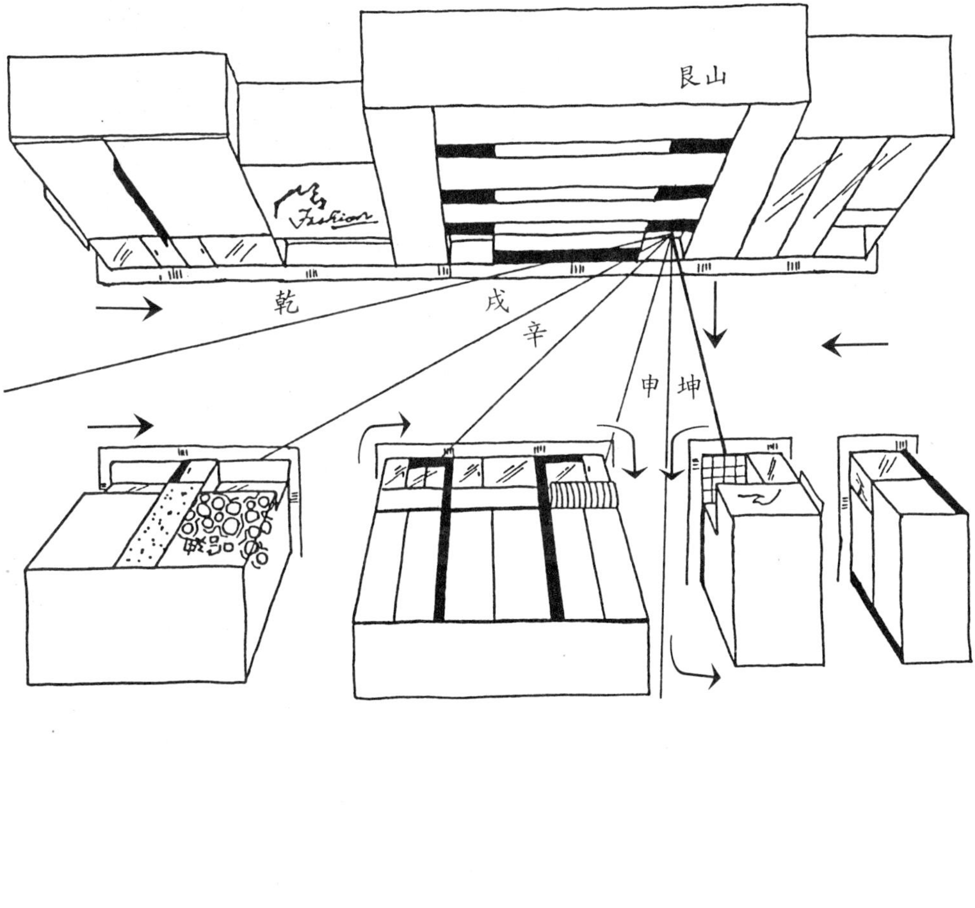

艮山
Fashion
乾
戌
辛
申
坤

陽宅實際斷法說明

艮山收巽丁未水，交媾爲巨門吉水，水走酉交媾爲廉貞五鬼吉水，主合局吉論。收巨門吉水，主忠孝多壽出神童，做生意發福甚速。水走廉貞五鬼吉水，主健康長壽，榮華富貴。

艮山合局吉論：主合局天市垣，世人財旺聚其間，生意人發財甚速。

斷年月：流年流月，天干丙年丙月福應。

斷房份：艮山主長房應。

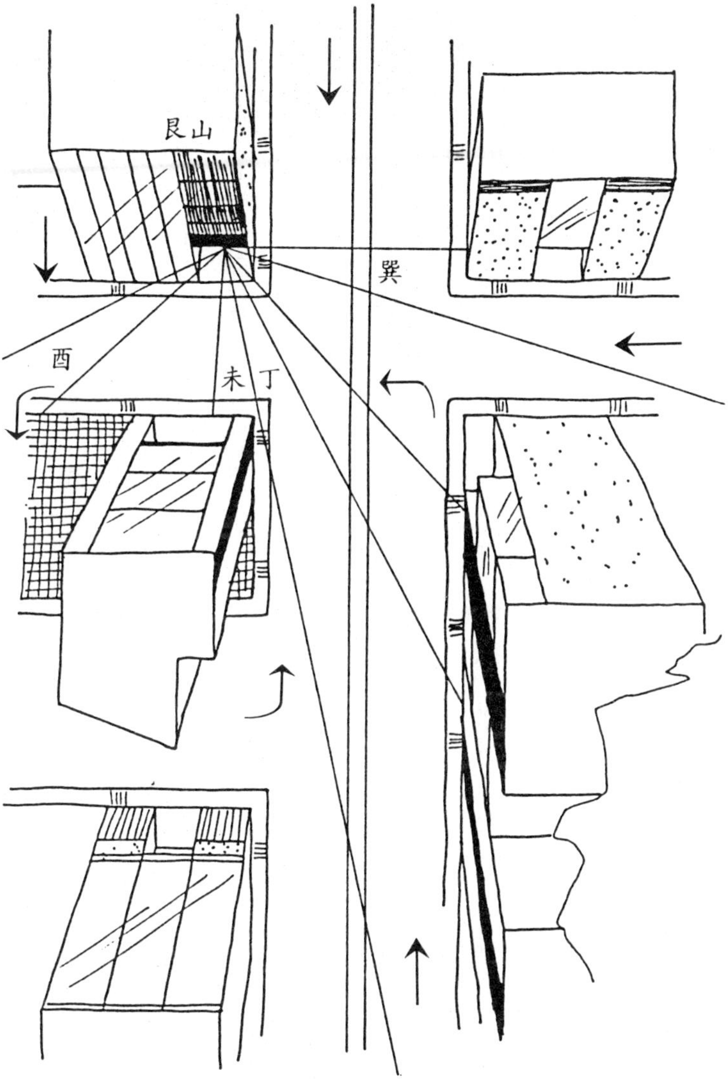
艮山
巽
酉
未
丁

陽宅實際斷法說明

艮山收巽巳丁水，交媾爲武曲吉水，水走庚交媾爲貪狼、滅龍凶水，主破局凶論。

收武曲吉水，主出人清貴富厚，登科及第，福壽雙全，爲官近帝王。水走貪狼、滅龍凶水，主貪花喜酒，破家財，無男丁接代，多生女子，因而招子傳宗。

疾病論：肝膽之病、腰足之病、氣病、腳氣、梅毒、風濕、驚恐。

水走庚破局凶論：主偷盜時生不肖男，被人殺戮取凶頑，強盜頭目賽樓欄。

斷年月：流年流月，天干庚年庚月禍應。

斷房份：水走庚，主二房應。

宜內陽改造法：重新安神位，坐巽山收巽巳丁水，交媾爲巨門吉水，水走庚交媾爲破軍吉水，主合局吉論。

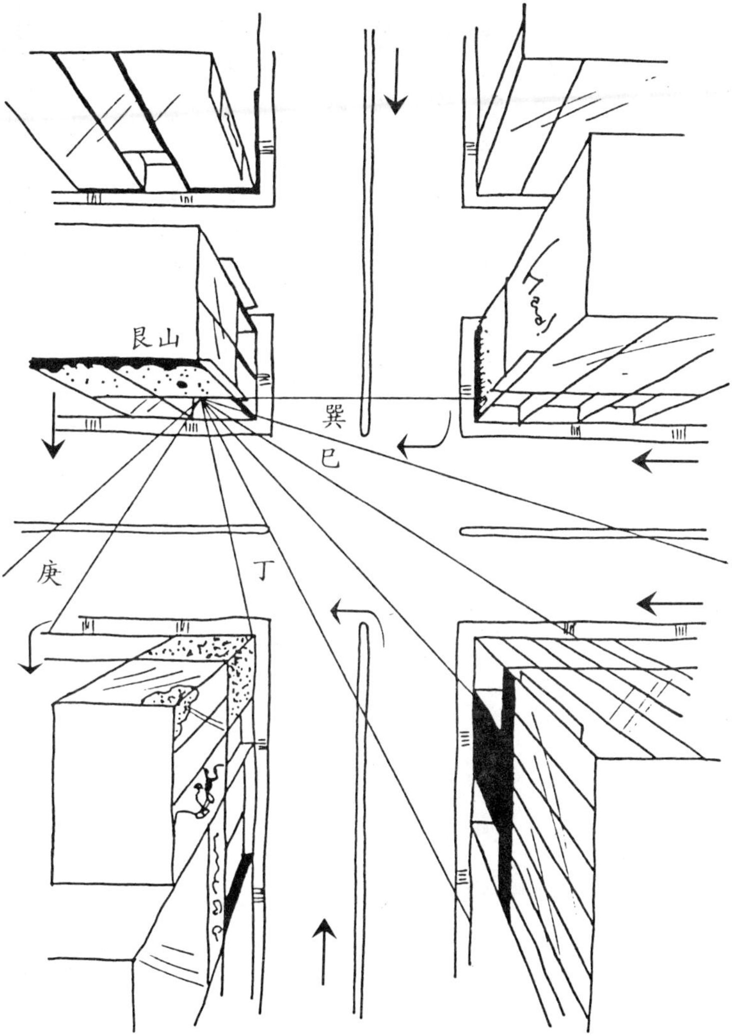
艮山
巽
巳
庚
丁

陽宅實際斷法說明

艮山收乾戌庚申水，交媾爲破軍凶水，水走巽交媾爲巨門凶水，主破局凶論。

收破軍凶水，主凶暴作賊好訟，投軍劫掠，樂士木匠，瘟瘽連連，出虧體人，欠債不還，產死雷傷，落水絕嗣，投河自縊。水走巨門凶水，主官司牽連，家散不合，多是非破敗，生子不成全。

疾病論：腳腫、缺唇、聾啞、肺病、頭病、筋骨痛、開刀、大腸病、骨癌。

艮山破局凶論：主多冷退，亦主絕嗣神不泄，雖有文章不顯達。

斷年月：流年流月，天干丙年丙月禍應，及水走巽，天干辛年辛月禍應。

斷房份：艮山主長房應，及水走巽主長房應。

宜內陽改造法：重新安神位，坐卯山收乾戌庚申水，交媾爲巨門吉水，水走巽交媾爲破軍吉水，主合局吉論。

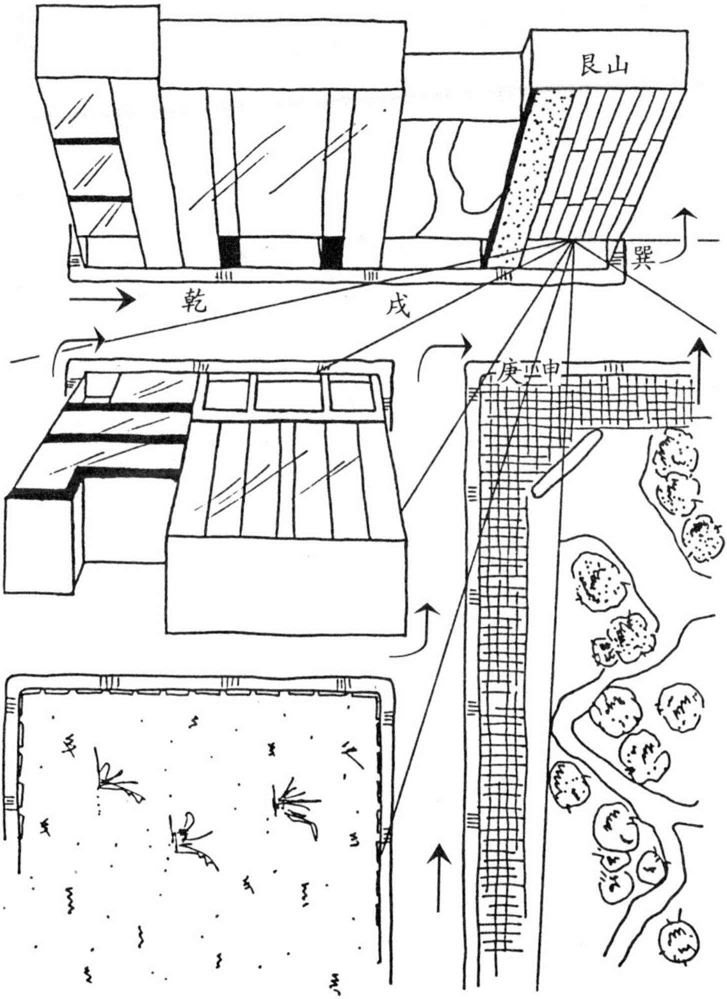
艮山
巽
乾
戌
庚
申

寅山三元氣運卦數

寅山天星天培，卦位山火賁䷕，卦運左輔八運，震卦司令☳，司二十一年，從中元丙子年起，民國八十五年歲次丙子年至民國一〇五年歲次丙申年止。卦位水火既濟䷾，卦運右弼九運，乾卦司令☰，司二十七年，從下元丁酉年起，民國一〇六年歲次丁酉年至民國一三二年歲次癸亥年止。卦位風火家人䷤，卦運文曲四運，兌卦司令☱，司二十四年，從中元庚午年起，民國十九年歲次庚午年至民國四十二年歲次癸巳年止。

寅山與各宮數理

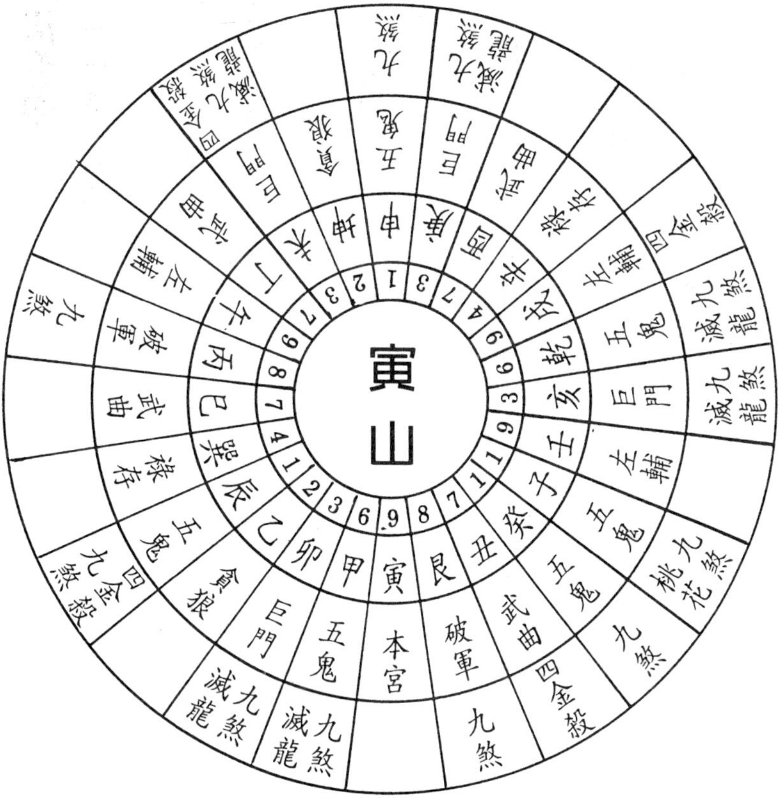

陽宅實際斷法說明

寅山收亥乾辛酉水，交媾爲右弼吉水，水走未交媾爲巨門、九煞、滅龍凶水，主破局凶論。

收右弼吉水，主生人明理孝順，夫妻恩愛，子女孝順。水走巨門、九煞、滅龍凶水，主官司牽連，家散不合，多是非破敗，生子不成全，無男丁接代，多生女子，因而招子傳宗，出流氓、忤逆、官非、凶死、自縊、夫妻不和等。

疾病論：胃腸、舌唇破傷、皮膚病、胸膜痛、飲食不振。

水走未破局凶論：主看詩經，尼姑僧道拜蓮台，尤招鰥寡夭折媒，悖逆出人亦不忠，屍山路死不聞回。

斷年月：水走未，亥卯未年月禍應。

斷房份：水走未主三房應。

宜內陽改造法：重新安神位，坐申山收亥乾辛酉水，交媾爲貪狼吉水，水走未交媾爲文曲吉水，主合局吉論。

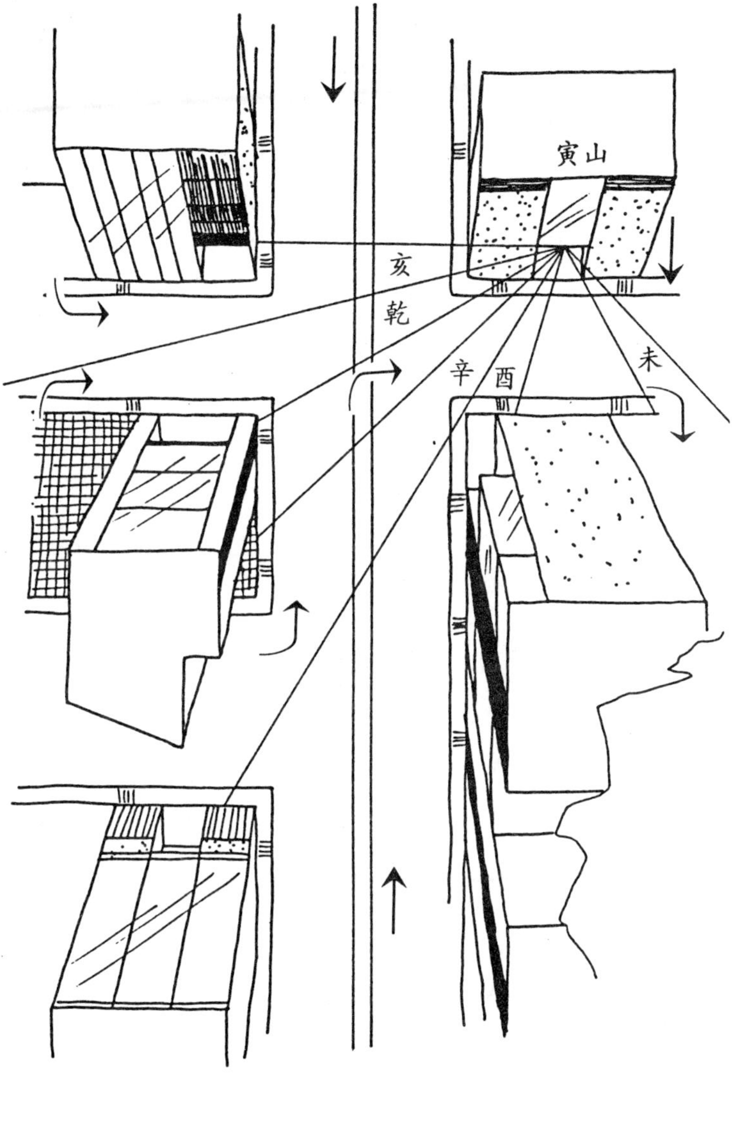
寅山
亥
乾
辛
酉
未

陽宅實際斷法說明

寅山收巳午水，交媾爲廉貞五鬼凶水，水走戌交媾爲左輔凶水，主破局凶論。收廉貞五鬼凶水，主爲人陰險不實，不禮貌好勇鬥，瘟瘴連連，巫師術士，失火刑配，自縊產亡，出異體兒，墮胎。水走左輔凶水，主夫妻不和，子女忤逆，退敗寡孀。

疾病論：眼疾、殘缺開刀、心氣不足、血癌、腸疾。

寅山破局凶論：主破局爲艮之九煞，主生瘋盲及車災，煞帶廉貞血滿懷。

斷年月：寅午戌年月禍應，及水走戌，寅午戌年月禍應。

斷房份：寅山主二房應，及水走戌主三房應。

宜內陽改造法：重新安神位，坐甲山收巳午水，交媾爲巨門吉水，水走戌交媾爲廉貞五鬼吉水，主合局吉論。

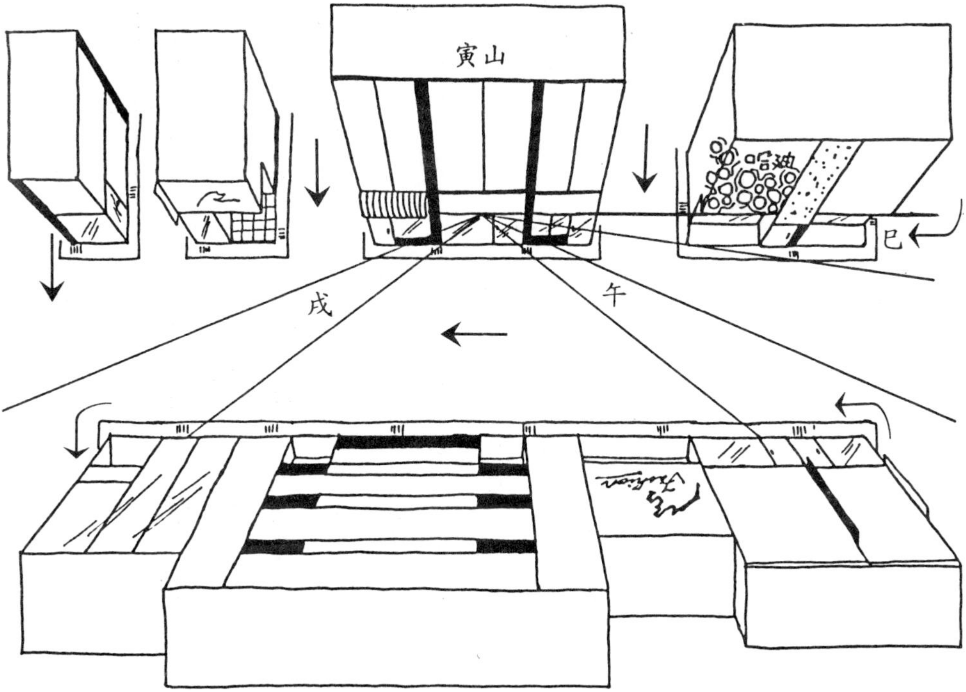
寅山
戌
午
巳

陽宅實際斷法說明

寅山收亥乾戌酉申水，交媾為廉貞五鬼凶水，水走坤交媾為貪狼凶水，主破局凶論。

收廉貞五鬼凶水，主為人陰險不實，不禮貌好勇鬥，瘟㾮連連，巫師術士，失火刑配，自縊產亡，出異體兒，墮胎。水走貪狼凶水，主貪花喜酒，破家財。

疾病論：眼疾、殘缺開刀、心氣不足、血癌、腸疾。

寅山破局凶論：主破局為艮之九煞，主生瘋盲及車災，煞帶廉貞血滿懷。

斷年月：寅午戌年月禍應，及水走坤，流年流月，天干乙年乙月禍應。

斷房份：寅山主二房應，及水走坤主長房應。

宜內陽改造法：重新安神位，坐亥山收亥乾戌酉申水，交媾為右弼吉水，水走坤交媾為廉貞五鬼吉水，主合局吉論。

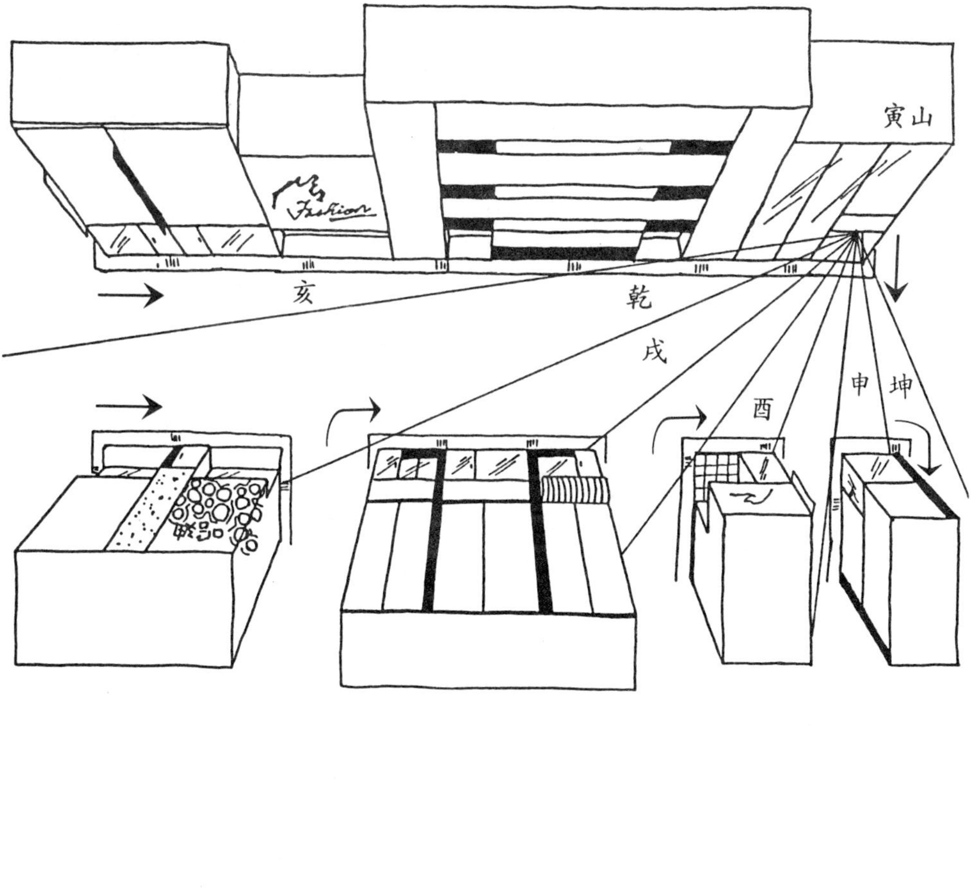
寅山
Fashion
亥
乾
戌
申
坤
酉

陽宅實際斷法說明

寅山收亥乾酉水，交媾爲廉貞五鬼凶水，水走未交媾爲巨門、滅龍、九煞凶水，主破局凶論。

收廉貞五鬼凶水，主爲人陰險不實，不禮貌好勇鬥，瘟瘟連連，巫師術士，失火刑配，自縊產亡，出異體兒、墮胎。水走巨門、滅龍、九煞凶水，主官司牽連，家散不合，多是非破敗，生子不成全，無男丁接代，多生女子，因而招子傳宗，出流氓、忤逆、官非、凶死、自縊、夫妻不和等。

疾病論：眼疾、殘缺開刀、心氣不足、血癌、腸疾。

寅山破局凶論：主破局爲艮之九煞，主生瘋盲及車災，煞帶廉貞血滿懷。

斷年月：寅午戌年月禍應，及水走未，亥卯未年月禍應。

斷房份：寅山主二房應，及水走未主三房應。

宜內陽改造法：重新安神位，坐乙山收亥乾酉水，交媾爲左輔吉水，水走未交媾爲廉貞五鬼吉水，主合局吉論。

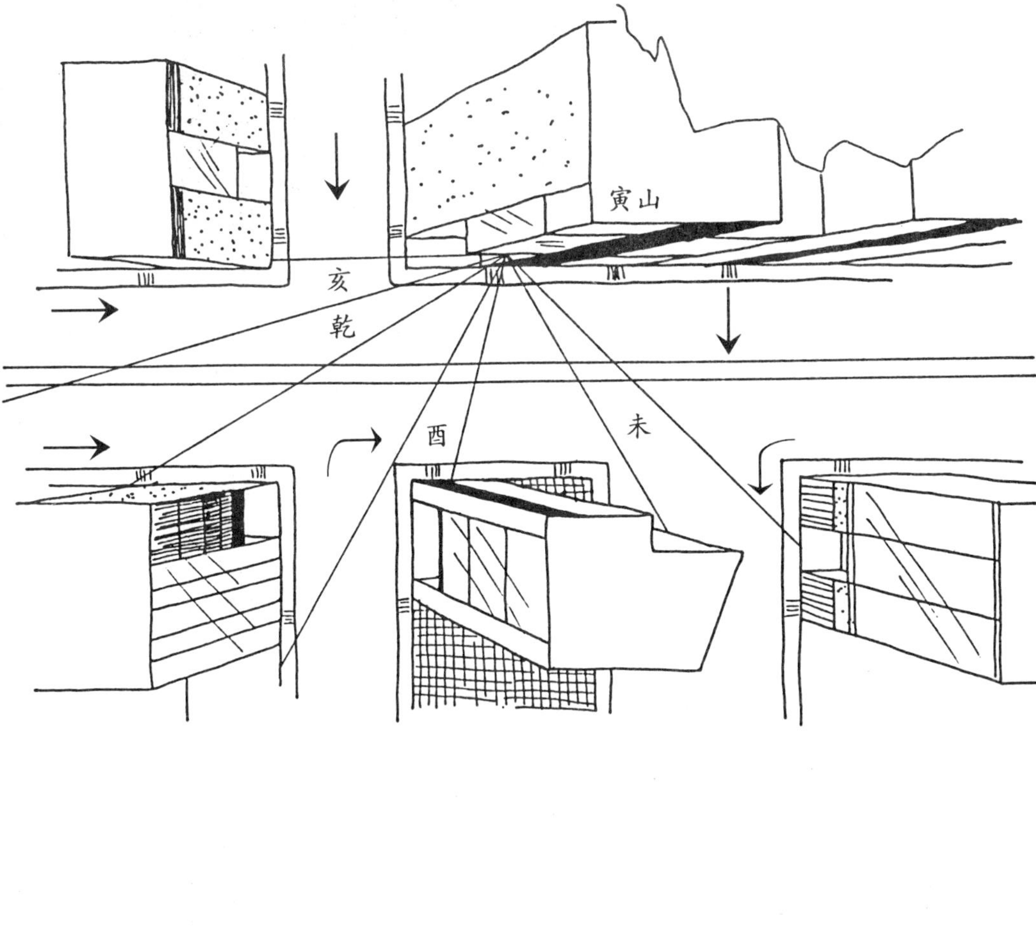
寅山
亥
乾
酉
未

陽宅實際斷法說明

寅山收巳未坤水，交媾爲貪狼吉水，水走辛交媾爲祿存吉水，主合局吉論。

收貪狼吉水，主聰明孝友，因公進田，財帛旺盛，登科及第。水走祿存吉水，主祿存是玄空卦中之庫，爲人勤儉守財。

寅山合局吉論：主合局旺丁財，來水則居家主近福，去則離家發遠財，十二年須重新安香一次。

斷年月：寅午戌年月福應。

斷房份：寅山主二房應。

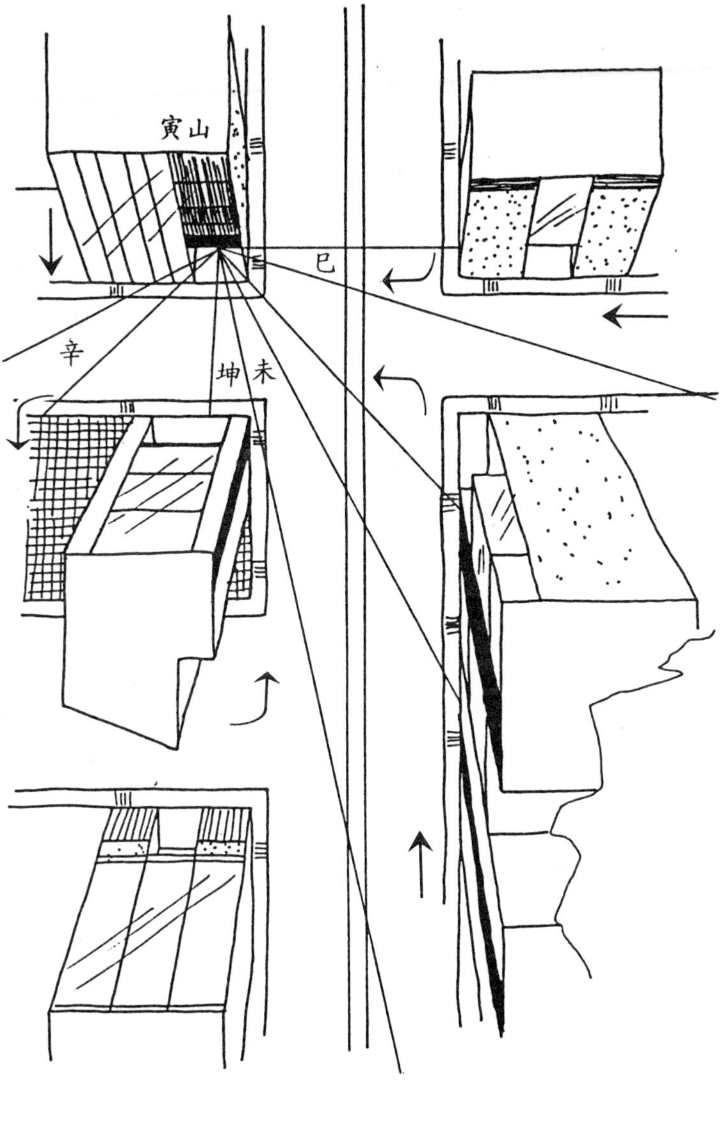
寅山
巳
辛
坤
未

陽宅實際斷法說明

寅山收亥乾戌庚水，交媾爲廉貞五鬼凶水，水走申交媾爲廉貞五鬼吉水，主破局凶論。

收廉貞五鬼凶水，主爲人陰險不實，不禮貌好勇鬥，瘟瘽連連，巫師術士，失火刑配，自縊產亡，出異體兒，墮胎。水走廉貞五鬼吉水，主健康長壽，榮華富貴。

疾病論：眼疾、殘缺開刀、心氣不足、血癌、腸疾。

寅山破局凶論：主破局爲艮之九煞，主生瘋盲及車災，煞帶廉貞血滿懷。

斷年月：寅午戌年月禍應。

斷房份：寅山主二房應。

宜內外陽同時改造：首先外陽改造，在滴水處右上方作個看板，將亥水格除，改變收水，改變後收乾戌庚水，水走申。內陽改造，坐巽山收乾戌庚水，交媾爲巨門吉水，水走申交媾爲廉貞五鬼吉水，主合局吉論。

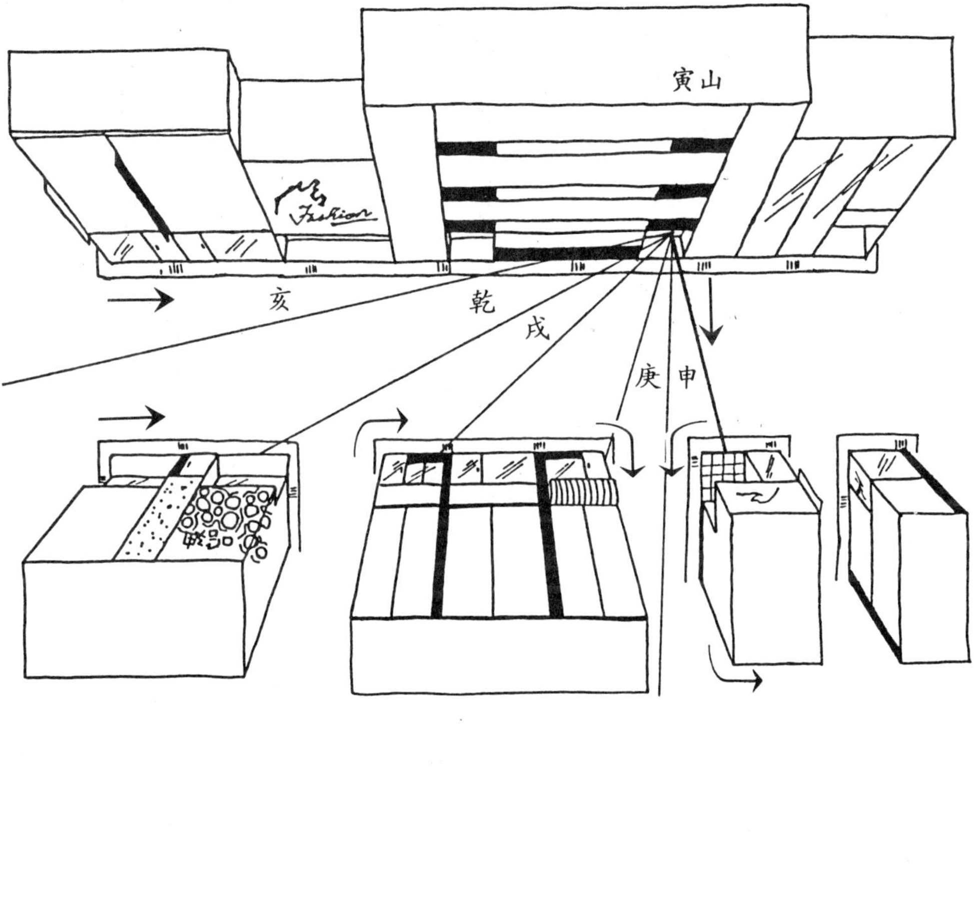
寅山
亥
乾
戌
庚
申

陽宅實際斷法說明

寅山收巳丙未水，交媾爲破軍凶水，水走酉交媾爲武曲凶水，主破局凶論。

收破軍凶水，主凶暴作賊好訟，投軍劫掠，樂士木匠，瘟瘽連連，出虧體人，欠債不還，產死雷傷，落水絕嗣，投河自縊。水走武曲凶水，主成材之子早歸陰，愚子不歸陰，男女走他鄉，血光、車禍。

疾病論：腳腫、缺唇、聾啞、肺病、頭病、筋骨痛、開刀、大腸病、骨癌。

寅山破局凶論：主破局爲艮之九煞，主生瘋盲及車災，煞帶廉貞血滿懷。

斷年月：寅午戌年月禍應，及水走酉，巳酉丑年月禍應。

斷房份：寅山主二房應，及水走酉主長房應。

宜內陽改造法：重新安神位，坐亥山收巳丙未水，交媾爲貪狼吉水，水走酉交媾爲廉貞五鬼吉水，主合局吉論。

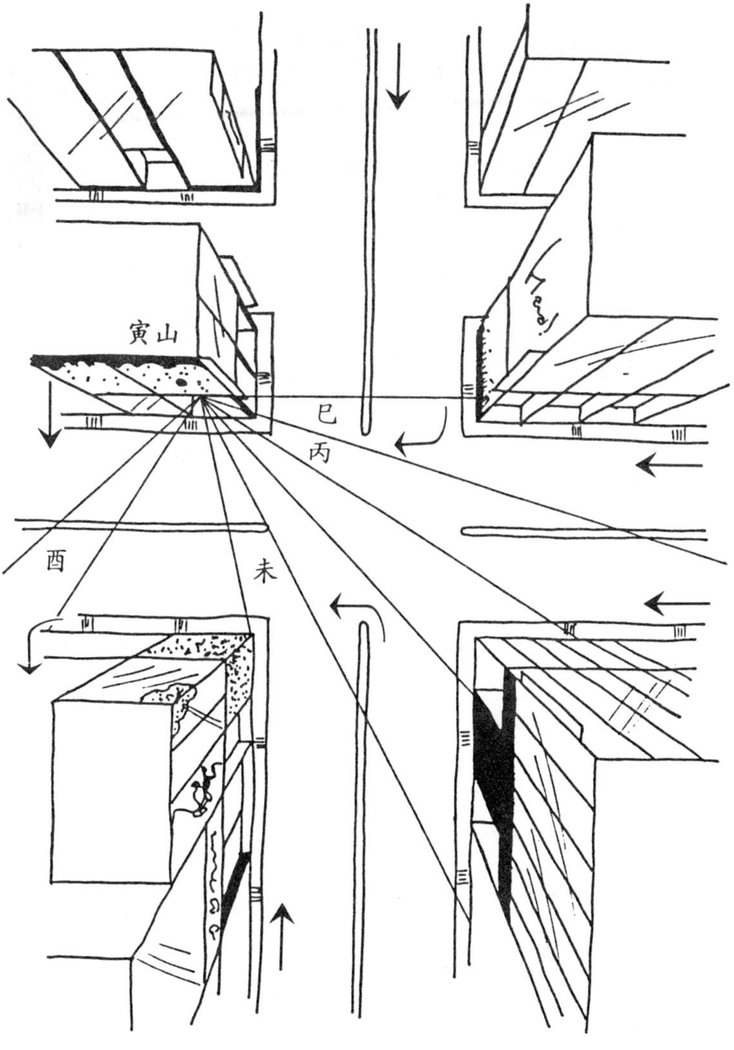
寅山
巳
丙
酉
未

陽宅實際斷法說明

寅山收亥乾酉庚水，交媾爲左輔吉水，水走巳交媾爲武曲凶水，主破局凶論。收左輔吉水，主生人慈祥，夫妻和合，子女孝順，富貴福壽長。水走武曲凶水，主成材之子且歸陰，愚子不歸陰，男女走他鄉，血光、車禍。

疾病論：喉疾、喘息、呼吸、梅毒、痰疾、鼻血。

水走巳破局凶論：主吐血並癆瘵，少年多損見蛇災。

斷年月：水走巳，巳酉丑年月禍應。

斷房份：水走巳主二房應。

宜內陽改造法：重新安神位，坐亥山收亥乾酉庚水，交媾爲巨門吉水，水走巳交媾爲廉貞五鬼吉水，主合局吉論。

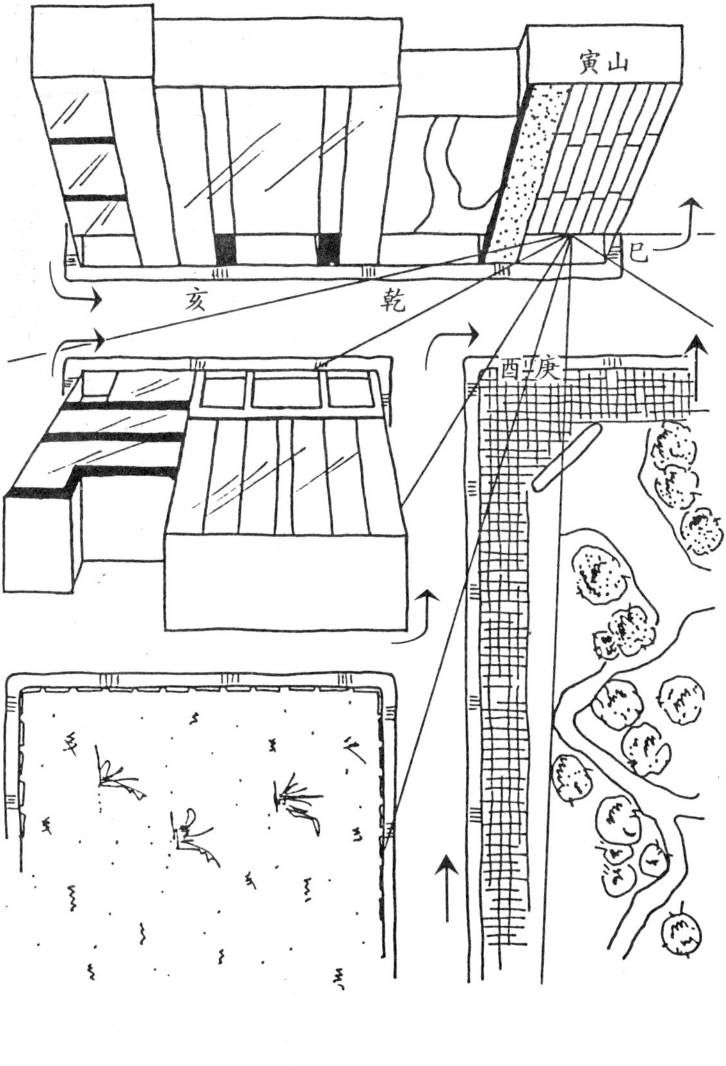
寅山
巳
亥
乾
酉
庚

甲山三元氣運卦數

甲山天星陰璣，卦位雷水豐䷶，卦運武曲六運，艮卦司令☶，司二十一年，從中元甲午年起，民國四十三年歲次甲午年至民國六十三年歲次甲寅年止。卦位離為火䷝，卦運貪狼一運，坤卦司令☷，司十八年，從上元甲子年起，同治三年歲次甲子年至光緒七年歲次辛巳年止。卦位澤水革䷰，卦運巨門二運，巽卦司令☴，司二十四年，從上元壬午年起，光緒八年歲次壬午年至光緒三十一年歲次乙巳年止。

甲山與各宮數理

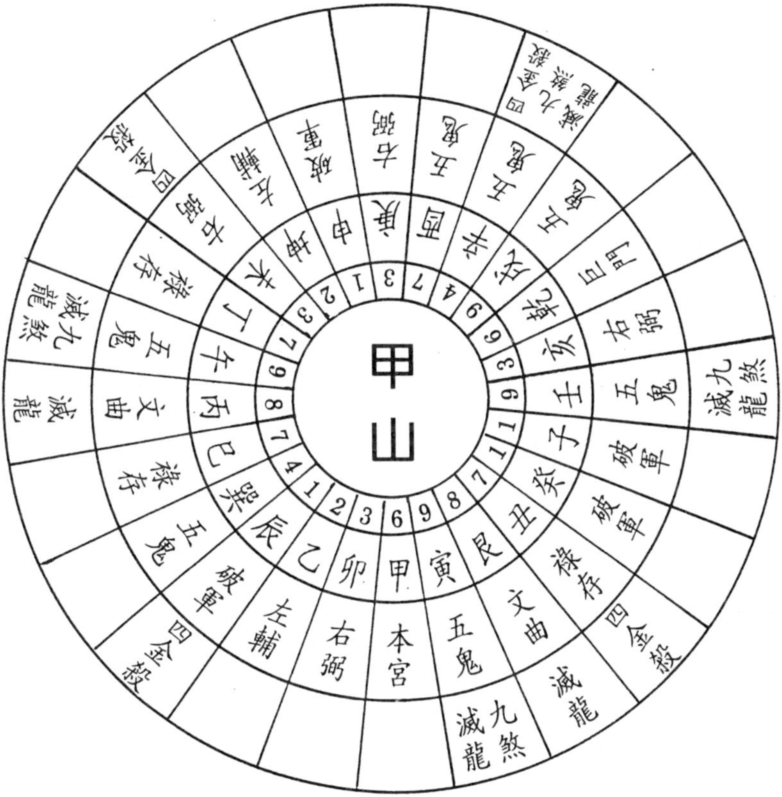

甲山
甲 6 本宮
卯 3 右弼
乙 2 左輔
辰 1 破軍 四金殺
巽 4 五鬼
巳 7 祿存
丙 8 文曲 滅龍
午 9 五鬼 滅九龍煞
丁 7 祿存
未 3 右弼 四金殺
坤 2 左輔
申 1 破軍
庚 3 右弼
酉 7 五鬼
辛 4 五鬼 四金殺 滅九龍煞
戌 9 五鬼
乾 6 巨門
亥 3 右弼
壬 6 五鬼 滅九龍煞
子 1 破軍
癸 1 破軍
丑 7 祿存 四金殺
艮 8 文曲 滅龍
寅 9 五鬼 九煞滅龍

陽宅實際斷法說明

甲山收壬亥辛水，交媾爲巨門吉水，水走坤交媾爲左輔凶水，主破局凶論。

收巨門吉水，主忠孝多壽出神童，做生意發福甚速。水走左輔凶水，主夫妻不和，子女忤逆，退敗寡孀。

疾病論：股肱病、腸肺病、喉嚨病、白眼。

水走坤破局凶論：主破局懶洋洋，婦女相繼爲孤孀。

斷年月：水走坤，流年流月，天干乙年乙月禍應。

斷房份：水走坤主長房應。

宜內陽改造法：重新安神位，坐庚山收壬亥辛水，交媾爲右弼吉水，水走坤交媾爲廉貞五鬼吉水，主合局吉論。

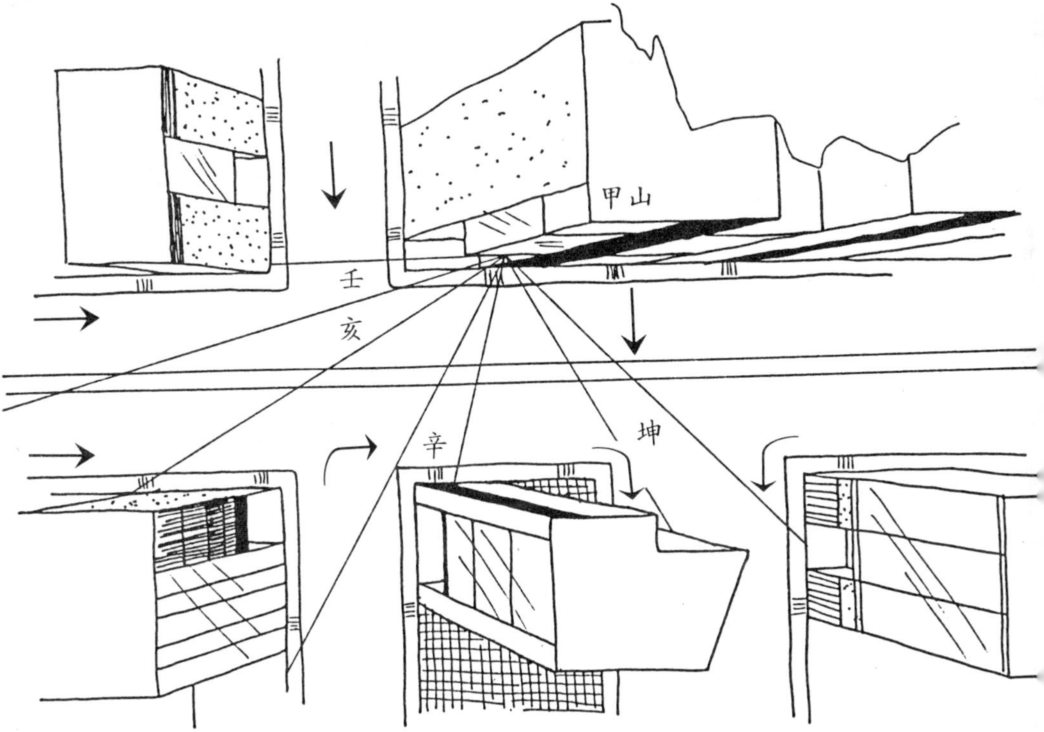
甲山
壬
亥
辛
坤

陽宅實際斷法說明

甲山收壬亥乾辛水，交媾為左輔吉水，水走申交媾為破軍吉水，主合局吉論。收左輔吉水，主生人慈祥，夫妻和合，子女孝順，富貴福壽長。水走破軍吉水，主大吉昌，為官英雄近帝王。

甲山合局吉論：主合局出富貴，蜚聲魁第少年郎，文章佳高人欽畏，十二年須重新安香一次。

斷年月：流年流月天干甲年甲月福應。

斷房份：甲山主二房應。

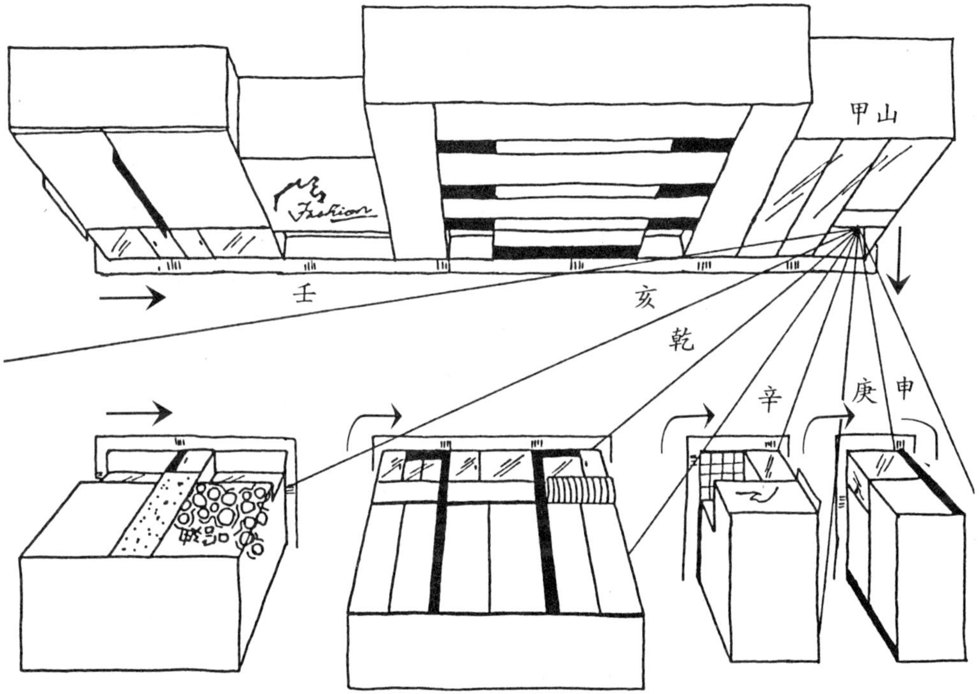
甲山
Fashion
壬
亥
乾
辛
庚
申

陽宅實際斷法說明

甲山收丙坤申水，交媾爲破軍凶水，水走戌交媾爲廉貞五鬼吉水。

收破軍凶水，主凶暴作賊好訟，投軍劫掠，樂土木匠，瘟瘽連連，出虧體人，欠債不還，產死雷傷，落水絕嗣，投河自縊。水走廉貞五鬼吉水，主健康長壽，榮華富貴。

疾病論：腳腫、缺唇、聾啞、肺病、頭病、筋骨痛、開刀、大腸病、骨癌。

甲山破局凶論：主跛腳多瘋癲，子孫世受瘋瘣累。

斷年月：流年流月，天干甲年甲月禍應。

斷房份：甲山主二房應。

宜內陽改造法：重新安神位，坐丙山收丙坤申水，交媾爲右弼吉水，水走戌交媾爲破軍吉水，主合局吉論。

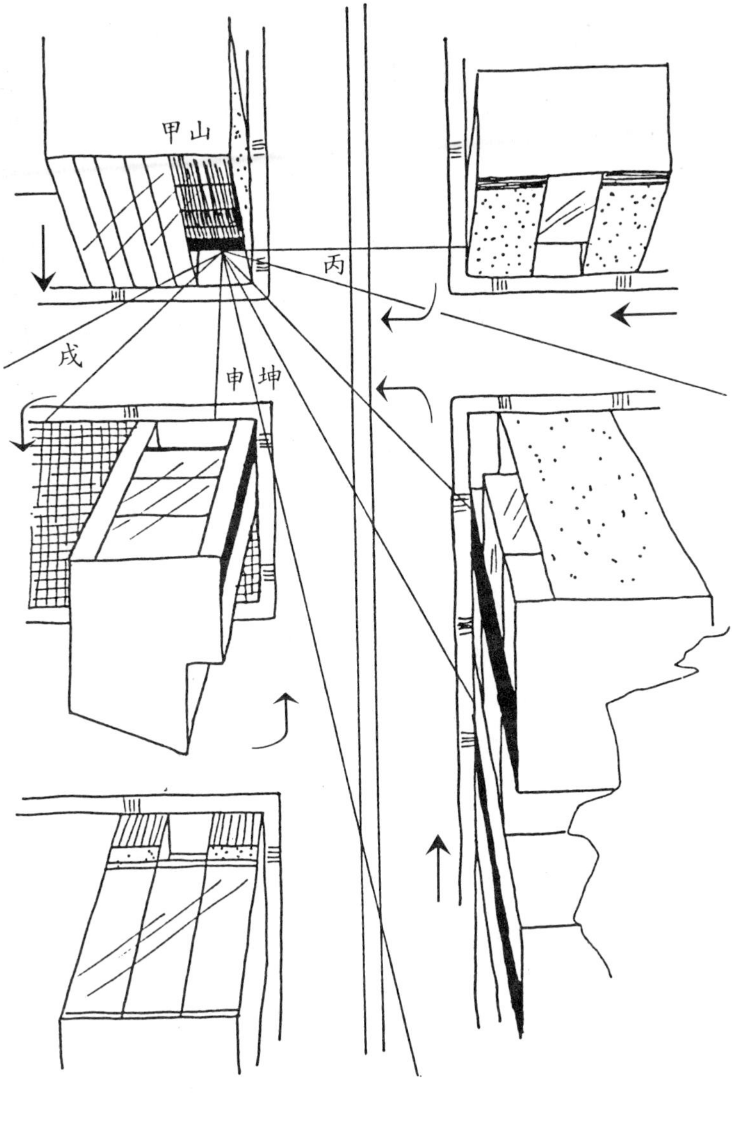
甲山
丙
戌
申
坤

陽宅實際斷法說明

甲山收壬亥乾酉水，交媾為貪狼吉水，水走庚交媾為右弼吉水，（註：玄空水法中，水走面前偏無禍），因此水走右弼以合局論。

收貪狼吉水，主聰明孝友，因公進田，財帛旺盛，登科及第。水走右弼，主偏無禍。

甲山合局吉論：主合局出富貴，蜚聲魁第少年郎，文章佳高人欽畏，十二年須重新安香一次。

斷年月：流年流月，天干甲年甲月福應。

斷房份：甲山主二房應。

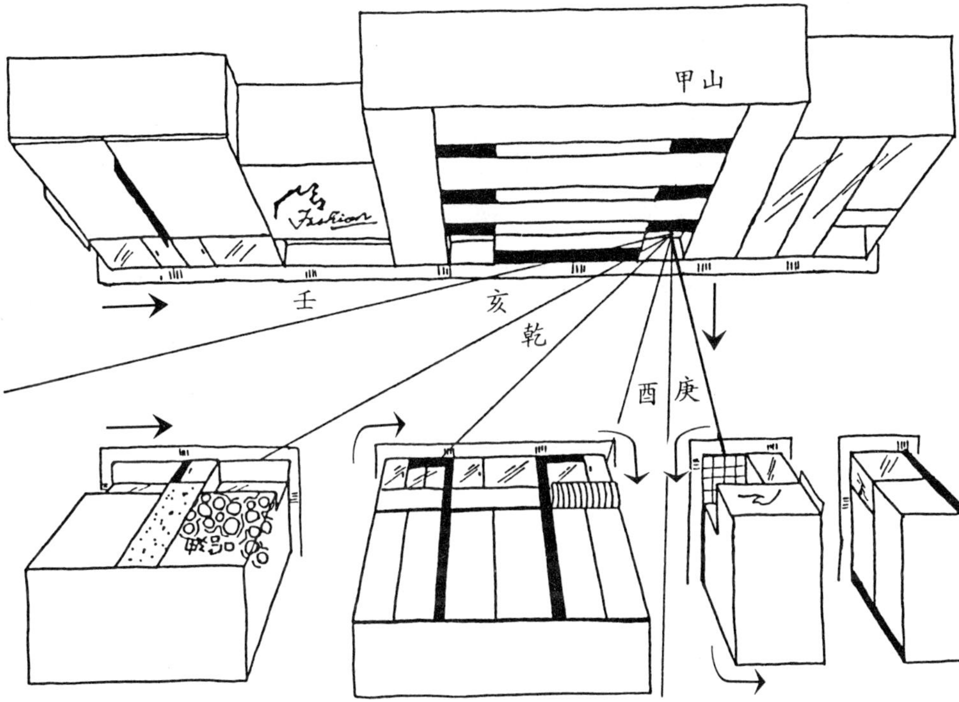
甲山
壬
亥
乾
酉
庚

陽宅實際斷法說明

甲山收丙午坤水，交媾爲廉貞五鬼凶水，水走辛交媾爲廉貞五鬼吉水，主破局凶論。

收廉貞五鬼凶水，主爲人陰險不實，不禮貌好勇鬥，瘟癀連連，巫師術士，失火刑配，自縊產亡，出異體兒，墮胎水走廉貞五鬼吉水，主健康長壽，榮華富貴。

疾病論：眼疾、殘缺開刀、心氣不足、血癌、腸疾。

甲山破局凶論：主跛腳多瘋癲，子孫世受瘋瘓累。

斷年月：流年流月，天干甲年甲月禍應。

斷房份：甲山主二房應。

宜內陽改造法：重新安神位，坐壬山收丙午坤水，交媾爲左輔吉水，水走辛交媾爲祿存吉水，主合局吉論。

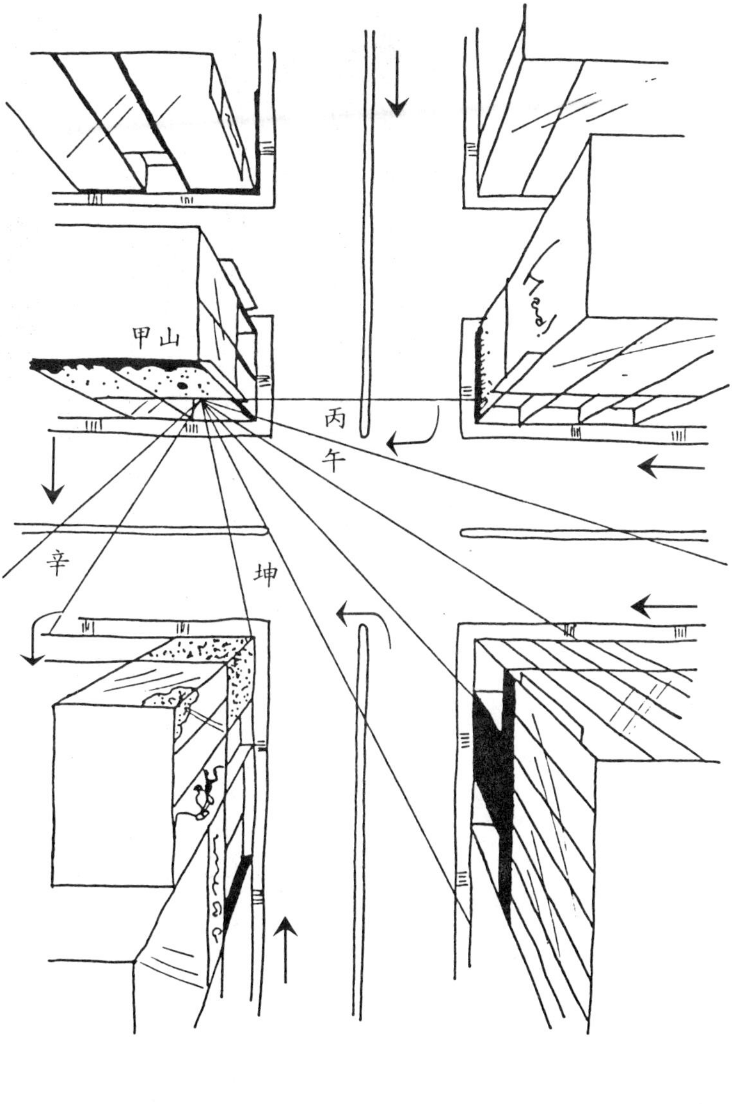
甲山
丙
午
辛
坤

陽宅實際斷法說明

甲山收壬亥辛酉水，交媾爲右弼吉水，水走丙交媾爲文曲吉水，主合局吉論。收右弼吉水，主生人明理孝順，夫妻恩愛，子女孝順。水走文曲吉水，主文曲是玄空卦中之桃花星，不管吉凶亦有桃花之論，生貴子旺家財，男人會納妾。

甲山合局吉論：主合局出富貴，蜚聲魁第少年郎，文章佳高人欽畏，十二年須重新安香一次。

斷年月：流年流月，天干甲年甲月福應。

斷房份：甲山主二房應。

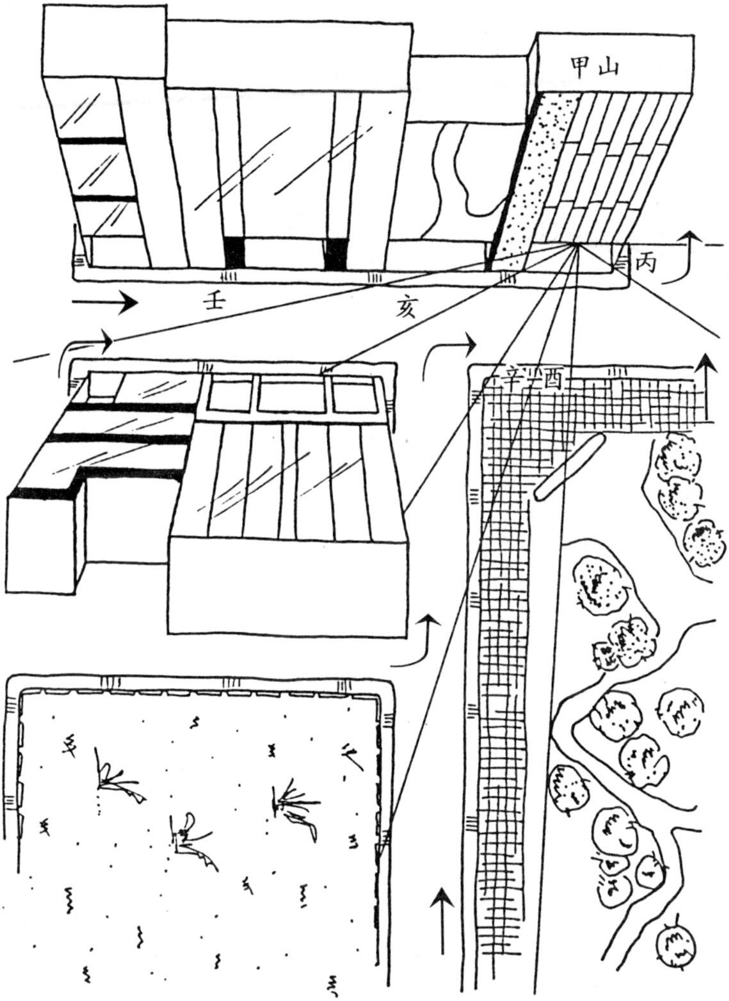
甲山
丙
壬
亥
辛
酉

陽宅實際斷法說明

甲山收壬亥戌辛水，交媾爲貪狼吉水，水走坤交媾爲左輔凶水，主破局凶論。

收貪狼吉水，主聰明孝友，因公進田，財帛旺盛，登科及第。水走左輔凶水，主夫妻不和，子女忤逆，退敗寡孀。

疾病論：股肱病、腸肺病、喉嚨病、白眼。

水走坤破局凶論：主破局懶洋洋，婦女相繼爲孤孀。

斷年月：水走坤，流年流月，天干乙年乙月禍應。

斷房份：水走坤主長房應。

宜內陽改造法：重新安神位，坐庚山收壬亥戌辛水，交媾爲左輔吉水，水走坤交媾爲廉貞五鬼吉水，主合局吉論。

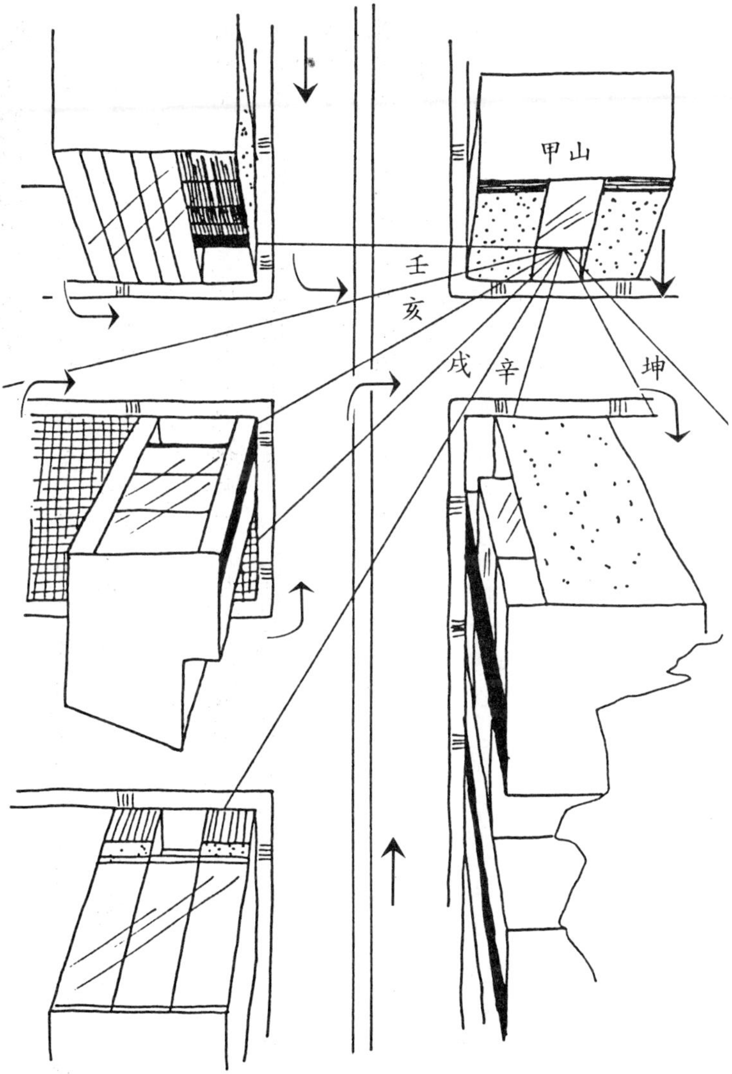
甲山
壬
亥
戌
辛
坤

陽宅實際斷法說明

甲山收丙丁水，交媾爲貪狼吉水，水走乾交媾爲巨門凶水，主破局凶論。收貪狼吉水，主聰明孝友，因公進田，財帛旺盛，登科及第。水走巨門凶水，主官司牽連，家散不合，多是非破敗，生子不成全。

疾病論：胃腸、舌唇破傷、皮膚病、胸膜痛、飲食不振。

水走乾破局凶論：主破局跛且聾，頭痛跎蹊列相通，鰥寡絕嗣多不吉，繼贅剋妻疊重重。

斷年月：水走乾，流年流月，天干甲年甲月禍應。

斷房份：水走乾主長房應。

宜內陽改造法：重新安神位，坐巽山收丙丁水，交媾爲右弼吉水，水走乾交媾爲廉貞五鬼吉水，主合局吉論。

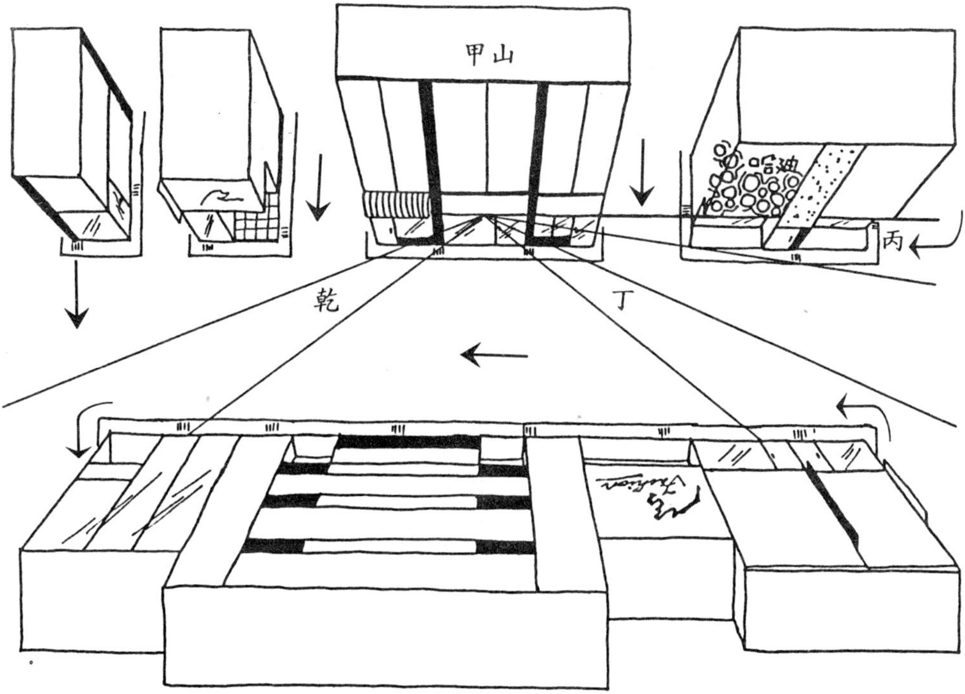
甲山
口哈迪
丙
乾
丁

卯山三元氣運卦數

卯山天星陽衡，卦位澤火革☱☲，卦運巨門二運，巽卦司令☴，司二十四年，從上元壬午年起，光緒八年歲次壬午年至光緒三十一年歲次乙巳年止。卦位天火同人☰☲，卦運破軍七運，坎卦司令☵，司二十一年，從中元乙卯年起，民國六十四年歲次乙卯年至民國八十四年歲次乙亥年止。卦位地澤臨☷☱，卦運文曲四運，兌卦司令☱，司二十四年，從中元庚午年起，民國十九年歲次庚午年至民國四十二年歲次癸巳年止。卦位山澤損☶☱，卦運右弼九運，乾卦司令☰，司二十七年，從下元丁酉年起，民國一〇六年歲次丁酉年至民國一三二年歲次癸亥年止。

卯山與各宮數理

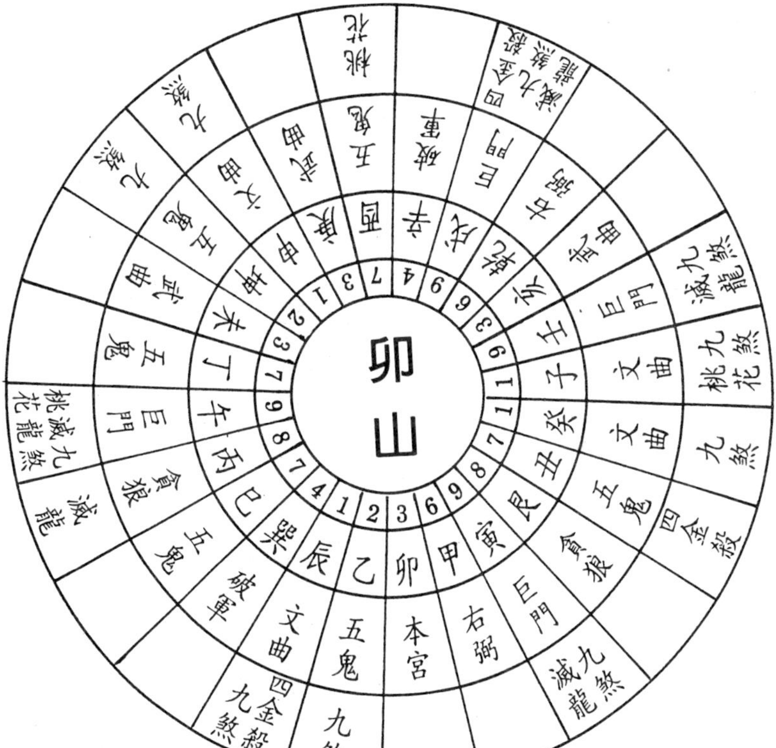
卯山
卯
甲
寅
艮
丑
癸
子
壬
亥
乾
戌
辛
酉
庚
申
坤
未
丁
午
丙
巳
巽
辰
乙
本宮
右弼
巨門
貪狼
五鬼
文曲
文曲
巨門
破軍
五鬼
巨門
五鬼
武曲
破軍
五鬼
文曲
九煞
四金殺
九滅龍煞
九煞
九煞
滅龍
桃滅九花龍煞
四金殺九煞
九煞

陽宅實際斷法說明

卯山收子壬乾戌水，交媾爲左輔吉水，水走申交媾爲文曲吉水，主合局吉論。收左輔吉水，主生人慈祥，夫妻和合，子女孝順，富貴福壽長。水走文曲吉水，主文曲是玄空卦中之桃花星，不管吉凶亦有桃花之論，生貴子旺家財，男人會納妾。

卯山合局吉論：主能出文武官員，操持膽略人欽畏，斬砍自由顯威權，將相掘起英雄隊。

斷年月：亥卯未年月福應。

斷房份：卯山主長房應。

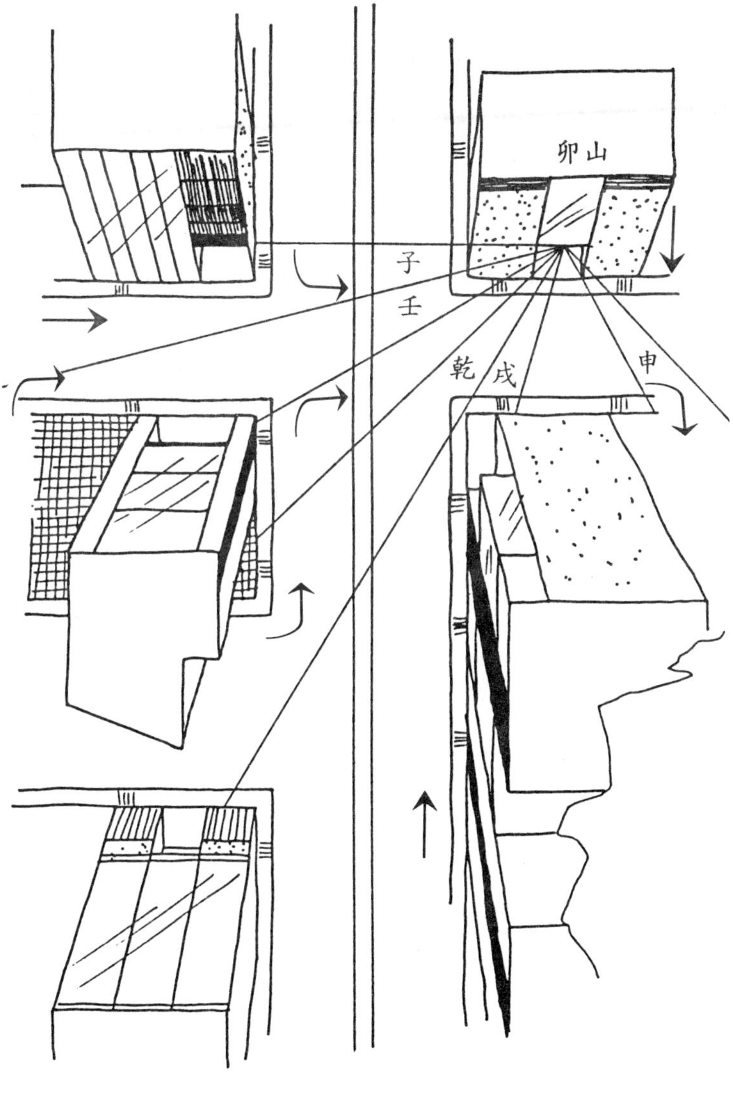
卯山
子
壬
乾
戌
申

陽宅實際斷法說明

卯山收午未水，交媾爲廉貞五鬼凶水，水走亥交媾爲武曲凶水，主破局凶論。

收廉貞五鬼凶水，主爲人陰險不實，不禮貌好勇鬥，瘟瘴連連，巫師術士，失火刑配，自縊產亡，出異體兒，墮胎。水走武曲凶水，主成材之子早歸陰，愚子不歸陰，男女走他鄉，血光、車禍。

疾病論：眼疾、殘缺開刀、心氣不足、血癌、腸疾。

卯山破局凶論：主偷盜並淫亂，常生多因賊牽累，定主殺戮徒刑罪。

斷年月：亥卯未年月禍應，及水走亥，亥卯未年月禍應。

宜內陽改造法：重新安神位，坐酉山收午未水，交媾爲右弼吉水，水走亥交媾爲廉貞五鬼吉水，主合局吉論。

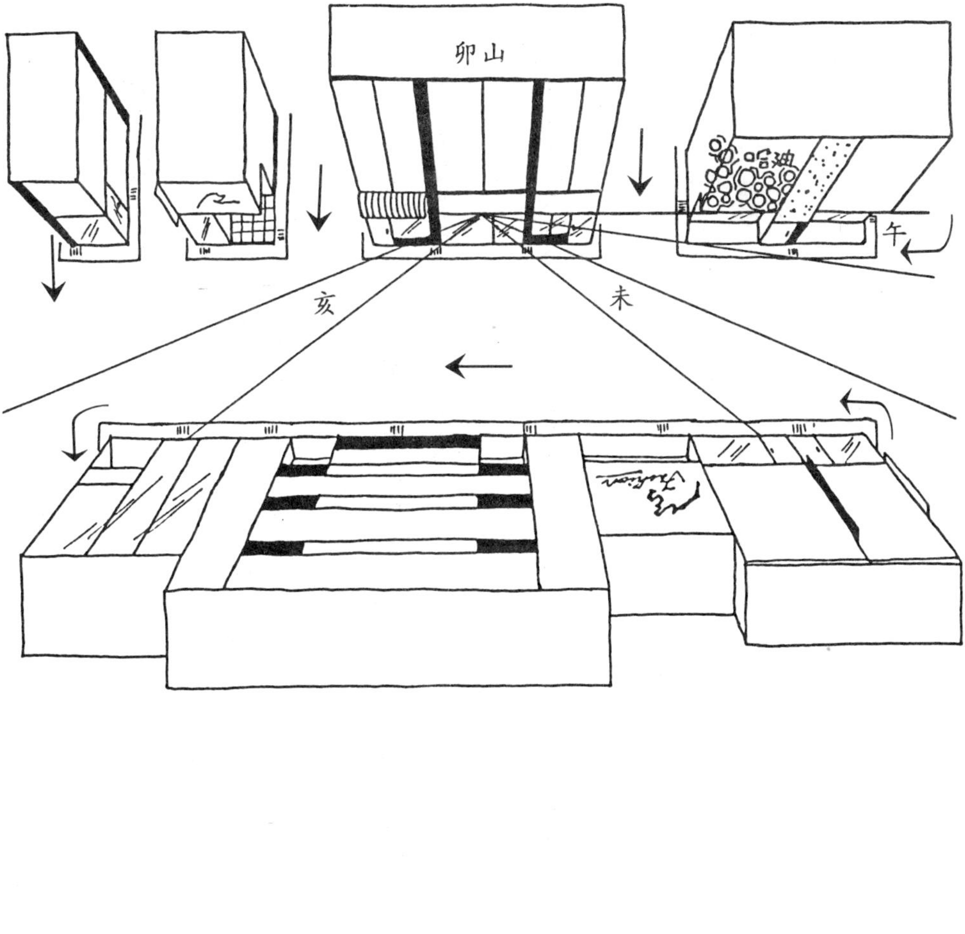
卯山
亥
未
午

陽宅實際斷法說明

卯山收子壬亥戌酉水，交媾為巨門吉水，水走庚交媾為武曲凶水，主破局凶論。

收巨門吉水，主忠孝多壽出神童，做生意發福甚速。水走武曲凶水，主成材之子早歸陰，愚子不歸陰，男女走他鄉，血光、車禍。

疾病論：喉疾、喘息、呼吸、梅毒、痰疾、鼻血。

水走庚破局凶論：主偷盜時生不肖男，被人殺戮取凶頑，強盜頭目賽樓欄。

斷年月：水走庚，流年流月，天干庚年庚月禍應。

斷房份：水走庚主二房應。

宜內陽改造法：重新安神位，坐酉山收子壬亥戌酉水，交媾為武曲吉水，水走庚交媾為廉貞五鬼吉水，主合局吉論。

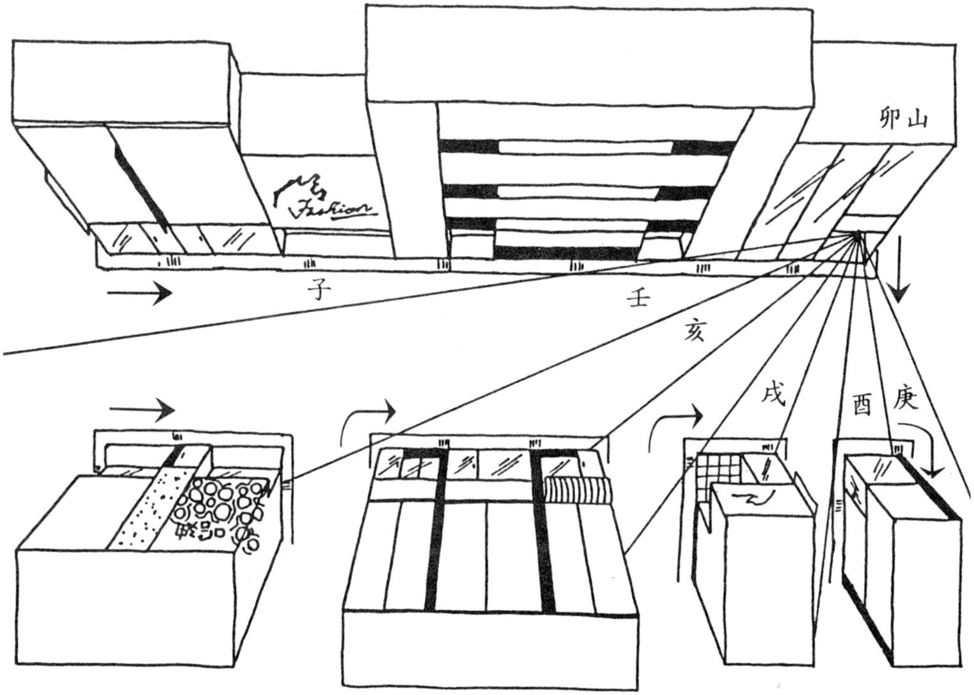
卯山
Fashion
子
壬
亥
戌
酉
庚

陽宅實際斷法說明

卯山收子壬戌水，交媾爲巨門吉水，水走申交媾爲文曲吉水，主合局吉論。

收巨門吉水，主忠孝多壽出神童，做生意發福甚速。水走文曲吉水，主文曲是玄空卦中之桃花星，不管吉凶亦有桃花之論，生貴子旺家財，男人會納妾。

卯山合局吉論：主能出文武官員，操持膽略人欽畏，斬砍自由顯威權，將相掘起英雄隊。

斷年月：亥卯未年月福應。

斷房份：卯山主長房應。

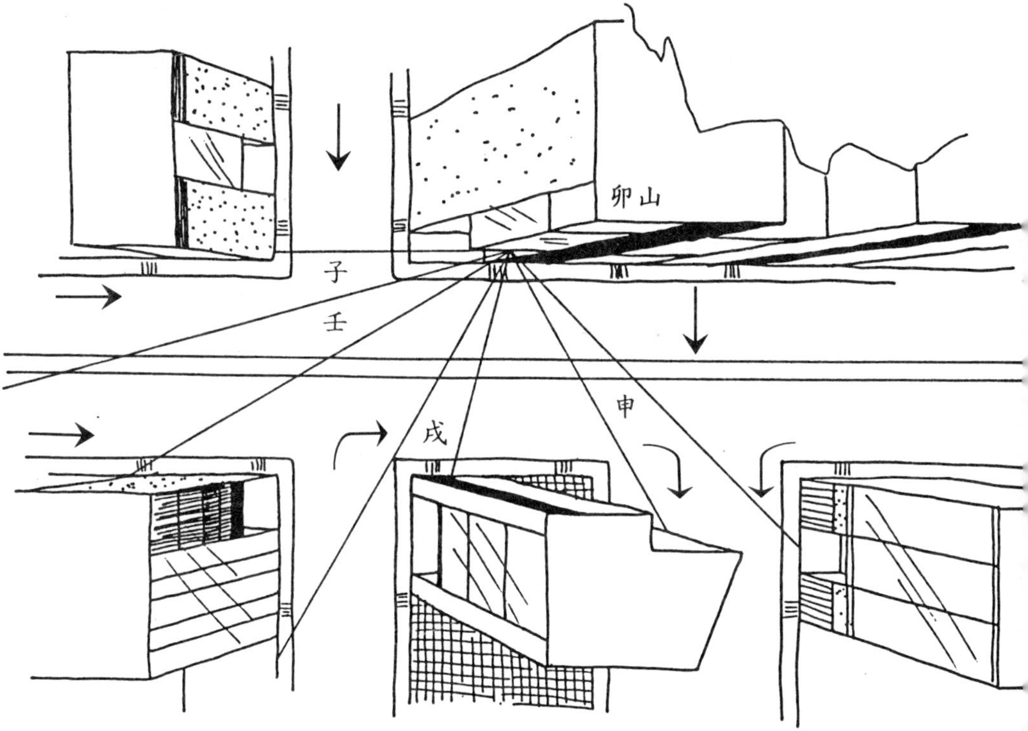
卯山
子
壬
申
戌

陽宅實際斷法說明

卯山收午申庚水，交媾為武曲吉水，水走乾交媾為右弼凶水，主破局凶論。水走右弼收武曲吉水，主出人清貴富厚，登科及第，福壽雙全，為官近帝王。水走右弼凶水，主夫妻不和，子女忤逆，退敗寡孀。

疾病論：羅患病、性急、心躁、女人有經血不足。

水走乾破局凶論：主破局跛且聾，頭痛跎蹊列相通，鰥寡絕嗣多不吉，繼贅剋妻疊重重。

斷年月：水走乾，流年流月，天干甲年甲月禍應。

斷房份：水走乾主長房應。

宜內陽改造法：重新安神位，坐午山收午申庚水，交媾為巨門吉水，水走乾交媾為廉貞五鬼吉水，主合局吉論。

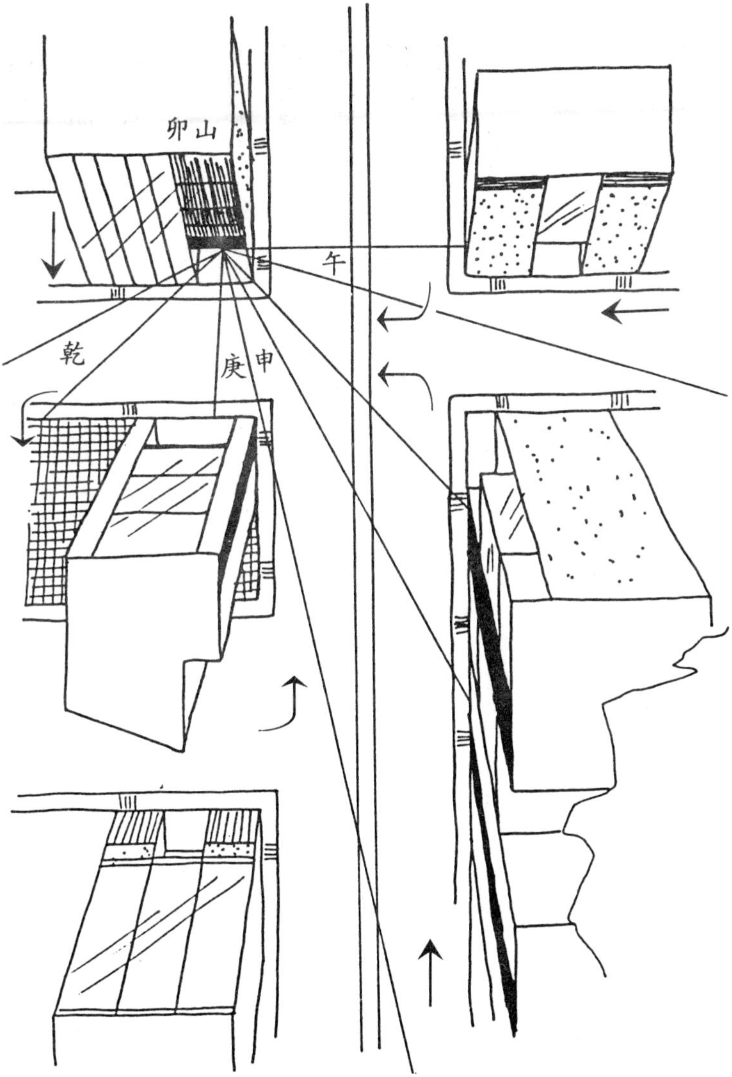
卯山
午
乾
庚
申

陽宅實際斷法說明

卯山收子壬亥辛水，交媾爲廉貞五鬼凶水，水走酉交媾爲廉貞五鬼吉水，主破局凶論。

收廉貞五鬼凶水，主爲人陰險不實，不禮貌好勇鬥，瘟瘽連連，巫師術士，失火刑配，自縊產亡，出異體兒，墮胎。水走廉貞五鬼吉水，主健康長壽，榮華富貴。

疾病論：眼疾、殘缺開刀、心氣不足、血癌、腸疾。

卯山破局凶論：主偷盜並淫亂，常生多因賊牽累，定主殺戮徒刑罪。

斷年月：亥卯未年月禍應。

斷房份：卯山主長房應。

宜外陽改造法：作個看板將子水格除，改變收水，改變後，坐卯山收壬亥辛水，交媾爲右弼吉水，水走酉交媾爲廉貞五鬼吉水，主合局吉論。

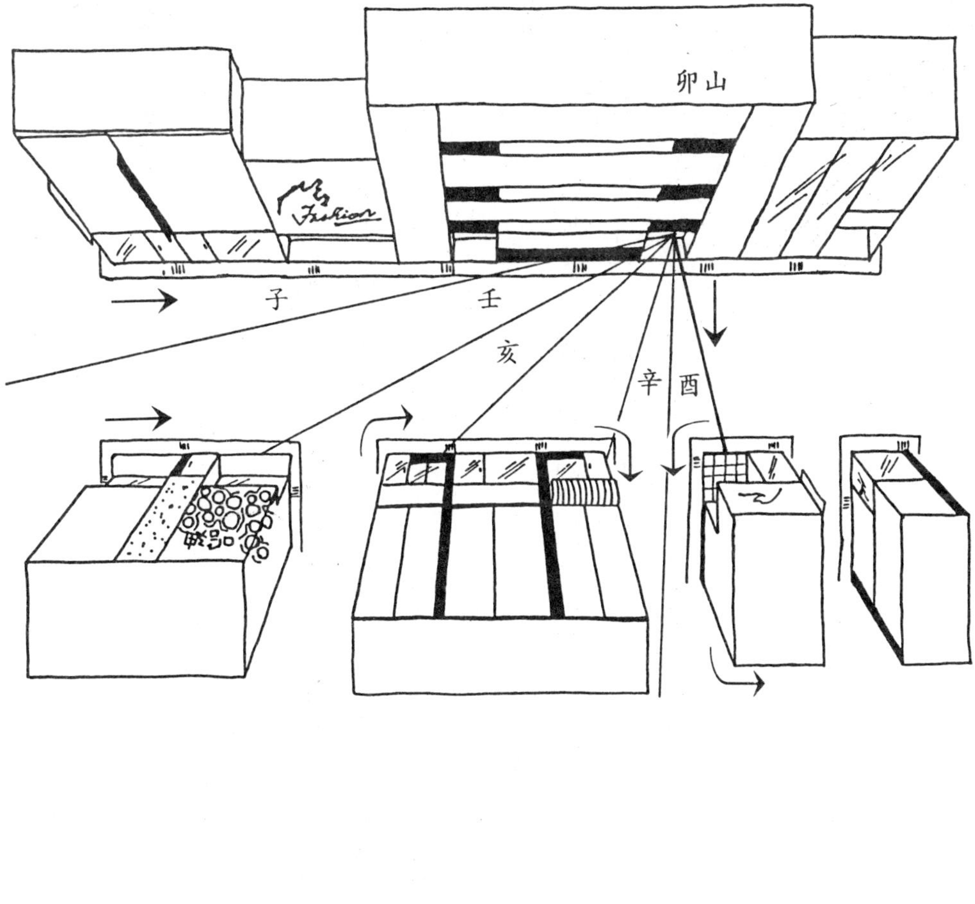
卯山
子
壬
亥
辛
酉

陽宅實際斷法說明

卯山收午丁申水，交媾爲廉貞五鬼凶水，水走戌交媾爲巨門、滅龍、九煞凶水，主破局凶論。

收廉貞五鬼凶水，主爲人陰險不實，不禮貌好勇鬥，瘟瘟連連，巫師術士，失火刑配，自縊產亡，出異體兒，墮胎。水走巨門、滅龍、九煞凶水，主官司牽連，家散不合，多是非破敗，生子不成全，無男丁接代，多生女子，因而招子傳宗，流氓、忤逆、官非、凶死、自縊、夫妻不和等。

疾病論：眼疾、殘缺開刀、心氣不足、血癌、腸疾。

卯山破局凶論：主偷盜並淫亂，常生多因賊牽累，定主殺戮徒刑罪。

斷年月：亥卯未年月禍應，水走戌，寅午戌年月禍應。

宜內陽改造法：重新安神位，坐子山收午丁申水，交媾爲左輔吉水，水走戌交媾爲廉貞五鬼吉水，主合局吉論。

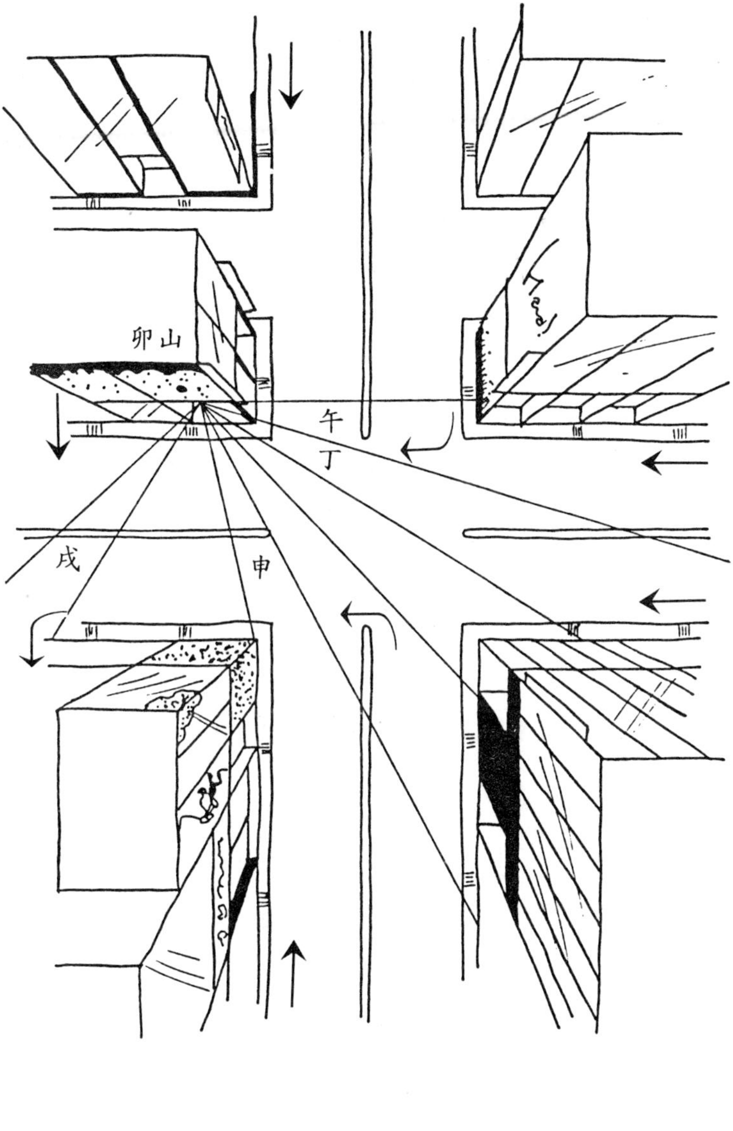
卯山
午
丁
戌
申

陽宅實際斷法說明

卯山收子壬戌辛水，交媾爲武曲吉水，水走午交媾爲巨門、滅龍、九煞凶水，主破局凶論。

收武曲吉水，主出人清貴富厚，登科及第，福壽雙全，爲官近帝王、水走巨門、滅龍、九煞凶水，主官司牽連，家散不合，多是非破敗，生子不成全，無男丁接代，多生女子，因而招子傳宗，流氓、忤逆、官非、凶死、自縊、夫妻不和等。

疾病論：胃腸、舌唇破傷、皮膚病、胸膜痛、飲食不振。

水走午破局凶論：主火災並淫亂，盜賊時生不肖男，又主盲目墮胎犯，刑獄破家遭刑難，婦人室女同淫濫。

斷年月：水走午，寅午戌年月禍應。

斷房份：水走午主長房應。

宜內陽改造法：重新安神位，坐丙山收子壬戌辛水，交媾爲貪狼吉水，水走午交媾爲破軍吉水，主合局吉論。

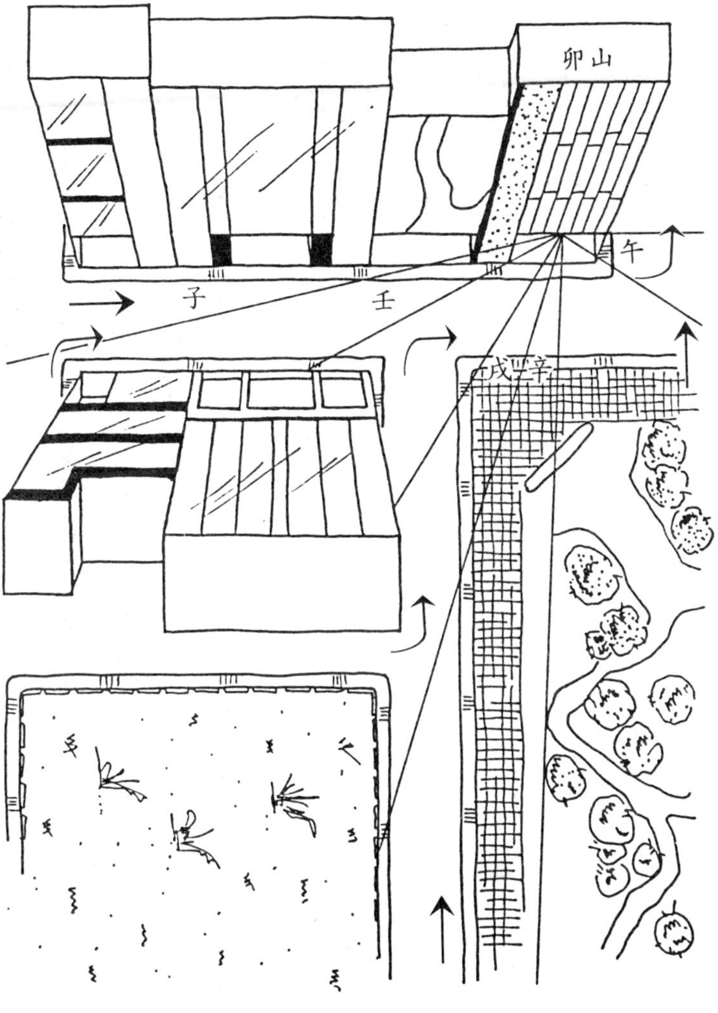
卯山
午
子
壬
戌
辛

乙山三元氣運卦數

乙山天星天官，卦位山澤損䷨，卦運右弼九運，乾卦司令☰，司二十七年，從下元丁酉年起，民國一〇六年歲次丁酉年至民國一三二年歲次癸亥年止。卦位水澤節䷻，卦運左輔八運，震卦司令☳，司二十一年，從中元丙子年起，民國八十五年歲次丙子年至民國一〇五年歲次丙申年止。卦位風澤中孚䷼，卦運祿存三運，離卦司令☲，司二十四年，從上元丙午年起，光緒三十二年歲次丙午年至民國十八年歲次己巳年止。

乙山與各宮數理

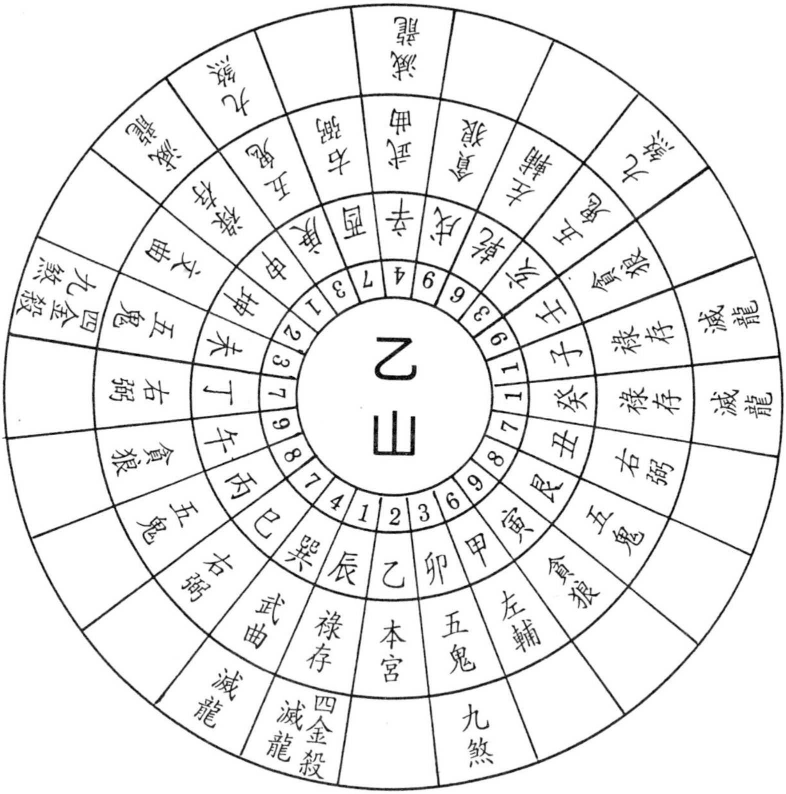
乙山
乙 卯 甲 寅 艮 丑 癸 子 壬 亥 乾 戌 辛 酉 庚 申 坤 未 丁 午 丙 巳 巽 辰
2 3 6 9 8 7 1 1 6 3 6 9 4 7 3 1 2 3 7 9 8 7 4 1
本宮 五鬼 左輔 貪狼 五鬼 右弼 祿存 祿存 王 貪狼 左輔 貪狼 武曲 右弼 五鬼 祿存 文曲 五鬼 右弼 貪狼 五鬼 右弼 武曲 祿存
九煞 滅龍 滅龍 九煞 滅龍 九煞 四金殺 九煞 滅龍 四金殺 滅龍

陽宅實際斷法說明

乙山收癸子乾水，交媾為廉貞五鬼凶水，水走庚交媾為廉貞五鬼吉水，主破局凶論。

收廉貞五鬼凶水，主為人陰險不實，不禮貌好勇鬥，瘟𤸷連連，巫師術士，失火刑配，自縊產亡，出異體兒，墮胎。水走廉貞五鬼吉水，主健康長壽，榮華富貴。

疾病論：眼疾、殘缺開刀、心氣不足、血癌、腸疾。

乙山破局凶論：主破局手足病、螟蛉繼兒如親男，定然剋妻三五番。

斷年月：流年流月，天干乙年乙月禍應。

斷房份：乙山主三房應。

宜內陽改造法：重新安神位，坐辛山收癸子乾水，交媾為巨門吉水，水走庚交媾為破軍吉水，主合局吉論。

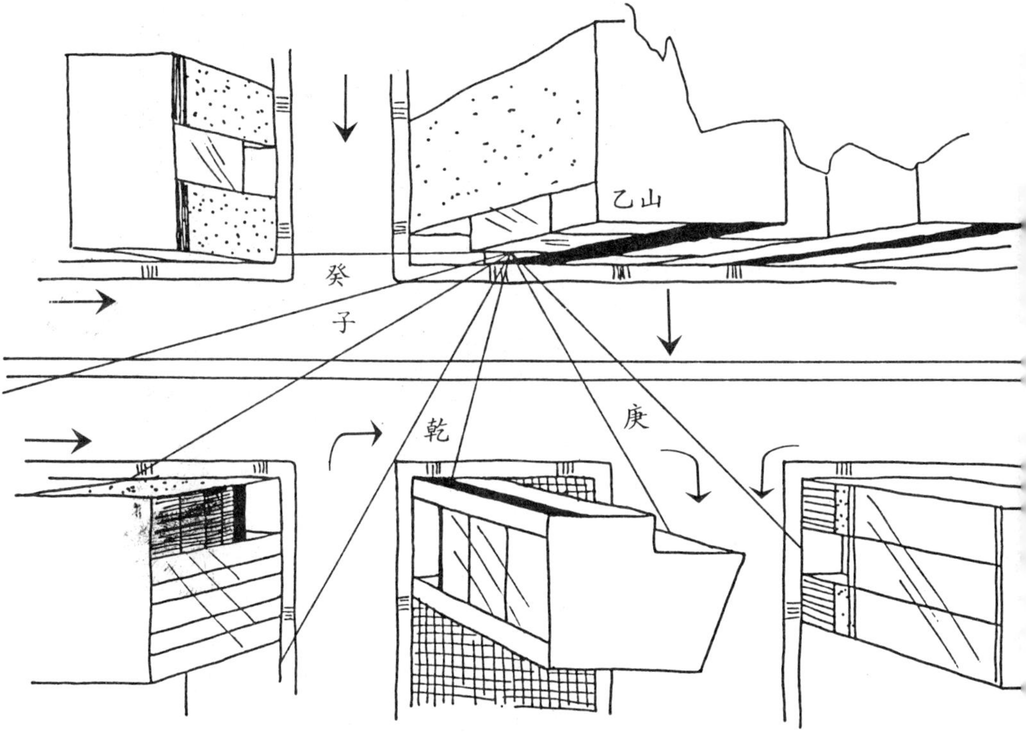
乙山
癸
子
乾
庚

陽宅實際斷法說明

乙山收癸子壬乾辛水，交媾爲祿存凶水，水走酉交媾爲右弼凶水，主破局凶論。收祿存凶水，主出人心性頑鈍，行事妄誕，離祖過房，男僧女道，飲毒藥自縊，好酒色及賭，癲狂不善終，夭折、絕嗣、蛇傷。水走右弼凶水，主夫妻不和，子女忤逆，退敗寡孀。

疾病論：胃腸障礙、水腫、脹滿、神經系統。

乙山破局凶論：主破局手足病，螟蛉繼兒如親男，定然剋妻三五番。

斷年月：流年流月，天干乙年乙月禍應，及水走酉，巳酉丑年月禍應。

宜內陽改造法：重新安神位，坐丁山收癸子壬乾辛水，交媾爲左輔吉水，水走酉交媾爲文曲吉水，主合局吉論。

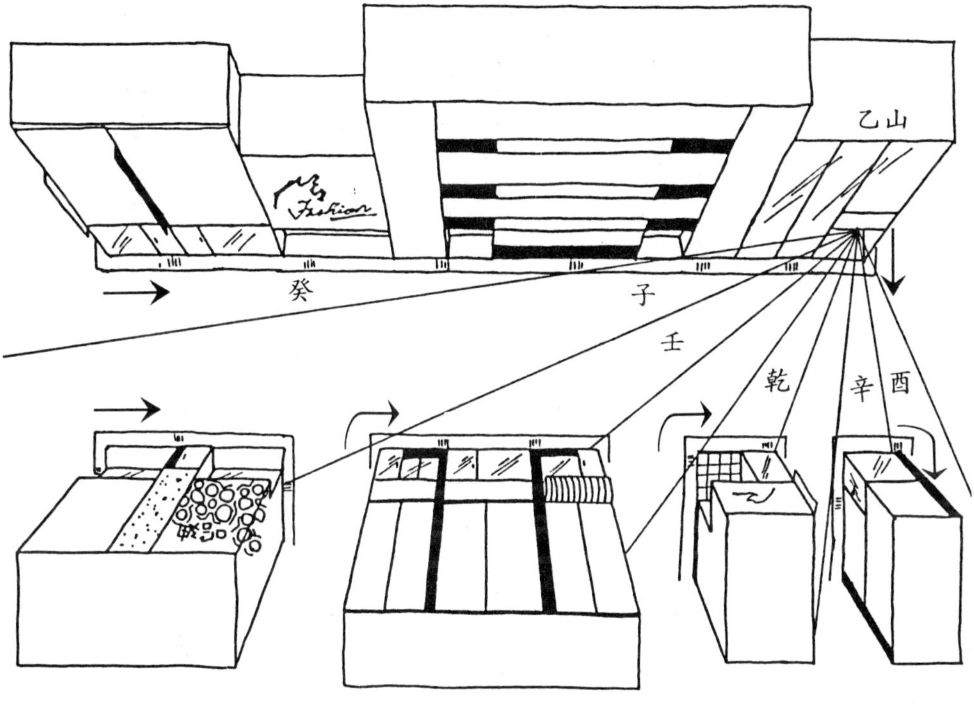
乙山
Fashion
癸
子
壬
乾
辛
酉

陽宅實際斷法說明

乙山收癸子亥乾水，交媾爲祿存凶水，水走庚交媾爲廉貞五鬼吉水，主破局凶論。

收祿存凶水，主出人心性頑鈍，行事妄誕，離祖過房，男僧女道，飲毒藥自縊，好酒色及賭，癲狂不善終，夭折、絕嗣、蛇傷。水走廉貞五鬼吉水，主健康長壽，榮華富貴。

疾病論：胃腸障礙、水腫、脹滿、神經系統。

乙山破局凶論：主破局手足病，螟蛉繼兒如親男，定然剋妻三五番。

斷年月：流年流月，天干乙年乙月禍應。

斷房份：乙山主三房應。

宜內陽改造法：重新安神位，坐丁山收癸子亥乾水，交媾爲左輔吉水，水走庚交媾爲廉貞五鬼吉水，主合局吉論。

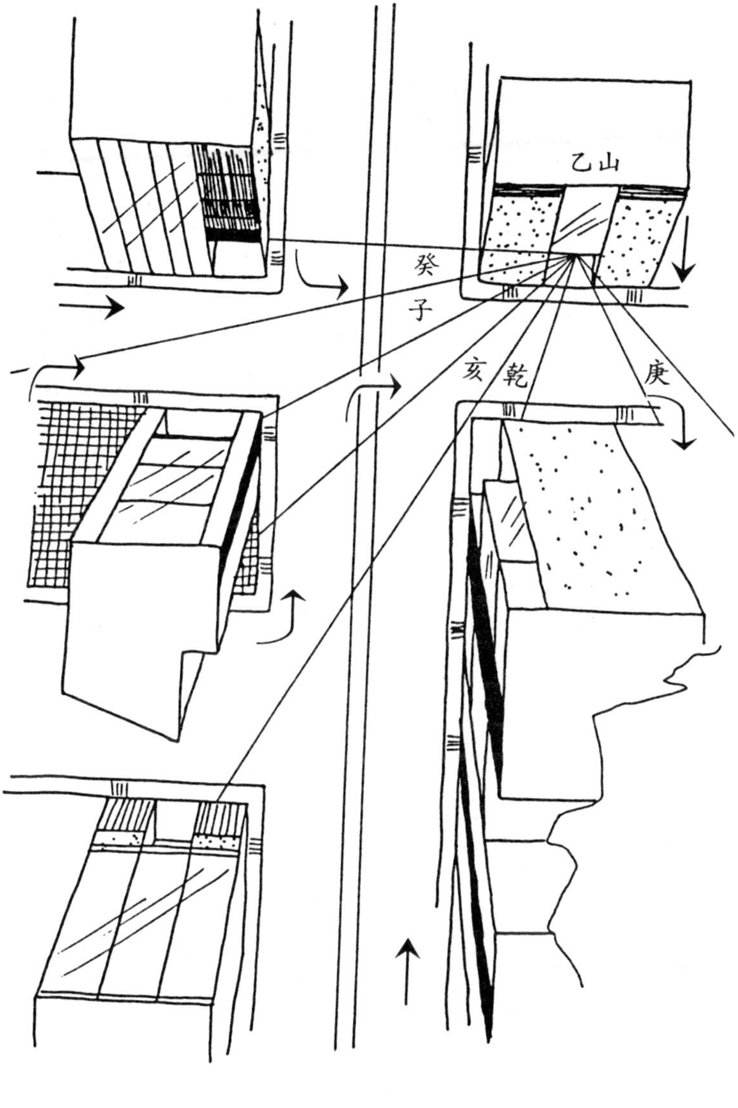
乙山
癸
子
亥
乾
庚

陽宅實際斷法說明

乙山收丁坤水，交媾為貪狼吉水，水走壬交媾為貪狼凶水，主破局凶論。收貪狼吉水，主聰明孝友，因公進田，財帛旺盛，登科及第。水走貪狼凶水，主貪花喜酒，破家財。

疾病論：肝膽之病、腰足之病、氣病、腳氣、梅毒、風濕、驚恐。

水走壬破局凶論：主敗退出遊蕩，水盛多生黃腫病，亦有水厄落水者，逃竄他方為災殃。

斷年月：流年流月，天干壬年壬月禍應。

斷房份：水走壬主二房應。

宜外陽改造法：將水走壬之方向，改變水走癸，改變後，坐乙山收丁坤水，交媾為貪狼吉水，水走癸交媾為祿存吉水，主合局吉論。

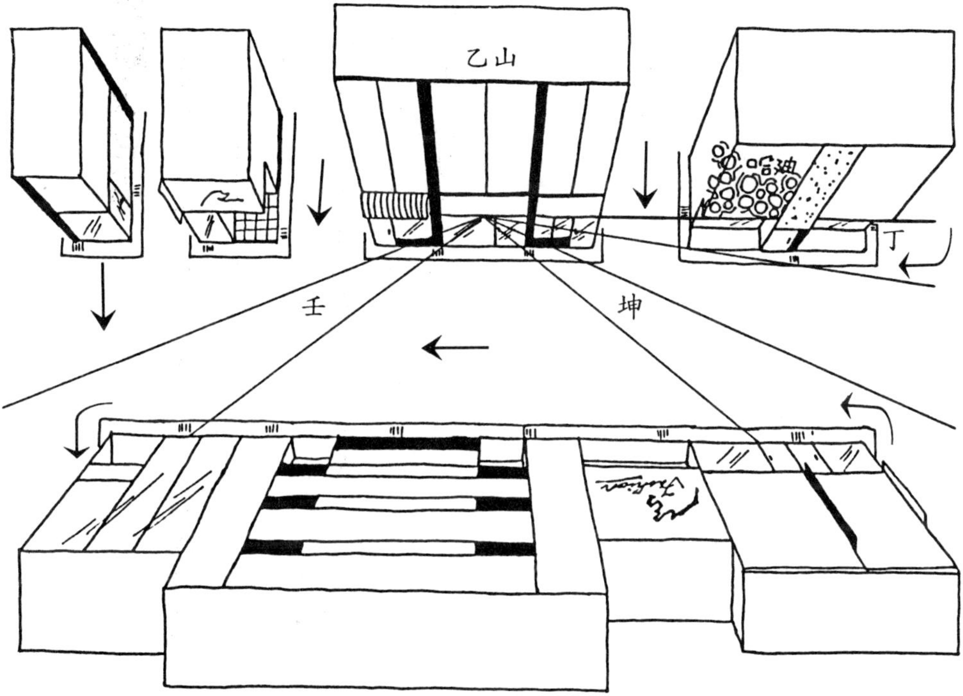
乙山
壬
坤
丁

陽宅實際斷法說明

乙山收丁庚酉水，交媾為右弼吉水，水走乙交媾為廉貞五鬼吉水，主合局吉論。收右弼吉水，主生人明理孝順，夫妻恩愛，子女孝順。水走廉貞五鬼吉水，主健康長壽，榮華富貴。

乙山合局吉論：主乙山原來可催官，出科技人才，名利顯達多生女。

斷年月：流年流月，天干乙年乙月福應。

斷房份：乙山主三房應。

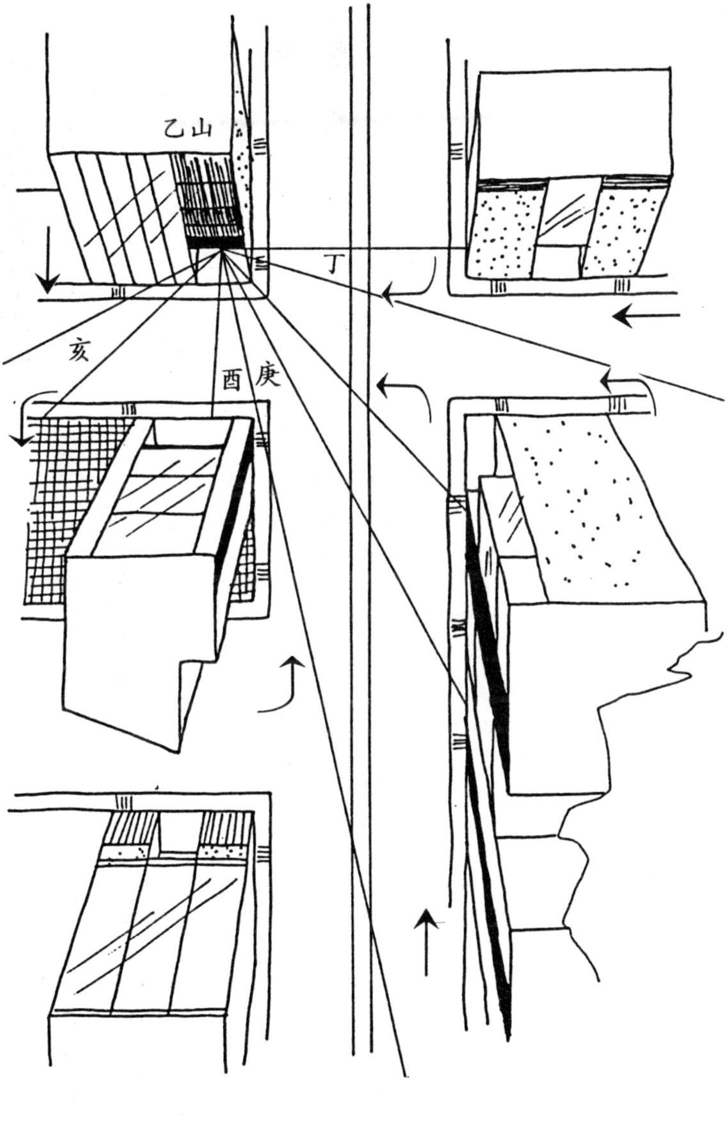
乙山
丁
亥
酉
庚

陽宅實際斷法說明

乙山收癸子壬戌水，交媾爲巨門吉水，水走辛交媾爲武曲吉水，主合局吉論。

註：乙山水走辛爲玄空水法，水走面前偏無禍，因此水走武曲以吉論。收巨門吉水，主忠孝多壽出神童，做生意發福甚速。

乙山合局吉論：主乙山原來可催官，出科技人才，名利顯達多生女。

斷年月：流年流月，天干乙年乙月福應。

斷房份：乙山主三房應。

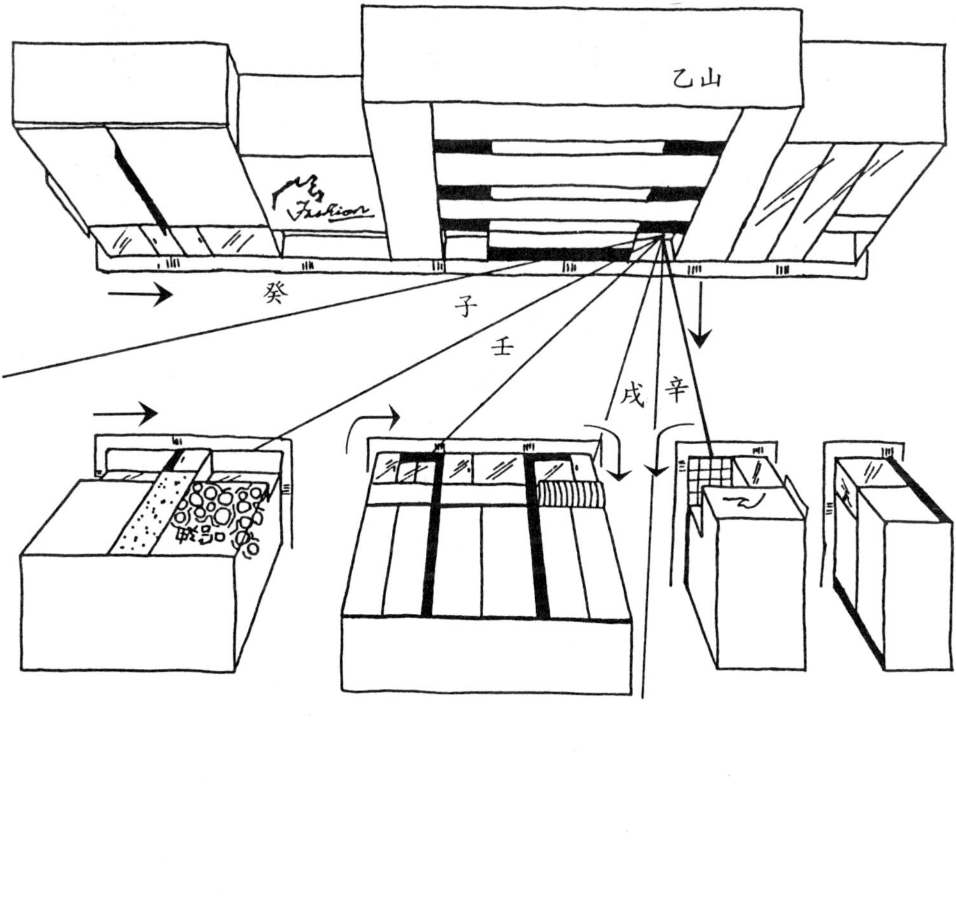
乙山
癸
子
壬
戌
辛

陽宅實際斷法說明

乙山收丁未庚水，交媾爲廉貞五鬼凶水，水走乾交媾爲左輔凶水，主破局凶論。收廉貞五鬼凶水，主爲人陰險不實，不禮貌好勇鬥，瘟癀連連，巫師術士，失火刑配，自縊產亡，出異體兒，墮胎。水走左輔凶水，主夫妻不和，子女忤逆，退敗寡孀。

疾病論：眼疾、殘缺開刀、心氣不足、血癌、腸疾。

乙山破局凶論：主手足病，螟蛉繼兒如親男，定然剋妻三五番。

斷年月：流年流月，天干乙年乙月禍應，及水走乾，流年流月，天干甲年甲月禍應。

斷房份：乙山主三房應，水走乾主長房應。

宜內陽改造法：重新安神位，坐午山收丁未庚水，交媾爲巨門吉水，水走乾交媾爲廉貞五鬼吉水，主合局吉論。

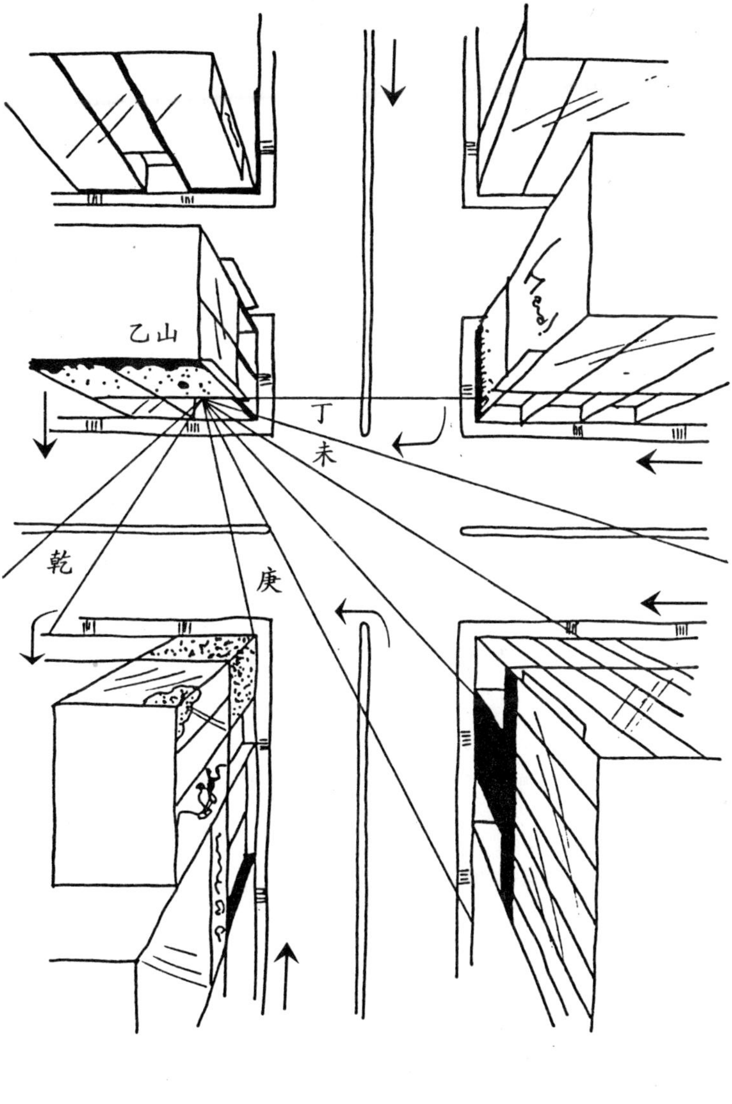
乙山
丁
未
乾
庚

陽宅實際斷法說明

乙山收癸子乾戌水，交媾為右弼吉水，水走丁交媾為右弼凶水，主破局凶論。

收右弼吉水，主生人明理為順，夫妻恩愛，子女孝順。水走右弼凶水，主夫妻不和，子女忤逆，退敗寡孀。

疾病論：罹患病、性急、心躁、女人有經血不足。

水走丁破局凶論：主多腹痛，退敗之時無可救，短壽破敗人丁損。

斷年月：水走丁，流年流月，天干丁年丁月禍應。

斷房份：水走丁主三房應。

宜內外陽同時改造：首先改造外陽，作個看板將癸水格除，改變來水，改變後，來水收子乾戌水，內陽坐山改坐卯山收子乾戌水，交媾為右弼吉水，水走丁交媾為廉貞五鬼吉水，主合局吉論。

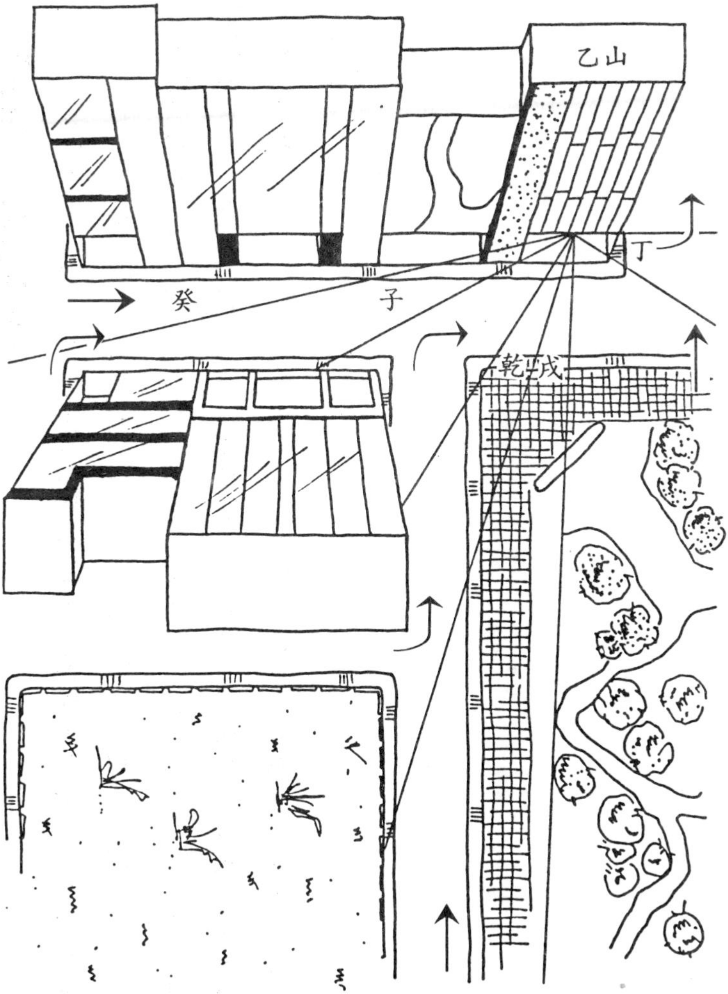
乙山
丁
癸
子
乾
戌

辰山三元氣運卦數

辰山天星天罡，卦位雷澤歸妹䷵，卦運破軍七運，坎卦司令☵，司二十一年，從中元乙卯年起，民國六十四年歲次乙卯年至民國八十四年歲次乙亥年止。卦位火澤睽䷥，卦運巨門二運，巽卦司令☴，司二十四年，從上元壬午年起，光緒八年歲次壬午年至光緒三十一年歲次乙巳年止。卦位兌爲澤䷹，卦運貪狼一運，坤卦司令☷，司十八年，從上元甲子年起，同治三年歲次甲子年至光緒七年歲次辛巳年止。

辰山與各宮數理

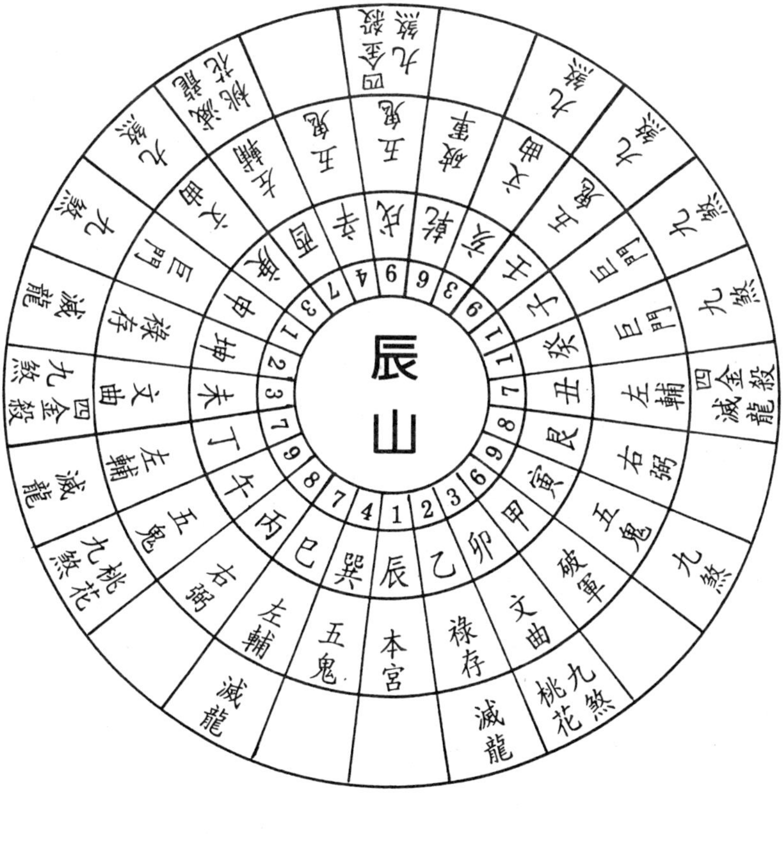

陽宅實際斷法說明

辰山收丑癸壬亥水，交媾爲貪狼吉水，水走酉交媾爲左輔、滅龍凶水，主破局凶論。

收貪狼吉水，主聰明孝因，因公進田，財帛旺盛，登科及第。水走左輔、滅龍凶水，主夫妻不和，子女忤逆，退敗寡孀，無男丁接代，多生女子，因而招子傳宗。

疾病論：股肱病、腸肺病、喉嚨病、白眼。

水走酉破局凶論：主淫亂不堪言，犯罪遭刑罹災咎。

斷年月：水走酉，巳酉丑年月禍應。

斷房份：水走酉主長房應。

宜內陽改造法：重新安神位，坐艮山收丑癸壬亥水，交媾爲左輔吉水，水走酉交媾爲廉貞五鬼吉水。

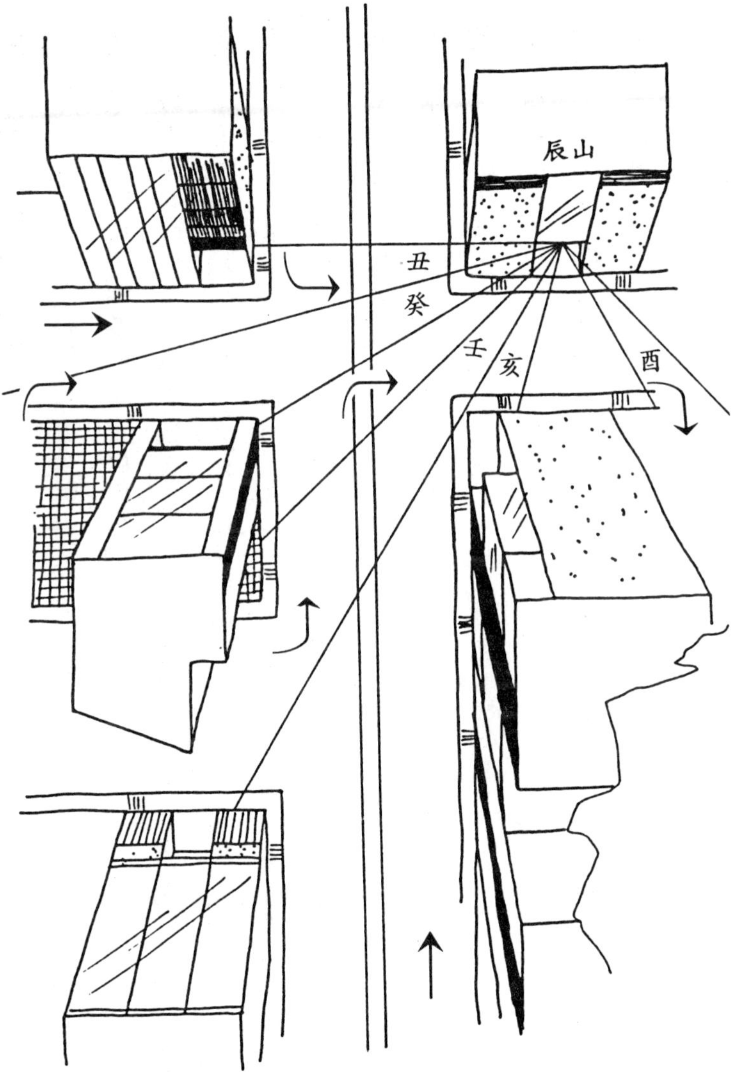
辰山
丑
癸
壬
亥
酉

陽宅實際斷法說明

辰山收未申水，交媾為廉貞五鬼，又犯收水，未申水，水本身是九煞凶水，水走子交媾為巨門、九煞水，主破局凶論。

收廉貞五鬼，水本身九煞凶水，主為人陰險不實，不禮貌好勇鬥，瘟瘟連連，巫師術士，失火刑配，自縊產亡，出異體兒，墮胎，車禍、開刀、牢獄、官司、流氓、忤逆、凶暴等。水走巨門、九煞凶水，主官司牽連，家散不合，多是非破敗，生子不成全，車禍、開刀、牢獄、官司、流氓、忤逆、凶暴等。

疾病論：眼疾、殘缺開刀、心氣不足、血癌、腸疾。

辰山破局凶論：主瘋癲並落水，水亡之後家滅毀，或生露齒缺嘴唇。

斷年月：申子辰年月禍應，水走子，申子辰年月禍應。

斷房份：辰山主三房應，水走子主長房應。

特註：本例因水收九煞凶水，及水走巨門九煞凶水，內外陽改造不易改變，所以此例僅吉凶論。

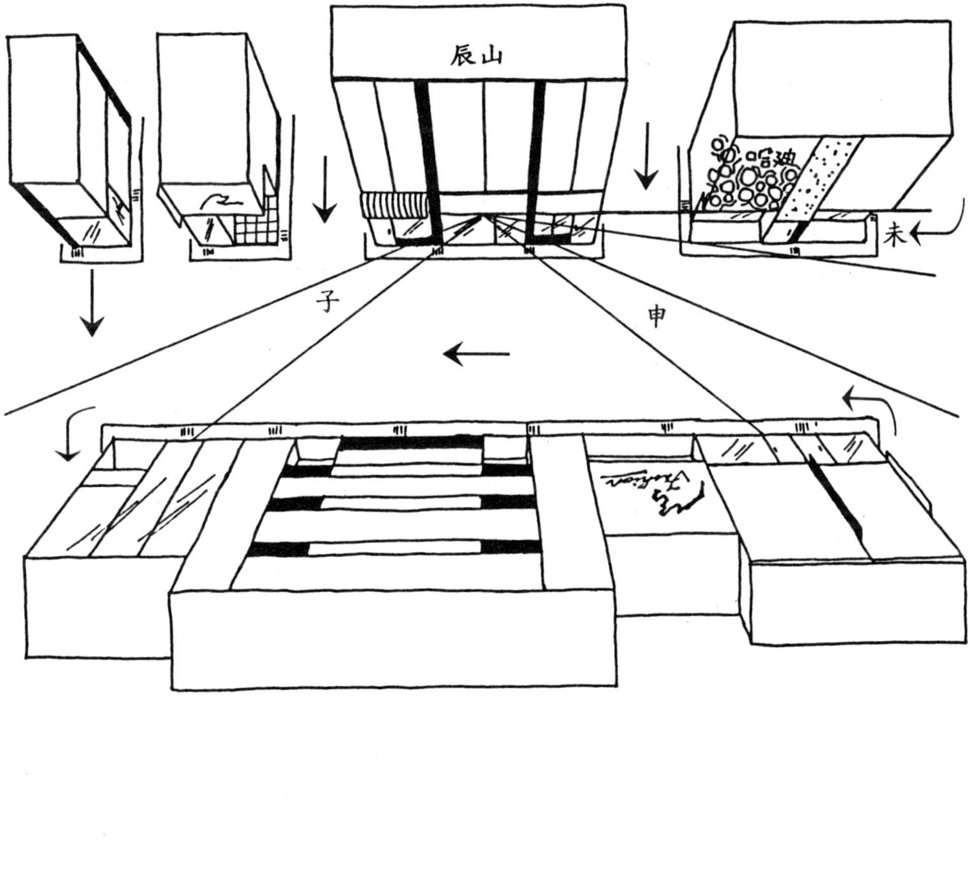
辰山
子
申
未

陽宅實際斷法說明

辰山收丑癸子亥戌水，交媾爲巨門吉水，水走辛交媾爲廉貞五鬼吉水，主合局吉論。

收巨門吉水，主忠孝多壽出神童，做生意發福甚速。水走廉貞五鬼吉水，主健康長壽，榮華富貴。

辰山合局吉論：主大旺財產是辰山，出山醫命卜相之士，爲人勤儉守財。

斷年月：申子辰年月福應。

斷房份：辰山主三房應。

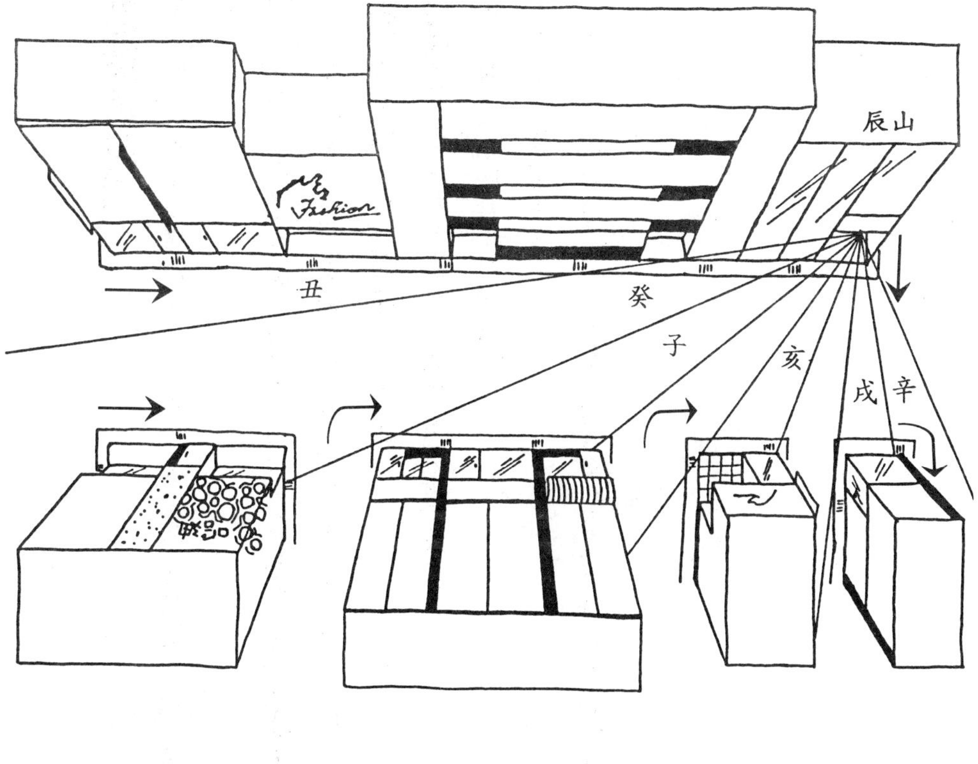
辰山
Fashion
丑
癸
子
亥
戌
辛

陽宅實際斷法說明

辰山收丑癸亥水，交媾爲巨門吉水，水走酉交媾爲左輔、滅龍凶水，主破局凶論。

收巨門吉水，主忠孝多壽出神童，做生意發福甚速。水走左輔、滅龍凶水，主夫妻不和，子女忤逆，退敗寡孀，無男丁接代，多生女子，因而招子傳宗。

疾病論：股肱病、腸肺病、喉嚨病、白眼。

水走酉破局凶論：主淫亂不堪言，犯罪遭刑罹災咎。

斷年月：水走酉，巳酉丑年月禍應。

斷房份：水走酉主長房應。

宜內陽改造法：重新安神位，坐丑山收丑癸亥，交媾爲左輔吉水，水走酉交媾爲文曲吉水，主合局吉論。

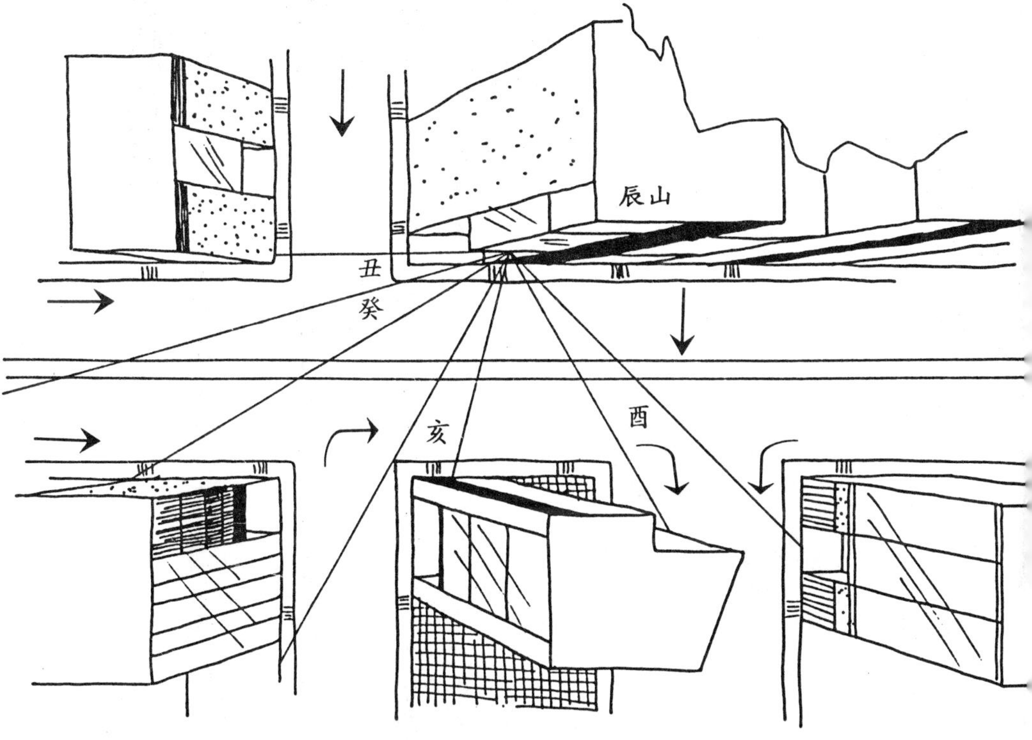
辰山
丑
癸
亥
酉

陽宅實際斷法說明

辰山收丑癸子乾水，交媾爲武曲吉水，水走戌交媾爲廉貞五鬼吉水，主合局吉論。

收武曲吉水，主出人清貴富厚，登科及第，福壽雙全，爲官近帝王。水走廉貞五鬼吉水，主健康長壽，榮華富貴。

辰山合局吉論：主大旺財產是辰山，出山醫命卜相之士，爲人勤儉守財。

斷年月：申子辰年月福應。

斷房份：辰山主三房應。

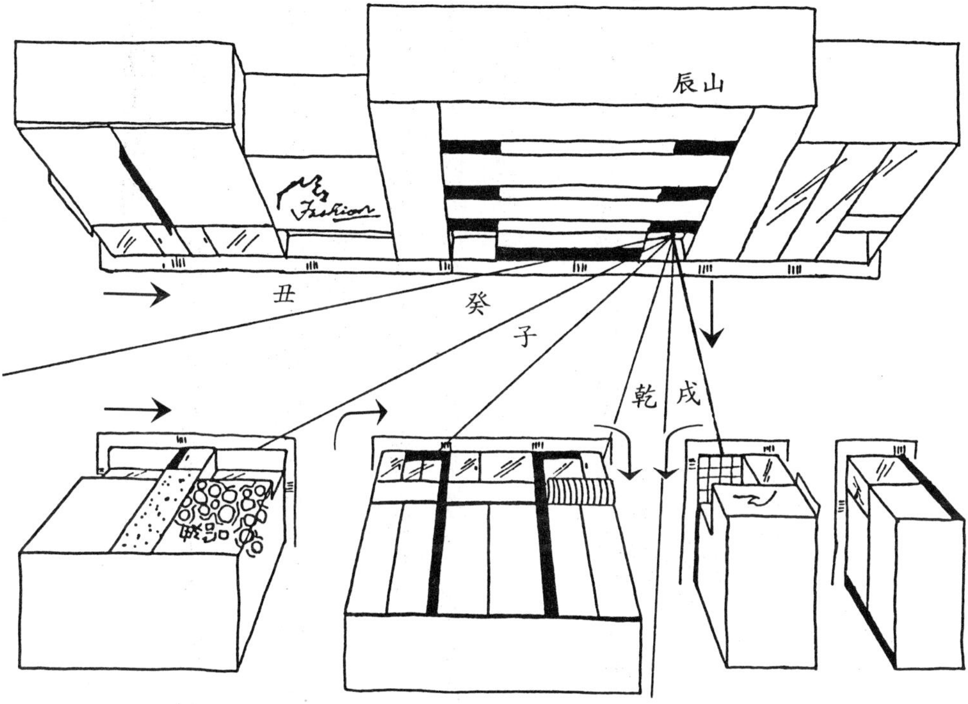
辰山
丑
癸
子
乾
戌

陽宅實際斷法說明

辰山收未酉辛水，交媾爲廉貞五鬼凶水，水走壬交媾爲廉貞五鬼吉水，主破局凶論。

收廉貞五鬼凶水，主爲人險險不實，不禮貌好勇鬥，瘟瘴連連。水走廉貞五鬼吉水，主健康長壽，榮華富貴。

疾病論：眼疾、殘缺開刀，心氣不足，血癌、腸疾。

辰山破局凶論：主瘋癲並落水，水亡之後家滅毀，或生露齒缺嘴唇。

斷年月：申子辰年月禍應。

斷房份：辰山主三房應。

宜內陽改造法：重新安神位，坐巽山收未酉辛水，主左輔吉水，水走壬交媾爲祿存吉水，主合局吉論。

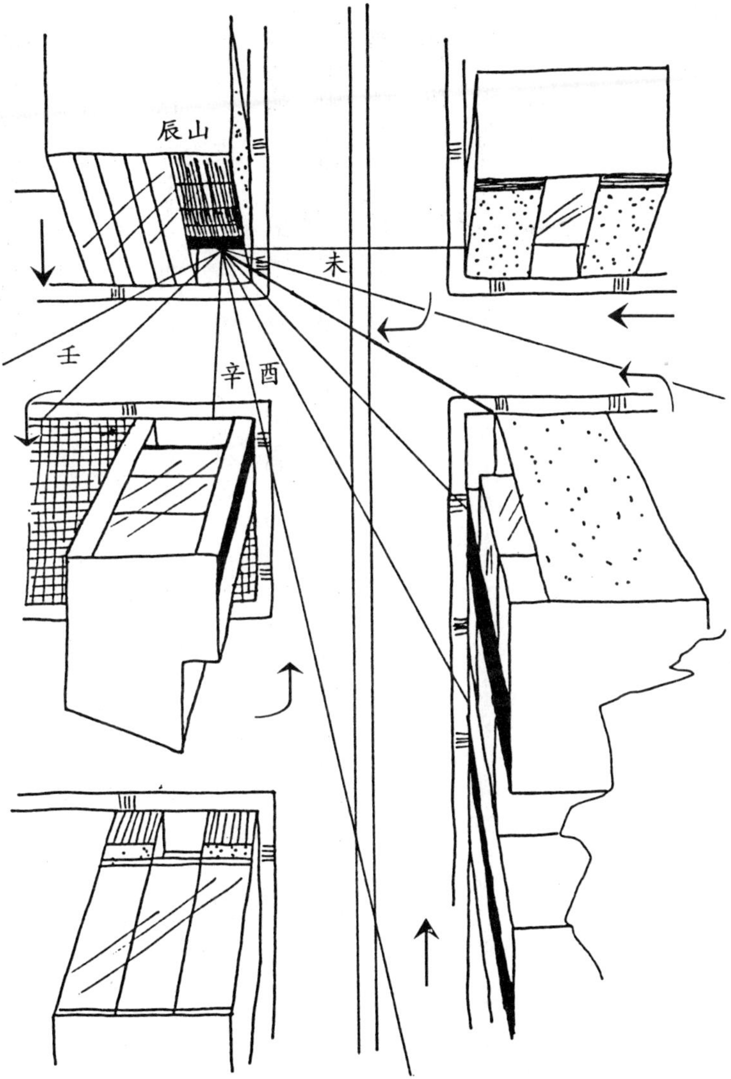
辰山
未
壬
辛
酉

陽宅實際斷法說明

辰山收未坤酉水，交媾為祿存凶水，水走亥交媾為文曲吉水，主破局凶論。

收祿存凶水，主出人心性頑鈍，行事妄誕，離祖過房，男僧女道，飲毒藥自縊，好酒色及賭，癲狂不善終、夭折、絕嗣、蛇傷。水走文曲吉水，主文曲是玄空卦中之桃花星，不管吉凶亦有桃花之論，生貴子旺家財，男人會納妾。

疾病論：胃腸障礙、水腫、脹滿、神經系統。

辰山破局凶論：主瘋癲並落水，水亡之後家滅毀，或生露齒缺嘴唇。

斷年月：申子辰年月禍應。

斷房份：辰山主三房應。

宜內陽改造法：重新安神位，坐丑山收未坤酉水，交媾為右弼吉水，水走亥交媾廉貞五鬼吉水。

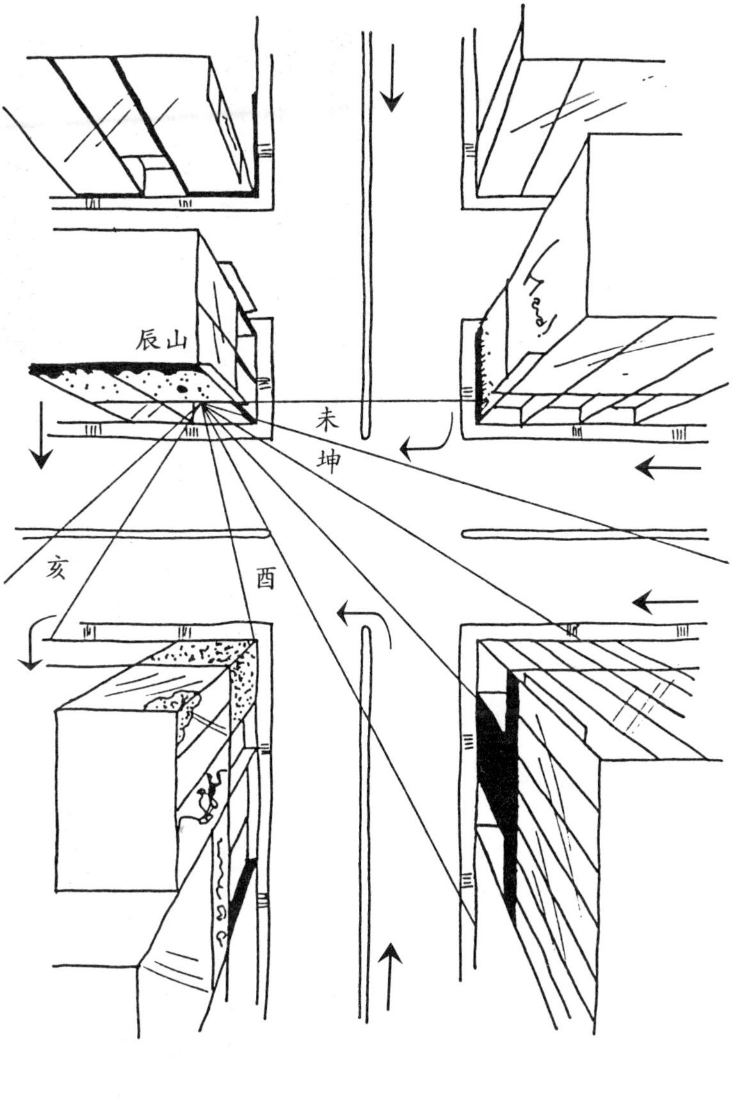
辰山
未
坤
亥
酉

陽宅實際斷法說明

辰山收丑癸亥乾水，交媾爲左輔吉水，水走未交媾爲文曲吉水，主合局吉論。收左輔吉水，主生人慈祥，夫妻和合，子女孝順，富貴壽長。水走文曲吉水，主文曲是玄空卦中之桃花星，不管吉凶亦有桃花之論，生貴子旺家財，男人會納妾。

辰山合局吉論：主大旺財產是辰山，出山醫命卜相之士，爲人勤儉守財。

斷年月：申子辰年月福應。

斷房份：辰山主三房應。

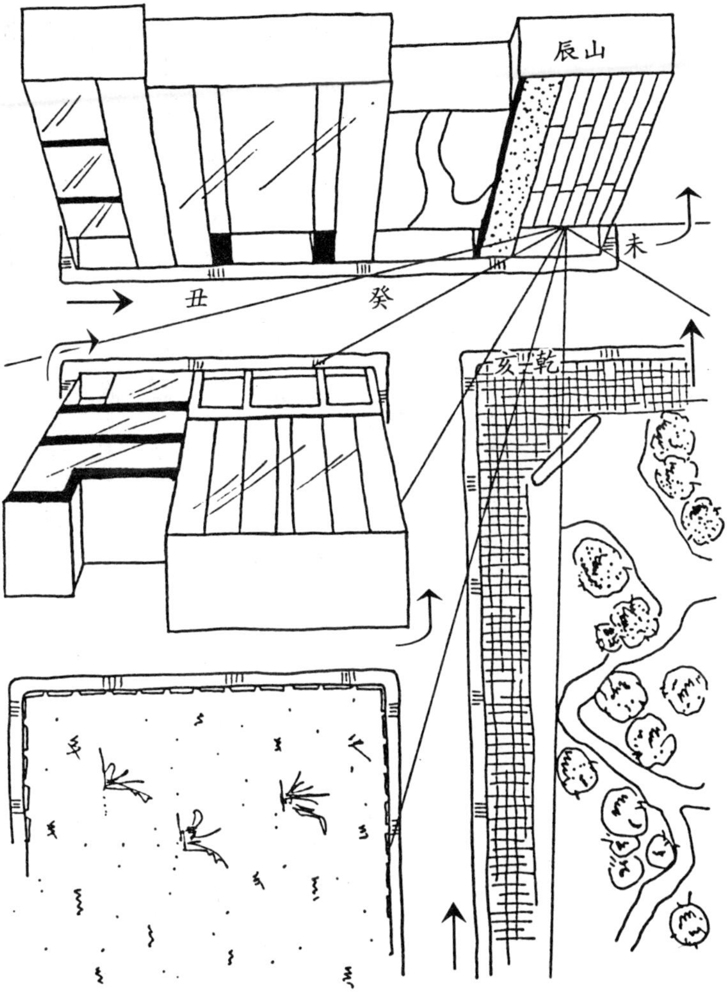
辰山
未
丑
癸
亥
乾

巽山三元氣運卦數

巽山天星太乙，卦位兌為澤䷹，卦運貪狼一運，坤卦司令☷，司十八年，從上元甲子年起，同治三年歲次甲子年至光緒七年歲次辛巳年止。卦位天澤履䷉，卦運武曲六運，艮卦司令☶，司二十一年，從中元甲午年起，民國四十三年歲次甲午年至民國六十三年歲次甲寅年止。卦位地天泰䷊，卦運右弼九運，乾卦司令☰，司二十七年，從下元丁酉年起，民國一〇六年歲次丁酉年至民國一三二年歲次癸酉年止。卦位山天大畜䷙，卦運文曲四運，兌卦司令☱，司二十四年，從中元庚午年起，民國十九年歲次庚午年至民國四十二年歲次癸巳年止。

巽山與各宮數理：

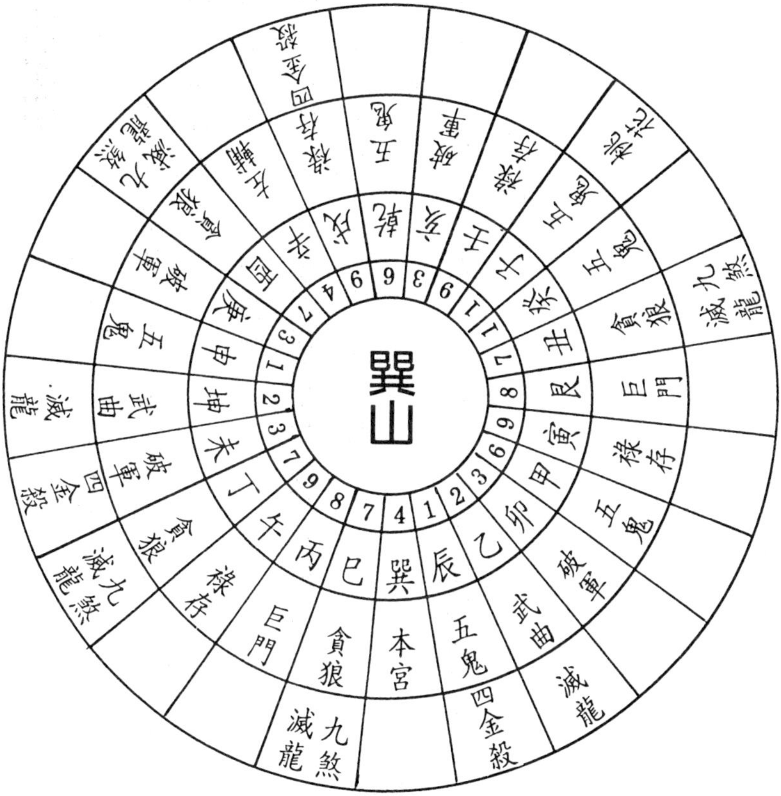

陽宅實際斷法說明

巽山收艮丑子壬水，交媾爲右弼吉水，水走辛交媾爲左輔凶水，主破局凶論。收右弼吉水，主生人明理孝順，夫妻恩愛，子女孝順。水走左輔凶水，主夫妻不和，子女忤逆，退敗寡孀。

疾病論：股肱病、腸肺病、喉嚨病、白眼。

水走辛破局凶論：主多冷退，爲乞無救致絕亡，提籃托碗沿街行。

斷年月：水走辛，流年流月，天干辛年辛月禍應。

斷房份：水走辛主三房應。

宜內陽改造法：重新安神位，坐乾山收艮丑子壬水，交媾爲貪狼吉水，水走辛交媾爲廉貞五鬼吉水，主合局吉論。

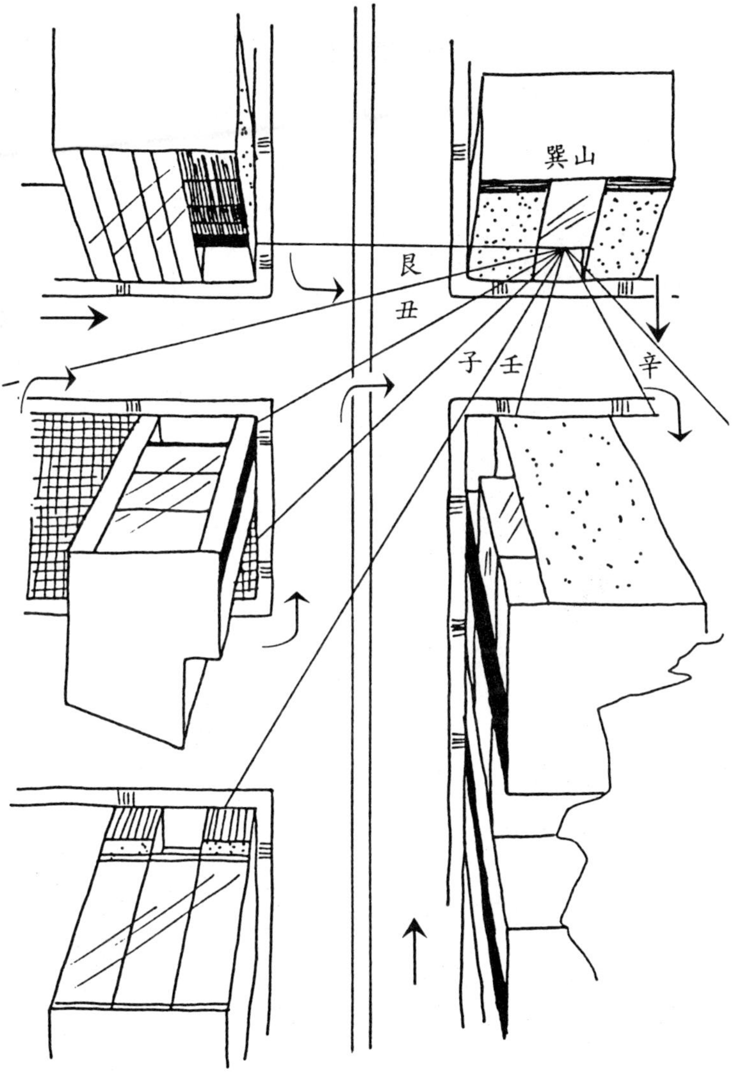
巽山
艮
丑
子
壬
辛

陽宅實際斷法說明

巽山收坤庚水，交媾爲右弼吉水，水走癸交媾爲廉貞五鬼吉水，主合局吉論。收右弼吉水，主生人明理孝順，夫妻恩愛，子女孝順。水走廉貞五鬼吉水，主健康長壽，榮華富貴。

巽山合局吉論：主少年科甲考運通，兄弟聯科入翰苑，巽爲長女位，貞節女兒美貌濃，或因女家致財富，或因妻財得恩榮。

斷年月：流年流月，天干辛年辛月福應。

斷房份：巽山主長房應。

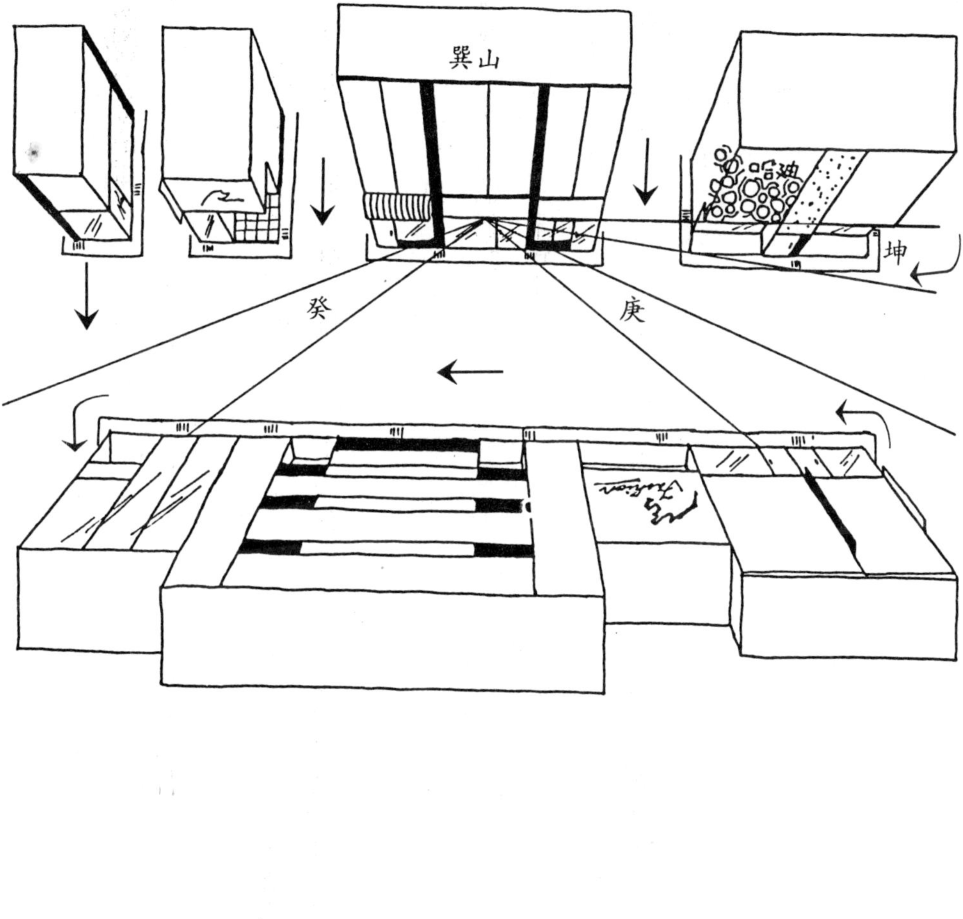
巽山
癸
庚
坤

陽宅實際斷法說明

巽山收艮丑癸壬乾水，交媾爲廉貞五鬼凶水，水走戌交媾爲祿存吉水，主破局凶論。

收廉貞五鬼凶水，主爲人陰險不實，不禮貌好勇鬥，瘟癀連連，巫師術士，失火刑配，自縊產亡，出異體兒，墮胎。水走祿存吉水，主祿存是玄空卦中之庫，爲人勤儉守財。

疾病論：眼疾、殘缺開刀、心氣不足、血癌、腸疾。

巽山破局凶論：主冷退爲乞食，室女懷胎好私通。

斷年月：流年流月，天干辛年辛月禍應。

斷房份：巽山主長房應。

宜內陽改造法：重新安神位，坐艮山收艮丑癸壬乾水，交媾爲右弼吉水，水走戌交媾爲破軍吉水，主合局吉論。

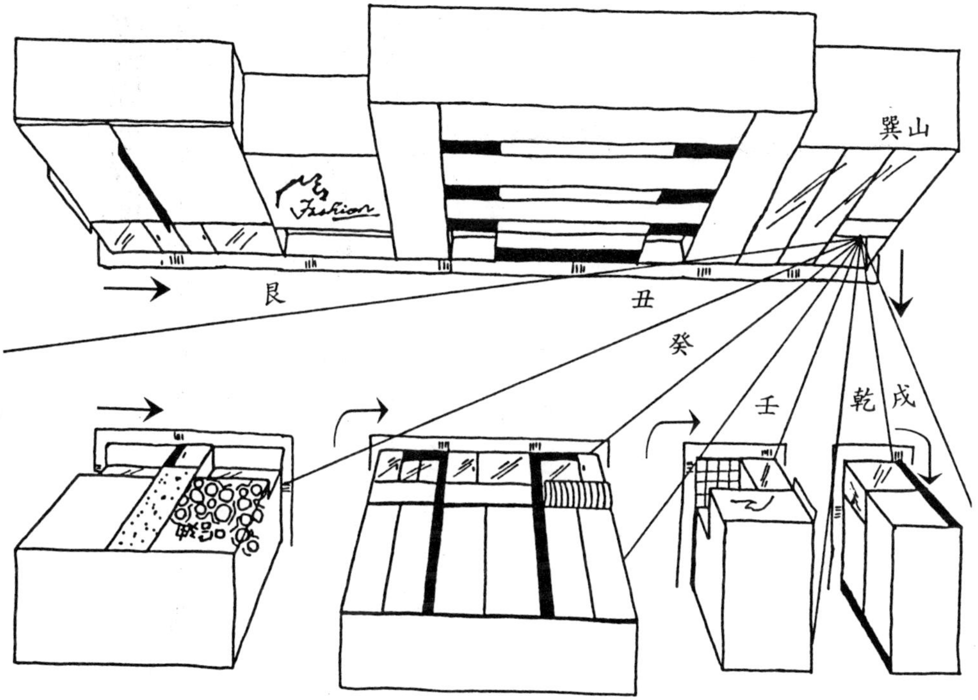
巽山
艮
丑
癸
壬
乾
戌

陽宅實際斷法說明

巽山收艮丑壬水，交媾爲左輔吉水，水走辛交媾爲左輔凶水，主破局凶論。收左輔吉水，主生人慈祥，夫妻和合，子女孝順，富貴福壽長。水走左輔凶水，主夫妻不和，子女忤逆，退敗寡孀。

疾病論：股肱病、腸肺病、喉嚨病、白眼。

水走辛破局凶論：主多冷退，爲乞無救致絕亡，提籃托碗沿街行。

斷年月：水走辛，流年流月，天干辛年辛月禍應。

斷房份：水走辛壬三房應。

宜外陽改造法：將水溝走水改變流向，改水走庚，改變後，坐巽山收艮丑壬水，交媾爲左輔吉水，水走庚交媾爲破軍吉水，主合局吉論。

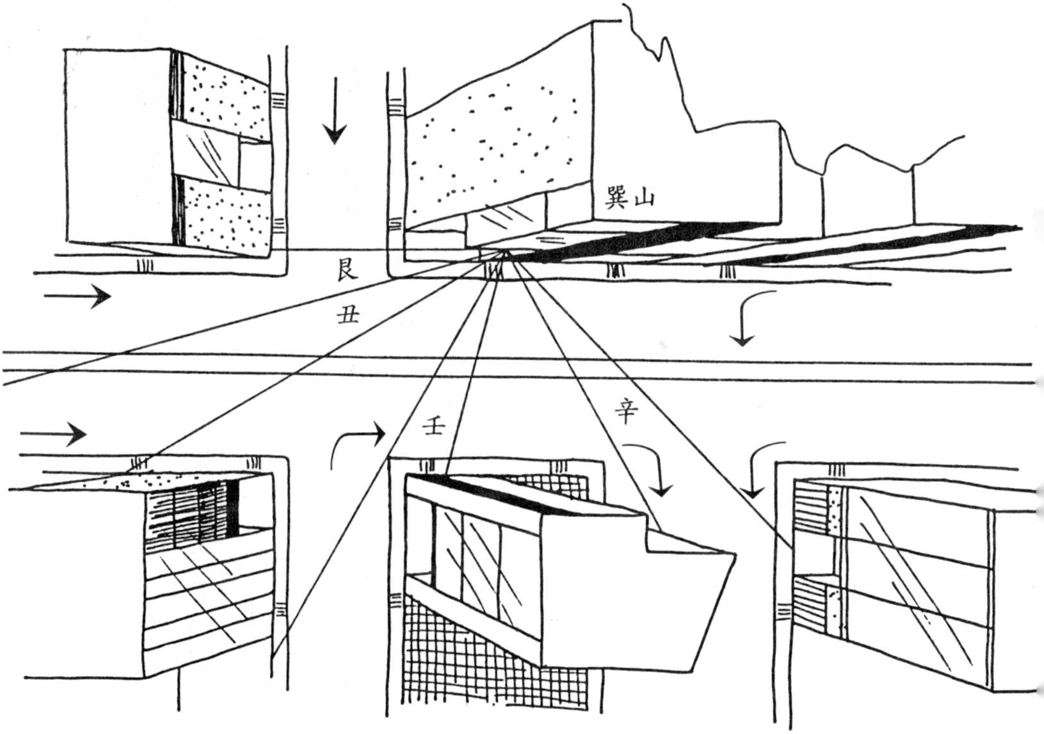
巽山
艮
丑
壬
辛

陽宅實際斷法說明

巽山收坤辛戌水，交媾爲右弼吉水，水走子交媾爲廉貞五鬼吉水，主合局吉論。收右弼吉水，主生人明理孝順，夫妻恩愛，子女孝順。水走廉貞五鬼吉水，主健康長壽，榮華富貴。

巽山合局吉論：主少年科甲考運通，兄弟聯科入翰苑，巽爲長女位，貞節女兒美貌濃，或因女家致財富，或因妻財得恩榮。

斷年月：流年流月，天干辛年辛月福應。

斷房份：巽山主長房應。

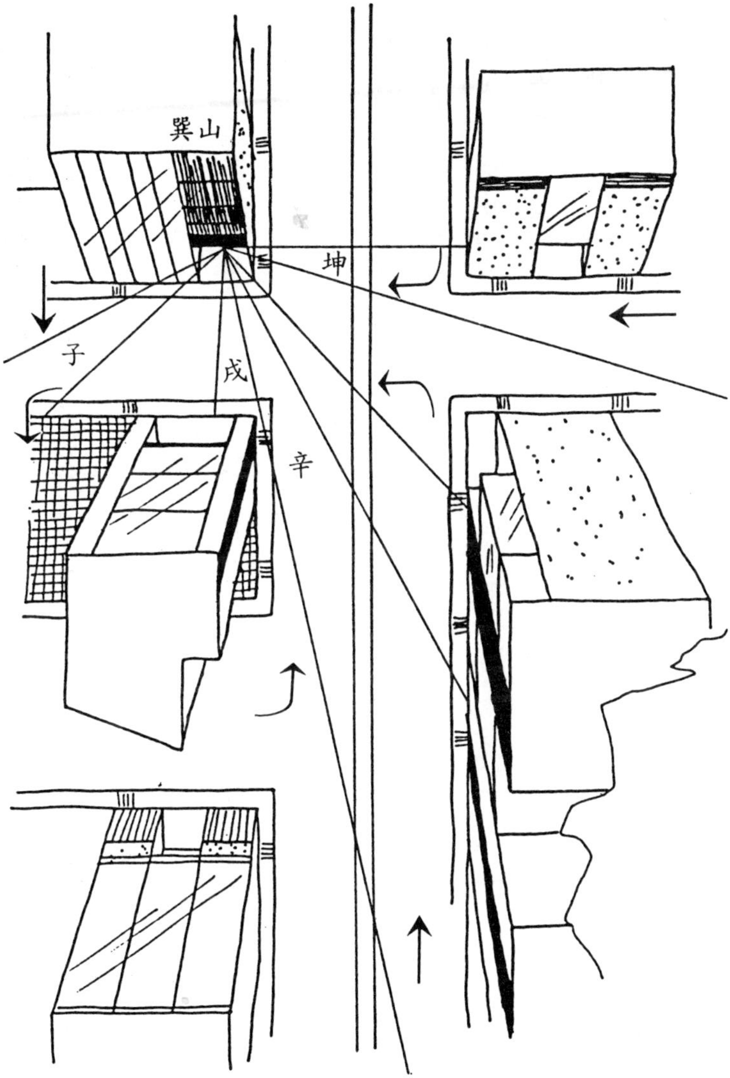
巽山
坤
子
戌
辛

陽宅實際斷法說明

巽山收艮丑癸亥水，交媾為祿存凶水，水走乾交媾為廉貞五鬼吉水，主破局凶論。

收祿存凶水，主出人心性頑鈍，行事妄誕，離祖過房，男僧女道，飲毒藥自縊，好酒色及賭，癲狂不善終、夭折、絕嗣、蛇傷。水走廉貞五鬼吉水，主健康長壽，榮華富貴。

疾病論：胃腸障礙、水腫、脹滿、神經系統。

巽山破局凶論：主冷退為乞食，室女懷胎好私通。

斷年月：流年流月，天干辛年辛月禍應。

斷房份：巽山主長房應。

宜內陽改造法：重新安神位，坐寅山收艮丑巽亥水，交媾為左輔吉水，水走乾交媾為廉貞五鬼吉水，主合局吉論。

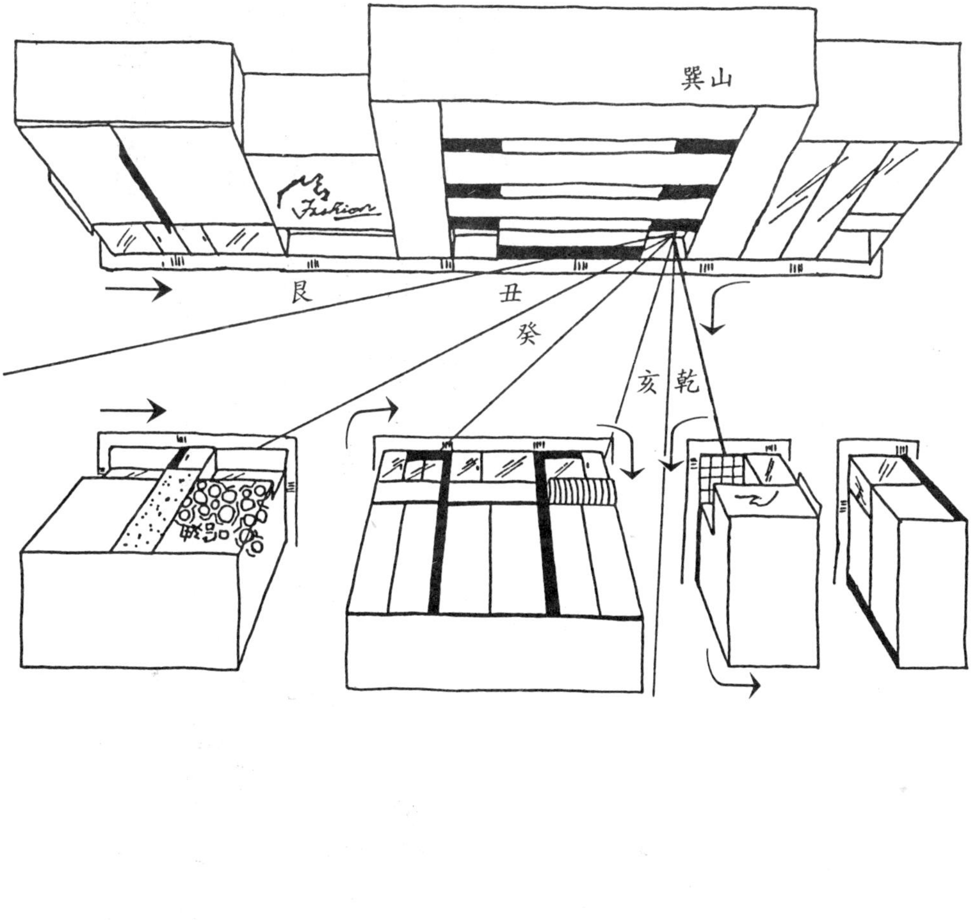
巽山
艮
丑
癸
亥
乾

陽宅實際斷法說明

巽山收坤申辛水，交媾爲貪狼吉水，水走壬交媾爲祿存吉水，主合局吉論。

收貪狼吉水，主聰明孝友，因公進田，財帛旺盛，登科及第。水走祿存吉水，主祿存是玄空卦中之庫，爲人勤儉守財。

巽山合局吉論：主少年科甲考運通，兄弟聯科入翰苑，巽爲長女位，貞節女兒美貌濃，或因女家致財富，或因妻財得恩榮。

斷年月：流年流月，天干辛年辛月福應。

斷房份：巽山主長房應。

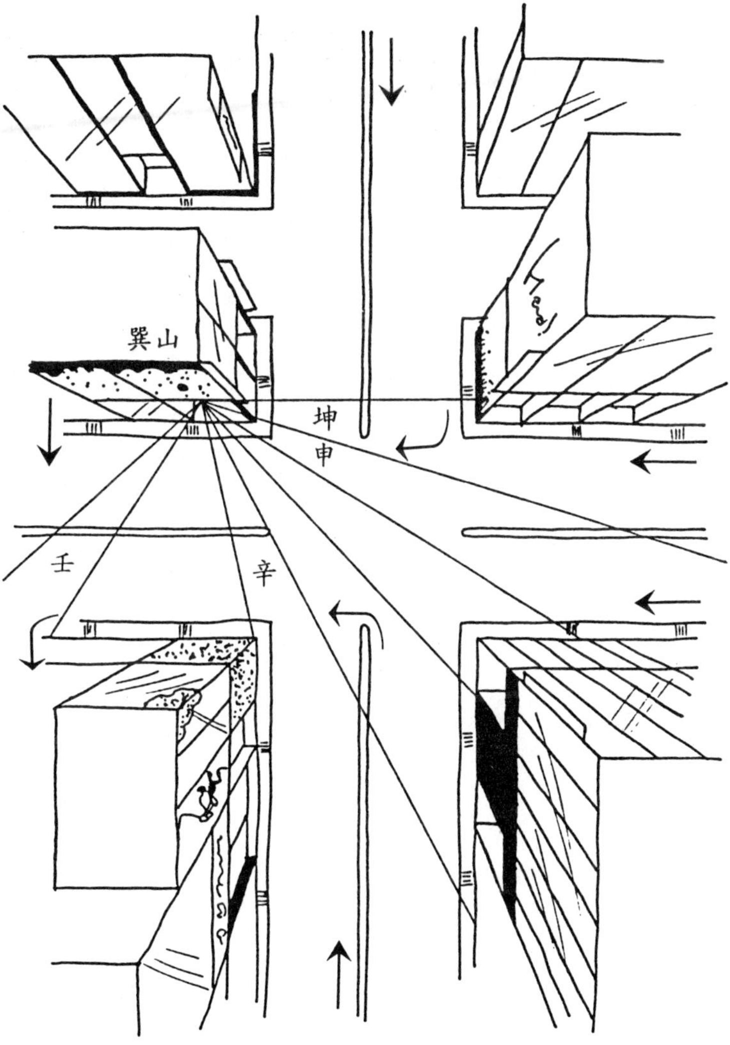
巽山
坤
申
壬
辛

陽宅實際斷法說明

巽山收艮丑壬亥水，交媾為貪狼吉水，水走坤交媾為武曲凶水，主破局凶論。

收貪狼吉水，主聰明孝友，因公進田，財帛旺盛，登科及第。水走武曲凶水，主成材之子早歸陰，愚子不歸陰，男女走他鄉，血光、車禍。

疾病論：喉疾、喘息、呼吸、梅毒、痰疾、鼻血。

水走坤破局凶論：主破局懶洋洋，婦女相繼為孤孀。

斷年月：水走坤，流年流月，天干乙年乙月禍應。

斷房份：水走坤主長房應。

宜內陽改造法：重新安神位，坐坤山收艮丑壬亥水，交媾為右弼吉水，水走坤交媾為文曲吉水，主合局吉論。

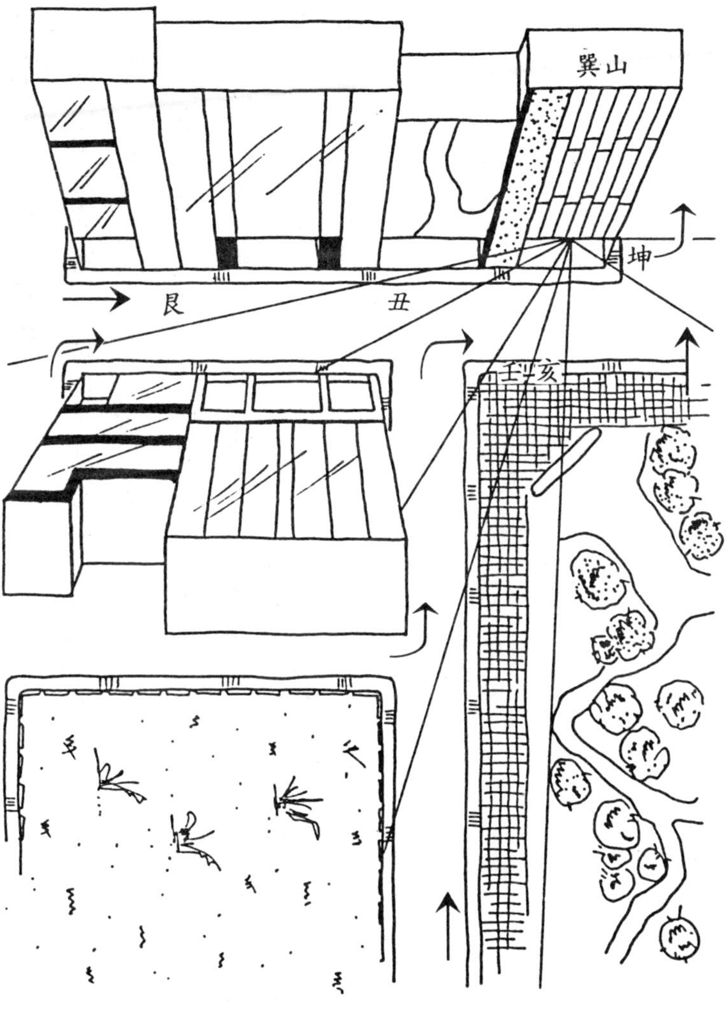
巽山
坤
艮
丑
壬
亥

巳山三元氣運卦數

巳山天星赤蛇，卦位山天大畜䷙，卦運文曲四運，兌卦司令☱，司二十四年，從中元庚午年起，民國十九年歲次庚午年至民國四十二年歲次癸巳年止。卦位水天需䷄，卦運祿存三運，離卦司令☲，司二十四年，從上元丙午年起，光緒三十二年歲次丙午年至民國十八年歲次己巳年止。卦位風天小畜䷈，卦運左輔八運，震卦司令☳，司二十一年，從中元丙子年起，民國八十五年歲次丙子年至民國一〇五年歲次丙申年止。

巳山與各宮數理：

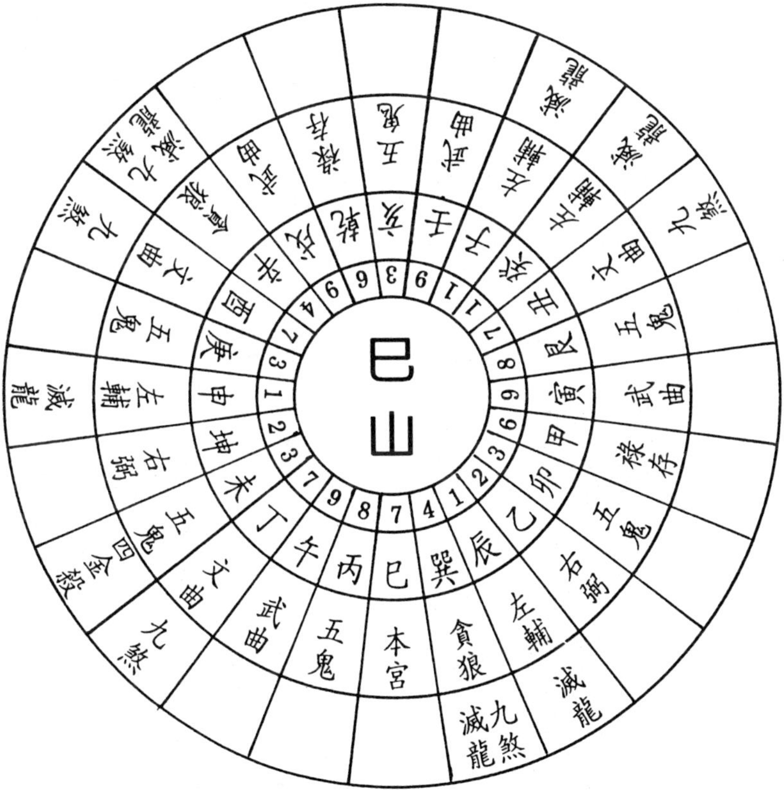

陽宅實際斷法說明

巳山收寅艮癸子水，交媾爲武曲吉水，水走戌交媾爲武曲凶水，主破局凶論。

收武曲吉水，主出人清貴富厚，登科及第，福壽雙全，爲官近帝王。水走武曲凶水，主成材之子早歸陰，愚子不歸陰，男女走他鄉，血光、車禍。

疾病論：喉疾、喘息、呼吸、梅毒、痰疾、鼻血。

水走戌破局凶論：主破局回祿瞎且聾，鼓盆之煞剋妻重，少亡悖逆人不忠。

斷年月：水走戌，寅午戌年月禍應。

斷房份：水走戌主三房應。

宜內外陽同時改造：首先改變外陽，作個看板將寅水格除，改變後，收艮癸子水，內陽改坐申山收艮癸子水，交媾爲貪狼吉水，水走戌交媾爲廉貞五鬼吉水，主合局吉論。

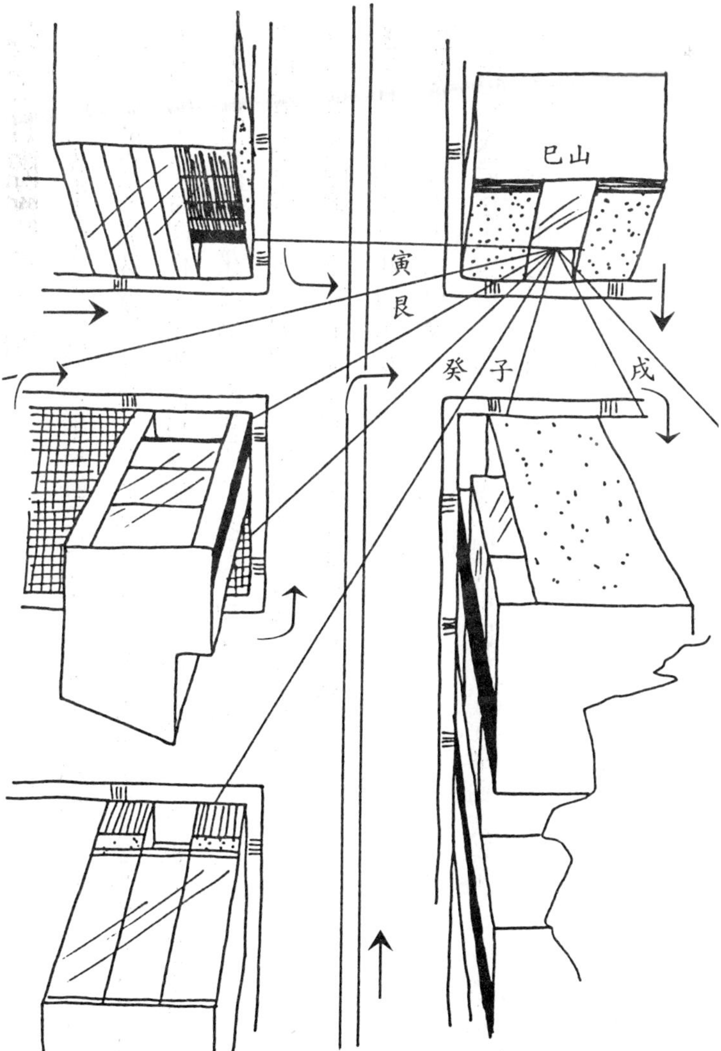
巳山
寅
艮
癸
子
戌

陽宅實際斷法說明

巳山收申酉水，交媾爲廉貞五鬼凶水，水走丑交媾爲文曲吉水，主破局凶論。

收廉貞五鬼凶水，主爲人陰險不實，不禮貌好勇鬥，瘟瘽連連，巫師術士，失火刑配，自縊產亡，出異體兒墮胎。水走文曲吉水，主文曲是玄空卦中之桃花星，不管吉凶亦有桃花之論，生貴子旺家財，男人會納妾。

疾病論：眼疾、殘缺開刀、心氣不足、血癌、腸疾。

巳山破局凶論：主吐血並癆瘵，少年多損見蛇災。

斷年月：巳酉丑年月禍應。

斷房份：巳山主二房應。

宜內陽改造法：重新安神位，坐亥山收申酉水，交媾爲貪狼吉水，水走丑交媾爲廉貞五鬼吉水，主合局吉論。

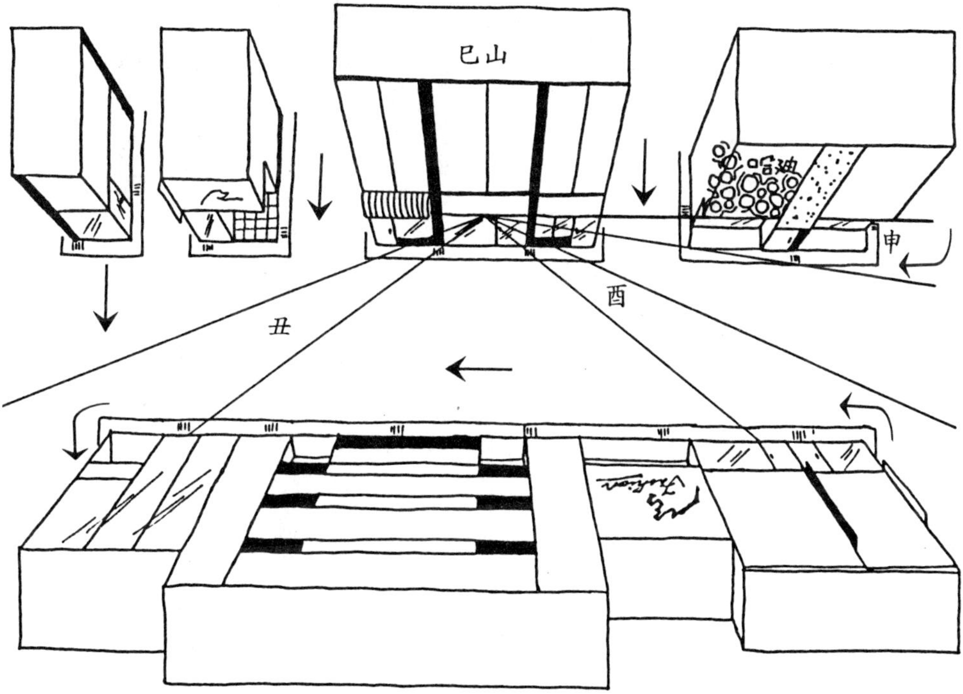
巳山
申
丑
酉

陽宅實際斷法說明

巳山收寅艮丑子水，交媾爲巨門吉水，水走亥交媾爲廉貞五鬼吉水，主合局吉論。

收巨門吉水，主忠孝多壽出神童，做生意發福甚速。水走廉貞五鬼吉水，主健康長壽，榮華富貴。巳山合局吉論：巳山合局旺丁財。

斷年月：巳酉丑年月福應。

斷房份：巳山主二房應。

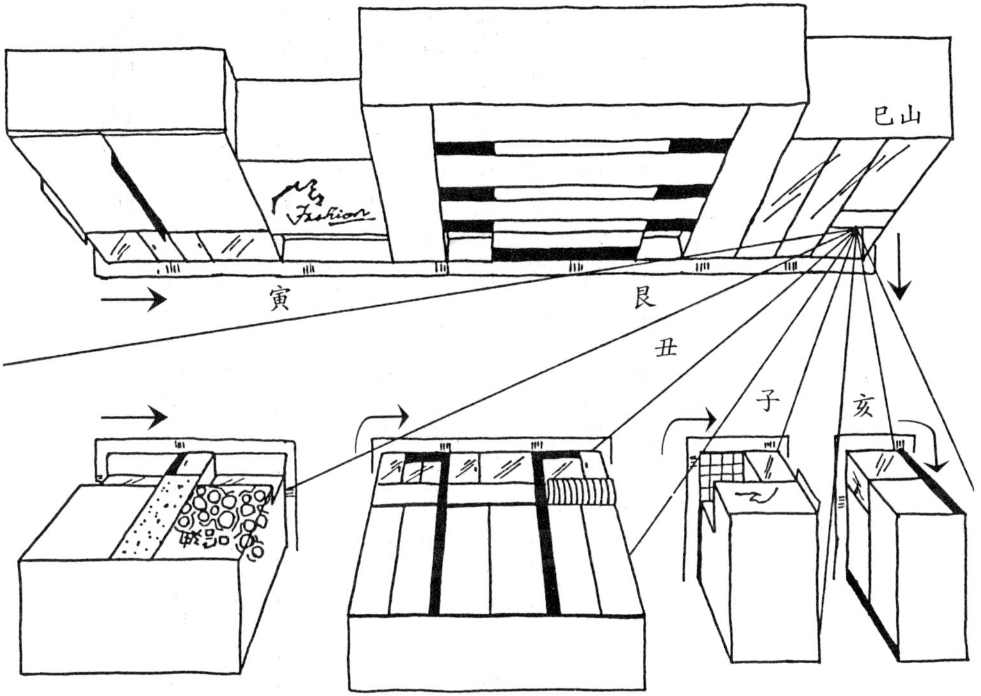
巳山
Fashion
寅
艮
丑
子
亥

陽宅實際斷法說明

巳山收寅艮子水，交媾爲廉貞五鬼凶水，水走戌交媾爲武曲凶水，主破局凶論。

收廉貞五鬼凶水，主爲人陰險不實，不禮貌好勇鬥，瘟㾮連連，巫師術士，失火刑配，自縊產亡，出異體兒，墮胎。水走武曲凶水，主成材之子早歸陰，愚子不歸陰，男女走他鄉，血光、車禍。

疾病論：眼疾、殘缺開刀、心氣不足、血癌、腸疾。

巳山破局凶論：主吐血並癆瘵，少年多損見蛇災。

水走戌破局凶論：主回祿瞎且聾，鼓盆之煞剋妻重，少亡悖逆人不忠。

斷年月：巳酉丑年月禍應，水走戌，寅午戌年月禍應。

斷房份：巳山主二房應，水走戌主三房應。

宜內陽改造法：重新安神位，坐申山收寅艮子水，交媾爲右弼吉水，水走戌交媾爲廉貞五鬼吉水，主合局吉論。

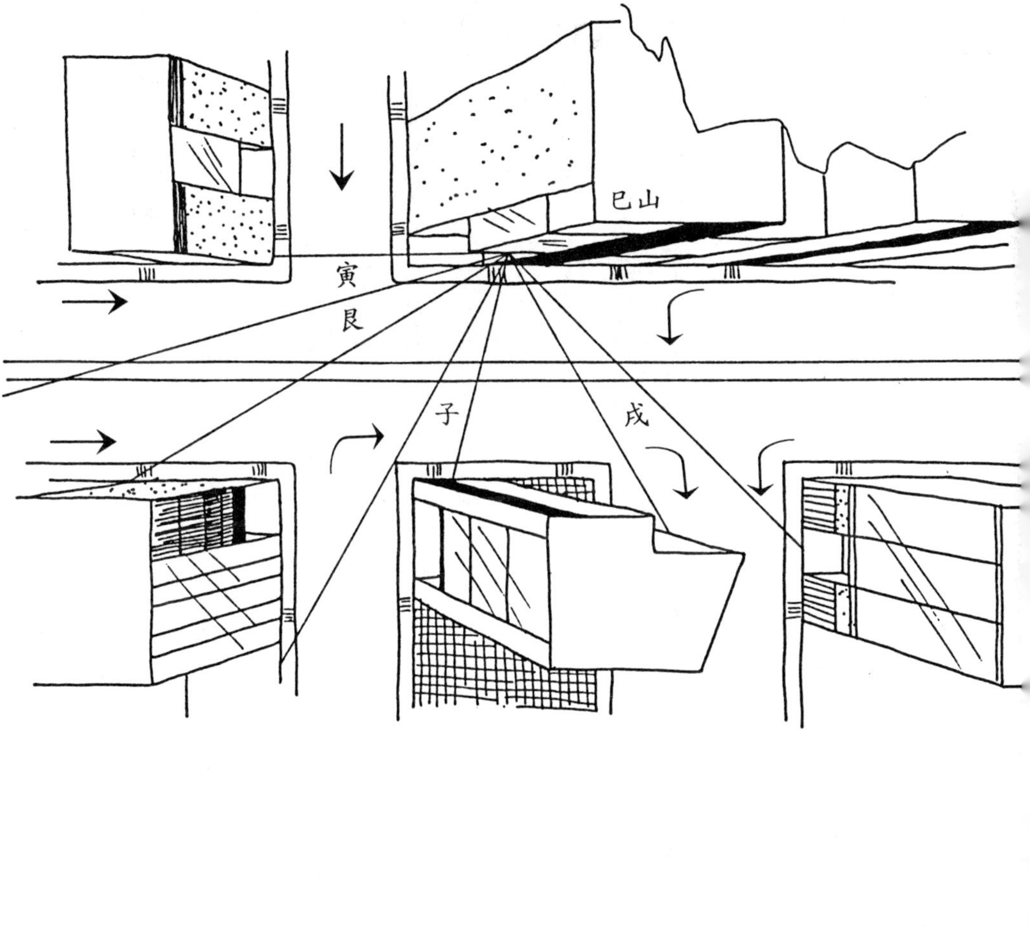
巳山
寅
艮
子
戌

陽宅實際斷法說明

巳山收寅艮丑壬水，交媾爲廉貞五鬼凶水，水走亥交媾爲廉貞五鬼吉水，主破局凶論。

收廉貞五鬼凶水，主爲人陰險不實，不禮貌好勇鬥，瘟瘽連連，巫師術士，失火刑配，自縊產亡，出異體兒，墮胎。水走廉貞五鬼吉水，主健康長壽，榮華富貴。

疾病論：眼疾、殘缺開刀、心氣不足、血癌、腸疾。

巳山破局凶論：主吐血並癆瘵，少年多損見蛇災。

斷年月：巳酉丑年月禍應。

斷房份：巳山主二房應。

宜內外陽同時改造：首先改造外陽，作個看板將寅水格除，改變後，收艮丑壬水，內陽改造，坐乙山收艮丑壬水，交媾爲武曲吉水，水走亥交媾爲廉貞五鬼吉水，主合局吉論。

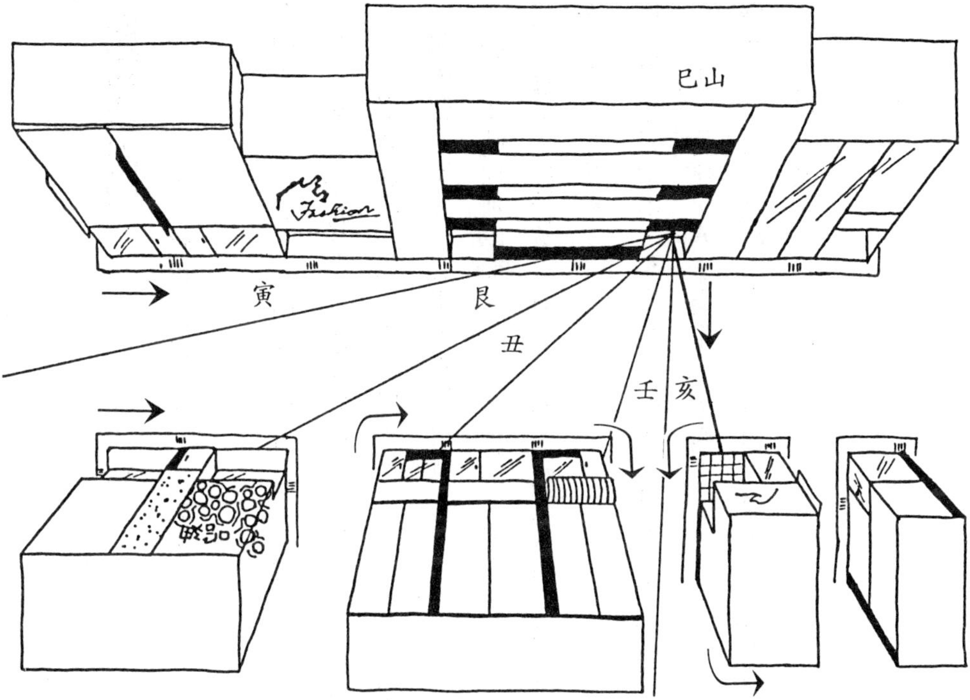
巳山
Fashion
寅
艮
丑
壬
亥

陽宅實際斷法說明

巳山收申戌乾水，交媾為祿存凶水，水走癸交媾為左輔、滅龍凶水，主破局凶論。

收祿存凶水，主出人心性頑鈍，行事妄誕，離祖過房，男僧女道，飲毒藥自縊，好酒色及賭，癲狂不善終、夭折、絕嗣、蛇傷。水走左輔、滅龍凶水，主夫妻不和，子女忤逆，退敗寡孀，無男丁接代，多生女子，因而招子傳宗。

疾病論：胃腸障礙、水腫、脹滿、神經系統。

巳山破局凶論：主吐血並癆瘵，少年多損見蛇災。

水走癸破局凶論：主桃花多耳聾，水盛落水或黃腫，又犯盜賊並車禍，生六指缺唇之人，忽然縊死令人驚。

斷年月：巳酉丑年月禍應，水走癸，流年流月天干癸年癸月禍應。

斷房份：巳山主二房應，水走癸主三房應。

宜內陽改造法：重新安神位，坐亥山收申戌乾水，交媾為右弼吉水，水走癸交媾為文曲吉水，主合局吉論。

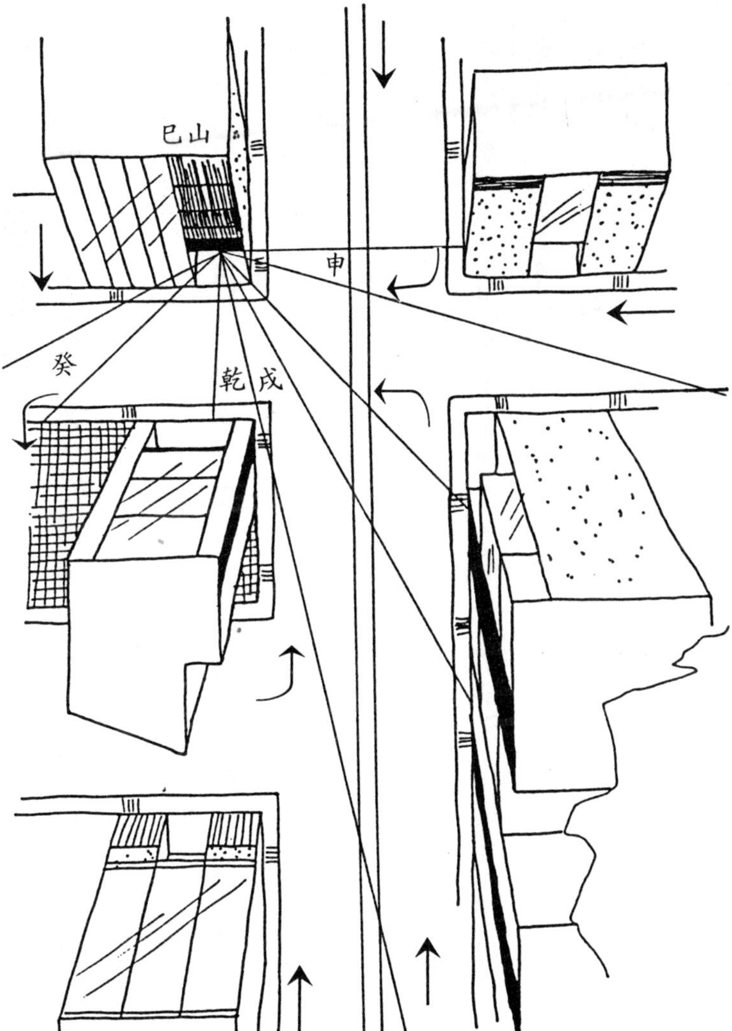
巳山
申
癸
乾
戌

陽宅實際斷法說明

巳山收寅艮子壬水，交媾爲文曲凶水，水走申交媾爲左輔、滅龍凶水，主破局凶論。

收文曲凶水，主女插花枝逐客行，男人破家因酒色及賭，女人內亂公訟興，令人冷退絕人丁，墮胎、自縊、落水。水走左輔滅龍凶水，主夫妻不和，子女忤逆，退敗寡孀，無男丁接代，多生女子，因而招子傳宗。

疾病論：子宮、帶下症、風濕、疝氣、膀胱、睪丸、腎臟病、耳疾、血系、心臟栓塞。

巳山破局凶論：主吐血並癆瘵，少年多損見蛇災。

水走申破局凶論：主癆瘵少年死，人命犯來遭刑憲，逃竄絕亡實堪衰。

斷年月：巳酉丑年月禍應，水走申，申子辰年月禍應。

宜內陽改造法：重新安神位，坐寅山收寅艮子壬水，交媾爲武曲吉水，水走申交媾爲廉貞五鬼吉水，主合局吉論。

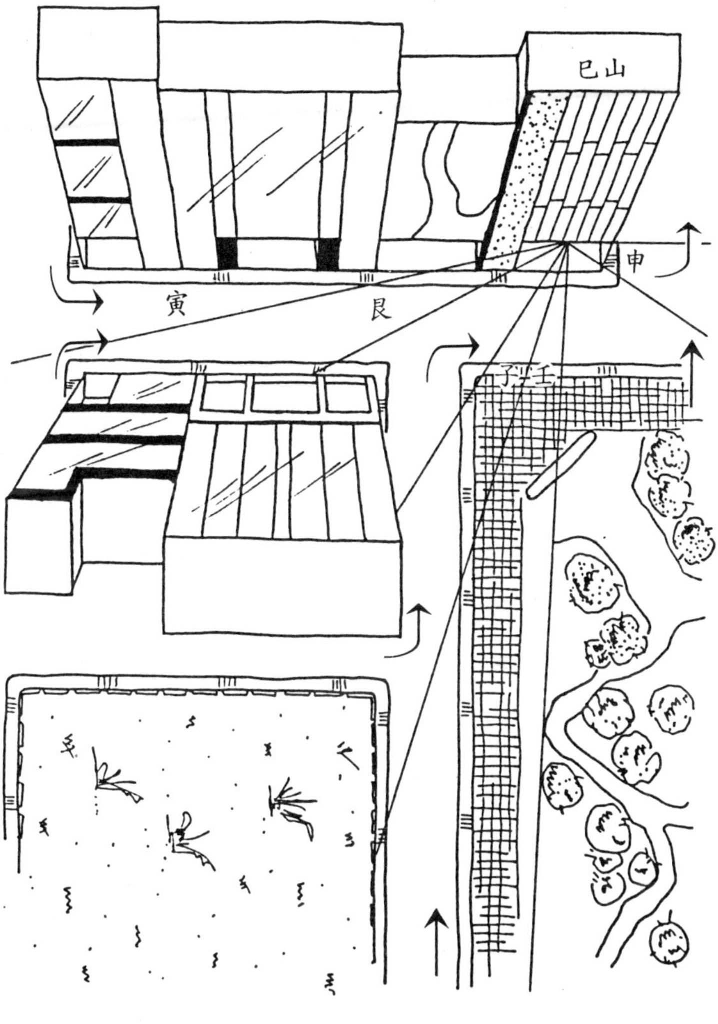

巳山
申
寅
艮
子
壬

陽宅實際斷法說明

巳山收申庚戌水，交媾為左輔、滅龍凶水，主破局凶論。

收廉貞五鬼凶水，主為人陰險不實，不禮貌好勇鬥，瘟癀連連，巫師術士，失火刑配，自縊產亡，出異體兒，墮胎。水走左輔滅龍凶水，主夫妻不和，子女忤逆，退敗寡孀，無男丁接代，多生女子，因而招子傳宗。

疾病論：眼疾、殘缺開刀、心氣不足、血癌、腸疾。

巳山破局凶論：主吐血並癆瘵，少年多損見蛇災。

水走子破局凶論：主桃花多耳聾，水盛落水或黃腫，又犯盜賊並車禍，忽然縊死令人驚。

斷年月：巳酉丑年月禍應，水走子，申子辰年月禍應。

斷房份：巳山主二房應，水走子主長房應。

宜內陽改造法：重新安神位，坐寅山收申庚戌水，交媾為巨門吉水，水走子交媾為廉貞五鬼吉水，主合局吉論。

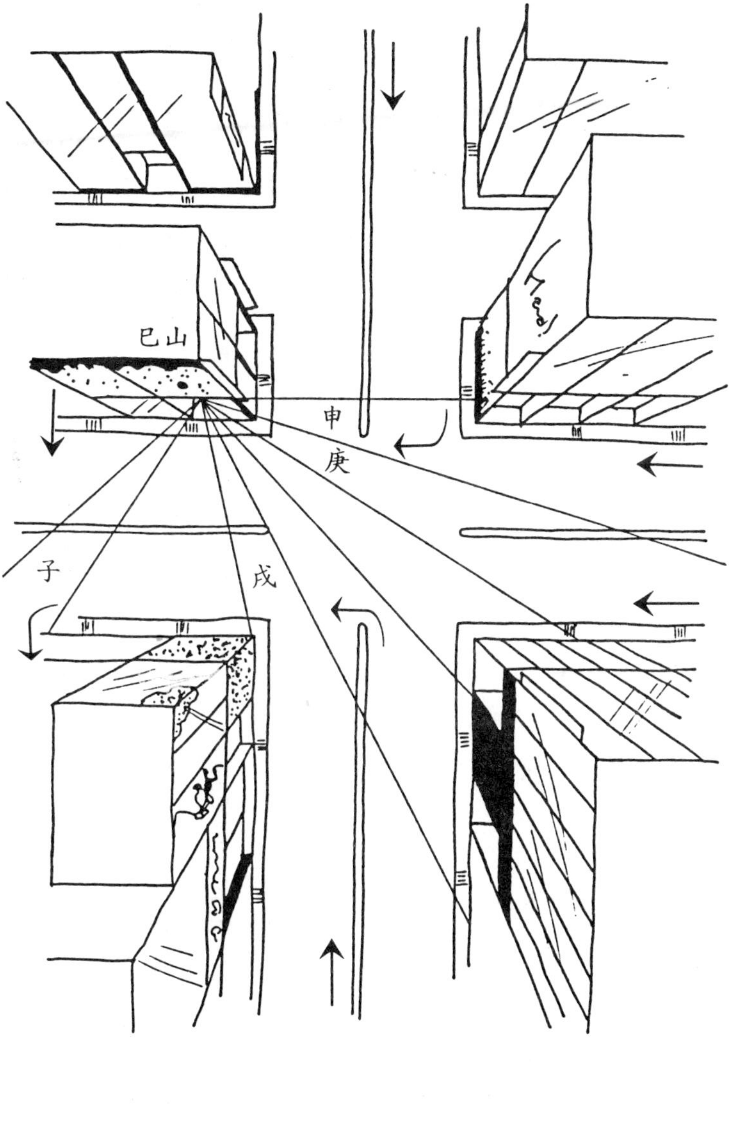
巳山
申
庚
子
戌

丙山三元氣運卦數

丙山天星太微，卦位雷天大壯☳☰，卦運巨門二運，巽卦司令☴，司二十四年，從上元壬午年起，光緒八年歲次壬午年至光緒三十一年歲次乙巳年止。卦位火天大有☲☰，卦運破軍七運，坎卦司令☵，司二十一年，從中元乙卯年起，民國六十四年歲次乙卯年至民國八十四年歲次乙亥年止。卦位澤天夬☱☰，卦運武曲六運，艮卦司令☶，司二十一年，從中元甲午年起，民國四十三年歲次甲午年至民國六十三年歲次甲寅年止。

丙山與各宮數理：

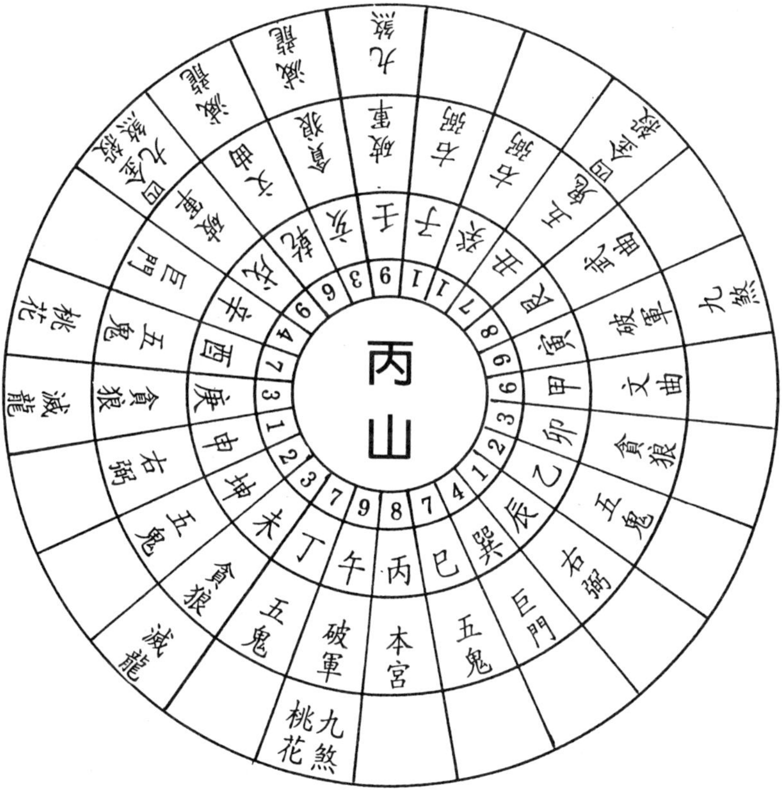

陽宅實際斷法說明

丙山收甲寅丑癸水，交媾爲貪狼吉水，水走丙交媾爲文曲吉水，主合局吉論。收貪狼吉水，主聰明孝友，因公進田，財帛旺盛，登科及第。水走文曲吉水，主文曲是玄空卦中之桃花星，不管吉凶亦有桃花之論，生貴子旺家財，男人會納妾。

丙山合局吉論：主多富貴，犯罪之家用此救，丙丁赦文山水朝，皇恩浩蕩叩原佑。

斷年月：流年流月，天干丙年丙月福應。

斷房份：丙山主二房應。

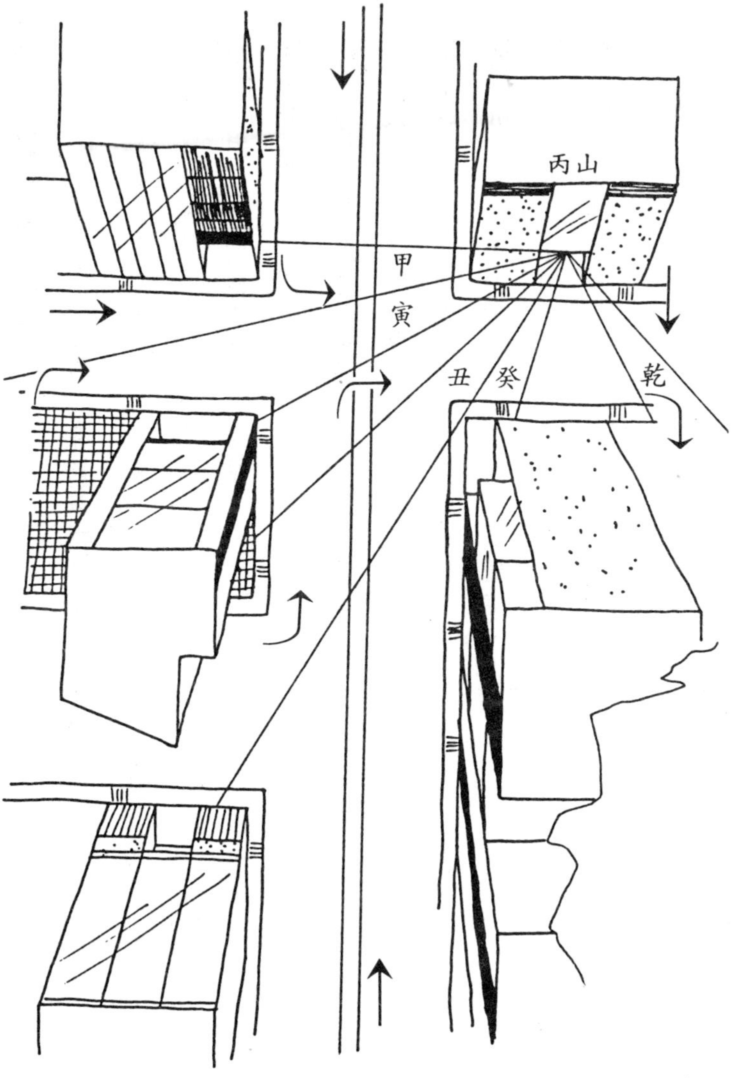
丙山
甲
寅
丑
癸
乾

陽宅實際斷法說明

丙山收庚辛水，交媾爲廉貞五鬼凶水，水走艮交媾爲武曲凶水，主破局凶論。收廉貞五鬼凶水，主爲人陰險不實，不禮貌好勇鬥，瘟癀連連，巫師術士，失火刑配，自縊產亡，出異體兒，墮胎。水走武曲凶水，主成材之子早歸陰，愚子不歸陰，男女走他鄉，血光、車禍。

疾病論：眼疾、殘缺開刀、心氣不足、血癌、腸疾。

丙山破局凶論：主家敗或火燒，廢而不起多災咎。

水走艮破局凶論：主多冷退，亦主絕嗣神不拙，雖有文章不顯達。

斷年月：流年流月，天干丙年丙月禍應，水走艮，流年流月，天干丙年丙月禍應。

斷房份：丙山主二房應，水走艮主長房應。

宜內陽改造法：重新安神位，坐壬山收庚辛水，交媾爲武曲吉水，水走艮交媾爲破軍吉水，主合局吉論。

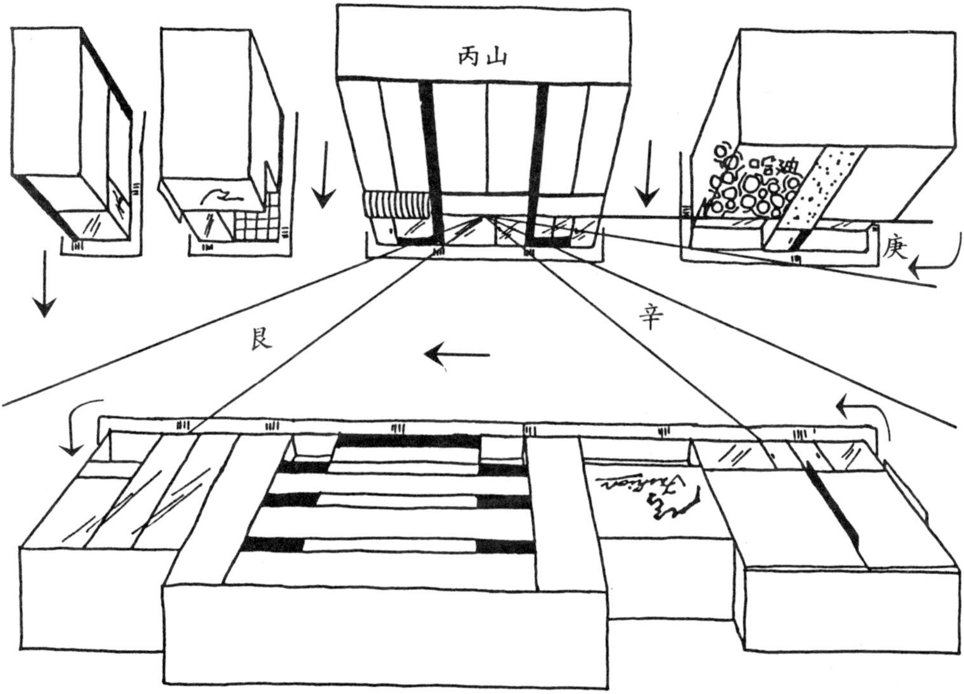
丙山
艮
辛
庚

陽宅實際斷法說明

丙山收甲寅艮癸壬水，交媾爲貪狼吉水，水走亥交媾爲貪狼、滅龍凶水，主破局凶論。

收貪狼吉水，主聰明孝友，因公進田，財帛旺盛，登科及第。水走貪狼、滅龍凶水，主貪花喜酒，破家財，無男丁接代，多生女子，因而招子傳宗。

疾病論：肝膽之病、腰足之病、氣病、腳氣、梅毒、風濕、驚恐。

水走亥破局凶論：主癆瘵損少年，吐血症犯登鬼應，橫過災輕終少福。

斷年月：水走亥，亥卯未年月禍應。

斷房份：水走亥主二房應。

宜內外陽同時改造：首先改造外陽，作個看板將甲水格除，改變後，收寅艮癸壬水，內陽改造，坐乙山收寅艮癸壬水，交媾爲右弼吉水，水走亥交媾爲廉貞五鬼吉水，主合局吉論。

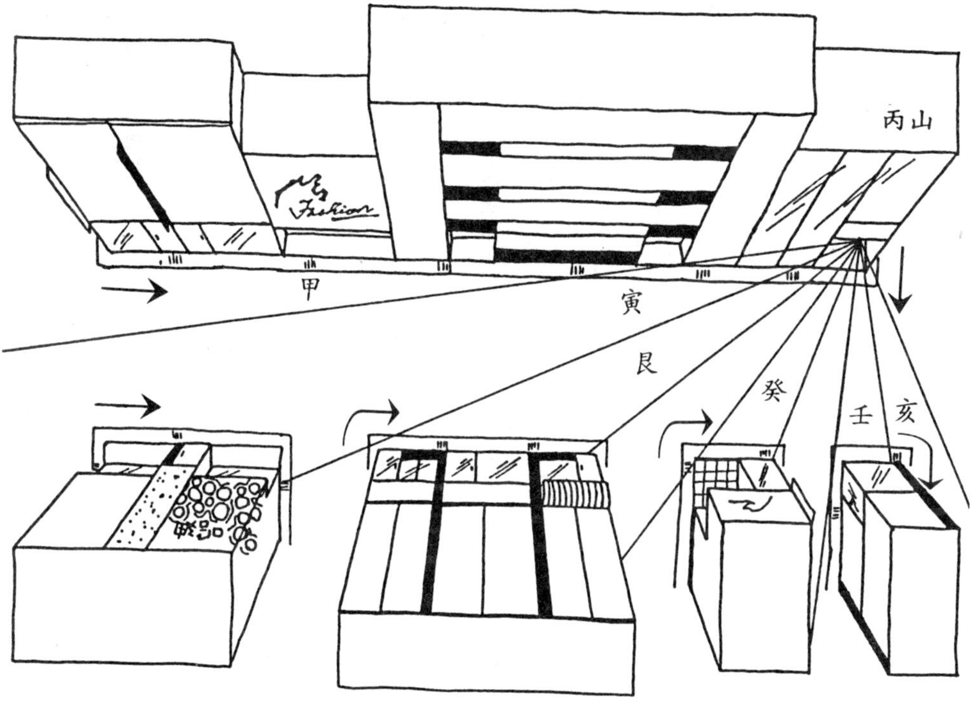
丙山
甲
寅
艮
癸
壬
亥

陽宅實際斷法說明

丙山收甲寅癸水，交媾爲文曲凶水，水走乾交媾爲文曲吉水，主破局凶論。

收文曲凶水，主女插花枝逐客行，男人破因酒色及賭，女人內亂公訟興，令人冷退絕人丁，墮胎、自縊、落水。水走文曲吉水，主文曲是玄空卦中之桃花星，不管吉凶亦有桃花之論，生貴子旺家財，男人會納妾。

疾病論：子宮、帶下症、風濕、疝氣、膀胱、睪丸、腎臟病、耳疾、血系、心臟栓塞。

丙山破局凶論：主家敗或火燒，廢而不起多災咎。

斷年月：流年流月，天干丙年丙月禍應。

斷房份：丙山主二房應。

宜外陽改造法：作個看板將甲水格除，改變後，坐丙山收寅癸水，交媾爲左輔吉水，水走乾交媾爲文曲吉水，主合局吉論。

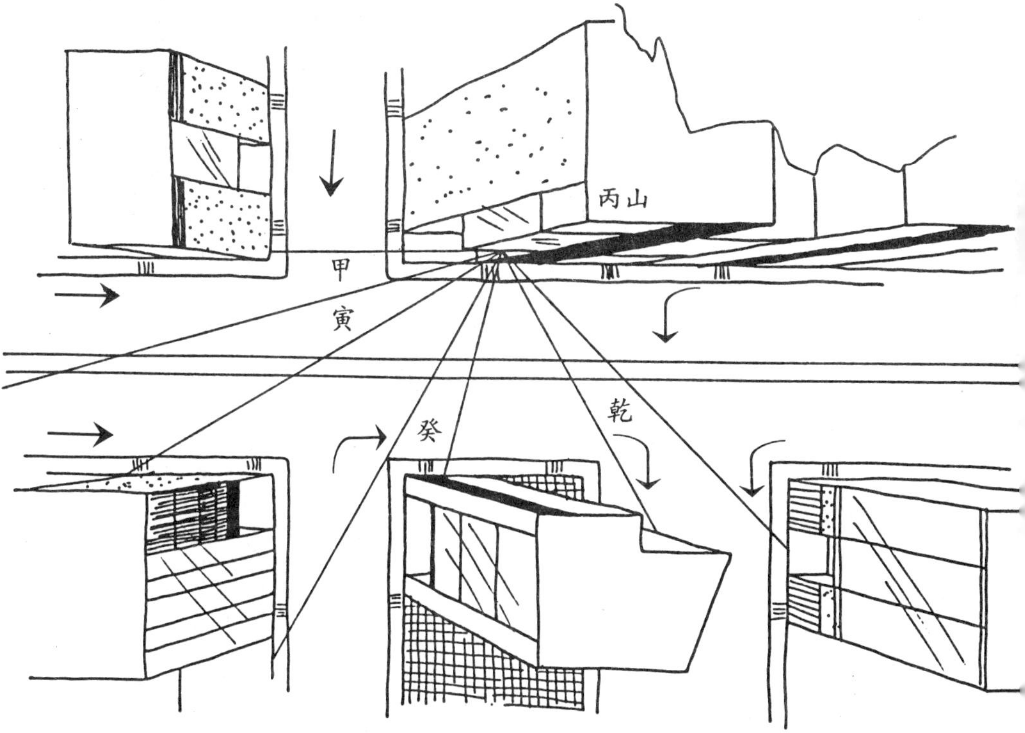
丙山
甲
寅
癸
乾

陽宅實際斷法說明

丙山收甲寅艮子水，交媾爲巨門吉水，水走壬交媾爲破軍吉水，主合局吉論。收巨門吉水，主忠孝多壽出神童，做生意發福甚速。水走破軍吉水，主大吉昌，爲官英雄近帝王。

丙山合局吉論：主多富貴，犯罪之家用此救，丙丁赦文山水朝，皇恩浩蕩叩原佑。

斷年月：流年流月，天干丙年丙月福應。

斷房份：丙山主二房應。

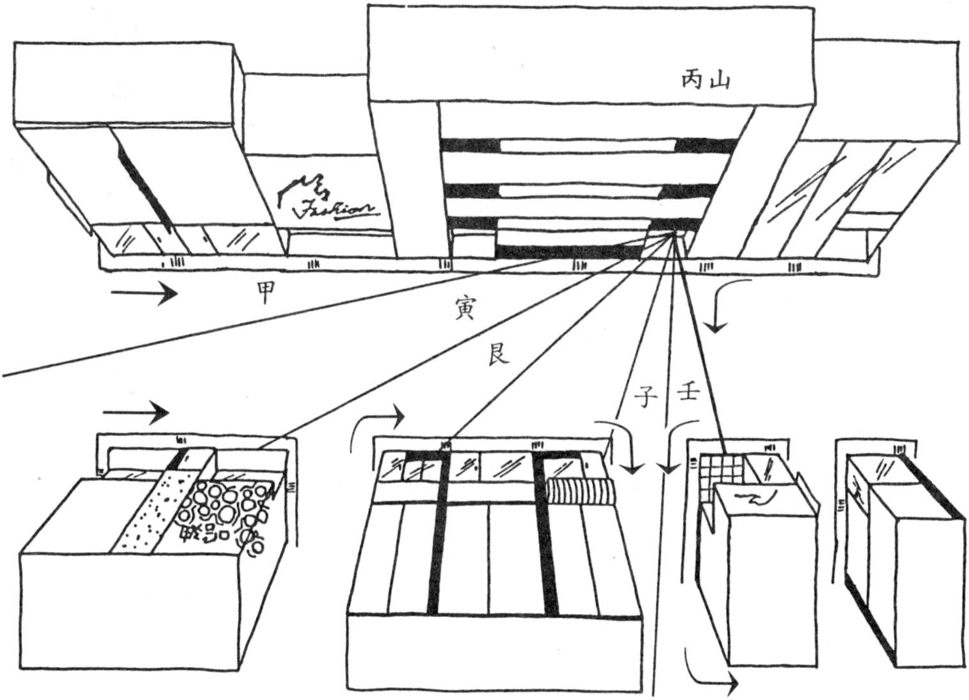
丙山
Fashion
甲
寅
艮
子
壬

陽宅實際斷法說明

丙山收庚乾亥水，交媾爲廉貞五鬼凶水，水走丑交媾爲廉貞五鬼吉水，主破局凶論。

收廉貞五鬼凶水，主爲人陰險不實，不禮貌好勇鬥，瘟瘟連連，巫師術士，失火刑配，自縊產亡，出異體兒，墮胎。水走廉貞五鬼吉水，主健康長壽，榮華富貴。

疾病論：眼疾、殘缺開刀、心氣不足、血癌、腸疾。

丙山破局凶論：主家敗或火燒，廢而不起多災咎。

斷年月：流年流月，天干丙年丙月禍應。

斷房份：丙山主二房應。

宜內陽改造法：重新安神位，坐甲山收庚乾亥水，交媾爲左輔吉水，水走丑交媾爲祿存吉水，主合局吉論。

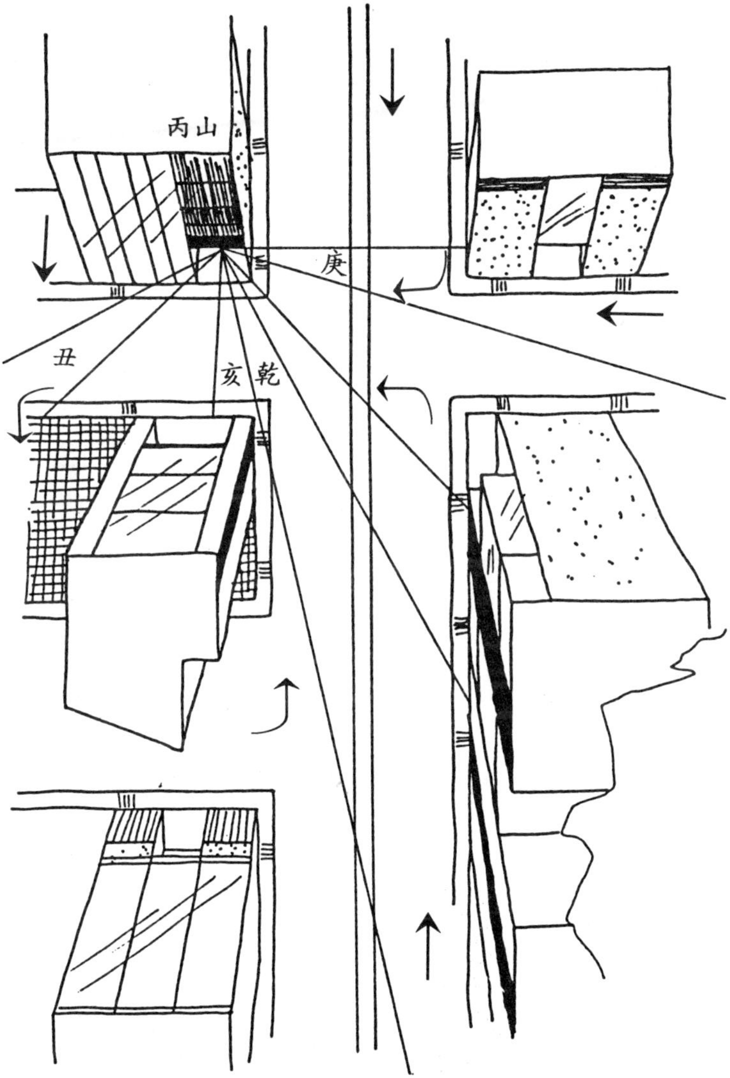
丙山
庚
丑
亥
乾

陽宅實際斷法說明

丙山收庚酉乾水，交媾爲文曲凶水，水走癸交媾爲右弼凶水，主破局凶論。

收文曲凶水，主女插花枝逐客行，男人破家因酒色及賭，女人內亂公訟興，令人冷退絕人丁，墮胎、自縊、落水。水走右弼凶水，主夫妻不和，子女忤逆，退敗寡孀。

疾病論：子宮、帶下症、風濕、疝氣、膀胱、睪丸、腎臟病、耳疾、血系、心臟栓塞。

丙山破局凶論：主家敗或火燒，廢而不起多災咎。

水走癸破局凶論：主桃花多耳聾，水盛落水或黃腫，又犯盜賊並車禍，生六指缺唇之人，忽然縊死令人驚。

斷年月：流年流月，天干丙年丙月禍應，水走癸，流年流月，天干癸年癸月禍應。

斷房份：丙山主二房應，水走癸主三房應。

宜內陽改造法：重新安神位，坐庚山收庚酉乾水，交媾爲右弼吉水，水走癸交媾爲文曲吉水，主合局吉論。

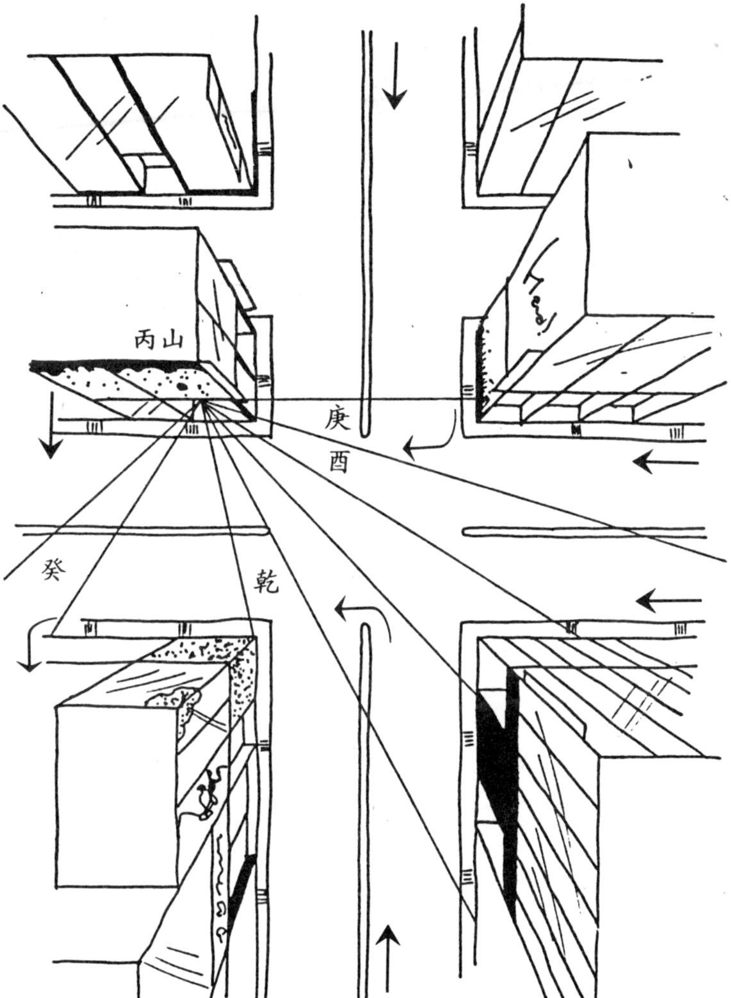
丙山
庚
酉
癸
乾

陽宅實際斷法說明

丙山收甲寅癸子水，交媾爲廉貞五鬼凶水，水走庚交媾爲貪狼、滅龍凶水，主破局凶論。

收廉貞五鬼凶水，主爲人陰險不實，不禮貌好勇鬥，瘟瘽連連，巫師術士，失火刑配，自縊產亡，出異體兒，墮胎。水走貪狼、滅龍凶水，主貪花喜酒，破家財，無男丁接代，多生女子，因而招子傳宗。

疾病論：眼疾、殘缺開刀、心氣不足、血癌、腸疾。

丙山破局凶論：主家敗或火燒，廢而不起多災咎。

水走庚破局凶論：主偷盜時生不肖男，被人殺戮取凶頑，強盜頭目賽樓欄。

斷年月：流年流月，天干丙年丙月禍應，水走庚，流年流月，天干庚年庚月禍應。

斷房份：丙山主二房應，水走庚主二房應。

宜內陽改造法：重新安神位，坐乙山收甲寅癸子水，交媾爲右弼吉水，水走庚交媾爲廉貞五鬼吉水，主合局吉論。

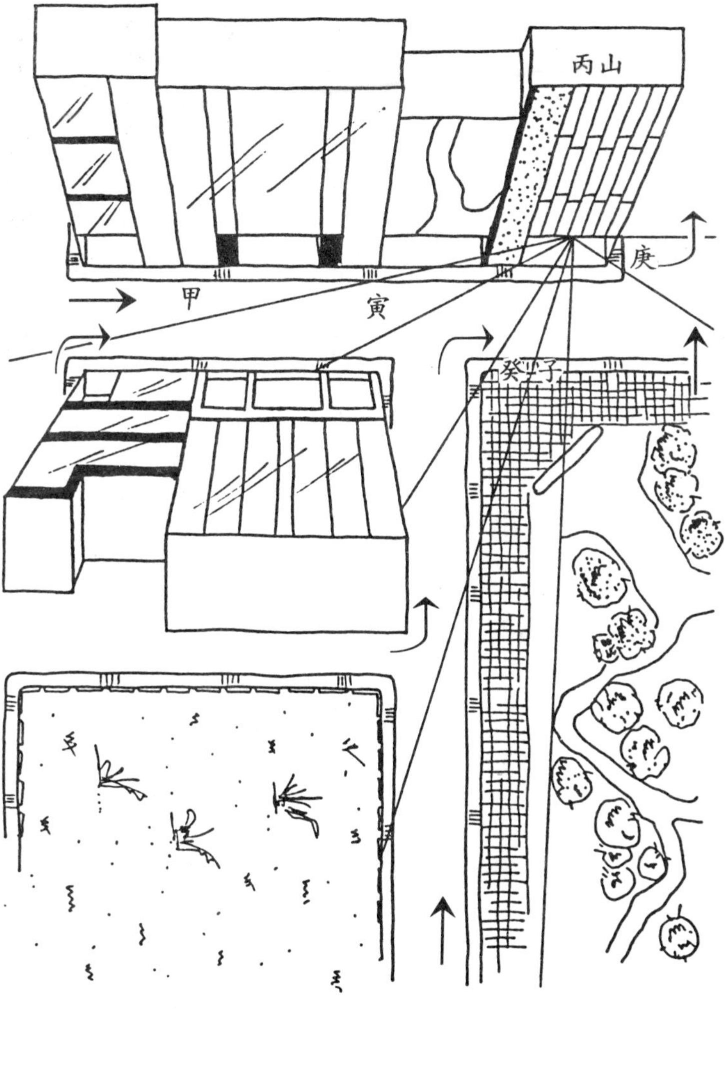
丙山
庚
甲
寅
癸
子

午山三元氣運卦數

午山天星陽權，卦位澤天夬䷪，卦運武曲六運，艮卦司令☶，司二十一年，從中元甲午年起，民國四十三年歲次甲午年至民國六十三年歲次甲寅年止。卦位乾爲天䷀，卦運貪狼一運，坤卦司令☷，司十八年，從上元甲子年起，同治三年歲次甲子年至光緒七年歲次辛巳年止。卦位天風姤䷫，卦運左輔八運，震卦司令☳，司二十一年，從中元丙子年起，民國八十五年歲次丙子年至民國一〇五年歲次丙申年止。卦位澤風大過䷛，卦運祿存三運，離卦司令☲，司二十四年，從上元丙午年起，光緒三十二年歲次丙午年至民國十八年歲次己巳年止。

午山與各宮數理：

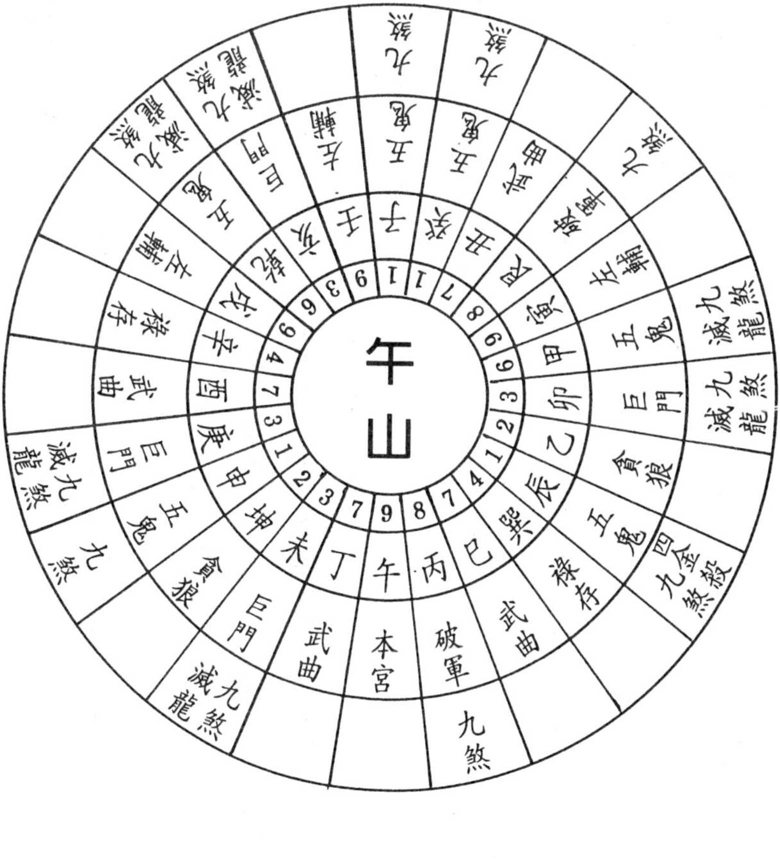

陽宅實際斷法說明

午山收卯甲艮丑水，交媾為祿存凶水，水走亥交媾為巨門、滅龍、九煞凶水，主破局凶論。

收祿存凶水，主出人心性頑鈍，行事妄誕，離祖過房，男僧女道，飲毒藥自縊，好酒色及賭，癲狂不善終、夭折、絕嗣、蛇傷。水走巨門、滅龍、九煞凶水，主官司牽連，家散不合，多是非破敗，生子不成全，無男丁接代，多生女子，因而招子傳宗，出流氓、忤逆、官非、凶死、自縊、夫妻不和等。

疾病論：胃腸障礙、水腫、脹滿、神經系統。

午山破局凶論：主火災並淫亂，盜賊時生不肖男，又主盲目墮胎犯，刑獄破家遭刑難，婦人室女同淫濫。

水走亥破局凶論：主癆瘵損少年，吐血症犯登鬼應，橫過災輕終少福。

斷年月：寅午戌年月禍應，水走亥，亥卯未年月禍應。

斷房份：午山主長房應，水走亥主二房應。

宜內陽改造法：重新安神位，坐酉山收卯甲艮丑水，交媾為貪狼吉水，水走亥交媾為廉貞五鬼吉水，主合局吉論。

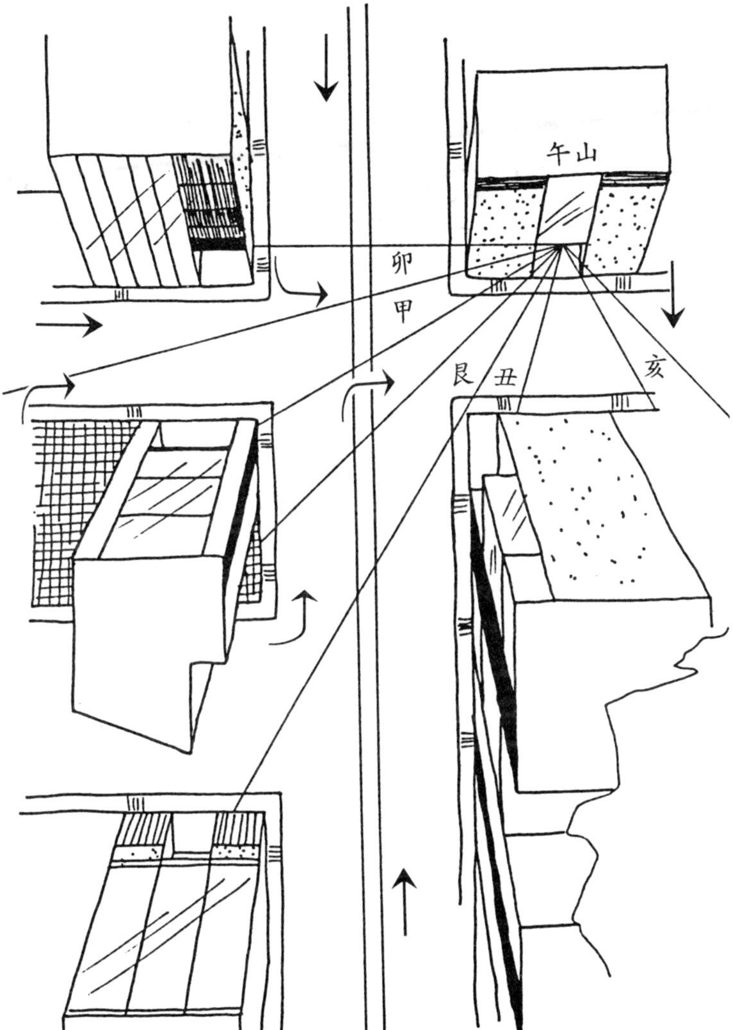
午山
卯
甲
艮
丑
亥

陽宅實際斷法說明

午山收酉戌水，交媾爲左輔凶水，主破局凶論。

收廉貞五鬼凶水，主爲人陰險不實，不禮貌好勇鬥，瘟瘟連連，巫師術士，失火刑配，自縊產亡，出異體兒，墮胎。水走左輔凶水，主夫妻不和，子女忤逆，退敗寡孀。

疾病論：眼疾、殘缺開刀、心氣不足、血癌、腸疾。

午山破局凶論：主火災並淫亂，盜賊時生不肖男，又主盲目墮胎犯，刑獄破家遭刑難，婦人室女同淫濫。

斷年月：寅午戌年月禍應，水走寅，寅午戌年月禍應。

斷房份：午山主長房應，水走寅主二房應。

宜內陽改造法：重新安神位，坐乾山收酉戌水，交媾爲巨門吉水，水走寅交媾爲廉貞五鬼吉水，主合局吉論。

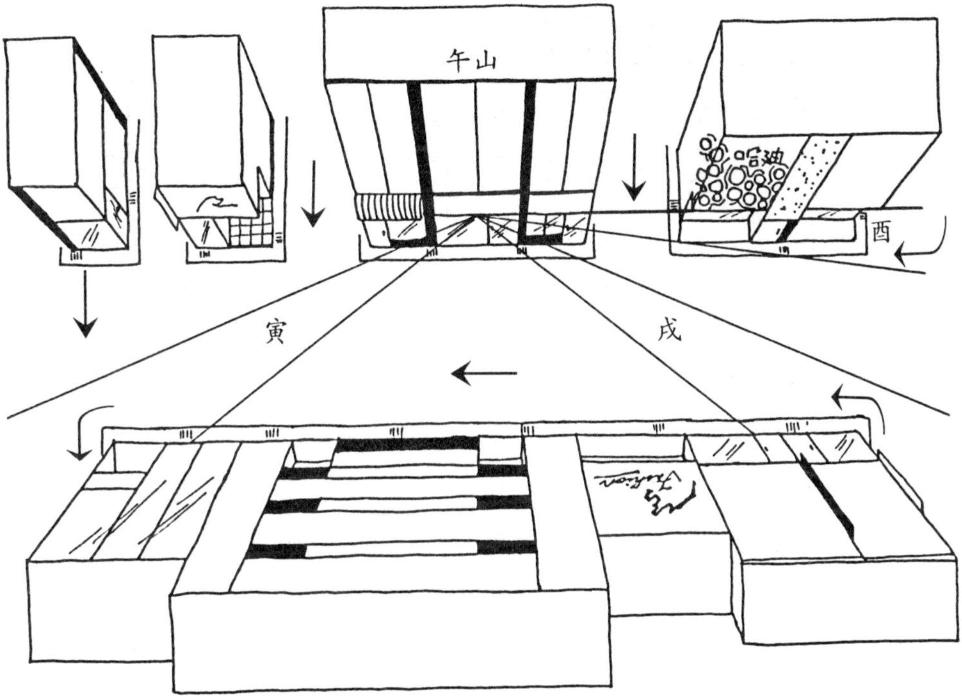
午山
哈迪
酉
寅
戌

陽宅實際斷法說明

午山收卯甲寅丑子水，交媾爲廉貞五鬼凶水，水走壬交媾爲左輔凶水，主破局凶論。

收廉貞五鬼凶水，主爲人陰險不實，不禮貌好勇鬥，瘟㾮連連，巫師術士，失火刑配，自縊產亡，出異體兒，墮胎。水走左輔凶水，主夫妻不和，子女忤逆，退敗寡孀。

疾病論：眼疾、殘缺開刀、心氣不足、血癌、腸疾。

午山破局凶論：主火災並淫亂，盜賊時生不肖男，又主盲目墮胎犯，刑獄破家遭刑難，婦人室女同淫濫。

水走壬破局凶論：主敗退出遊蕩，水盛多生黃腫病，逃竄他方爲災殃。

斷年月：寅午戌年月禍應，水走壬，流年流月，天干壬年壬月禍應。

斷房份：午山主長房應，水走壬主二房應。

宜內陽改造法：重新安神位，坐乾山收卯甲寅丑子水，交媾爲巨門吉水，水走壬交媾爲廉貞五鬼吉水，主合局吉論。

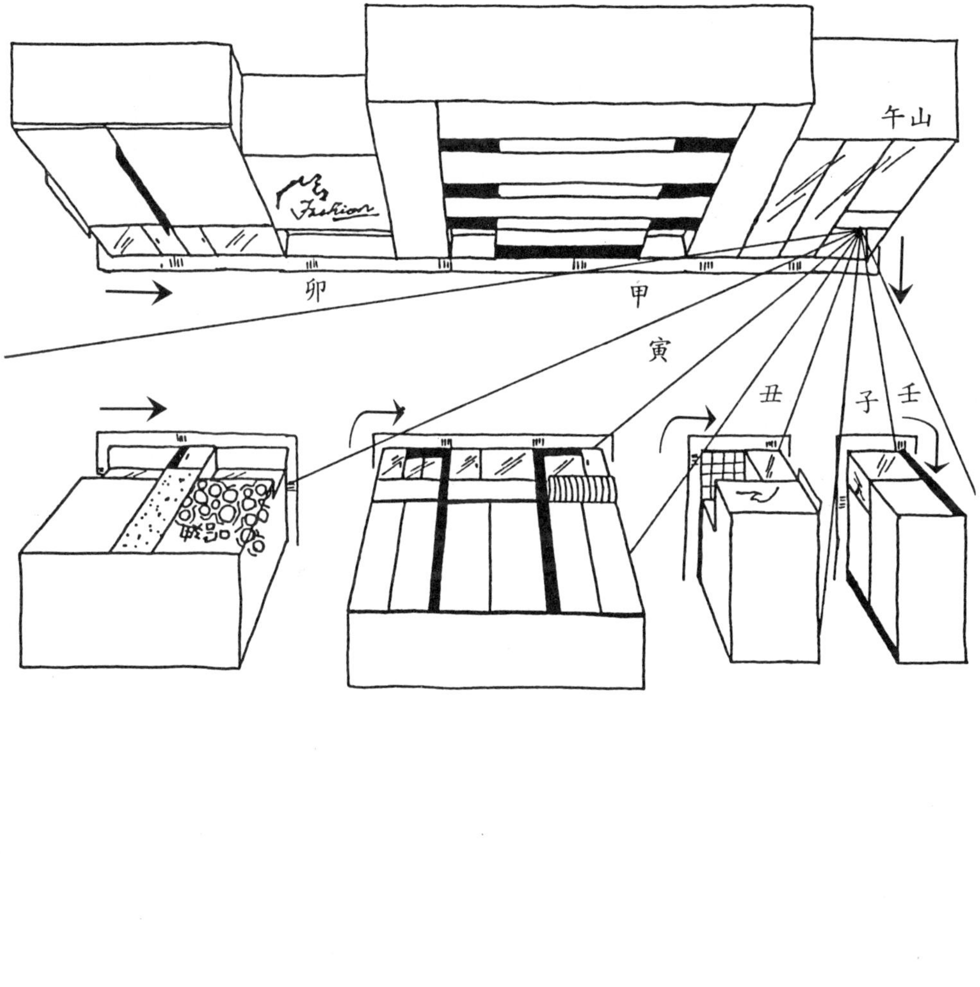
午山
Fashion
卯
甲
寅
丑
子
壬

陽宅實際斷法說明

午山收卯甲丑水，交媾爲廉貞五鬼凶水，水走亥交媾爲巨門、滅龍、九煞凶水，主破局凶論。

收廉貞五鬼凶水，主爲人陰險不實，不禮貌好勇鬥，瘟𤸃連連，巫師術士，失火刑配，自縊產亡，出異體兒，墮胎。水走巨門、滅龍、九煞凶水，主官司牽連，家散不合，多是非破敗，生子不成全，無男丁接代，多生女子，因而招子傳宗，出流氓、忤逆、官非、凶死、自縊、夫妻不和等。

疾病論：眼疾、殘缺開刀、心氣不足、血癌、腸疾。

午山破局凶論：主火災並淫亂，盜賊時生不肖男，又主盲目墮胎犯，刑獄破家遭刑難，婦人室女同淫濫。

水走亥破局凶論：主癆瘵損少年，吐血症犯登鬼應，橫過災輕終少福。

斷年月：寅午戌年月禍應，水走亥，亥卯未年月禍應。

斷房份：午山主長房應，水走亥主二房應。

宜內陽改造法：重新安神位，坐乙山收卯甲丑水，交媾爲左輔吉水，水走亥交媾爲廉貞五鬼吉水，主合局吉論。

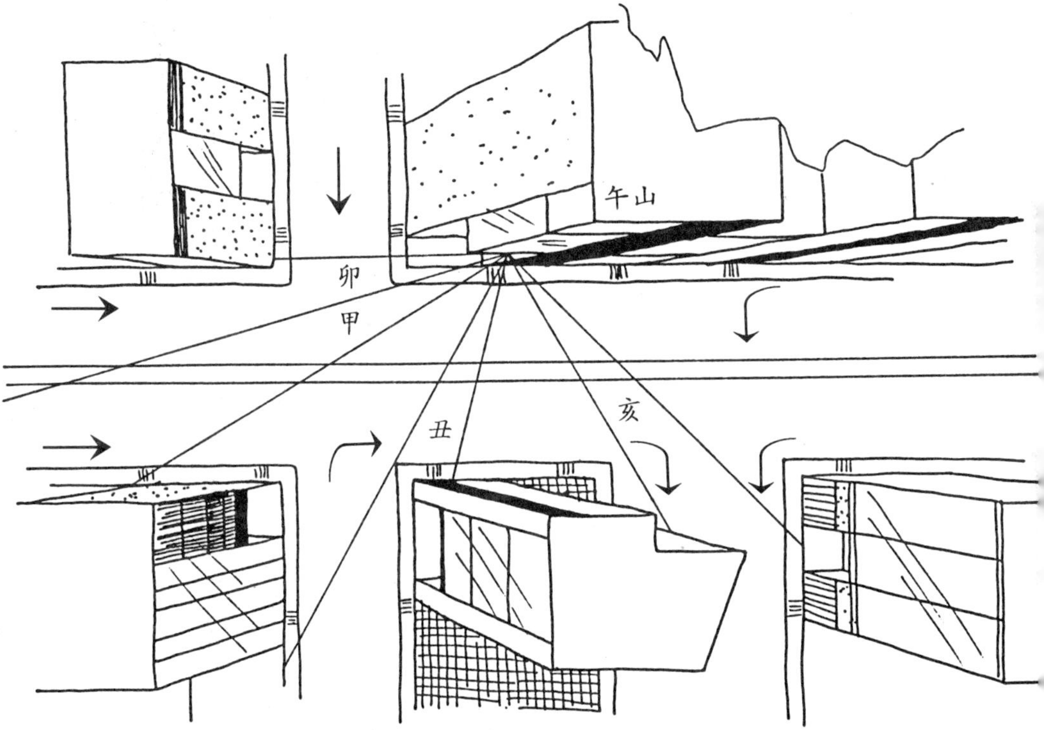
午山
卯
甲
丑
亥

陽宅實際斷法說明

午山收酉亥壬水，交媾爲左輔吉水，水走艮交媾爲破軍吉水，主合局吉論。收左輔吉水，主生人慈祥，夫妻和合，子女孝順，富貴福壽長。水走破軍吉水，主大吉昌，爲官英雄近帝王。

午山合局吉論：主富豪貴又顯，時至離鄉是發期。

斷年月：寅午戌年月福應。

斷房份：午山主長房應。

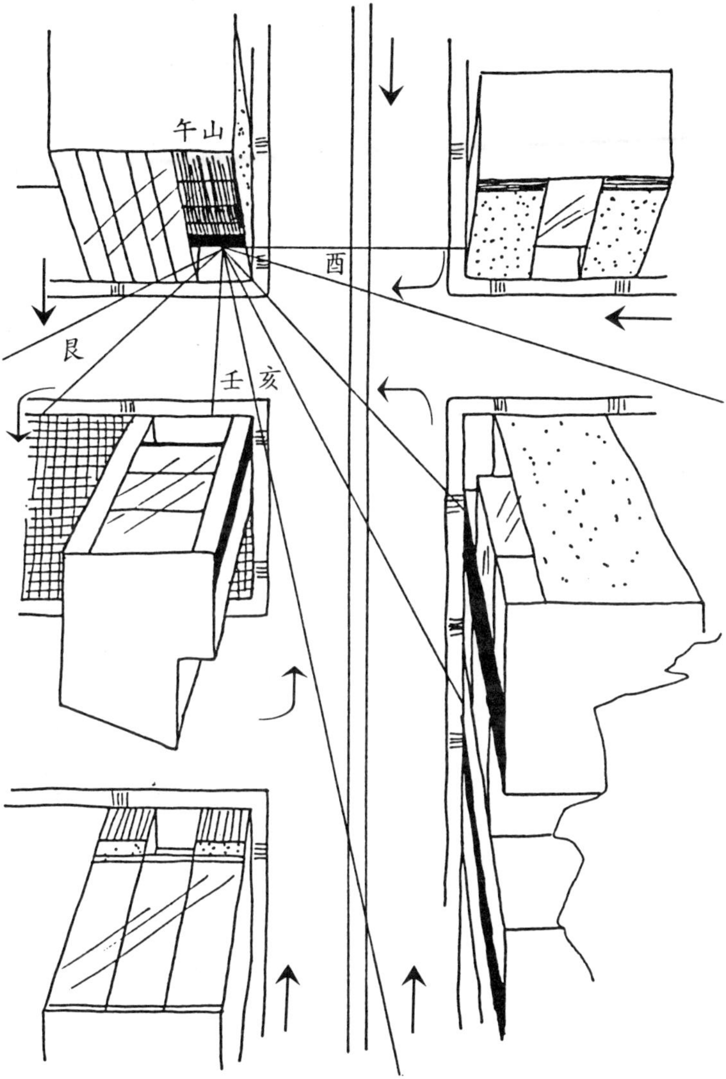
午山
酉
艮
壬
亥

陽宅實際斷法說明

午山收卯甲寅癸水，交媾為左輔吉水，水走子交媾為廉貞五鬼吉水，主合局吉論。

收左輔吉水，主生人慈祥，夫妻和合，子女孝順，富貴福壽長。水走廉貞五鬼吉水，主健康長壽，榮華富貴。

午山合局吉論：主富豪貴又顯，時至離鄉是發期。

斷年月：寅午戌年月福應。

斷房份：午山主長房應。

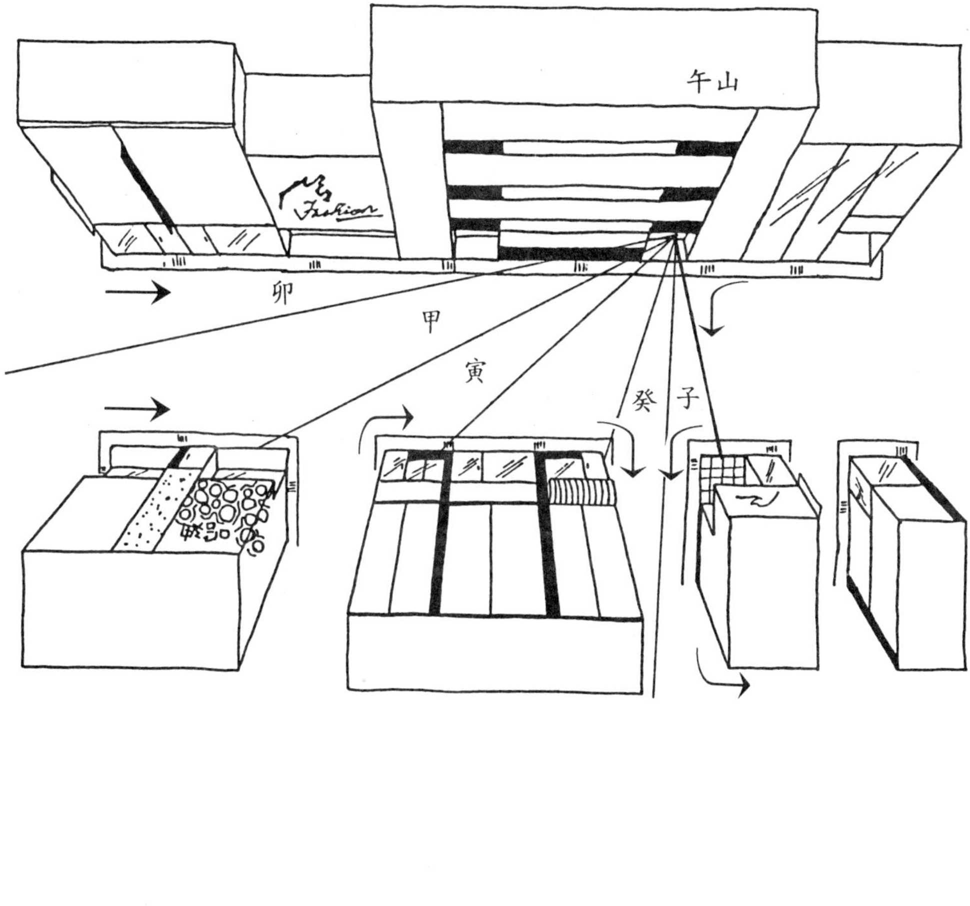
午山
卯
甲
寅
癸
子
Fashion

陽宅實際斷法說明

午山收卯甲丑癸水，交媾爲武曲吉水，水走酉交媾爲武曲凶水，主破局凶論。

收武曲吉水，主出人清貴富厚，登科及第，福壽雙全，爲官近帝王。水走武曲凶水，主成材之子早歸陰，愚子不歸陰，男女走他鄉，血光、車禍。

疾病論：喉疾、喘息、呼吸、梅毒、痰疾、鼻血。

水走酉破局凶論：主淫亂不堪言，犯罪遭刑罹災咎。

斷年月：水走酉，巳酉丑年月禍應。

斷房份：水走酉主長房應。

宜內外陽同時改造：作個看板將卯水格除，改變收水，改變後，收甲丑癸水，內陽改造，坐酉山收甲丑癸水，交媾爲貪狼吉水，水走酉交媾爲文曲吉水，主合局吉論。

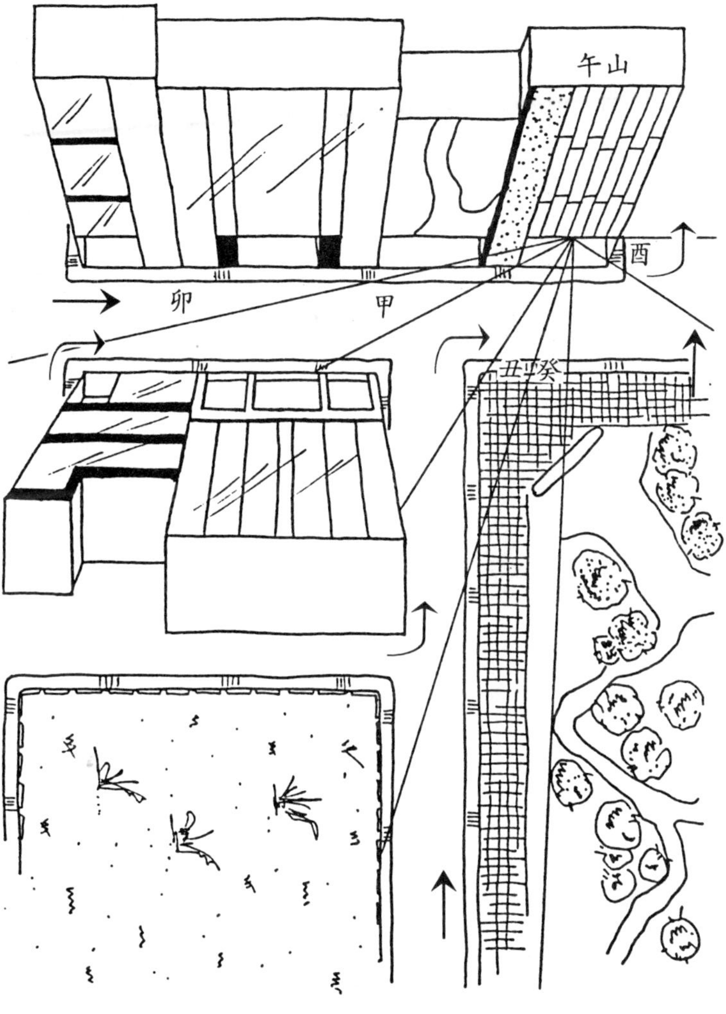
午山
酉
卯
甲
丑
癸

陽宅實際斷法說明

午山收酉辛亥水，交媾爲祿存凶水，水走丑交媾爲武曲凶水，主破局凶論。收祿存凶水，主出人心性頑鈍，行事妄誕，離祖過房，男僧女道，飲毒藥自縊，好酒色及賭，癲狂不善終、夭折、絕嗣、蛇傷。水走武曲凶水，主成材之子早歸陰，愚子不歸陰，男女走他鄉，血光、車禍。

疾病論：胃腸障礙、水腫、脹滿、神經系統。

午山破局凶論：主火災並淫亂，盜賊時生不肖男，又主盲目墮胎犯，刑獄破家遭刑難，婦人室女同淫濫。

水走丑破局凶論：主生人多夭折，鰥寡僧道定不良，橫逆惡死多瘋癲，殺戮公事禍非常，四墓之位破局非爲吉，路死扛屍哭一場。

宜內陽改造法：重新安神位，坐酉山收酉辛亥水，交媾爲貪狼吉水，水走丑交媾爲文曲吉水，主合局吉論。

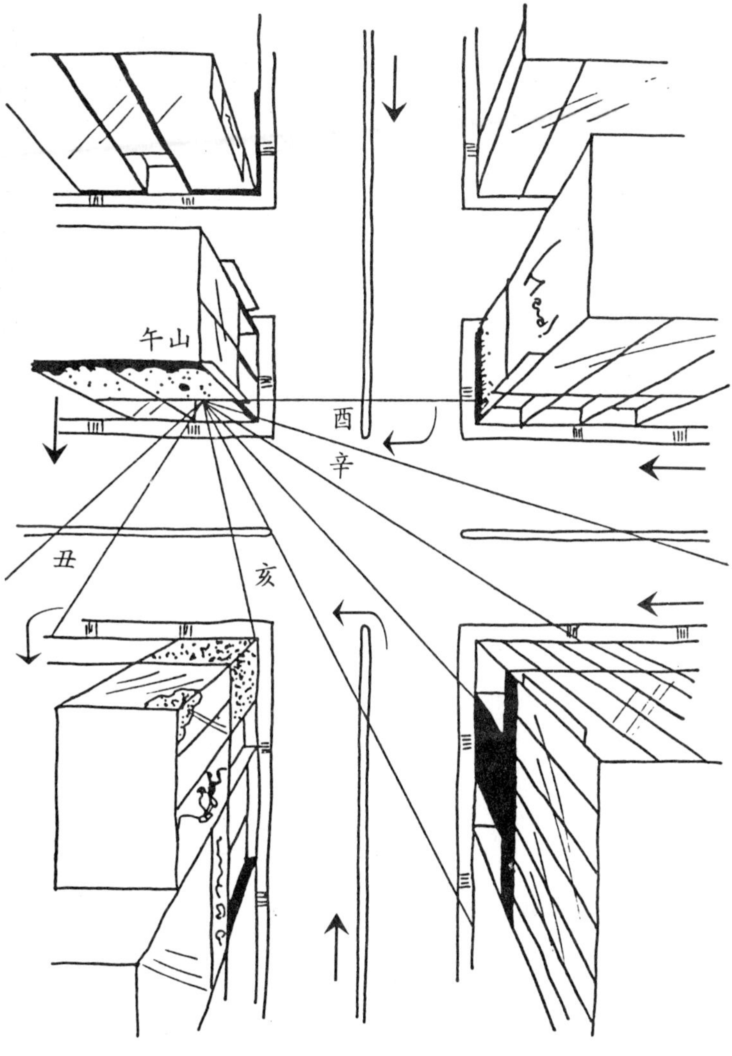
午山
酉
辛
丑
亥

丁山三元氣運卦數

丁山天星南極，卦位澤風大過䷛，卦運祿存三運，離卦司令☲，司二十四年，從上元丙午年起，光緒三十二年歲次丙午年至民國十八年歲次己巳年止。卦位火風鼎䷱，卦運文曲四運，兌卦司令☱，司二十四年，從中元庚午年起，民國十九年歲次庚午年至民國四十二年歲次癸巳年止。卦位雷風恒䷟，卦運右弼九運，乾卦司令☰，司二十七年，從下元丁酉年起，民國一〇六年歲次丁酉年至民國一三二年歲次癸亥年止。

丁山與各宮數理：

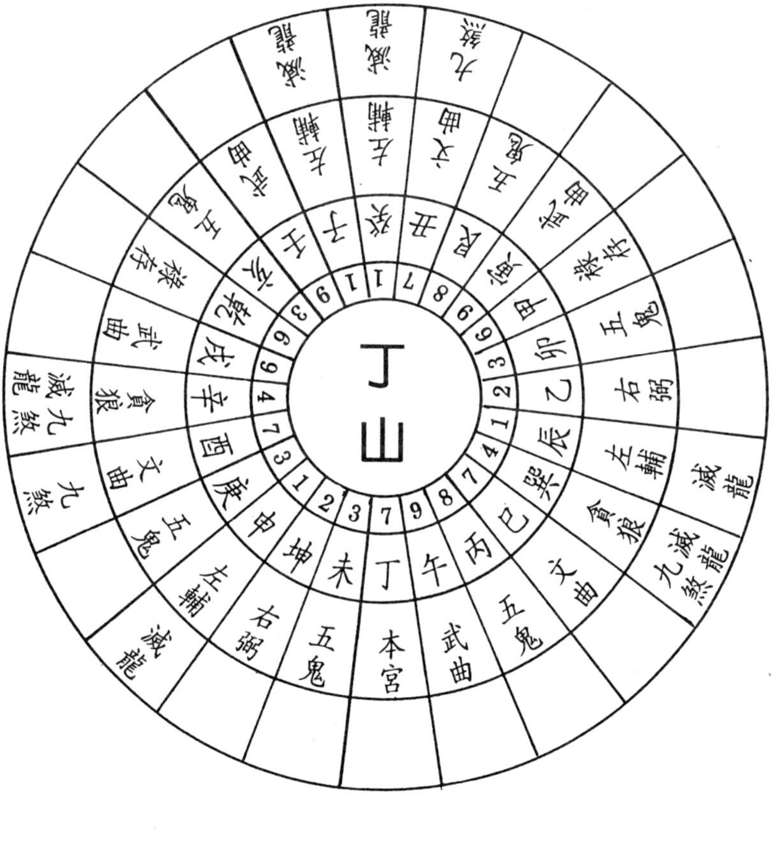

陽宅實際斷法說明

丁山收乙卯寅艮水，交媾爲右弼吉水，水走壬交媾爲武曲凶水，主破局凶論。收右弼吉水，主生人明理孝順，夫妻恩愛，子女孝順。水走武曲凶水，主成材之子早歸陰，愚子不歸陰，男女走他鄉，血光、車禍。

疾病論：喉疾、喘息、呼吸、梅毒、痰疾、鼻血。

水走壬破局凶論：主敗退出遊，水盛多生黃腫病，逃竄他方爲災殃。

斷年月：水走壬，流年流月，天干壬年壬月禍應。

斷房份：水走壬主二房應。

宜內陽改造法：重新安神位，坐辛山收乙卯寅艮水，交媾爲武曲吉水，水走壬交媾爲祿存吉水，主合局吉論。

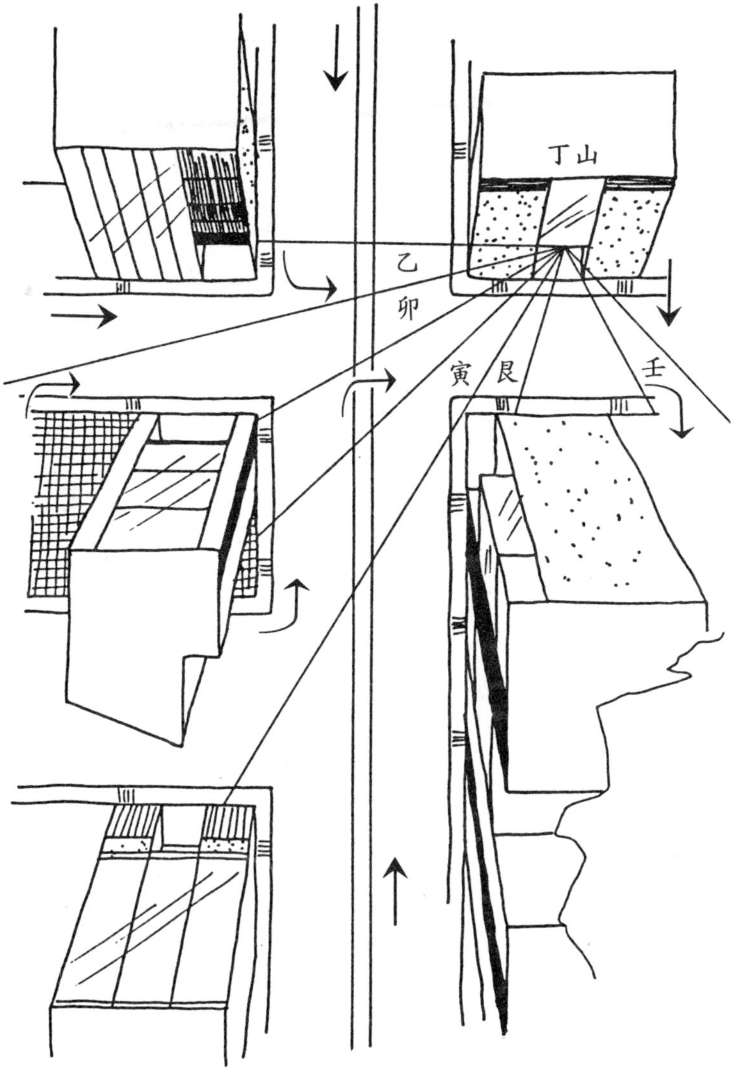
丁山
乙
卯
寅
艮
壬

陽宅實際斷法說明

丁山收辛乾水，交媾爲破軍凶水，水走甲交媾爲祿存吉水，主破局凶論。收破軍凶水，主凶暴作賊好訟，投軍劫掠，樂土木匠，瘟瘽連連，出虧體人，欠債不還，產死雷傷，落水絕嗣，投河自縊。水走祿存吉水，主祿存是玄空卦中之庫，爲人勤儉守財。

疾病論：腳腫、缺唇、聾啞、肺病、頭病、筋骨痛、開刀、大腸病、骨癌。

丁山破局凶論：主多腹痛，退敗之時無可救，短壽破敗人丁損。

斷年月：流年流月，天干丁年丁月禍應。

斷房份：丁山主三房應。

宜內陽改造法：重新安神位，坐癸山收辛乾水，交媾爲貪狼吉水，水走甲交媾爲破軍吉水，主合局吉論。

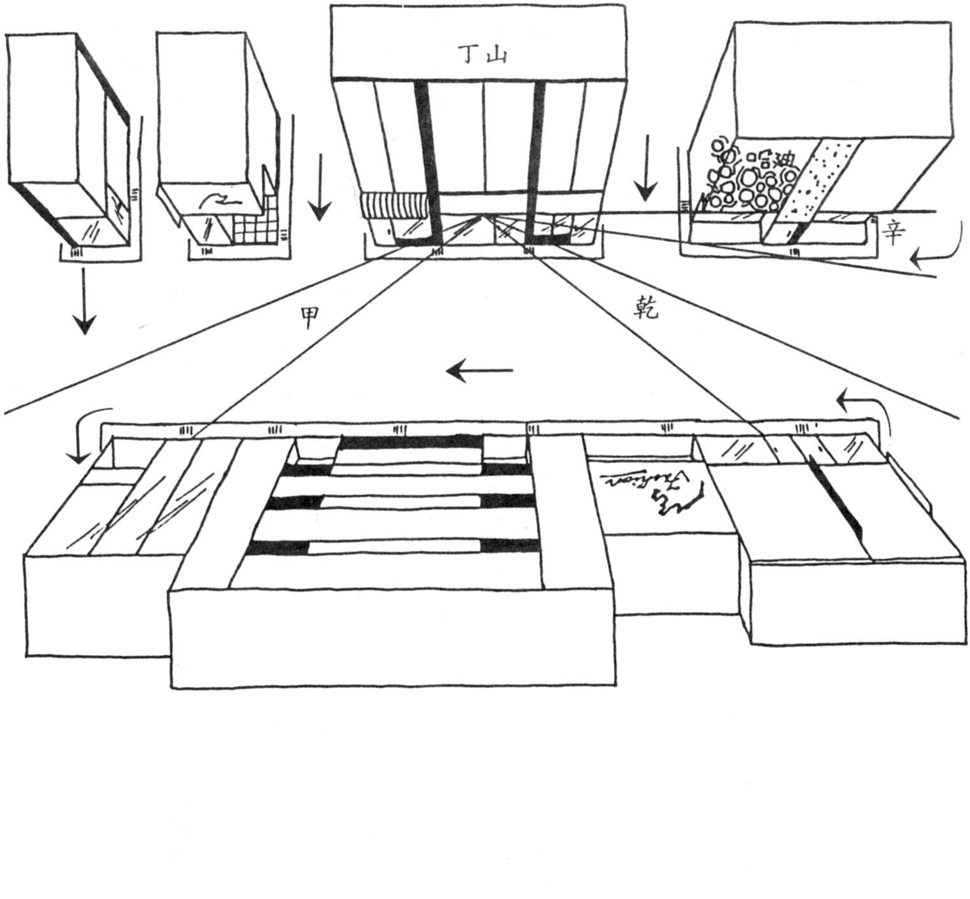
丁山
哈迪
辛
甲
乾

陽宅實際斷法說明

丁山收乙卯甲艮癸水，交媾爲破軍凶水，水走子交媾爲左輔、滅龍凶水，主破局凶論。

收破軍凶水，主凶暴作賊好訟，投軍劫掠，樂士木匠，瘟瘽連連，出虧體人，欠債不還，產死雷傷，落水絕嗣，投河自縊。水走左輔、滅龍凶水，主夫妻不和，子女忤逆，退敗寡孀，無男丁接代，多生女子，因而招子傳宗。

疾病論：腳腫、缺唇、聾啞、肺病、頭病、筋骨痛、開刀、大腸病、骨癌。

丁山破局凶論：主多腹痛，退敗之時無可救，短壽破敗人丁損。

水走子破局凶論：主桃花多耳聾，水盛落水或黃腫，又犯盜賊並車禍，忽然縊死令人驚。

斷年月：流年流月，天干丁年丁月禍應，水走子，申子辰年月禍應。

斷房份：丁山主三房應，水走子主長房應。

宜內陽改造法：重新安神位，坐乙山收乙卯甲艮癸水，交媾爲巨門吉水，水走子交媾爲祿存吉水，主合局吉論。

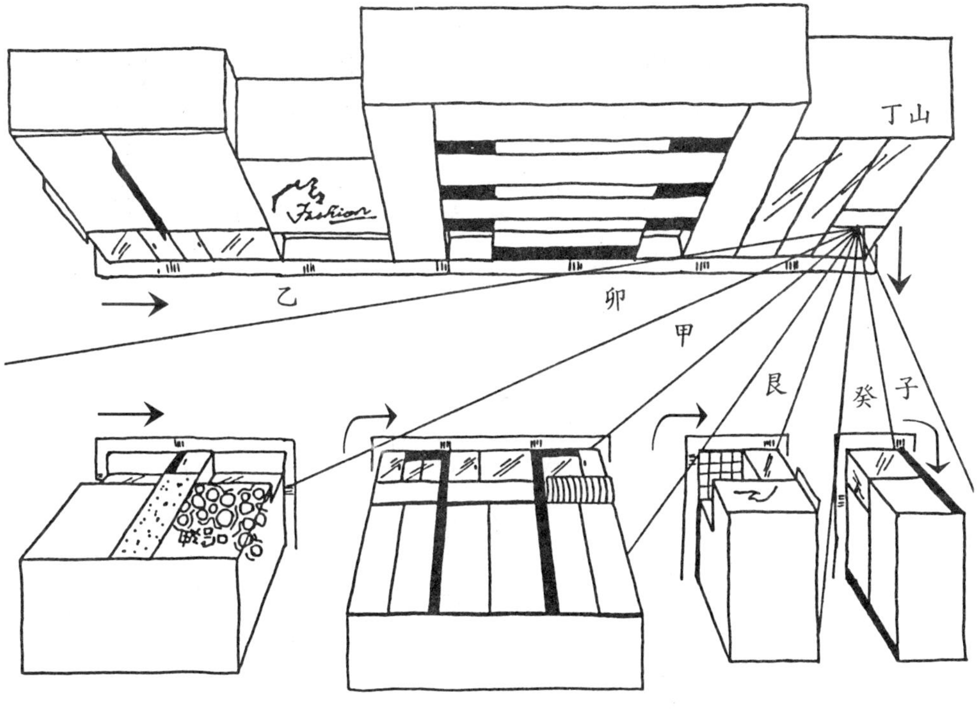
丁山
Fashion
乙
卯
甲
艮
癸
子

陽宅實際斷法說明

丁山收乙卯艮水，交媾爲廉貞五鬼凶水，水走壬交媾爲武曲凶水，主破局凶論。收廉貞五鬼凶水，主爲人陰險不實，不禮貌好勇鬥，瘟癀連連，巫師術士，失火刑配，自縊產亡，出異體兒，墮胎。水走武曲凶水，主成材之子早歸陰，愚子不歸陰，男女走他鄉，血光、車禍。

疾病論：眼疾、殘缺開刀、心氣不足、血癌、腸疾。

丁山破局凶論：主多腹痛，退敗之時無可救，短壽破敗人丁損。

水走壬破局凶論：主敗退出遊蕩，水盛多生黃腫病，逃竄他方爲災殃。

斷年月：流年流月，天干丁年丁月禍應，水走壬，流年流月，天干壬年壬月禍應。

斷房份：丁山主三房應，水走壬主二房應。

宜內陽改造法：重新安神位，坐丙山收乙卯艮水，交媾爲貪狼吉水，水走壬交媾爲破軍吉水，主合局吉論。

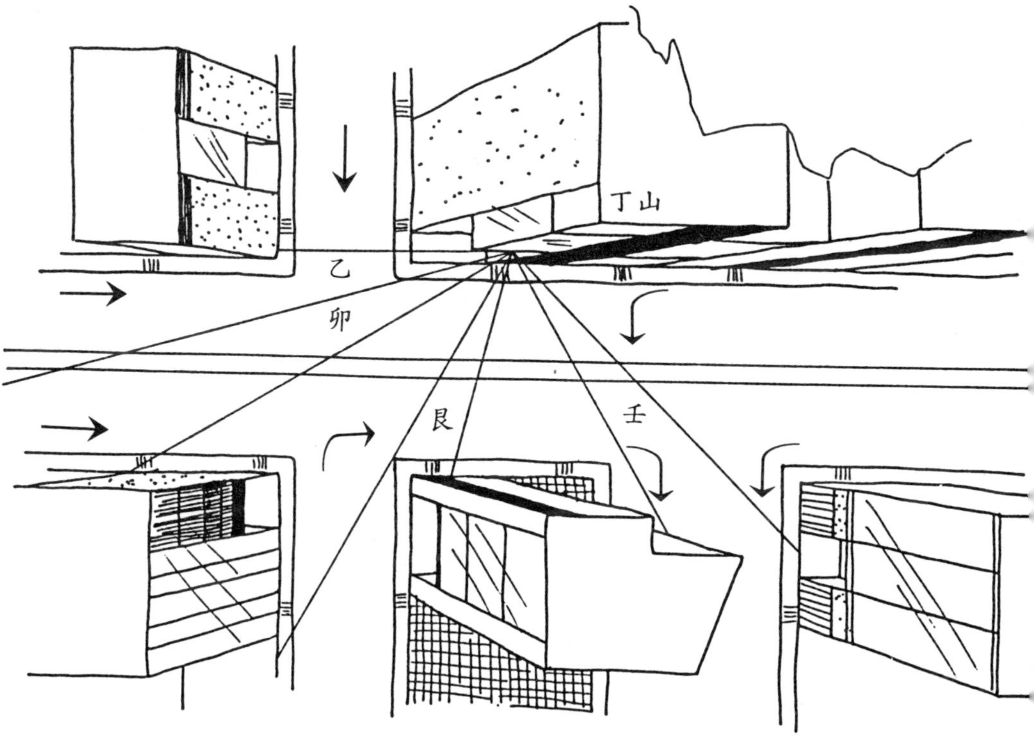
丁山
乙
卯
艮
壬

陽宅實際斷法說明

丁山收辛壬子水，交媾爲貪狼吉水，水走寅交媾爲武曲凶水，主破局凶論。收貪狼吉水，主聰明孝友，因公進田，財帛旺盛，登科及第。水走武曲凶水，主成材之子早歸陰，愚子不歸陰，男女走他鄉，血光、車禍。

疾病論：喉疾、喘息、呼吸、梅毒、痰疾、鼻血。

水走寅破局凶論：主破局爲艮之九煞，生瘋盲及車災，煞帶廉貞血滿懷。

斷年月：水走寅，寅午戌年月禍應。

斷房份：水走寅主二房應。

宜內陽改造法：重新安神位，坐辛山收辛壬子水，交媾爲左輔吉水，水走寅交媾爲祿存吉水，主合局吉論。

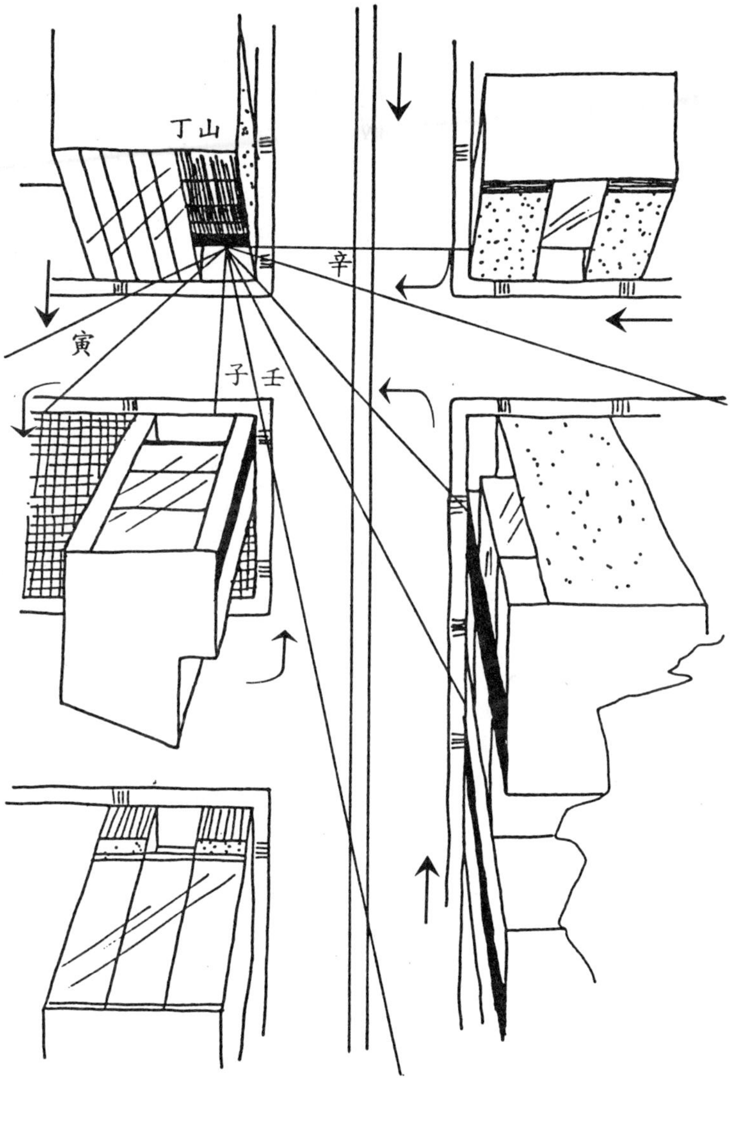
丁山
辛
寅
子
壬

陽宅實際斷法說明

丁山收乙卯甲丑水，交媾爲廉貞五鬼凶水，水走癸交媾爲左輔、滅龍凶水，主破局凶論。

收廉貞五鬼凶水，主爲人陰險不實，不禮貌好勇鬥，瘟瘽連連，巫師術士，失火刑配，自縊產亡，出異體兒，墮胎。水走左輔、滅龍凶水，主夫妻不和，子女忤逆，退敗寡孀，無男丁接代，多生女子，因而招子傳宗。

疾病論：眼疾、殘缺開刀、心氣不足、血癌、腸疾。

丁山破局凶論：主多腹痛，退敗之時無可救，短壽破敗人丁損。

水走癸破局凶論：主桃花多耳聾，水盛落水或黃腫，又犯盜賊並車禍，生六指缺唇之人，忽然縊死令人驚。

斷年月：流年流月，天干丁年丁月禍應，水走癸，流年流月，天干癸年癸月禍應。

斷房份：丁山主三房應，水走癸主三房應。

宜內陽改造法：重新安神位，坐辛山收乙卯甲丑水，交媾爲巨門吉水，水走癸交媾爲廉貞五鬼吉水，主合局吉論。

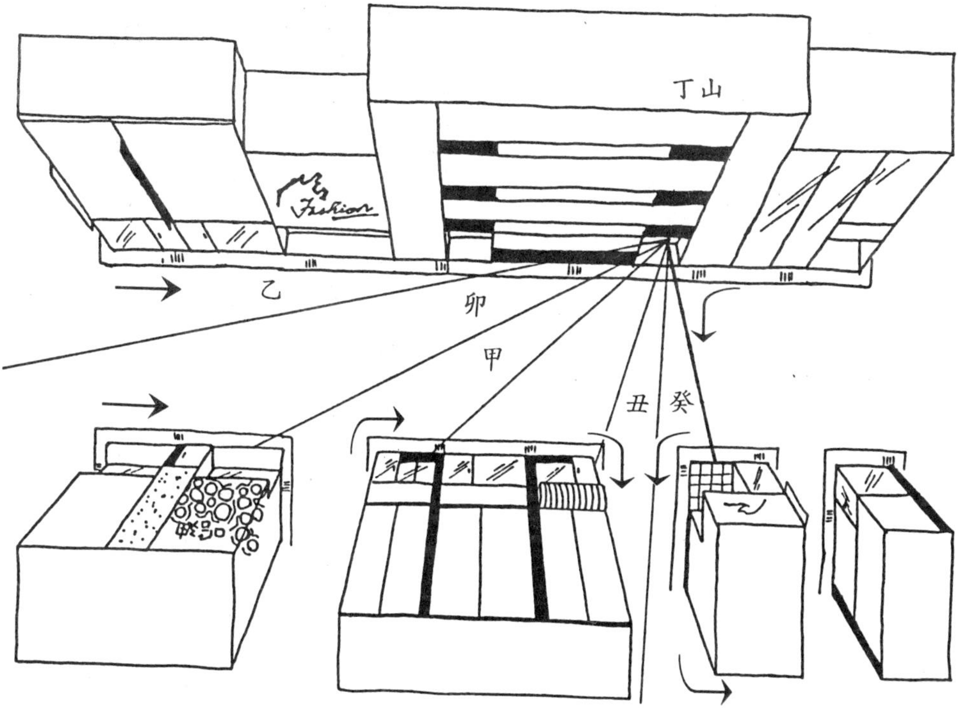

丁山
乙
卯
甲
丑
癸

陽宅實際斷法說明

丁山收辛戌壬水，交媾爲右弼吉水，水走艮交媾爲廉貞五鬼吉水，主合局吉論。收右弼吉水，主生人明理孝順，夫妻恩愛，子女孝順。水走廉貞五鬼吉水，主健康長壽，榮華富貴。

丁山合局吉論：主男女康能最多壽，丙丁二官名赦文，家無凶禍福頻佑。

斷年月：流年流月，天干丁年丁月福應。

斷房份：丁山主三房應。

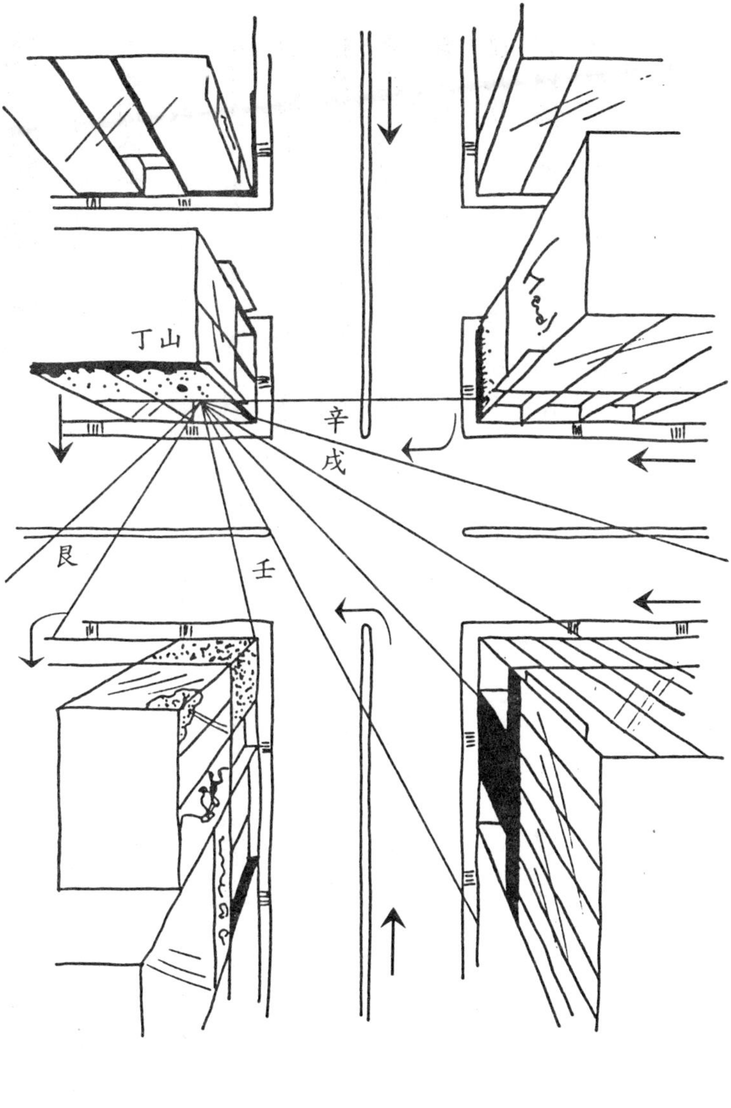
丁山
辛
戌
艮
壬

陽宅實際斷法說明

丁山收乙卯寅艮水，交媾爲右弼吉水，水走辛交媾爲貪狼、滅龍、九煞凶水，主破局凶論。

收右弼吉水，主生人明理孝順，夫妻恩愛，子女孝順。水走貪狼、滅龍、九煞凶水，主貪花喜酒，破家財，無男丁接代，多生女子，因而招子傳宗，出流氓、忤逆、官非、凶死、自縊、夫妻不和等。

疾病論：肝膽之病、腰足之病、氣病、腳氣、梅毒、風濕、驚恐。

水走辛破局凶論：主多冷退，爲乞無救致絕亡，提籃托碗沿街行。

斷年月：水走辛，流年流月，天干辛年辛月禍應。

斷房份：水走辛主三房應。

宜內陽改造法：重新安神位，坐午山收乙卯寅艮水，交媾爲貪狼吉水，水走辛交媾爲祿存吉水，主合局吉論。

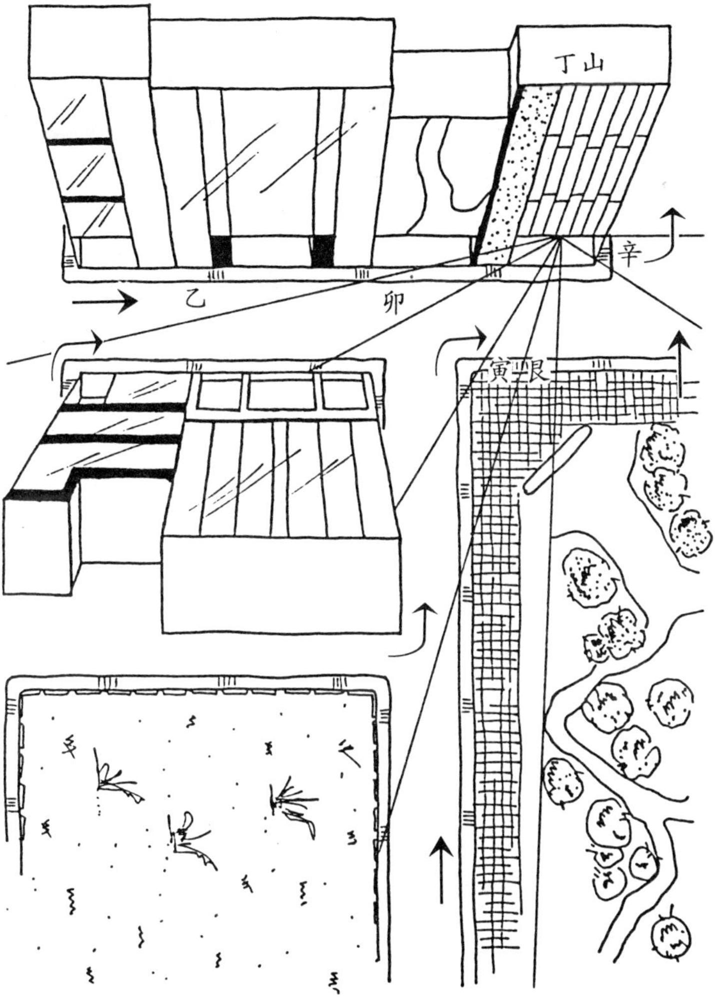
丁山
辛
乙
卯
寅
艮

未山三元氣運卦數

未山天星天常，卦位巽為風䷸，卦運貪狼一運，坤卦司令☷，司十八年，從上元甲子年起，同治三年歲次甲子年至光緒七年歲次辛巳年止。卦位水風井䷯，卦運武曲六運，艮卦司令☶，司二十一年，從中元甲午年年起，民國四十三年歲次甲午年年至民國六十三年歲次甲寅年止。卦位山風蠱䷑，卦運破軍七運，坎卦司令☵，司二十一年，從中元乙卯年起，民國六十四年歲次乙卯年至民國八十四年歲次乙亥年止。

未山與各宮數理：

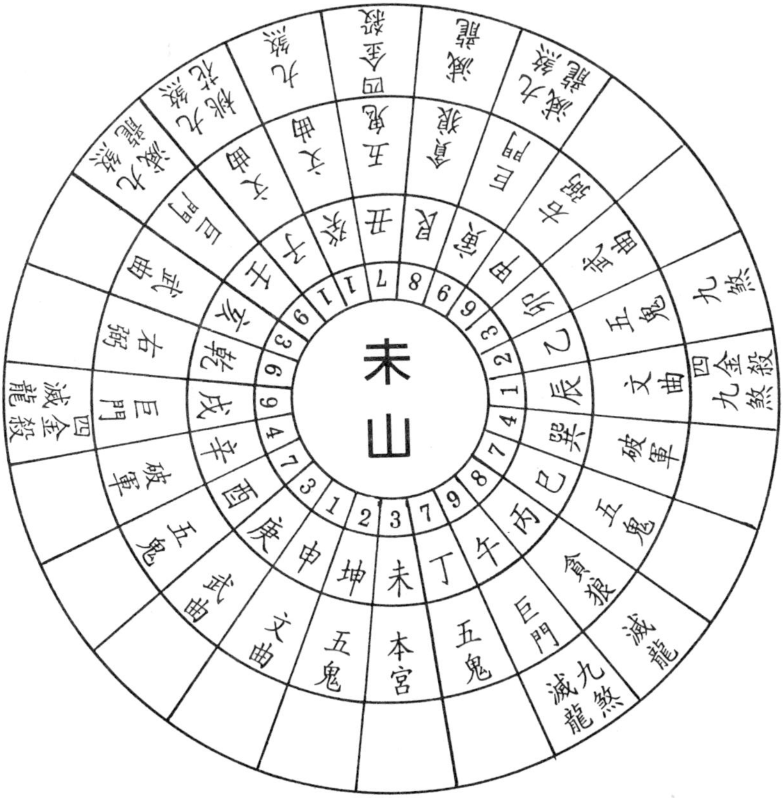

陽宅實際斷法說明

未山收辰乙甲寅水，交媾爲貪狼吉水，水走子交媾爲文曲吉水，主合局吉論。

收貪狼吉水，主聰明孝友，因公進田，財帛旺盛，登科及第。水走文曲吉水，主文曲是玄空卦中之桃花星，不管吉凶亦有桃花之論，生貴子旺家財，男人會納妾。

未山合局吉論：主旺丁財，庫守田庄最樂懷，出人信宗近邪道，產業肥饒金帛光，水來雷擊家漸發。

斷年月：亥卯未年月福應。

斷房份：未山主三房應。

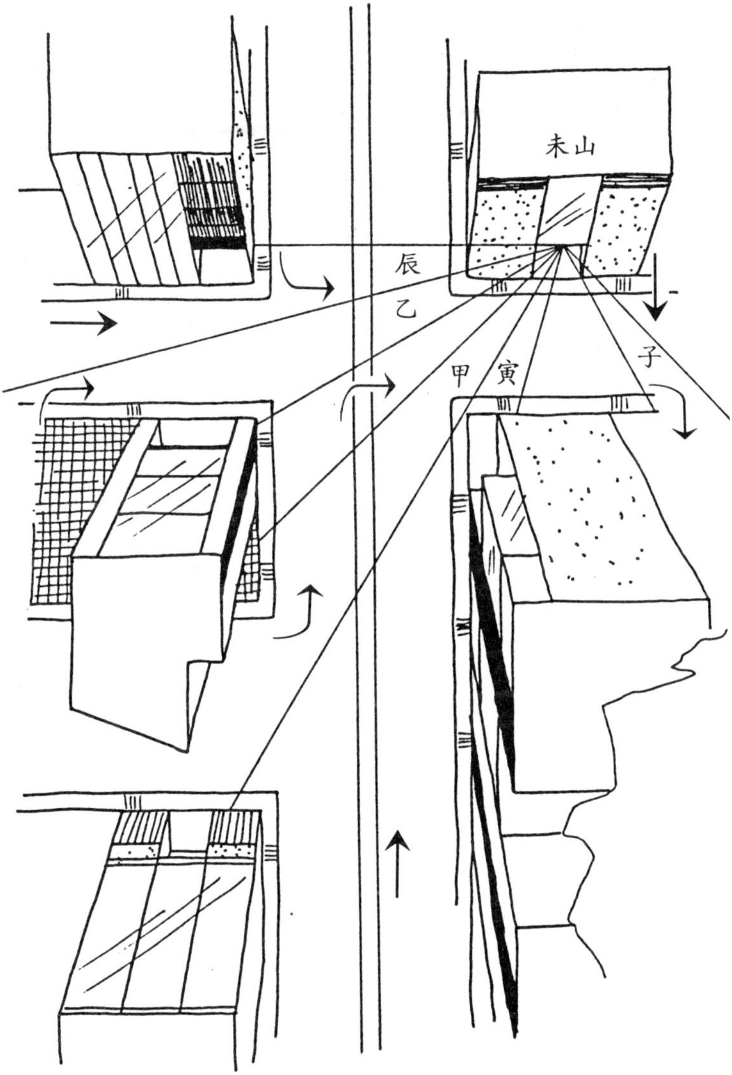
未山
辰
乙
甲
寅
子

陽宅實際斷法說明

未山收戌亥水，交媾為武曲凶水，水走卯交媾為廉貞五鬼凶水，主破局凶論。

收廉貞五鬼凶水，主為人陰險不實，不禮貌好勇鬥，瘟疸連連，巫師術士，失火刑配，自縊產亡，出異體兒，墮胎。水走武曲凶水，主成材之子早歸陰，愚子不歸陰，男女走他鄉，血光、車禍。

疾病論：眼疾、殘缺開刀、心氣不足、血癌、腸疾。

未山破局凶論：主看詩經，尼姑僧道拜蓮台，尤招鰥寡夭折媒，悖逆出人亦不忠，屍山路死不聞回。

水走卯破局凶論：主偷盜並淫亂，常生多因賊牽累，定主殺戮徒刑罪。

斷年月：亥卯未年月禍應，水走卯，亥卯未年月禍應。

斷房份：未山主三房應，水走卯主長房應。

宜內陽改造法：重新安神位，坐丁山收戌亥水，交媾為右弼吉水，水走卯交媾為廉貞五鬼吉水，主合局吉論。

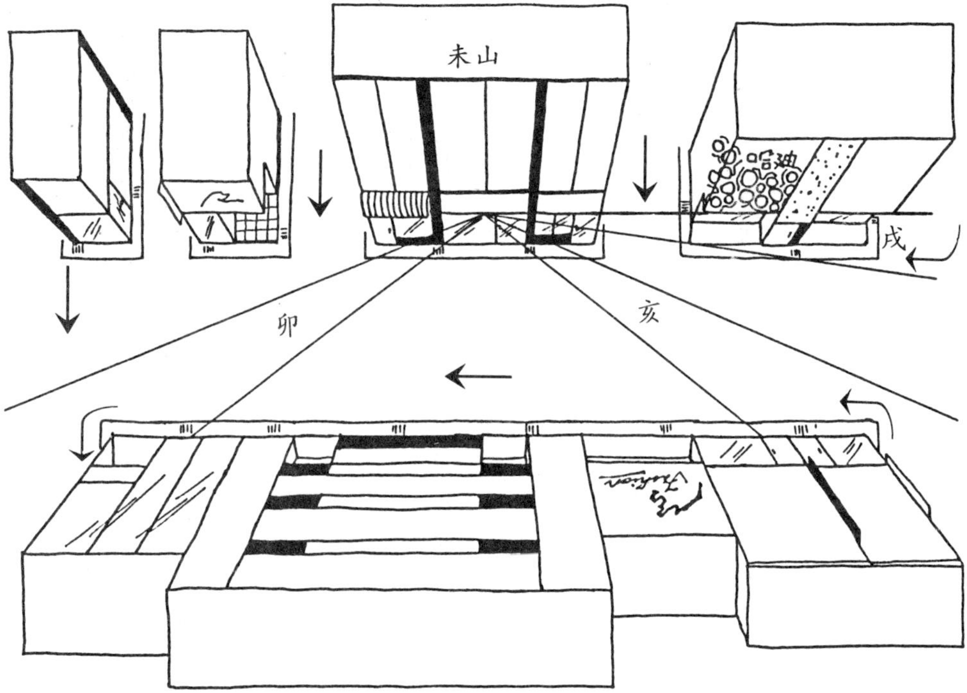
未山
卯
亥
戌

陽宅實際斷法說明

未山收辰乙卯寅丑水，交媾為廉貞五鬼凶水，水走癸交媾為文曲吉水，主破局凶論。

收廉貞五鬼凶水，主為人陰險不實，不禮貌好勇鬥，瘟疸連連，巫師術士，失火刑配，自縊產亡，出異體兒，墮胎。水走文曲吉水，主文曲是玄空卦中之桃花星，不管吉凶亦有桃花之論，生貴子旺家財，男人會納妾。

疾病論：眼疾、殘缺開刀、心氣不足、血癌、腸疾。

未山破局凶論：主看詩經，尼姑僧道拜蓮台，尤招鰥寡夭折媒，悖逆出人亦不忠，屍山路死不聞回。

斷年月：亥卯未年月禍應。

斷房份：未山主三房應。

宜內陽改造法：重新安神位，坐戌山收辰乙卯寅丑水，交媾為貪狼吉水，水走癸交媾為廉貞五鬼吉水，主合局吉論。

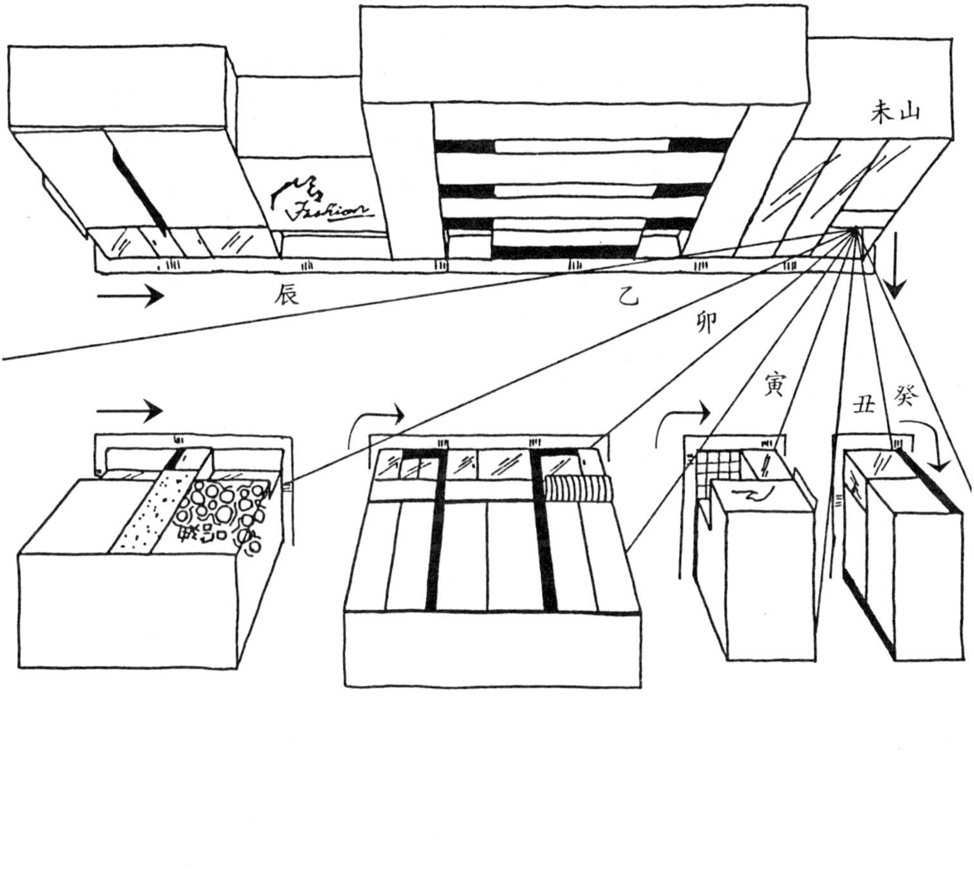
未山
辰
乙
卯
寅
丑
癸

陽宅實際斷法說明

未山收辰乙寅水，交媾爲廉貞五鬼凶水，水走子交媾爲文曲吉水，主破局凶論。

收廉貞五鬼凶水，主爲人陰險不實，不禮貌好勇鬥，瘟瘴連連，巫師術士，失火刑配，自縊產亡，出異體兒，墮胎。水走文曲吉水，主文曲是玄空卦中之桃花星，不管吉凶亦有桃花之論，生貴子旺家財，男人會納妾。

疾病論：眼疾、殘缺開刀、心氣不足、血癌、腸疾。

未山破局凶論：主看詩經，尼姑僧道拜蓮台，尤招鰥寡夭折媒，悖逆出人亦不忠，屍山路死不聞回。

斷年月：亥卯未年月禍應。

斷房份：未山主三房應。

宜內陽改造法：重新安神位，坐戌山收辰乙寅水，交媾爲貪狼吉水，水走子交媾爲廉貞五鬼吉水，主合局吉論。

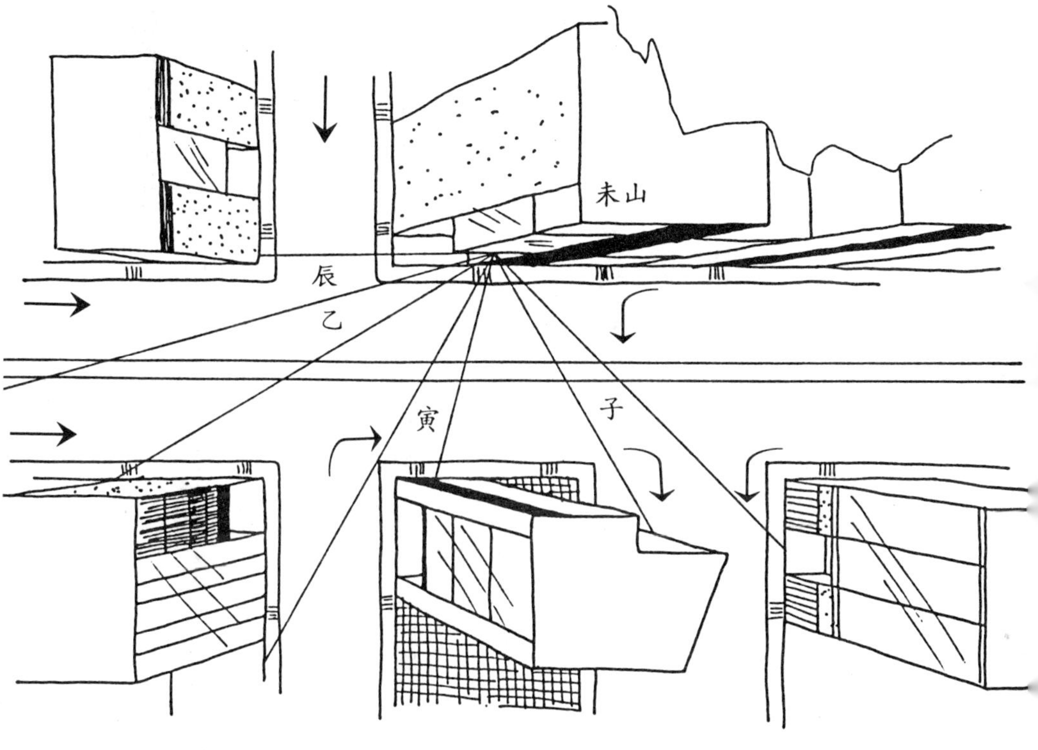
未山
辰
乙
寅
子

陽宅實際斷法說明

未山收戌子癸水，交媾爲文曲凶水，水走甲交媾爲右弼凶水，主破局凶論。收文曲凶水，主女插花枝逐客行，男人破家因酒色及賭，女人內亂公訟興，令人冷退絕人丁，墮胎、自縊、落水。水走右弼凶水，主夫妻不和，子女忤逆，退敗寡孀。

疾病論：子宮、帶下症、風濕、疝氣、膀胱、睪丸、腎臟病、耳疾、血系、心臟栓塞。

未山破局凶論：主看詩經，尼姑僧道拜蓮台，尤招鰥寡夭折媒，悖逆出人亦不忠，屍山路死不聞回。

水走甲破局凶論：主跛腳多瘋癲，子孫世受瘋瘓累。

斷年月：亥卯未年月禍應，水走甲，流年流月，天干甲年甲月禍應。

斷房份：未山主三房應，水走甲主二房應。

宜內陽改造法：重新安神位，坐辰山收戌子癸水，交媾爲巨門吉水，水走甲交媾爲破軍吉水，主合局吉論。

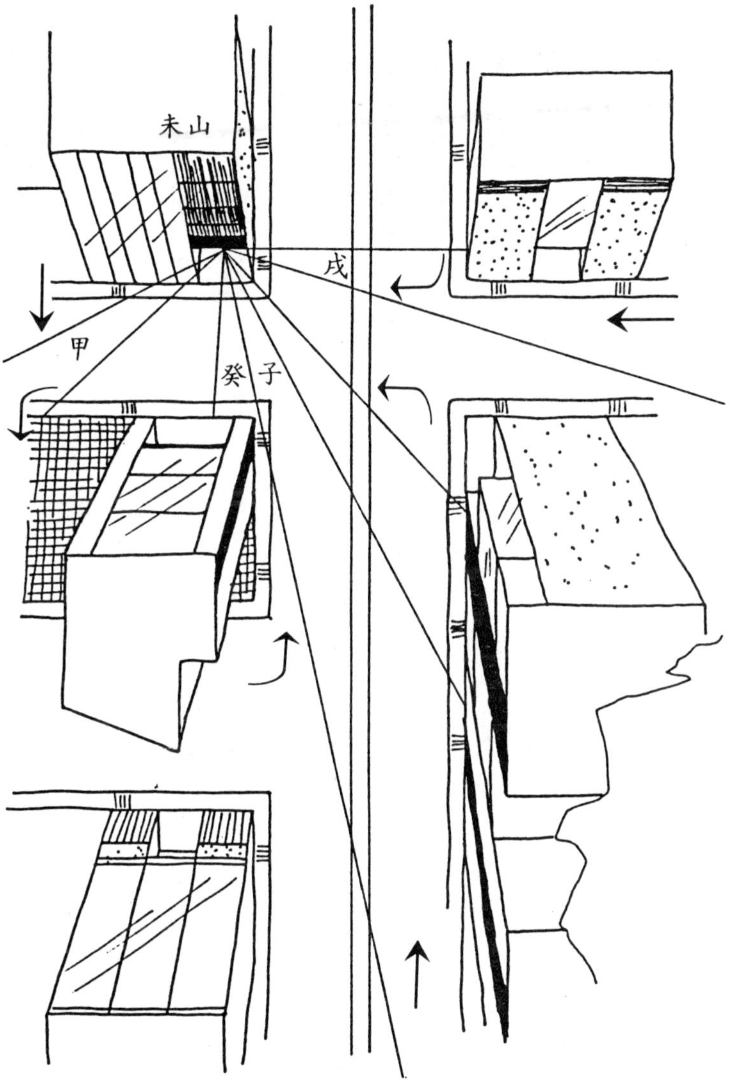
未山
戍
甲
癸子

陽宅實際斷法說明

未山收辰乙卯艮水，交媾為破軍凶水，水走丑交媾為廉貞五鬼吉水，主破局凶論。

收破軍凶水，主凶暴作賊好訟，投軍劫掠，樂士木匠，瘟瘟連連，出虧體人，欠債不還，產死雷傷，落水絕嗣，投河自縊。水走廉貞五鬼吉水，主健康長壽，榮華富貴。

疾病論：腳腫、缺唇、聾啞、肺病、頭病、筋骨痛、開刀、大腸病、骨癌。

未山破局凶論：主看詩經，尼姑僧道拜蓮台，尤招鰥寡夭折媒，悖逆出人亦不忠，屍山路死不聞回。

斷年月：亥卯未年月禍應。

斷房份：未山主三房應。

宜內陽改造法：重新安神位，坐丑山收辰乙卯艮水，交媾為貪狼吉水，水走丑交媾為文曲吉水，主合局吉論。

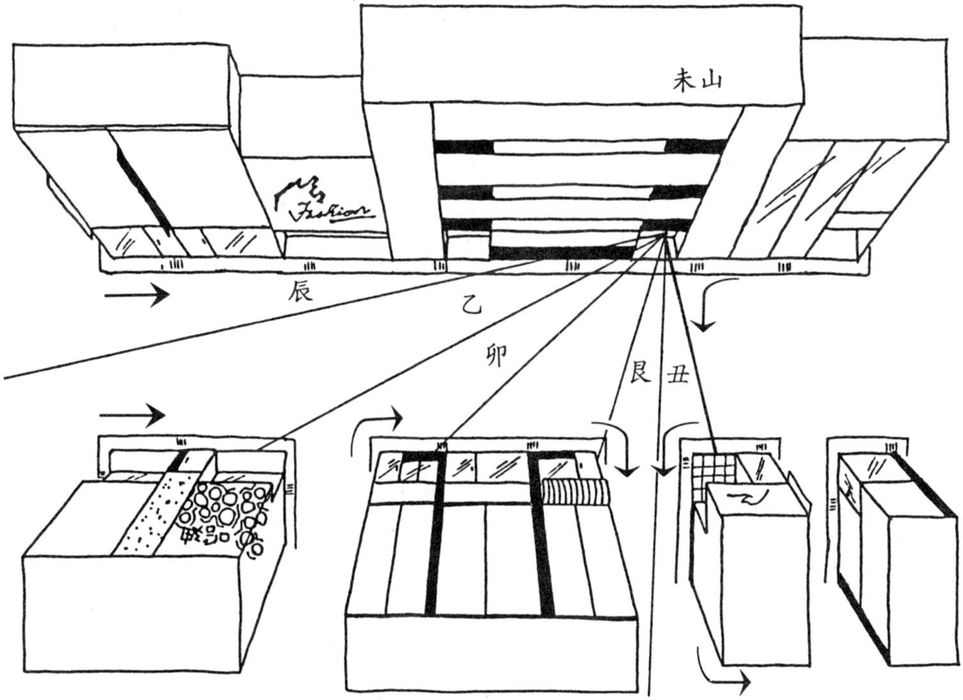
未山
Fashion
辰
乙
卯
艮
丑

陽宅實際斷法說明

未山收戌乾子水，交媾爲右弼吉水，水走寅交媾爲巨門、滅龍、九煞水，主破局凶論。

收右弼吉水，主生人明理孝順，夫妻恩愛，子女孝順。水走巨門、滅龍、九煞凶水，主官司牽連，家散不合，多是非破敗，生子不成全，無男丁接代，多生女子，因而招子傳宗，出流氓、忤逆、官非、凶死、自縊、夫妻不和等。

疾病論：胃腸、舌唇破傷、皮膚病、胸膜痛、飲食不振。

水走寅破局凶論：主破局爲艮之九煞，生瘋盲及車災，煞帶廉貞血滿懷。

斷年月：水走寅，寅午戌年月禍應。

斷房份：水走寅主二房應。

宜內陽改造法：重新安神位，坐乾山收戌乾子水，交媾爲巨門吉水，水走寅交媾爲廉貞五鬼吉水，主合局吉論。

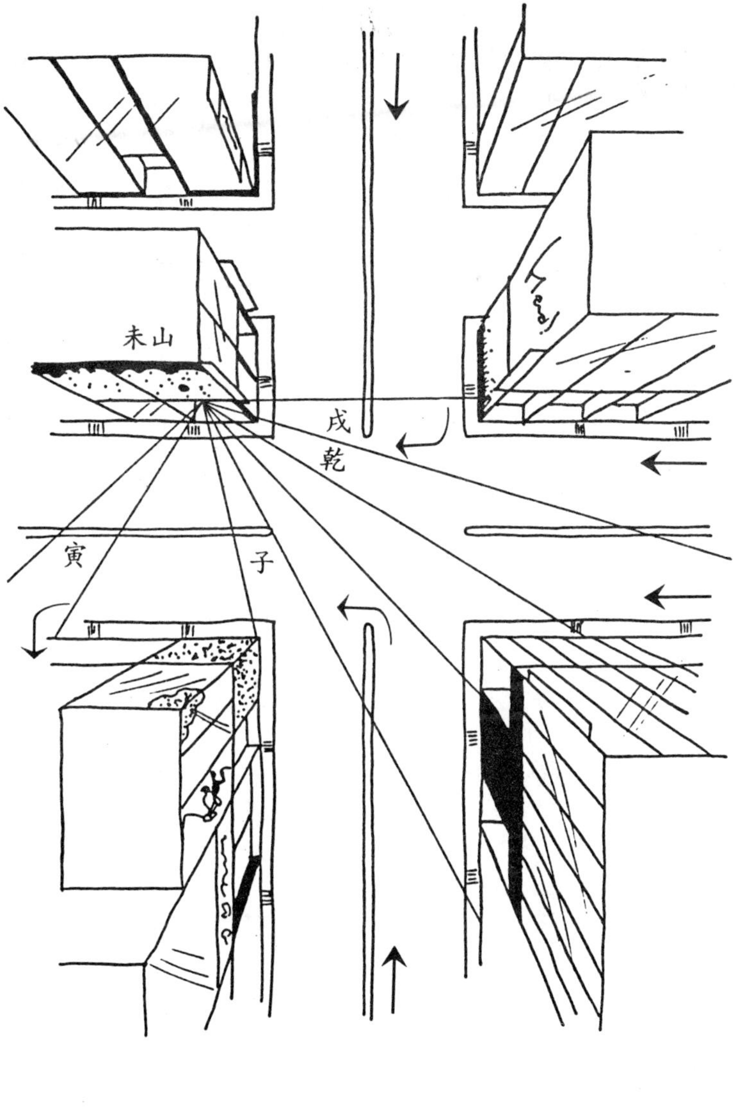
未山
戌
乾
寅
子

陽宅實際斷法說明

未山收辰乙寅艮水，交媾為祿存凶水，水走戌交媾為巨門、滅龍、四金殺、九煞凶水，主破局凶論。

收祿存凶水，主出人心性頑鈍，行事妄誕，離祖過房，男僧女道，飲毒藥自縊，好酒色及賭，癲狂不善終，夭折、絕嗣、蛇傷。水走巨門、滅龍、四金殺、九煞凶水，主官司牽連，家散不合，多是非破敗，生子不成全，無男丁接代，多生女子，因而招子傳宗，凶死、車禍、開刀、牢獄、官司、流氓、忤逆、凶暴、自縊、夫妻不和等。

疾病論：胃腸障礙、水腫、脹滿、神經系統。

未山破局凶論：主看詩經，尼姑僧道拜蓮台，尤招鰥寡夭折媒，悖逆出人亦不忠，屍山路死不聞回。

水走戌破局凶論：主破局回祿瞎且聾，鼓盆之煞剋妻重，少亡悖逆人不忠。

斷年月：亥卯未年月禍應，水走戌，寅午戌年月禍應。

斷房份：未山主三房應，水走戌主三房應。

宜內陽改造法：重新安神位，坐辰山收辰乙寅艮水，交媾為貪狼吉水，水走戌交媾為廉貞五鬼吉水，主合局吉論。

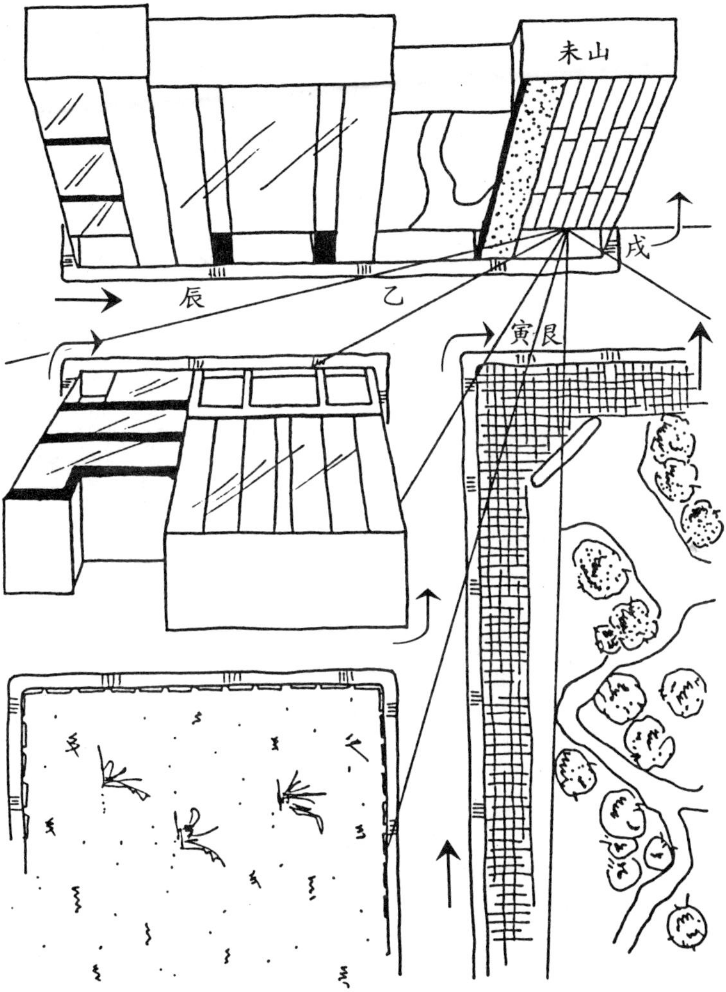
未山
戌
辰
乙
寅
艮

坤山三元氣運卦數

坤山天星天鉞，卦位山風蠱䷑，卦運破軍七運，坎卦司令☵，司二十一年，從中元乙卯年起，民國六十四年歲次乙卯年至民國八十四年歲次乙亥年止。卦位地風升䷭，卦運巨門二運，巽卦司令☴，司二十四年，從上元壬午年起，光緒八年歲次壬午年至光緒三十一年歲次乙巳年止。卦位天水訟䷅，卦運祿存三運，離卦司令☲，司二十四年，從上元丙午年起，光緒三十二年歲次丙午年至民國十八年歲次己巳年止。卦位澤水困䷮，卦運左輔八運，震卦司令☳，司二十一年，從中元丙子年起，民國八十五年歲次丙子年至民國一〇五年歲次丙申年止。

坤山與各宮數理：

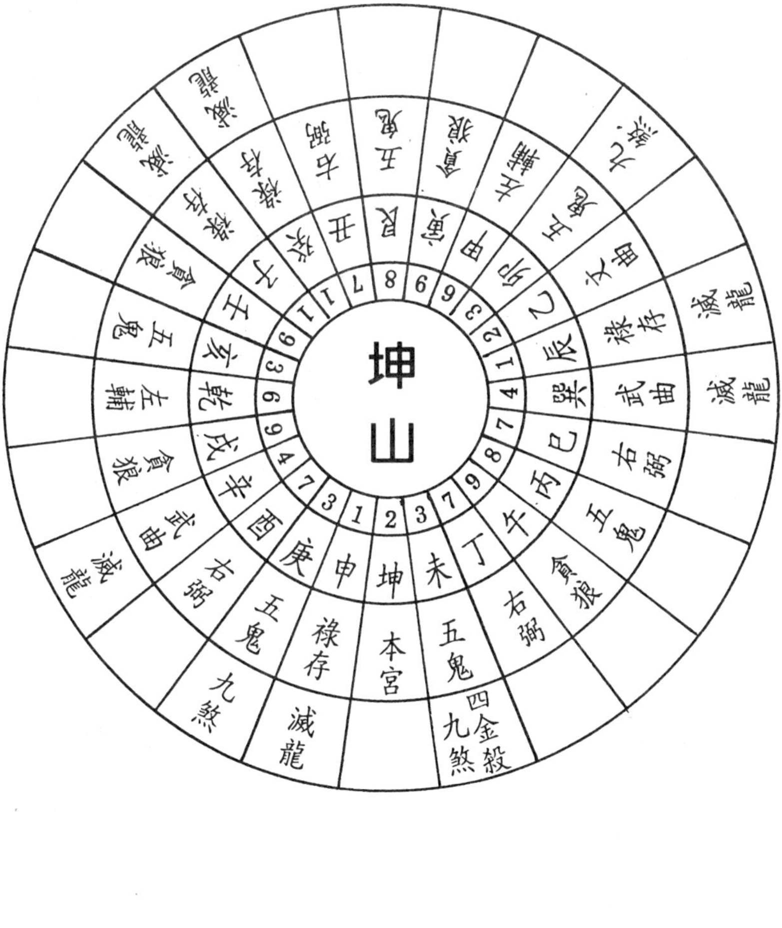

陽宅實際斷法說明

坤山收巽辰卯甲水，交媾爲武曲吉水，水走癸祿存吉水，主合局吉論。收武曲吉水，主出人清貴富厚，登科及第，福壽雙全，爲官近帝王。水走祿存吉水，主祿存是玄空卦中之庫，爲人勤儉守財。

坤山合局吉論：主財富，得妻財興家多倉庫。

斷年月：流年流月，天干乙年乙月福應。

斷房份：坤山主長房應。

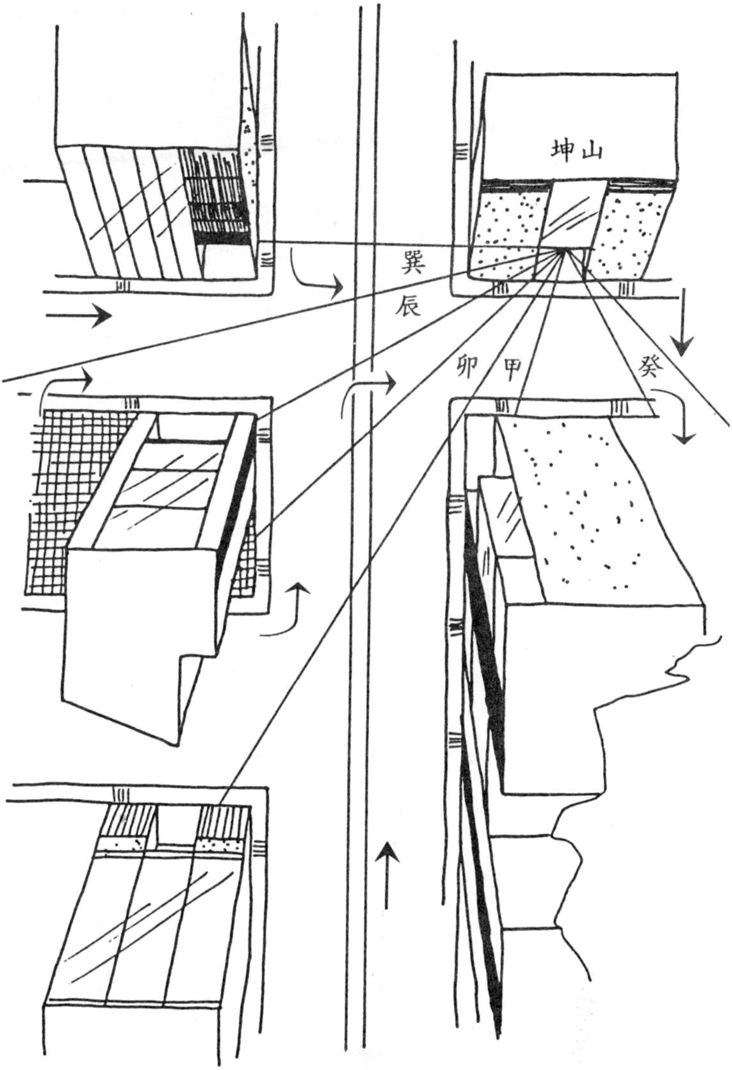
坤山
巽
辰
卯
甲
癸

陽宅實際斷法說明

坤山收乾壬水，交媾爲破軍凶水，水走乙交媾爲文曲吉水，主破局凶論。

收破軍凶水，主凶暴作賊好訟，投軍劫掠，樂土木匠，瘟瘽連連，出虧體人，欠債不還，產死雷傷，落水絕嗣，投河自縊。水走文曲吉水，主文曲是玄空卦中之桃花星，不管吉凶亦有桃花之論，生貴子旺家財，男人會納妾。

疾病論：腳腫、缺唇、聾啞、肺病、頭病、筋骨痛、開刀、大腸病、骨癌。

坤山破局凶論：主破局懶洋洋，婦女相繼爲孤孀。

斷年月：流年流月，天干乙年乙月禍應。

斷房份：坤山主長房應。

宜內陽改造法：重新安神位，坐申山收乾壬水，交媾爲武曲吉水，水走乙交媾爲祿存吉水，主合局吉論。

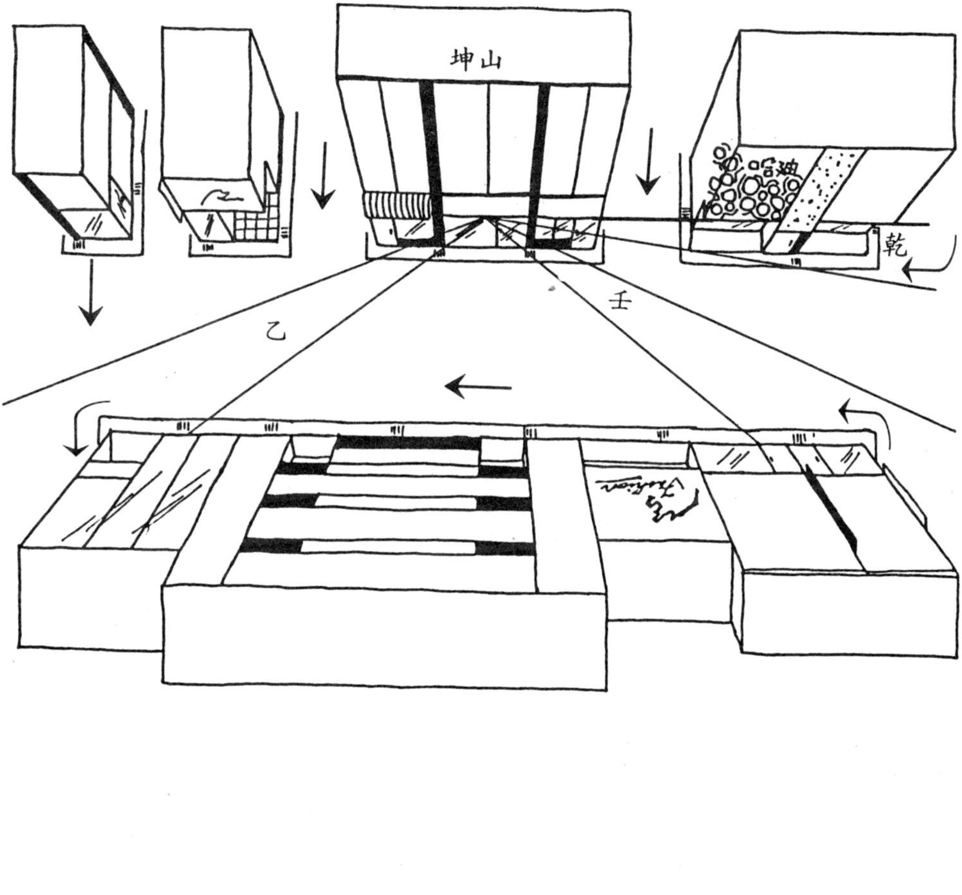
坤山
乾
壬
乙

陽宅實際斷法說明

坤山收巽辰乙甲艮水，交媾爲祿存凶水，水走丑交媾爲右弼凶水，主破局凶論。

收祿存凶水，主出人心性頑鈍，行事妄誕，離祖過房，男僧女道，飲毒藥自縊，好酒色及賭，癲狂不善終，夭折、絕嗣、蛇傷。水走右弼凶水，主夫妻不和，子女忤逆，退敗寡孀。

疾病論：胃腸障礙、水腫、脹滿、神經系統。

坤山破局凶論：主破局懶洋洋，婦女相繼爲孤孀。

水走丑破局凶論：主生人多夭折，鰥寡僧道定不良，橫逆惡死多瘋癲，殺戮公事禍非，四墓之位破局非爲吉，路死扛屍哭一場。

斷年月：流年流月，天干乙年乙月禍應，水走丑，巳酉丑年月禍應。

斷房份：坤山主長房應，水走丑主三房應。

宜內陽改造法：重新安神位，坐艮山收巽辰乙甲艮水，交媾爲右弼吉水，水走丑交媾爲廉貞五鬼吉，主合局吉論。

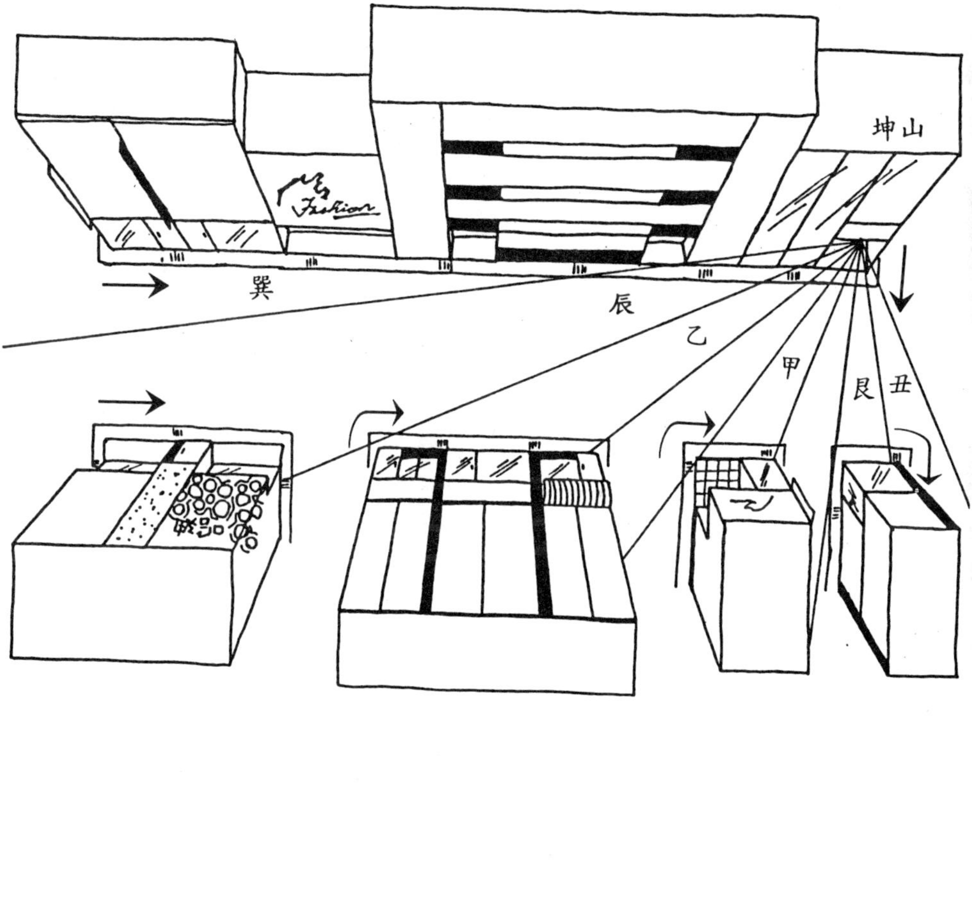
坤山
巽
辰
乙
甲
艮
丑

陽宅實際斷法說明

坤山收巽辰甲水，交媾爲祿存凶水，水走祿存吉水，主破局凶論。

收祿存凶水，主出人心性頑鈍，行事妄誕，離祖過房，男僧女道，飲毒藥自縊，好酒色及賭，癲狂不善終，夭折、絕嗣、蛇傷。水走祿存吉水，主祿存是玄空卦中之庫，爲人勤儉守財。

疾病論：胃腸障礙、水腫、脹滿、神經系統。

坤山破局凶論：主破局懶洋洋，婦女相繼爲孤孀。

斷年月：流年流月，天干乙年乙月禍應。

斷房份：坤山主長房應。

宜外陽改造法：作個看板，將巽水格除，坐坤山收辰甲水，交媾爲右弼吉水，水走癸交媾爲祿存吉水，主合局吉論。

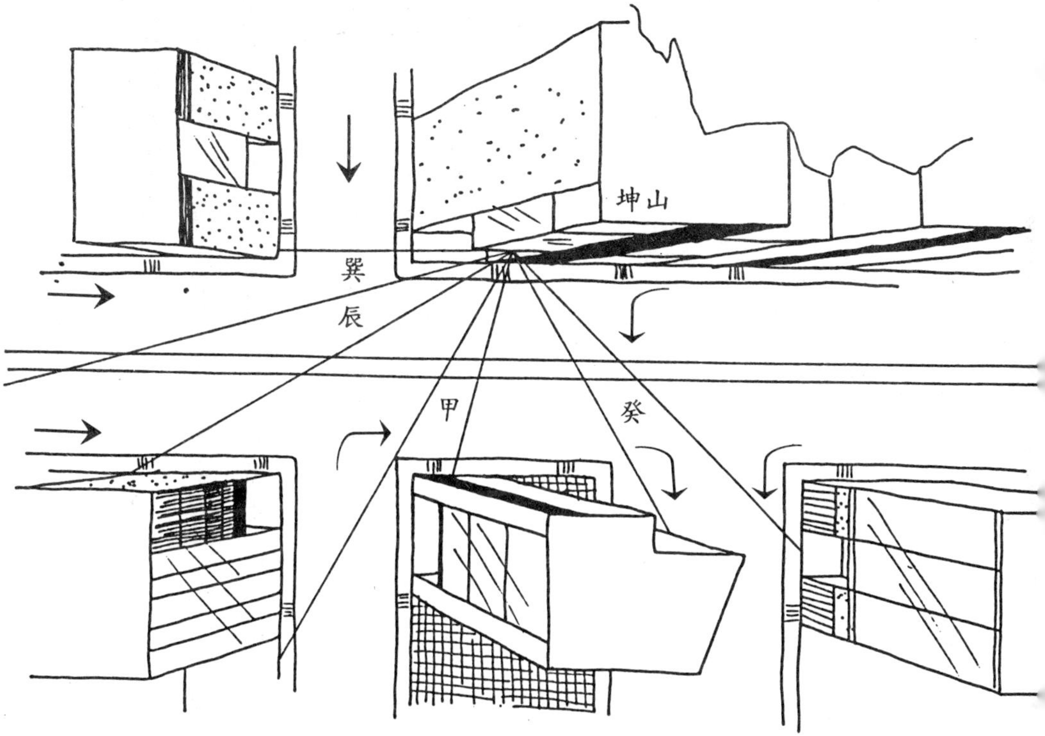
坤山
巽
辰
甲
癸

陽宅實際斷法說明

坤山收乾癸丑水，交媾爲武曲吉水，水走卯交媾爲廉貞五鬼吉水，主合局吉論。收武曲吉水，主出人清貴富厚，登科及第，福壽雙全，爲官近帝王。水走廉貞五鬼吉水，主健康長壽，榮華富貴。

坤山合局吉論：主財富，因得妻財興家多倉庫。

斷年月：流年流月，天干乙年乙月福應。

斷房份：坤山主長房應。

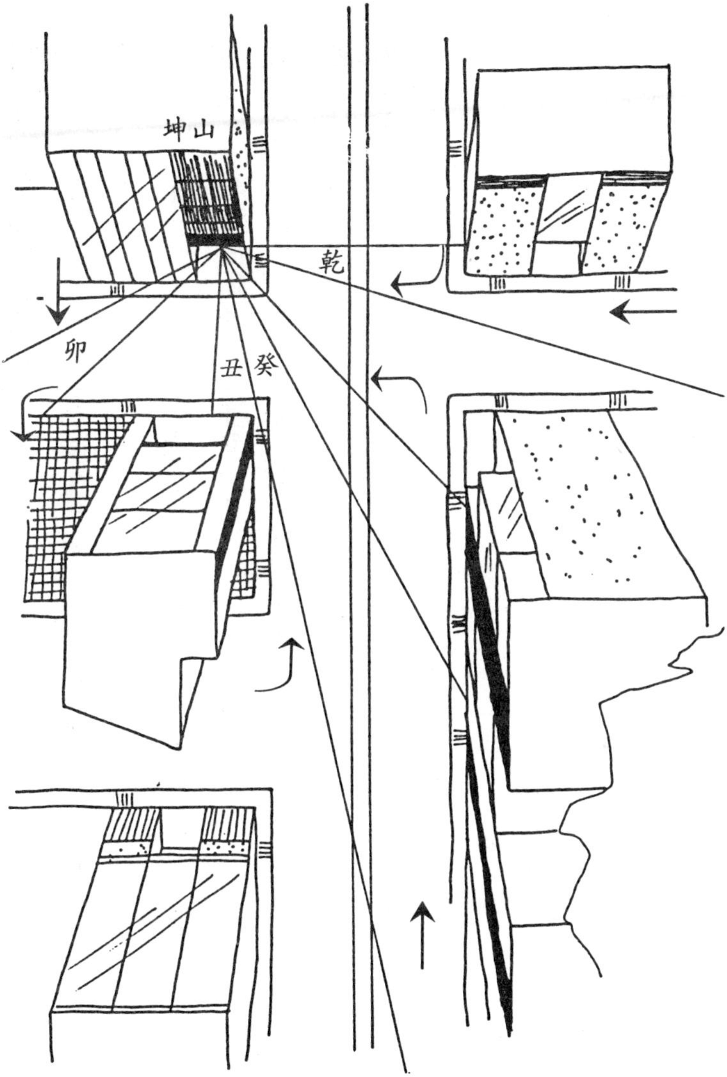
坤山
乾
卯
丑
癸

陽宅實際斷法說明

坤山收巽辰乙寅水，交媾爲左輔吉水，水走艮交媾爲廉貞五鬼吉水，主合局吉論。

收左輔吉水，主生人慈祥，夫妻和合，子女孝順，富貴福壽長。水走廉貞五鬼吉水，主健康長壽，榮華富貴。

坤山合局吉論：主財富，因得妻財興家多倉庫。

斷年月：流年流月，天干乙年乙月福應。

斷房份：坤山主長房應。

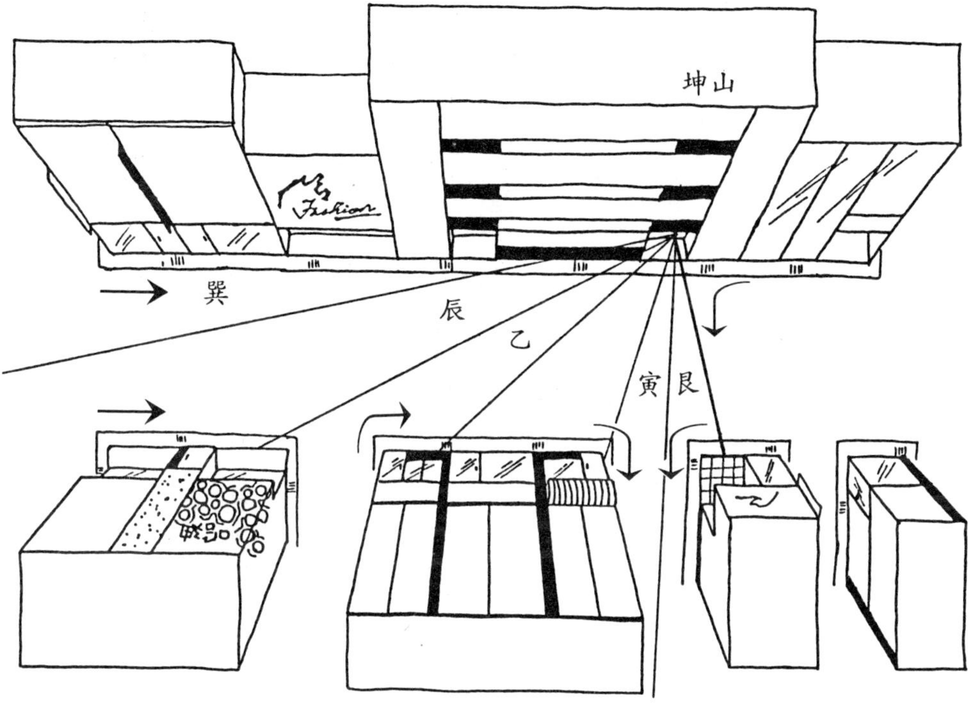
坤山
巽
辰
乙
寅
艮

陽宅實際斷法說明

坤山收乾亥癸水，交媾爲巨門吉水，水走甲交媾爲左輔凶水，主破局凶論。收巨門吉水，主忠孝多壽出神童，做生意發福甚速。水走左輔凶水，主夫妻不和，子女忤逆，退敗寡孀。

疾病論：股肱病、腸肺病、喉嚨病、白眼。

水走甲破局凶論：主跛腳多瘋癲，子孫世受瘋痴累。

斷年月：流年流月，天干甲年甲月禍應。

斷房份：水走甲主二房應。

宜內陽改造法：重新安神位，坐艮山收乾亥癸水，交媾爲左輔吉水，水走甲交媾爲文曲吉水，主合局吉論。

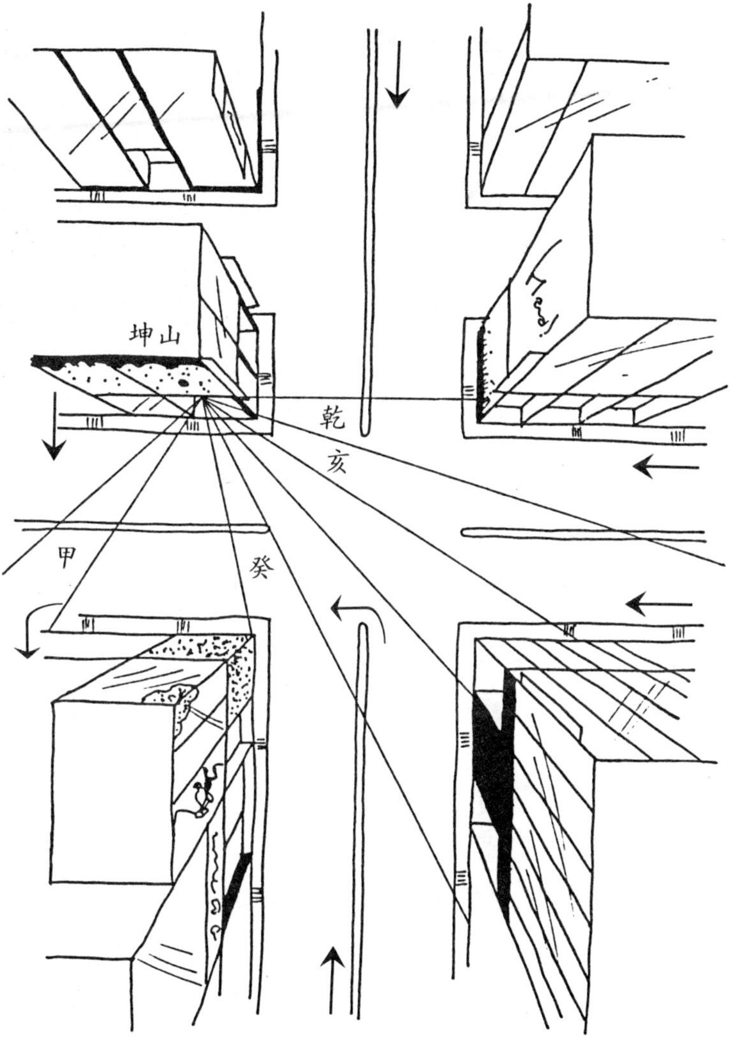
坤山
乾
亥
甲
癸

陽宅實際斷法說明

坤山收巽辰甲寅水，交媾爲巨門吉水，水走乾交媾爲左輔凶水，主破局凶論。收巨門吉水，主忠孝多壽出神童，做生意發福甚速。水走左輔凶水，主夫妻不和，子女忤逆，退敗寡孀。

疾病論：股肱病、腸肺病、喉嚨病、白眼。

水走乾破局凶論：主破局跛且聾，頭痛跎蹊列相通，鰥寡絕嗣多不吉，繼贅剋妻疊重重。

斷年月：流年流月，天干甲年甲月禍應。

斷房份：水走乾主長房應。

宜內陽改造法：重新安神位，坐艮山收巽辰甲寅水，交媾爲左輔吉水，水走乾交媾爲文曲吉水，主合局吉論。

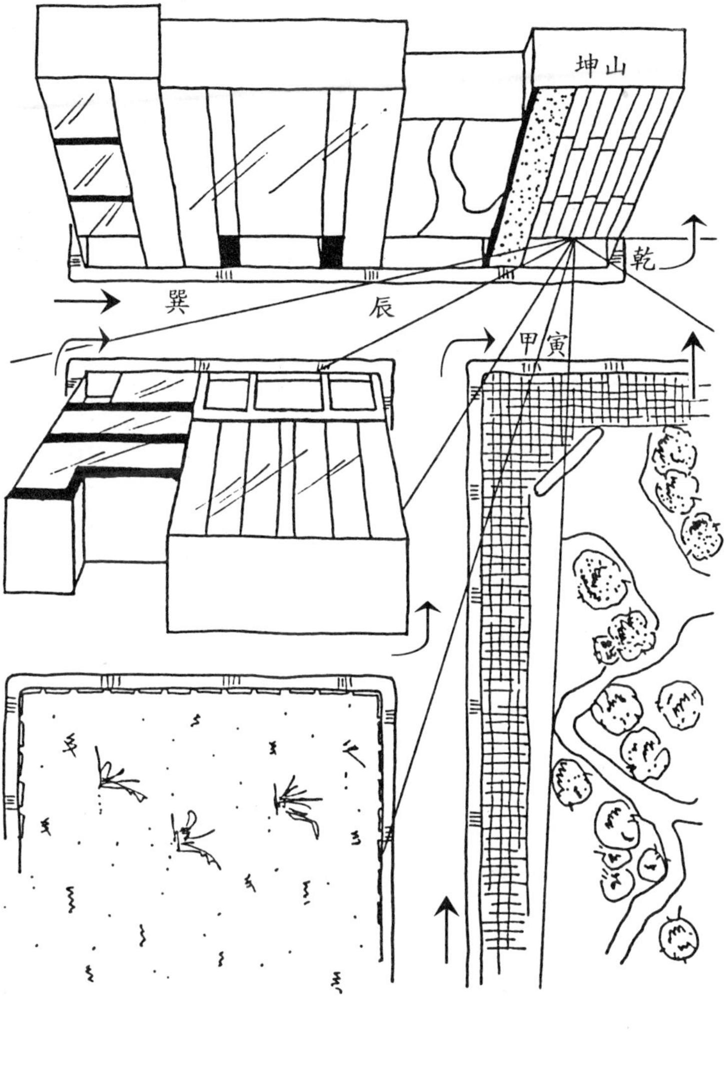
坤山
乾
巽
辰
甲寅

申山三元氣運卦數

申山天星天關，卦位澤水困䷮，卦運左輔八運，震卦司令☳，司二十一年，從中元丙子年起，民國八十五年歲次丙子年至民國一〇五年歲次丙申年止。卦位火水未濟䷿，卦運右弼九運，乾卦司令☰，司二十七年，從下元丁酉年起，民國一〇六年歲次丁酉年至民國一三二年歲次癸亥年止。卦位雷水解䷧，卦運文曲四運，兌卦司令☱，司二十四年，從中元庚午年起，民國十九年歲次庚午年至民國四十二年歲次癸巳年止。

申山與各宮數理：

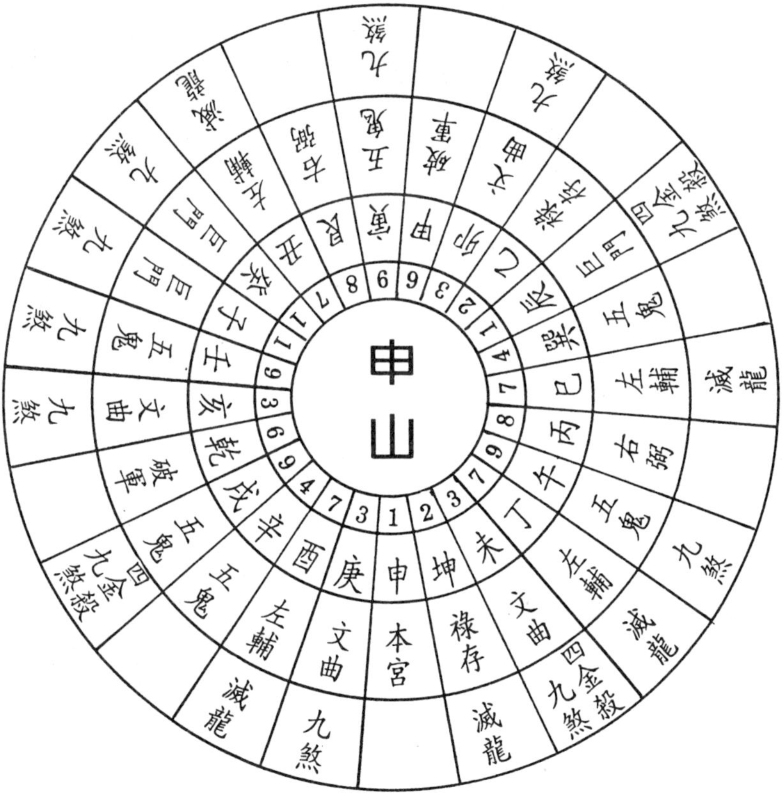

陽宅實際斷法說明

申山收亥壬丑水，交媾爲廉貞五鬼凶水，水走乙交媾爲祿存吉水，主破局凶論。收廉貞五鬼凶水，主爲人陰險不實，不禮貌好勇鬥，瘟瘟連連，巫師術士，失火刑配，自縊產亡，出異體兒，墮胎。水走祿存吉水，主祿存是玄空卦中之庫，爲人勤儉守財。

疾病論：眼疾、殘缺開刀、心氣不足、血癌、腸疾。

申山破局凶論：主癆瘵少年死，人命犯來遭刑憲，逃竄絕亡實堪哀。

斷年月：申子辰年月禍應。

斷房份：申山主二房應。

宜內陽改造法：重新安神位，坐亥山收亥壬丑水，交媾爲巨門吉水，水走乙交媾爲廉貞五鬼吉水，主合局吉論。

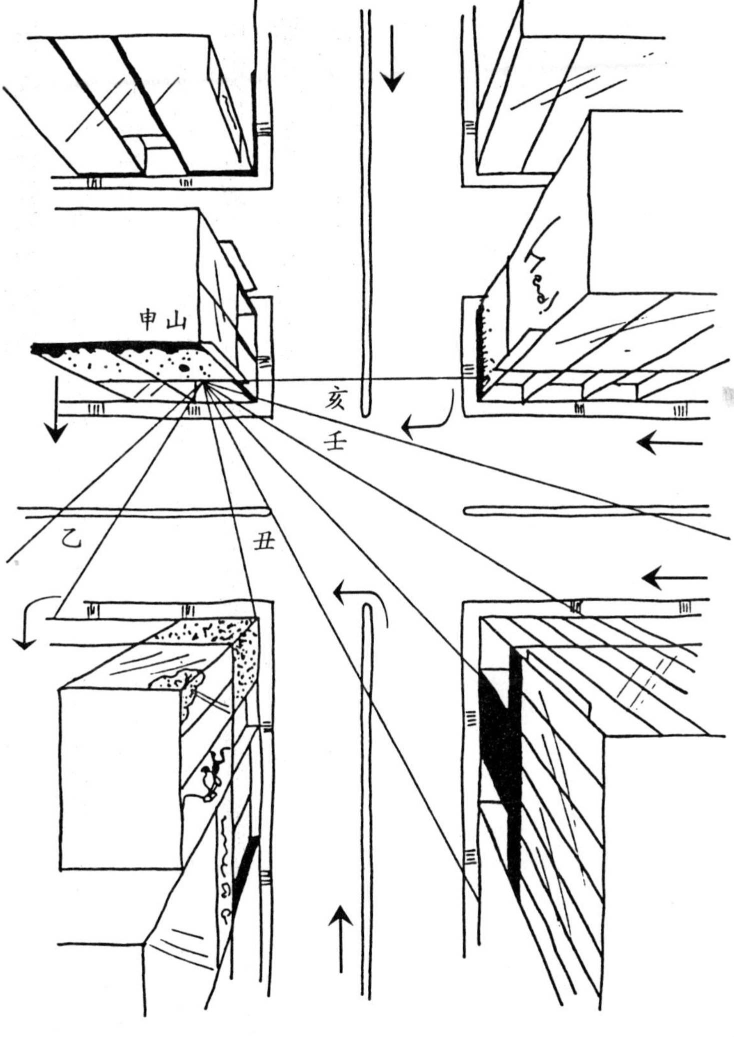
申山
亥
壬
乙
丑

陽宅實際斷法說明

申山收巳巽卯甲水，交媾爲貪狼吉水，水走亥交媾爲文曲吉水，主合局吉論。

收貪狼吉水，主聰明孝友，因公進田，財帛旺盛，登科及第。水走文曲吉水，主文曲是玄空卦中之桃花星，不管吉凶亦有桃花之論，生貴子旺家財，男人會納妾。

申山合局吉論：主旺丁財，少年發達呈豪邁，化煞爲官登將台。

斷年月：申子辰年月福應。

斷房份：申山主二房應。

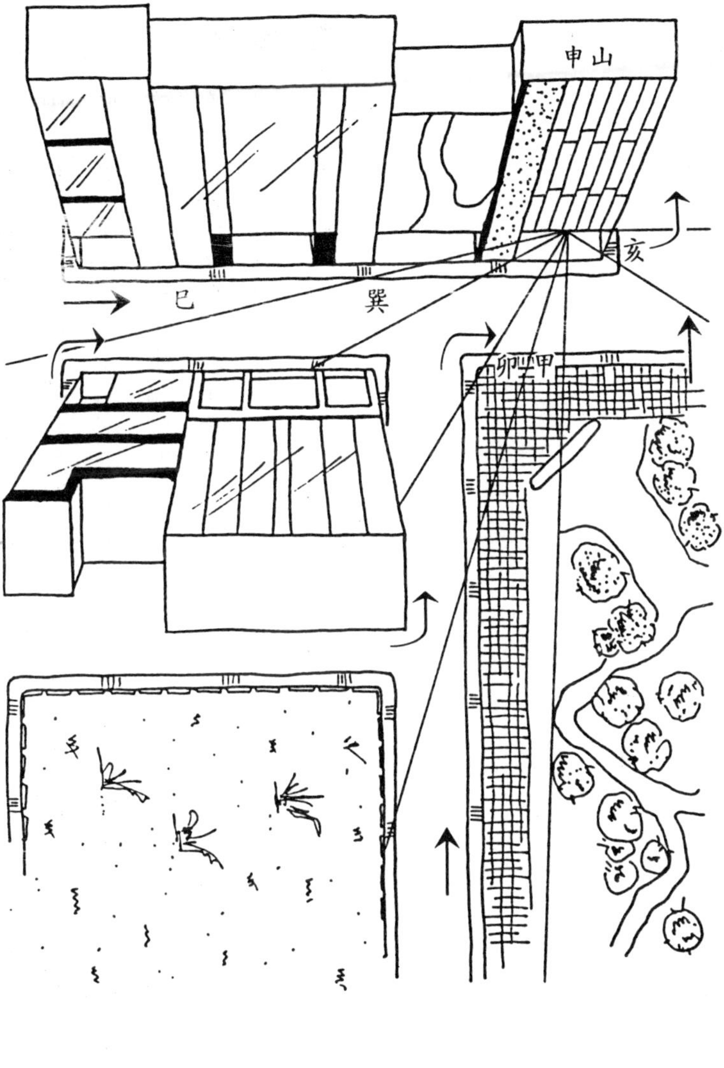
申山
亥
巳
巽
卯
甲

陽宅實際斷法說明

申山收亥丑艮水，交媾爲右弼吉水，水走乙交媾爲祿存吉水，主合局吉論。收右弼吉水，主生人明理孝順，夫妻恩愛，子女孝順。水走祿存吉水，主祿存是玄空卦中之庫，爲人勤儉守財。

申山合局吉論：主旺丁財，少年發達呈豪邁，化煞爲官登將台。

斷年月：申子辰年月福應。

斷房份：申山主二房應。

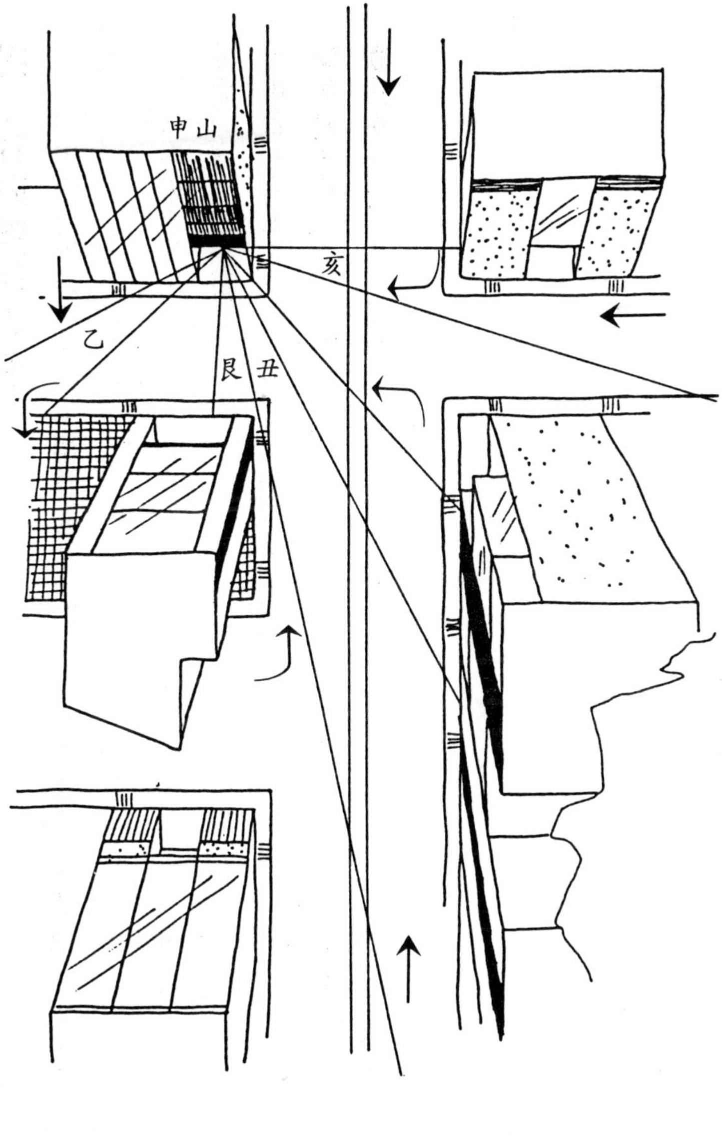

申山
亥
乙
艮
丑

陽宅實際斷法說明

申山收巳巽辰甲水，交媾爲右弼吉水，水走寅交媾爲廉貞五鬼吉水，主合局吉論。

收右弼吉水，主生人明理孝順，夫妻恩愛，子女孝順。水走廉貞五鬼吉水，主健康長壽，榮華富貴。

申山合局吉論：主旺丁財，少年發達呈豪邁，化煞爲官登將台。

斷年月：申子辰年月福應。

斷房份：申山主二房應。

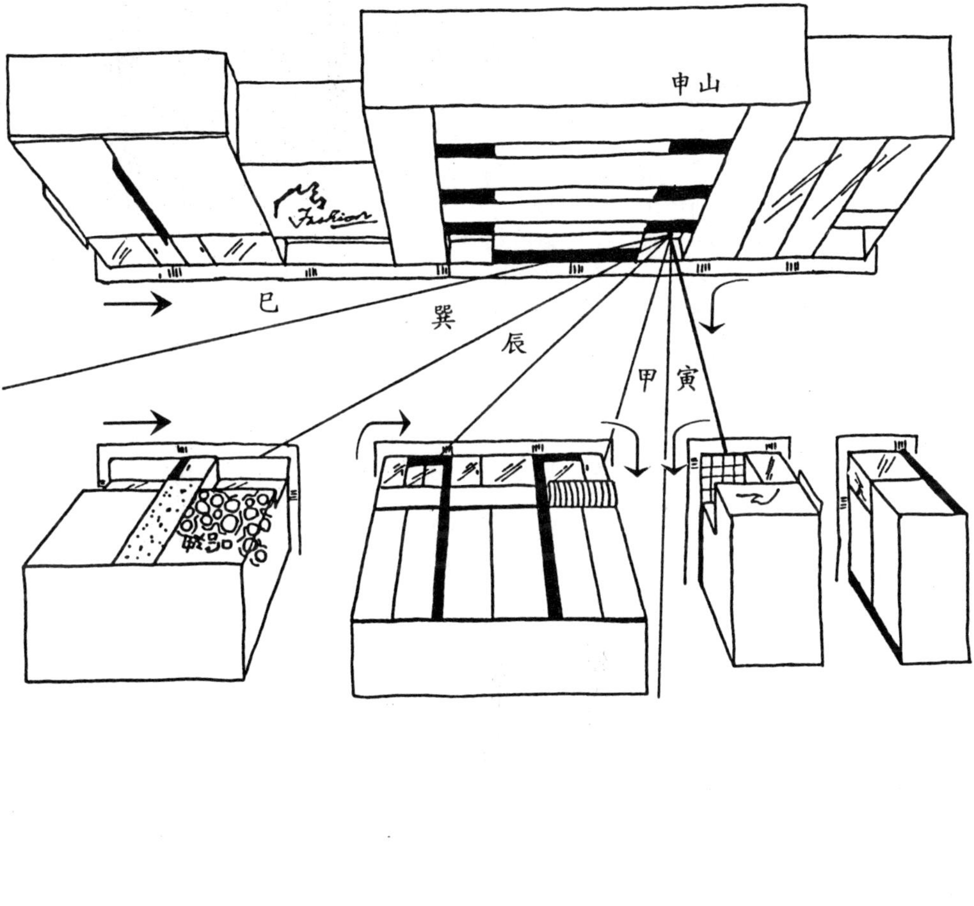
申山
巳
巽
辰
甲
寅

陽宅實際斷法說明

申山收巳巽辰卯寅水，交媾爲廉貞五鬼凶水，水走艮交媾爲右弼凶水，主破局凶論。

收廉貞五鬼凶水，主爲人陰險不實，不禮貌好勇鬥，瘟瘴連連，巫師術士，失火刑配，自縊產亡，出異體兒，墮胎。水走右弼凶水，主夫妻不和，子女忤逆，退敗寡孀。

疾病論：眼疾、殘缺開刀、心氣不足、血癌、腸疾。

申山破局凶論：主癆瘵少年死，人命犯來遭刑憲，逃竄絕亡實堪哀。**水走艮破局凶論**：主多冷退，亦主絕嗣神不卹，雖有文章不顯達。

斷年月：申子辰年月禍應，水走艮，流年流月，天干丙年丙月禍應。

斷房份：申山主二房應，水走艮主長房應。

宜內陽改造法：重新安神位，坐巳山收巳巽辰卯寅水，交媾爲貪狼吉水，水走艮交媾爲廉貞五鬼吉水，主合局吉論。

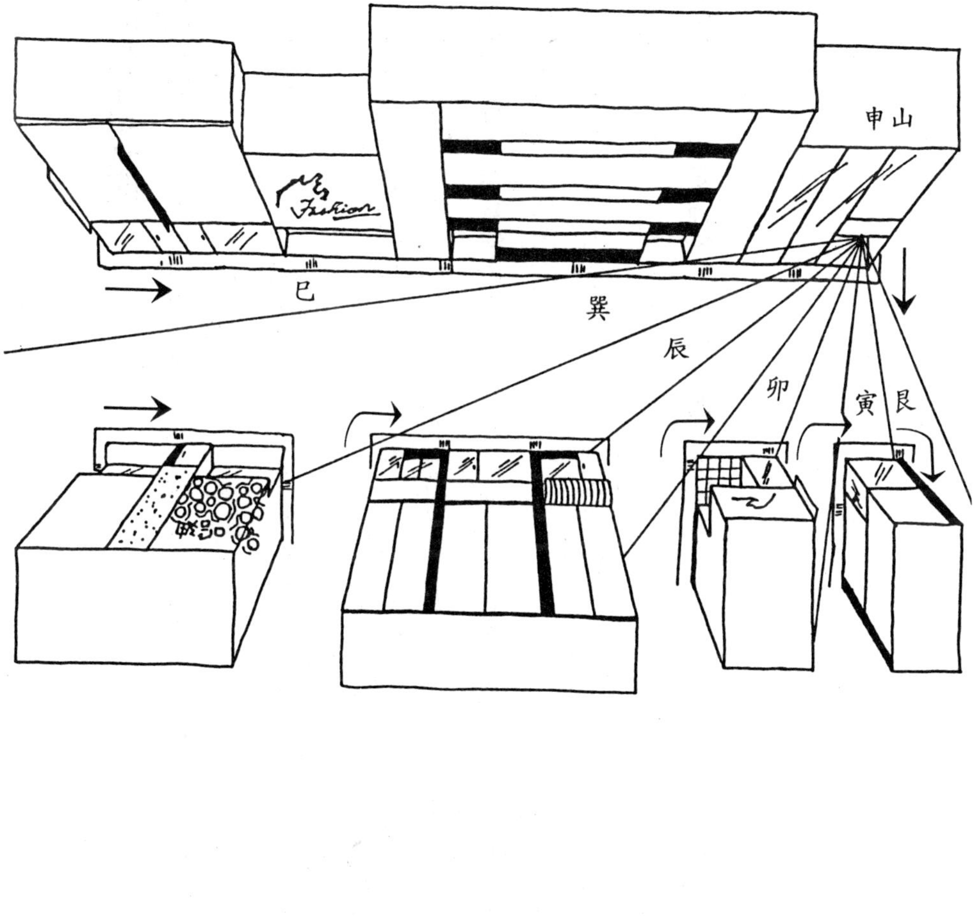
申山
巳
巽
辰
卯
寅
艮

陽宅實際斷法說明

申山收巳巽卯水，交媾為廉貞五鬼凶水，水走丑交媾為左輔凶水，主破局凶論。收廉貞五鬼凶水，主為人陰險不實，不禮貌好勇鬥，瘟癀連連，巫師術士，失火刑配，自縊產亡，出異體兒，墮胎。水走左輔凶水，主夫妻不和，子女忤逆，退敗寡孀。

疾病論：眼疾、殘缺開刀、心氣不足、血癌、腸疾。

申山破局凶論：主癆瘵少年死，人命犯來遭刑憲，逃竄絕亡實堪哀。水走丑破局凶論：主生人多夭折，鰥寡僧道定不良，橫逆惡死多瘋癲，殺戮公事禍非常，四墓之位破局非為吉，路死扛屍哭一場。

斷年月：申子辰年月禍應，水走丑，巳酉丑年月禍應。

斷房份：申山主二房應，水走丑主三房應。

宜內陽改造法：重新安神位，坐巳山收巳巽卯水，交媾為貪狼吉水，水走丑交媾為文曲吉水，主合局吉論。

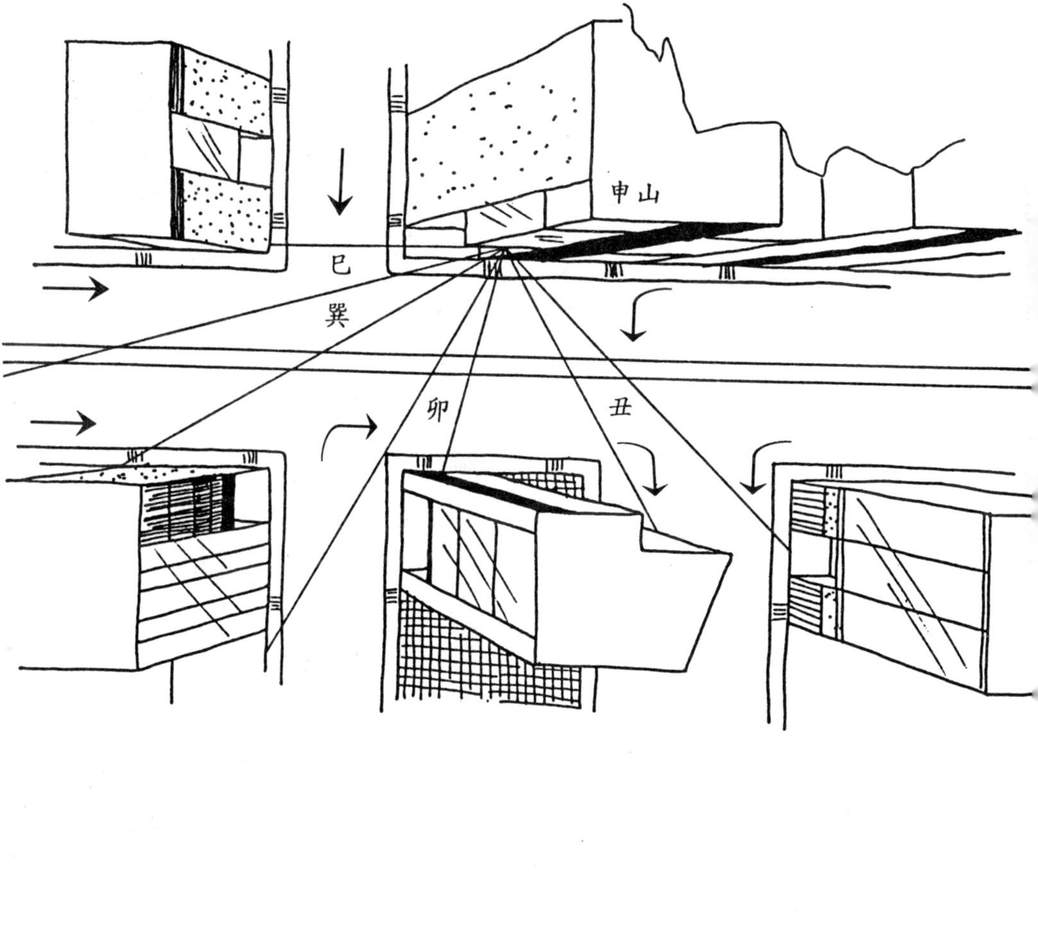
申山
巳
巽
卯
丑

陽宅實際斷法說明

申山收巳巽乙卯水，交媾爲破軍凶水，水走丑交媾爲左輔凶水，主破局凶論。收破軍凶水，主凶暴作賊好訟，投軍劫掠，樂士木匠，瘟㾮連連，出虧體人，欠債不還，產死雷傷，落水絕嗣，投河自縊。水走左輔凶水，主夫妻不和，子女忤逆，退敗寡孀。

疾病論：腳腫、缺唇、聾啞、肺病、頭病、筋骨痛、開刀、大腸病、骨癌。

申山破局凶論：主癆瘵少年死，人命犯來遭刑憲，逃竄絕亡實堪哀。**水走丑破局凶論**：主生人多夭折，鰥寡僧道定不良，橫逆惡死多瘋癲，殺戮公事禍非常，四墓之位破局非爲吉，路死扛屍哭一場。

斷年月：申子辰年月禍應，水走丑，巳酉丑年月禍應。

斷房份：申山主二房應，水走丑主三房應。

宜內陽改造法：重新安神位，坐亥山收巳巽乙卯水，交媾爲右弼吉水，水走丑交媾爲廉貞五鬼吉水，主合局吉論。

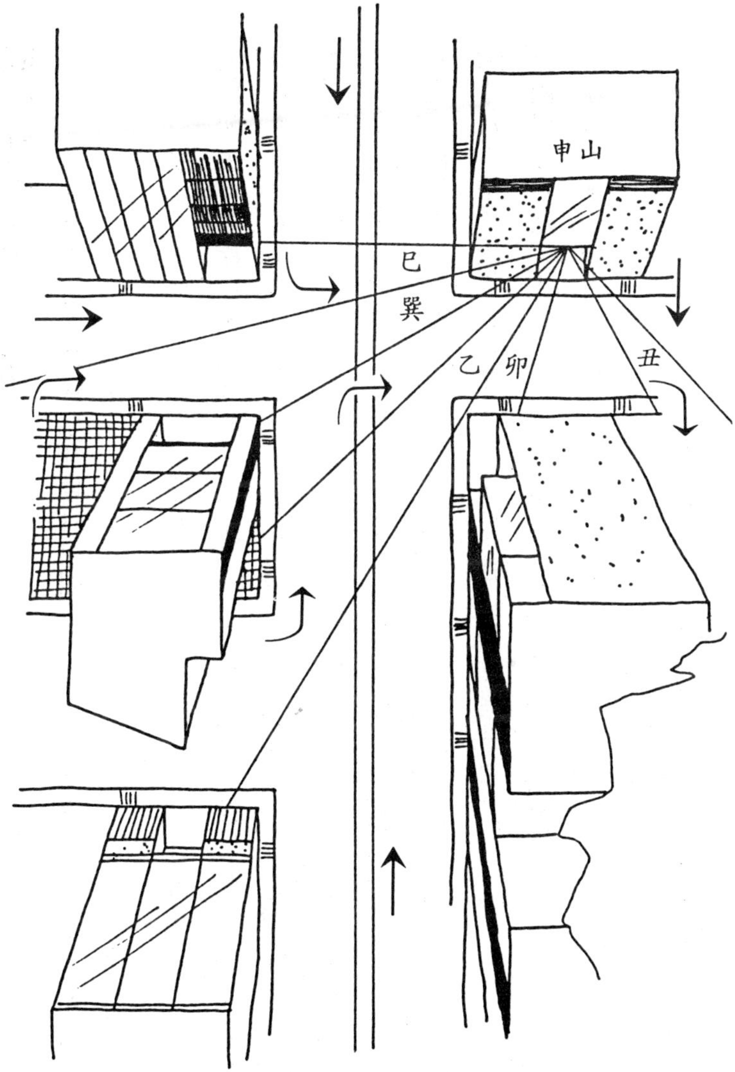
申山
巳
巽
乙
卯
丑

陽宅實際斷法說明

申山收亥子水，交媾為廉貞五鬼凶水，水走辰交媾為巨門、九煞凶水，主破局凶論。

收廉貞五鬼凶水，主為人陰險不實，不禮貌好勇鬥，瘟瘟連連，巫師術士，失火刑配，自縊產亡，出異體兒，墮胎。水走巨門、九煞凶水，主官司牽連，家散不合，多是非破敗，生子不成全，出流氓、忤逆、官非、凶死、自縊、夫妻不和等。

疾病論：眼疾、殘缺開刀、心氣不足、血癌、腸疾。

申山破局凶論：主癆瘵少年死，人命犯來遭刑憲，逃竄絕亡實堪哀。

水走辰破局：主瘋癲並落水，水亡之後家滅毀，或生露齒缺嘴唇。

斷年月：申子辰年月禍應，水走辰，申子辰年月禍應。

宜內陽改造法：重新安神位，坐坤山收亥子水，交媾為武曲吉水，水走辰交媾為祿存吉水，主合局吉論。

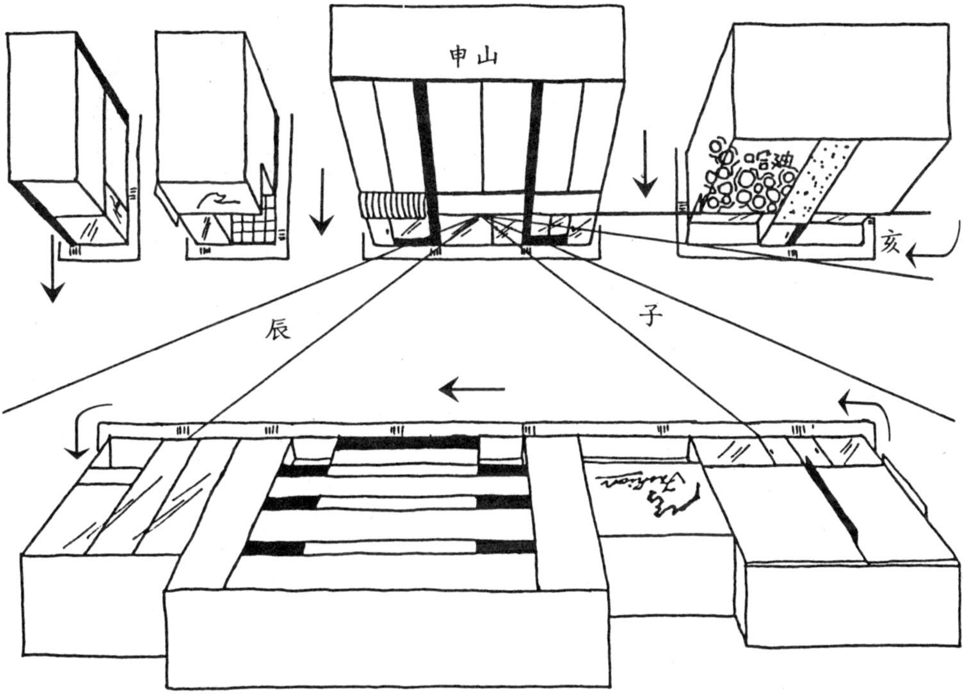
申山
辰
子
亥

庚山三元氣運卦數

庚山天星天漢，卦位風水渙☴☵，卦運武曲六運，艮卦司令☶，司二十一年，從中元甲午年起，民國四十三年歲次甲午年至民國六十三年歲次甲寅年止。卦位坎爲水☵☵，卦運貪狼一運，坤卦司令☷，司十八年，從上元甲子年起，同治三年歲次甲子年至光緒七年歲次辛巳年止。卦位山水蒙☶☵，卦運巨門二運，巽卦司令☴，司二十四年，從上元壬午年起，光緒八年歲次壬午年至光緒三十一年歲次乙巳年止。

庚山與各宮數理：

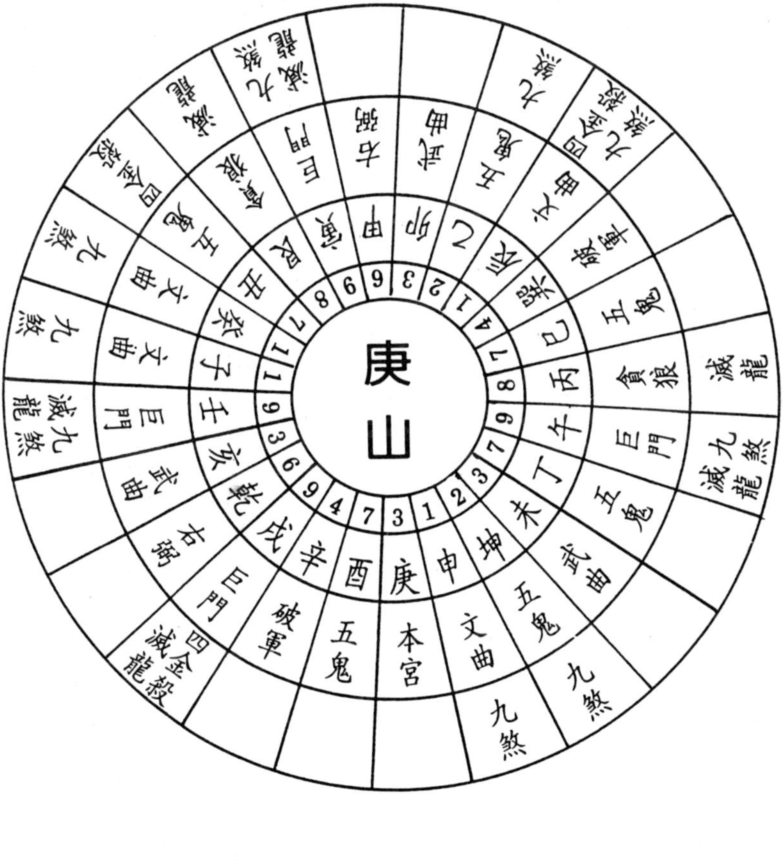

陽宅實際斷法說明

庚山收丙巳水，交媾爲左輔吉水，水走丑交媾爲廉貞五鬼吉水，主合局吉論。收左輔吉水，主生人慈祥，夫妻和合，子女孝順，富貴福壽長。水走廉貞五鬼吉水，主健康長壽，榮華富貴。

庚山合局吉論：主可催官，武人取貴不非難，胸襟膽略世無匹，來去皆富合家歡。

斷年月：流年流月，天干庚年庚月福應。

斷房份：庚山主二房應。

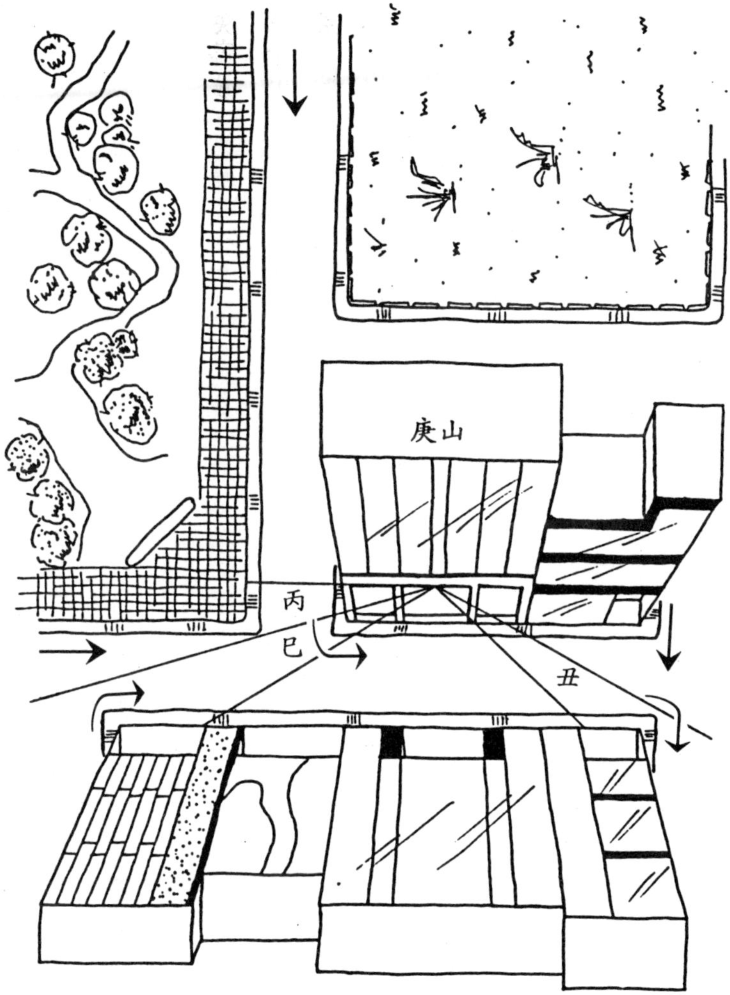
庚山
丙
巳
丑

陽宅實際斷法說明

庚山收丙巳卯水，交媾爲貪狼吉水，水走甲交媾爲右弼凶水，主破局凶論。

收貪狼吉水，主聰明孝友，因公進田，財帛旺盛，登科及第。水走右弼凶水，主夫妻不和，子女忤逆，退敗寡孀。

疾病論：罹患病、性急、心躁、女人有經血不足。

水走甲破局凶論：主跛腳多瘋癲，子孫世受瘋瘓累。

斷年月：水走甲，流年流月，天干甲年甲月禍應。

斷房份：水走甲主二房應。

宜內陽改造法：重新安神位，坐丙山收丙巳卯水，交媾爲武曲吉水，水走甲交媾爲文曲吉水，主合局吉論。

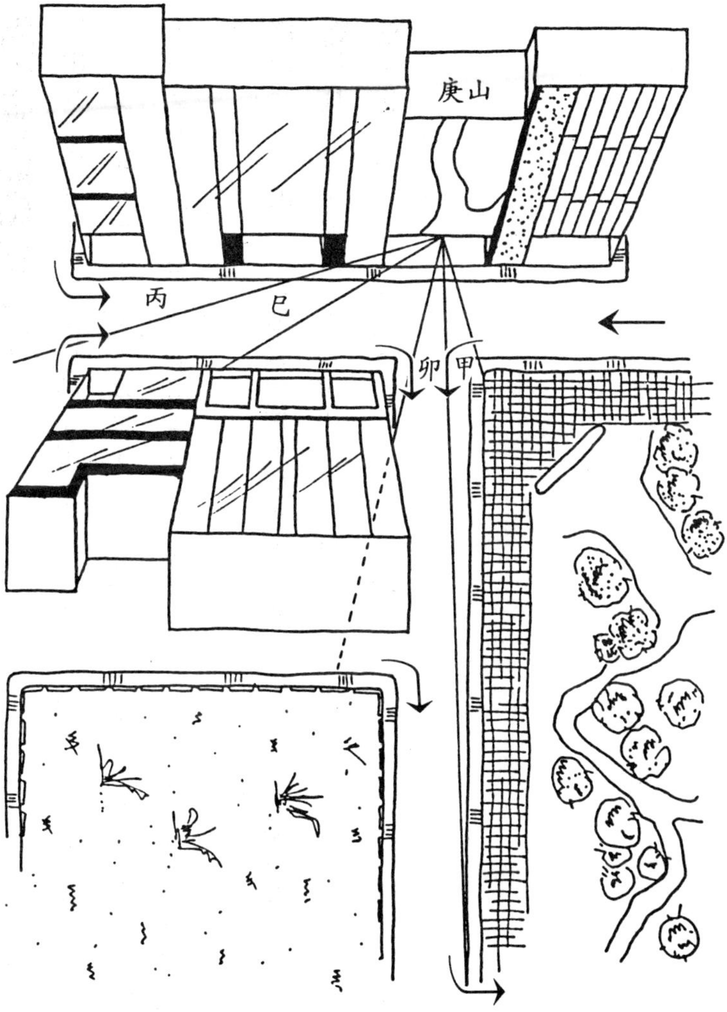
庚山
丙
巳
卯
甲

陽宅實際斷法說明

庚山收壬子丑艮水，交媾為左輔吉水，水走辰交媾為文曲吉水，主合局吉論。收左輔吉水，主生人慈祥，夫妻和合，子女孝順，富貴福壽長。水走文曲吉水，主文曲是玄空卦中之桃花星，不管吉凶亦有桃花之論，生貴子旺家財，男人會納妾。

庚山合局吉論：主可催官，武人取貴不非難，胸襟膽略世無匹，來去皆富合家歡。

斷年月：流年流月，天干庚年庚月福應。

斷房份：庚山主二房應。

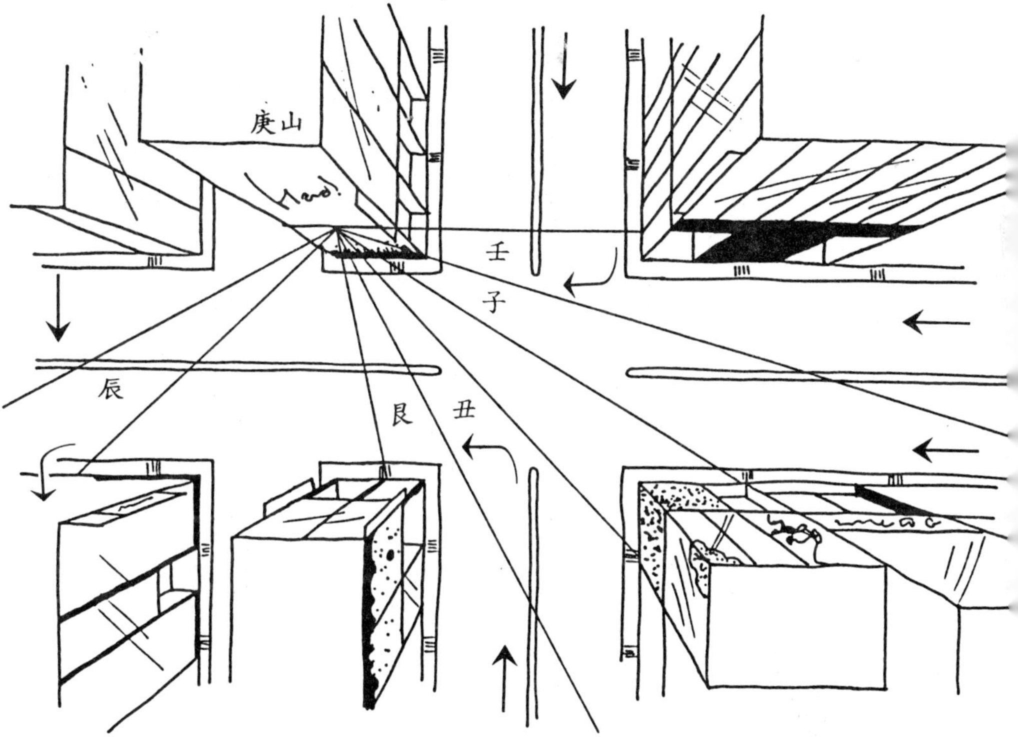
庚山
壬
子
辰
艮
丑

陽宅實際斷法說明

庚山收壬水，交媾爲巨門吉水，水走甲交媾爲右弼凶水，主破局凶論。收巨門吉水，主忠孝多壽出神童，做生意發福甚速。水走右弼凶水，主夫妻不和，子女忤逆，退敗寡孀。

疾病論：罹患病、性急、心躁、女人有經血不足。

水走甲破局凶論：主跛腳多瘋癲，子孫世受瘋瘓累。

斷年月：水走甲，流年流月，天干甲年甲月禍應。

斷房份：水走甲主二房應。

宜內陽改造法：重新安神位，坐壬山收壬水，交媾爲左輔吉水，水走甲交媾爲廉貞五鬼吉水，主合局吉論。

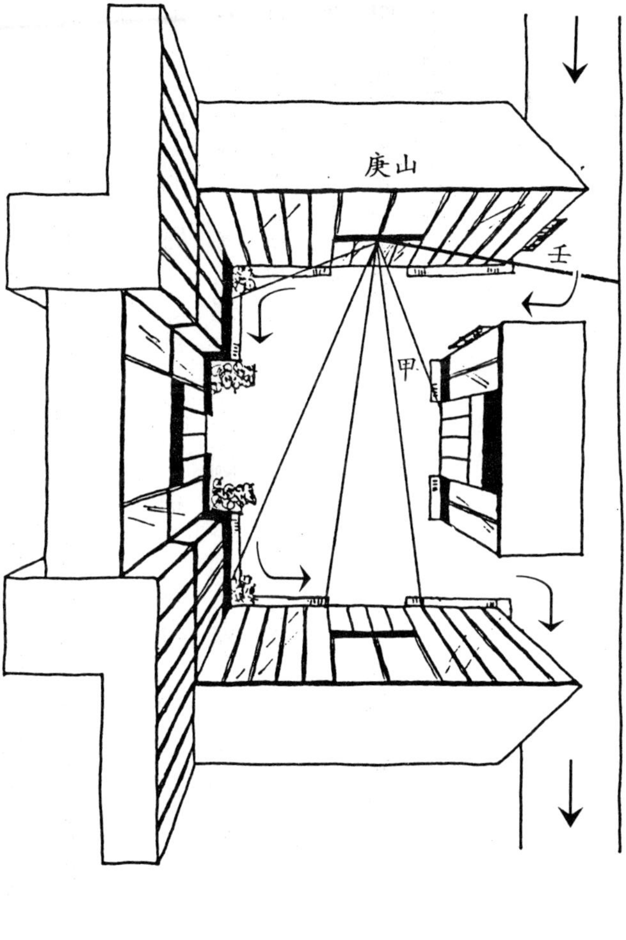
庚山
壬
甲

陽宅實際斷法說明

庚山收丙辰水，交媾為巨門吉水，水走艮交媾為貪狼凶水，主破局凶論。

收巨門吉水，主忠孝多壽出神童，做生意發福甚速。水走貪狼凶水，主貪花喜酒，破家財。

疾病論：肝膽之病、腰足之病、腳氣、梅毒、風濕、驚恐。

水走艮破局凶論：主多冷退，亦主絕嗣神不拙，雖有文章不顯達。

斷年月：水走艮，流年流月，天干丙年丙月禍應。

斷房份：水走艮主長房應。

宜內陽改造法：重新安神位，坐壬山收丙辰水，交媾為左輔吉水，水走艮交媾為破軍吉水，主合局吉論。

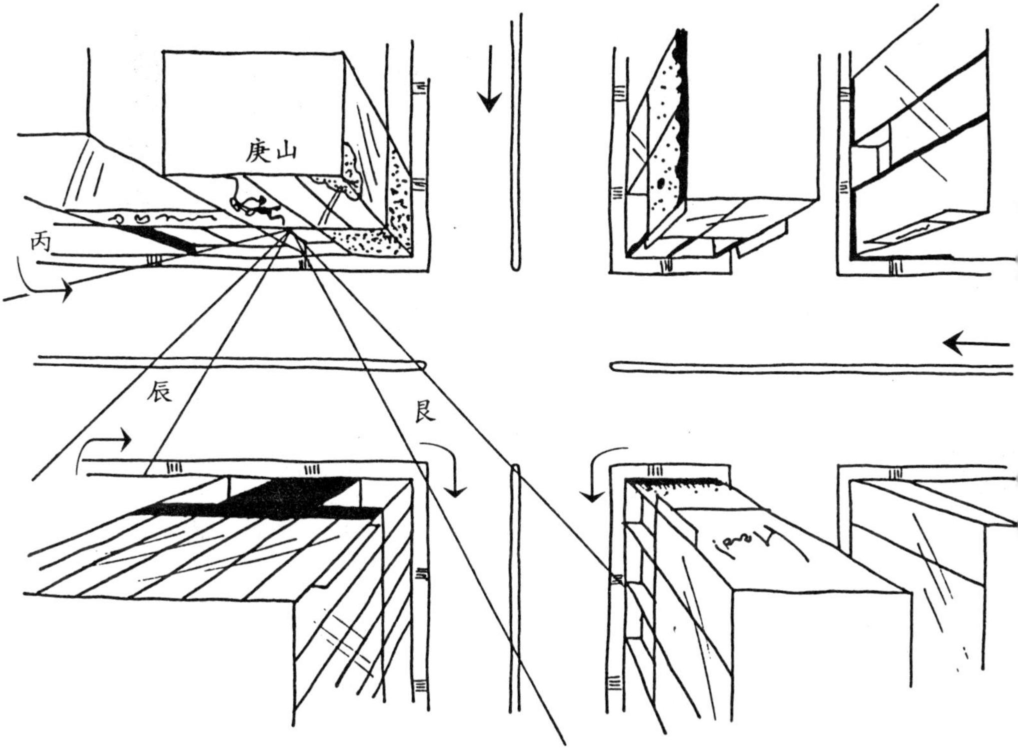
庚山
丙
辰
艮

陽宅實際斷法說明

庚山收艮水，交媾爲貪狼吉水，水走乙交媾爲廉貞五鬼吉水，主合局吉論。收貪狼吉水，主聰明孝友，因公進田，財帛旺盛，登科及第。水走廉貞五鬼吉水，主健康長壽，榮華富貴。

庚山合局吉論：主可催官，武人取貴不非難，胸襟膽略世無匹，來去皆富合家歡。

斷年月：流年流月，天干庚年庚月福應。

斷房份：庚山主二房應。

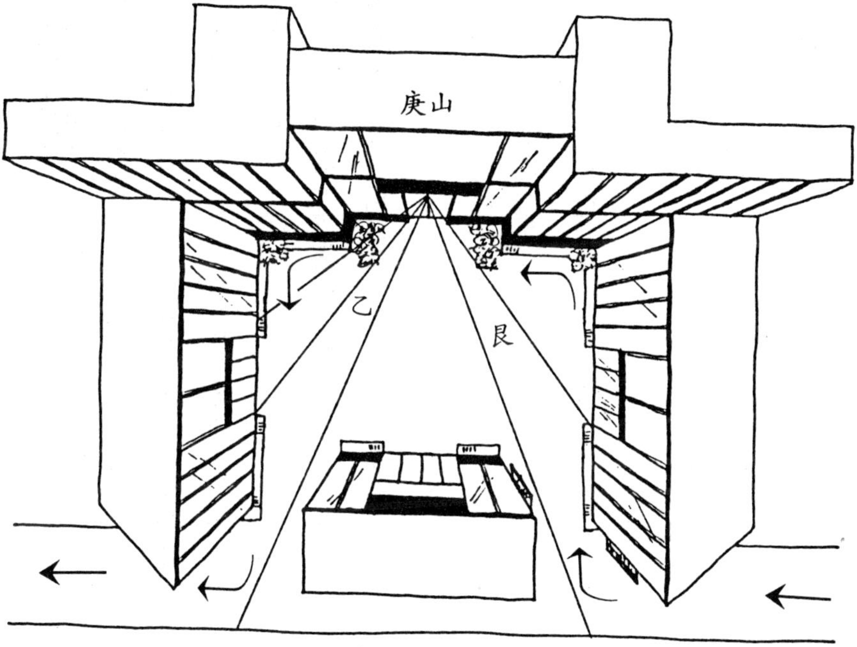
庚山
乙
艮

陽宅實際斷法說明

庚山收丙水，交媾爲貪狼吉水，水走壬交媾爲巨門、九煞凶水，主破局凶論。收貪狼吉水，主聰明孝友，因公進田，財帛旺盛，登科及第。水走巨門、九煞凶水，主官司牽連，家散不合，多是非破敗，生子不成全，出流氓、忤逆、官非、凶死、自縊、夫妻不和等。

疾病論：胃腸、舌唇破傷、皮膚病、胸膜痛、飲食不振。

水走壬破局凶論：主敗退出遊蕩，水盛多生黃腫病，亦有水厄落水者，逃竄他方爲災殃。

斷年月：水走壬，流年流月，天干壬年壬月禍應。

斷房份：水走壬主二房應。

宜內陽改造法：重新安神位，坐丙山收丙水，交媾爲武曲吉水，水走壬交媾爲破軍吉水，主合局吉論。

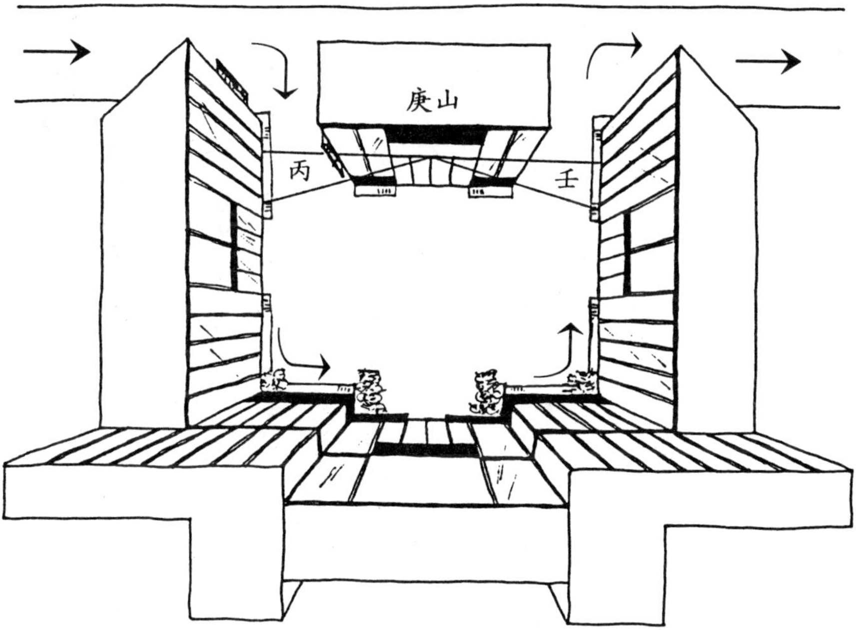

庚山
丙
壬

陽宅實際斷法說明

庚山收丙巽乙水，交媾爲破軍凶水，水走癸交媾爲文曲吉水，主破局凶論。

收破軍凶水，主凶暴作賊好訟，投軍劫掠，樂土木匠，瘟瘽連連，出虧體人，欠債不還，產死雷傷，落水絕嗣，投河自縊。水走文曲吉水，主文曲是玄空卦中之桃花星，不管吉凶亦有桃花之論，生貴子旺家財，男人會納妾。

疾病論：腳腫、缺唇、聾啞、肺病、頭病、筋骨痛、開刀、大腸病、骨癌。

庚山破局凶論：主偷盜時生不肖男，被人殺戮取凶頑，強盜頭目賽樓欄。

斷年月：流年流月，天干庚年庚月禍應。

斷房份：庚山主二房應。

宜內陽改造法：重新安神位，坐坤山收丙巽乙水，交媾爲武曲吉水，水走癸交媾爲祿存吉水，主合局吉論。

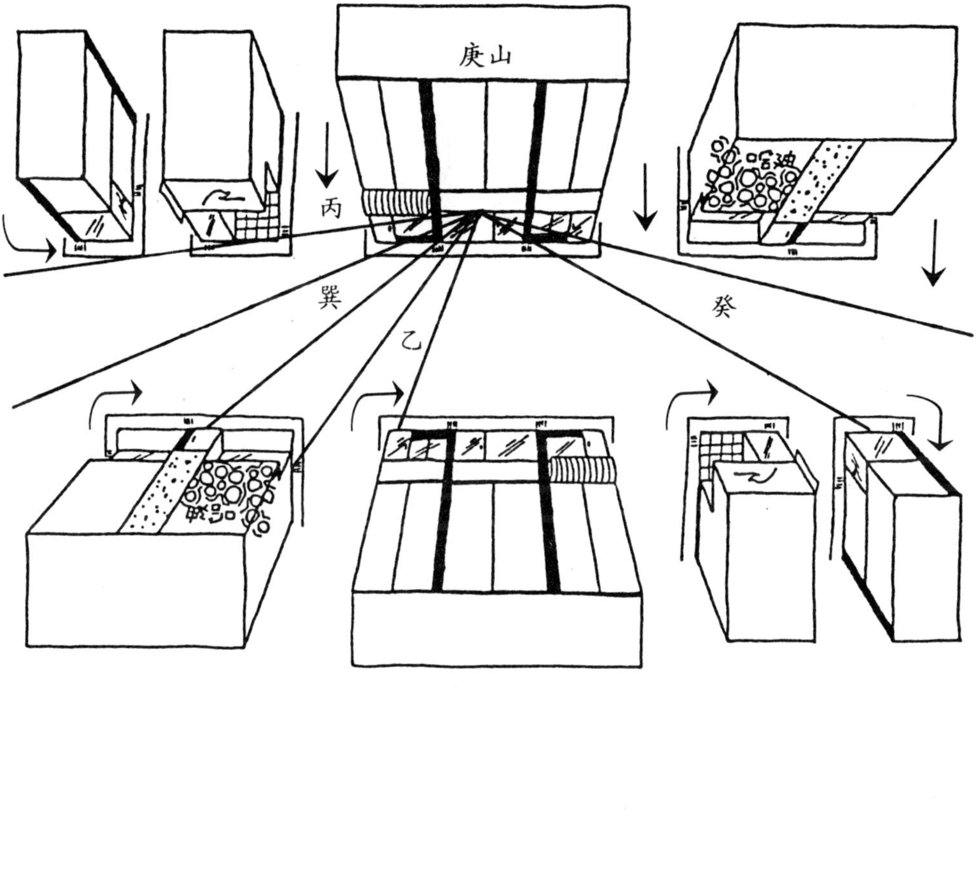

庚山
丙
巽
乙
癸

酉山三元氣運卦數

酉山天星少微，卦位山水蒙䷃，卦運巨門二運，巽卦司令☴，司二十四年，從上元壬午年起，光緒八年歲次壬午年至光緒三十一年歲次乙巳年止。卦位地水師䷆，卦運破軍七運，坎卦司令☵，司二十一年，從中元乙卯年起，民國六十四年歲次乙卯年至民國八十四年歲次乙亥年止。卦位天山遯䷠，卦運文曲四運，兌卦司令☱，司二十四年，從中元庚午年起，民國十九年歲次庚午年至民國四十二年歲次癸巳年止。卦位澤山咸䷞，卦運右弼九運，乾卦司令☰，司二十七年，從下元丁酉年起，民國一〇六年歲次丁酉年至民國一三二年歲次癸亥年止。

酉山與各宮數理：

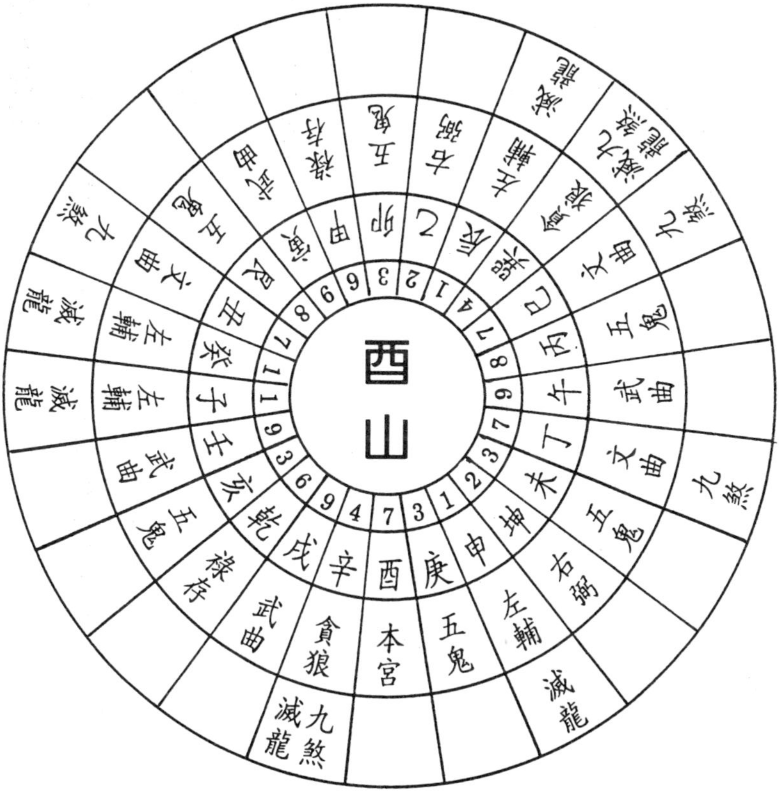

陽宅實際斷法說明

西山收子水，交媾爲左輔吉水，水走甲交媾爲祿存吉水，主合局吉論。

收左輔吉水，主生人慈祥，夫妻和，子女孝順，富貴福壽長。水走祿存吉水，主祿存是玄空卦中之庫，爲人勤儉守財。

西山合局吉論：主爲官清正不貪污。

斷年月：巳酉丑年月福應。

斷房份：西山主長房應。

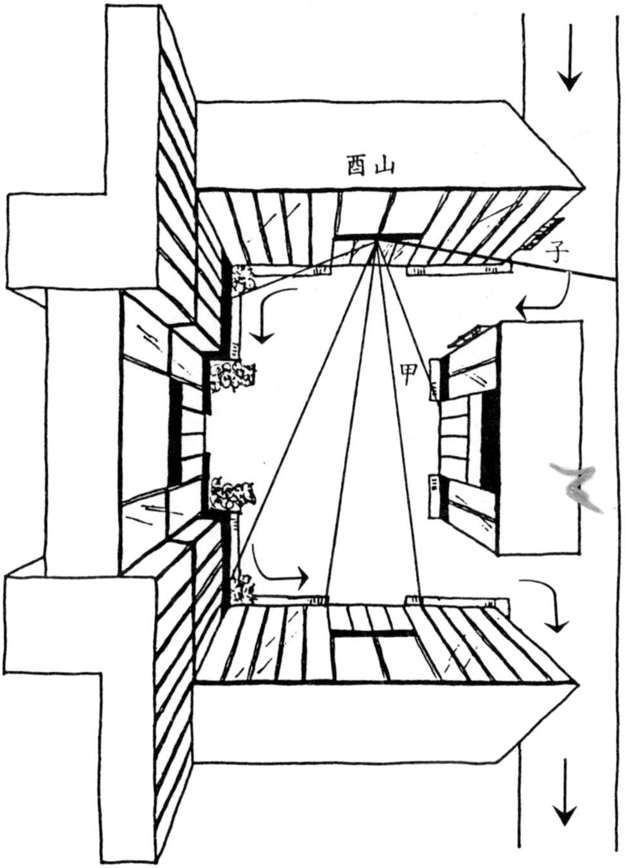
酉山
子
甲

陽宅實際斷法說明

酉山收子癸艮寅水，交媾爲武曲吉水，水走巽交媾爲貪狼、滅龍、九煞凶水，主破局凶論。

收武曲吉水，主出人清貴富厚，登科及第，福壽雙全，爲官近帝王。水走貪狼、滅龍、九煞凶水，主貪花喜酒，破家財，無男丁接代，多生女子，因而招子傳宗，出流氓、忤逆、官非、凶死、自縊、夫妻不和等。

疾病論：肝膽之病、腰足之病、氣病、腳氣、梅毒、風濕、驚恐。

水走巽破局凶論：主冷退爲乞食，室女懷胎好私通。

斷年月：水走巽，流年流月，天干辛年辛月禍應。

斷房份：水走巽主長房應。

宜內陽改造法：重新安神位，坐午山收子癸艮寅水，交媾爲左輔吉水，水走巽交媾爲祿存吉水，主合局吉論。

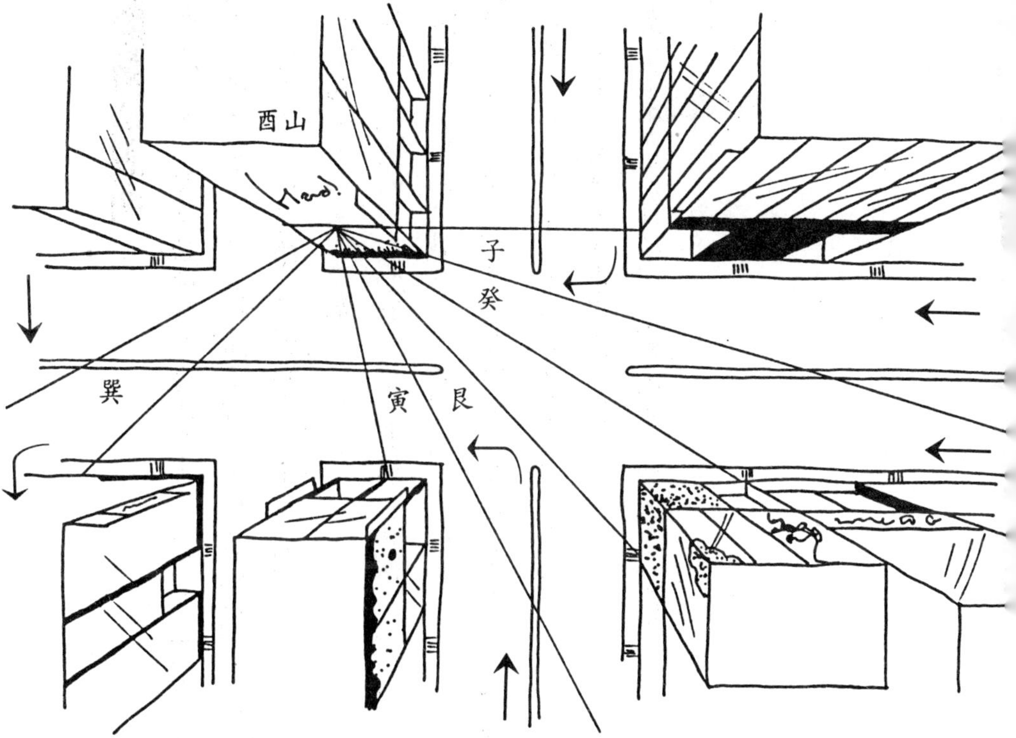
酉山
子
癸
巽
寅
艮

陽宅實際斷法說明

西山收午巽水，交媾爲廉貞五鬼凶水，水走寅交媾爲武曲凶水，主破局凶論。收廉貞五鬼凶水，主爲人陰險不實，不禮貌好勇鬥，瘟癀連連，巫師術士，失火刑配，自縊產亡，出異體兒，墮胎。水走武曲凶水，主成材之子早歸陰，愚子不歸陰，男女走他鄉，血光、車禍。

疾病論：眼疾、殘缺開刀、心氣不足、血癌、腸疾。

西山破局凶論：主淫亂不堪言，犯罪遭刑罹災咎。

水走寅破局凶論：主破局爲艮之九煞，生瘋盲及車災，煞帶廉貞血滿懷。

斷年月：巳酉丑年月禍應，水走寅，寅午戌年月禍應。

斷房份：西山主長房應，水走寅主二房應。

宜內陽改造法：重新安神位，坐乾山收午巽水，交媾爲右弼吉水，水走寅交媾爲廉貞五鬼吉水，主合局吉論。

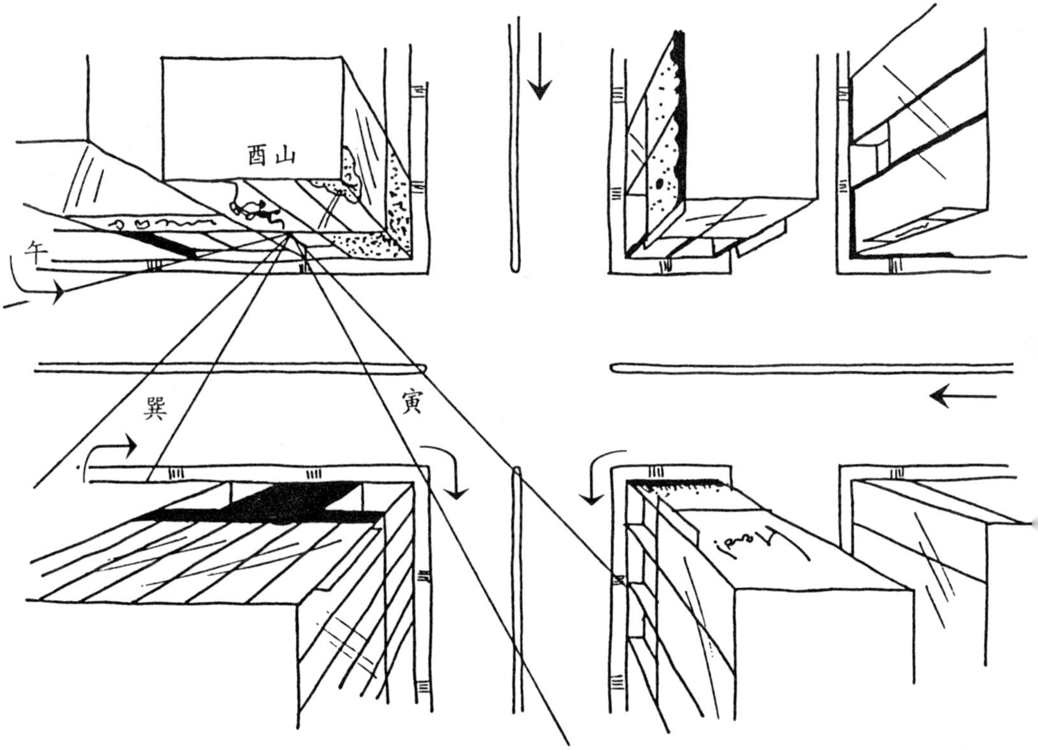
酉山
午
巽
寅

陽宅實際斷法說明

西山收寅水，交媾爲武曲吉水，水走辰交媾爲左輔凶水，主破局凶論。

收武曲吉水，主出人清貴富厚，登科及第，福壽雙全，爲官近帝王。水走左輔凶水，主夫妻不和，子女忤逆，退敗寡孀。

疾病論：股肱病、腸肺病、喉嚨病、白眼。

水走辰破局凶論：主瘋癲並落水，水亡之後家滅毀，或生露齒缺嘴唇。

斷年月：水走辰，申子辰年月禍應。

斷房份：水走辰主三房應。

宜內陽改造法：重新安神位，坐午山收寅水，交媾爲左輔吉水，水走辰交媾爲廉貞五鬼吉水，主合局吉論。

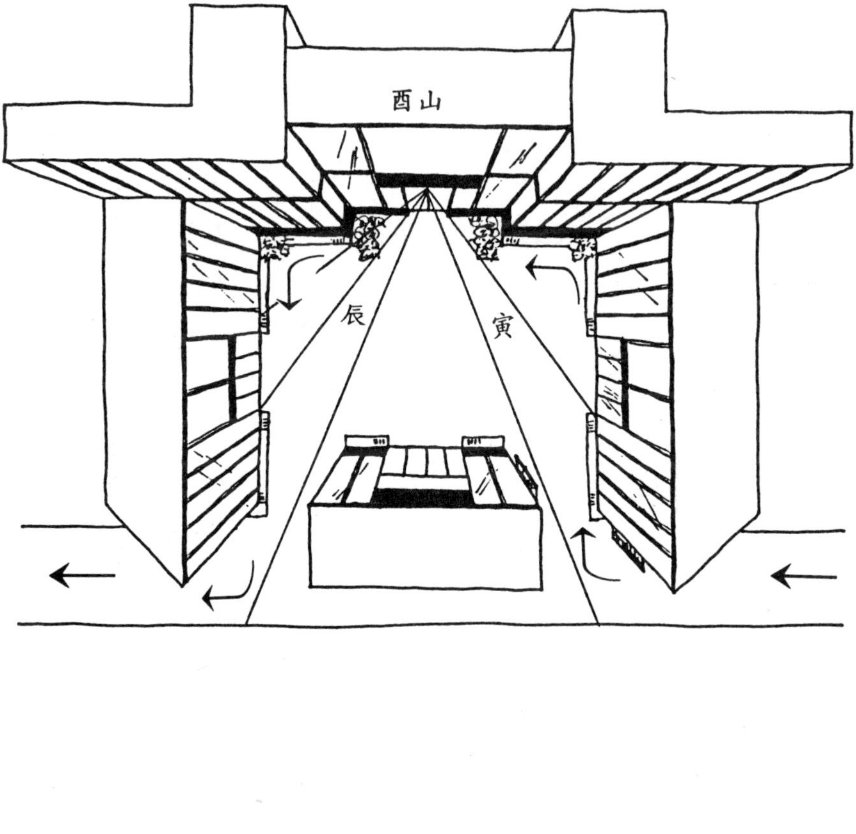
酉山
辰
寅

陽宅實際斷法說明

西山收午丙乙水，交媾爲武曲吉水，水走卯交媾爲廉貞五鬼吉水，主合局吉論。收武曲吉水，主出人清貴富厚，登科及第，福壽雙全，爲官近帝王。水走廉貞五鬼吉水，主健康長壽，榮華富貴。

西山合局吉論：主爲官清正不貪污。

斷年月：巳酉丑年月福應。

斷房份：西山主長房應。

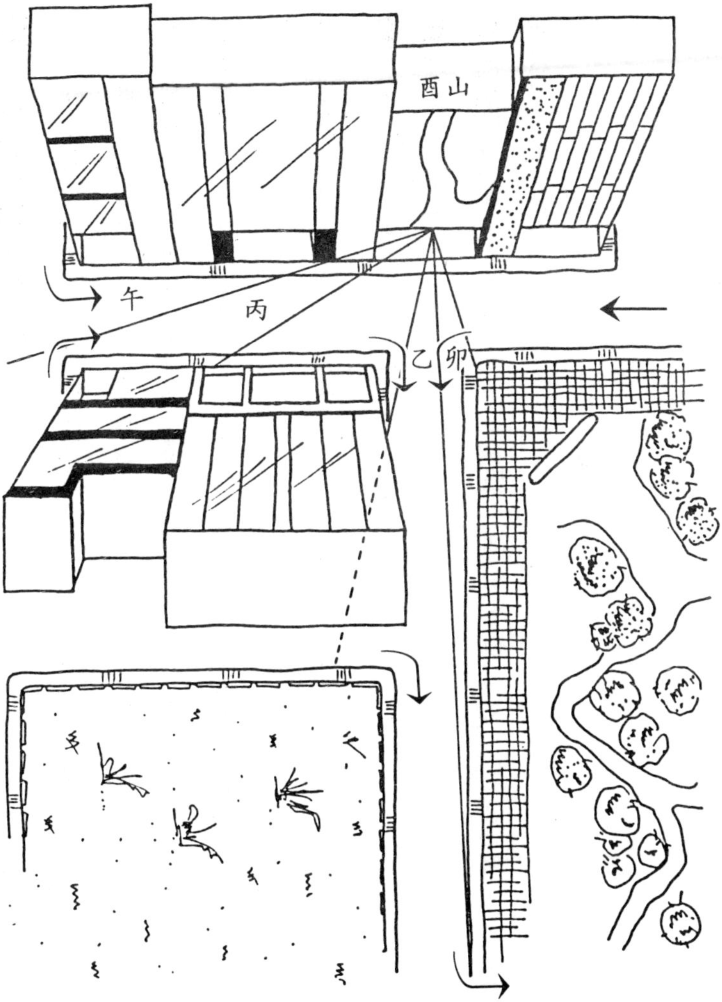
酉山
午
丙
乙
卯

陽宅實際斷法說明

西山收午丙水，交媾爲文曲凶水，水走艮交媾爲廉貞五鬼吉水，主破局凶論。收文曲凶水，主女插花枝逐客行，男人破家因酒色及賭，女人內亂公訟興，令人冷退絕人丁，墮胎、自縊、落水。水走廉貞五鬼吉水，主健康長壽，榮華富貴。

疾病論：子宮、帶下症、風濕、疝氣、膀胱、睪丸、腎臟病、耳疾、血系、心臟栓塞。

西山破局凶論：主淫亂不堪言，犯罪遭刑罹災咎。

斷年月：巳酉丑年月禍應。

斷房份：酉山主長房應。

宜內陽改造法：重新安神位，坐午山收午丙水，交媾爲武曲吉水，水走艮交媾爲破軍吉水，主合局吉論。

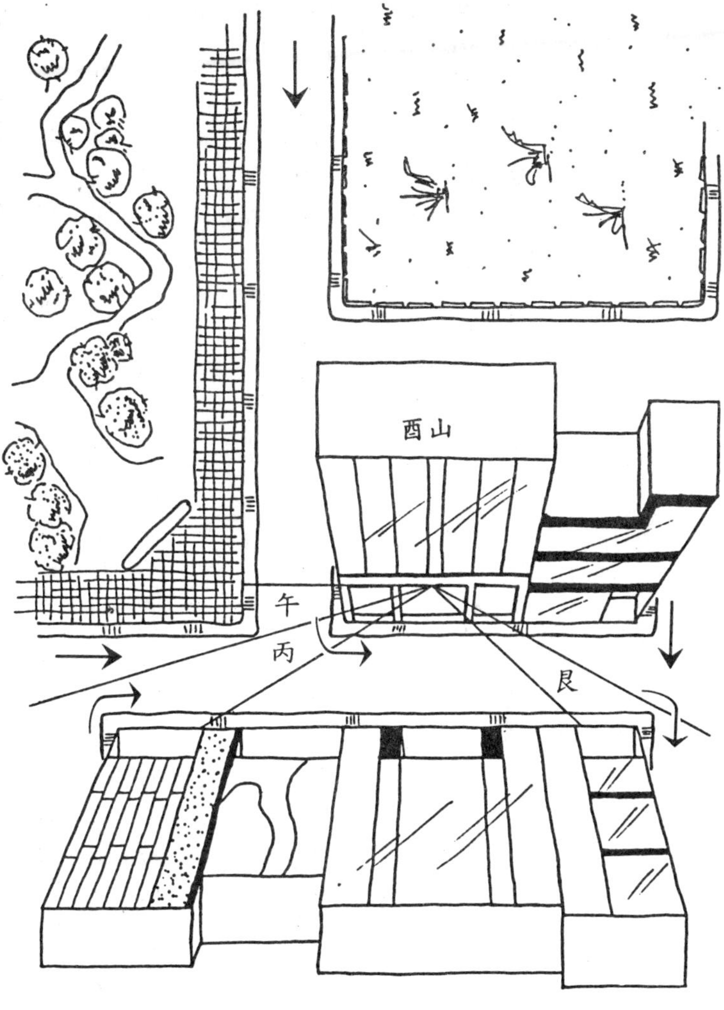
酉山
午
丙
艮

陽宅實際斷法說明

酉山收午水，交媾爲武曲吉水，水走子交媾爲左輔、滅龍凶水，主破局凶論。

收武曲吉水，主出出人清貴富厚，登科及第，福壽雙全，爲官近帝王。水走左輔、滅龍凶水，主夫妻不和，子女忤逆，退敗寡孀，無男丁接代，多生女子，因而招子傳宗。

疾病論：股肱病、腸肺病、喉嚨病、白眼。

水走子破局凶論：主桃花多耳聾，水盛落水或黃腫，又犯盜賊並車禍，忽然縊死令人驚。

斷年月：水走子，申子辰年月禍應。

斷房份：水走子主長房應。

宜內陽改造法：重新安神位，坐午山收午水，交媾爲左輔吉水，水走子交媾爲廉貞五鬼吉水，主合局吉論。

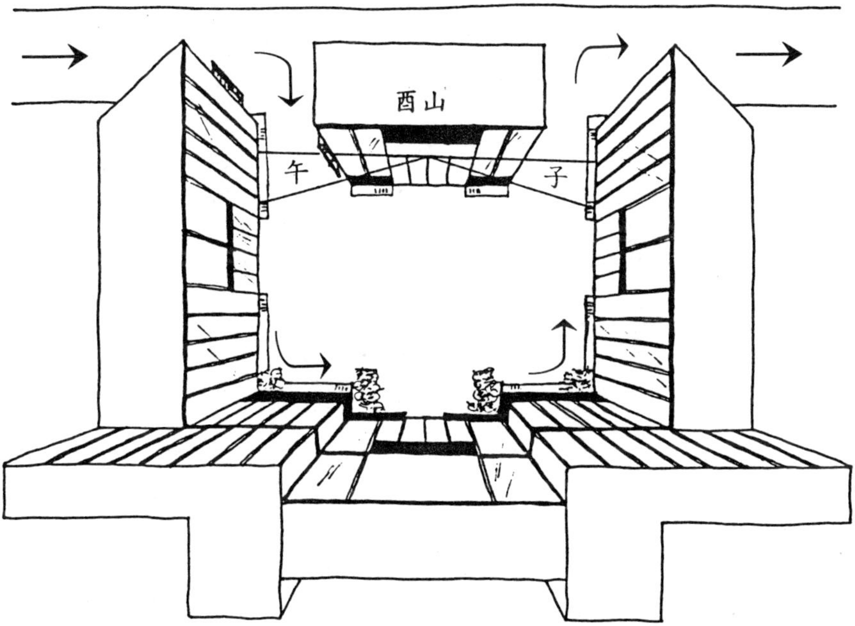
酉山
午
子

陽宅實際斷法說明

西山收午巳辰水，交媾爲文曲凶水，水走丑交媾爲文曲吉水，主破局凶論。收文曲凶水，主女插花枝逐客行，男人破家因酒色及賭，女人內亂公訟與，令人冷退絕人丁，墮胎、自縊、落水。水走文曲吉水，主文曲是玄空卦中之桃花星，不管吉凶亦有桃花之論，生貴子旺家財，男人會納妾。

疾病論：子宮、帶下症、風濕、疝氣、膀胱、睪丸、腎臟病、耳疾、血系、心臟栓塞。

西山破局凶論：主淫亂不堪言，犯罪遭刑罹災咎。

斷年月：巳酉丑年月禍應。

斷房份：西山主長房應。

宜內外陽同時改造：首先改變外陽，作個看板，將午水格除，內陽改坐卯山收巳辰水，交媾爲貪狼吉水，水走丑交媾爲廉貞五鬼吉水，主合局吉論。

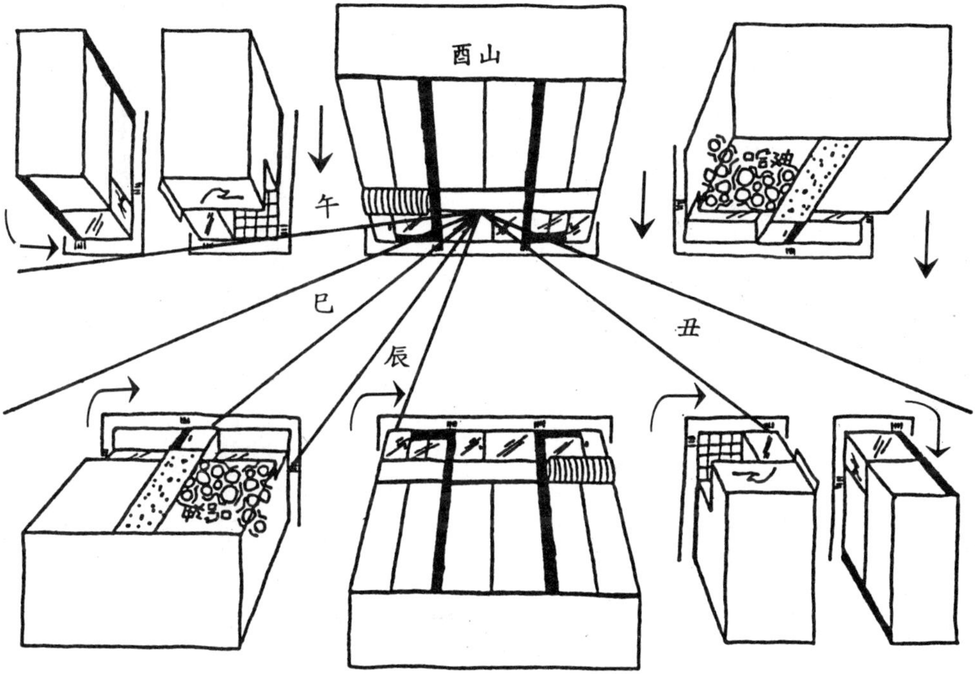
酉山
午
巳
辰
丑

辛山三元氣運卦數

辛山天星天乙，卦位澤山咸☱☶，卦運右弼九運，乾卦司令☰，司二十七年，從下元丁酉年起，民國一〇六年歲次丁酉年至民國一三二年歲次癸亥年止。卦位火山旅☲☶，卦運左輔八運，震卦司令☳，司二十一年，從中元丙子年起，民國八十五年歲次丙子年至民國一〇五年歲次丙申年止。卦位雷山小過☳☶，卦運祿存三運，離卦司令☲，司二十四年，從上元丙午年起，光緒三十二年歲次丙午年至民國十八年歲次己巳年止。

辛山與各宮數理：

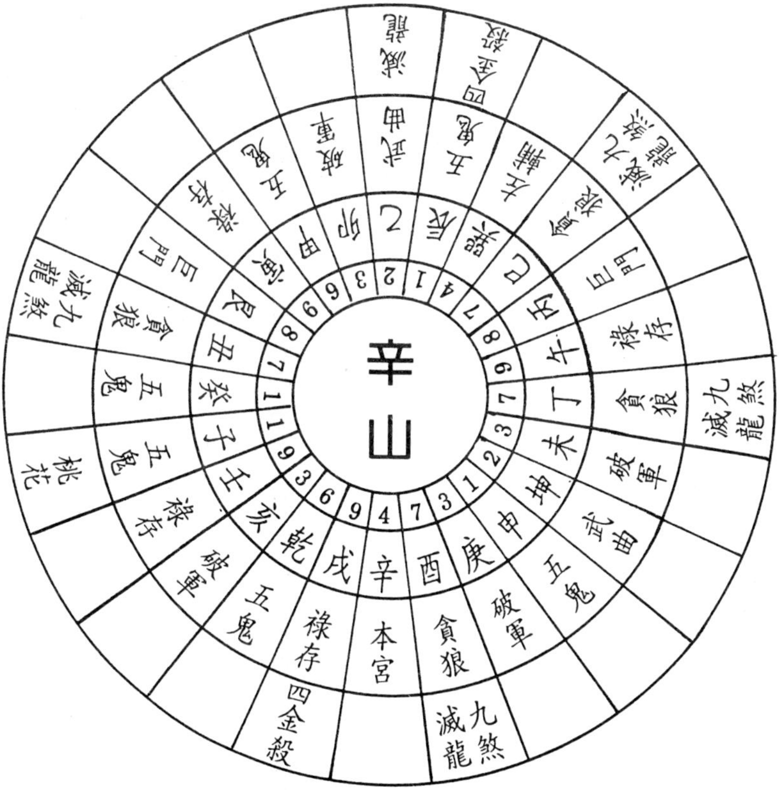

辛山
辛 酉 庚 申 坤 未 丁 午 丙 巳 巽 辰 乙 卯 甲 寅 艮 丑 癸 子 壬 亥 乾 戌
本宮
貪狼
破軍
五鬼
武曲
破軍
貪狼
祿存
巨門
貪狼
左輔
五鬼
武曲
破軍
右弼
祿存
巨門
貪狼
五鬼
五鬼
祿存
破軍
五鬼
祿存
九煞滅龍
滅九龍煞
滅九龍煞
四金殺
滅龍
滅九龍煞
桃花
四金殺

陽宅實際斷法說明

辛山收丁午辰水，交媾爲貪狼吉水，水走乙交媾爲武曲水（玄空水法水走面前偏無禍），主合局吉論。

收貪狼吉水，主聰明孝友，因公進田，財帛旺盛，登科及第。水走武曲水，主水走面前偏無禍。

辛山合局吉論：主合局司文章，狀元魁首姓名揚，翰林學士邀龍光，更有如花女人貌，家多金珠萃香。

斷年月：流年流月，天干辛年辛月福應。

斷房份：辛山主三房應。

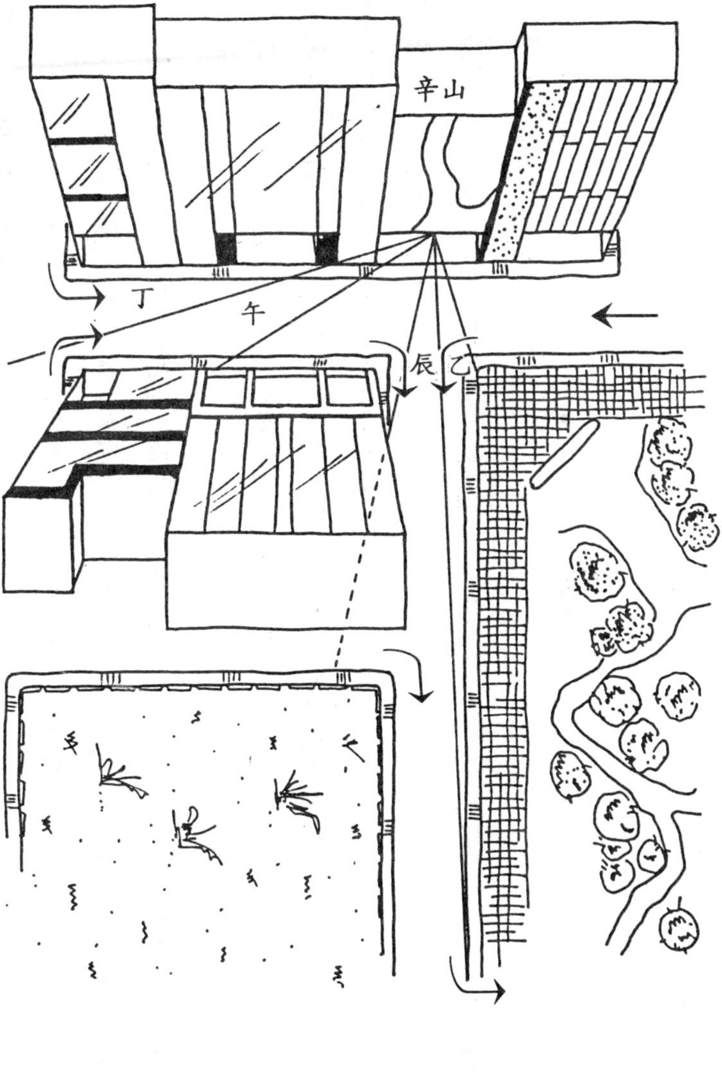
辛山
丁
午
辰
乙

陽宅實際斷法說明

辛山收丁午水，交媾爲廉貞五鬼凶水，水走寅交媾爲祿存吉水，主破局凶論。

收廉貞五鬼凶水，主爲人陰險不實，不禮貌好勇鬥，瘟㾮連連，巫師術士，失火刑配，自縊產亡，出異體兒，墮胎。水走祿存吉水，主祿存是玄空卦中之庫，爲人勤儉守財。

疾病論：眼疾、殘缺開刀、心氣不足、血癌、腸疾。

辛山破局凶論：主多冷退，爲乞無救致絕亡，提籃托碗沿街行。

斷年月：流年流月，天干辛年辛月禍應。

斷房份：辛山主三房應。

宜內陽改造法：重新安神位，坐乾山收丁午水，交媾爲巨門吉水，水走寅交媾爲廉貞五鬼吉水，主合局吉論。

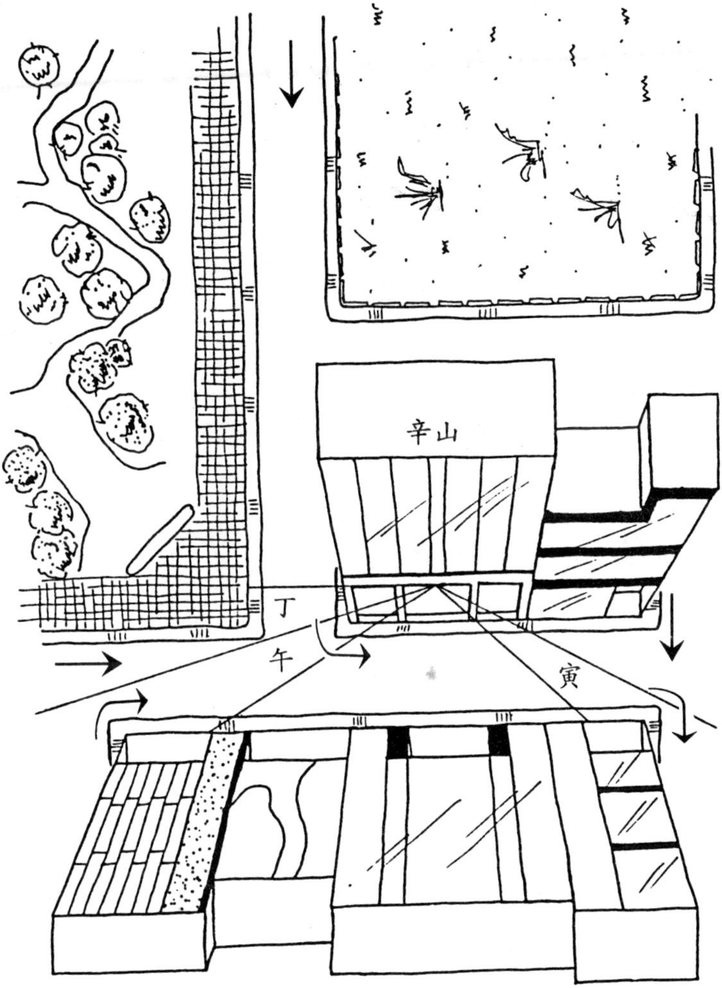
辛山
丁
午
寅

陽宅實際斷法說明

辛山收癸丑寅甲水，交媾爲破軍凶水，水走巳交媾爲貪狼、滅龍、九煞凶水，主破局凶論。

收破軍凶水，主凶暴作賊好訟，投軍劫掠，樂土木匠，瘟瘴連連，出虧體人，欠債不還，產死雷傷，落水絕嗣，投河自縊。水走貪狼、滅龍、九煞凶水，主貪花喜酒，破家財，無男丁接代，多生女子，因而招子傳宗，出流氓、忤逆、官非、凶死、自縊、夫妻不和等。

疾病論：腳腫、缺唇、聾啞、肺病、頭病、筋骨痛、開刀、大腸病、骨癌。

辛山破局凶論：主多冷退，爲乞無救致絕亡，提籃托碗沿街行。

水走巳破局凶論：主吐血並癆瘵，少年多損見蛇災。

斷年月：流年流月，天干辛年辛月禍應，水走巳，巳酉丑年月禍應。

斷房份：辛山主三房應，水走巳主二房應。

宜內陽改造法：重新安神位，坐亥山收癸丑寅甲水，交媾爲武曲吉水，水走巳交媾爲廉貞五鬼吉水，主合局吉論。

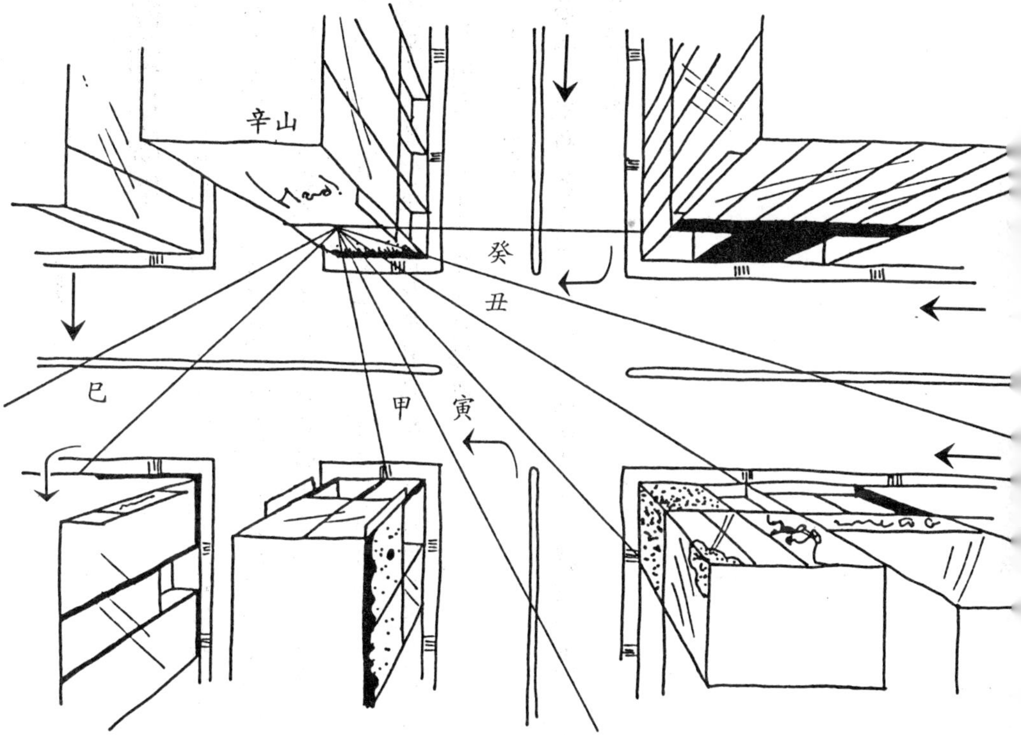
辛山
癸
丑
巳
甲
寅

陽宅實際斷法說明

辛山收癸水，交媾為廉貞五鬼凶水，水走卯交媾為破軍吉水，主破局凶論。

收廉貞五鬼凶水，主為人陰險不實，不禮貌好勇鬥，瘟瘽連連，巫師術士，失火刑配，自縊產亡，出異體兒，墮胎。水走破軍吉水，主大吉昌，為官英雄近帝王。

疾病論：眼疾、殘缺開刀、心氣不足、血癌、腸疾。

辛山破局凶論：主多冷退，為乞無救致絕亡，提籃托碗沿街行。

斷年月：流年流月，天干辛年辛月禍應。

斷房份：辛山主三房應。

宜內陽改造法：重新安神位，坐癸山收癸水，交媾為巨門吉水，水走卯交媾為文曲吉水，主合局吉論。

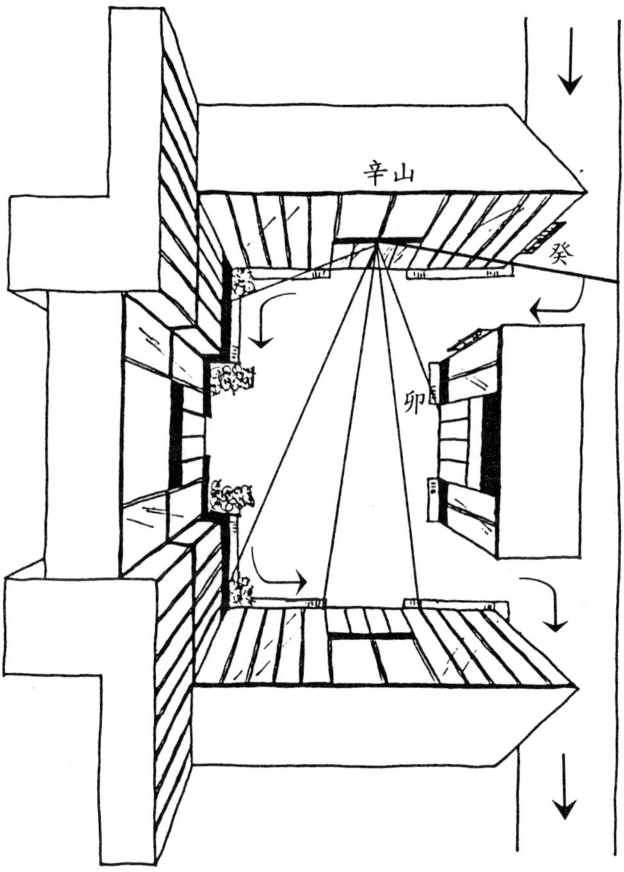
辛山
癸
卯

陽宅實際斷法說明

辛山收甲水，交媾爲廉貞五鬼凶水，水走巽交媾爲左輔凶水，主破局凶論。

收廉貞五鬼凶水，主爲人陰險不實，不禮貌好勇鬥，瘟瘟連連，巫師術士，失火刑配，自縊產亡，出異體兒，墮胎。水走左輔凶水，主夫妻不和，子女忤逆，退敗寡孀。

疾病論：眼疾、殘缺開刀、心氣不足、血癌、腸疾。

辛山破局凶論：主多冷退，爲乞無救致絕亡，提籃托碗沿街行。

水走巽破局凶論：主破局冷退爲乞食，室女懷胎好私通。

斷年月：流年流月，天干辛年辛月禍應，水走巽，流年流月，天干辛年辛月禍應。

斷房份：辛山主三房應，水走巽主長房應。

宜內陽改造法：重新安神位，坐亥山收甲水，交媾爲右弼吉水，水走巽交媾爲破軍吉水，主合局吉論。

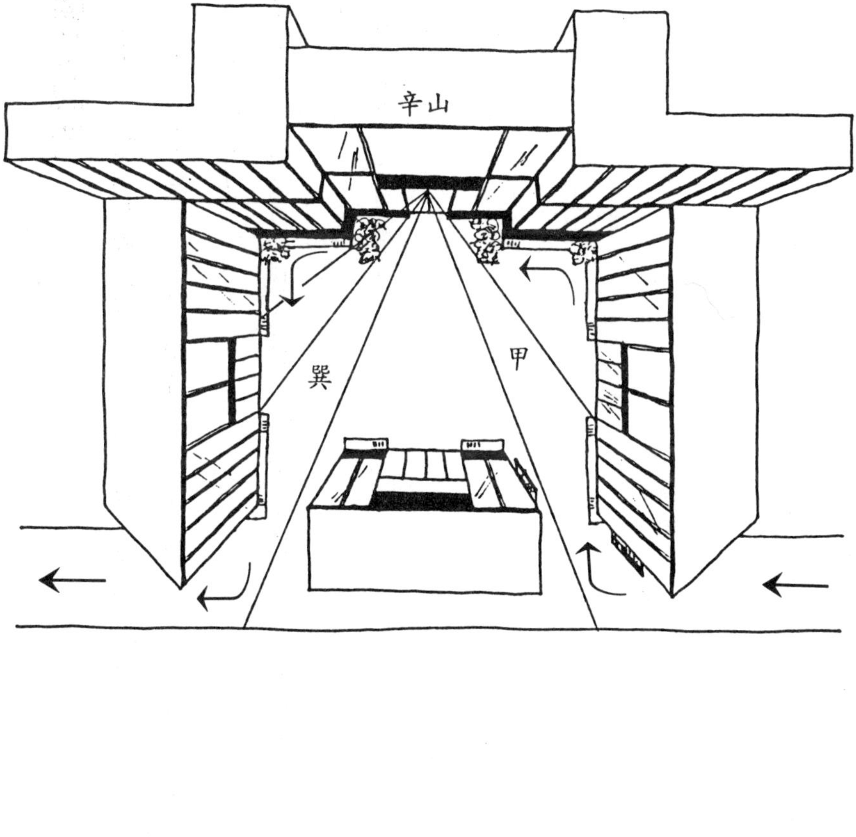
辛山
巽
甲

陽宅實際斷法說明

辛山收丁巳水，交媾為左輔吉水，水走甲交媾為廉貞五鬼吉水，主合局吉論。收左輔吉水，主生人慈祥，夫妻和合，子女孝順，富貴福壽長。水走廉貞五鬼吉水，主健康長壽，榮華富貴。

辛山合局吉論：主合局司文章，狀元魁首姓名揚，翰林學士邀龍光，更有如花女人貌，家多金帛珠萃香。

斷年月：流年流月，辛年辛月福應。

斷房份：辛山主三房應。

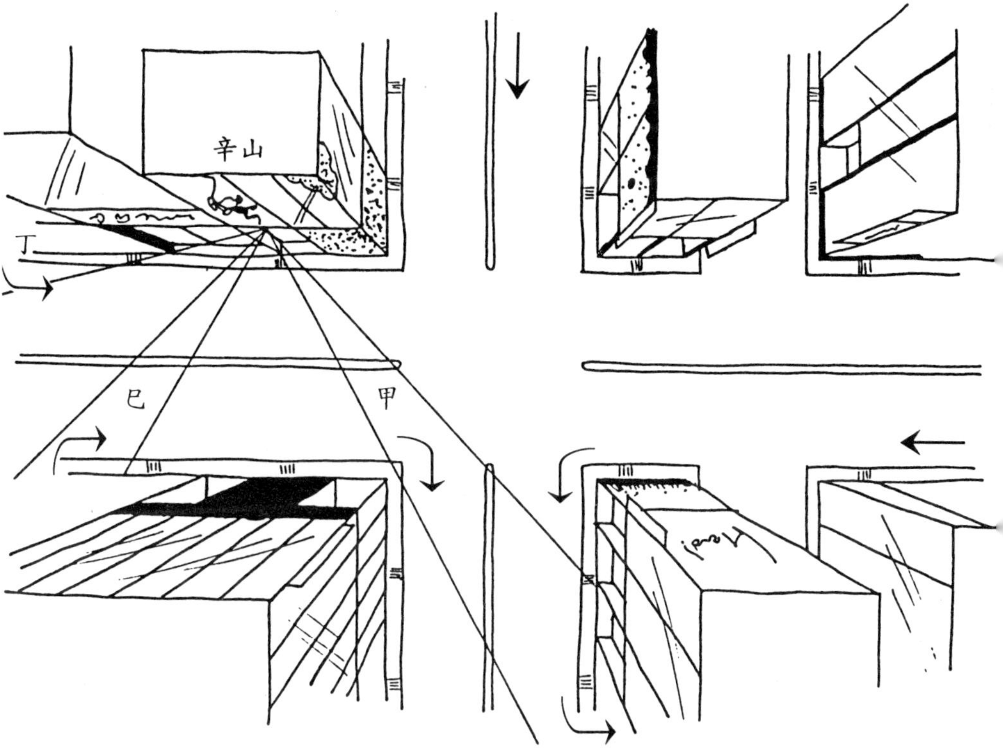
辛山
丁
巳
甲

陽宅實際斷法說明

辛山收丁水，交媾爲貪狼吉水，水走癸交媾爲廉貞五鬼吉水，主合局吉論。收貪狼吉水，主聰明孝友，因公進田，財帛旺盛，登科及第。水走廉貞五鬼吉水，主健康長壽，榮華富貴。

辛山合局吉論：主合局司文章，狀元魁首姓名揚，翰林學士邀龍光，更有如花女人貌，家多金帛珠萃香。

斷年月：流年流月，辛年辛月福應。

斷房份：辛山主三房應。

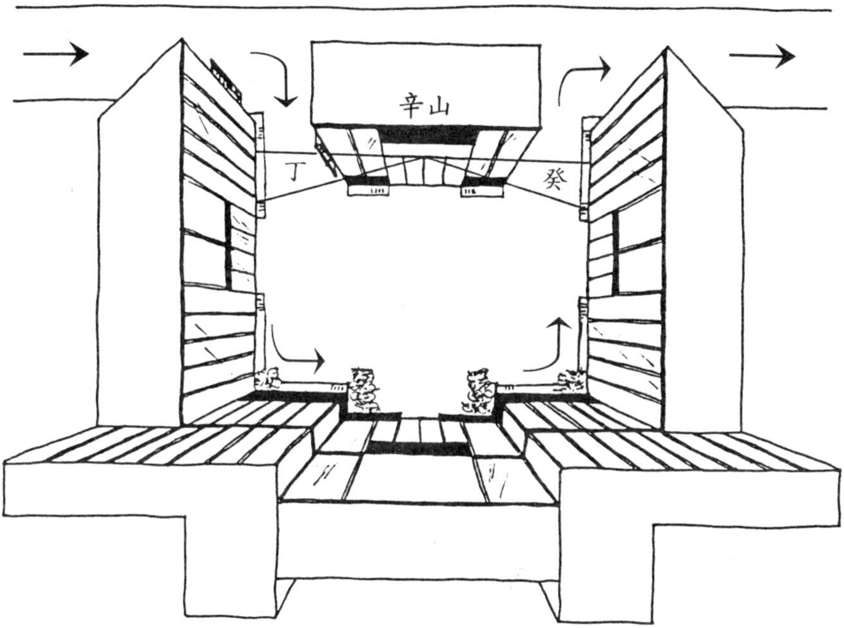
辛山
丁
癸

陽宅實際斷法說明

辛山收丁丙巽水，交媾為祿存凶水，水走癸交媾為廉貞五鬼吉水，主破局凶論。收祿存凶水，主出人心性頑鈍，行事妄誕，離祖過房，男僧女道，飲毒藥自縊，好酒色及賭，癲狂不善終，夭折、絕嗣、蛇傷。水走廉貞五鬼吉水，主健康長壽，榮華富貴。

疾病論：胃腸障礙、水腫、脹滿、神經系統。

辛山破局凶論：主多冷退，為乞無救致絕亡，提籃托碗沿街行。

斷年月：流年流月，天干辛年辛月禍應。

斷房份：辛山主三房應。

宜內陽改造法：重新安神位，坐乙山收丁丙巽水，交媾為貪狼吉水，水走癸交媾為祿存吉水，主合局吉論。

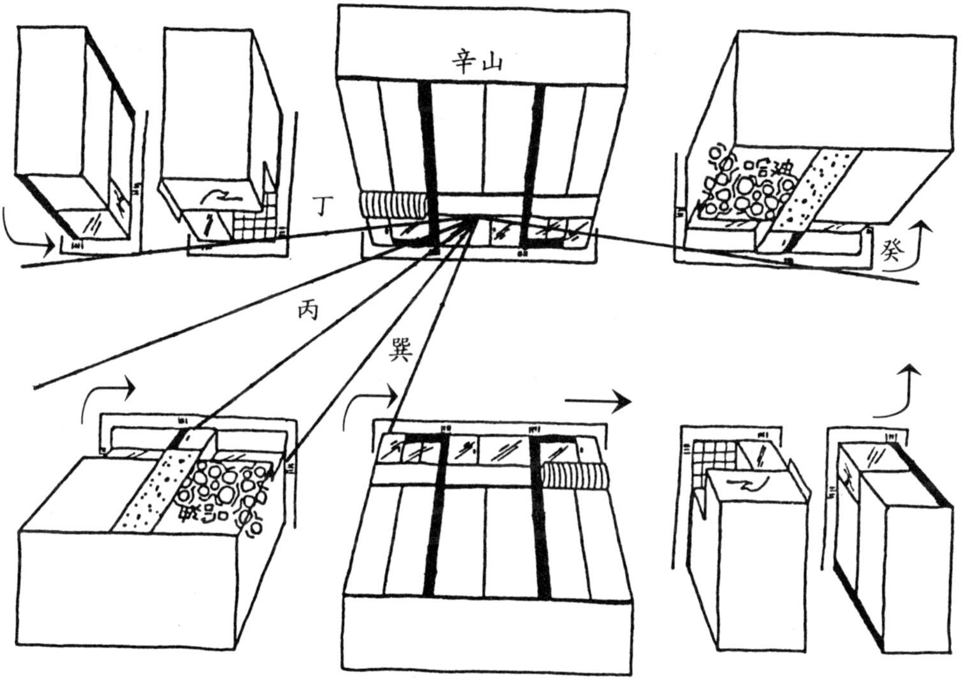
辛山
丁
丙
巽
癸

戌山三元氣運卦數

戌山天星鼓盆，卦位風山漸䷴，卦運破軍七運，坎卦司令☵，司二十一年，從中元乙卯年起，民國六十四年歲次乙卯年至民國八十四年歲次乙亥年止。卦位水山蹇䷦，卦運巨門二運，巽卦司令☴，司二十四年，從上元壬午年起，光緒八年歲次壬午年至光緒三十一年歲次乙巳年止。卦位艮為山䷳，卦運貪狼一運，坤卦司令☷，司十八年，從上元甲子年起，同治三年歲次甲子年至光緒七年歲次辛巳年止。

戌山與各宮數理：

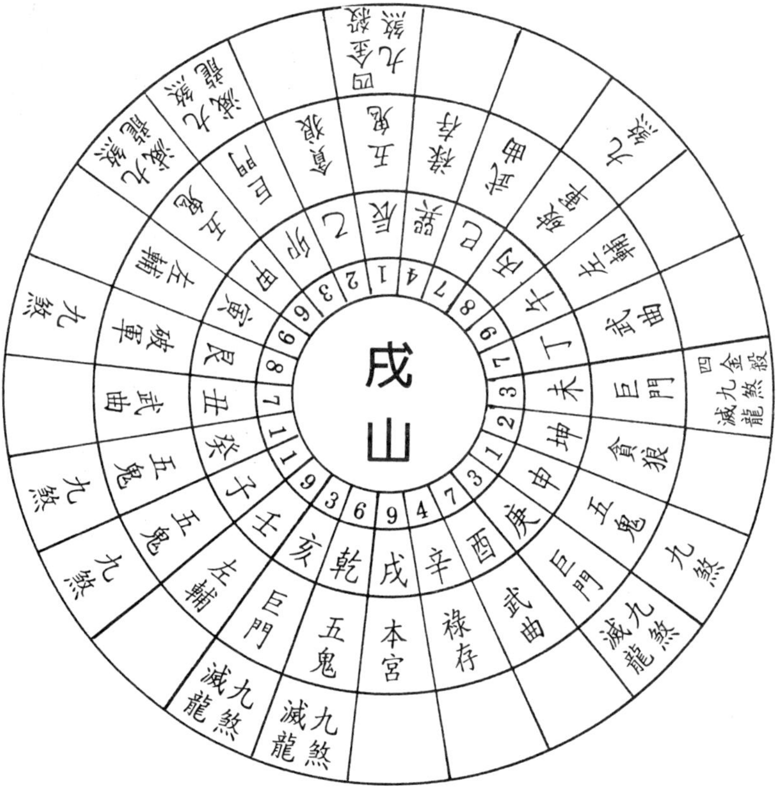

陽宅實際斷法說明

戌山收未丁水，交媾爲右弼吉水，水走甲交媾爲廉貞五鬼吉水，主合局吉論。收右弼吉水，主生人明理孝順，夫妻恩愛，子女孝順。水走廉貞五鬼吉水，健康長壽，榮華富貴。

戌山合局吉論：主合局廣田庄，富堪敵國多稅量，翰林學士顯文章。

斷年月：寅午戌年月福應。

斷房份：戌山主三房應。

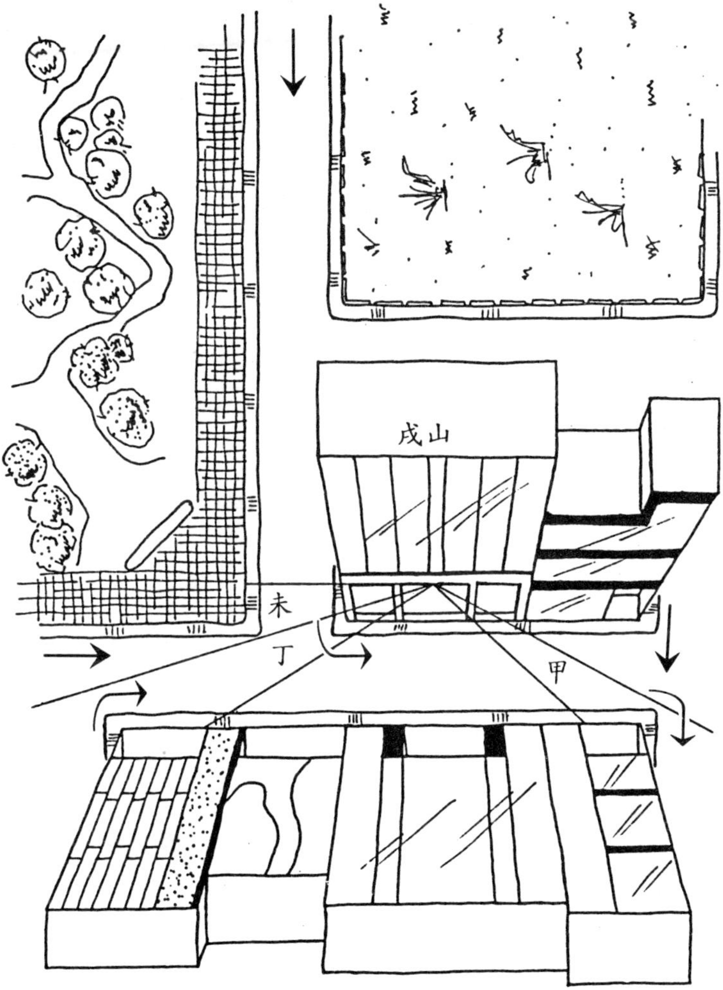

戌山
未
丁
甲

陽宅實際斷法說明

戌山收未丁巽水，交媾爲祿存凶水，水走辰交媾爲廉貞五鬼吉水，主破局凶論。

收祿存凶水，主出人心性頑鈍，行事妄誕，離祖過房，男僧女道，飲毒藥自縊，好酒色及賭，癲狂不善終，夭折、絕嗣、蛇傷。水走廉貞五鬼吉水，主健康長壽，榮華富貴。

疾病論：胃腸障礙、水腫、脹滿、神經系統。

戌山破局凶論：主破局回祿瞎且聾，鼓盆之煞剋妻重。

斷年月：寅午戌年月禍應。

斷房份：戌山主三房應。

宜內陽改造法：重新安神位，坐乙山收未丁巽水，交媾爲武曲吉水，水走辰交媾爲祿存吉水，主合局吉論。

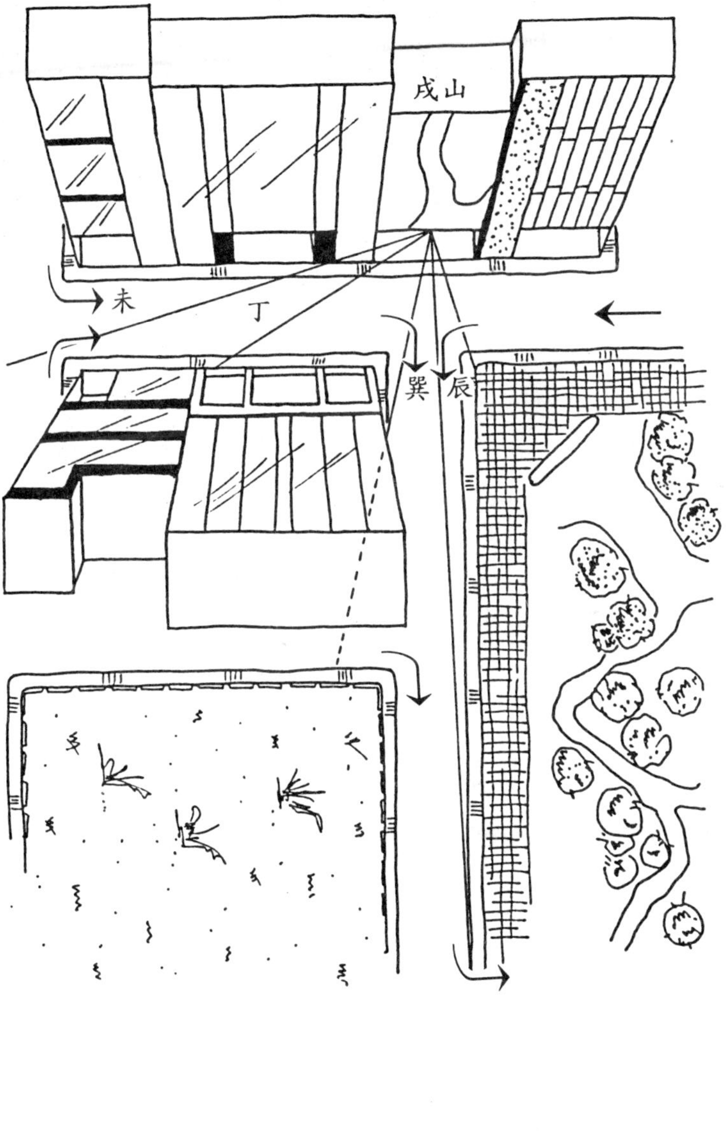
戌山
未
丁
巽
辰

陽宅實際斷法說明

戌山收丑艮甲卯水，交媾爲祿存凶水，水走丙交媾爲破軍吉水，主破局凶論。收祿存凶水，主出人心性頑鈍，行事妄誕，離祖過房，男僧女道，飲毒藥自縊，好酒色及賭，癲狂不善終，夭折、絕嗣、蛇傷。水走破軍吉水，主大吉昌，爲官英雄近帝王。

疾病論：胃腸障礙、水腫、脹滿、神經系統。

戌山破局凶論：主破局回祿瞎且聾，鼓盆之煞剋妻重。

斷年月：寅午戌年月禍應。

斷房份：戌山主三房應。

宜內陽改造法：重新安神位，坐坤山收丑艮甲卯水，交媾爲武曲吉水，水走丙交媾爲廉貞五鬼吉水，主合局吉論。

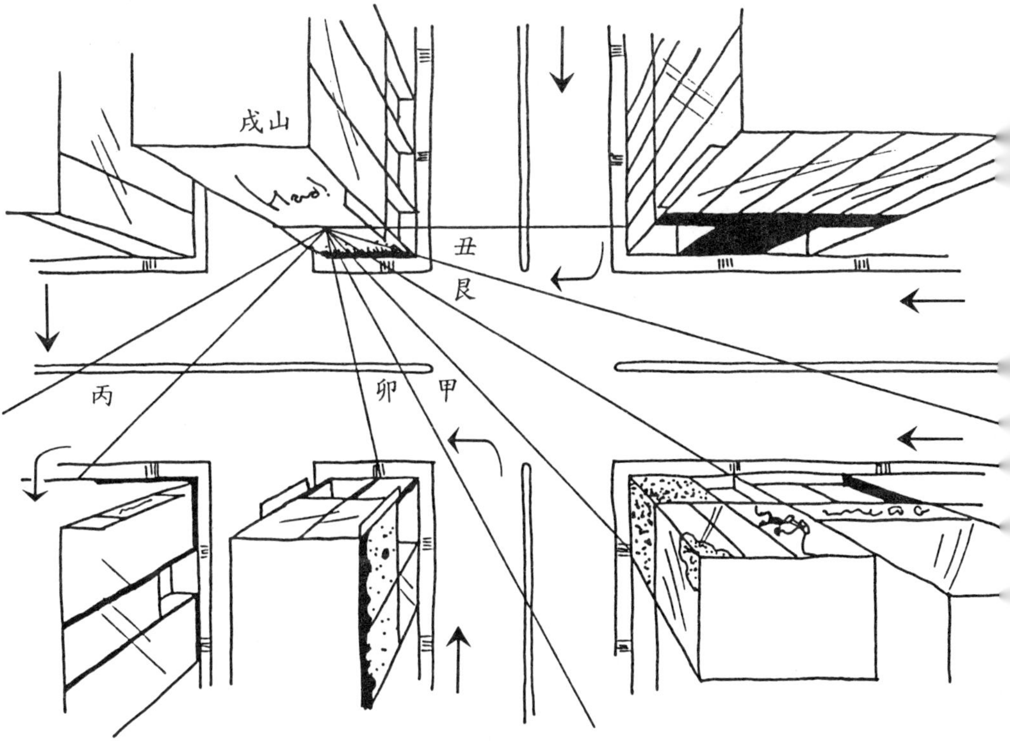
戌山
丑
艮
丙
卯
甲

陽宅實際斷法說明

戌山收丑水，交媾爲武曲吉水，水走乙交媾爲貪狼凶水，主破局凶論。收武曲吉水，主出人清貴富厚，登科及第，福壽雙全，爲官近帝王。水走貪狼凶水，主貪花喜酒，破家財。

疾病論：肝膽之病、腰足之病、氣病、腳氣、梅毒、風濕、驚恐。

水走乙破局凶論：主手足病，螟蛉繼兒如親男。

斷年月：水走乙主三房應。

宜內陽改造法：重新安神位，坐坤山收丑水，交媾爲右弼吉水，水走乙交媾爲文曲吉水，主合局吉論。

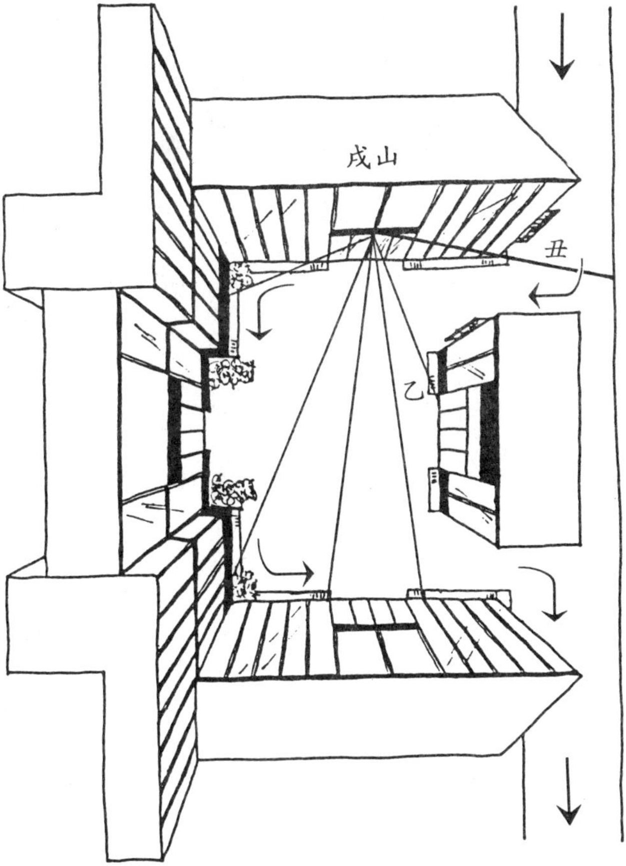
戌山
丑
乙

陽宅實際斷法說明

戌山收卯水，交媾爲巨門吉水，水走巳交媾爲武曲凶水，主破局凶論。

收巨門吉水，主忠孝多壽出神童，做生意發福甚速。水走武曲凶水，主成材之子早歸陰，愚子不歸陰，男女走他鄉，血光、車禍。

疾病論：喉病、喘息、呼吸、梅毒、痰疾、鼻血。

水走巳破局凶論：主吐血並癆瘵，少年多損見蛇災。

斷年月：水走巳，巳酉丑年月禍應。

斷房份：水走巳主二房應。

宜內陽改造法：重新安神位，坐未山收卯水，交媾爲武曲吉水，水走巳交媾爲廉貞五鬼吉水，主合局吉論。

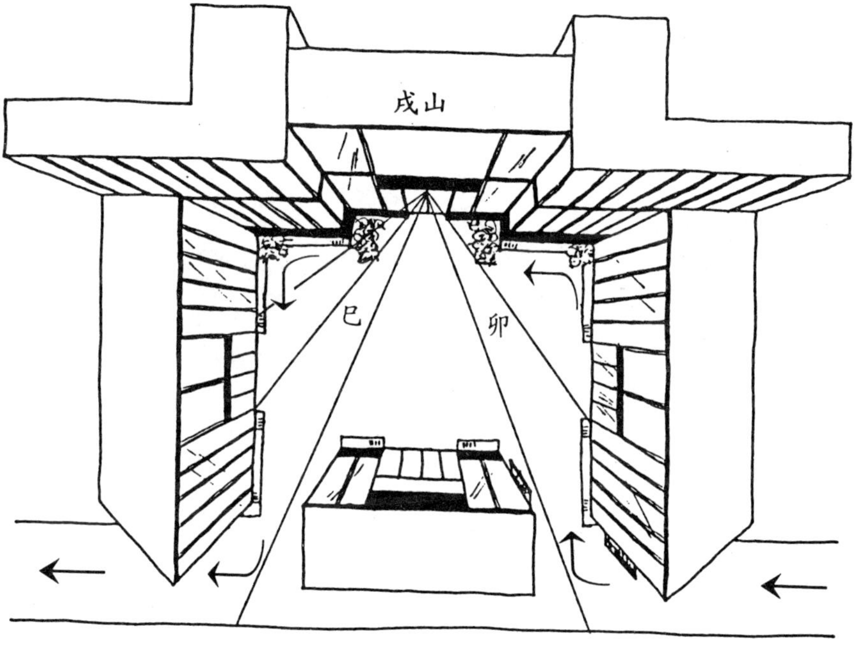
戌山
巳
卯

陽宅實際斷法說明

戌山收未丙水，交媾爲廉貞五鬼凶水，水走卯交媾爲巨門、滅龍、九煞凶水，主破局凶論。

收廉貞五鬼凶水，主爲人陰險不實，不禮貌好勇鬥，瘟瘽連連，巫師術士，失火刑配，自縊產亡，出異體兒，墮胎。水走巨門、滅龍、九煞凶水，主官司牽連，家散不合，多是非破敗，生子不成全，無男丁接代，多生女子，因而招子傳宗，出流氓、忤逆、官非、凶死、自縊、夫妻不和等。

疾病論：眼疾、殘缺開刀、心氣不足、血癌、腸疾。

戌山破局凶論：主破局回祿瞎且聾，鼓盆之煞剋妻重。

水走卯破局凶論：主偷盜並淫亂，常生多因賊牽累，定主殺戮徒刑罪。

斷年月：寅午戌年月禍應，水走卯，亥卯未年月禍應。

斷房份：戌山主三房應，水走卯主長房應。

宜內陽改造法：重新安神位，坐丑山收未丙水，交媾爲左輔吉水，水走卯交媾爲廉貞五鬼吉水，主合局吉論。

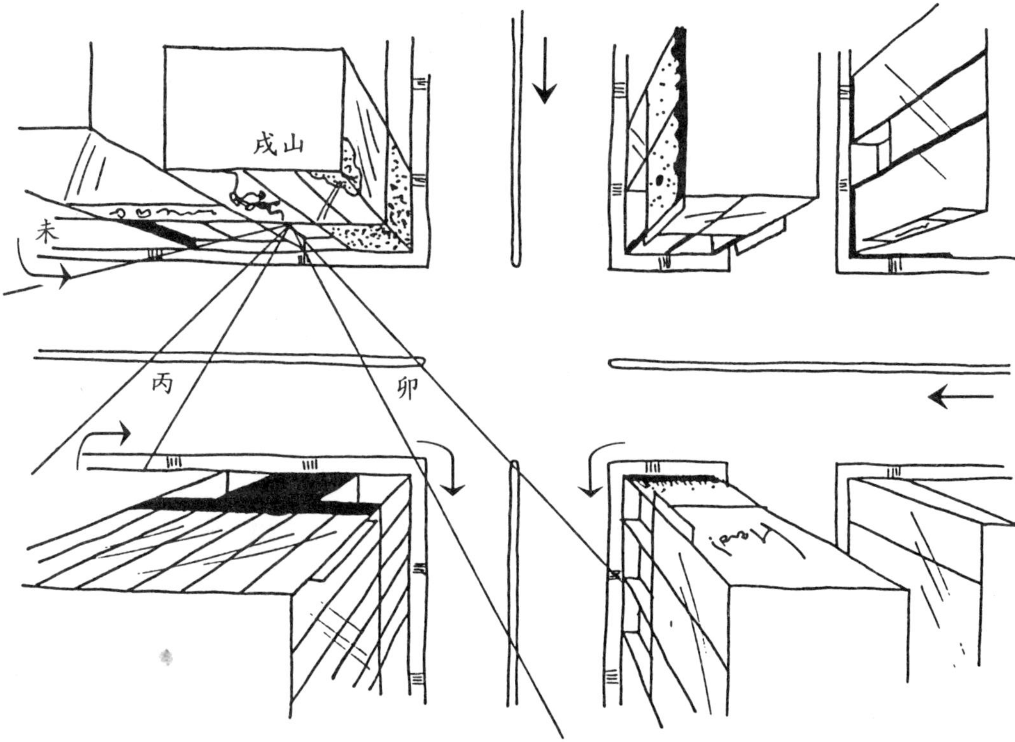
戌山
未
丙
卯

陽宅實際斷法說明

戌山收未水，交媾爲巨門吉水，水走丑交媾爲武曲、四金殺凶水，主破局凶論。收巨門吉水，忠孝多壽出神童，做生意發福甚速。水走武曲、四金殺凶水，主成材之子早歸陰，愚子不歸陰，男女走他鄉，血光、車禍、凶死、開刀、牢獄、官司、流氓、忤逆、凶暴等。

疾病論：喉疾、喘息、呼吸、梅毒、痰疾、鼻血。

水走丑破局凶論：主生人多夭折，鰥寡僧道定不良，橫逆惡死多瘋癲，殺戮公事禍非常，四墓之位破局非爲吉，路死扛屍哭一場。

斷年月：水走丑，巳酉丑年月禍應。

斷房份：水走丑主三房應。

宜內陽改造法：重新安神位，坐未山收未水，交媾爲武曲吉水，水走丑交媾爲廉貞五鬼吉水，主合局吉論。

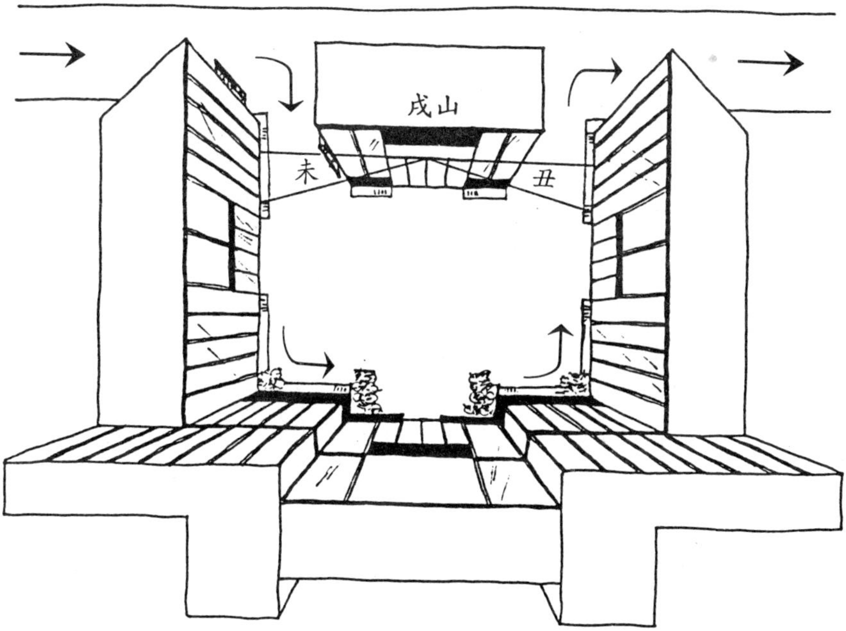
戌山
未
丑

陽宅實際斷法說明

戌山收未午巳水，交媾爲左輔吉水，水走丑交媾爲武曲、四金殺凶水，主破局凶論。

收左輔吉水，主生人慈祥，夫妻和合，子女孝順，富貴福壽長。水走武曲、四金殺凶水，主成材之子早歸陰，愚子不歸陰，男女走他鄉，血光、車禍、凶死、開刀、牢獄、官司、流氓、忤逆、凶暴等。

疾病論：喉疾、喘息、呼吸、梅毒、痰疾、鼻血。

水走丑破局凶論：主生人多夭折，鰥寡僧道定不良，橫逆惡死多瘋癲，殺戮公事禍非常，四墓之四破局非爲吉，路死扛屍哭一場。

斷年月：水走丑，巳酉丑年月禍應。

斷房份：水走丑主三房應。

宜內陽改造法：重新安神位，坐未山收未午巳水，交媾爲巨門吉水，水走丑交媾爲廉貞五鬼吉水，主合局吉論。

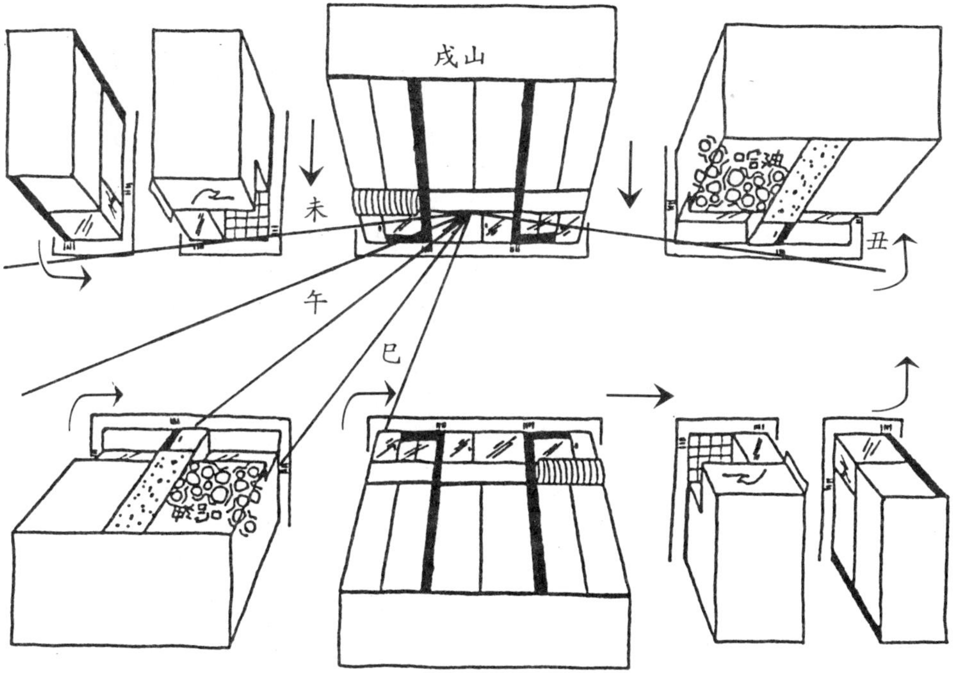
戌山
未
午
巳
丑

乾山三元氣運卦數

乾山天星陽璣，卦位艮爲山☶☶，卦運貪狼一運，坤卦司令☷，司十八年，從上元甲子年起，同治三年歲次甲子年至光緒七年歲次辛巳年止。卦位地山謙☷☶，卦運武曲六運，艮卦司令☶，司二十一年，從中元甲午年起，民國四十三年歲次甲午年至民國六十三年歲次甲寅年止。卦位天地否☰☷，卦運右弼九運，乾卦司令☰，司二十七年，從下元丁酉年起，民國一〇六年歲次丁酉年至民國一三二年歲次癸亥年止。卦位澤地萃☱☷，卦運文曲四運，兌卦司令☱，司二十四年，從中元庚午年起，民國十九年歲次庚午年至民國四十二年歲次癸巳年止。

乾山與各宮數理：

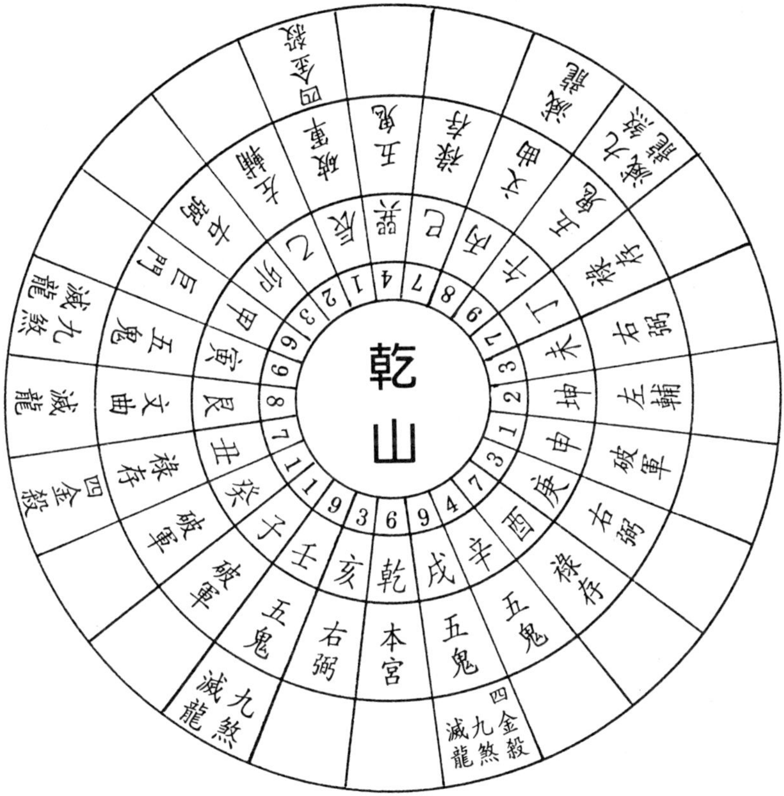
乾山
乾 6 本宮
戌 9 五鬼
辛 4 五鬼
酉 7 祿存
庚 3 右弼
申 1 破軍
坤 2 左輔
未 3 右弼
丁 7 貪狼
午 6 五鬼
丙 8 文曲
巳 7 祿存
巽 4 五鬼
辰 1 破軍
乙 2 左輔
卯 3 右弼
甲 6 巨門
寅 9 五鬼
艮 8 文曲
丑 7 祿存
癸 1 破軍
子 1 破軍
壬 9 五鬼
亥 3 右弼
四金殺
滅龍
九煞滅龍
滅九龍煞
滅龍
四金殺
九煞滅龍
四金殺九煞滅龍

陽宅實際斷法說明

乾山收坤未水，交媾為貪狼吉水，水走卯交媾為右弼凶水，主破局凶論。

收貪狼吉水，主聰明孝友，因公進田，財帛旺盛，登科及第。水走右弼凶水，主夫妻不和，子女忤逆，退敗寡孀。

疾病論：罹患病、性急、心躁、女人有經血不足。

水走卯破局凶論：主偷盜並淫亂，常生多因賊牽累，定主殺戮徒刑罪。

斷年月：水走卯，亥卯未年月禍應。

斷房份：水走卯主長房應。

宜內陽改造法：重新安神位，坐巽山收坤未水，交媾為右弼吉水，水走卯交媾為破軍吉水，主合局吉論。

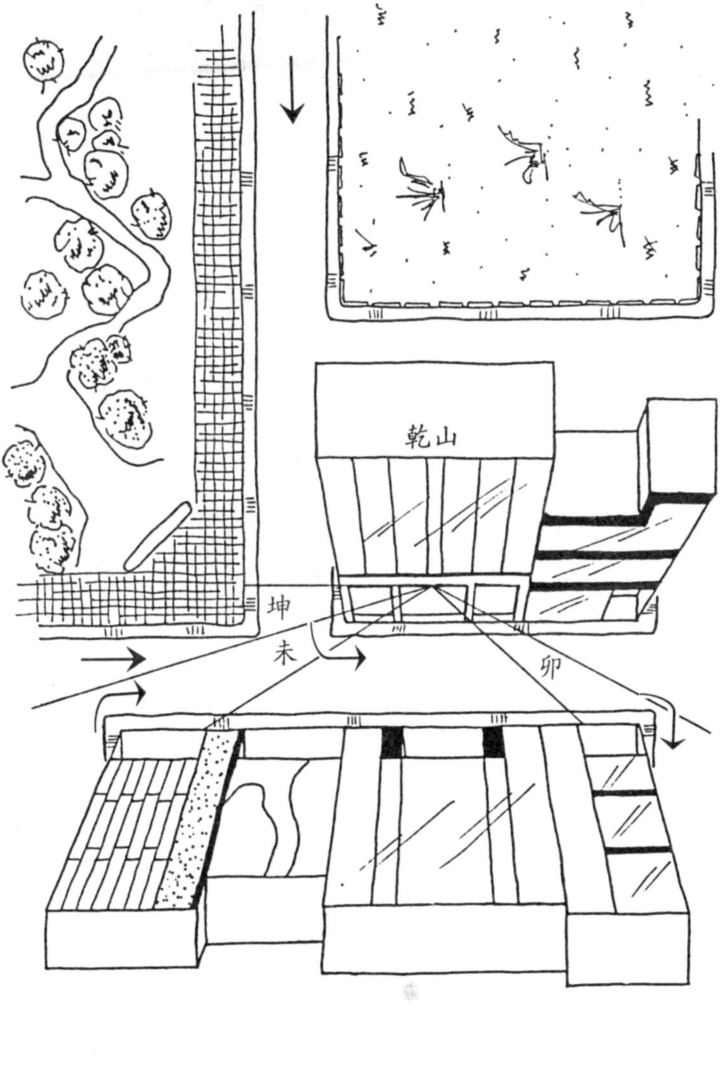
乾山
坤
未
卯

陽宅實際斷法說明

乾山收坤未巳水，交媾爲左輔吉水，水走巽交媾爲廉貞五鬼吉水，主合局吉論。

收左輔吉水，主生人慈祥，夫妻和合，子女孝順，富貴福壽長。水走廉貞五鬼吉水，主健康長壽，榮華富貴。

乾山合局吉論：主多富且而貴，世登要路居相，馬上金階出大尉。

斷年月：流年流月，天干甲年甲月福應。

斷房份：乾山主長房應。

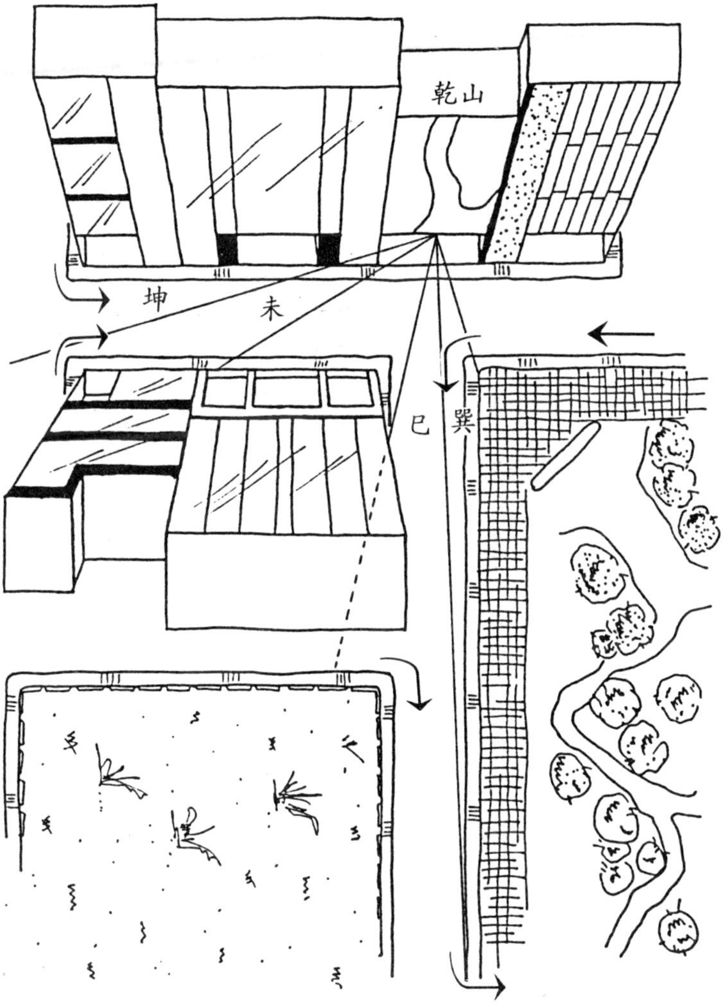
乾山
坤
未
巳
巽

陽宅實際斷法說明

乾山收乙水，交媾爲左輔吉水，水走丙交媾爲文曲吉水，主合局吉論。收左輔吉水，主生人慈祥，夫妻和合，子女孝順，富貴福壽長。水走文曲吉水，主文曲是玄空卦中之桃花星，不管吉凶亦有桃花之論，生貴子旺家財，男人會納妾。

乾山合局吉論：主多富且而貴，世登要路居相，馬上金階出大尉。

斷年月：流年流月，天干甲年甲月福應。

斷房份：乾山主長房應。

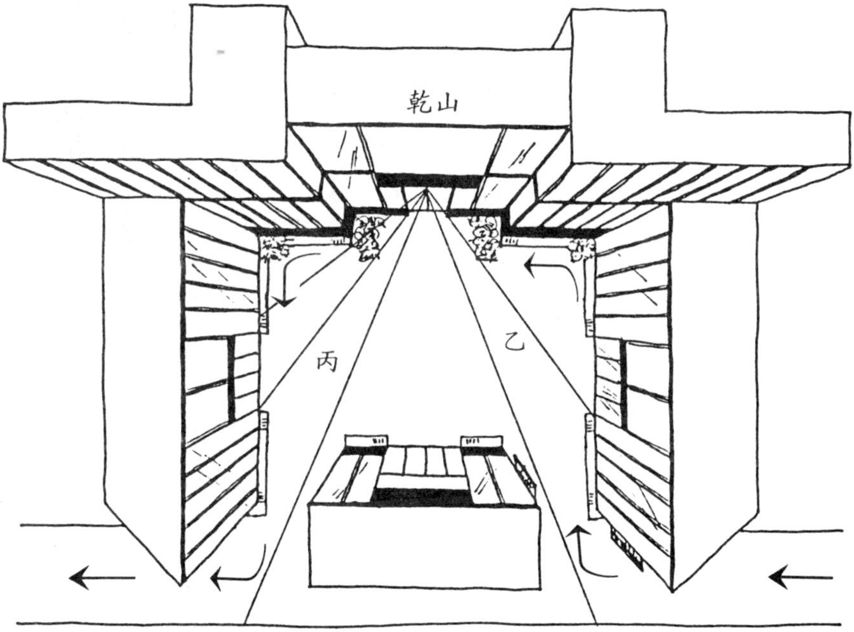
乾山
丙
乙

陽宅實際斷法說明

乾山收坤午水，交媾爲破軍凶水，水走乙交媾爲左輔凶水，主破局凶論。

收破軍凶水，主凶暴作賊好訟，投軍劫掠，樂士木匠，瘟瘽連連，凶虧體人，欠債不還，產死雷傷，落水絕嗣，投河自縊。水走左輔凶水，主夫妻不和，子女忤逆，退敗寡孀。

疾病論：腳腫、缺唇、聾啞、肺病、頭病、筋骨痛、開、大腸病、骨癌。

乾山破局凶論：主破局跛且聾，頭痛跎蹊列相通，鰥寡絕嗣多不吉，繼贅剋妻疊重重。

水走乙破局凶論：主手足病，螟蛉繼兒如親男，定然剋妻三五番。

斷年月：流年流月，天干甲年甲月禍應，水走乙，流年流月，乙年乙月禍應。

宜內陽改造法：重新安神位，坐艮山收坤午水，交媾爲右弼吉水，水走乙交媾爲廉貞五鬼吉水，主合局吉論。

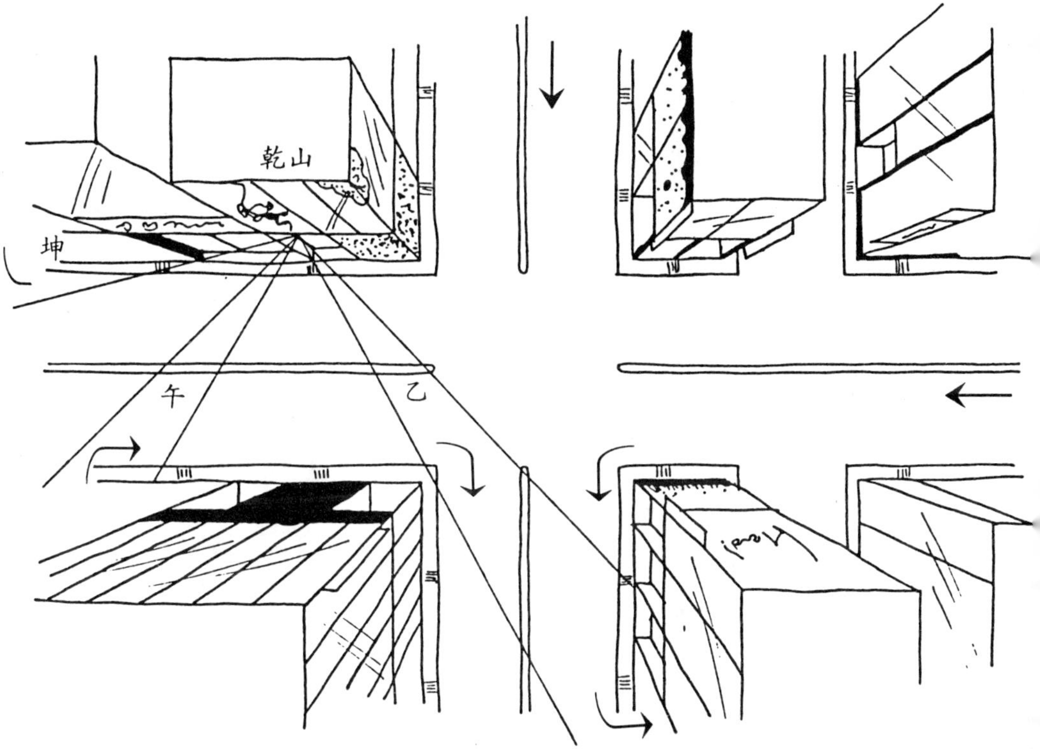
乾山
坤
午
乙

陽宅實際斷法說明

乾山收艮水，交媾爲文曲凶水，水走辰交媾爲破軍吉水，主破局凶論。

收文曲凶水，主女插花枝逐客行，男人破家因酒色及賭，女人內亂公訟興，令人冷退絕人丁，墮胎、自縊、落水。水走破軍吉水，主大吉昌，爲官英雄近帝王。

疾病論：子宮、帶下症、風濕、疝氣、膀胱、睪丸、腎臟病、耳疾、血系、心臟栓塞。

乾山破局凶論：主破局跛且聾，頭痛跎蹊列相通，鰥寡絕嗣多不吉，繼贅剋妻疊重重。

斷年月：流年流月，天干甲年甲月禍應。

斷房份：乾山主長房應。

宜內陽改造法：重新安神位，坐巽山收艮水，交媾爲巨門吉水，水走辰交媾爲廉貞五鬼吉水，主合局吉論。

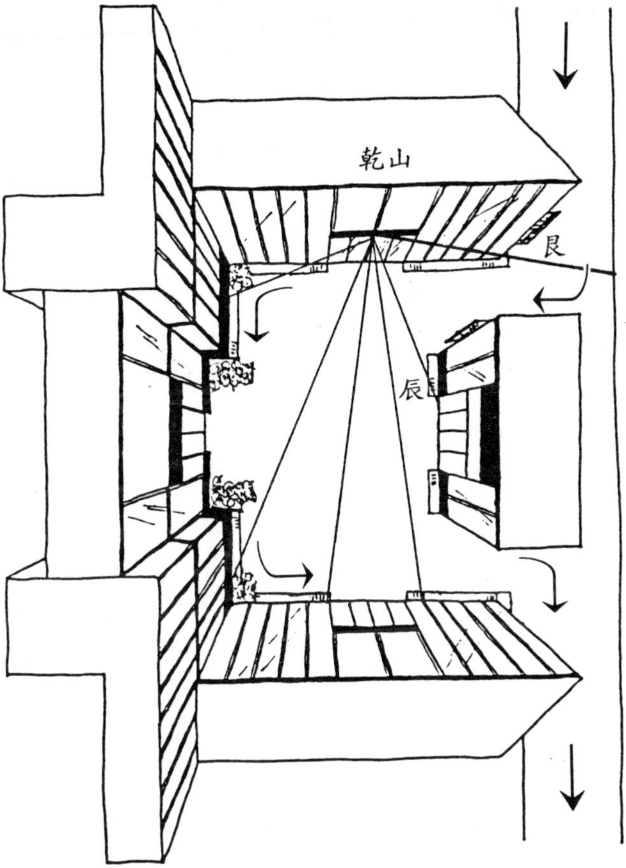
乾山
艮
辰

陽宅實際斷法說明

乾山收艮寅卯乙水，交媾爲左輔吉水，水走午交媾爲廉貞五鬼吉水，主合局吉論。

收左輔吉水，主生人慈祥，夫妻和合，子女孝順，富貴福壽長。水走廉貞五鬼吉水，主健康長壽，榮華富貴。

乾山合局吉論：主多富且而貴，世登要路居相，馬上金階出大尉。

斷年月：流年流月，天干甲年甲月福應。

斷房份：乾山主長房應。

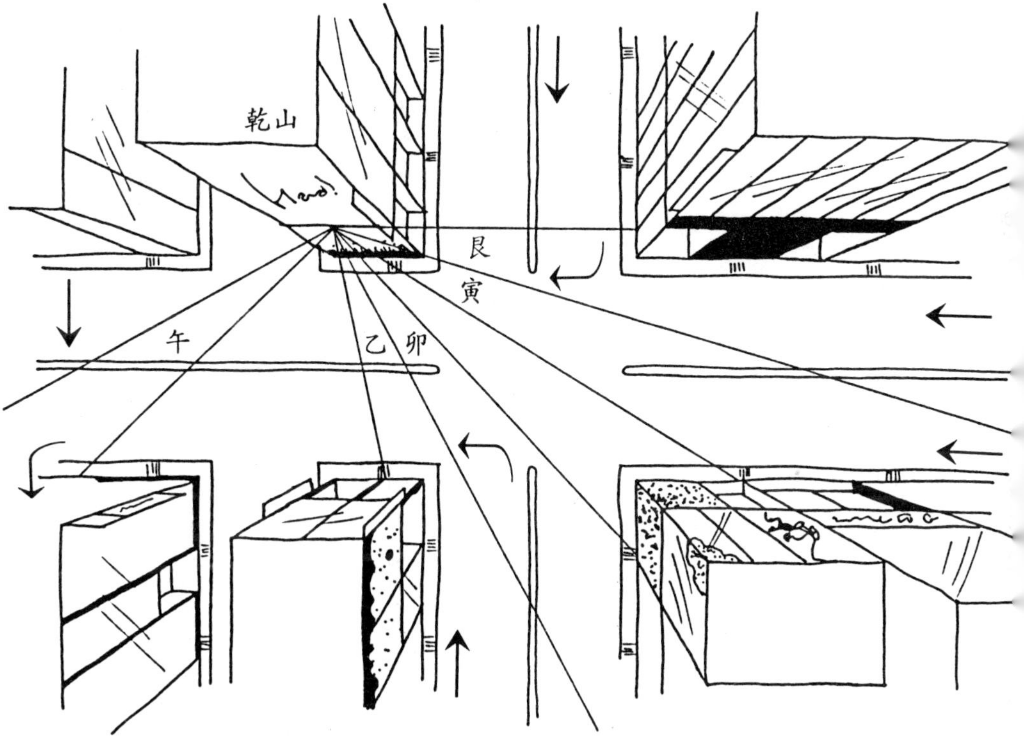
乾山
艮
寅
午
乙
卯

陽宅實際斷法說明

乾山收坤水，交媾爲左輔吉水，水走艮交媾爲文曲吉水，主合局吉論。收左輔吉水，主生人慈祥，夫妻和合，子女孝順，富貴福壽長。水走文曲吉水，主文曲是玄空卦中之桃花星，不管吉凶亦有桃花之論，生貴子旺家財，男人會納妾。

乾山合局吉論：主多富且而貴，世登要路居相，馬上金階出大尉。

斷年月：流年流月，天干甲年甲月福應。

斷房份：乾山主長房應。

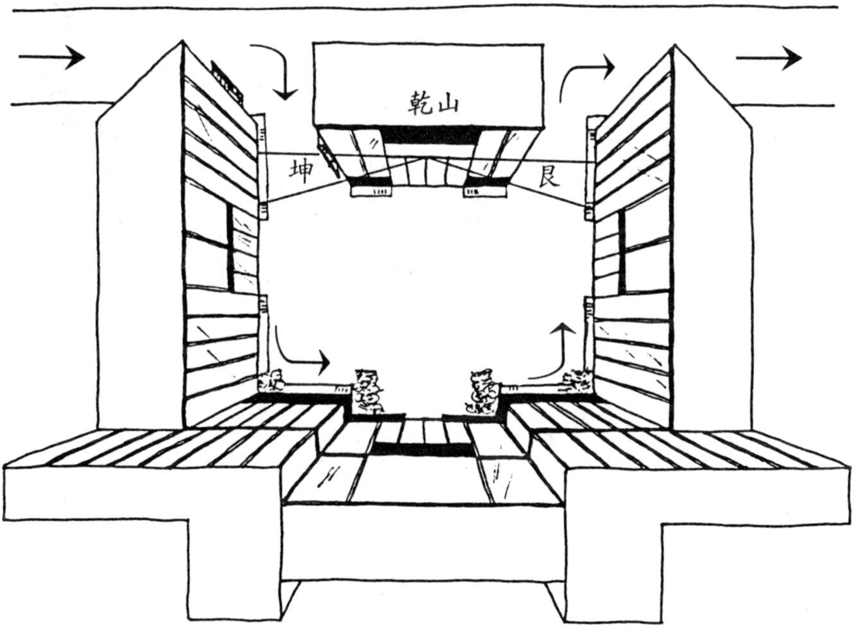
乾山
坤
艮

陽宅實際斷法說明

乾山收坤丁丙水，交媾為祿存凶水，水走艮交媾為文曲吉水，主破局凶論。收祿存凶水，主出人心性頑鈍，行事妄誕，離祖過房，男僧女道，飲毒藥自縊，好酒色及賭，癲狂不善終，夭折、絕嗣、蛇傷。水走文曲吉水，主文曲是玄空卦中之桃花星，不管吉凶亦有桃花之論，生貴子旺家財，男人會納妾。

疾病論：胃腸障礙、水腫、脹滿、神經系統。

乾山破局凶論：主破局跛且聾，頭痛跎蹊列相通，鰥寡絕嗣多不吉，繼贅剋妻疊重重。

斷年月：流年流月，天干甲年甲月禍應。

斷房份：乾山主長房應。

宜內陽改造法：重新安神位，坐坤山收坤丁丙水，交媾為右弼吉水，水走艮交媾為廉貞五鬼吉水，主合局吉論。

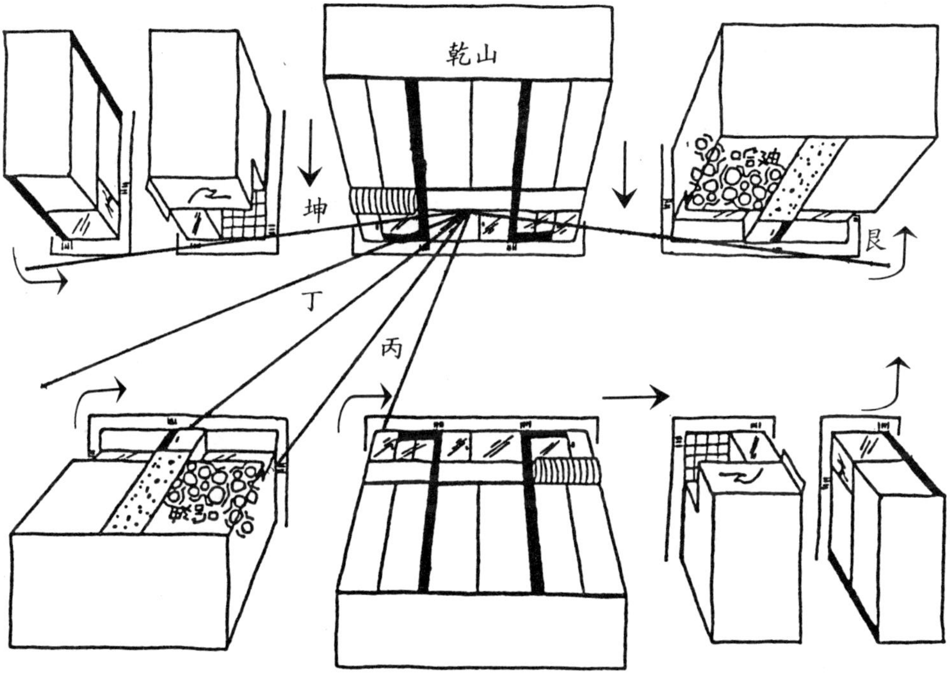
乾山
坤
艮
丁
丙

亥山三元氣運卦數

亥山天星天皇，卦位澤地萃☱☷，卦運文曲四運，兌卦司令☱，司二十四年，從中元庚午年起，民國十九年歲次庚午年至民國四十二年歲次癸巳年止。卦位火地晉☲☷，卦運祿存三運，離卦司令☲，司二十四年，從上元丙午年起，光緒三十二年歲次丙午年至民國十八年歲次己巳年止。卦位雷地豫☳☷，卦運左輔八運，震卦司令☳，司二十一年，從中元丙子年起，民國八十五年歲次丙子年至民國一〇五年歲次丙申年止。

亥山與各宮數理：

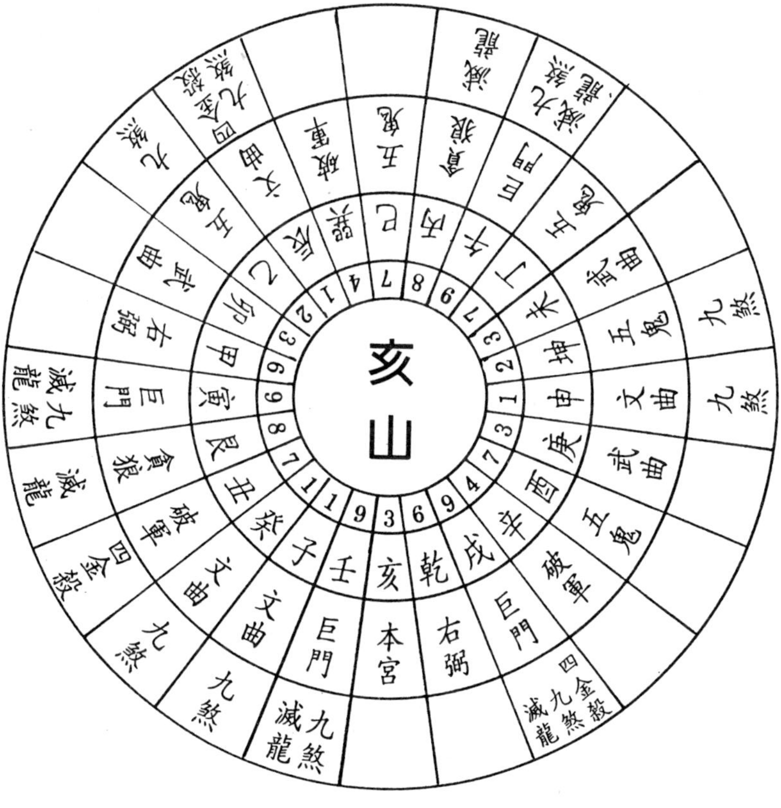

陽宅實際斷法說明

亥山收甲坤丙水，交媾為右弼吉水，，水走巳交媾為廉貞五鬼吉水，主合局吉論。

收右弼吉水，主生人明理孝順，夫妻恩愛，子女孝順。水走廉貞五鬼吉水，主健康長壽，榮華富貴。

亥山合局吉論：主大旺人丁，財帛廣進，且蔭大家久積善。

斷年月：亥卯未年月福應。

斷房份：亥山主二房應。

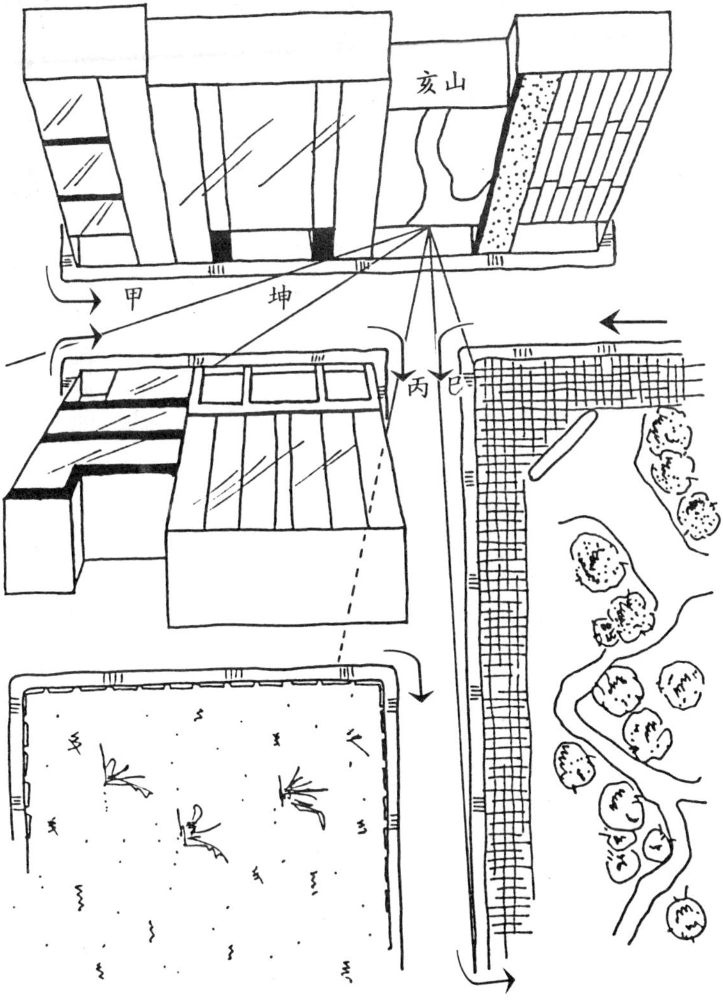
亥山
甲
坤
丙
巳

陽宅實際斷法說明

亥山收申坤水，交媾為武曲吉水，水走乙交媾為廉貞五鬼吉水，主合局吉論。收武曲吉水，主出人清貴富厚，登科及第，福壽雙全，為官近帝王。水走廉貞五鬼吉水，主健康長壽，榮華富貴。

亥山合局吉論：主大旺人丁，財帛廣進，且蔭大家久積善。

斷年月：亥卯未年月福應。

斷房份：亥山主二房應。

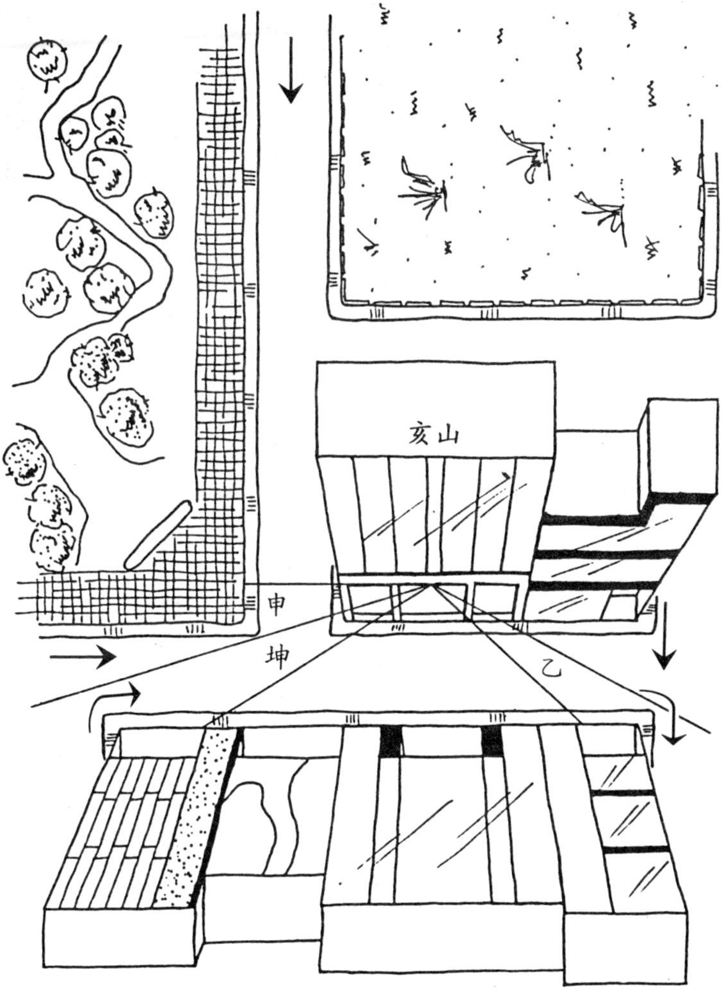
亥山
申
坤
乙

陽宅實際斷法說明

亥山收寅甲乙辰水，交媾爲貪狼吉水，水走丁交媾爲廉貞五鬼吉水，主合局吉論。

收貪狼吉水，主聰明孝友，因公進田，財帛旺盛，登科及第。水走廉貞五鬼吉水，主健康長壽，榮華富貴。

亥山合局吉論：主大旺人丁，財帛廣進，且蔭大家久積善。

斷年月：亥卯未年月福應。

斷房份：亥山主二房應。

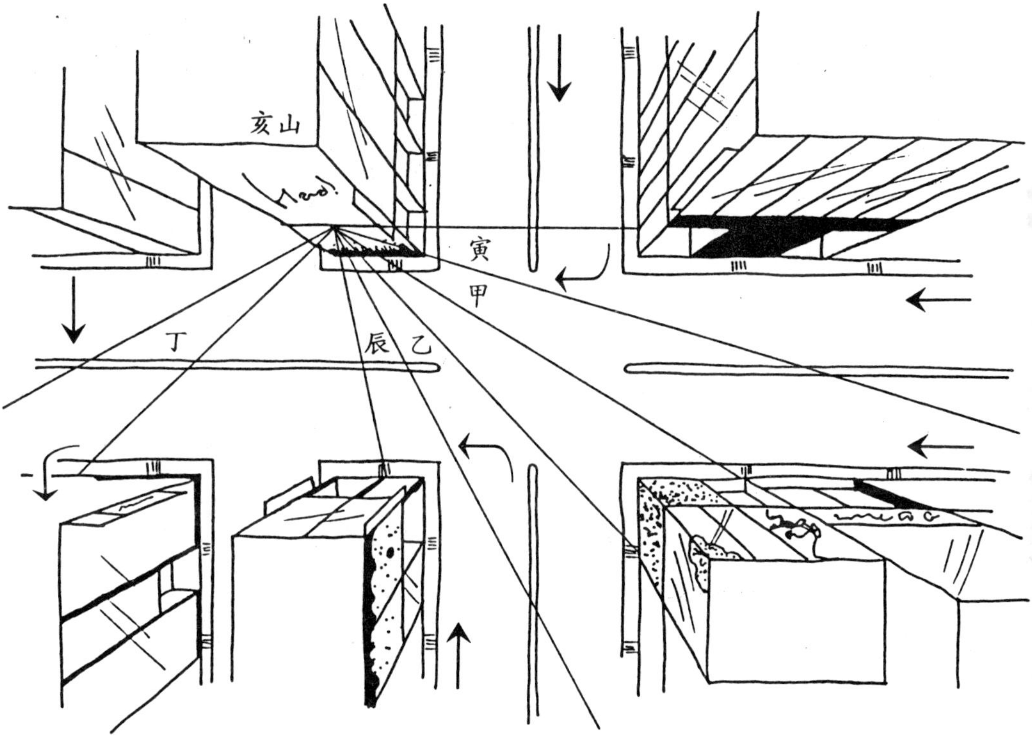
亥山
寅
甲
丁
辰
乙

陽宅實際斷法說明

亥山收寅水，交媾爲巨門吉水，水走巽交媾爲破軍吉水，主合局吉論。收巨門吉水，主忠孝多壽出神童，做生意發福甚速。水走破軍吉水，主大吉昌，爲官英雄近帝王。

亥山合局吉論：主大旺人丁，財帛廣進，且蔭大家久積善。

斷年月：亥卯未年月福應。

斷房份：亥山主二房應。

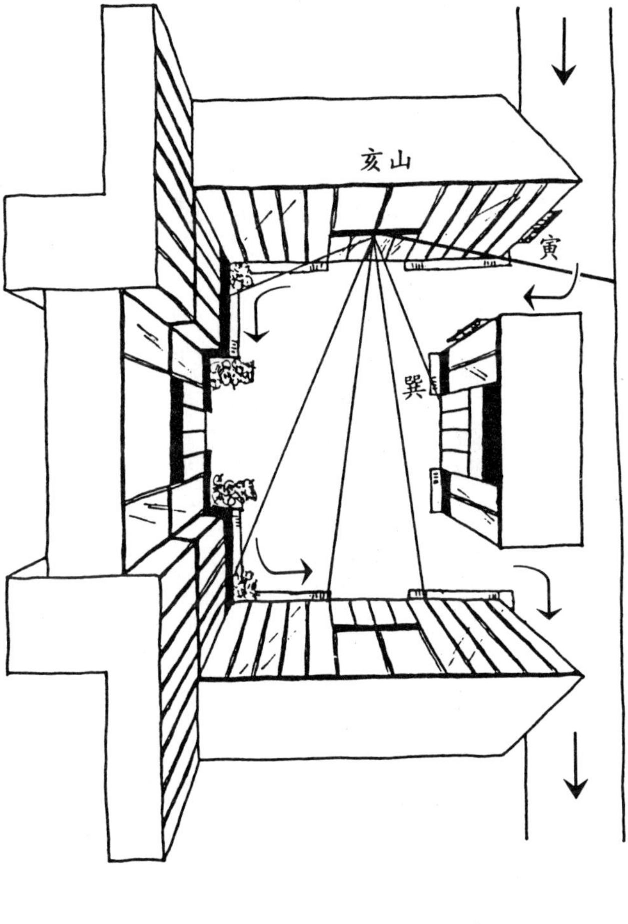
亥山
寅
巽

陽宅實際斷法說明

亥山收辰水，交媾為文曲凶水，水走午水交媾為巨門、滅龍、九煞凶水，主破局凶論。

收文曲凶水，主女插花枝逐客行，男人破家因酒色及賭，女人內亂公訟興，令人冷退絕人丁，墮胎、自縊、落水。水走巨門、滅龍、九煞凶水，主官司牽連，家散不合，多是非破敗，生子不成全，無男丁接代，多生女子，因而招子傳宗，出流氓、忤逆、官非、凶死、自縊、夫妻不和等。

疾病論：子宮、帶下症、風濕、疝氣、膀胱、睪丸、腎臟病、耳疾、血系、心臟栓塞。

亥山破局凶論：主癆瘵損少年，吐血症犯登鬼應，橫過災輕終少福。

水走午破局凶論：主火災並淫亂，盜賊時生不肖男，又主盲目墮胎犯，刑獄破家遭刑難，婦人室女同淫濫。

斷年月：亥卯未年月禍應，水走午，寅午戌年月禍應。

斷房份：亥山主二房應，水走午主長房應。

宜內陽改造法：重新安神位，坐申山收辰水，交媾為巨門吉水，水走午交媾為廉貞五鬼吉水，主合局吉論。

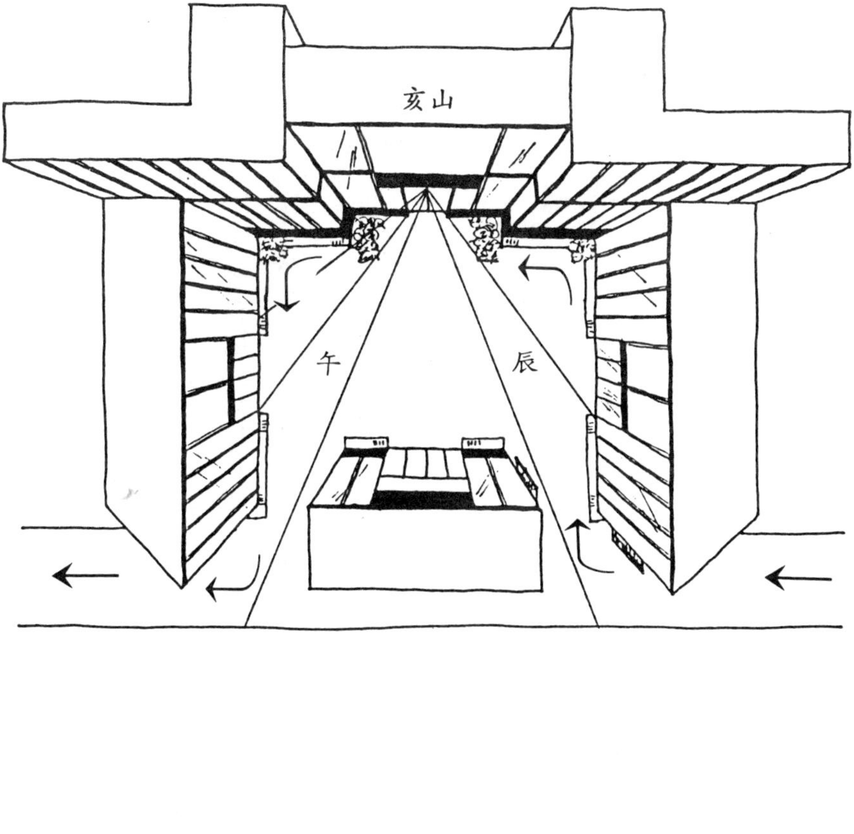
亥山
午
辰

陽宅實際斷法說明

亥山收申丁水，交媾爲貪狼吉水，水走辰交媾爲文曲吉水，主合局吉論。收貪狼吉水，主聰明孝友，因公進田，財帛旺盛，登科及第。水走文曲吉水，主文曲是玄空卦中之桃花星，不管吉凶亦有桃花之論，生貴子旺家財，男人會納妾。

亥山合局吉論：主大旺人丁，財帛廣進，且蔭大家久積善。

斷年月：亥卯未年月福應。

斷房份：亥山主二房應。

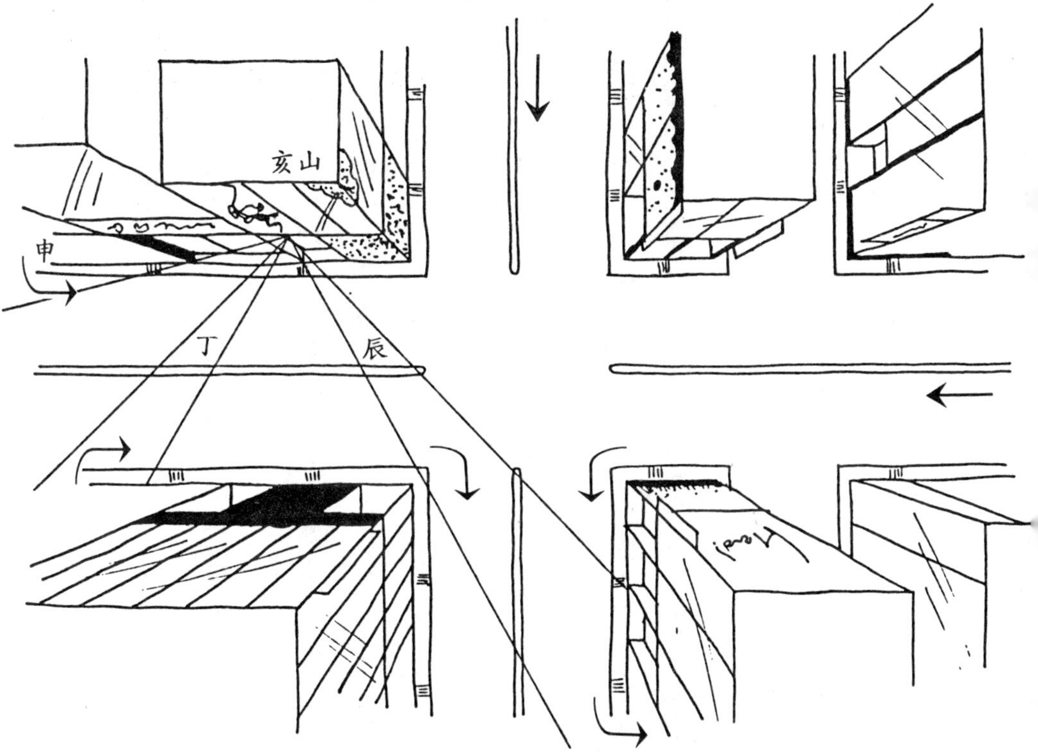
亥山
申
丁
辰

陽宅實際斷法說明

亥山收申水，交媾爲文曲凶水，水走寅交媾爲巨門、滅龍、九煞凶水，主破局凶論。

收文曲凶水，主女插花枝逐客行，男人破家因酒色及賭，女人內亂公訟興，令人冷退絕人丁，墮胎、自縊、落水。水走巨門、滅龍、九煞凶水，主官司牽連，家散不合，多是非破敗，生子不成全，無男丁接代，多生女子，因而招子傳宗，出流氓、忤逆、官非、凶死、自縊、夫妻不和等。

疾病論：子宮、帶下症、風濕、疝氣、膀胱、睪丸、腎臟病、耳疾、血系、心臟栓塞。

亥山破局凶論：主癆瘵損少年，吐血症犯登鬼應，橫過災輕終少福。

水走寅破局凶論：主破局爲艮之九煞，生瘋盲及車災，煞帶廉貞血滿懷。

斷年月：亥卯未年月禍應，水走寅，寅午戌年月禍應。

斷房份：亥山主二房應，水走寅主二房應。

宜內陽改造法：重新安神位，坐申山收申水，交媾爲巨門吉水，水走寅交媾爲廉貞五鬼吉水，主合局吉論。

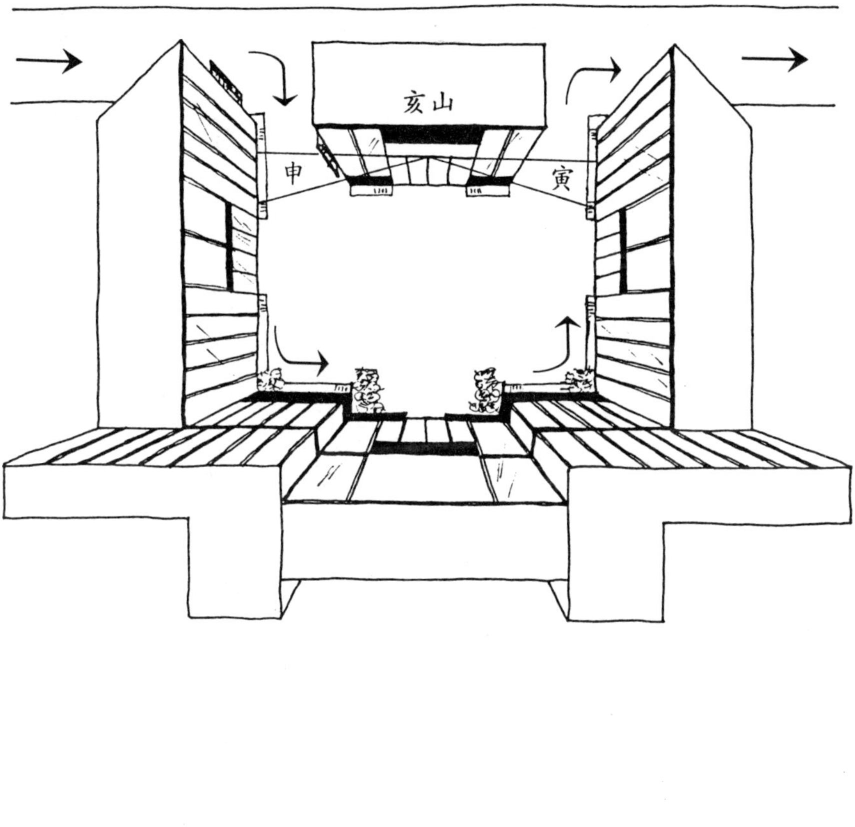
亥山
申
寅

陽宅實際斷法說明

亥山收申未午水，交媾爲武曲吉水，水走辰交媾爲文曲吉水，主合局吉論。收武曲吉水，主出人清貴富厚，登科及第，福壽雙全，爲官近帝王。水走文曲吉水，主文曲是玄空卦中之桃花星，不管吉凶亦有桃花之論，生貴子旺家財，男人會納妾。

亥山合局吉論：主大旺人丁，財帛廣進，且蔭大家久積善。

斷年月：亥卯未年月福應。

斷房份：亥山主二房應。

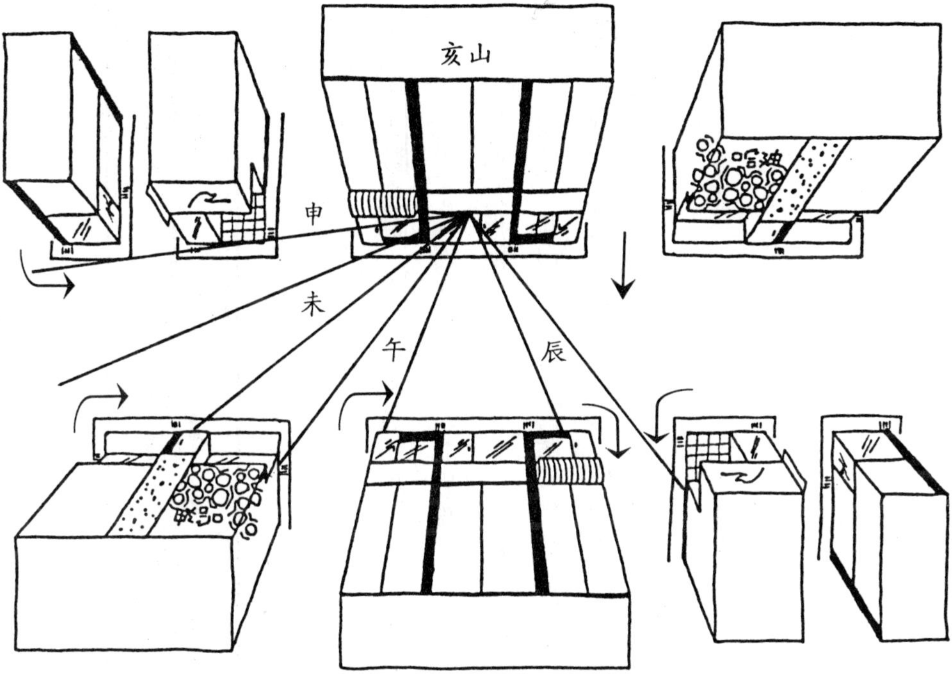
亥山
申
未
午
辰

三　室內二十四山佈置方位吉凶論

測量室內擺設方位，在房屋中心點下羅經，格二十四山方位吉凶。室內擺設方位吉凶，以坐山後天數與擺設方位後天數相加，超過十數其餘數一貪狼、二巨門、三祿存、四文曲、五、十廉貞、六武曲、七破軍、八左輔、九右弼等，貪狼、巨門、武曲、左輔、右弼為五吉星，祿存、文曲、廉貞、破軍為四凶星，室內擺設，神位、床位、大門、櫃檯、書房、廚房、倉庫、辦公室等，宜置五吉星之位，若置四凶星祿存、文曲、廉貞、破軍之位為凶位，四凶星只宜置便所、停車場等。

正確測量室內佈置方位

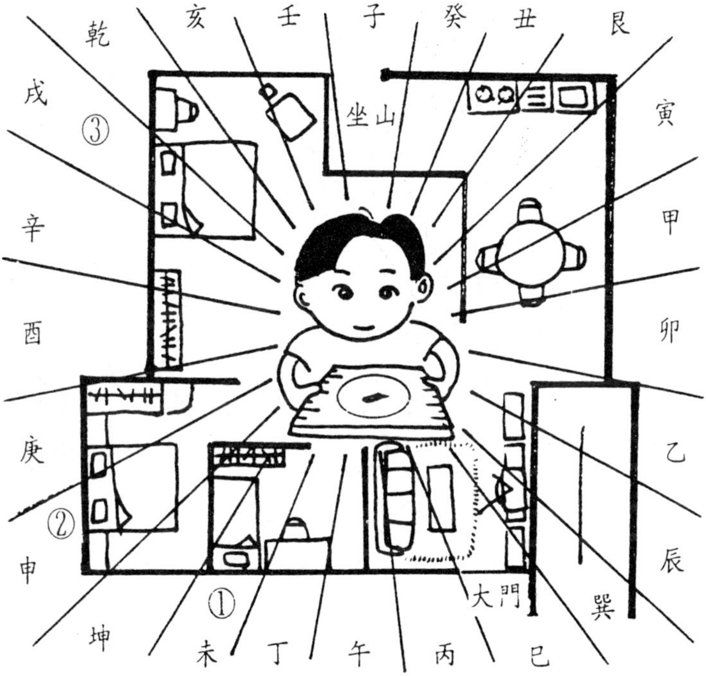

註：測量室內佈置方位，以房屋的中心點爲基準。例如：坐子山，①大門在巳宮爲左輔吉星，②床位在未宮爲文曲凶星，③床位在中宮爲巨門吉星，④床位在戌宮爲廉貞凶星。

三 室內二十四山佈置實際斷法說明

壬山室內佈置吉凶位

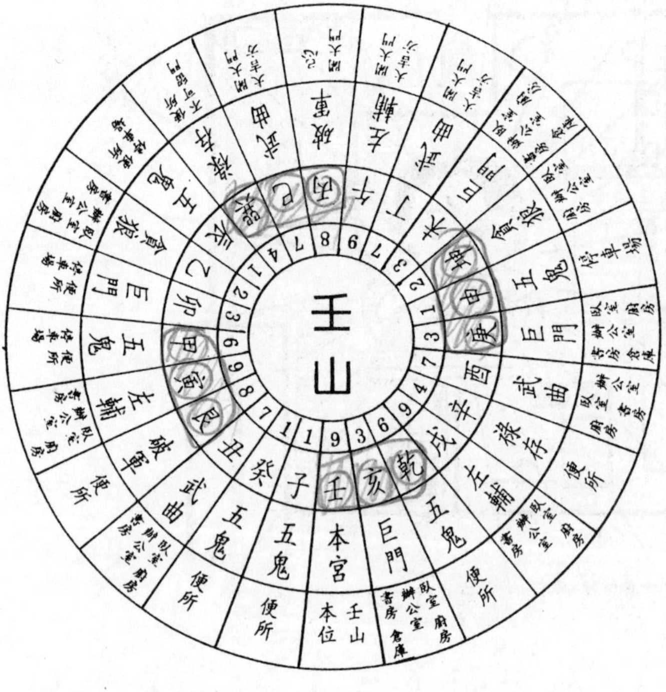

注意事項

壬山：神位、床位、大門、櫃檯、書房、廚房、辦公室、倉庫等。喜坐方位：貪狼、巨門、武曲、左輔、右弼等吉星之位。忌置祿存、文曲、五鬼、破軍等凶星之位。

壬山室內佈置斷法說明

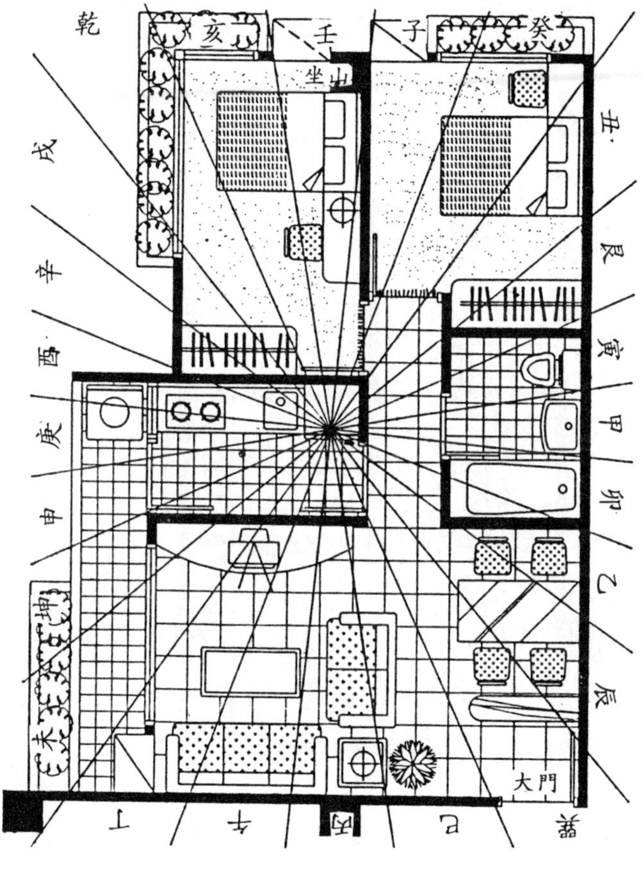

壬方床頭：爲本宮位主吉。

丑方床頭：與坐山交媾爲武曲吉位。

寅方馬桶：與坐山交媾爲左輔吉星，馬桶忌坐吉星位。

巽方大門：與坐山交媾爲祿存凶位。

酉方瓦斯爐：與坐山交媾爲武曲吉位。

壬山室內佈置斷法說明

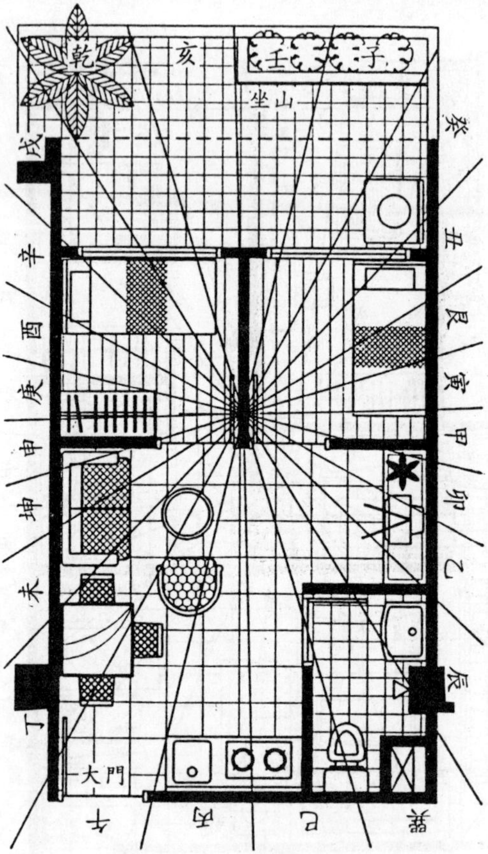

丑方床頭：與坐山交媾爲武曲吉位。

巽方馬桶：與坐山交媾爲祿存吉位。

巳方瓦斯爐：與坐山交媾爲武曲吉位。

丙方瓦斯爐：與坐山交媾爲破軍凶位。

午方大門：與坐山交媾爲左輔吉位。

辛方床頭：與坐山交媾爲祿存凶位。

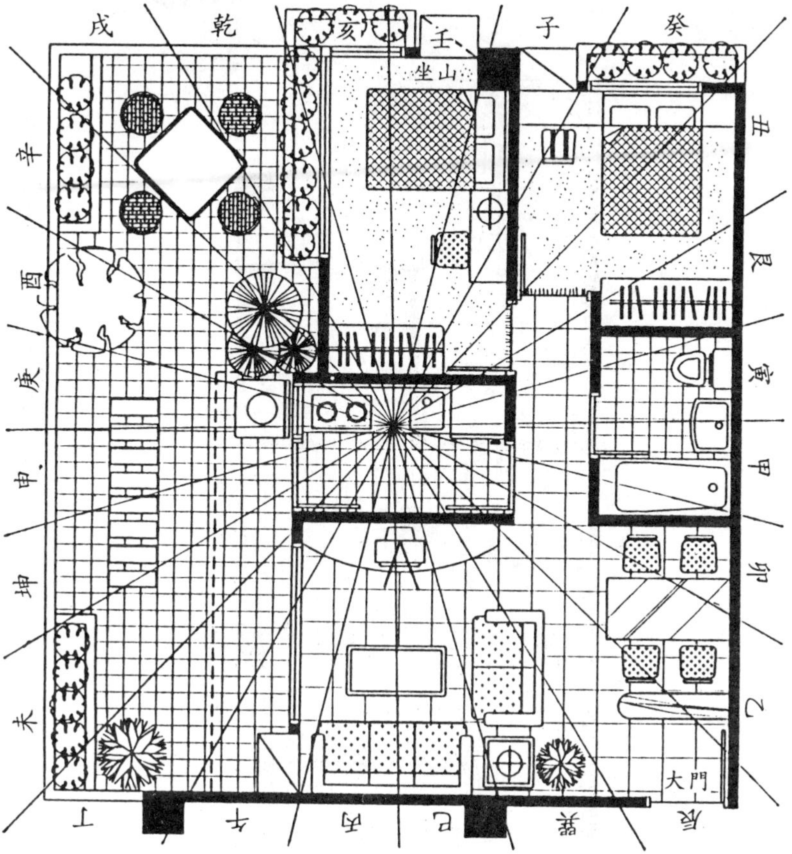

壬山室內佈置斷法說明

子方床頭：與坐山交媾爲廉貞五鬼凶位。

寅方馬桶：與坐山交媾爲左輔吉星，馬桶忌坐吉星位。

辰方大門：與坐山交媾爲廉貞五鬼凶位。

庚方瓦斯爐：與坐山交媾爲巨門吉位。

酉方瓦斯爐：與坐山交媾爲武曲吉位。

壬山室內佈置斷法說明

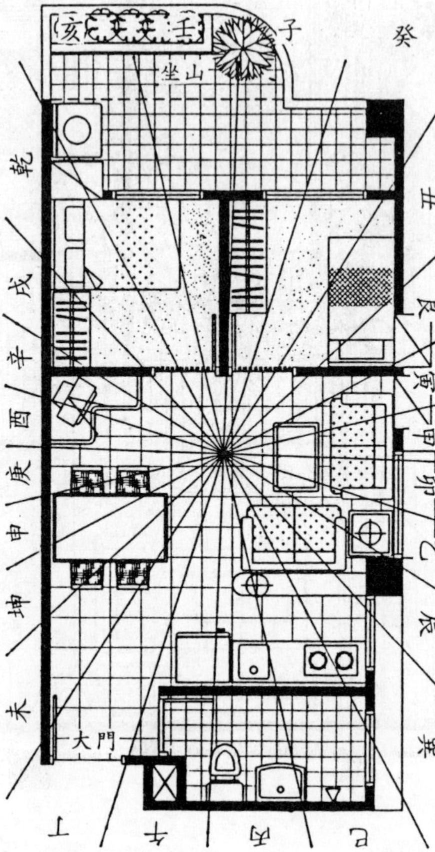

艮方床頭：與坐山交媾爲破軍凶位。

巽方瓦斯爐：與坐山交媾爲祿存凶位。

巳方瓦斯爐：與坐山交媾爲武曲吉位。

丙方馬桶：與坐山交媾爲破軍吉位。

丁方大門：與坐山交媾爲武曲吉位。

乾方床頭：與坐山交媾爲廉貞五鬼凶位。

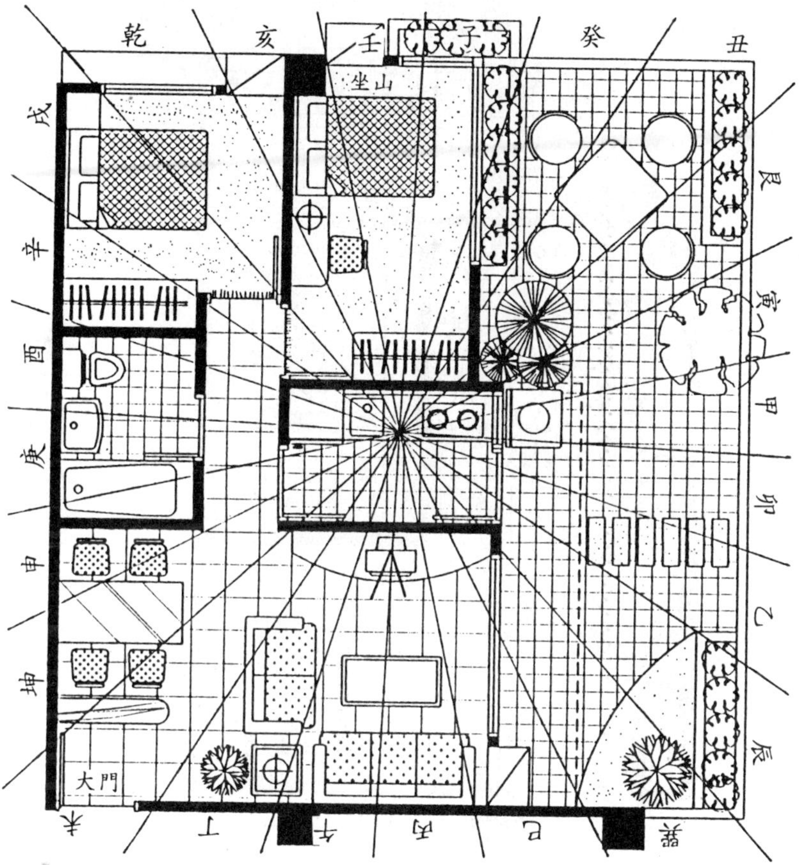

壬山室內佈置斷法說明

寅方瓦斯爐：與坐山交媾爲左輔吉位。

未方大門：與坐山交媾爲巨門吉位。

酉方馬桶：與坐山交媾爲武曲吉星，馬桶忌坐吉星位。

戌方床頭：與坐山交媾爲左輔吉位。

亥方床頭：與坐山交媾爲巨門吉位。

壬山室內佈置斷法說明

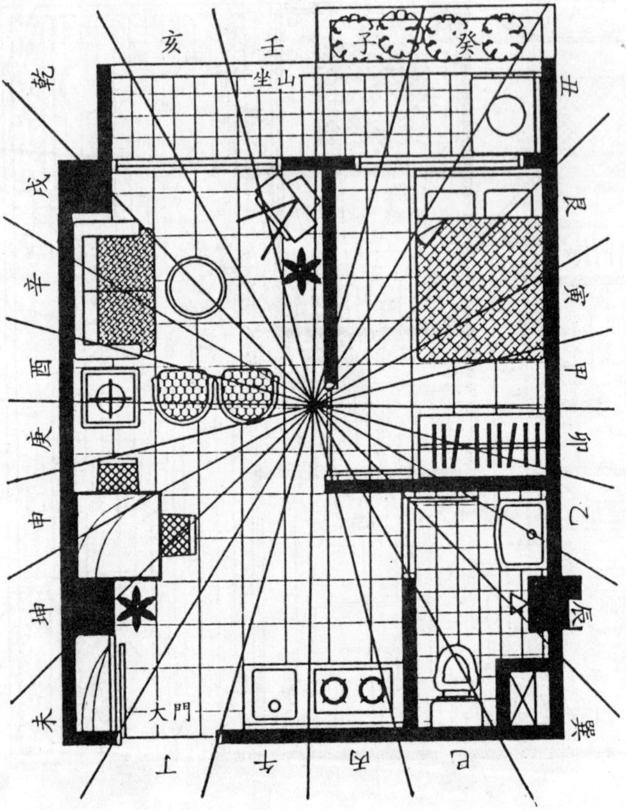

丑方床頭：與坐山交媾爲武曲吉位。

巳方馬桶：與坐山交媾爲武曲吉星，馬桶忌坐吉星位。

丙方瓦斯爐：與坐山交媾爲破軍凶位。

丁方大門：與坐山交媾爲武曲吉位。

壬山室內佈置斷法說明

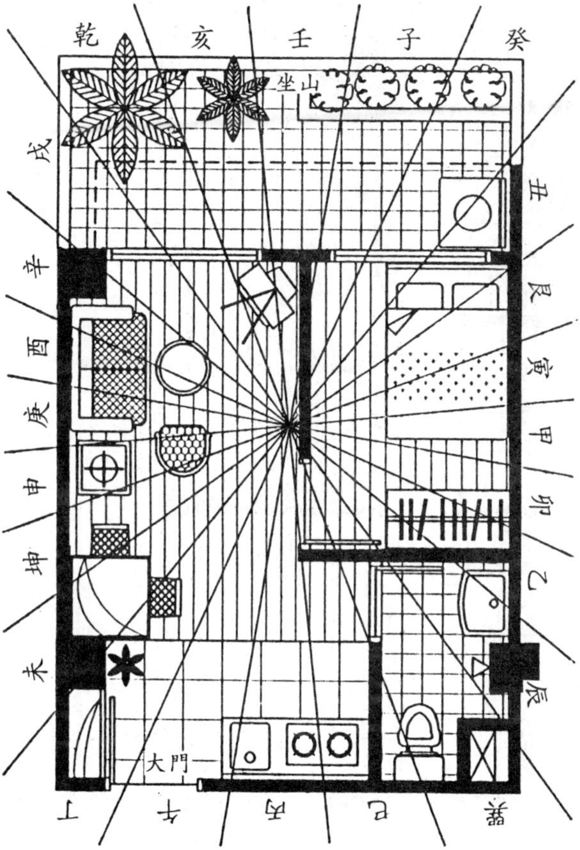

丑方床頭：與坐山交媾爲武曲吉位。

艮方床頭：兩宮主凶位。

巽方馬桶：與坐山交媾爲祿存吉位。

巳方瓦斯爐：與坐山交媾爲武曲吉位。

丙方瓦斯爐：與坐山交媾爲破軍凶位。

午方大門：與坐山交媾爲左輔吉位。

壬山室內佈置斷法說明

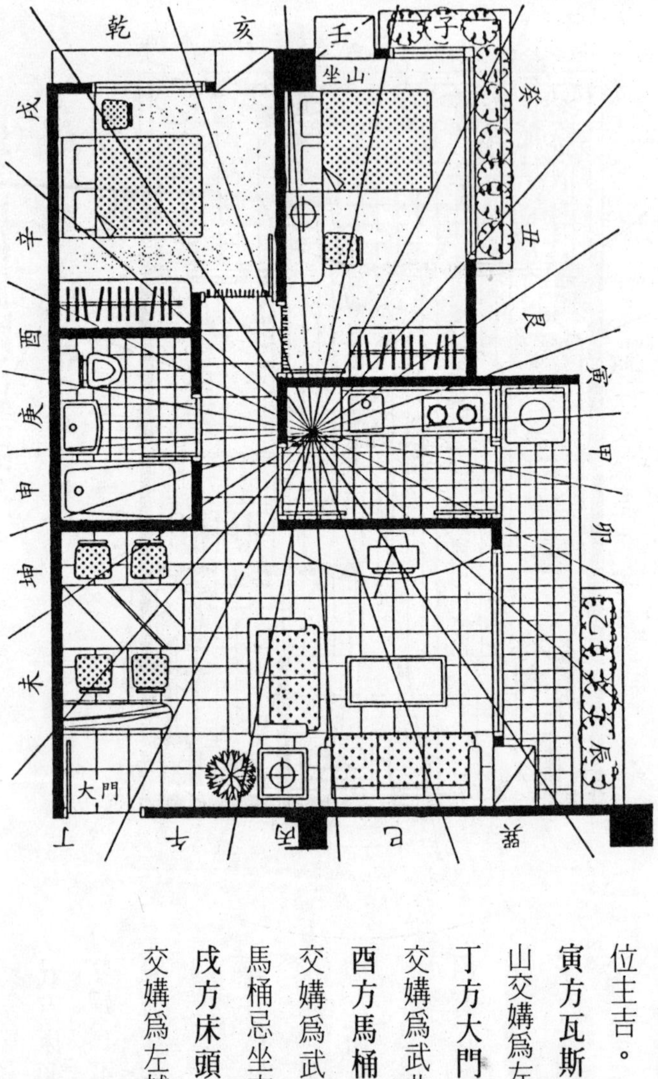

壬方床頭：爲本宮位主吉。

寅方瓦斯爐：與坐山交媾爲左輔吉位。

丁方大門：與坐山交媾爲武曲吉位。

酉方馬桶：與坐山交媾爲武曲吉星，馬桶忌坐吉星位。

戌方床頭：與坐山交媾爲左輔吉位。

子山室內佈置吉凶位

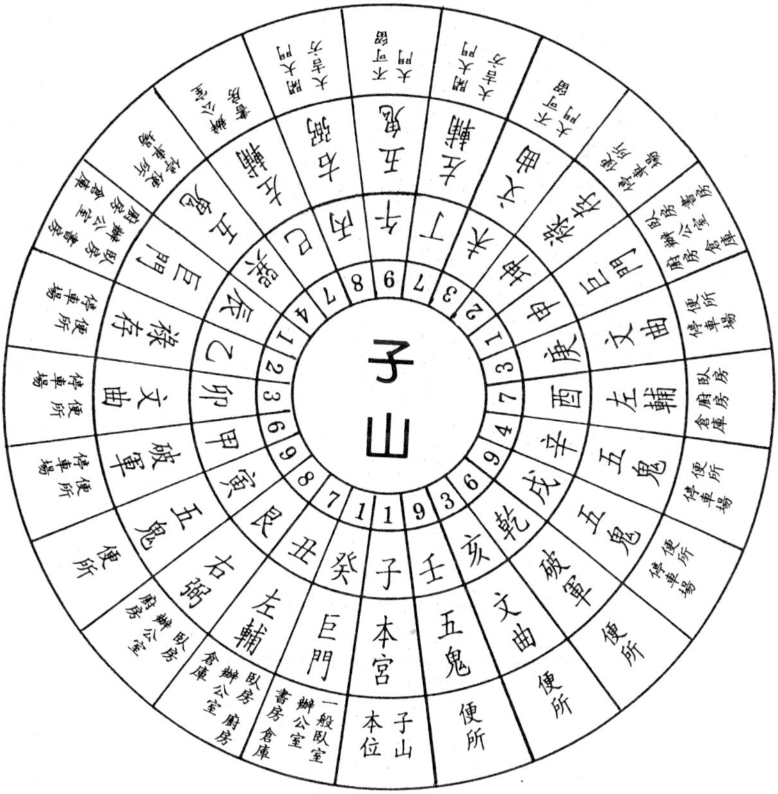

注意事項

子山：神位、床頭、大門、櫃檯、書房、廚房、辦公室、倉庫等。喜坐方位：貪狼、巨門、武曲、左輔、右弼等吉星之位。忌置祿存、文曲、五鬼、破軍等凶星之位。

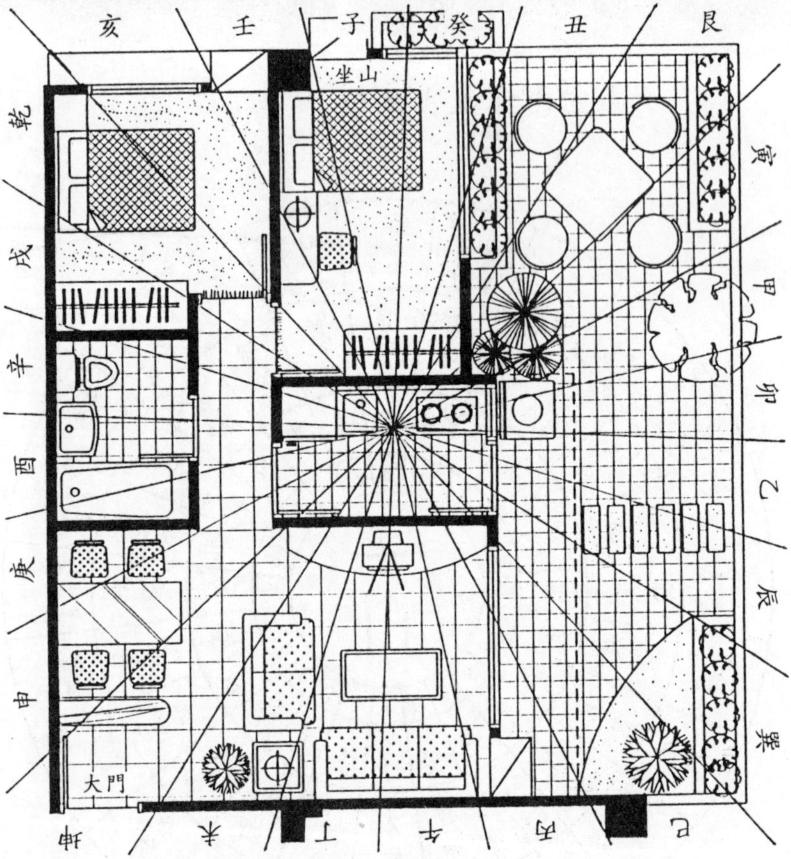

子山室內佈置斷法說明

甲方瓦斯爐：與坐山交媾爲破軍凶位。

卯方瓦斯爐：兩宮主凶位。

坤方大門：與坐山交媾爲祿存凶位。

辛方馬桶：與坐山交媾爲廉貞五鬼吉位。

乾方床頭：與坐山交媾爲破軍凶位。

壬方床頭：與坐山交媾爲廉貞五鬼凶位。

子山室內佈置斷法說明

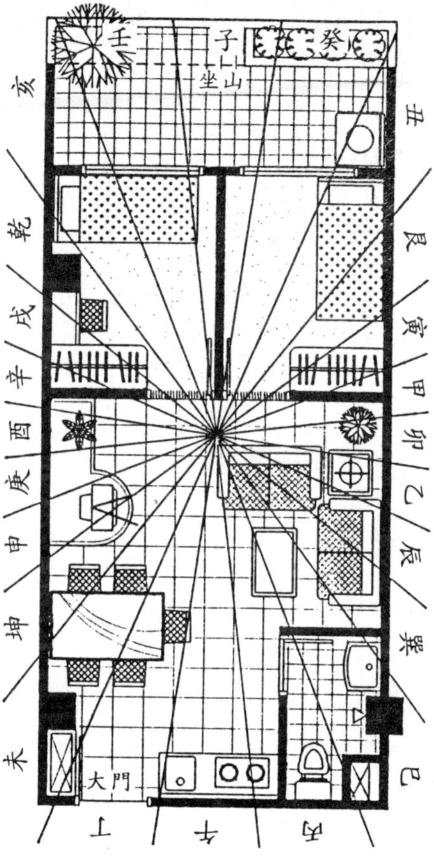

丑方床頭：與坐山交媾爲左輔吉位。

丙方馬桶：與坐山交媾爲右弼吉星，馬桶忌坐吉星位。

丙方瓦斯爐：與坐山交媾爲右弼吉位。

午方瓦斯爐：與坐山交媾爲廉貞五鬼凶位。

丁方大門：與坐山交媾爲左輔吉位。

亥方床頭：與坐山交媾爲文曲凶位。

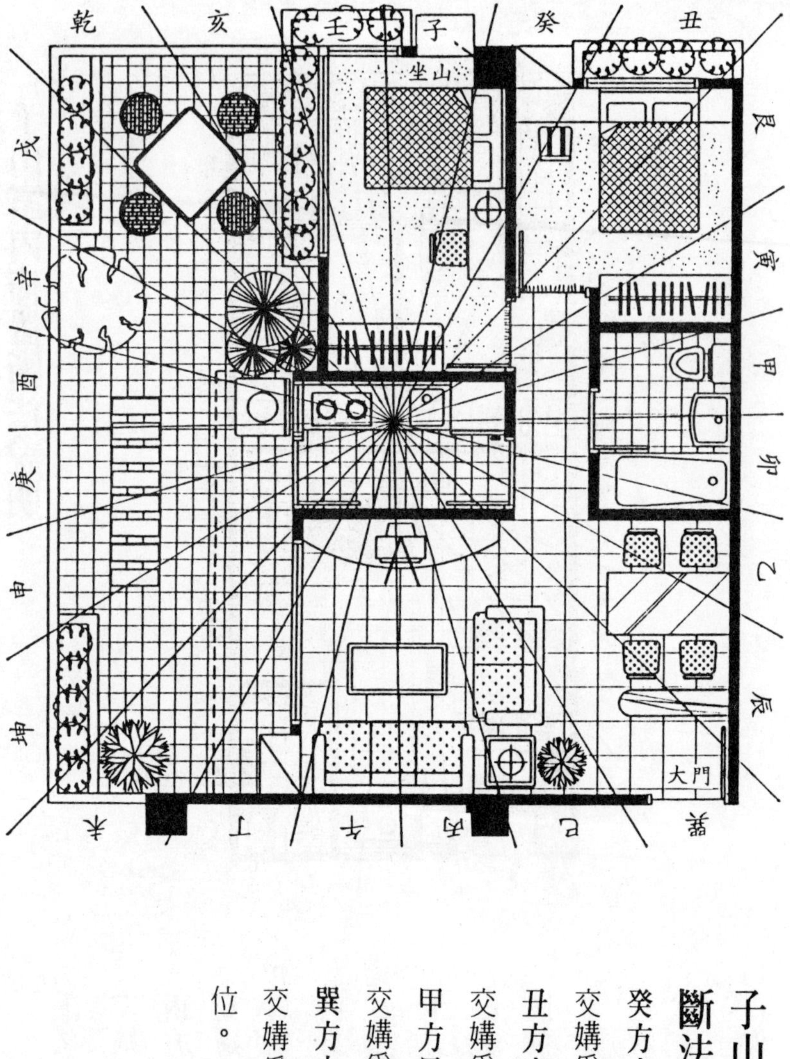

子山室內佈置斷法說明

癸方床頭：與坐山交媾為巨門吉位。

丑方床頭：與坐山交媾為左輔吉位。

甲方馬桶：與坐山交媾為破軍吉位。

巽方大門：與坐山交媾為廉貞五鬼凶位。

子山室內佈置斷法說明

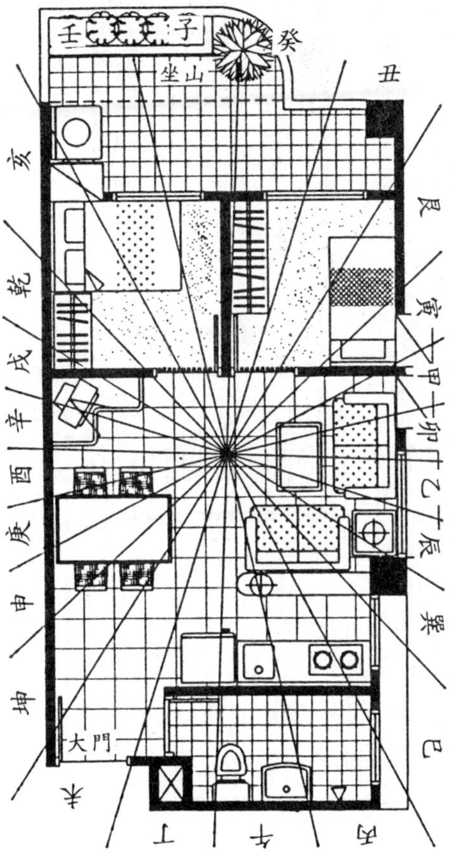

寅方床頭：與坐山交媾爲廉貞五鬼凶位。

巳方瓦斯爐：與坐山交媾爲左輔吉位。

丙方瓦斯爐：與坐山交媾爲右弼吉位。

午方馬桶：與坐山交媾爲廉貞五鬼吉位。

未方大門：與坐山交媾爲文曲凶位。

亥方床頭：與坐山交媾爲文曲凶位。

子山室內佈置斷法說明

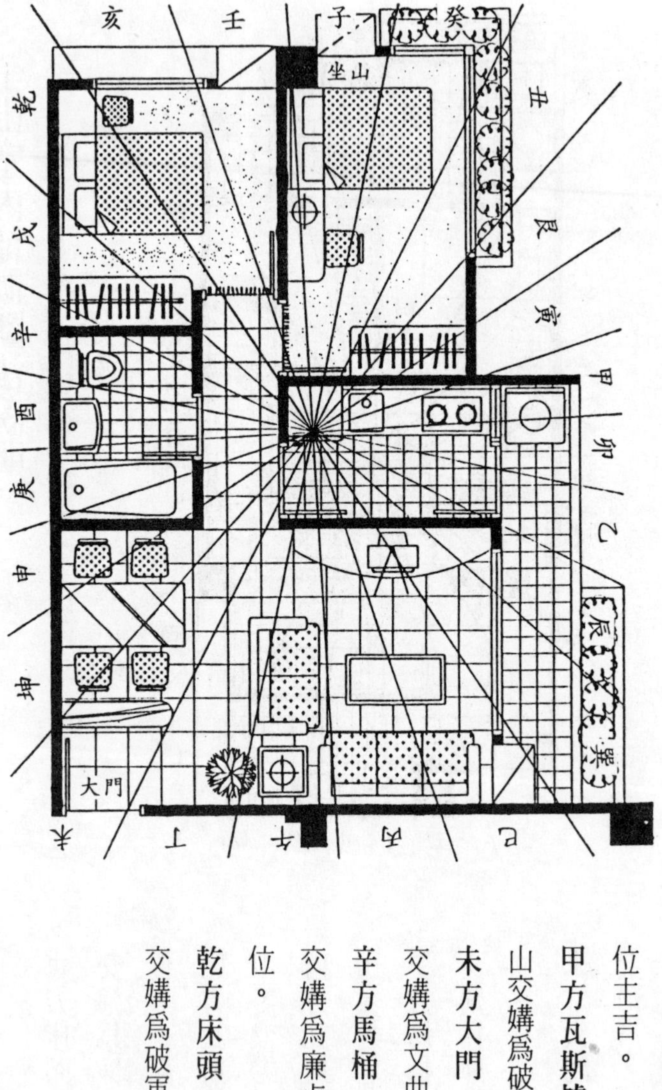

子方床頭：爲本宮位主吉。

甲方瓦斯爐：與坐山交媾爲破軍凶位。

未方大門：與坐山交媾爲文曲凶位。

辛方馬桶：與坐山交媾爲廉貞五鬼吉位。

乾方床頭：與坐山交媾爲破軍凶位。

子山室內佈置斷法說明

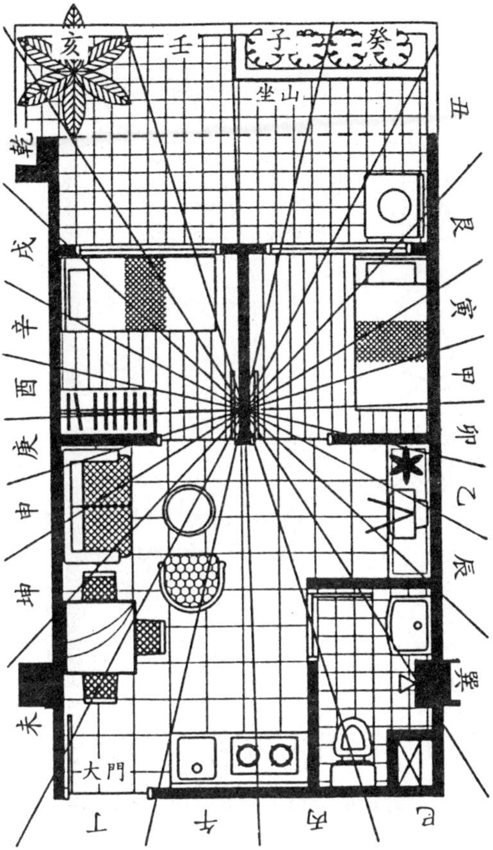

巳方馬桶：與坐山交媾爲左輔吉星，馬桶忌坐吉星位。

丙方瓦斯爐：與坐山交媾爲右弼吉位。

午方瓦斯爐：與坐山交媾爲廉貞五鬼凶位。

丁方大門：與坐山交媾爲左輔吉位。

戌方床頭：與坐山交媾爲廉貞五鬼凶位。

子山室內佈置斷法說明

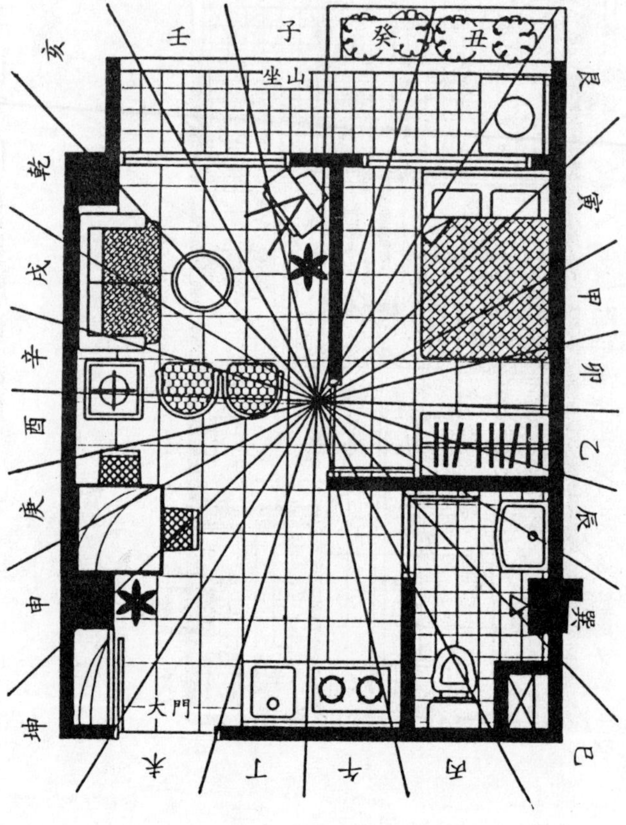

艮方床頭：與坐山交媾爲右弼吉位。

丙方馬桶：與坐山交媾爲右弼吉星，馬桶忌坐吉星位。

午方瓦斯爐：與坐山交媾爲廉貞五鬼凶位。

未方大門：與坐山交媾爲文曲凶位。

子山室內佈置斷法說明

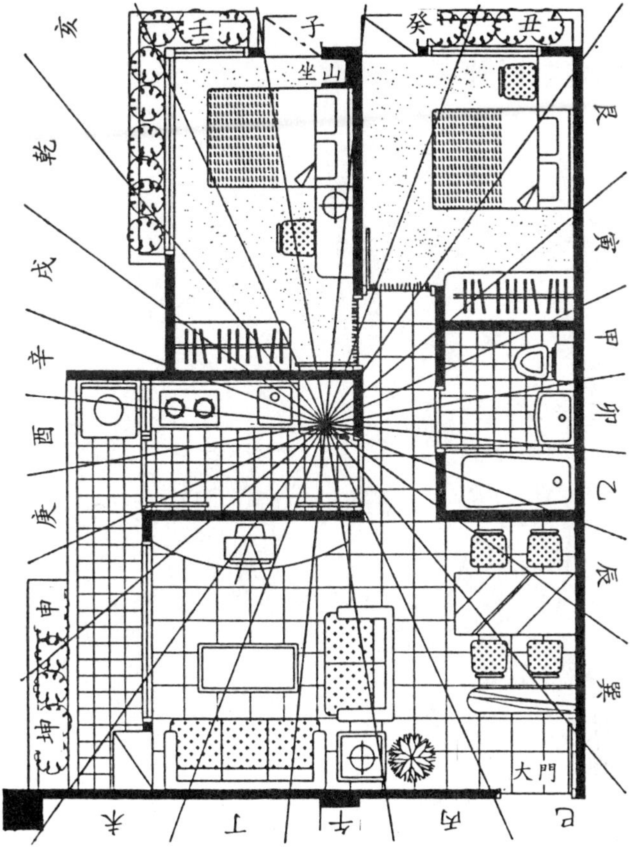

子方床頭：爲本宮位主吉。

艮方床頭：與坐山交媾爲右弼吉位。

甲方馬桶：與坐山交媾爲破軍吉位。

巳方床位：與坐山交媾爲左輔吉位。

辛方瓦斯爐：與坐山交媾爲廉貞五鬼凶位。

癸山室內佈置吉凶位

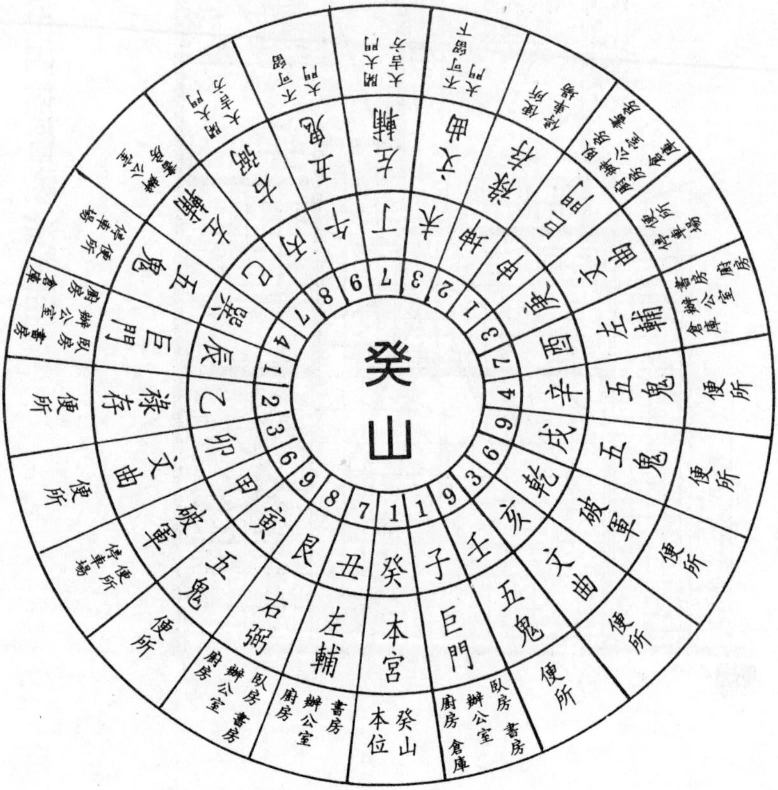

注意事項

癸山：神位、床頭、大門、櫃檯、書房、廚房、倉庫、辦公室等。喜坐方位：貪狼、巨門、武曲、左輔、右弼等吉星之位。忌置祿存、文曲、五鬼、破軍等凶星之位。

癸山室內佈置斷法說明

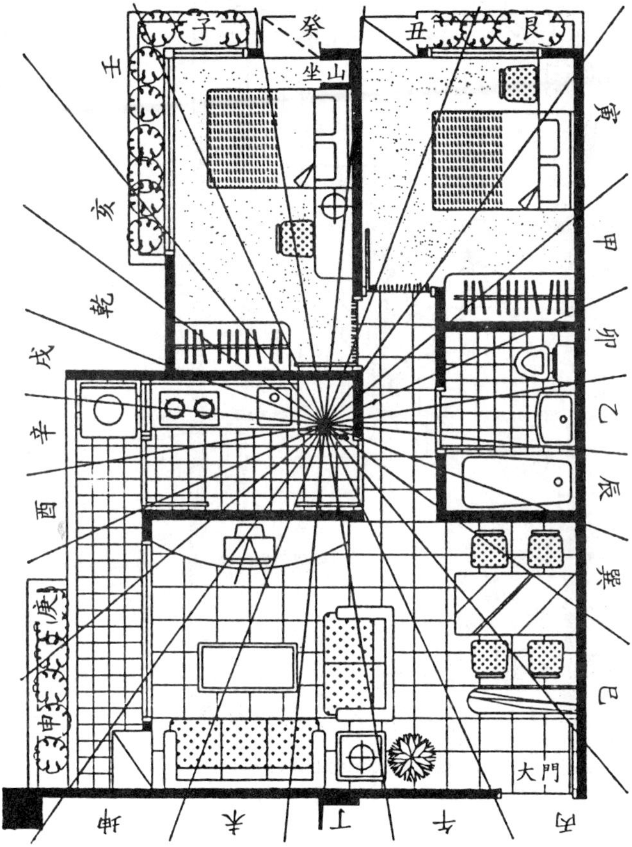

癸方床頭：爲本宮位主吉。

寅方床頭：與坐山交媾爲廉貞五鬼凶位。

卯方馬桶：與坐山交媾爲文曲吉位。

丙方大門：與坐山交媾爲右弼吉位。

戌方瓦斯爐：與坐山交媾爲廉貞五鬼凶位。

癸山室內佈置斷法說明

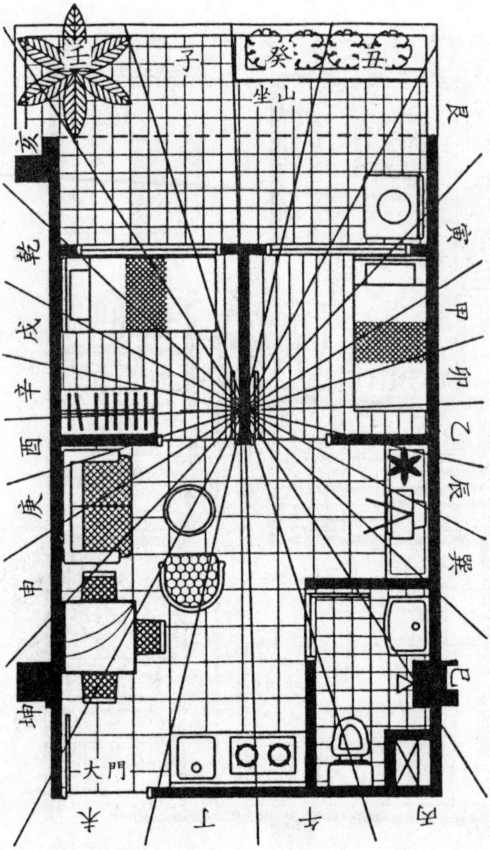

寅方床頭：與坐山交媾爲廉貞五鬼凶位。

丙方馬桶：與坐山交媾爲右弼吉星，馬桶忌坐吉星位。

午方瓦斯爐：與坐山交媾爲廉貞五鬼凶位。

丁方瓦斯爐：與坐山交媾爲左輔吉位。

未方大門：與坐山交媾爲文曲凶位。

乾方床頭：與坐山交媾爲破軍凶位。

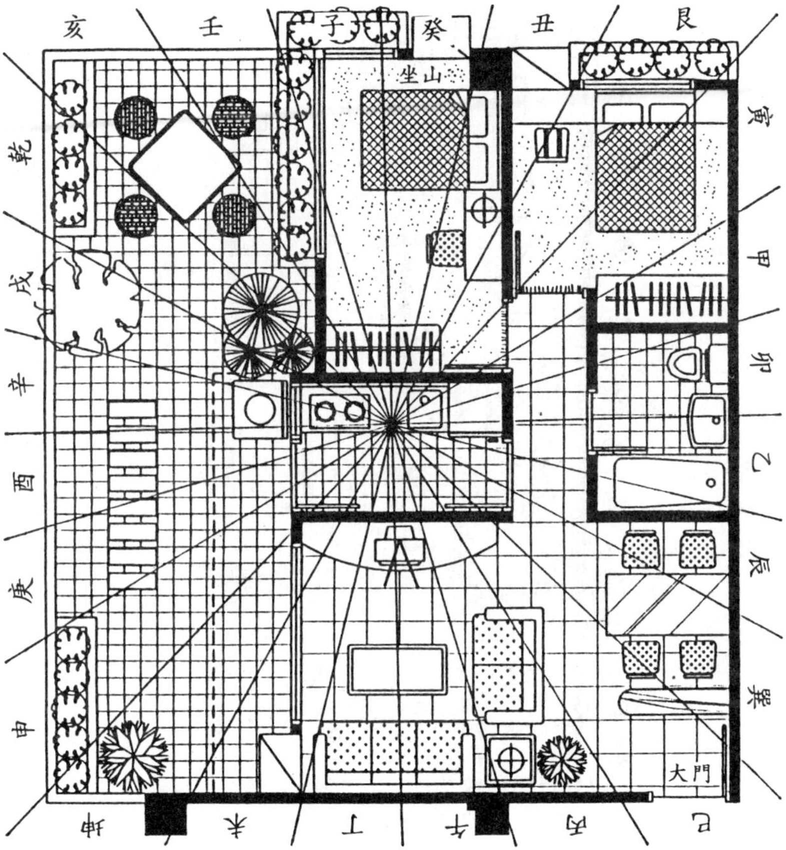

癸山室內佈置斷法說明

丑方床頭：與坐山交媾爲左輔吉位。

艮方床頭：與坐山交媾爲右弼吉位。

卯方馬桶：與坐山交媾爲文曲吉位。

巳方大門：與坐山交媾爲左輔吉位。

癸山室內佈置斷法說明

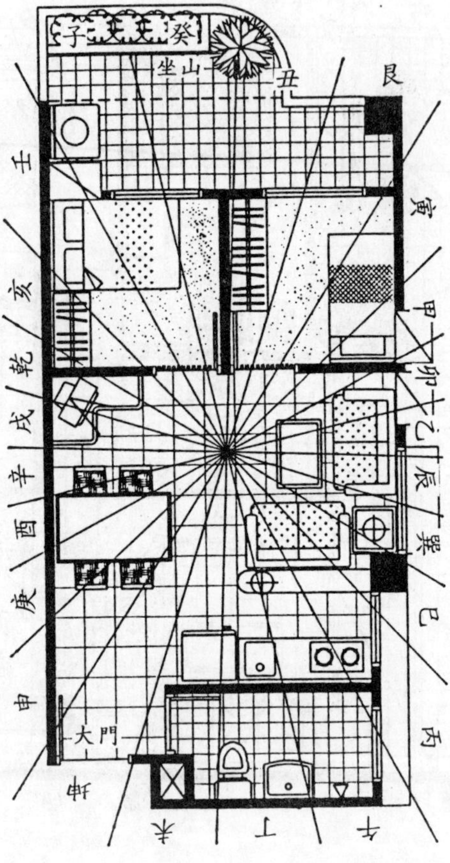

甲方床頭：與坐山交媾爲破軍凶位。

丙方瓦斯爐：與坐山交媾爲右弼吉位。

午方瓦斯爐：與坐山交媾爲廉貞五鬼凶位。

丁方馬桶：與坐山交媾爲右弼吉星，馬桶忌坐吉星位。

坤方大門：與坐山交媾爲祿存凶位。

壬方床頭：與坐山交媾爲廉貞五鬼凶位。

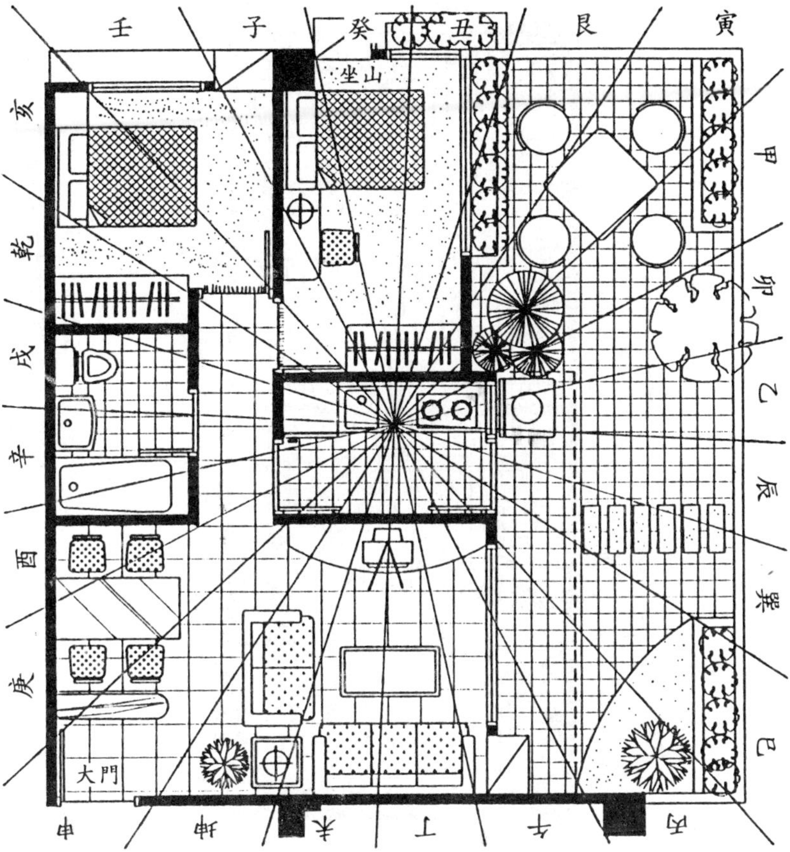

癸山室內佈置斷法說明

卯方瓦斯爐：與坐山交媾爲文曲凶位。

乙方瓦斯爐：兩宮主凶位。

申方大門：與坐山交媾爲巨門吉位。

戌方馬桶：與坐山交媾爲廉貞五鬼吉位。

亥方床頭：與坐山交媾爲文曲凶位。

子方床頭：與坐山交媾爲巨門吉位。

癸山室內佈置斷法說明

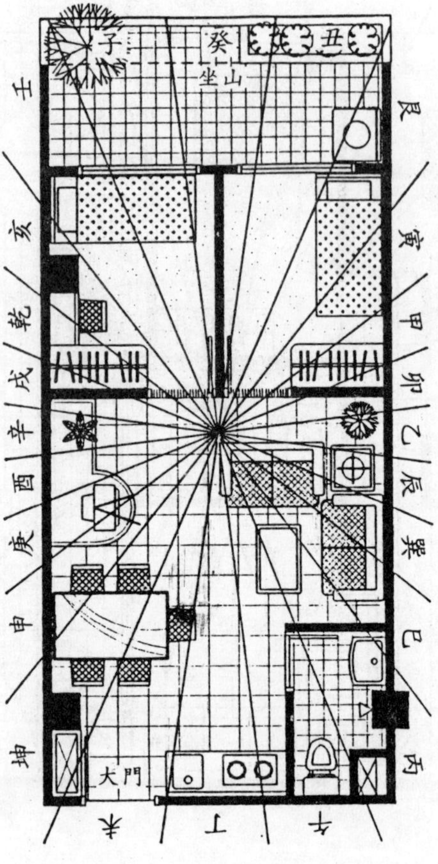

艮方床頭：與坐山交媾為右弼吉位。

午方馬桶：與坐山交媾為廉貞五鬼吉位。

午方瓦斯爐：與坐山交媾為廉貞五鬼凶位。

丁方瓦斯爐：與坐山交媾為左輔吉位。

未方大門：與坐山交媾為文曲凶位。

壬方床頭：與坐山交媾為廉貞五鬼凶位。

癸山室內佈置斷法說明

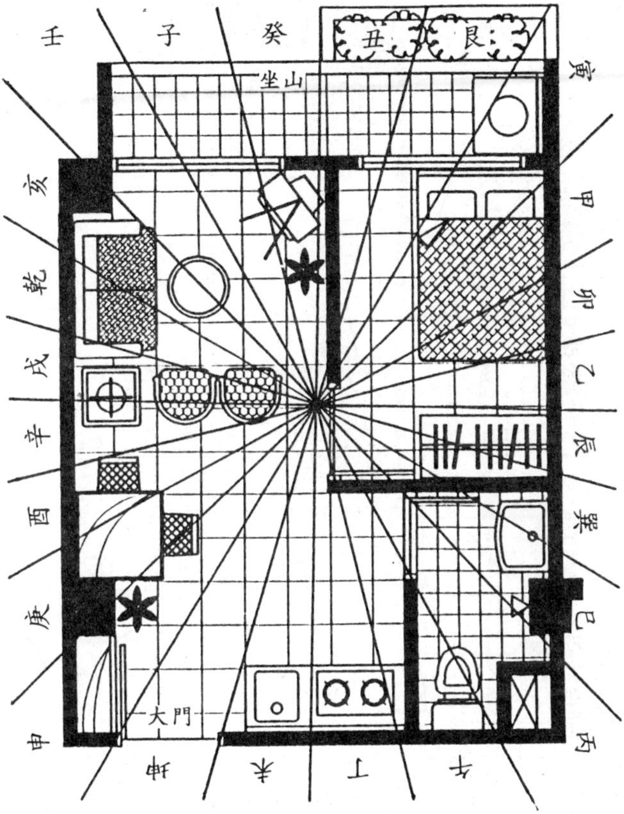

寅方床頭：與坐山交媾爲廉貞五鬼凶位。

午方馬桶：與坐山交媾爲廉貞五鬼吉位。

丁方瓦斯爐：與坐山交媾爲左輔吉位。

坤方大門：與坐山交媾爲祿存凶位。

癸山室內佈置斷法說明

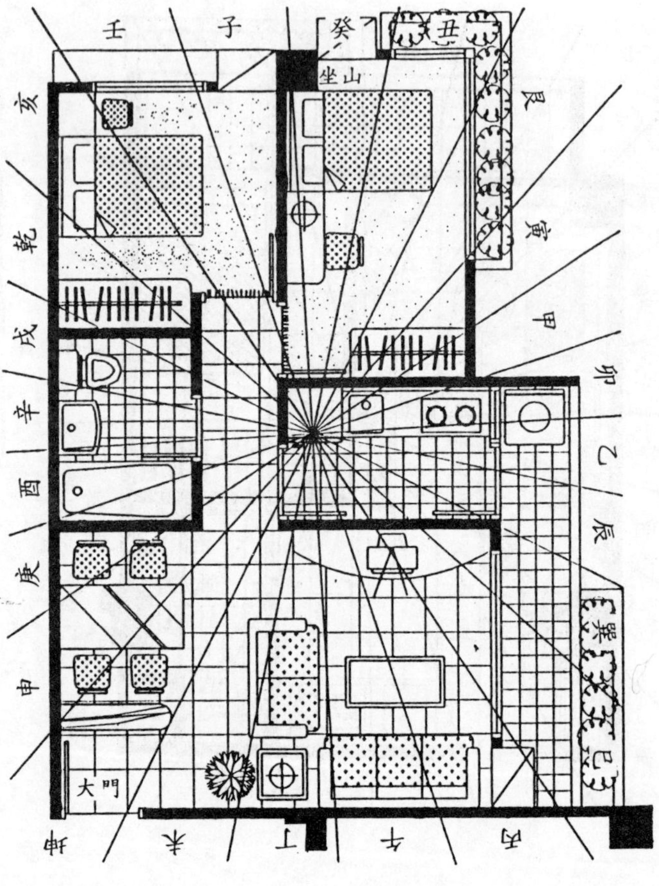

癸方床頭：爲本宮主吉。

卯方瓦斯爐：與坐山交媾爲文曲凶位。

坤方大門：與坐山交媾爲祿存凶位。

戌方馬桶：與坐山交媾爲廉貞五鬼吉位。

亥方床頭：與坐山交媾爲文曲凶位。

丑山室內佈置吉凶位

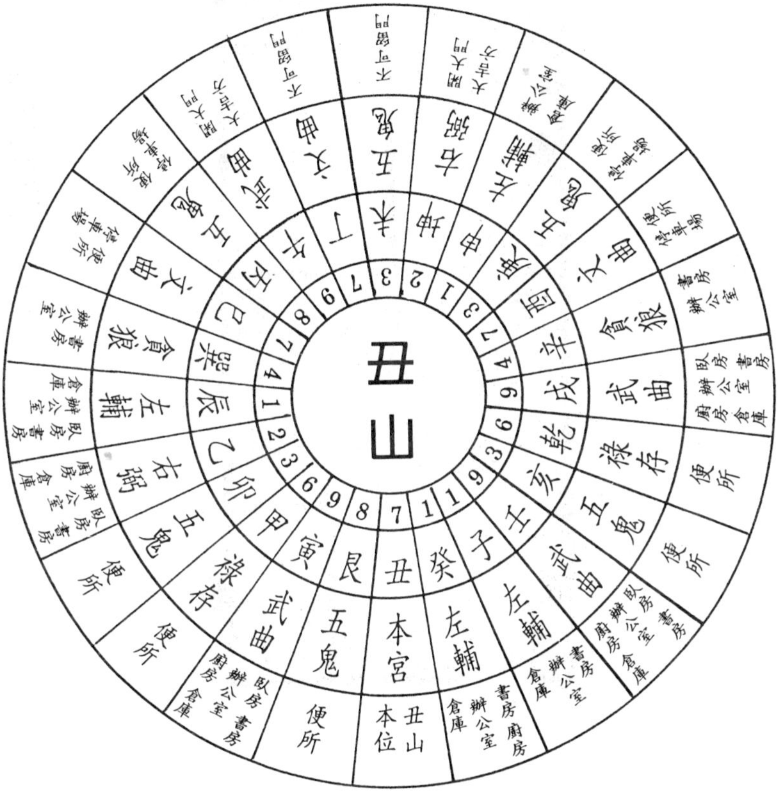

注意事項

丑山：神位、床頭、大門、櫃檯、書房、廚房、倉庫、辦公室等。喜坐方位：貪狼、巨門、武曲、左輔、右弼等吉星之位。忌置祿存、文曲、五鬼、破軍等凶星之位。

丑山室內佈置斷法說明

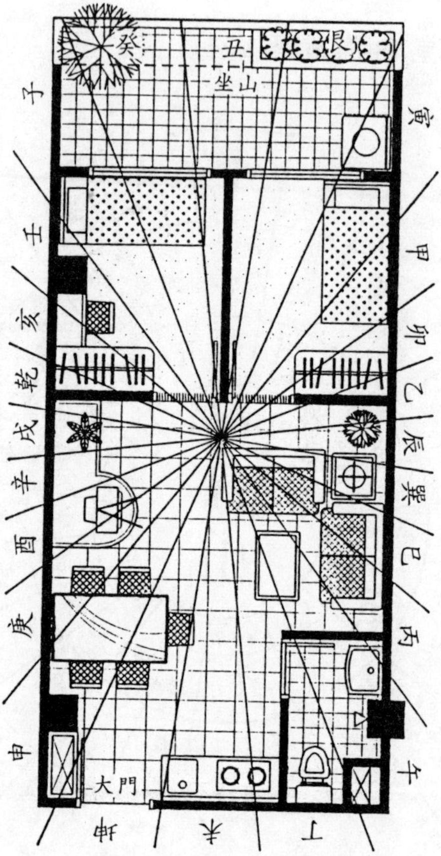

寅方床頭：與坐山交媾爲武曲吉位。

丁方馬桶：與坐山交媾爲文曲吉位。

丁方瓦斯爐：與坐山交媾爲文曲凶位。

未方瓦斯爐：與坐山交媾爲廉貞五鬼凶位。

坤方大門：與坐山交媾爲右弼吉位。

子方床頭：與坐山交媾爲左輔吉位。

丑山室內佈置斷法說明

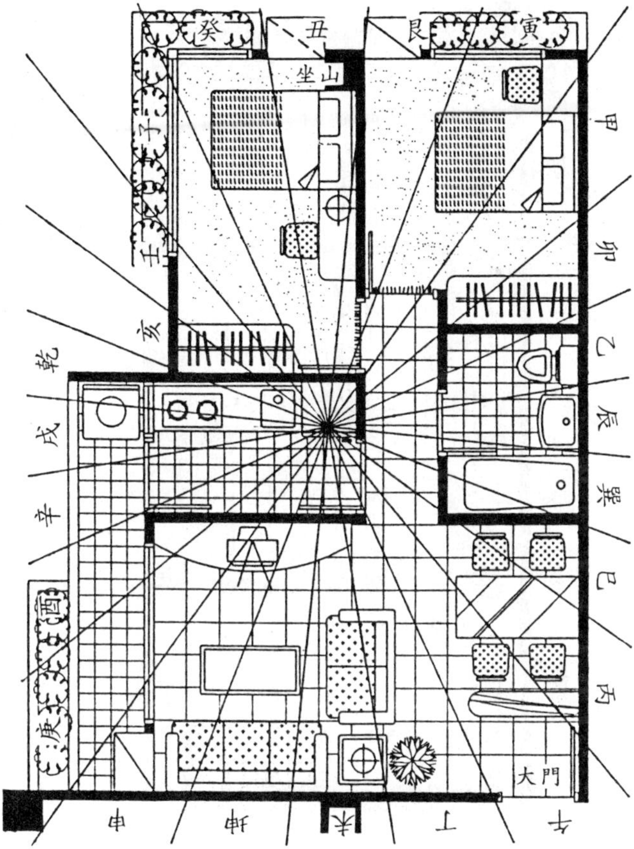

丑方床頭：爲本宮位主吉。

甲方床頭：與坐山交媾爲祿存凶位。

乙方馬桶：與坐山交媾爲右弼吉星，馬桶忌坐吉星位。

午方大門：與坐山交媾爲武曲吉位。

乾方瓦斯爐：與坐山交媾爲祿存凶位。

丑山室內佈置斷法說明

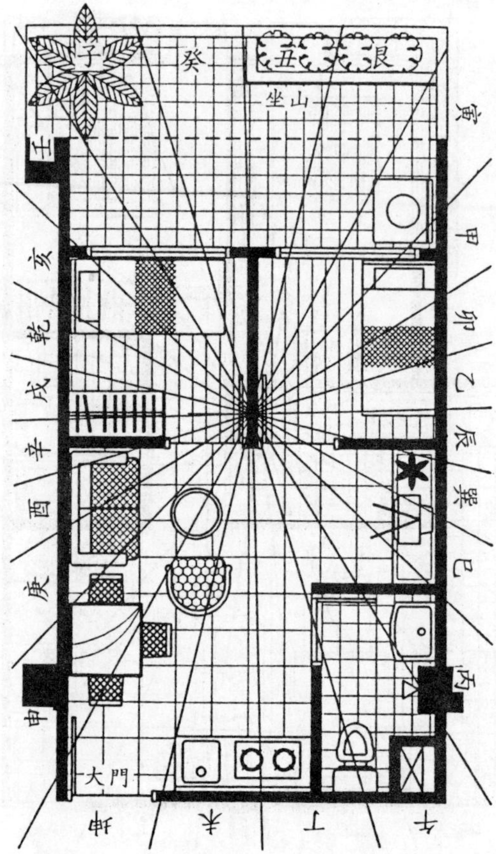

甲方床頭：與坐山交媾爲祿存凶位。

午方馬桶：與坐山交媾爲武曲吉星，馬桶忌坐吉星位。

丁方瓦斯爐：與坐山交媾爲文曲凶位。

未方瓦斯爐：與坐山交媾爲廉貞五鬼凶位。

坤方大門：與坐山交媾爲右弼吉位。

亥方床頭：與坐山交媾爲廉貞五鬼凶位。

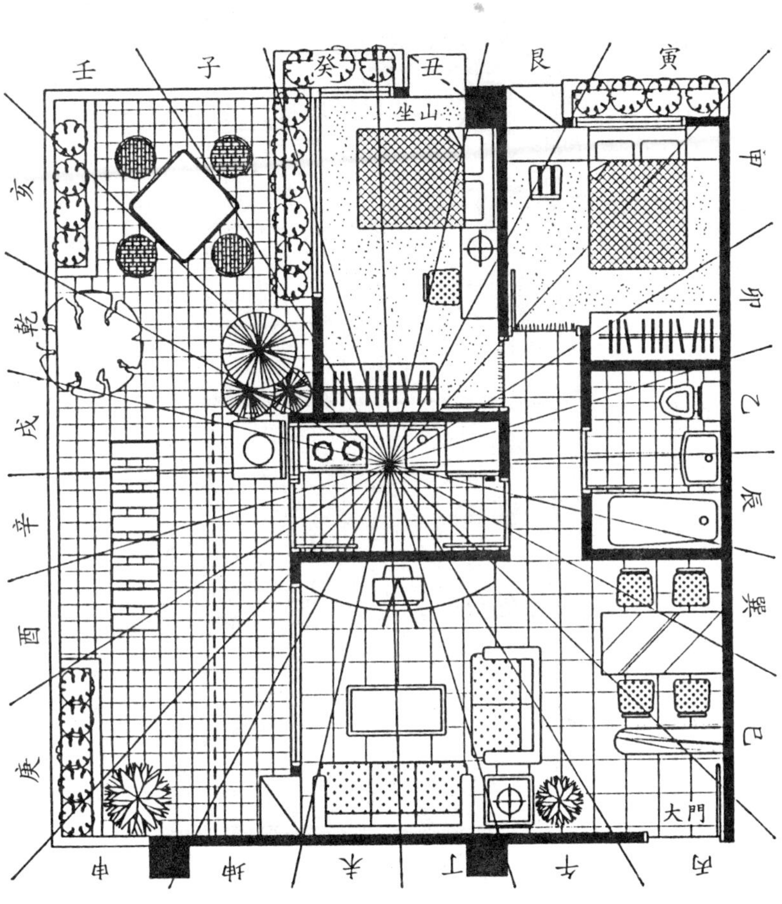

丑山室內佈置斷法說明

艮方床頭：與坐山交媾爲廉貞五鬼凶位。

寅方床頭：與坐山交媾爲武曲吉位。

乙方馬桶：與坐山交媾爲右弼吉星，馬桶忌坐吉星位。

丙方大門：與坐山交媾爲廉貞五鬼凶位。

戌方瓦斯爐：與坐山交媾爲武曲吉位。

乾方瓦斯爐：與坐山交媾爲祿存凶位。

丑山室內佈置斷法說明

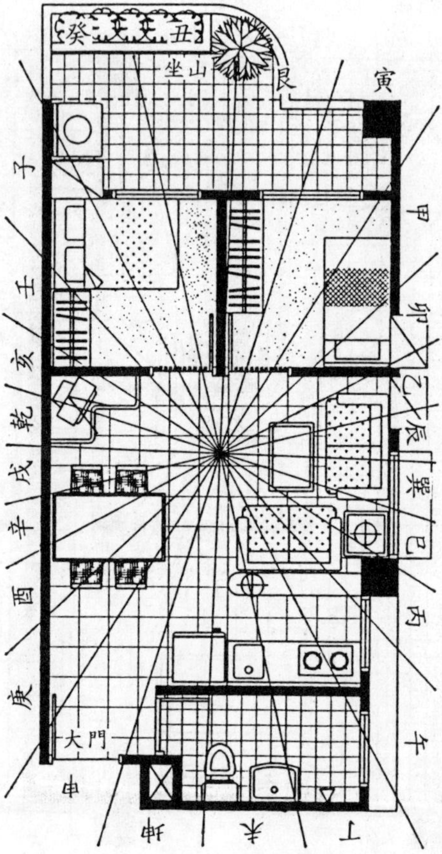

卯方床頭：與坐山交媾為廉貞五鬼凶位。

午方瓦斯爐：與坐山交媾為武曲吉位。

丁方瓦斯爐：與坐山交媾為文曲凶位。

未方馬桶：與坐山交媾為廉貞五鬼吉位。

申方大門：與坐山交媾為左輔吉位。

子方床頭：與坐山交媾為左輔吉位。

丑山室內佈置斷法說明

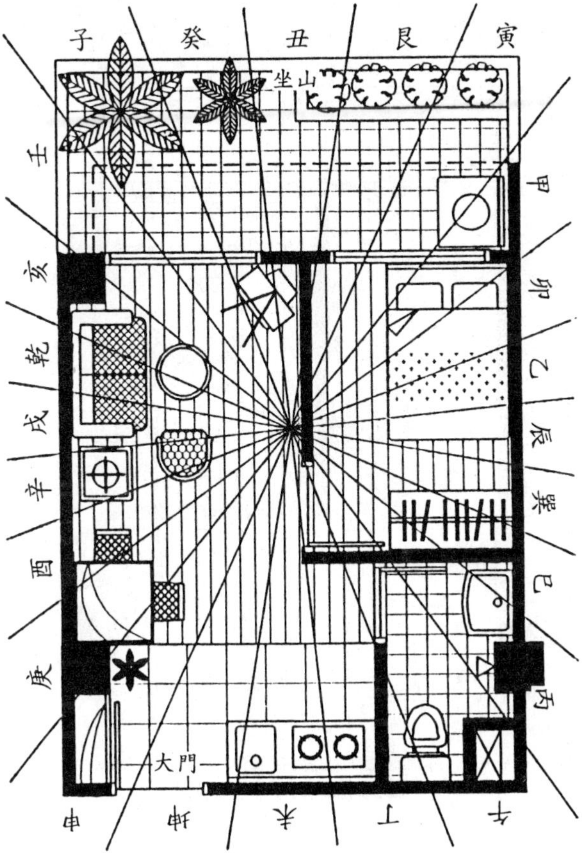

甲方床頭：與坐山交媾為祿存凶位。

卯方床頭：為兩宮位主凶。

午方馬桶：與坐山交媾為武曲吉星，馬桶忌坐吉星位。

丁方瓦斯爐：與坐山交媾為文曲凶位。

未方瓦斯爐：與坐山交媾為廉貞五鬼凶位。

坤方大門：與坐山交媾為右弼吉位。

丑山室內佈置斷法說明

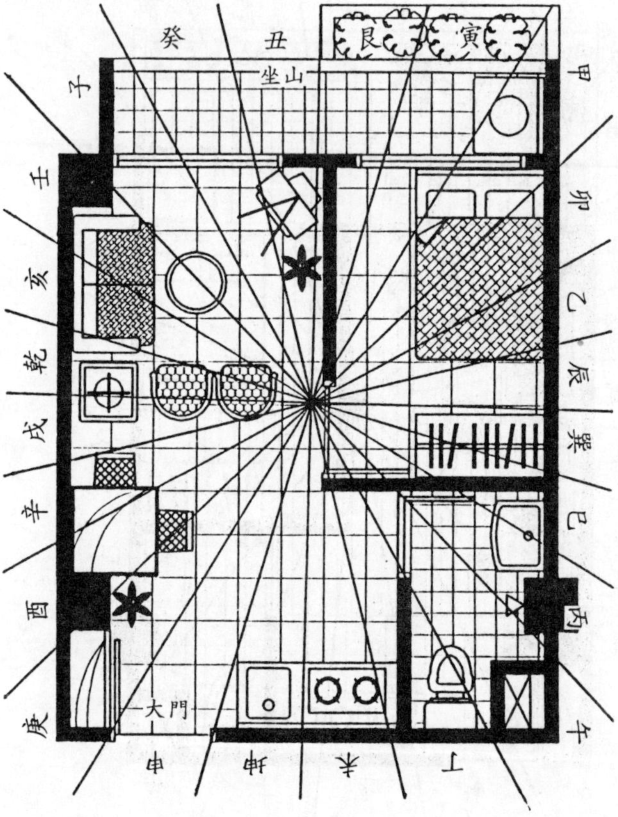

甲方床頭：與坐山交媾爲祿存凶位。

卯方床頭：爲兩宮位主凶。

丁方馬桶：與坐山交媾爲文曲吉位。

未方瓦斯爐：與坐山交媾爲廉貞五鬼凶位。

申方大門：與坐山交媾爲左輔吉位。

丑山室內佈置斷法說明

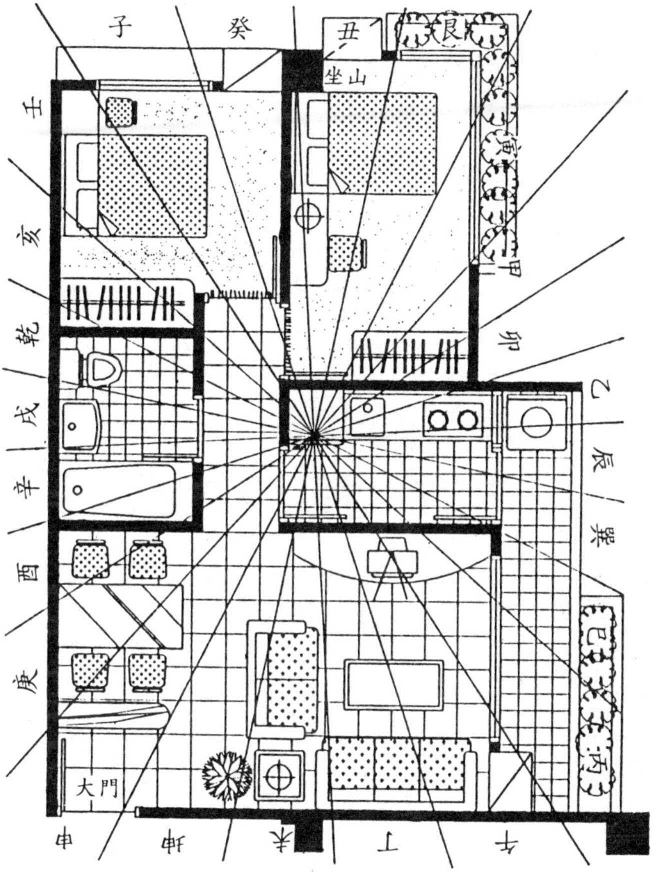

丑方床頭：爲本宮位主吉。

乙方瓦斯爐：與坐山交媾爲右弼吉位。

申方大門：與坐山交媾爲左輔吉位。

乾方馬桶：與坐山交媾爲祿存吉位。

壬方床頭：與坐山交媾爲武曲吉位。

艮山室內佈置吉凶位

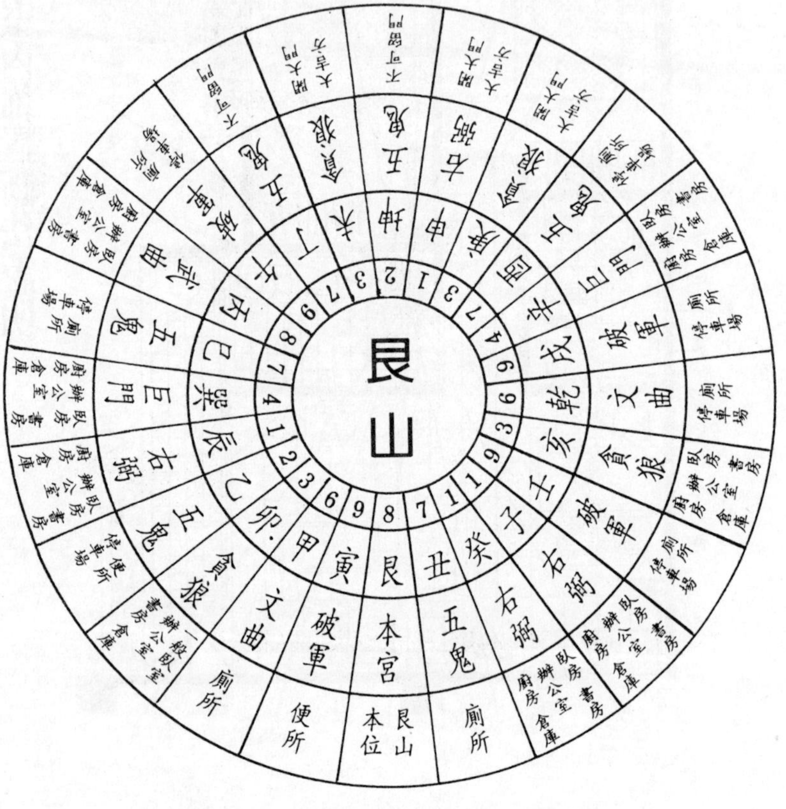

注意事項

艮山：神位、床頭、大門、櫃檯、書房、廚房、辦公室、倉庫等。喜坐方位：貪狼、巨門、武曲、左輔、右弼等吉星之位。忌置祿存、文曲、五鬼、破軍等凶星之位。

艮山室內佈置斷法說明

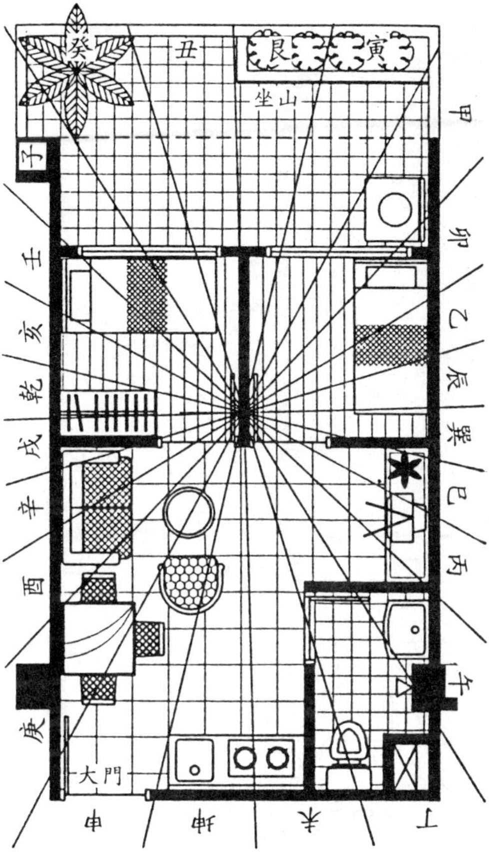

卯方床頭：與坐山交媾爲貪狼吉位。

丁方馬桶：與坐山交媾爲廉貞五鬼吉位。

未方瓦斯爐：與坐山交媾爲貪狼吉位。

坤方瓦斯爐：與坐山交媾爲廉貞五鬼凶位。

申方大門：與坐山交媾爲右弼吉位。

壬方床頭：與坐山交媾爲破軍凶位。

艮山室內佈置斷法說明

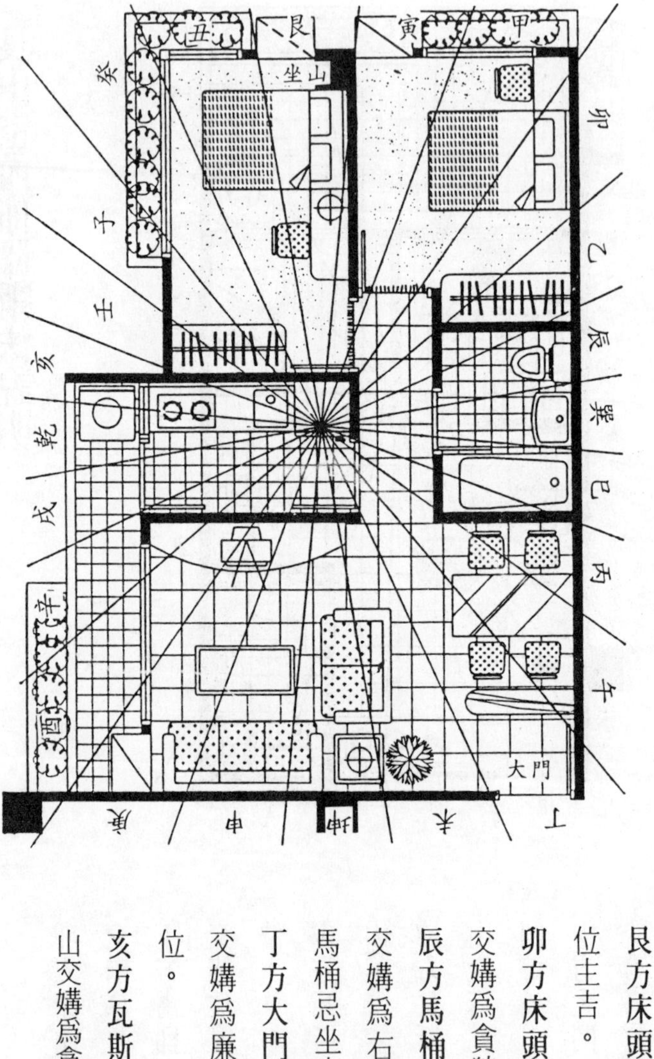

艮方床頭：爲本宮位主吉。

卯方床頭：與坐山交媾爲貪狼吉位。

辰方馬桶：與坐山交媾爲右弼吉星，馬桶忌坐吉星位。

丁方大門：與坐山交媾爲廉貞五鬼凶位。

亥方瓦斯爐：與坐山交媾爲貪狼吉位。

艮山室內佈置斷法說明

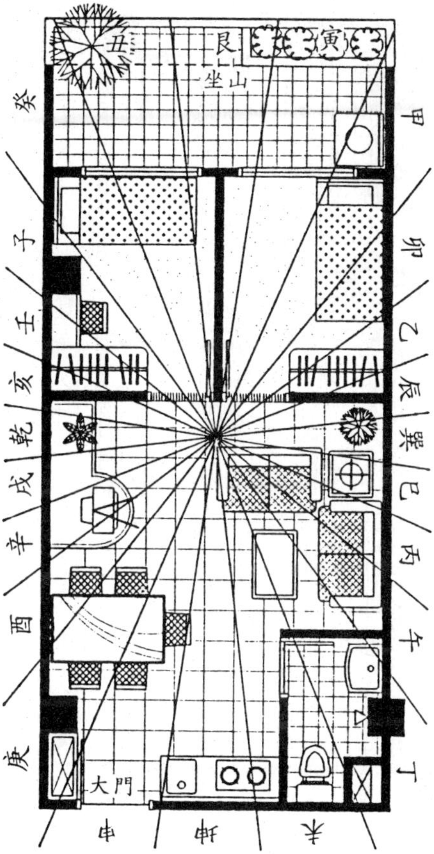

甲方床頭：與坐山交媾爲文曲凶位。

未方馬桶：與坐山交媾爲貪狼吉星，馬桶忌坐吉星位。

未方瓦斯爐：與坐山交媾爲貪狼吉位。

坤方瓦斯爐：與坐山交媾爲廉貞五鬼凶位。

申方大門：與坐山交媾爲右弼吉位。

癸方床頭：與坐山交媾爲右弼吉位。

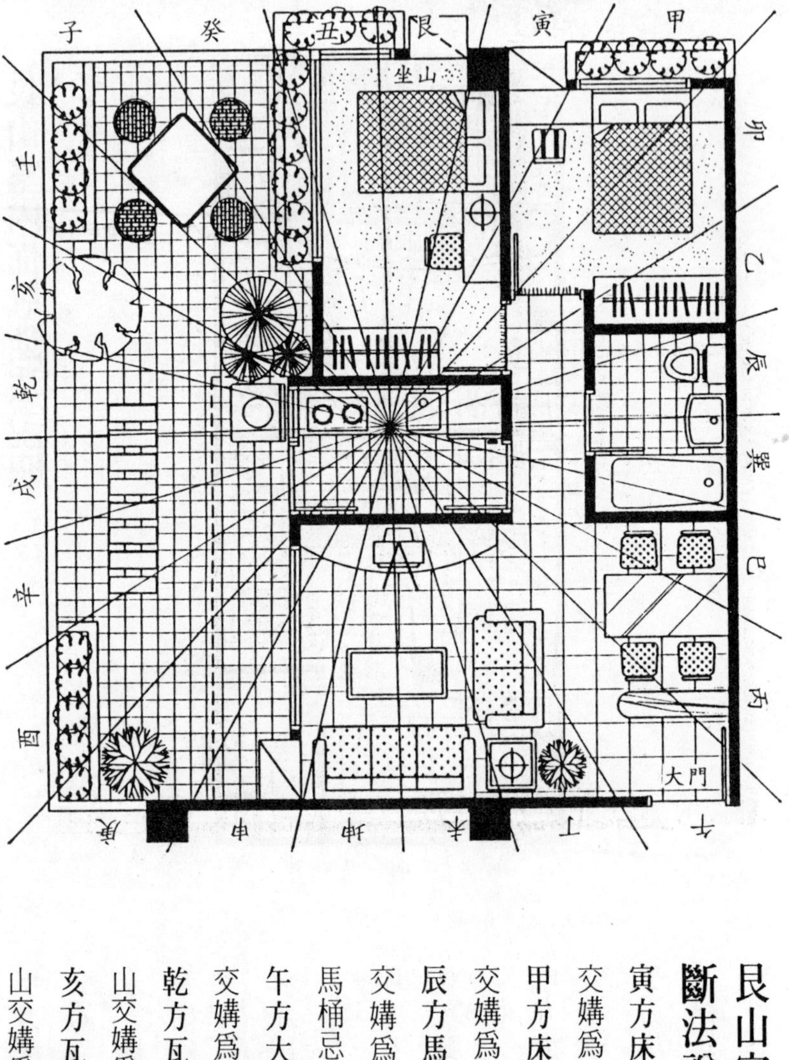

艮山室內佈置斷法說明

寅方床頭：與坐山交媾爲破軍凶位。

甲方床頭：與坐山交媾爲文曲凶位。

辰方馬桶：與坐山交媾爲右弼吉星，馬桶忌坐吉星位。

午方大門：與坐山交媾爲破軍凶位。

乾方瓦斯爐：與坐山交媾爲文曲凶位。

亥方瓦斯爐：與坐山交媾爲貪狼吉位。

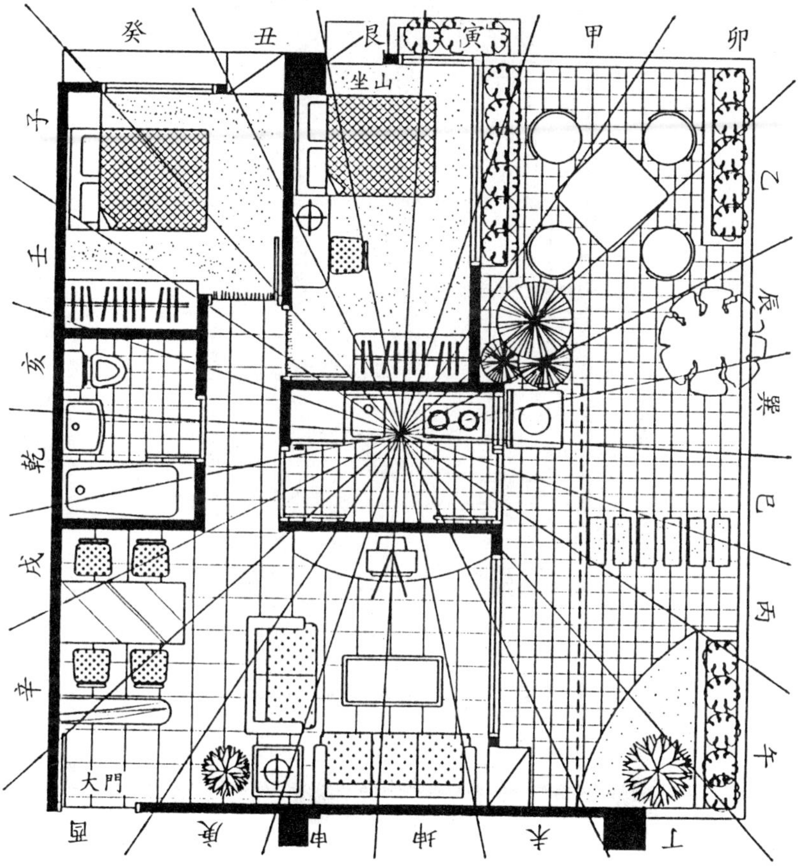

艮山室內佈置斷法說明

辰方瓦斯爐：與坐山交媾爲右弼吉位。

巽方瓦斯爐：爲兩宮位主凶。

酉方大門：與坐山交媾爲廉貞五鬼凶位。

亥方馬桶：與坐山交媾爲貪狼吉星，馬桶忌坐吉星位。

子方床頭：與坐山交媾爲右弼吉位。

丑方床頭：與坐山交媾爲廉貞五鬼凶位。

艮山室內佈置斷法說明

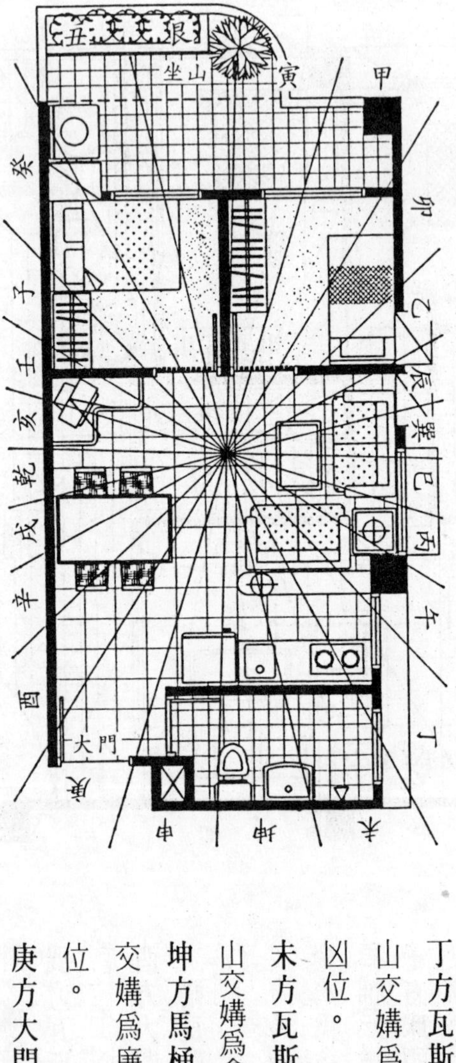

乙方床頭：與坐山交媾為廉貞五鬼凶位。

丁方瓦斯爐：與坐山交媾為廉貞五鬼凶位。

未方瓦斯爐：與坐山交媾為貪狼吉位。

坤方馬桶：與坐山交媾為廉貞五鬼吉位。

庚方大門：與坐山交媾為貪狼吉位。

癸方床頭：與坐山交媾為右弼吉位。

艮山室內佈置斷法說明

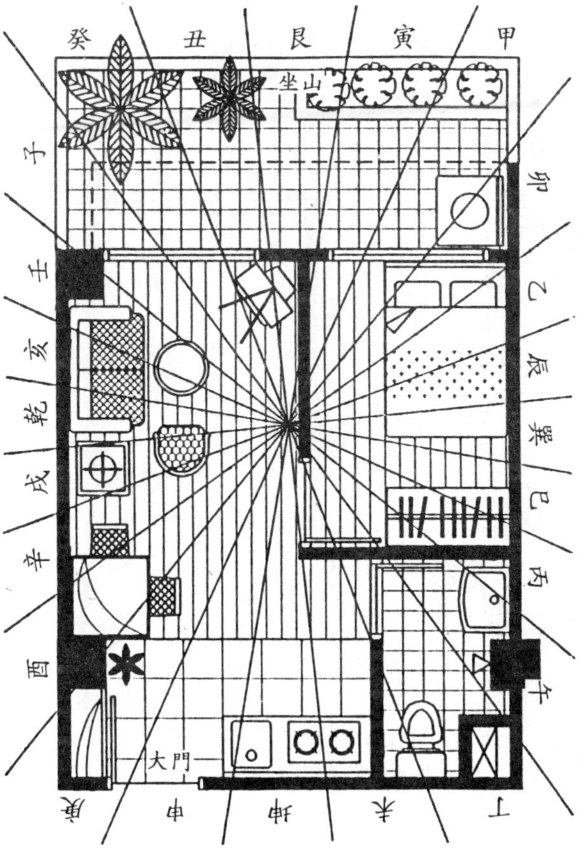

卯方床頭：與坐山交媾爲貪狼吉位。

乙方床頭：爲兩宮位主凶。

丁方馬桶：與坐山交媾爲廉貞五鬼吉位。

未方瓦斯爐：與坐山交媾爲貪狼吉位。

坤方瓦斯爐：與坐山交媾爲廉貞五鬼凶位。

申方大門：與坐山交媾爲右弼吉位。

艮山室內佈置斷法說明

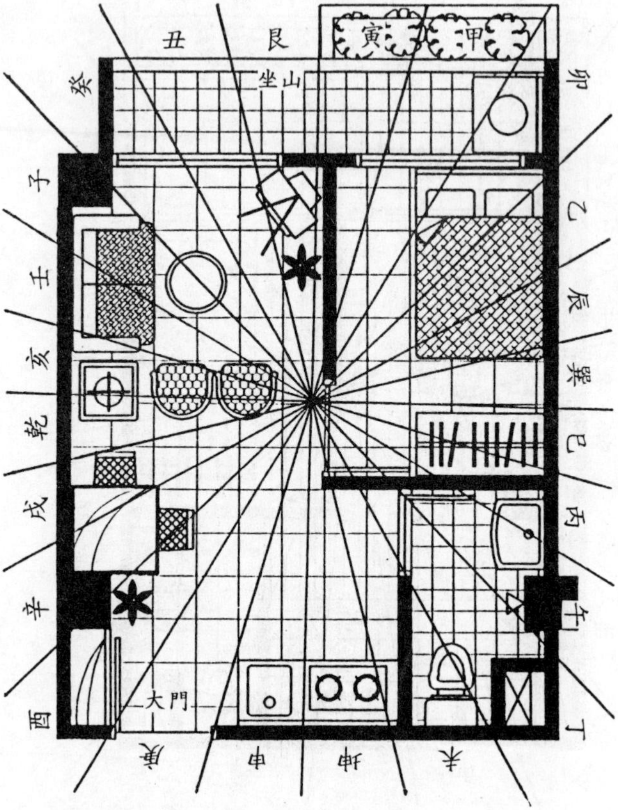

卯方床頭：與坐山交媾爲貪狼吉位。

未方馬桶：與坐山交媾爲貪狼吉星，馬桶忌坐吉星位。

坤方瓦斯爐：與坐山交媾爲廉貞五鬼凶位。

庚方大門：與坐山交媾爲貪狼吉位。

寅山室內佈置吉凶位

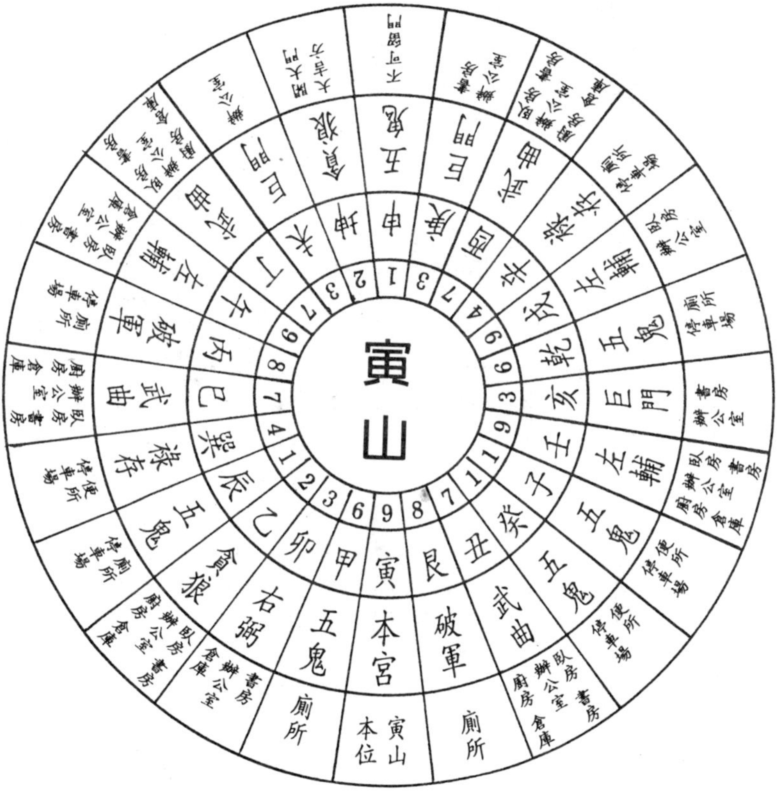

注意事項

寅山：神位、床頭、大門、櫃檯、書房、廚房、倉庫、辦公室等。喜坐方位：貪狼、巨門、武曲、左輔、右弼等吉星之位。忌置祿存、文曲、五鬼、破軍等凶星之位。

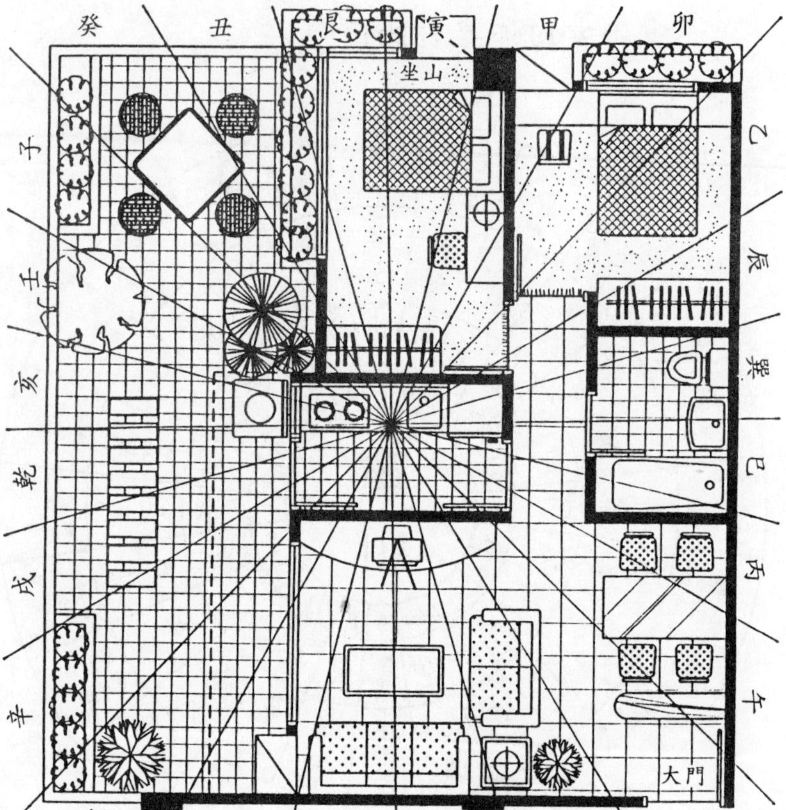

寅山室內佈置斷法說明

甲方床頭：與坐山交媾爲廉貞五鬼凶位。

卯方床頭：與坐山交媾爲巨門吉位。

巽方馬桶：與坐山交媾爲祿存吉位。

丁方大門：與坐山交媾爲武曲吉位。

亥方瓦斯爐：與坐山交媾爲巨門吉位。

壬方瓦斯爐：與坐山交媾爲左輔吉位。

寅山室內佈置斷法說明

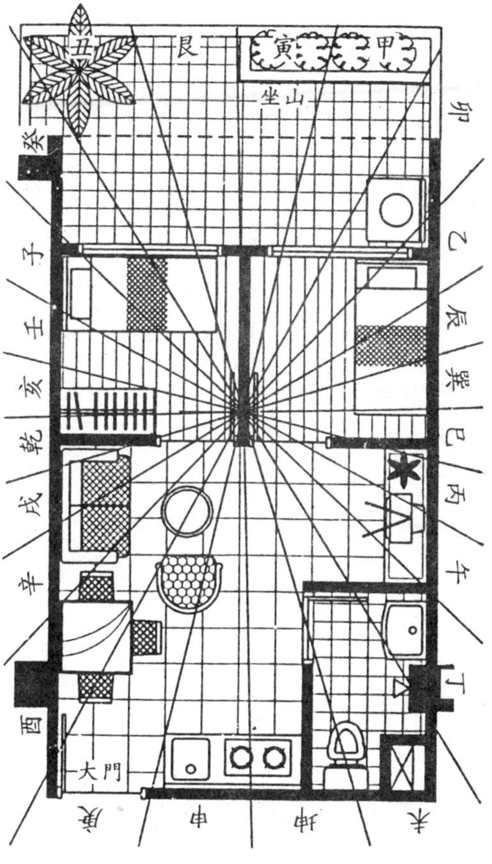

乙方床頭：與坐山交媾爲貪狼吉位。

未方馬桶：與坐山交媾爲巨門吉星，馬桶忌坐吉星位。

坤方瓦斯爐：與坐山交媾爲貪狼吉位。

申方瓦斯爐：與坐山交媾爲廉貞五鬼凶位。

庚方大門：與坐山交媾爲巨門吉位。

子方床頭：與坐山交媾爲廉貞五鬼凶位。

寅山室內佈置斷法說明

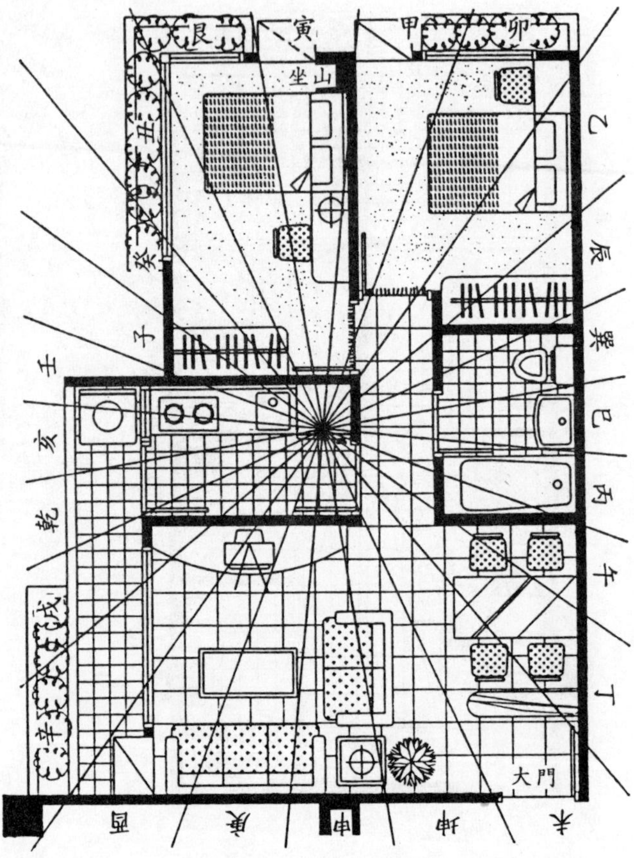

寅方床頭：爲本宮位主吉。

乙方床頭：與坐山交媾爲貪狼吉位。

巽方馬桶：與坐山交媾爲祿存吉位。

未方大門：與坐山交媾爲巨門吉位。

壬方瓦斯爐：與坐山交媾爲左輔吉位。

寅山室內佈置斷法說明

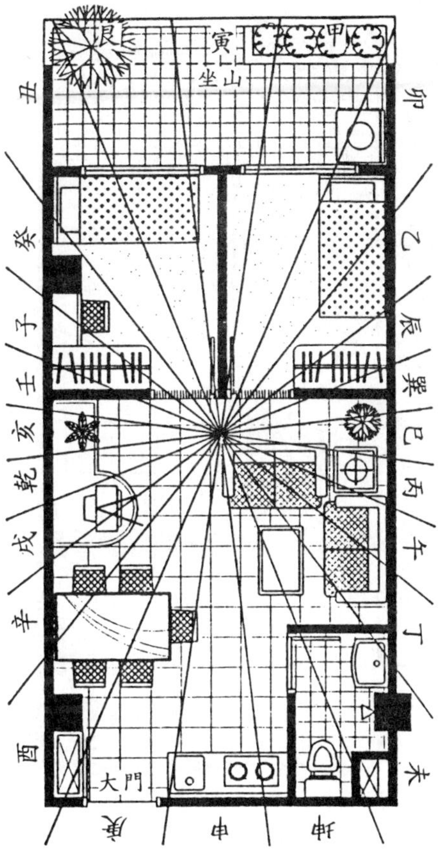

卯方床頭：與坐山交媾爲巨門吉位。

坤方馬桶：與坐山交媾爲貪狼吉星，馬桶忌坐吉星位。

坤方瓦斯爐：與坐山交媾爲貪狼吉位。

申方瓦斯爐：與坐山交媾爲廉貞五鬼凶位。

庚方大門：與坐山交媾爲巨門吉位。

丑方床頭：與坐山交媾爲武曲吉位。

寅山室內佈置斷法說明

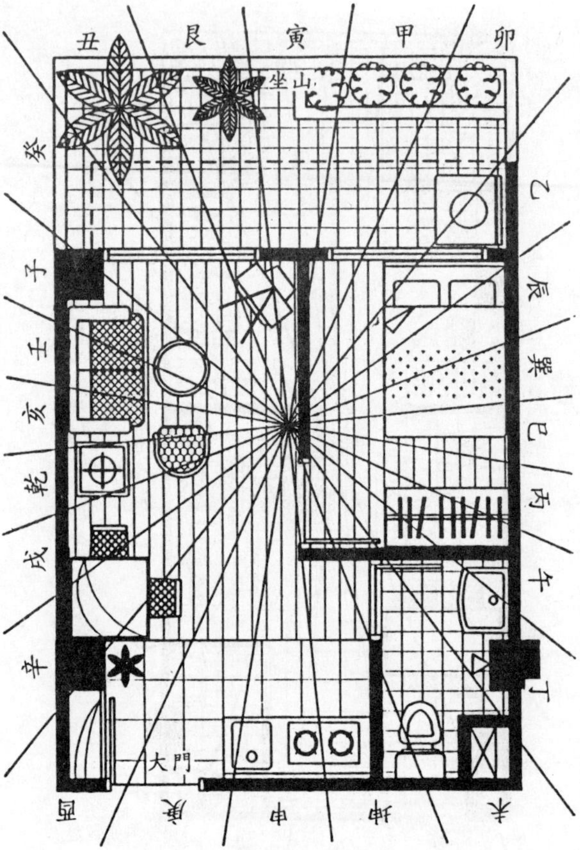

乙方床頭：與坐山交媾爲貪狼吉位。

辰方床頭：爲兩宮位主凶。

未方馬桶：與坐山交媾爲巨門吉星，馬桶忌坐吉星位。

坤方瓦斯爐：與坐山交媾爲貪狼吉位。

申方瓦斯爐：與坐山交媾爲廉貞五鬼凶位。

庚方大門：與坐山交媾爲巨門吉位。

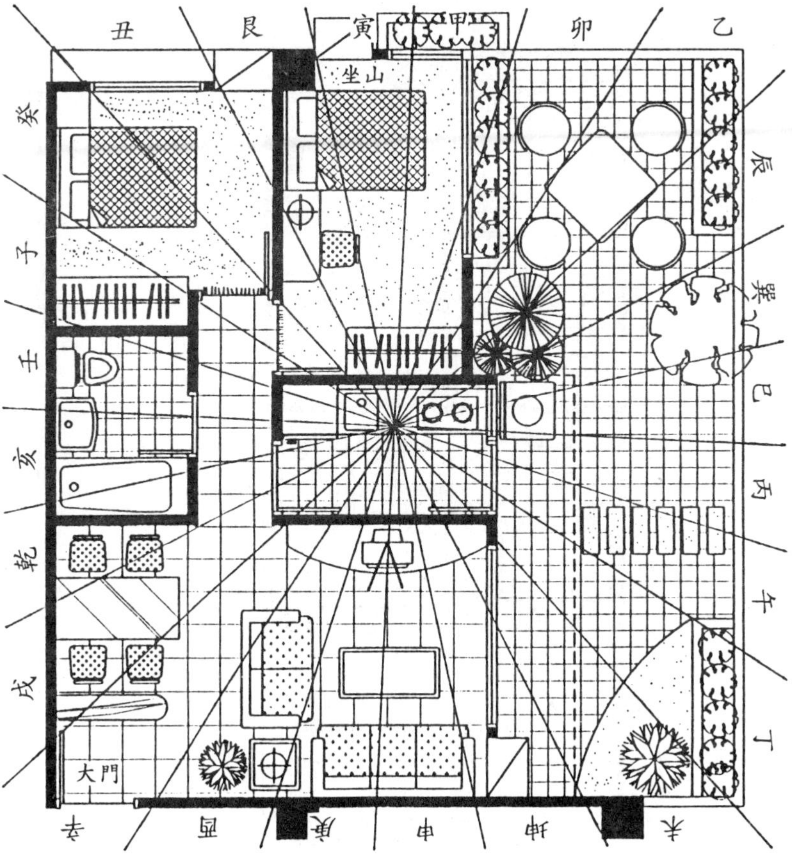

寅山室內佈置斷法說明

巽方瓦斯爐：與坐山交媾爲祿存凶位。

巳方瓦斯爐：爲兩宮位主凶。

辛方大門：與坐山交媾爲祿存凶位。

壬方馬桶：與坐山交媾爲左輔吉星，馬桶忌坐吉星位。

癸方床頭：與坐山交媾爲廉貞五鬼凶位。

艮方床頭：與坐山交媾爲破軍凶位。

寅山室內佈置斷法說明

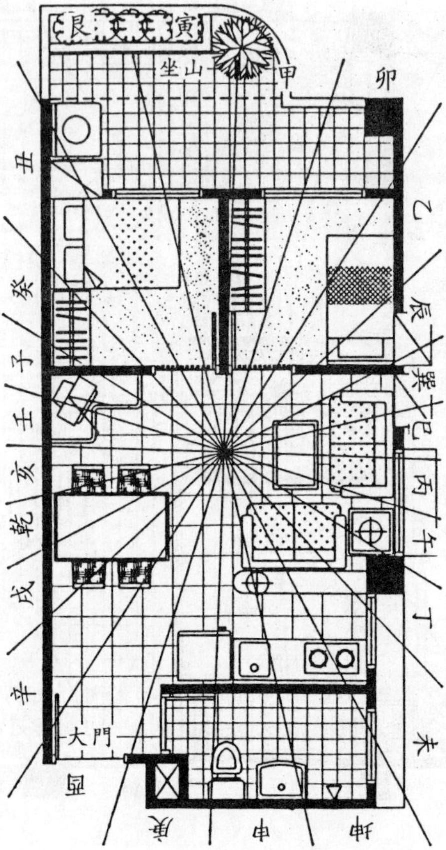

辰方床頭：與坐山交媾爲廉貞五鬼凶位。

未方瓦斯爐：與坐山交媾爲巨門吉位。

坤方瓦斯爐：與坐山交媾爲貪狼吉位。

申方馬桶：與坐山交媾爲廉貞五鬼吉位。

酉方大門：與坐山交媾爲武曲吉位。

丑方床頭：與坐山交媾爲武曲吉位。

寅山室內佈置斷法說明

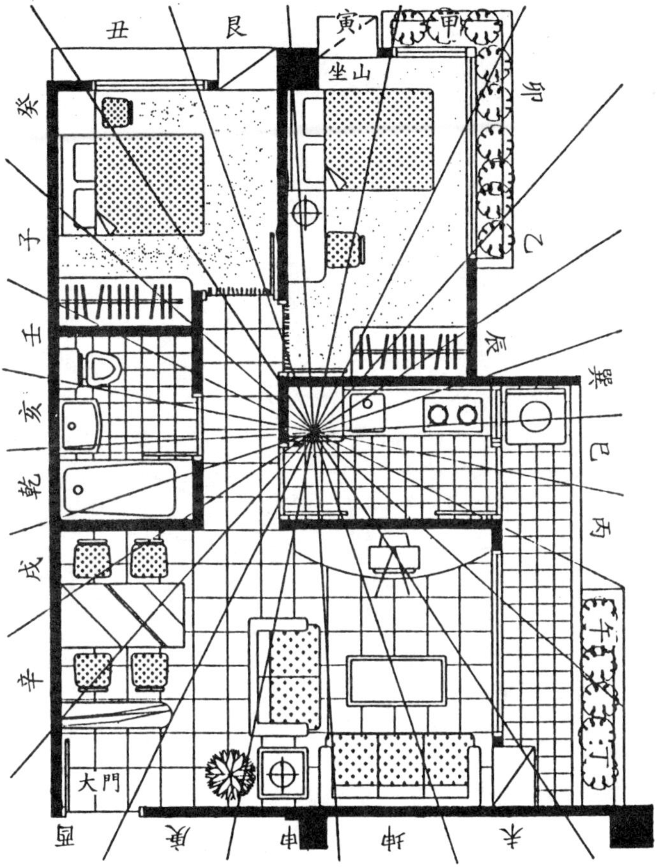

寅方床頭：爲本宮位主吉。

巽方瓦斯爐：與坐山交媾爲祿存凶位。

酉方大門：與坐山交媾爲武曲吉位。

壬方馬桶：與坐山交媾爲左輔吉星，馬桶忌坐吉星位。

癸方床頭：與坐山交媾爲廉貞五鬼凶位。

甲山室內佈置吉凶位

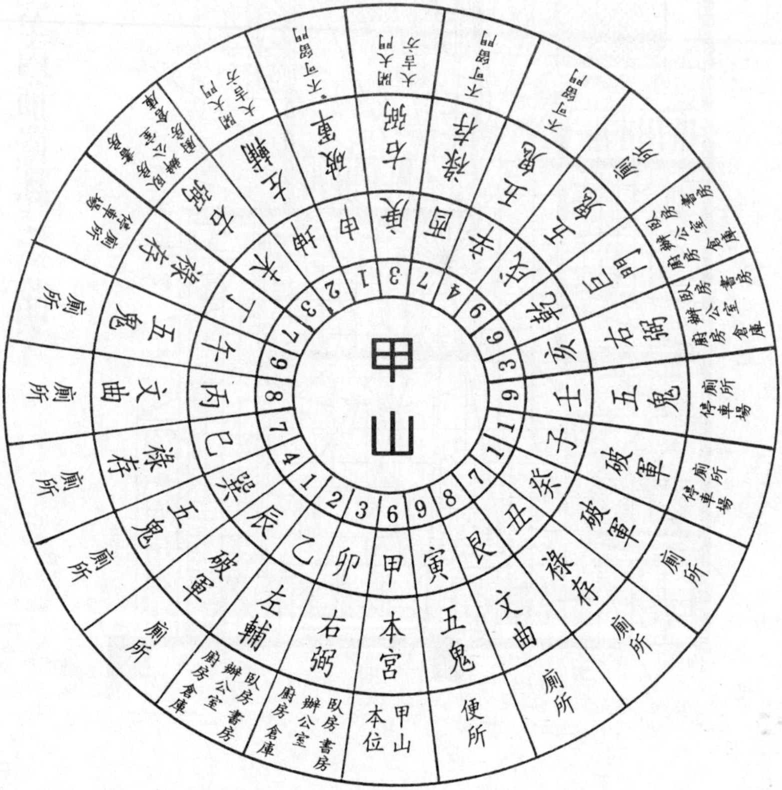

注意事項

甲山：神位、床頭、大門、櫃檯、書房、廚房、倉庫、辦公室等。喜坐方位：貪狼、巨門、武曲、左輔、右弼等吉星之位。忌置祿存、文曲、五鬼、破軍等凶星之位。

甲山室內佈置斷法說明

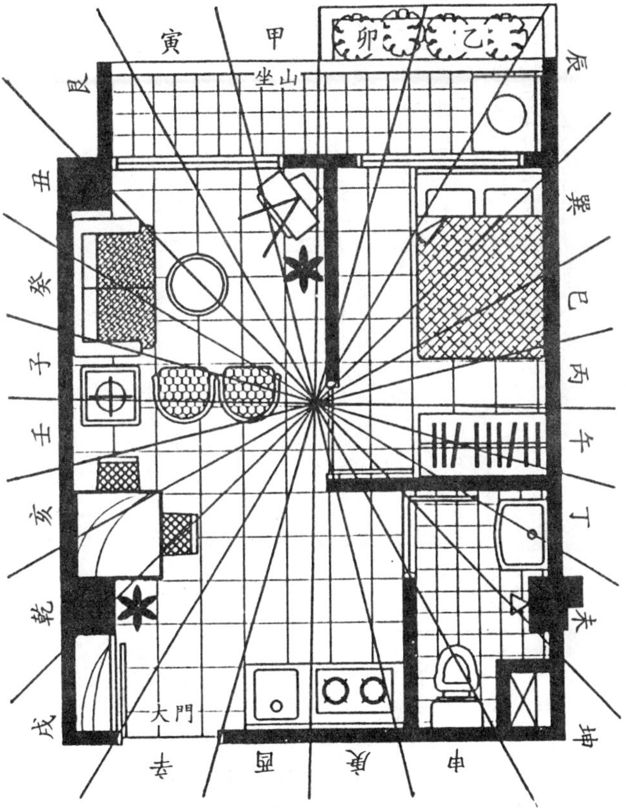

辰方床頭：與坐山交媾爲破軍凶位。

巽方床頭：爲兩宮位主凶。

申方馬桶：與坐山交媾爲破軍吉位。

庚方瓦斯爐：與坐山交媾爲右弼吉位。

辛方大門：與坐山交媾爲廉貞五鬼凶位。

甲山室內佈置斷法說明

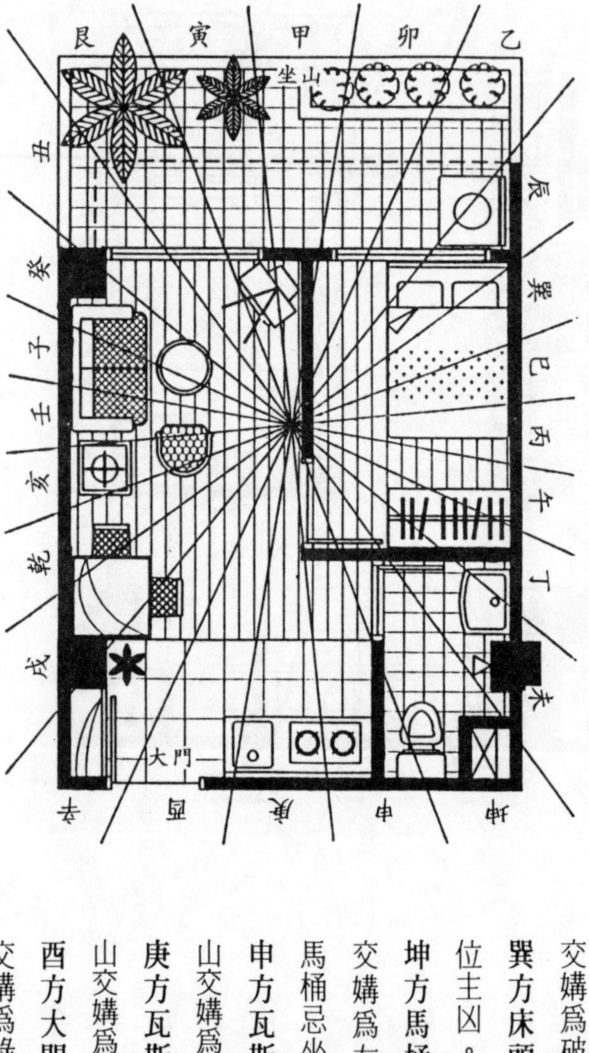

辰方床頭：與坐山交媾爲破軍凶位。

巽方床頭：爲兩宮位主凶。

坤方馬桶：與坐山交媾爲左輔吉星，馬桶忌坐吉星位。

申方瓦斯爐：與坐山交媾爲破軍凶位。

庚方瓦斯爐：與坐山交媾爲右弼吉位。

酉方大門：與坐山交媾爲祿存凶位。

甲山室內佈置斷法說明

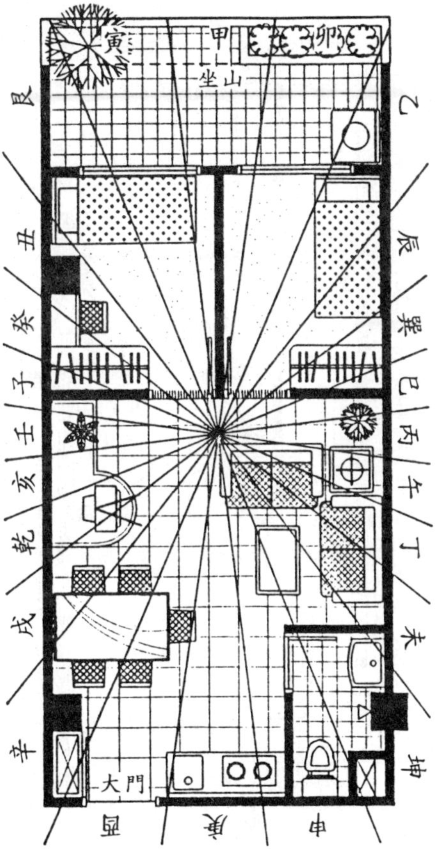

乙方床頭：與坐山交媾爲左輔吉位。

申方馬桶：與坐山交媾爲破軍吉位。

申方瓦斯爐：與坐山交媾爲破軍凶位。

庚方瓦斯爐：與坐山交媾爲右弼吉位。

酉方大門：與坐山交媾爲祿存凶位。

艮方床頭：與坐山交媾爲廉貞五鬼凶位。

甲山室內佈置斷法說明

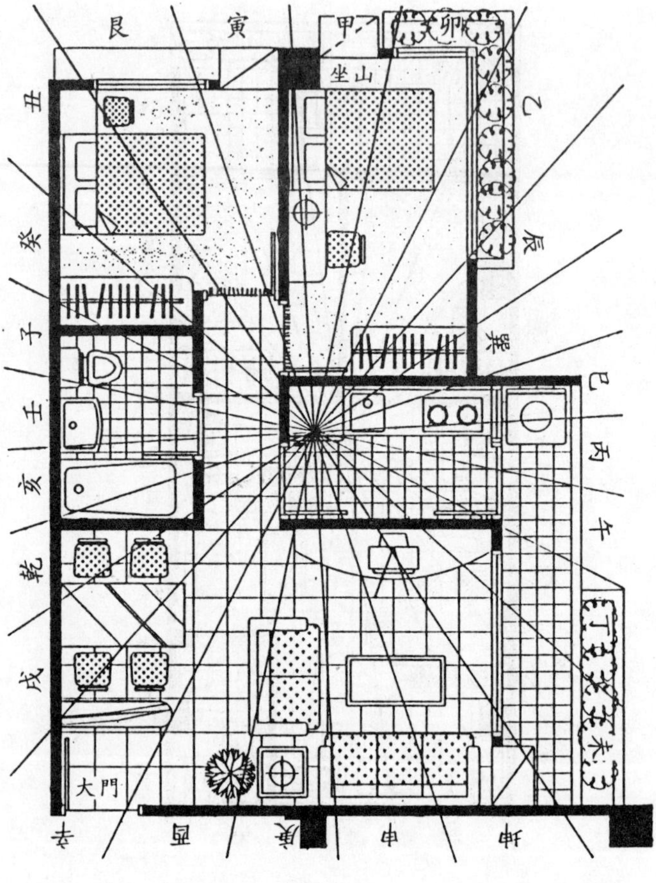

甲方床頭：爲本宮位主吉。

巳方瓦斯爐：與坐山交媾爲祿存凶位。

辛方大門：與坐山交媾爲廉貞五鬼凶位。

子方馬桶：與坐山交媾爲破軍吉位。

丑方床頭：與坐山交媾爲祿存凶位。

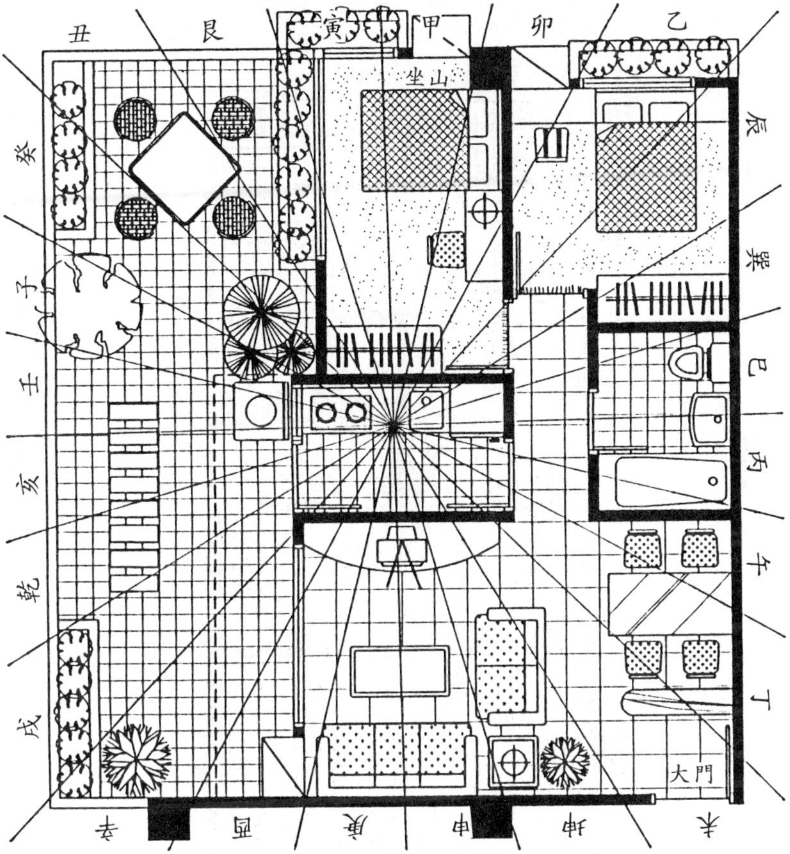

甲山室內佈置斷法說明

卯方床頭：與坐山交媾爲右弼吉位。

乙方床頭：與坐山交媾爲左輔吉位。

巳方馬桶：與坐山交媾爲祿存吉位。

未方大門：與坐山交媾爲右弼吉位。

壬方瓦斯爐：與坐山交媾爲廉貞五鬼凶位。

子方瓦斯爐：與坐山交媾爲破軍凶位。

甲山室內佈置斷法說明

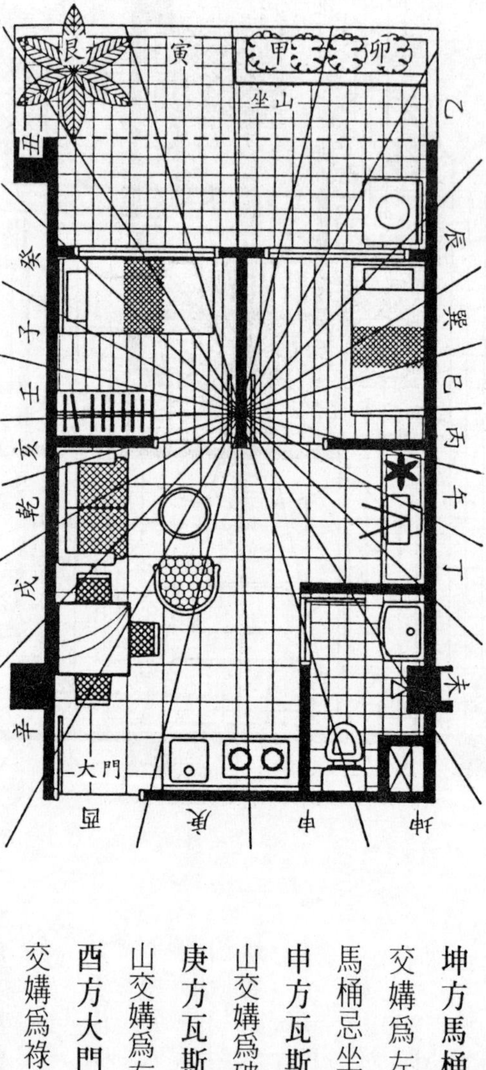

辰方床頭：與坐山交媾爲破軍凶位。

坤方馬桶：與坐山交媾爲左輔吉星，馬桶忌坐吉星位。

申方瓦斯爐：與坐山交媾爲破軍凶位。

庚方瓦斯爐：與坐山交媾爲右弼吉位。

酉方大門：與坐山交媾爲祿存凶位。

癸方床頭：與坐山交媾爲破軍凶位。

甲山室內佈置斷法說明

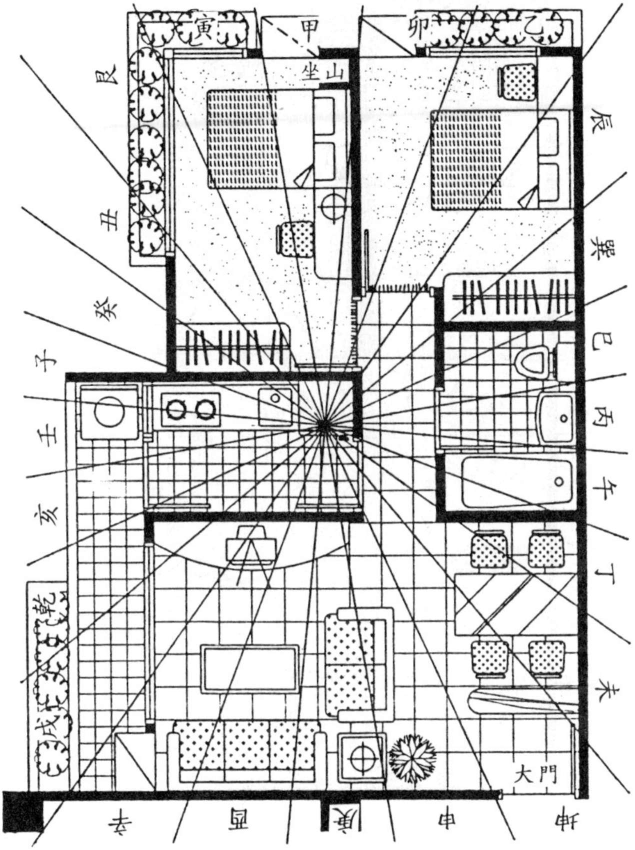

甲方床頭：爲本宮位主吉。

辰方床頭：與坐山交媾爲破軍凶位。

巳方馬桶：與坐山交媾爲祿存吉位。

坤方大門：與坐山交媾爲左輔吉位。

子方瓦斯爐：與坐山交媾爲破軍凶位。

甲山室內佈置斷法說明

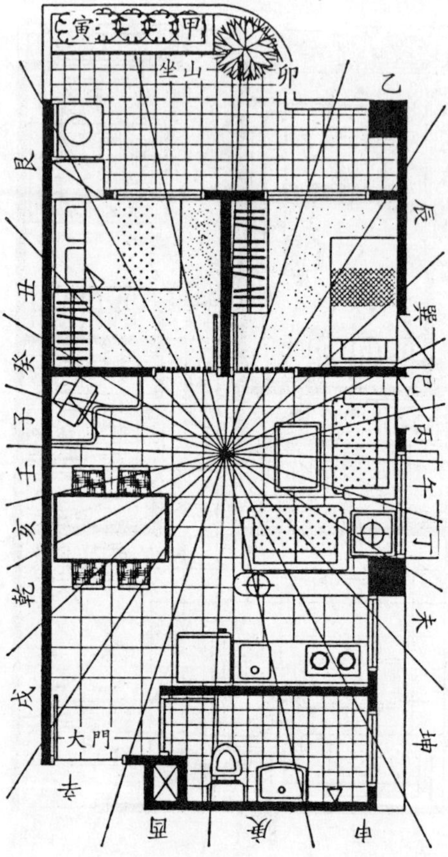

巽方床頭：與坐山交媾爲廉貞五鬼凶位。

坤方瓦斯爐：與坐山交媾爲左輔吉位。

申方瓦斯爐：與坐山交媾爲破軍凶位。

庚方馬桶：與坐山交媾爲右弼吉星，馬桶忌坐吉星位。

辛方大門：與坐山交媾爲廉貞五鬼凶位。

艮方床頭：與坐山交媾爲文曲凶位。

卯山室內佈置吉凶位

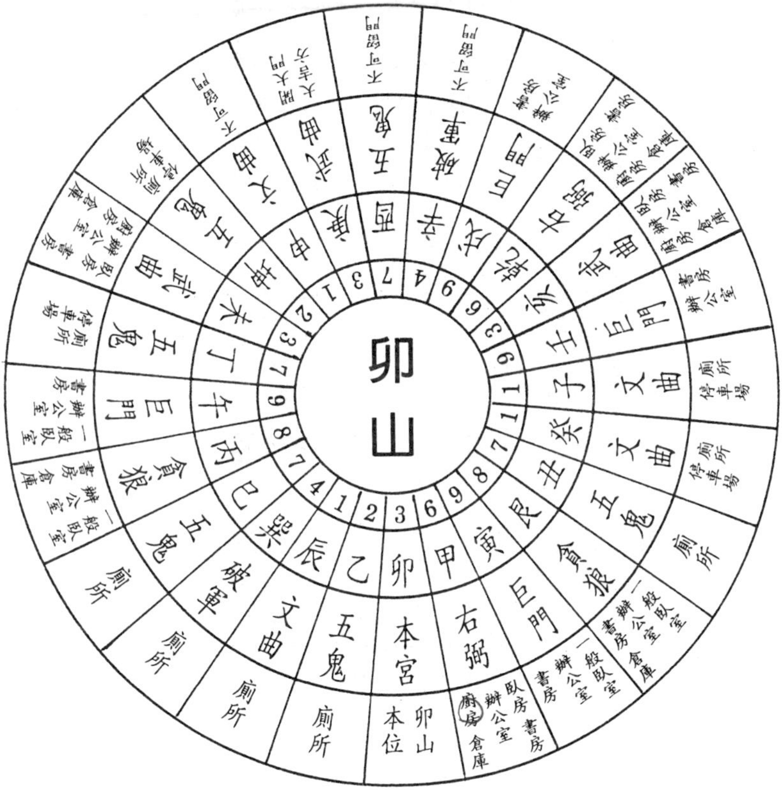

注意事項

卯山：神位、床頭、大門、櫃檯、書房、廚房、倉庫、辦公室等。喜坐方位：貪狼、巨門、武曲、左輔、右弼等吉星之位。忌置祿存、文曲、五鬼、破軍等凶星之位。

卯山室內佈置斷法說明

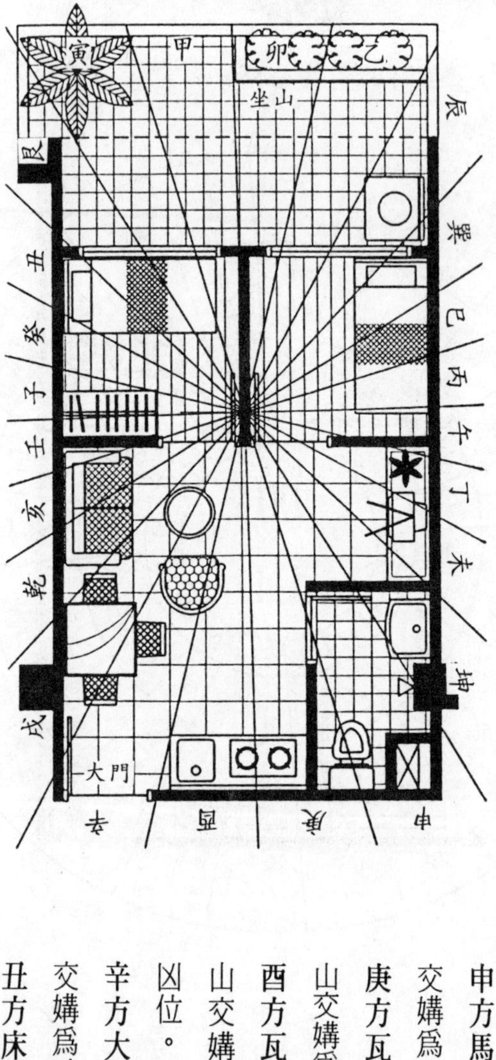

巽方床頭：與坐山交媾爲破軍凶位。

申方馬桶：與坐山交媾爲文曲吉位。

庚方瓦斯爐：與坐山交媾爲武曲吉位。

酉方瓦斯爐：與坐山交媾爲廉貞五鬼凶位。

辛方大門：與坐山交媾爲破軍凶位。

丑方床頭：與坐山交媾爲廉貞五鬼凶位。

卯山室內佈置斷法說明

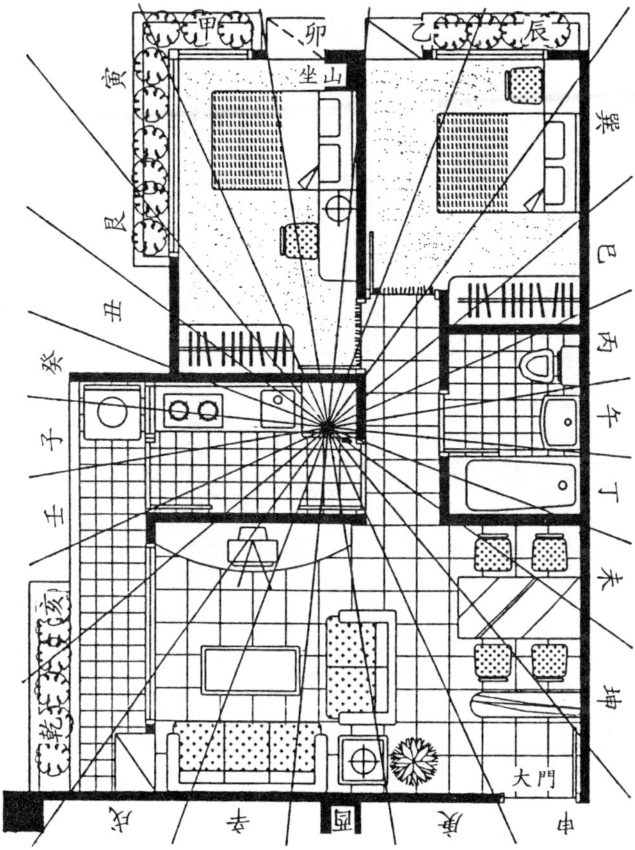

卯方床頭：爲本宮位主吉。

巽方床頭：與坐山交媾爲破軍凶位。

丙方馬桶：與坐山交媾爲貪狼吉星，馬桶忌坐吉星位。

申方大門：與坐山交媾爲文曲凶位。

癸方瓦斯爐：與坐山交媾爲文曲凶位。

卯山室內佈置斷法說明

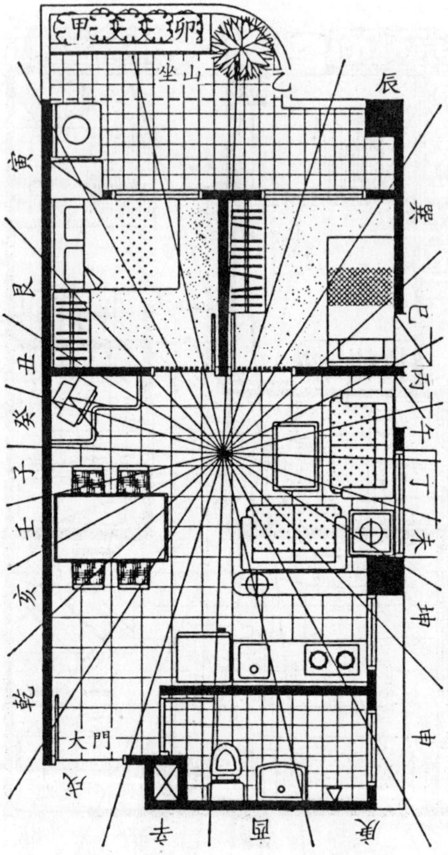

巳方床頭：與坐山交媾爲廉貞五鬼凶位。

申方瓦斯爐：與坐山交媾爲文曲凶位。

庚方瓦斯爐：與坐山交媾爲武曲吉位。

酉方馬桶：與坐山交媾爲廉貞五鬼吉位。

戌方大門：與坐山交媾爲巨門吉位。

寅方床頭：與坐山交媾爲巨門吉位。

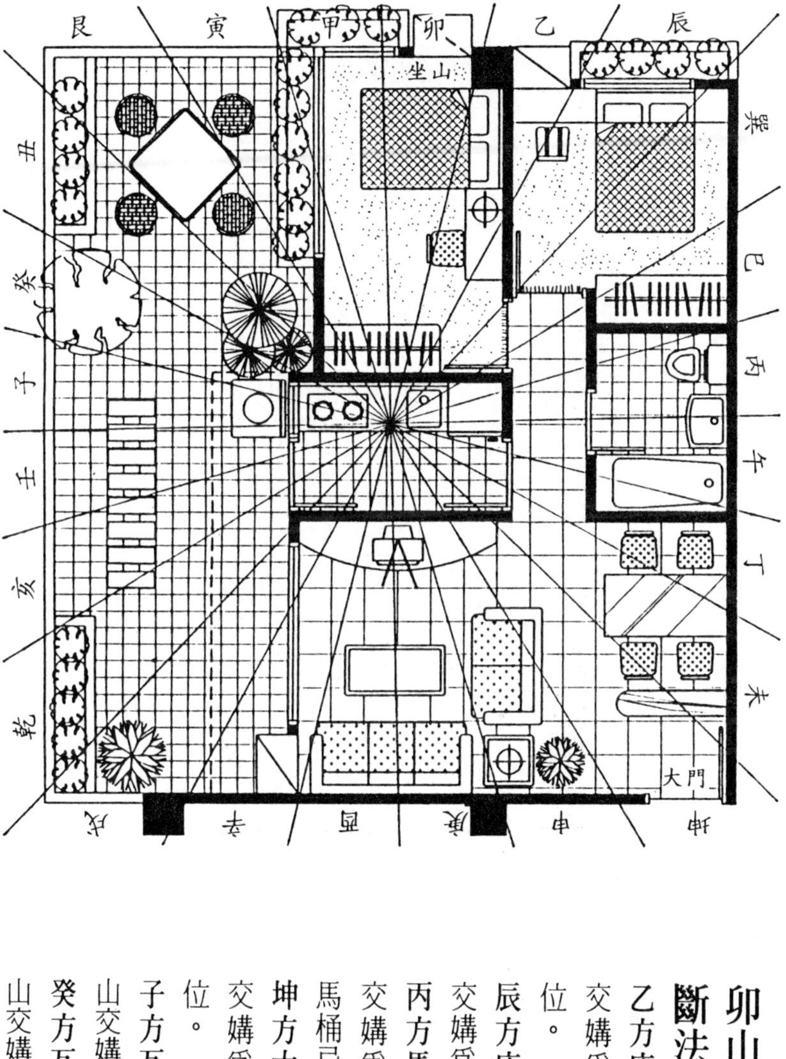

卯山室內佈置斷法說明

乙方床頭：與坐山交媾爲廉貞五鬼凶位。

辰方床頭：與坐山交媾爲文曲凶位。

丙方馬桶：與坐山交媾爲貪狼吉星，馬桶忌坐吉星位。

坤方大門：與坐山交媾爲廉貞五鬼凶位。

子方瓦斯爐：與坐山交媾爲文曲凶位。

癸方瓦斯爐：與坐山交媾爲文曲凶位。

卯山室內佈置斷法說明

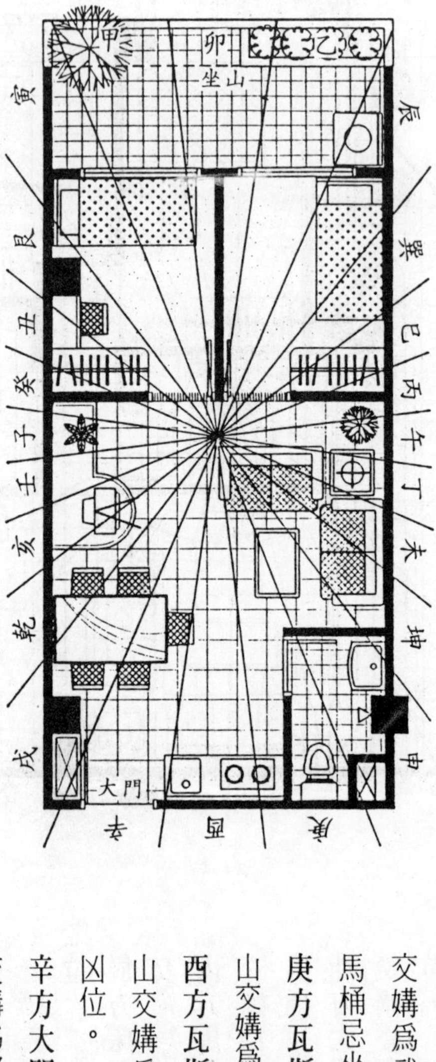

辰方床頭：與坐山交媾爲文曲凶位。

庚方馬桶：與坐山交媾爲武曲吉星，馬桶忌坐吉星位。

庚方瓦斯爐：與坐山交媾爲武曲吉位。

酉方瓦斯爐：與坐山交媾爲廉貞五鬼凶位。

辛方大門：與坐山交媾爲破軍凶位。

寅方床頭：與坐山交媾爲巨門吉位。

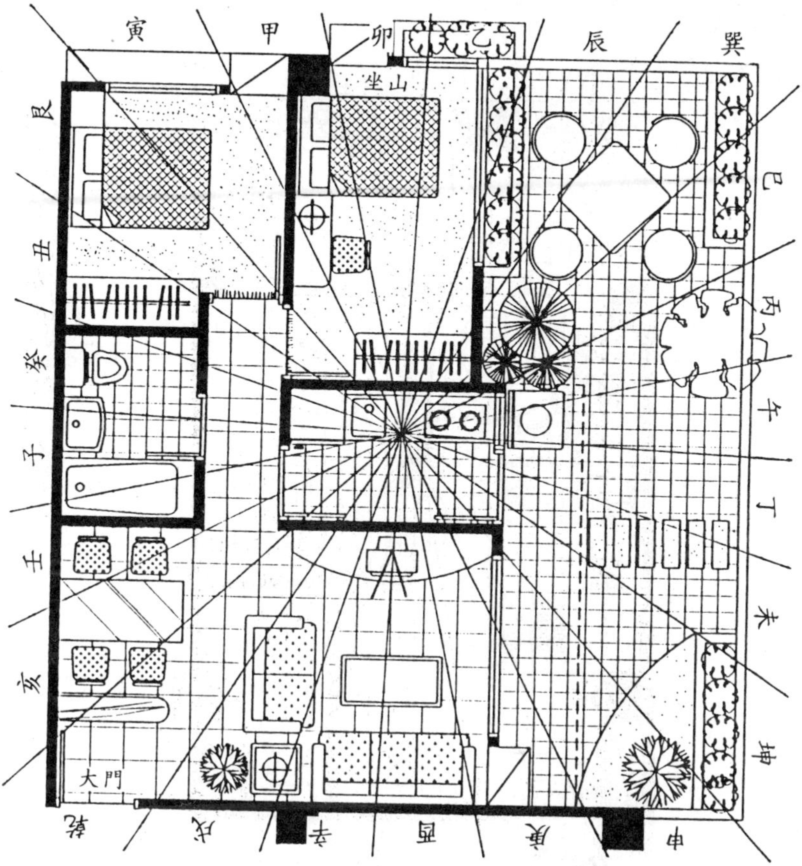

卯山室內佈置斷法說明

丙方瓦斯爐：與坐山交媾爲貪狼吉位。

午方瓦斯爐：爲兩宮位主凶。

乾方大門：與坐山交媾爲右弼吉位。

癸方馬桶：與坐山交媾爲文曲吉位。

艮方床頭：與坐山交媾爲貪狼吉位。

甲方床頭：與坐山交媾爲右弼吉位。

卯山室內佈置斷法說明

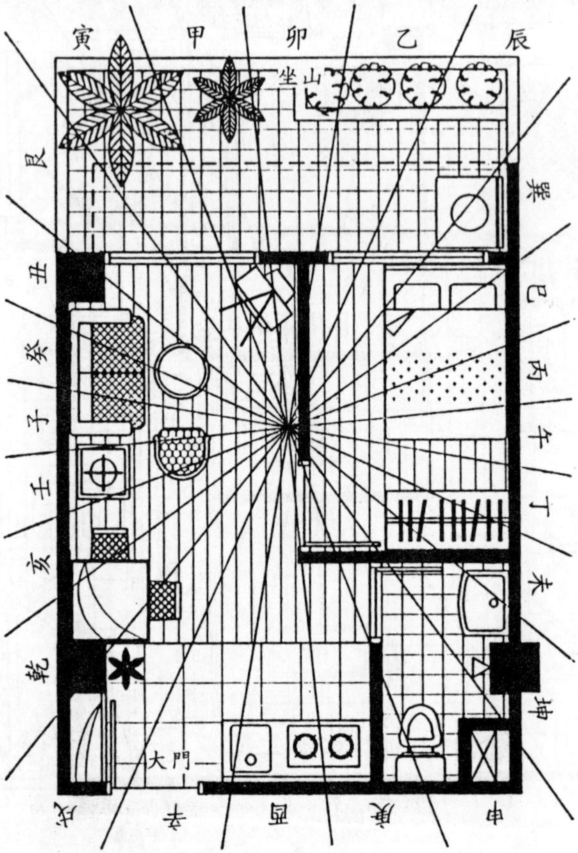

巽方床頭：與坐山交媾爲破軍凶位。

巳方床頭：爲兩宮位主凶。

申方馬桶：與坐山交媾爲文曲吉位。

庚方瓦斯爐：與坐山交媾爲武曲吉位。

酉方瓦斯爐：與坐山交媾爲廉貞五鬼凶位。

辛方大門：與坐山交媾爲破軍凶位。

卯山室內佈置斷法說明

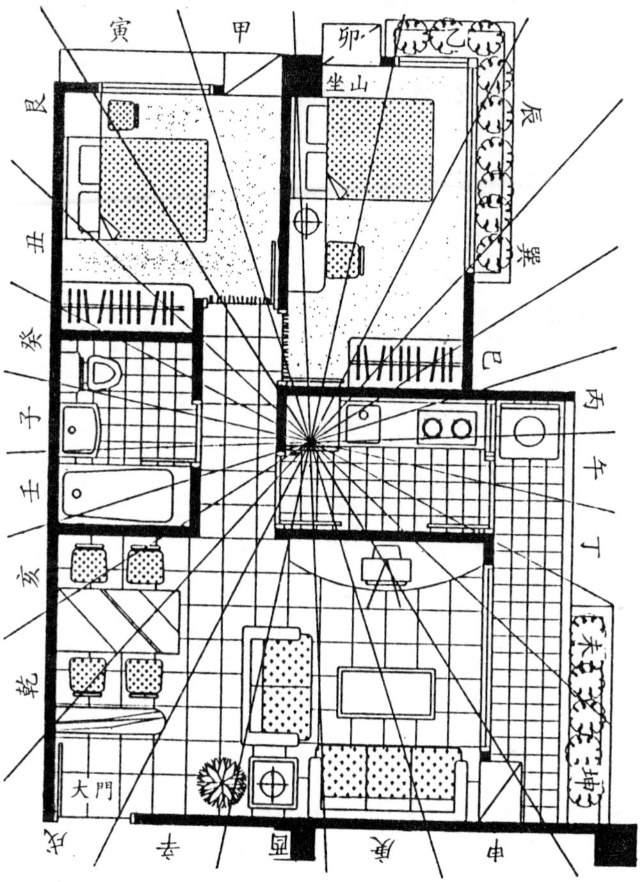

卯方床頭：爲本宮位主吉。

丙方瓦斯爐：與坐山交媾爲貪狼吉位。

戌方大門：與坐山交媾爲巨門吉位。

癸方馬桶：與坐山交媾爲文曲吉位。

艮方床頭：與坐山交媾爲貪狼吉位。

乙山室內佈置吉凶位

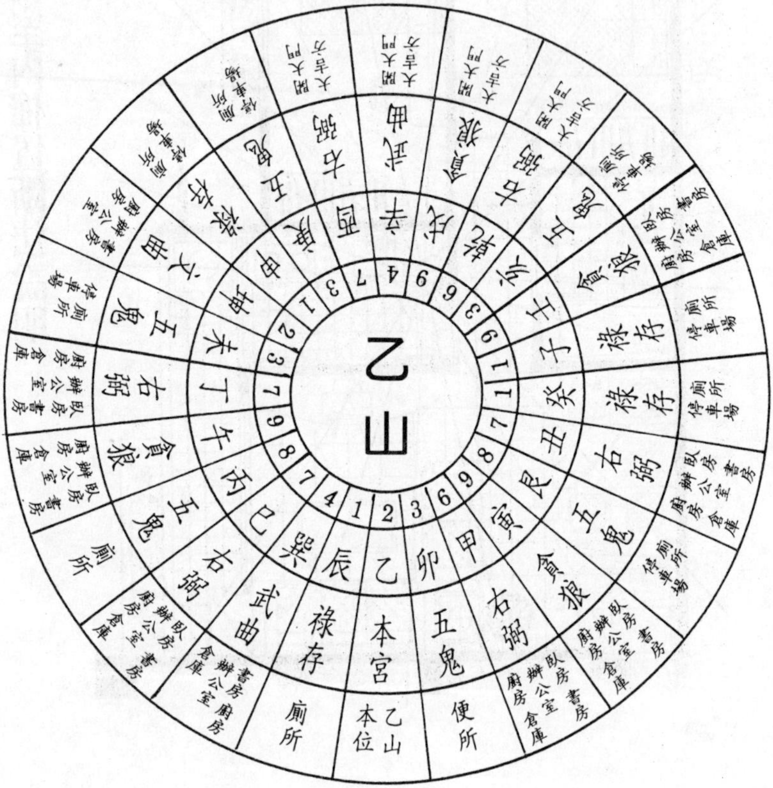

注意事項

乙山：神位、床頭、大門、櫃檯、書房、廚房、倉庫、辦公室等。喜坐方位：貪狼、巨門、武曲、左輔、右弼等吉星之位。忌置祿存、文曲、五鬼、破軍等凶星之位。

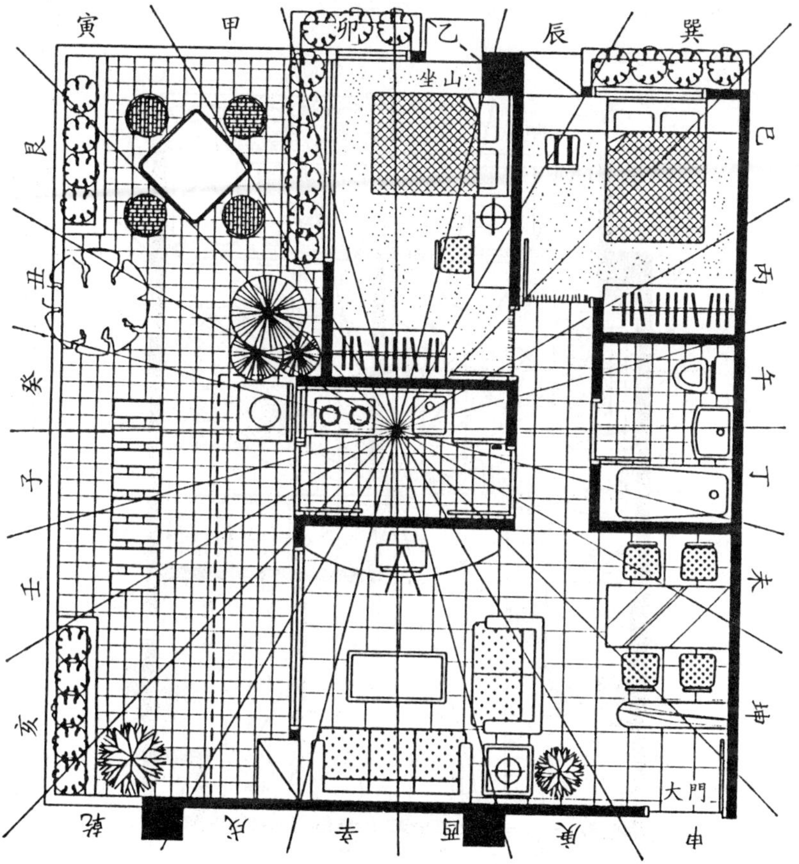

乙山室內佈置斷法說明

辰方床頭：與坐山交媾爲祿存凶位。

巽方床頭：與坐山交媾爲武曲吉位。

午方馬桶：與坐山交媾爲貪狼吉星，馬桶忌坐吉星位。

申方大門：與坐山交媾爲祿存凶位。

癸方瓦斯爐：與坐山交媾爲祿存凶位。

丑方瓦斯爐：與坐山交媾爲右弼吉位。

乙山室內佈置斷法說明

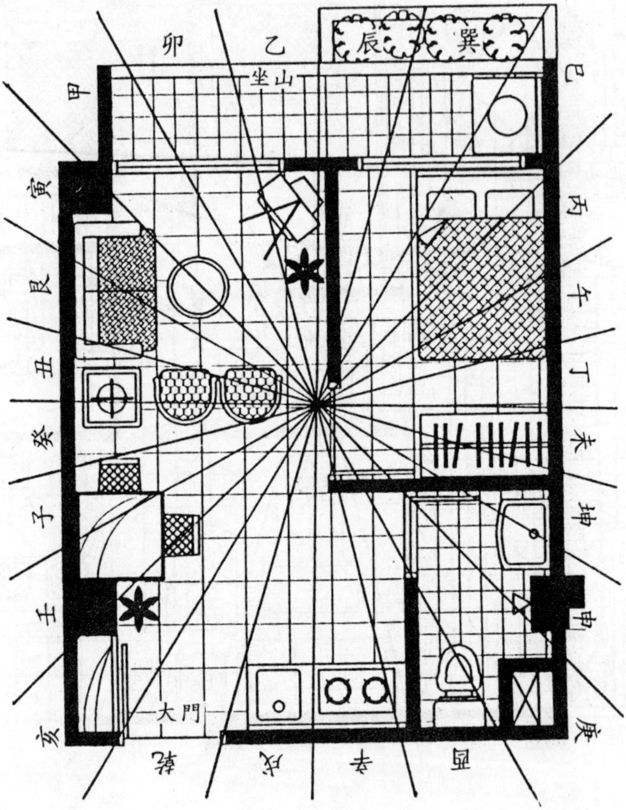

巳方床頭：與坐山交媾爲右弼吉位。

丙方床頭：爲兩宮位主凶。

酉方馬桶：與坐山交媾爲右弼吉星，馬桶忌坐吉星位。

辛方瓦斯爐：與坐山交媾爲武曲吉位。

乾方大門：與坐山交媾爲左輔吉位。

乙山室內佈置斷法說明

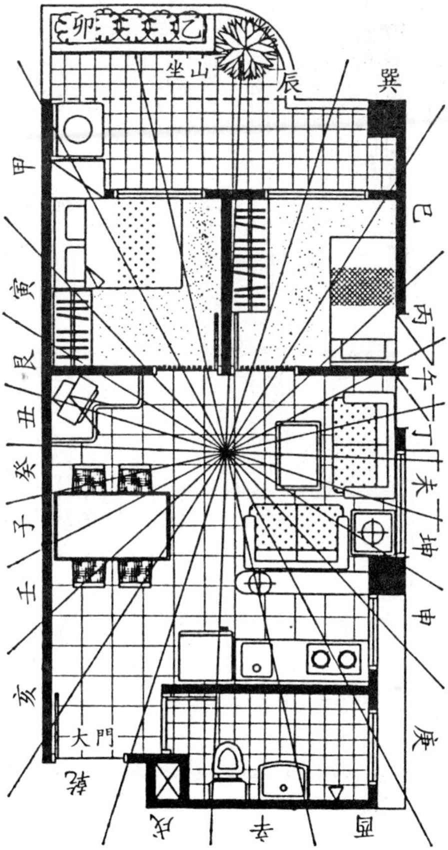

丙方床頭：與坐山交媾爲廉貞五鬼凶位。

庚方瓦斯爐：與坐山交媾爲廉貞五鬼凶位。

酉方瓦斯爐：與坐山交媾爲右弼吉位。

辛方馬桶：與坐山交媾爲武曲吉星，馬桶忌坐吉星位。

乾方大門：與坐山交媾爲左輔吉位。

甲方床頭：與坐山交媾爲左輔吉位。

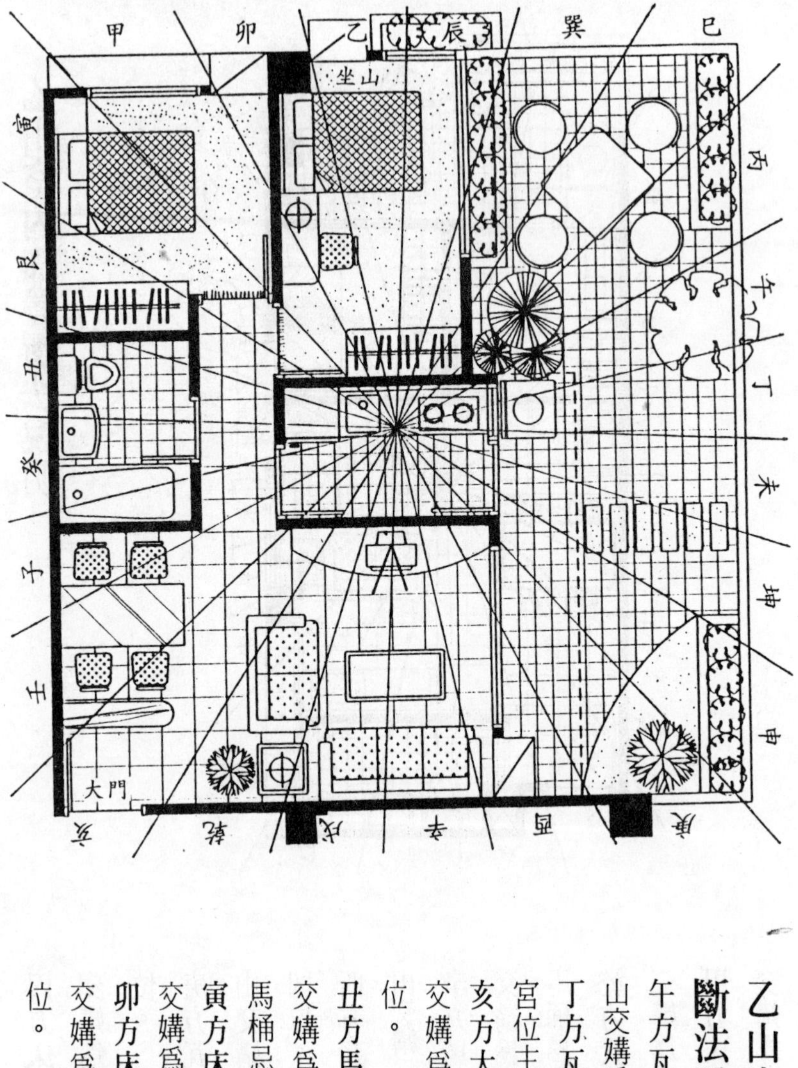

乙山室內佈置斷法說明

午方瓦斯爐：與坐山交媾爲貪狼吉位。

丁方瓦斯爐：爲兩宮位主凶。

亥方大門：與坐山交媾爲廉貞五鬼凶位。

丑方馬桶：與坐山交媾爲右弼吉星，馬桶忌坐吉星位。

寅方床頭：與坐山交媾爲貪狼吉位。

卯方床頭：與坐山交媾爲廉貞五鬼凶位。

乙山室內佈置斷法說明

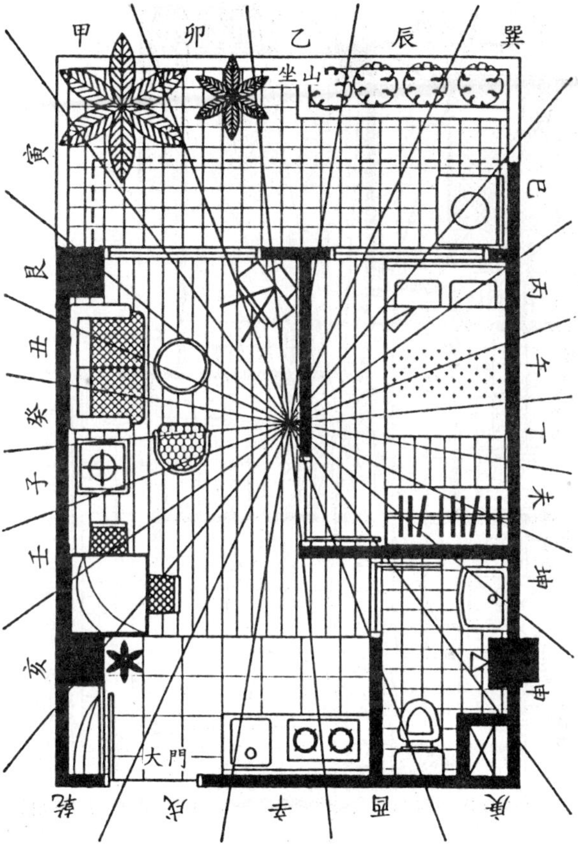

巳方床頭：與坐山交媾爲右弼吉位。

丙方床頭：爲兩宮位主凶。

庚方馬桶：與坐山交媾爲廉貞五鬼吉位。

酉方瓦斯爐：與坐山交媾爲右弼吉位。

辛方瓦斯爐：與坐山交媾爲武曲吉位。

戌方大門：與坐山交媾爲貪狼吉位。

乙山室內佈置斷法說明

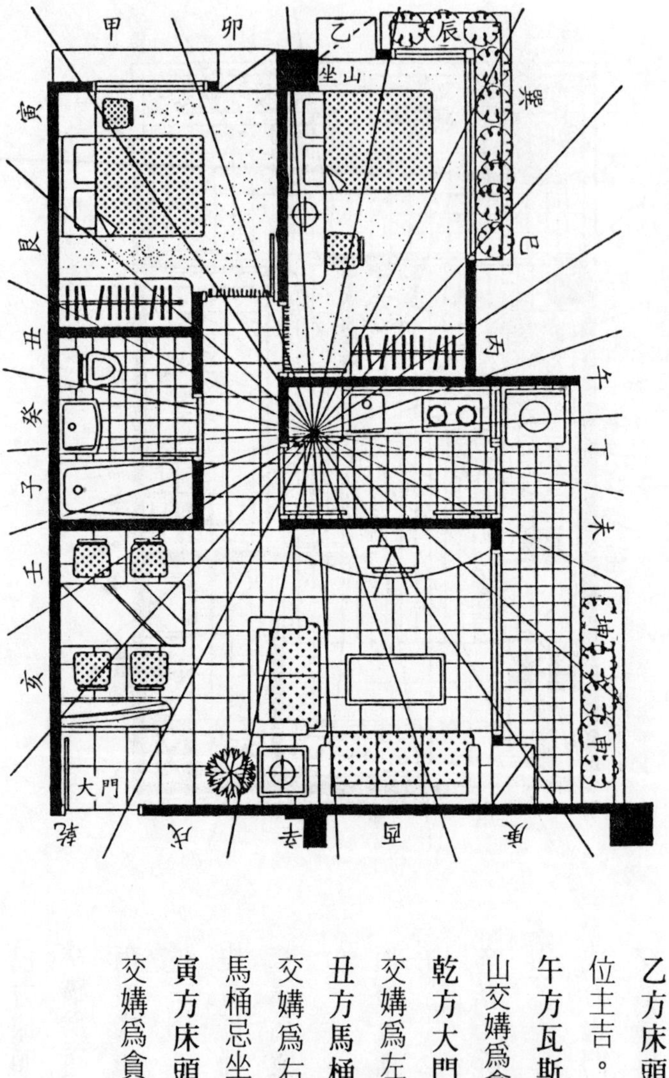

乙方床頭：爲本宮位主吉。

午方瓦斯爐：與坐山交媾爲貪狼吉位。

乾方大門：與坐山交媾爲左輔吉位。

丑方馬桶：與坐山交媾爲右弼吉星，馬桶忌坐吉星位。

寅方床頭：與坐山交媾爲貪狼吉位。

乙山室內佈置斷法說明

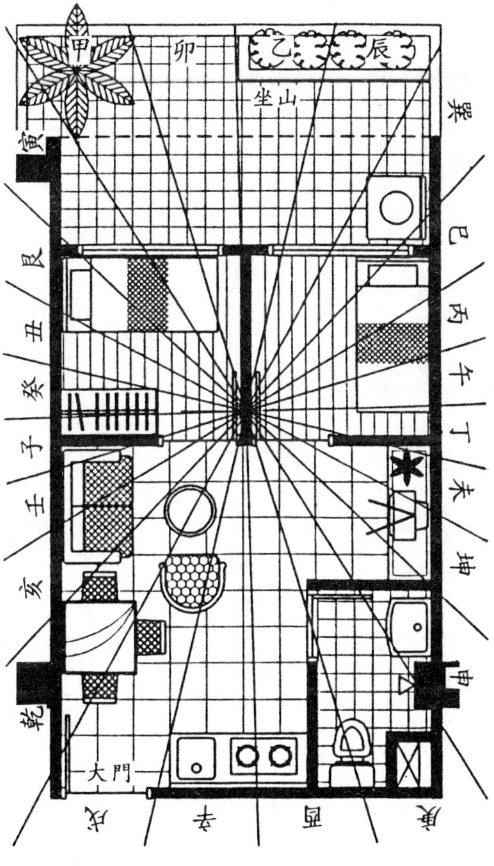

巳方床頭：與坐山交媾爲右弼吉位。

庚方馬桶：與坐山交媾爲廉貞五鬼吉位。

酉方瓦斯爐：與坐山交媾爲右弼吉位。

辛方瓦斯爐：與坐山交媾爲武曲吉位。

戌方大門：與坐山交媾爲貪狼吉位。

艮方床頭：與坐山交媾爲廉貞五鬼凶位。

乙山室內佈置斷法說明

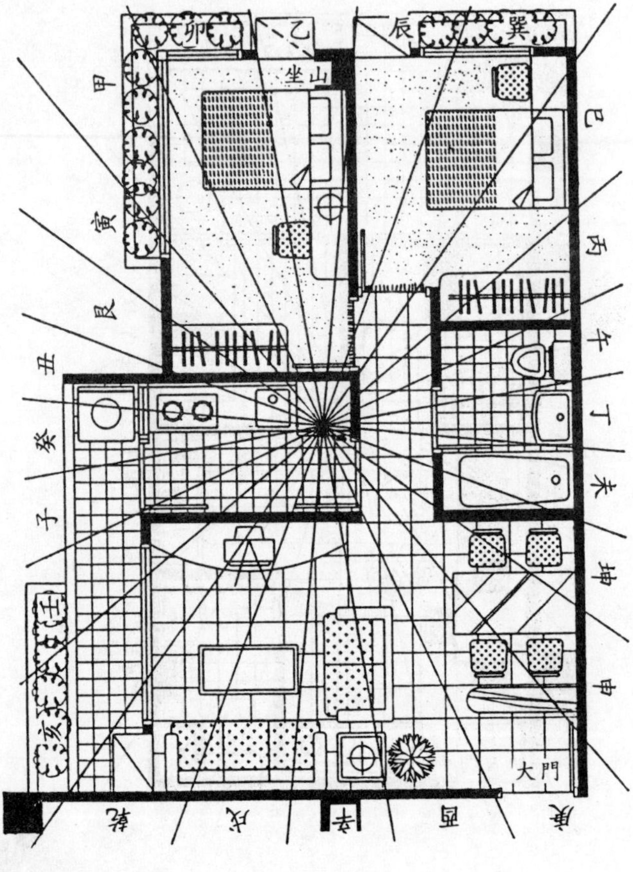

乙方床頭：爲本宮位主吉。

巳方床頭：與坐山交媾爲右弼吉位。

午方馬桶：與坐山交媾爲貪狼吉星，馬桶忌坐吉星位。

庚方大門：與坐山交媾爲廉貞五鬼凶位。

丑方瓦斯爐：與坐山交媾爲右弼吉位。

辰山室內佈置吉凶位

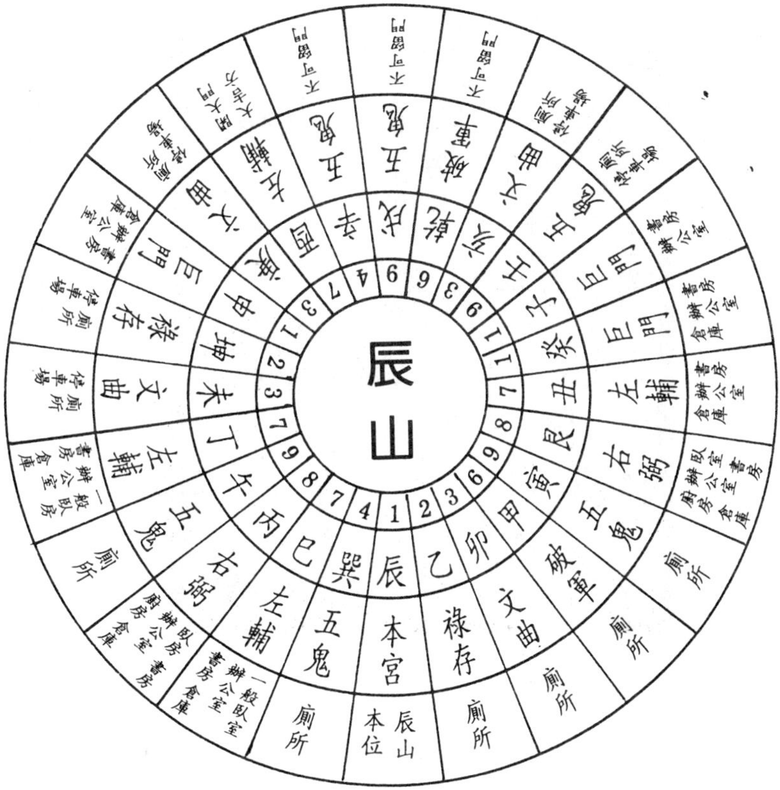

注意事項

辰山：神位、床頭、大門、櫃檯、書房、廚房、倉庫、辦公室等。喜坐方位：貪狼、巨門、武曲、左輔、右弼等吉星之位。忌置祿存、文曲、五鬼、破軍等凶星之位。

辰山室內佈置斷法說明

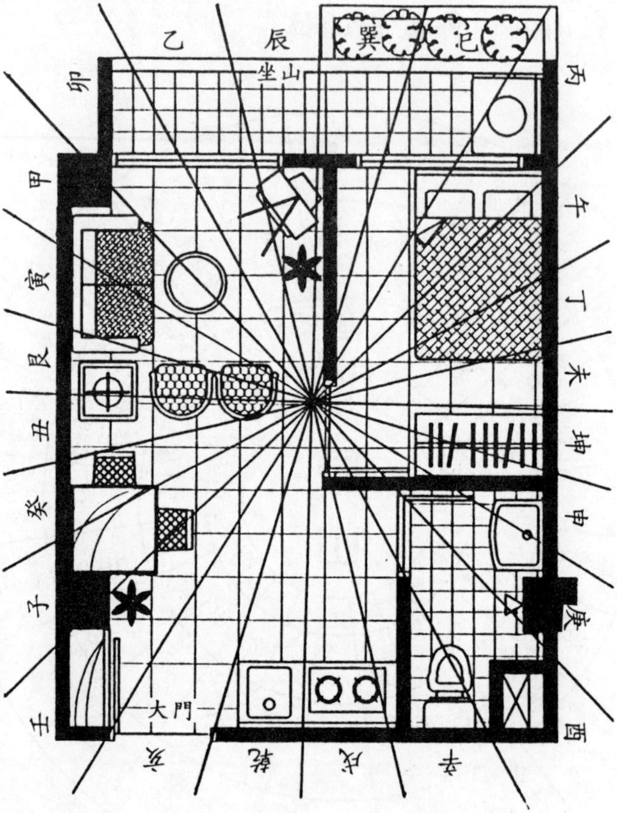

丙方床頭：與坐山交媾爲右弼吉位。

午方床頭：爲兩宮位主凶。

辛方馬桶：與坐山交媾爲廉貞五鬼吉位。

戌方瓦斯爐：與坐山交媾爲廉貞五鬼凶位。

亥方大門：與坐山交媾爲文曲凶位。

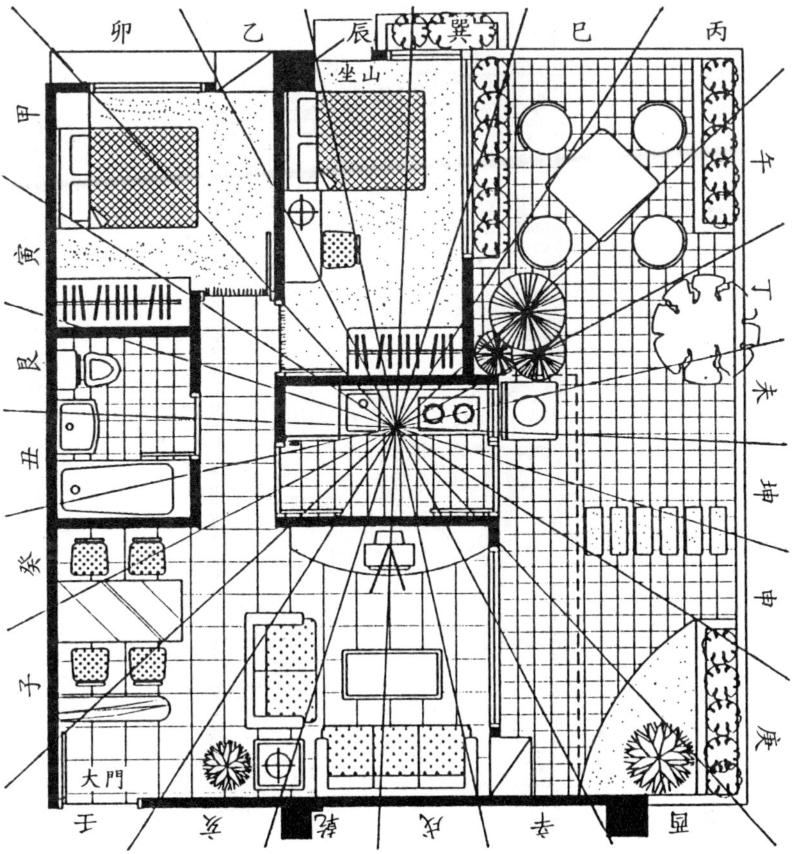

辰山室內佈置斷法說明

丁方瓦斯爐：與坐山交媾爲左輔吉位。

未方瓦斯爐：爲兩宮位主凶。

壬方大門：與坐山交媾爲廉貞五鬼凶位。

艮方馬桶：與坐山交媾爲右弼吉星，馬桶忌坐吉星位。

甲方床頭：與坐山交媾爲破軍凶位。

乙方床頭：與坐山交媾爲祿存凶位。

辰山室內佈置斷法說明

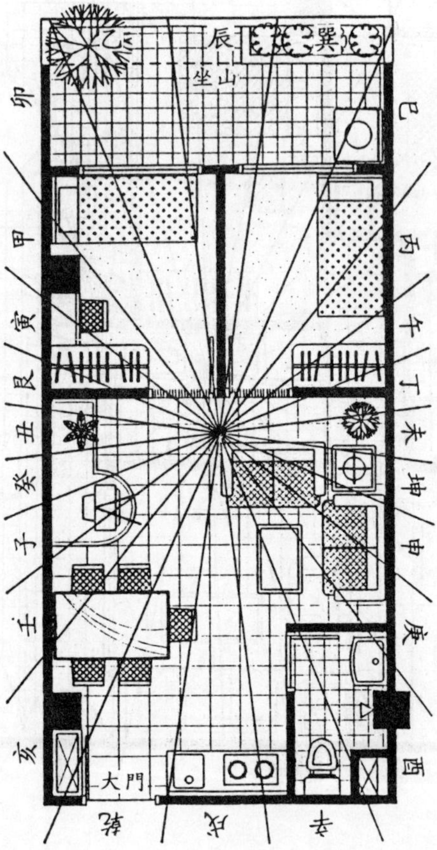

巳方床頭：與坐山交媾爲左輔吉位。

辛方馬桶：與坐山交媾爲廉貞五鬼吉位。

辛方瓦斯爐：與坐山交媾爲廉貞五鬼凶位。

戌方瓦斯爐：與坐山交媾爲廉貞五鬼凶位。

乾方大門：與坐山交媾爲破軍凶位。

卯方床頭：與坐山交媾爲文曲凶位。

辰山室內佈置斷法說明

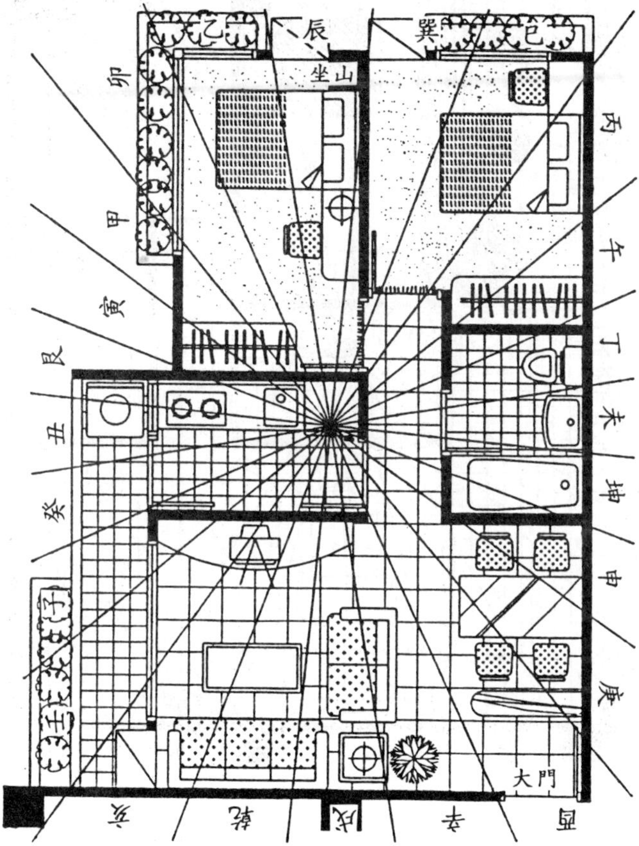

辰方床頭：爲本宮位主吉。

丙方床頭：與坐山交媾爲右弼吉位。

丁方馬桶：與坐山交媾爲左輔吉星，馬桶忌坐吉星位。

酉方大門：與坐山交媾爲左輔吉位。

艮方瓦斯爐：與坐山交媾爲右弼吉位。

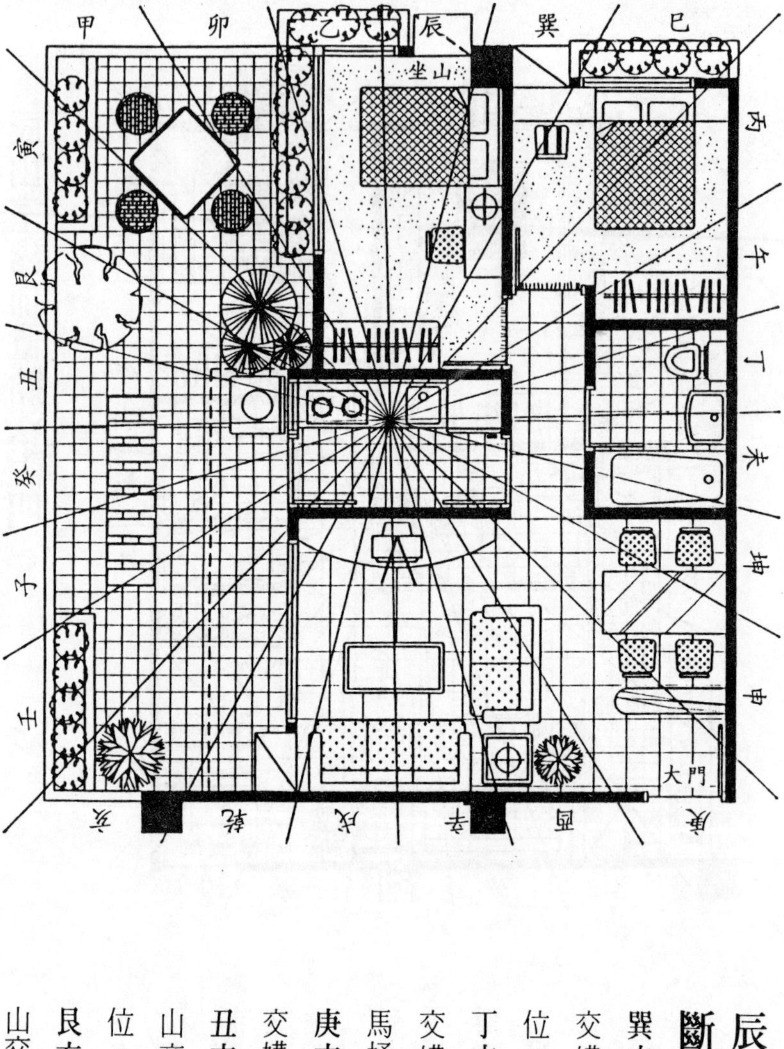

辰山室內佈置斷法說明

巽方床頭：與坐山交媾爲廉貞五鬼凶位。

丁方馬桶：與坐山交媾爲左輔吉星，馬桶忌坐吉星位。

庚方大門：與坐山交媾爲文曲凶位。

丑方瓦斯爐：與坐山交媾爲爲左輔吉位。

艮方瓦斯爐：與坐山交媾爲右弼吉位。

辰山室內佈置斷法說明

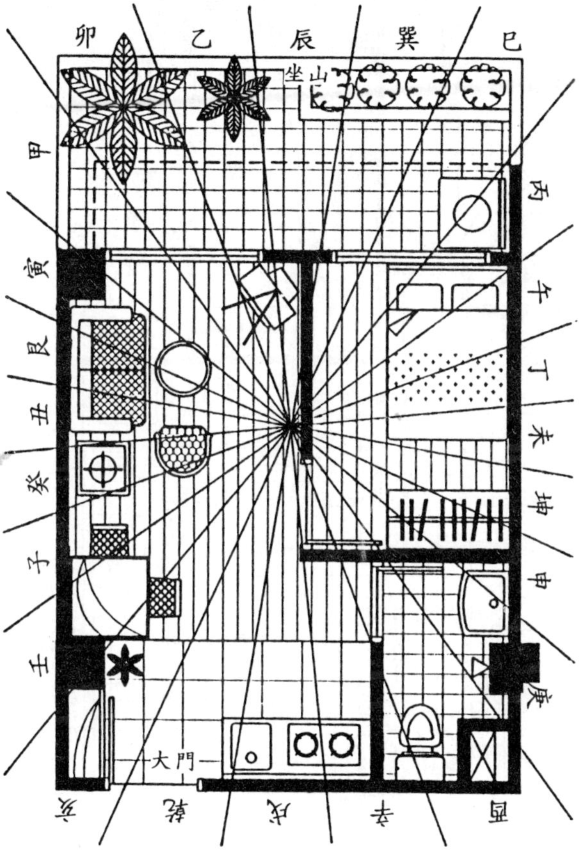

丙方床頭：與坐山交媾爲右弼吉位。

午方床頭：爲兩宮位主凶。

酉方馬桶：與坐山交媾爲左輔吉星，馬桶忌坐吉星位。

辛方瓦斯爐：與坐山交媾爲廉貞五鬼凶位。

戌方瓦斯爐：與坐山交媾爲廉貞五鬼凶位。

乾方大門：與坐山交媾爲破軍凶位。

辰山室內佈置斷法說明

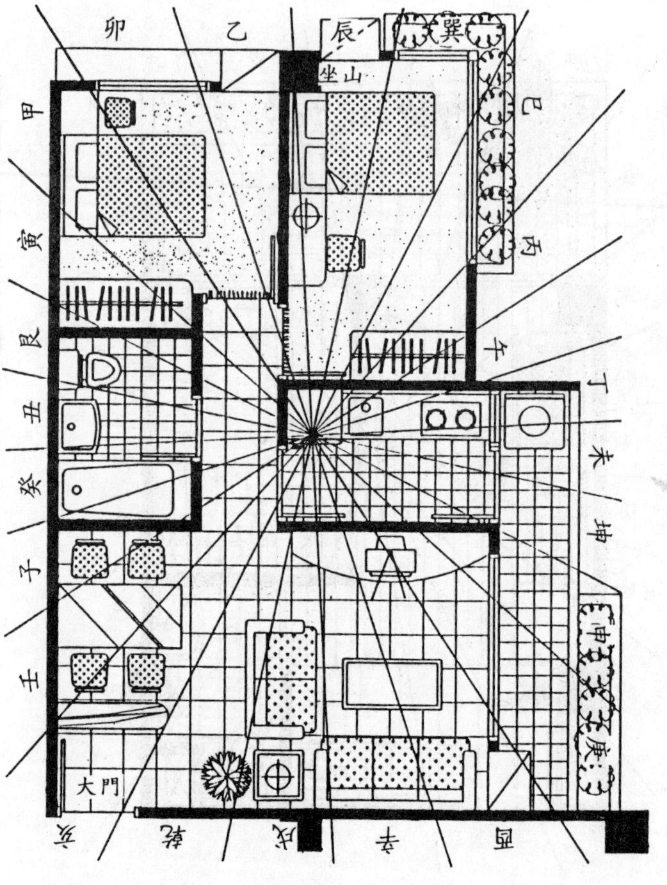

辰方床頭：爲本宮位主吉。

丁方瓦斯爐：與坐山交媾爲左輔吉位。

亥方大門：與坐山交媾爲文曲凶位。

艮方馬桶：與坐山交媾爲右弼吉星，馬桶忌坐吉星位。

甲方床頭：與坐山交媾爲破軍凶位。

辰山室內佈置斷法說明

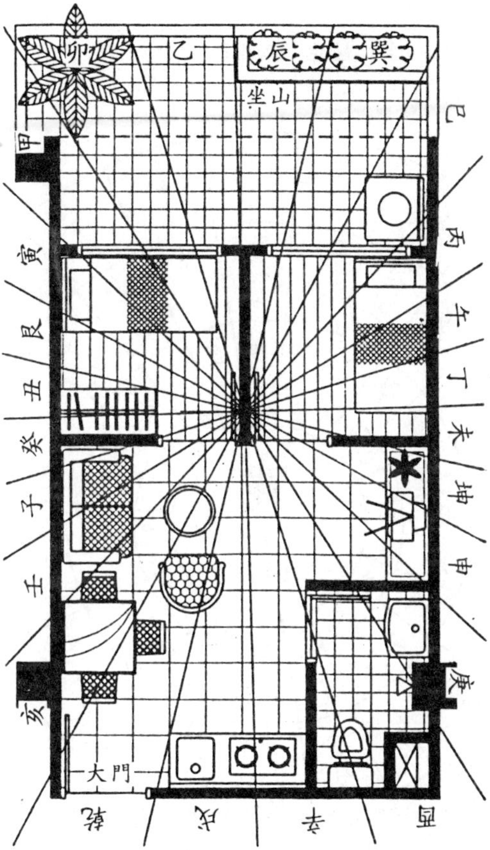

丙方床頭：與坐山交媾爲右弼吉位。

酉方馬桶：與坐山交媾爲左輔吉星，馬桶忌坐吉星位。

辛方瓦斯爐：與坐山交媾爲廉貞五鬼凶位。

戌方瓦斯爐：與坐山交媾爲廉貞五鬼凶位。

乾方大門：與坐山交媾爲破軍凶位。

寅方床頭：與坐山交媾爲廉貞五鬼凶位。

巽山室內佈置吉凶位

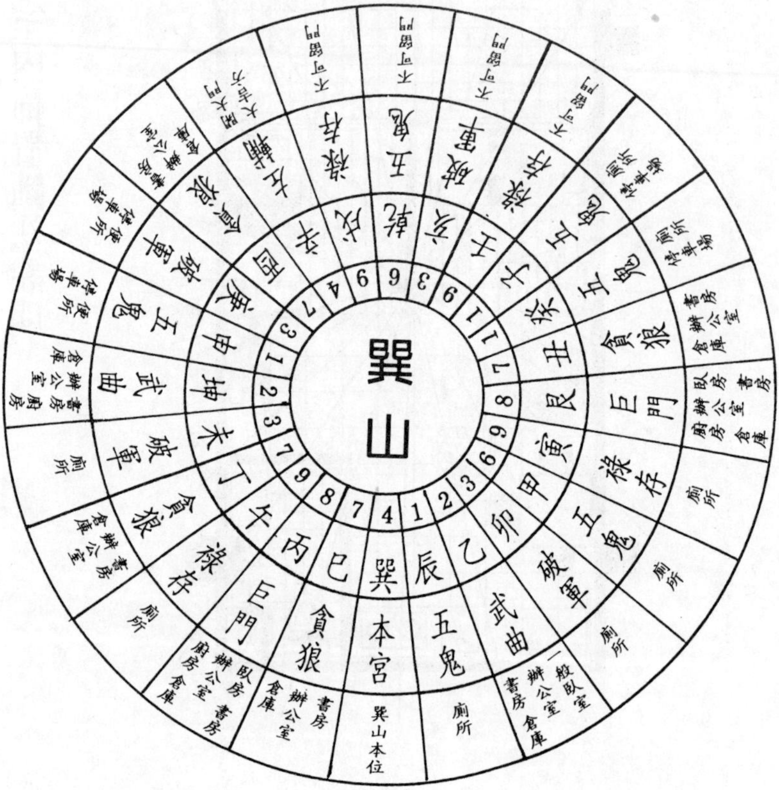

注意事項　巽山：神位、床頭、大門、櫃檯、書房、廚房、倉庫、辦公室等。喜坐方位：貪狼、巨門、武曲、左輔、右弼等吉星之位。忌置祿存、文曲、五鬼、破軍等凶星之位。

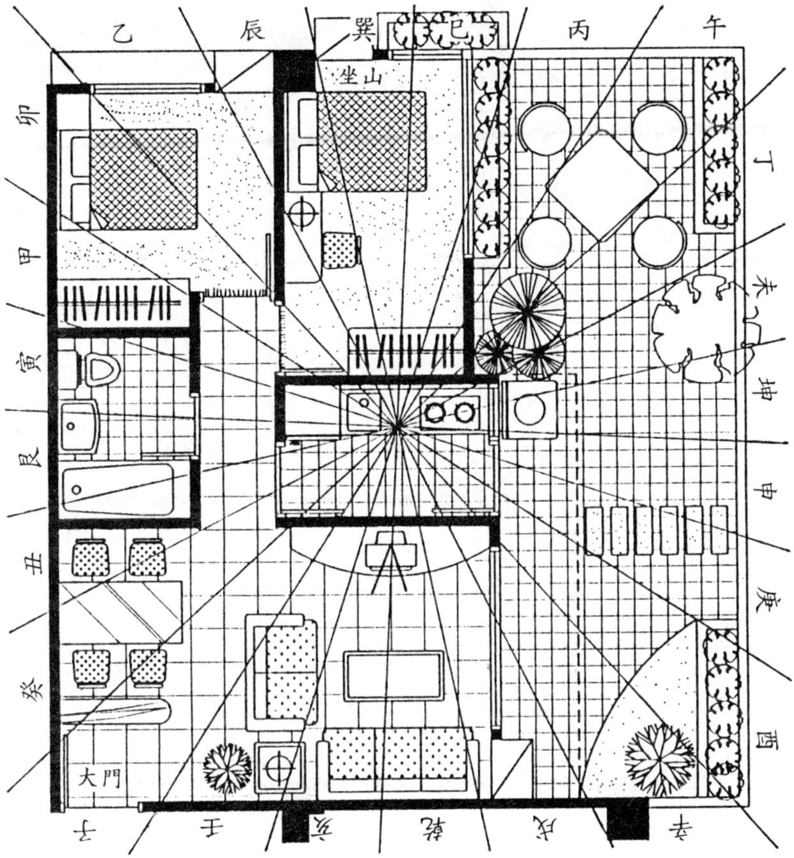

巽山室內佈置斷法說明

未方瓦斯爐：與坐山交媾爲破軍凶位。

坤方瓦斯爐：爲兩宮位主凶。

子方大門：與坐山交媾爲廉貞五鬼凶位。

寅方馬桶：與坐山交媾爲祿存吉位。

卯方床頭：與坐山交媾爲破軍凶位。

辰方床頭：與坐山交媾爲廉貞五鬼凶位。

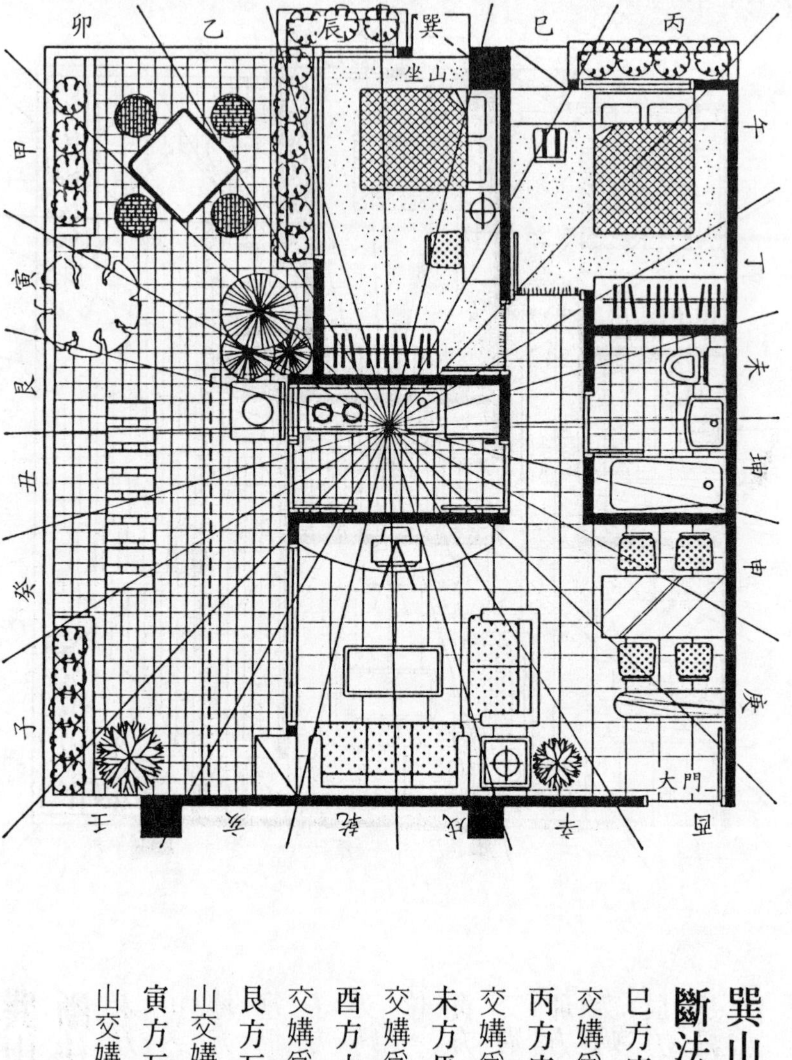

巽山室內佈置斷法說明

巳方床頭：與坐山交媾爲貪狼吉位。

丙方床頭：與坐山交媾爲巨門吉位。

未方馬桶：與坐山交媾爲破軍吉位。

酉方大門：與坐山交媾爲貪狼吉位。

艮方瓦斯爐：與坐山交媾爲巨門吉位。

寅方瓦斯爐：與坐山交媾爲祿存凶位。

巽山室內佈置斷法說明

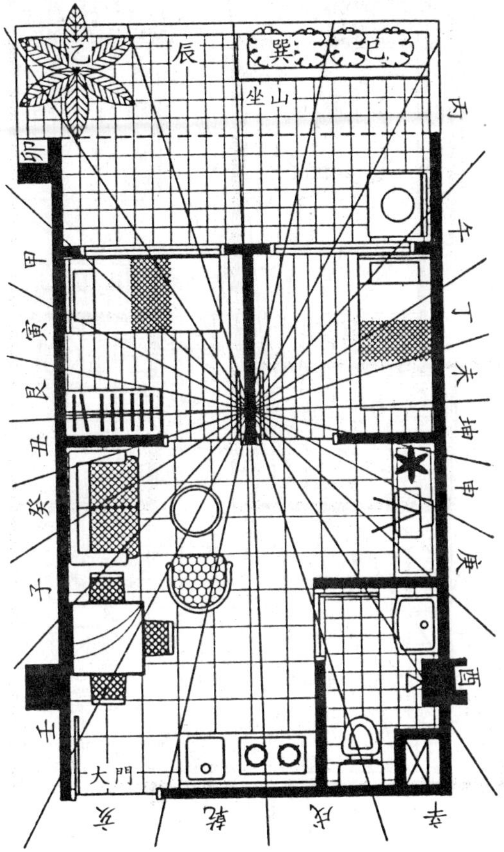

午方床頭：與坐山交媾為祿存凶位。

辛方馬桶：與坐山交媾為左輔吉星，馬桶忌坐吉星位。

戌方瓦斯爐：與坐山交媾為祿存凶位。

乾方瓦斯爐：與坐山交媾為廉貞五鬼凶位。

亥方大門：與坐山交媾為破軍凶位。

甲方床頭：與坐山交媾為廉貞五鬼凶位。

巽山室內佈置斷法說明

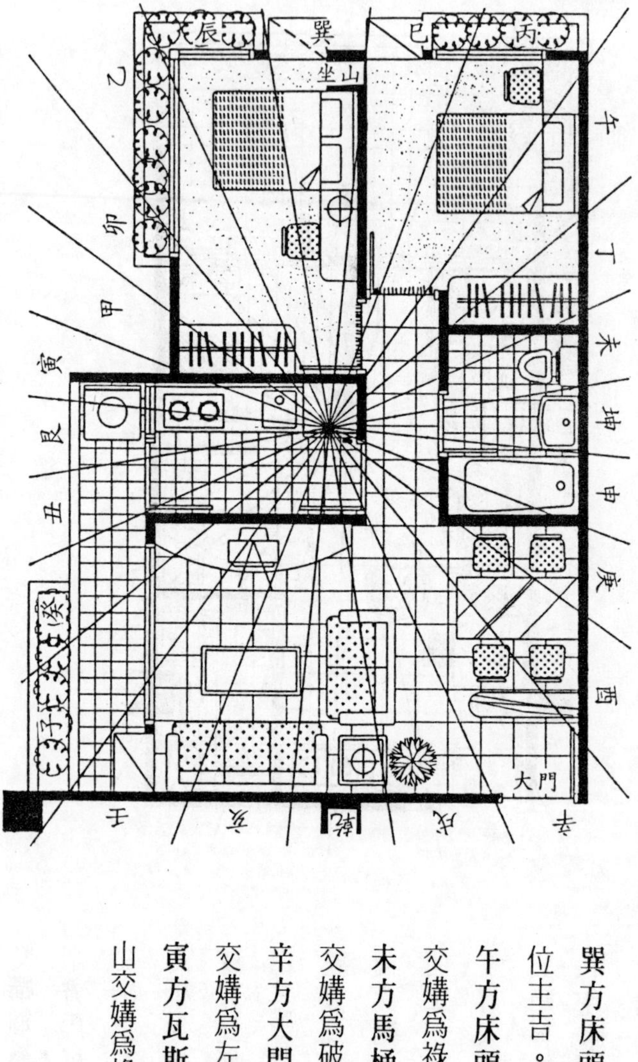

巽方床頭：爲本宮位主吉。

午方床頭：與坐山交媾爲祿存凶位。

未方馬桶：與坐山交媾爲破軍吉位。

辛方大門：與坐山交媾爲左輔吉位。

寅方瓦斯爐：與坐山交媾爲祿存凶位。

巽山室內佈置斷法說明

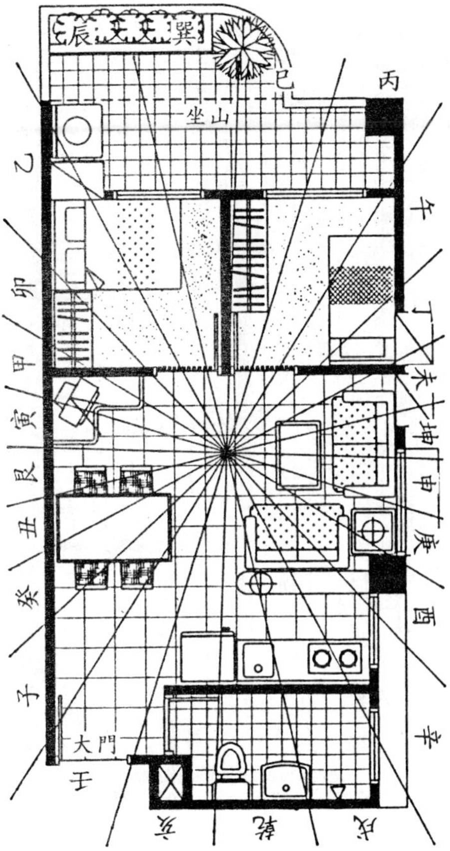

丁方床頭：與坐山交媾爲貪狼吉位。

辛方瓦斯爐：與坐山交媾爲左輔吉位。

戌方瓦斯爐：與坐山交媾爲祿存凶位。

乾方馬桶：與坐山交媾爲廉貞吉位。

壬方大門：與坐山交媾爲祿存凶位。

乙方床頭：與坐山交媾爲武曲吉位。

巽山室內佈置斷法說明

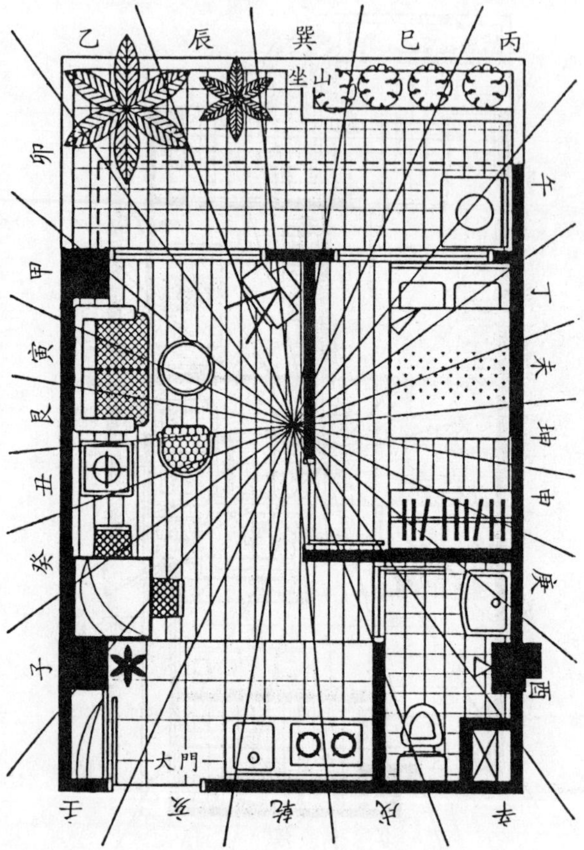

午方床頭：與坐山交媾爲祿存凶位。

丁方床頭：爲兩宮位主凶。

辛方馬桶：與坐山交媾爲左輔吉星，馬桶忌坐吉星位。

戌方瓦斯爐：與坐山交媾爲祿存凶位。

乾方瓦斯爐：與坐山交媾爲廉貞五鬼凶位。

亥方大門：與坐山交媾爲破軍凶位。

巽山室內佈置斷法說明

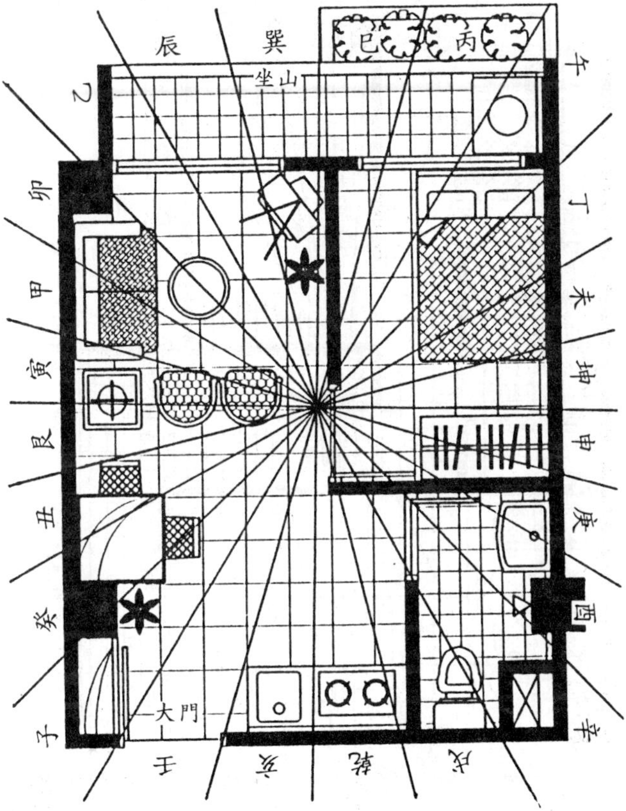

午方床頭：與坐山交媾爲祿存凶位。

丁方床頭：爲兩宮位主凶。

戌方馬桶：與坐山交媾爲祿存吉位。

乾方瓦斯爐：與坐山交媾爲廉貞五鬼凶位。

壬方大門：與坐山交媾爲祿存凶位。

巽山室內佈置斷法說明

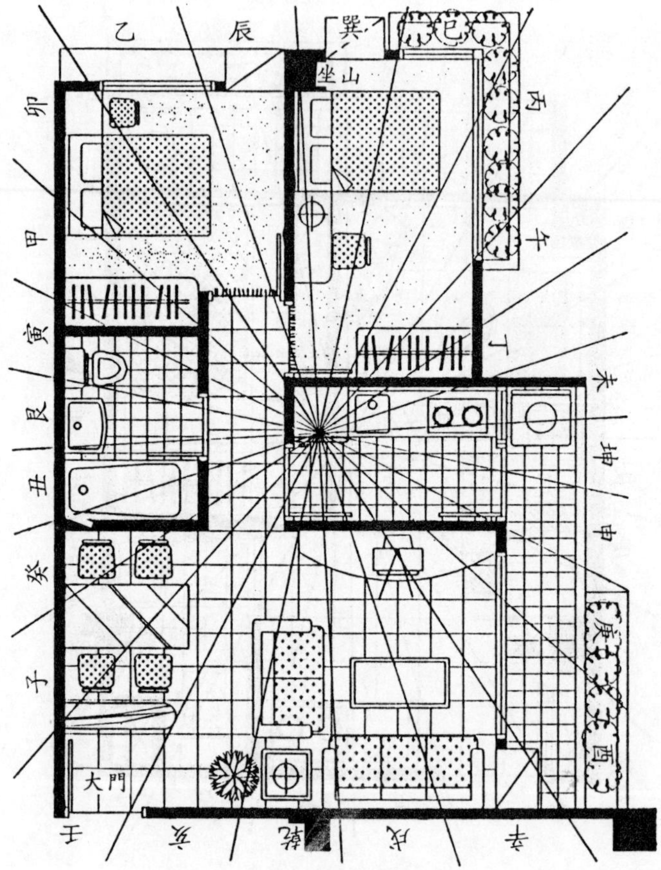

巽方床頭：爲本宮位主吉。

未方瓦斯爐：與坐山交媾爲破軍凶位。

壬方大門：與坐山交媾爲祿存凶位。

寅方馬桶：與坐山交媾爲祿存吉位。

卯方床頭：與坐山交媾爲破軍凶位。

巳山室內佈置吉凶位

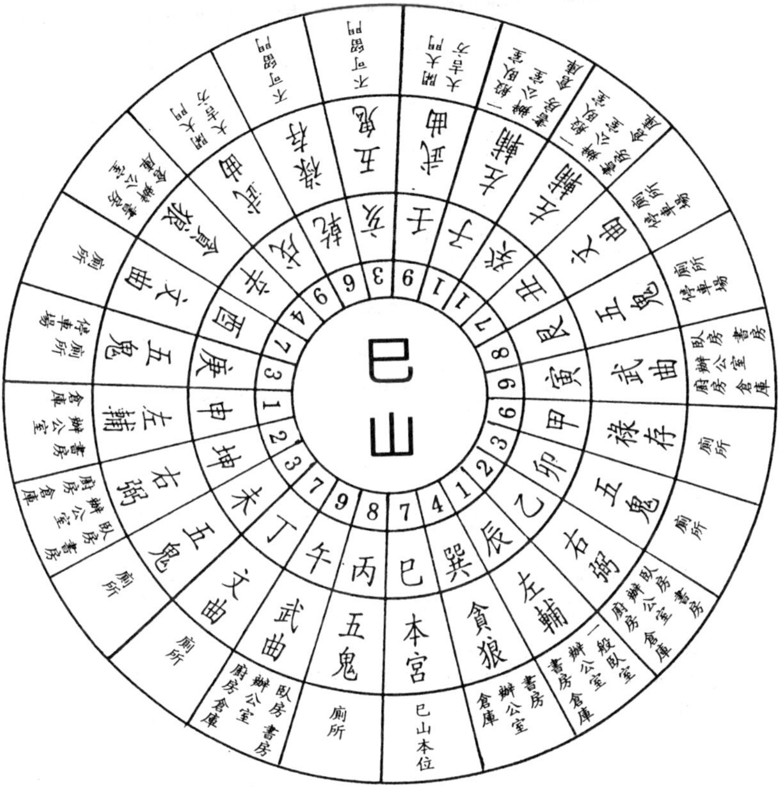

注意事項

巳山：神位、床頭、大門、櫃檯、書房、廚房、倉庫、辦公室等。喜坐方位：貪狼、巨門、武曲、左輔、右弼等吉星之位。忌置祿存、文曲、五鬼、破軍等凶星之位。

巳山室內佈置斷法說明

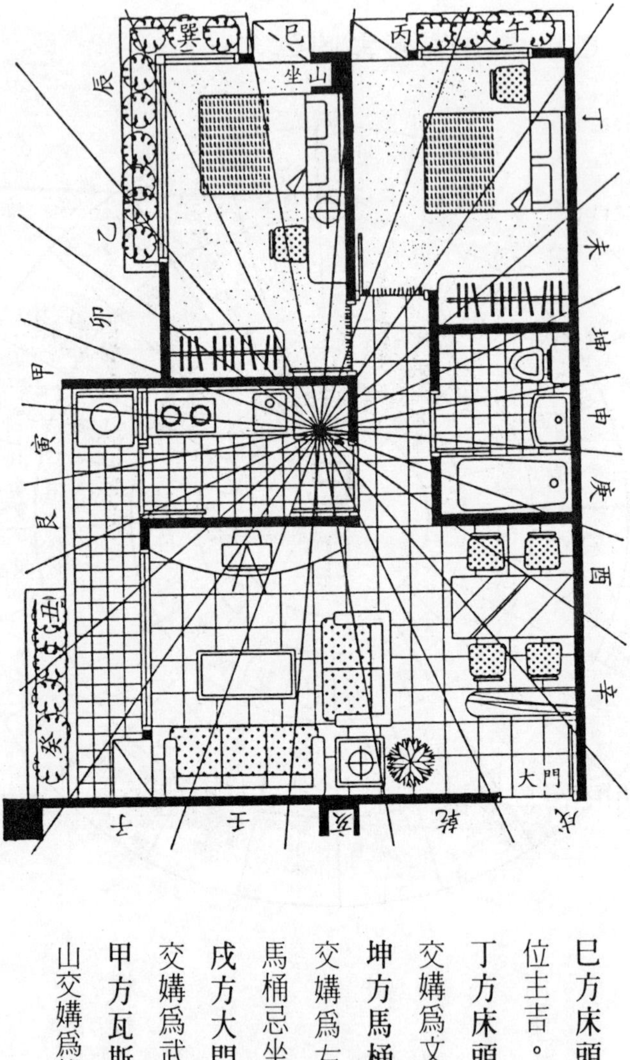

巳方床頭：爲本宮位主吉。

丁方床頭：與坐山交媾爲文曲凶位。

坤方馬桶：與坐山交媾爲右弼吉星，馬桶忌坐吉星位。

戌方大門：與坐山交媾爲武曲吉位。

甲方瓦斯爐：與坐山交媾爲祿存凶位。

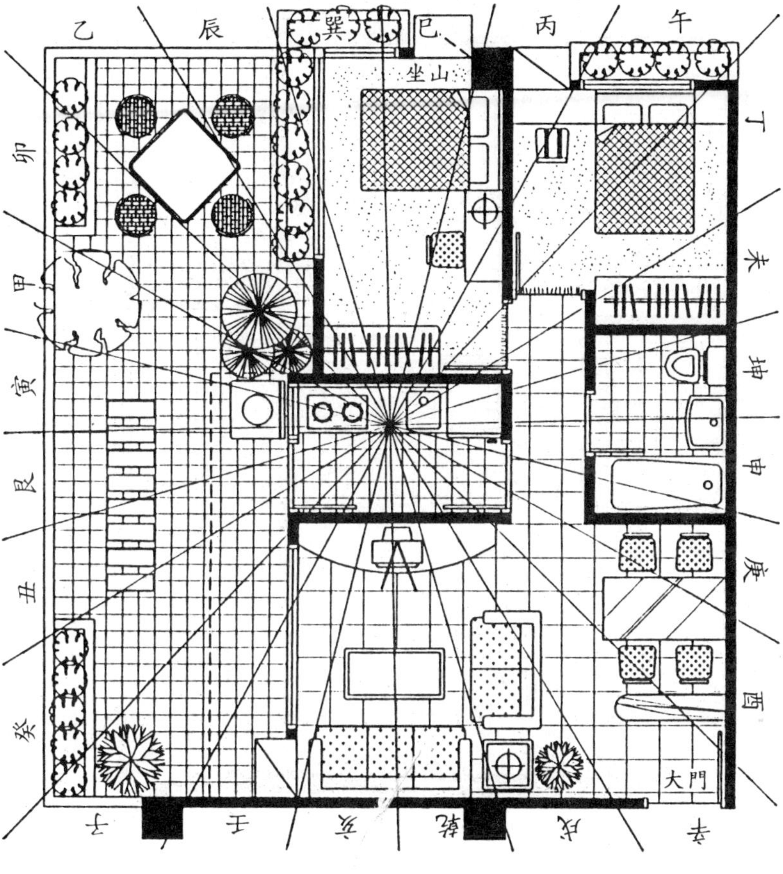

巳山室內佈置斷法說明

丙方床頭：與坐山交媾為廉貞五鬼凶位。

午方床頭：與坐山交媾為武曲吉位。

坤方馬桶：與坐山交媾為右弼吉星，馬桶忌坐吉星位。

辛方大門：與坐山交媾為貪狼吉位。

寅方瓦斯爐：與坐山交媾為武曲吉位。

甲方瓦斯爐：與坐山交媾為祿存凶位。

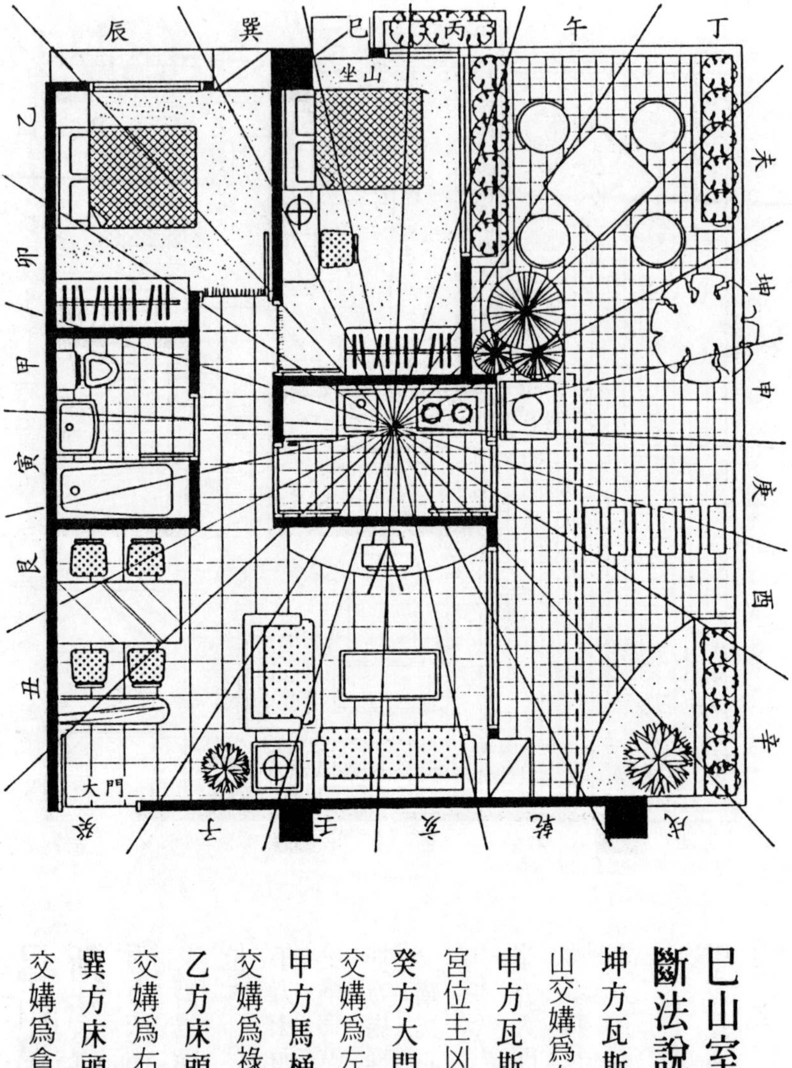

巳山室內佈置斷法說明

坤方瓦斯爐：與坐山交媾爲右弼吉位。

申方瓦斯爐：爲兩宮位主凶。

癸方大門：與坐山交媾爲左輔吉位。

甲方馬桶：與坐山交媾爲祿存吉位。

乙方床頭：與坐山交媾爲右弼吉位。

巽方床頭：與坐山交媾爲貪狼吉位。

巳山室內佈置斷法說明

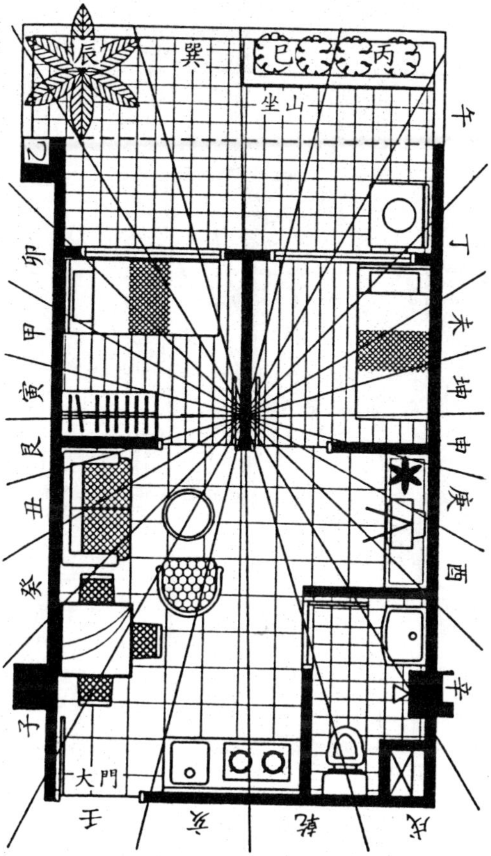

丁方床頭：與坐山交媾爲文曲凶位。

戌方馬桶：與坐山交媾爲武曲吉星，馬桶忌坐吉星位。

乾方瓦斯爐：與坐山交媾爲祿存凶位。

亥方瓦斯爐：與坐山交媾爲廉貞五鬼凶位。

壬方大門：與坐山交媾爲武曲吉位。

卯方床頭：與坐山交媾爲廉貞五鬼凶位。

巳山室內佈置斷法說明

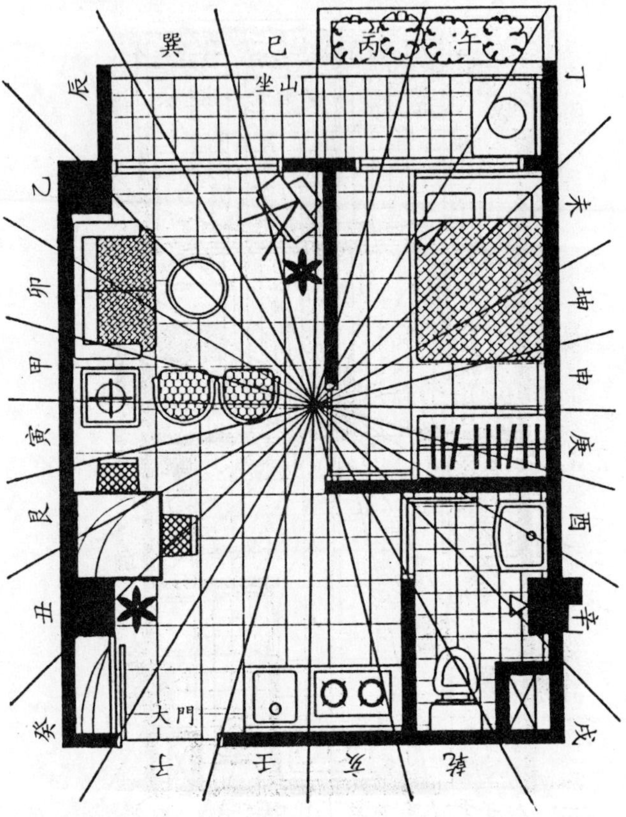

丁方床頭：與坐山交媾爲文曲凶位。

未方床頭：爲兩宮位主凶。

乾方馬桶：與坐山交媾爲祿存吉位。

亥方瓦斯爐：與坐山交媾爲廉貞五鬼凶位。

子方大門：與坐山交媾爲左輔吉位。

巳山室內佈置斷法說明

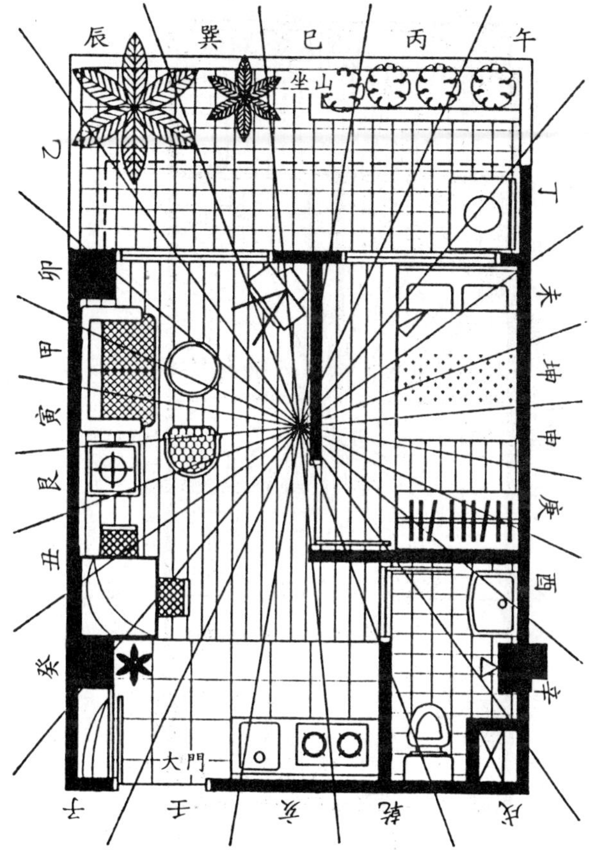

丁方床頭：與坐山交媾為文曲凶位。

未方床頭：為兩宮位主凶。

戌方馬桶：與坐山交媾為武曲吉星，馬桶忌坐吉星位。

乾方瓦斯爐：與坐山交媾為祿存凶位。

亥方瓦斯爐：與坐山交媾為廉貞五鬼凶位。

壬方大門：與坐山交媾為武曲吉位。

巳山室內佈置斷法說明

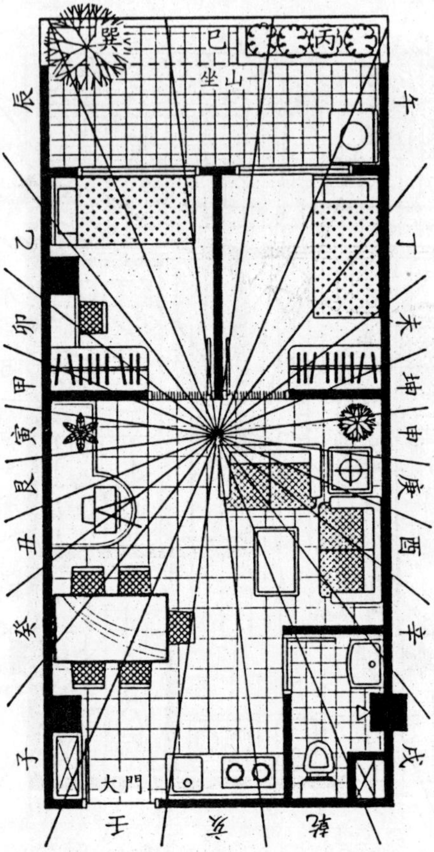

午方床頭：與坐山交媾爲武曲吉位。

乾方馬桶：與坐山交媾爲祿存吉位。

乾方瓦斯爐：與坐山交媾爲祿存凶位。

亥方瓦斯爐：與坐山交媾爲廉貞五鬼凶位。

壬方大門：與坐山交媾爲武曲吉位。

辰方床頭：與坐山交媾爲左輔吉位。

巳山室內佈置斷法說明

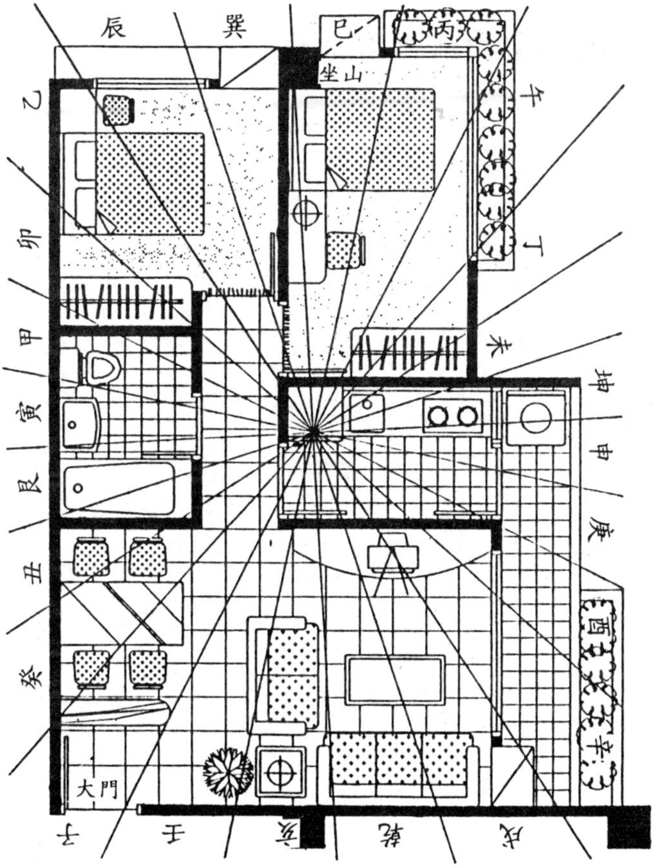

巳方床頭：爲本宮位主吉。

坤方瓦斯爐：與坐山交媾爲右弼吉位。

子方大門：與坐山交媾爲左輔吉位。

甲方馬桶：與坐山交媾爲祿存吉位。

乙方床頭：與坐山交媾爲右弼吉位。

丙山室內佈置吉凶位

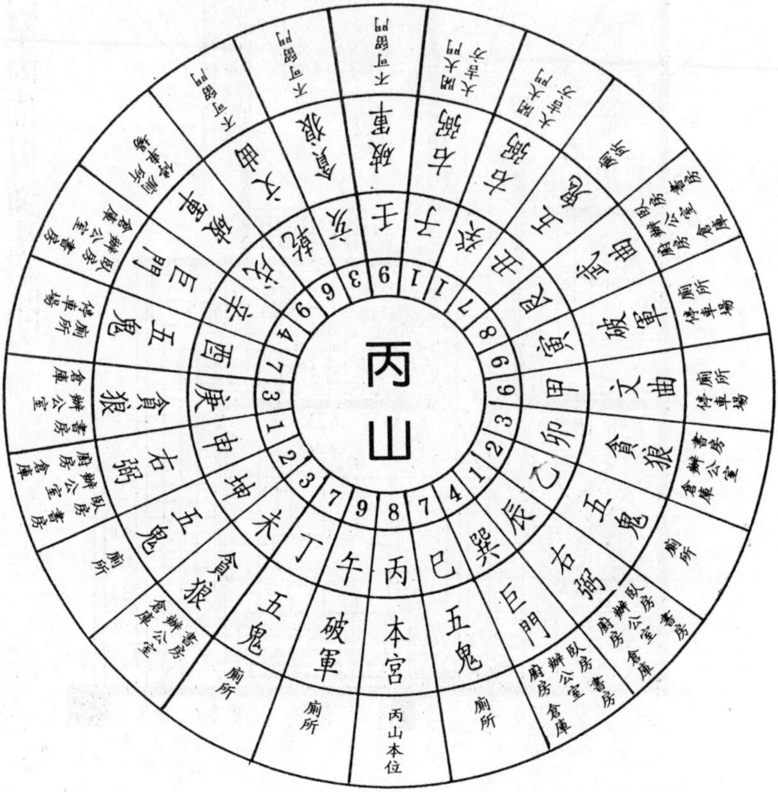

注意事項

丙山：神位、床頭、大門、櫃檯、書房、廚房、倉庫、辦公室等。喜坐方位：貪狼、巨門、武曲、左輔、右弼等吉星之位。忌置祿存、文曲、五鬼、破軍等凶星之位。

丙山室內佈置斷法說明

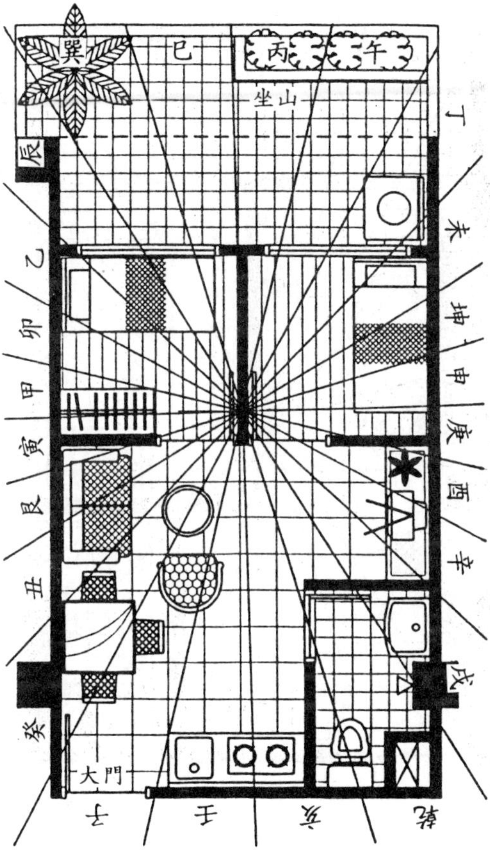

未方床頭：與坐山交媾為貪狼吉位。

乾方馬桶：與坐山交媾為文曲吉位。

亥方瓦斯爐：與坐山交媾為貪狼吉位。

壬方瓦斯爐：與坐山交媾為破軍凶位。

子方大門：與坐山交媾為右弼吉位。

乙方床頭：與坐山交媾為廉貞五鬼凶位。

丙山室內佈置斷法說明

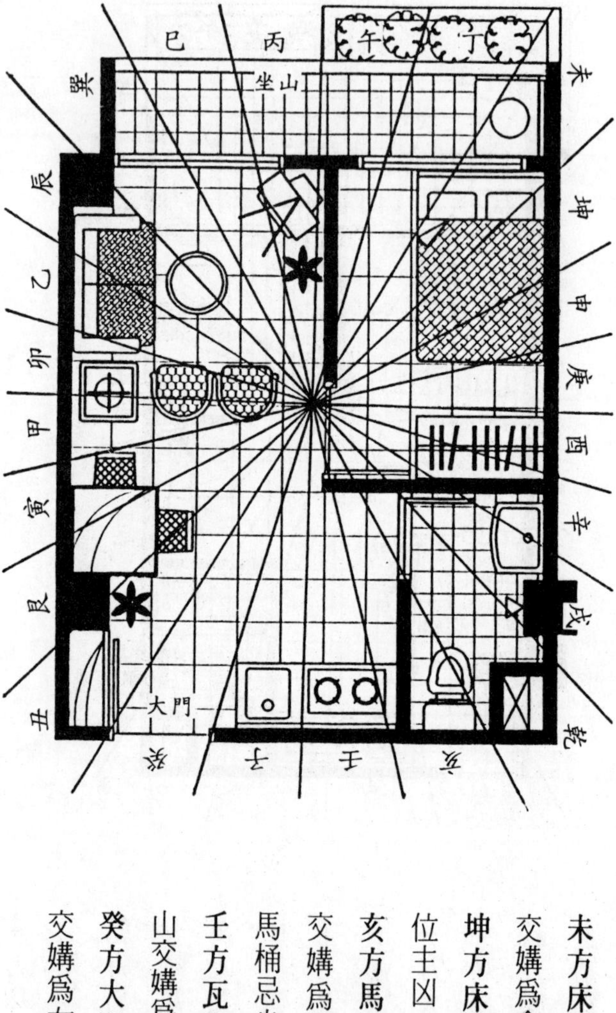

未方床頭：與坐山交媾爲貪狼吉位。

坤方床頭：爲兩宮位主凶。

亥方馬桶：與坐山交媾爲貪狼吉星，馬桶忌坐吉星位。

壬方瓦斯爐：與坐山交媾爲破軍凶位。

癸方大門：與坐山交媾爲右弼吉位。

丙山室內佈置斷法說明

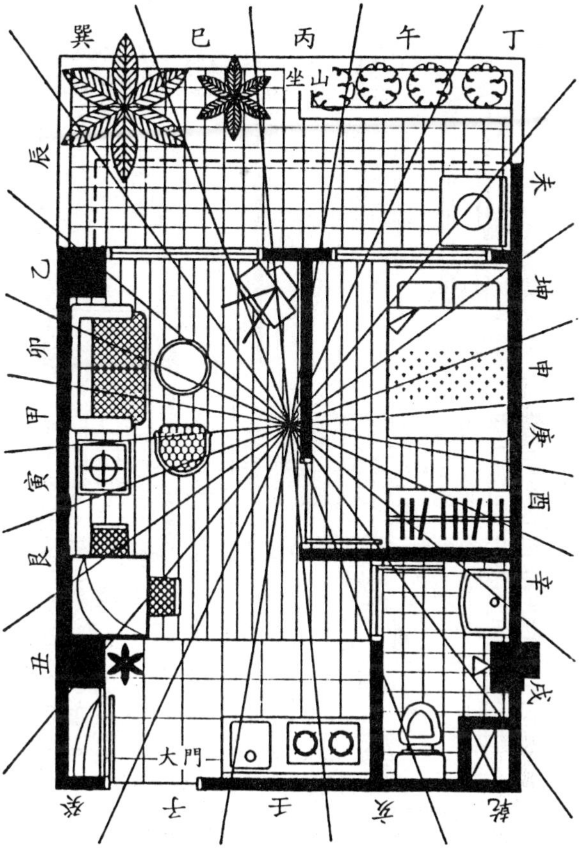

未方床頭：與坐山交媾爲貪狼吉位。

坤方床頭：爲兩宮位主凶。

乾方馬桶：與坐山交媾爲文曲吉位。

亥方瓦斯爐：與坐山交媾爲貪狼吉位。

壬方瓦斯爐：與坐山交媾爲破軍凶位。

子方大門：與坐山交媾爲右弼吉位。

丙山室內佈置斷法說明

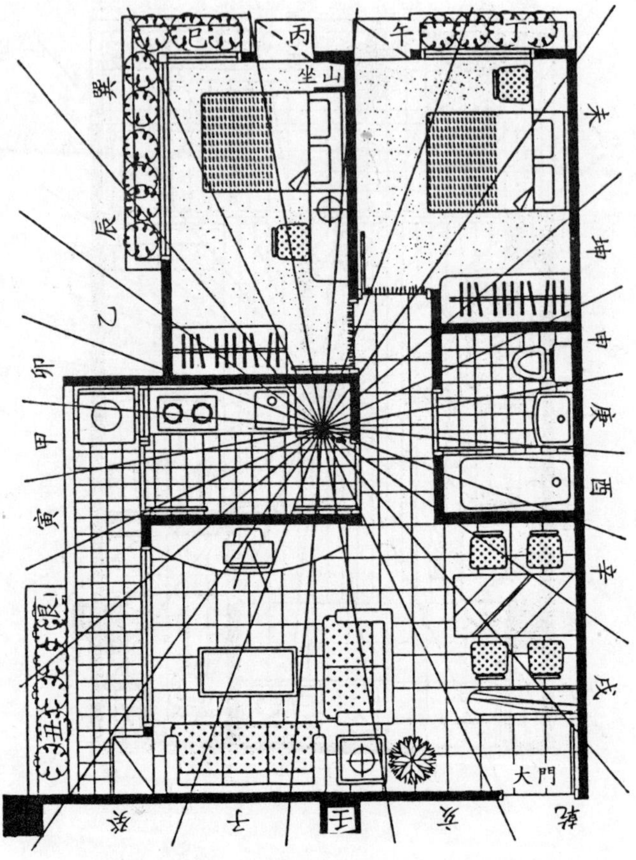

丙方床頭：爲本宮位主吉。

未方床頭：與坐山交媾爲貪狼吉位。

申方馬桶：與坐山交媾爲右弼吉星，馬桶忌坐吉星位。

乾方大門：與坐山交媾爲文曲凶位。

卯方瓦斯爐：與坐山交媾爲貪狼吉位。

丙山室內佈置斷法說明

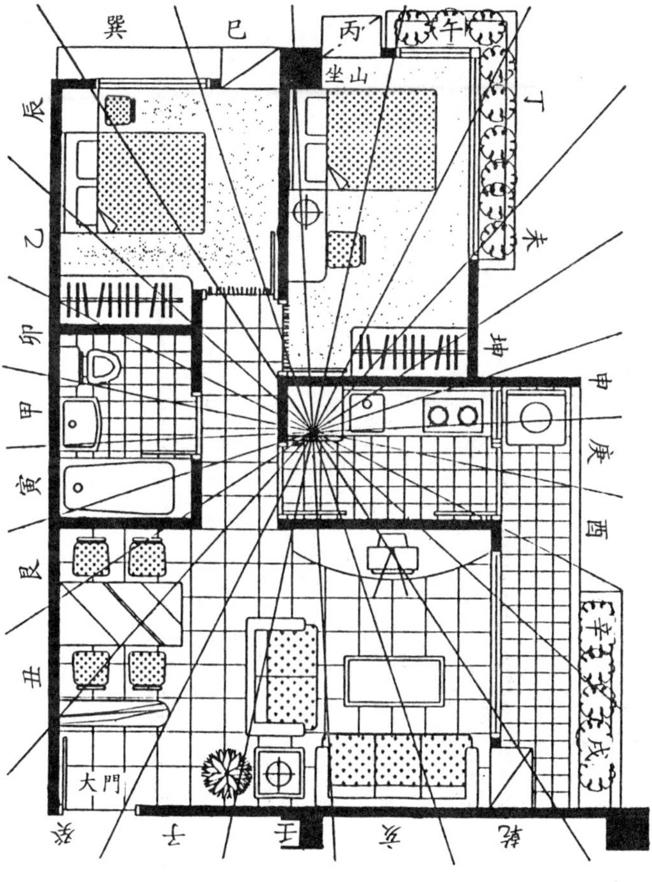

丙方床頭：爲本宮位主吉。

申方瓦斯爐：與坐山交媾爲右弼吉位。

癸方大門：與坐山交媾爲右弼吉位。

卯方馬桶：與坐山交媾爲貪狼吉星，馬桶忌坐吉星位。

辰方床頭：與坐山交媾爲右弼吉位。

丙山室內佈置斷法說明

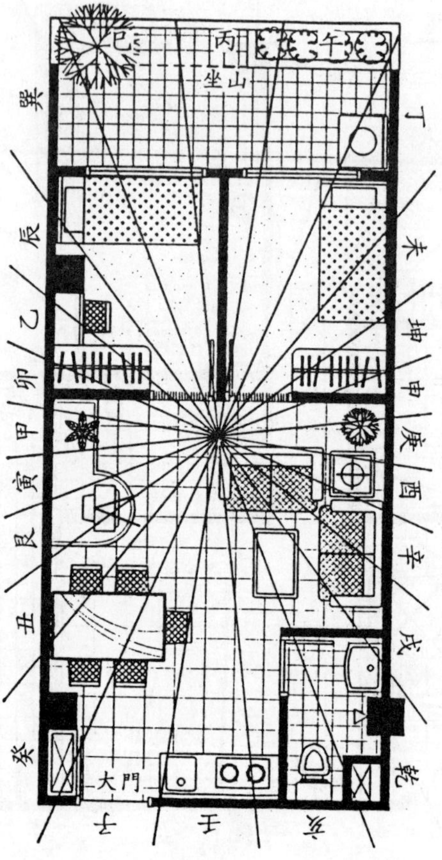

丁方床頭：與坐山交媾爲廉貞五鬼凶位。

亥方馬桶：與坐山交媾爲貪狼吉星，馬桶忌坐吉星位。

亥方瓦斯爐：與坐山交媾爲貪狼吉位。

壬方瓦斯爐：與坐山交媾爲破軍凶位。

子方大門：與坐山交媾爲右弼吉位。

巽方床頭：與坐山交媾爲巨門吉位。

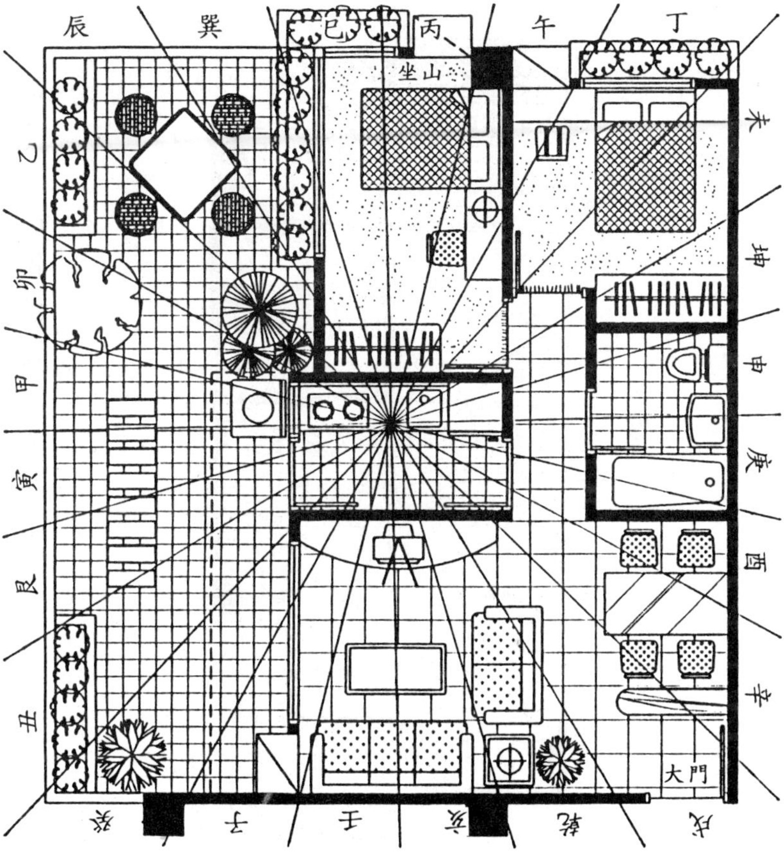

丙山室內佈置斷法說明

午方床頭：與坐山交媾爲破軍凶位。

丁方床頭：與坐山交媾爲廉貞五鬼凶位。

申方馬桶：與坐山交媾爲右弼吉星，馬桶忌坐吉星位。

戌方大門：與坐山交媾爲破軍凶位。

甲方瓦斯爐：與坐山交媾爲文曲凶位。

卯方瓦斯爐：與坐山交媾爲貪狼吉位。

丙山室內佈置斷法說明

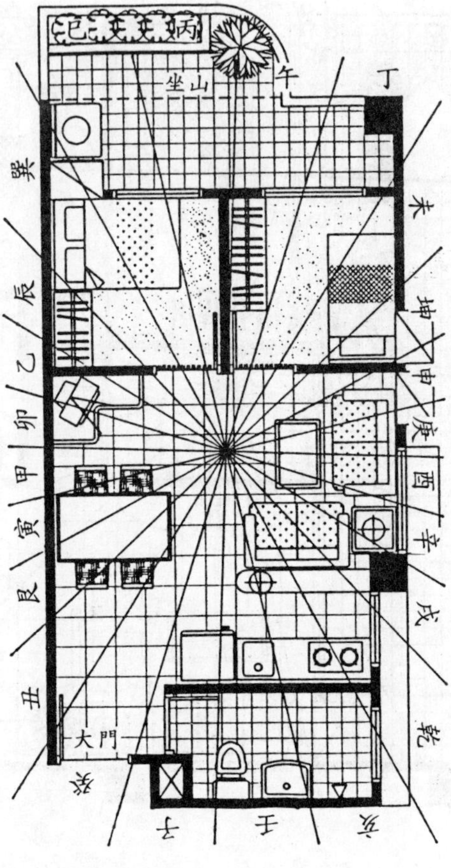

坤方床頭：與坐山交媾爲廉貞五鬼凶位。

乾方瓦斯爐：與坐山交媾爲文曲凶位。

亥方瓦斯爐：與坐山交媾爲貪狼吉位。

壬方馬桶：與坐山交媾爲破軍吉位。

癸方大門：與坐山交媾爲右弼吉位。

巽方床頭：與坐山交媾爲巨門吉位。

午山室內佈置吉凶位

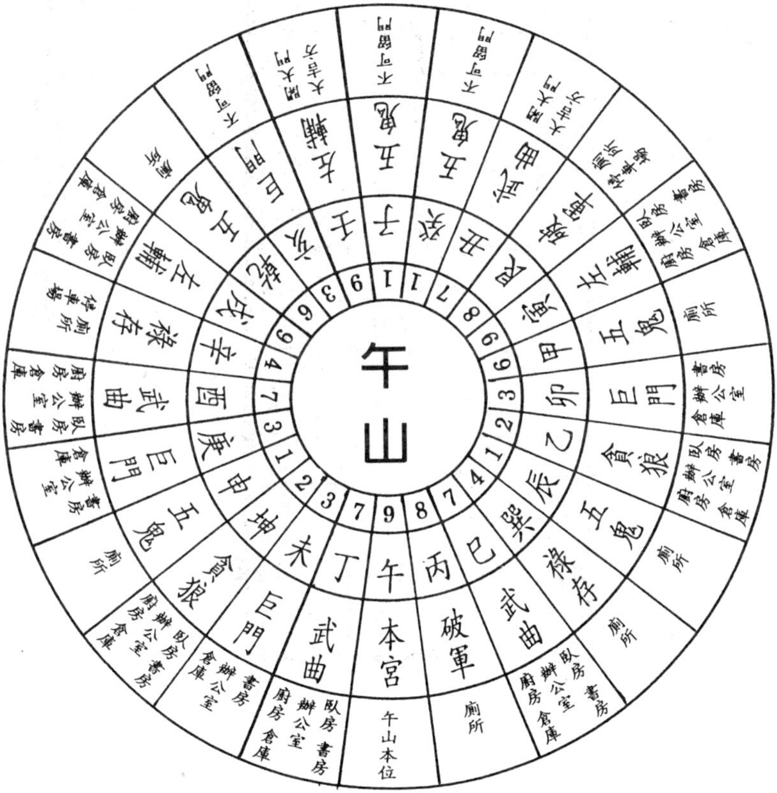

注意事項

午山：神位、床頭、大門、櫃檯、書房、廚房、倉庫、辦公室等。喜坐方位：貪狼、巨門、武曲、左輔、右弼等吉星之位。忌置祿存、文曲、五鬼、破軍等凶星之位。

午山室內佈置斷法說明

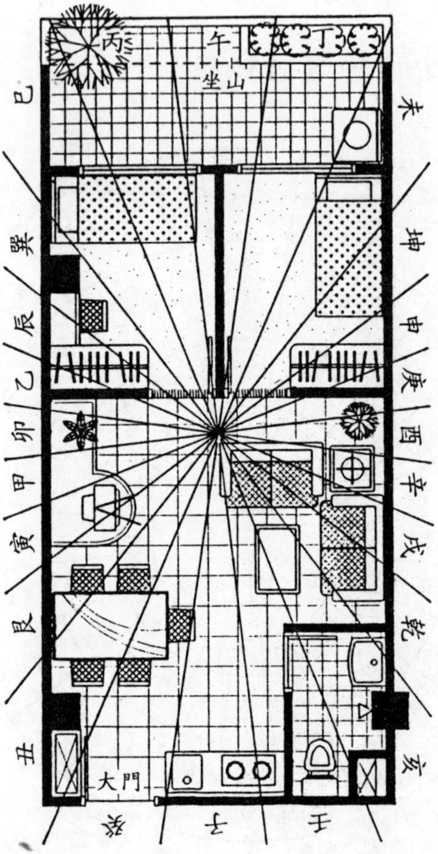

未方床頭：與坐山交媾爲巨門吉位。

壬方馬桶：與坐山交媾爲左輔吉星，馬桶忌坐吉星位。

壬方瓦斯爐：與坐山交媾爲左輔吉位。

子方瓦斯爐：與坐山交媾爲廉貞五鬼凶位。

癸方大門：與坐山交媾爲廉貞五鬼凶位。

巳方床頭：與坐山交媾爲武曲吉位。

午山室內佈置斷法說明

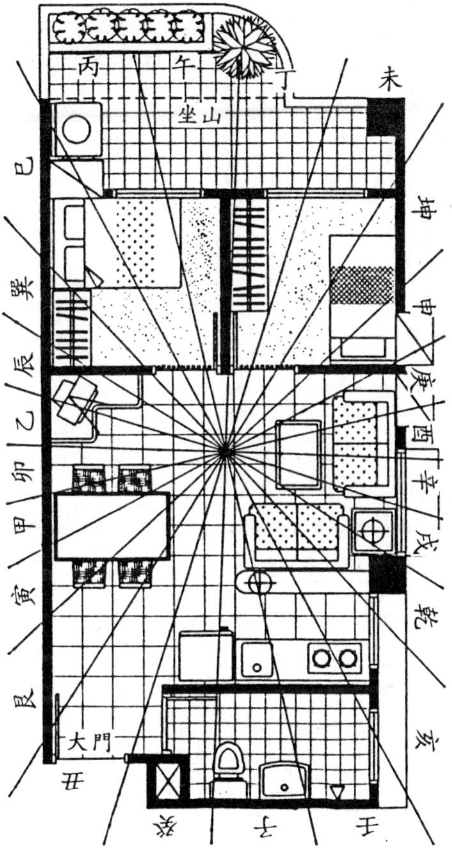

申方床頭：與坐山交媾為廉貞五鬼凶位。

亥方瓦斯爐：與坐山交媾為巨門吉位。

壬方瓦斯爐：與坐山交媾為左輔吉位。

子方馬桶：與坐山交媾為廉貞五鬼吉位。

丑方大門：與坐山交媾為武曲吉位。

巳方床頭：與坐山交媾為武曲吉位。

午山室內佈置斷法說明

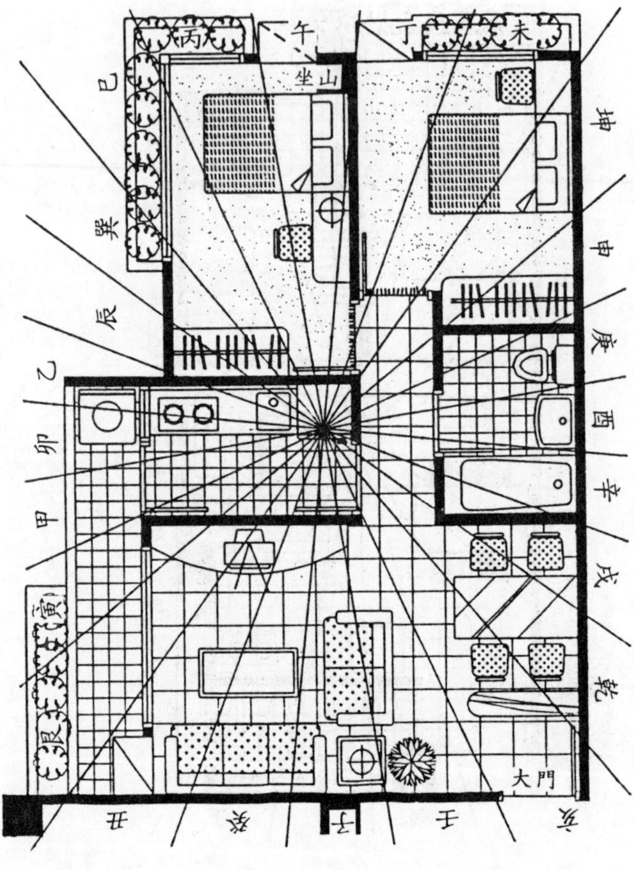

午方床頭：爲本宮位主吉。

坤方床頭：與坐山交媾爲貪狼吉位。

庚方馬桶：與坐山交媾爲巨門吉星，馬桶忌坐吉星位。

亥方大門：與坐山交媾爲巨門吉位。

乙方瓦斯爐：與坐山交媾爲貪狼吉位。

午山室內佈置斷法說明

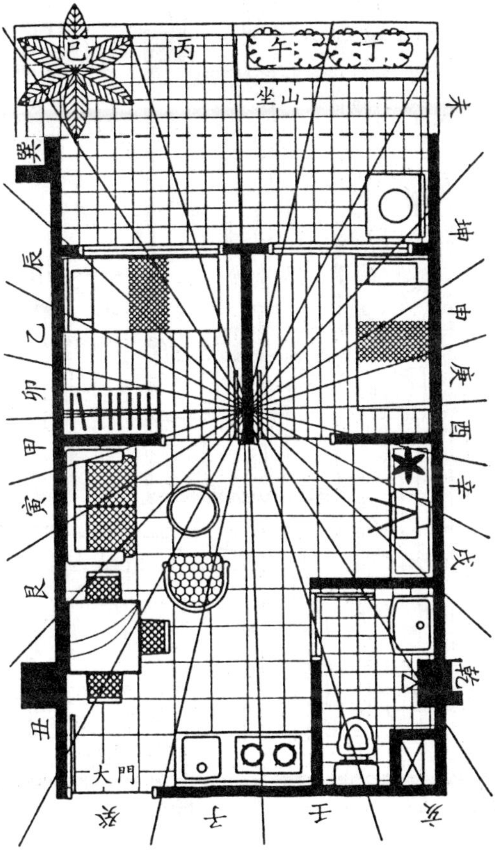

坤方床頭：與坐山交媾爲貪狼吉位。

亥方馬桶：與坐山交媾爲巨門吉星，馬桶忌坐吉星位。

壬方瓦斯爐：與坐山交媾爲左輔吉位。

子方瓦斯爐：與坐山交媾爲廉貞五鬼凶位。

癸方大門：與坐山交媾爲廉貞五鬼凶位。

辰方床頭：與坐山交媾爲廉貞五鬼凶位。

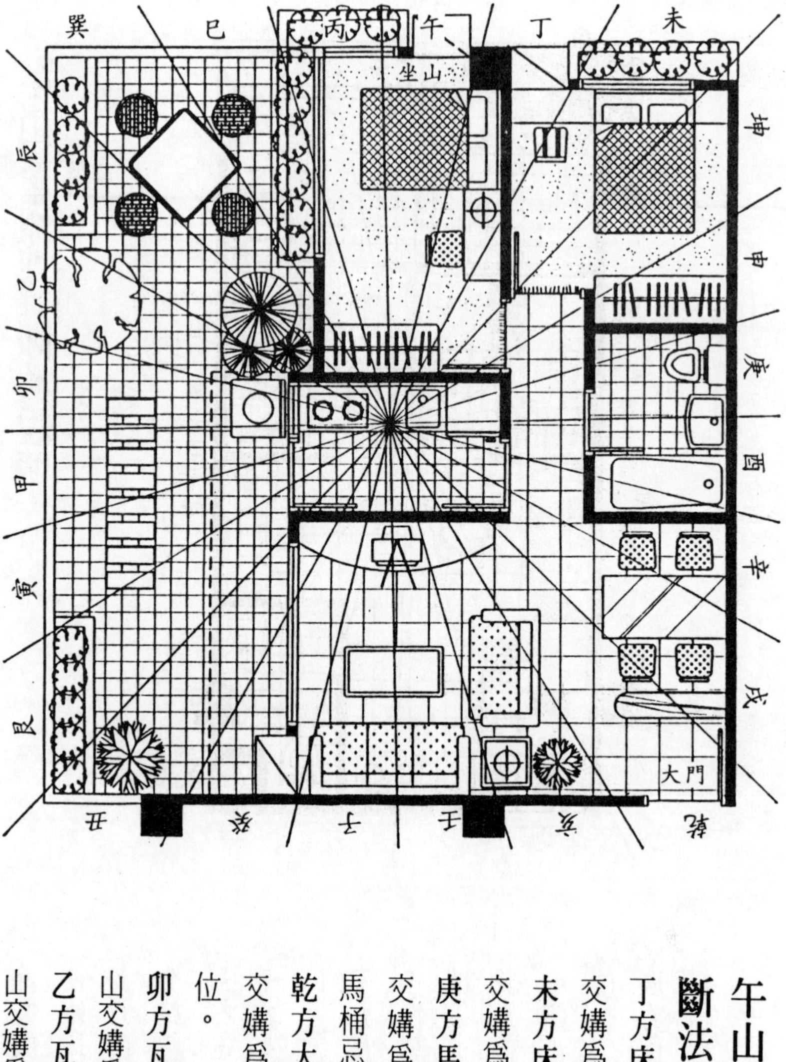

午山室內佈置斷法說明

丁方床頭：與坐山交媾爲武曲吉位。

未方床頭：與坐山交媾爲巨門吉位。

庚方馬桶：與坐山交媾爲巨門吉星，馬桶忌坐吉星位。

乾方大門：與坐山交媾爲廉貞五鬼凶位。

卯方瓦斯爐：與坐山交媾爲巨門吉位。

乙方瓦斯爐：與坐山交媾爲貪狼吉位。

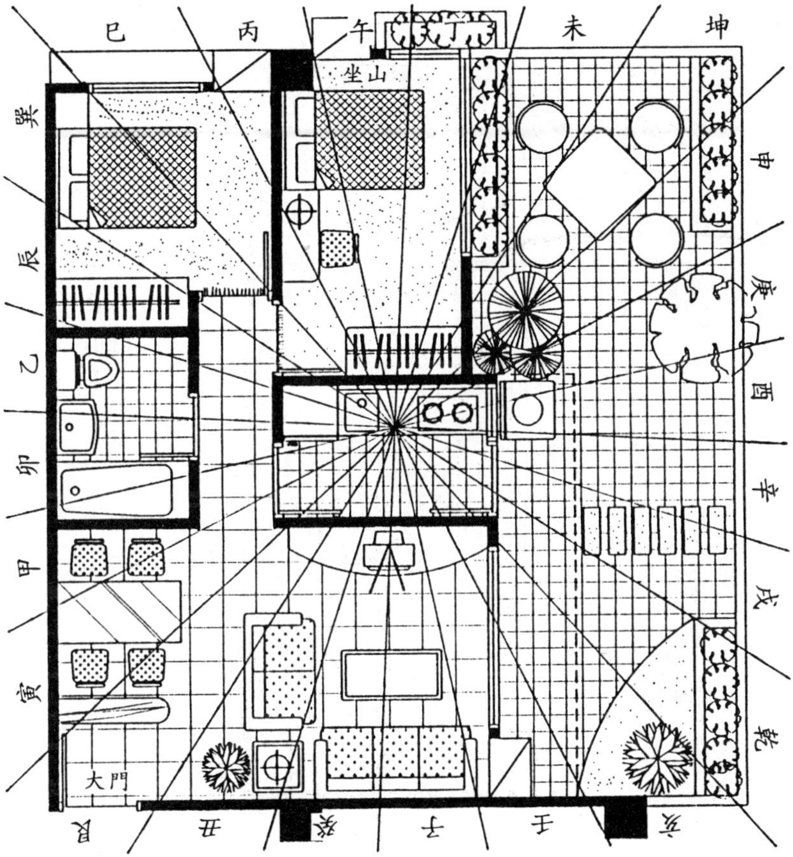

午山室內佈置斷法說明

午山室內佈置斷法說明

庚方瓦斯爐：與坐山交媾爲巨門吉位。

酉方瓦斯爐：爲兩宮位主凶。

艮方大門：與坐山交媾爲破軍凶位。

乙方馬桶：與坐山交媾爲貪狼吉星，馬桶忌坐吉星位。

巽方床頭：與坐山交媾爲祿存凶位。

午山室內佈置斷法說明

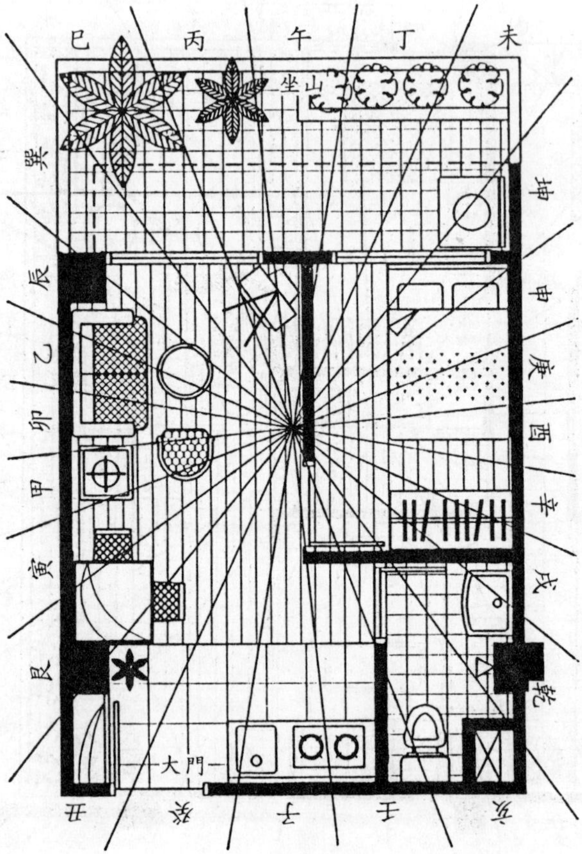

坤方床頭：與坐山交媾爲貪狼吉位。

申方床頭：爲兩宮位主凶。

亥方馬桶：與坐山交媾爲巨門吉星，馬桶忌坐吉星位。

壬方瓦斯爐：與坐山交媾爲左輔吉位。

子方瓦斯爐：與坐山交媾爲廉貞五鬼凶位。

癸方大門：與坐山交媾爲廉貞五鬼凶位。

午山室內佈置斷法說明

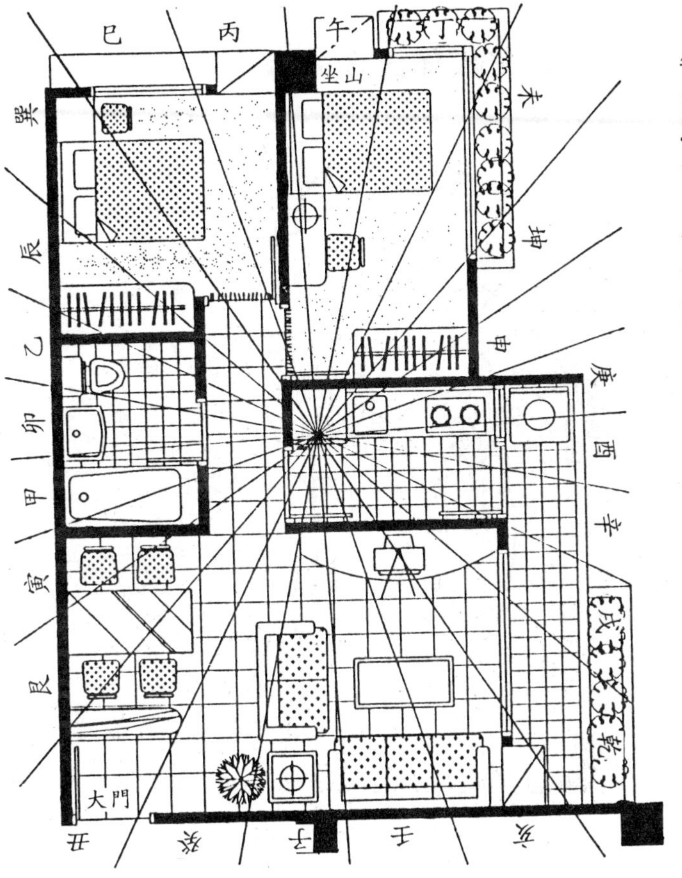

午方床頭：爲本宮位主吉。

庚方瓦斯爐：與坐山交媾爲巨門吉位。

丑方大門：與坐山交媾爲武曲吉位。

乙方馬桶：與坐山交媾爲貪狼吉星，馬桶忌坐吉星位。

巽方床頭：與坐山交媾爲祿存凶位。

丁山室內佈置吉凶位

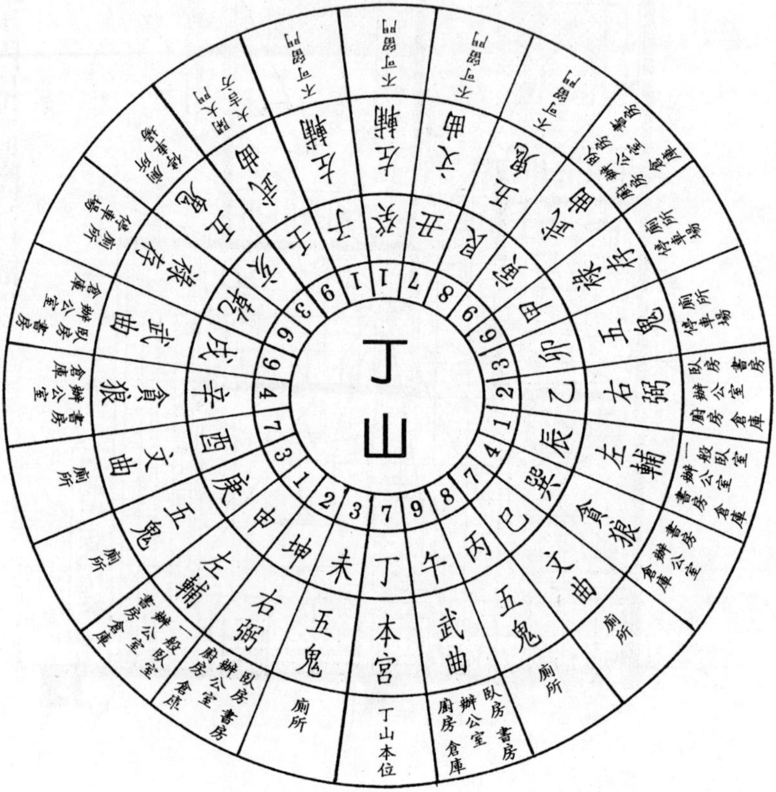

注意事項

丁山：神位、床頭、大門、櫃檯、書房、廚房、倉庫、辦公室等。喜坐方位：貪狼、巨門、武曲、左輔、右弼等吉星之位。忌置祿存、文曲、五鬼、破軍等凶星之位。

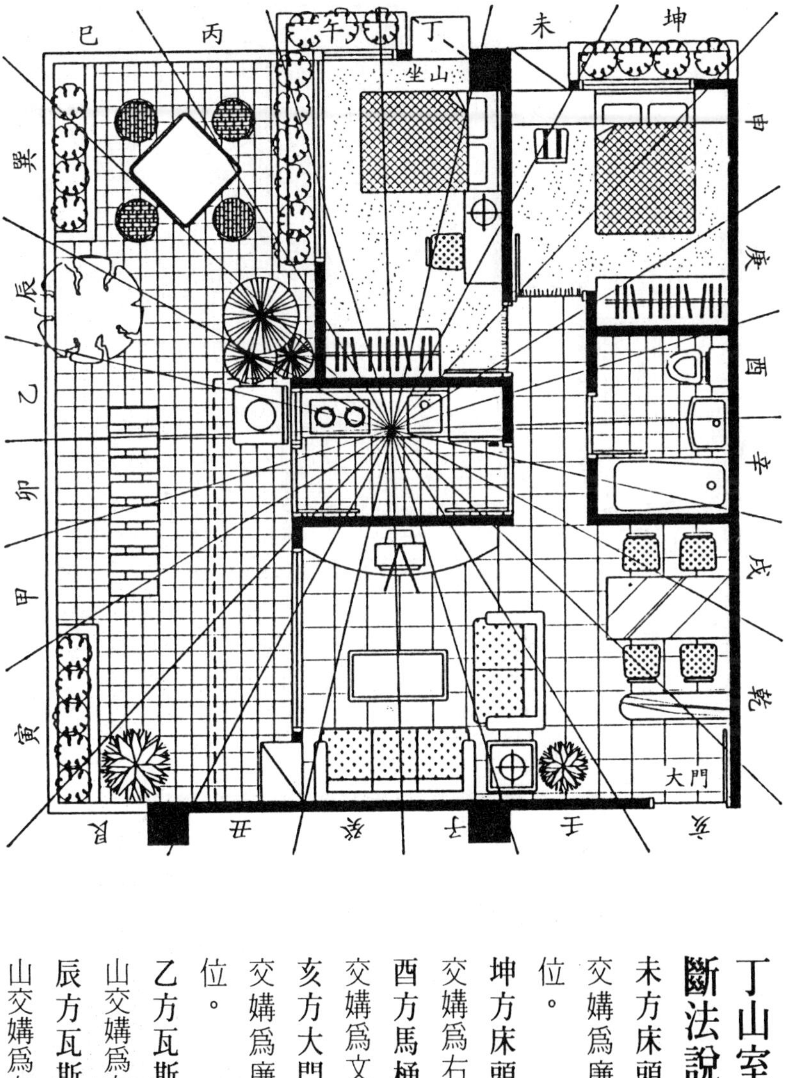

丁山室內佈置斷法說明

未方床頭：與坐山交媾爲廉貞五鬼凶位。

坤方床頭：與坐山交媾爲右弼吉位。

酉方馬桶：與坐山交媾爲文曲吉位。

亥方大門：與坐山交媾爲廉貞五鬼凶位。

乙方瓦斯爐：與坐山交媾爲右弼吉位。

辰方瓦斯爐：與坐山交媾爲左輔吉位。

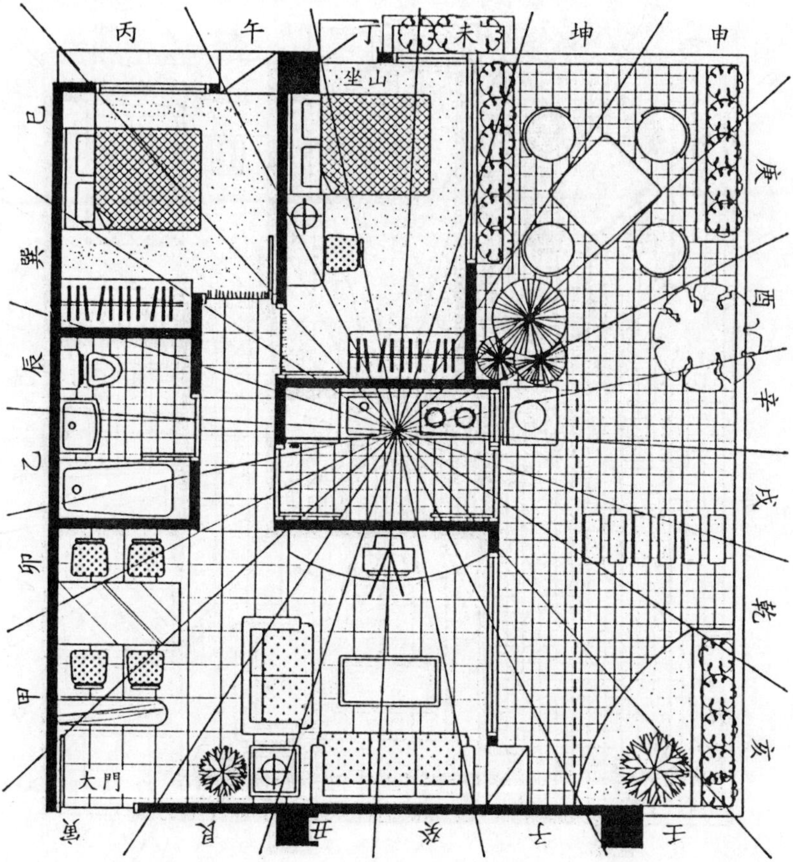

丁山室內佈置斷法說明

酉方瓦斯爐：與坐山交媾爲文曲凶位。

辛方瓦斯爐：爲兩宮位主凶。

寅方大門：與坐山交媾爲武曲吉位。

辰方馬桶：與坐山交媾爲左輔吉星，馬桶忌坐吉星位。

巳方床頭：與坐山交媾爲文曲凶位。

午方床頭：與坐山交媾爲武曲吉位。

丁山室內佈置斷法說明

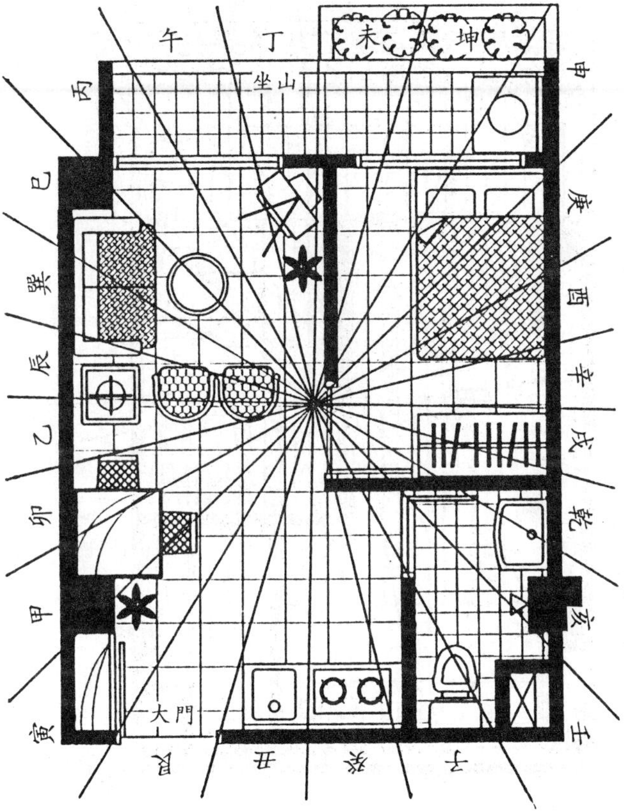

申方床頭：與坐山交媾爲左輔吉位。

庚方床頭：爲兩宮位主凶。

子方馬桶：與坐山交媾爲左輔吉星，馬桶忌坐吉星位。

癸方瓦斯爐：與坐山交媾爲左輔吉位。

艮方大門：與坐山交媾爲廉貞五鬼凶位。

丁山室內佈置斷法說明

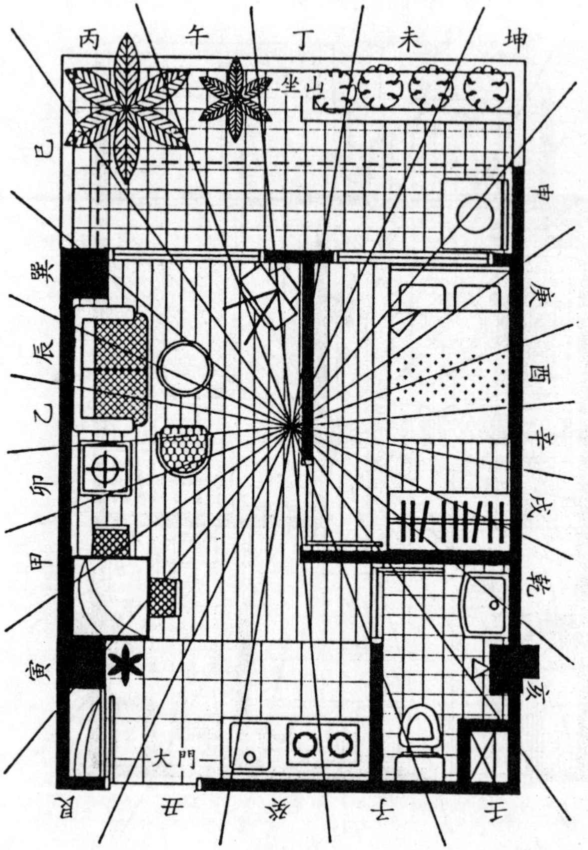

申方床頭：與坐山交媾爲左輔吉位。

庚方床頭：爲兩宮位主凶。

壬方馬桶：與坐山交媾爲武曲吉星，馬桶忌坐吉星位。

子方瓦斯爐：與坐山交媾爲左輔吉位。

癸方瓦斯爐：與坐山交媾爲左輔吉位。

丑方大門：與坐山交媾爲文曲凶位。

丁山室內佈置斷法說明

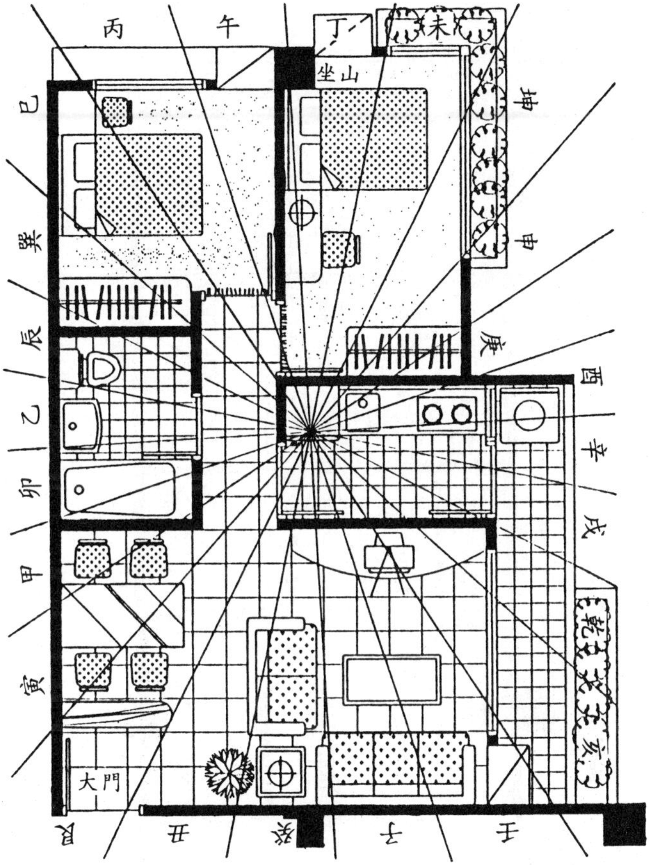

丁方床頭：爲本宮位主吉。

酉方瓦斯爐：與坐山交媾爲文曲凶位。

艮方大門：與坐山交媾爲廉貞五鬼凶位。

辰方馬桶：與坐山交媾爲左輔吉星，馬桶忌坐吉星位。

巳方床頭：與坐山交媾爲文曲凶位。

丁山室內佈置斷法說明

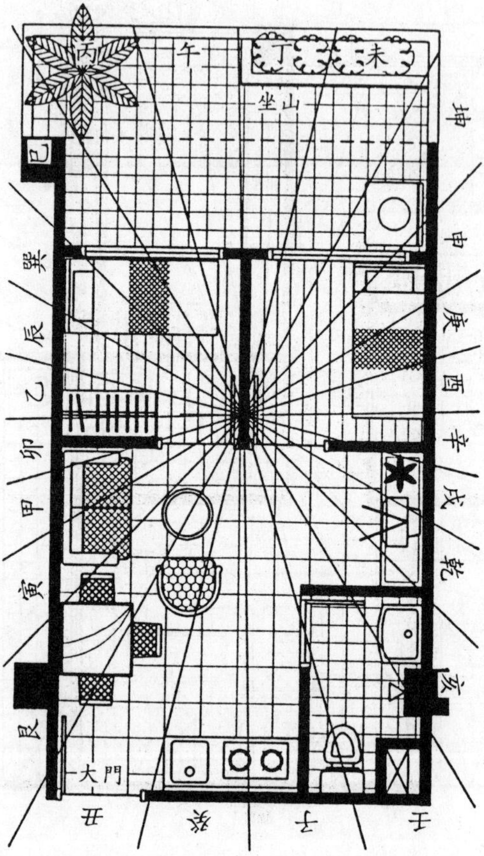

申方床頭：與坐山交媾爲左輔吉位。

壬方馬桶：與坐山交媾爲武曲吉星，馬桶忌坐吉星位。

子方瓦斯爐：與坐山交媾爲左輔吉位。

癸方瓦斯爐：與坐山交媾爲左輔吉位。

丑方大門：與坐山交媾爲文曲凶位。

巽方床頭：與坐山交媾爲貪狼吉位。

丁山室內佈置斷法說明

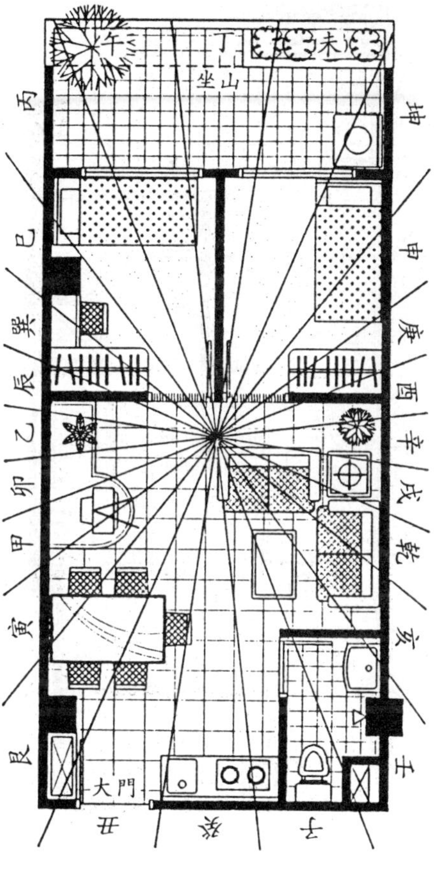

坤方床頭：與坐山交媾爲右弼吉位。

子方馬桶：與坐山交媾爲左輔吉星，馬桶忌坐吉星位。

子方瓦斯爐：與坐山交媾爲左輔吉位。

癸方瓦斯爐：與坐山交媾爲左輔吉位。

丑方大門：與坐山交媾爲文曲凶位。

丙方床頭：與坐山交媾爲廉貞五鬼凶位。

丁山室內佈置斷法說明

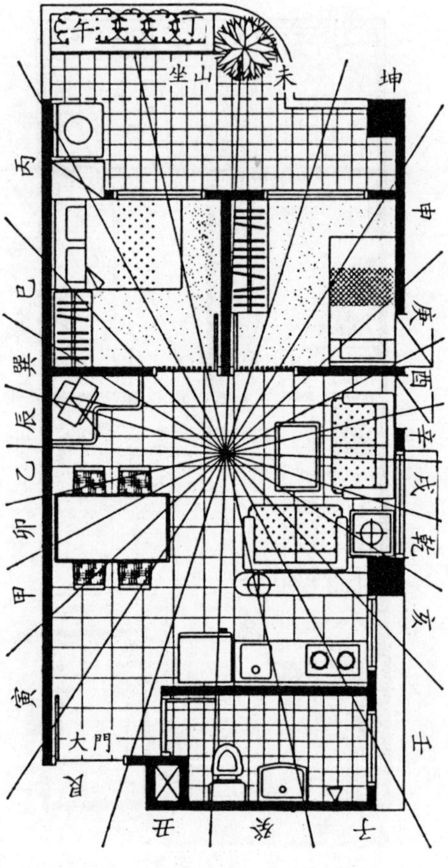

庚方床頭：與坐山交媾爲廉貞五鬼凶位。

壬方瓦斯爐：與坐山交媾爲武曲吉位。

子方瓦斯爐：與坐山交媾爲左輔吉位。

癸方馬桶：與坐山交媾爲左輔吉星，馬桶忌坐吉星位。

艮方大門：與坐山交媾爲廉貞五鬼凶位。

丙方床頭：與坐山交媾爲廉貞五鬼凶位。

未山室內佈置吉凶位

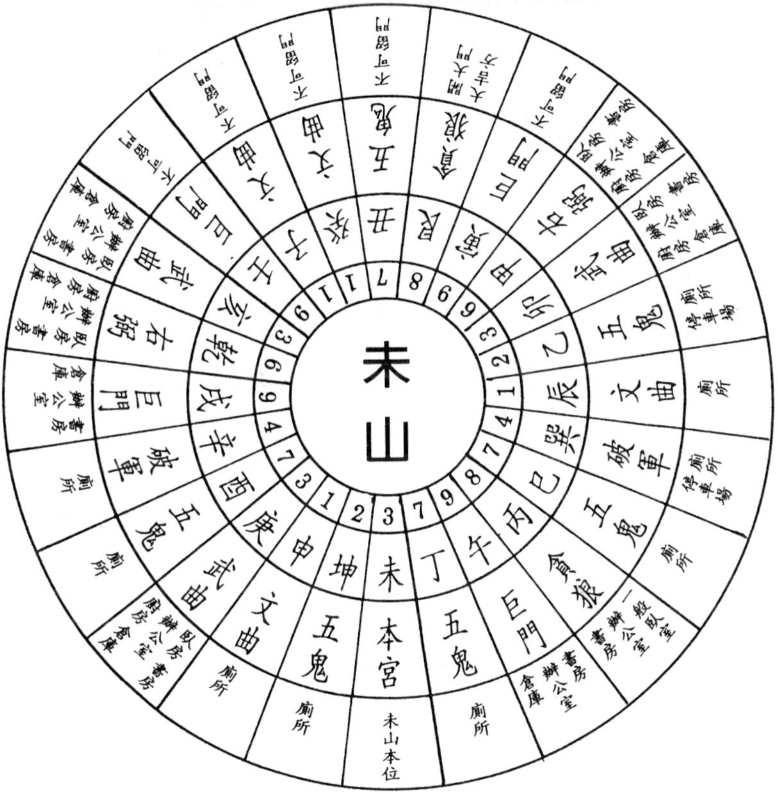

注意事項

未山：神位、床頭、大門、櫃檯、書房、廚房、倉庫、辦公室等。喜坐方位：貪狼、巨門、武曲、左輔、右弼等吉星之位。忌置祿存、文曲、五鬼、破軍等凶星之位。

未山室內佈置斷法說明

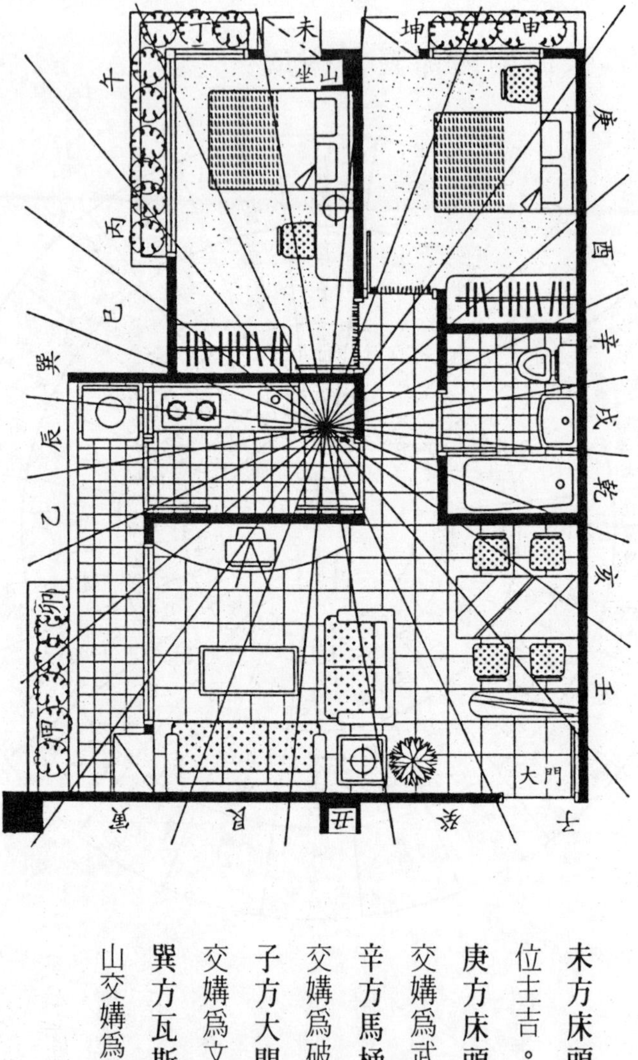

未方床頭：爲本宮位主吉。

庚方床頭：與坐山交媾爲武曲吉位。

辛方馬桶：與坐山交媾爲破軍吉位。

子方大門：與坐山交媾爲文曲凶位。

巽方瓦斯爐：與坐山交媾爲破軍凶位。

未山室內佈置斷法說明

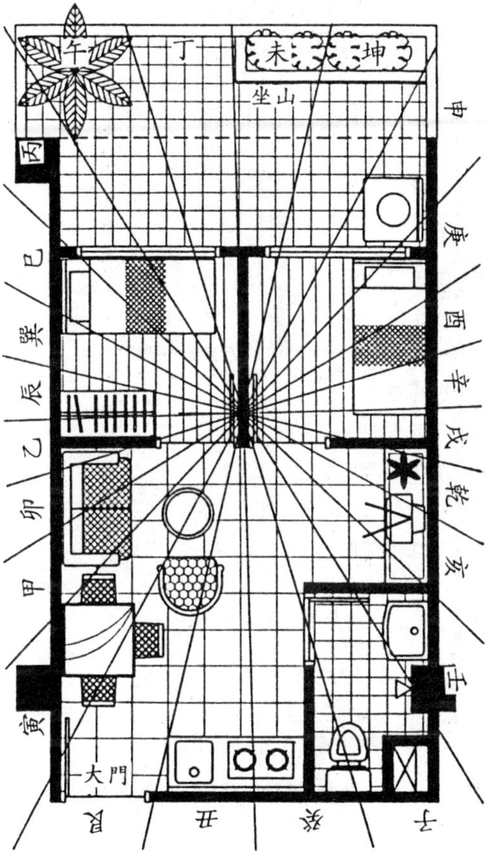

庚方床頭：與坐山交媾爲武曲吉位。

子方馬桶：與坐山交媾爲文曲吉位。

癸方瓦斯爐：與坐山交媾爲文曲凶位。

丑方瓦斯爐：與坐山交媾爲廉貞五鬼凶位。

艮方大門：與坐山交媾爲貪狼吉位。

巳方床頭：與坐山交媾爲廉貞五鬼凶位。

未山室內佈置斷法說明

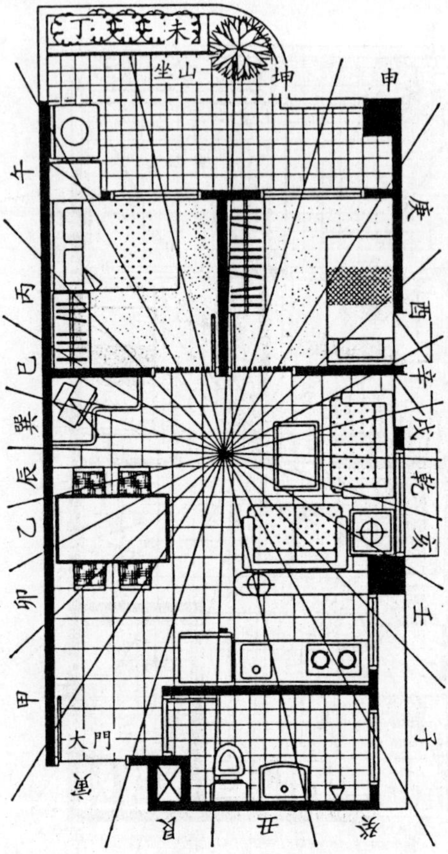

酉方床頭：與坐山交媾爲廉貞五鬼凶位。

子方瓦斯爐：與坐山交媾爲文曲凶位。

癸方瓦斯爐：與坐山交媾爲文曲凶位。

丑方馬桶：與坐山交媾爲廉貞五鬼吉位。

寅方大門：與坐山交媾爲巨門吉位。

午方床頭：與坐山交媾爲巨門吉位。

未山室內佈置斷法說明

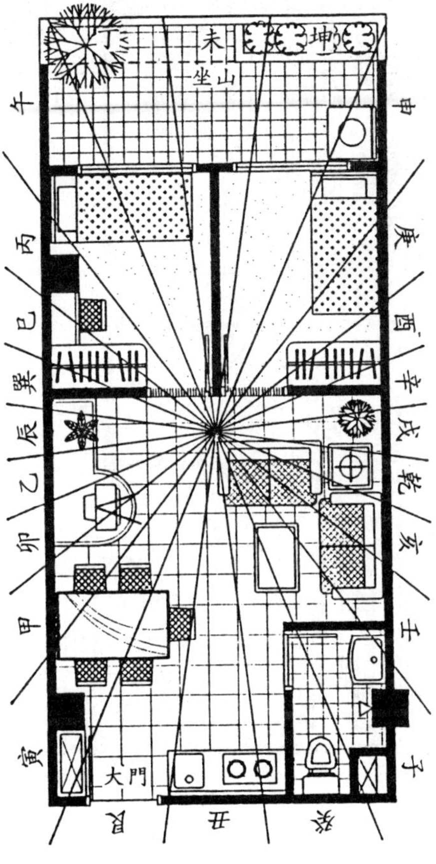

申方床頭：與坐山交媾爲文曲凶位。

癸方馬桶：與坐山交媾爲文曲吉位。

癸方瓦斯爐：與坐山交媾爲文曲凶位。

丑方瓦斯爐：與坐山交媾爲廉貞五鬼凶位。

艮方大門：與坐山交媾爲貪狼吉位。

午方床頭：與坐山交媾爲巨門吉位。

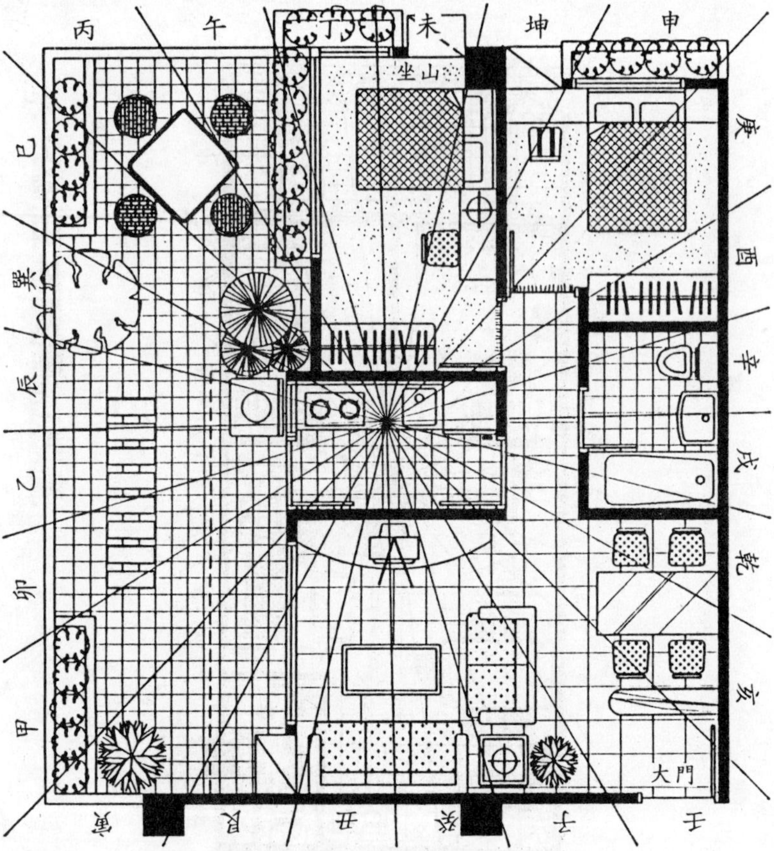

未山室內佈置斷法說明

坤方床頭：與坐山交媾爲廉貞五鬼凶位。

申方床頭：與坐山交媾爲文曲凶位。

辛方馬桶：與坐山交媾爲破軍吉位。

壬方大門：與坐山交媾爲巨門吉位。

辰方瓦斯爐：與坐山交媾爲文曲凶位。

巽方瓦斯爐：與坐山交媾爲破軍凶位。

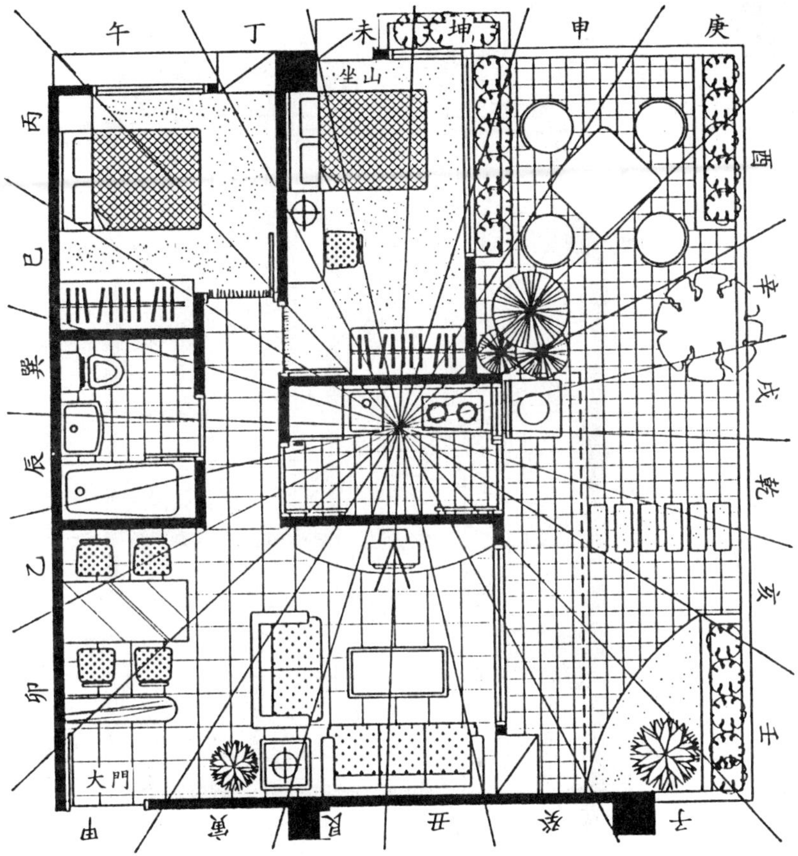

未山室內佈置斷法說明

辛方瓦斯爐：與坐山交媾爲破軍凶位。

戌方瓦斯爐：爲兩宮位主凶。

甲方大門：與坐山交媾爲右弼吉位。

巽方馬桶：與坐山交媾爲破軍吉位。

丙方床頭：與坐山交媾爲貪狼吉位。

未山室內佈置斷法說明

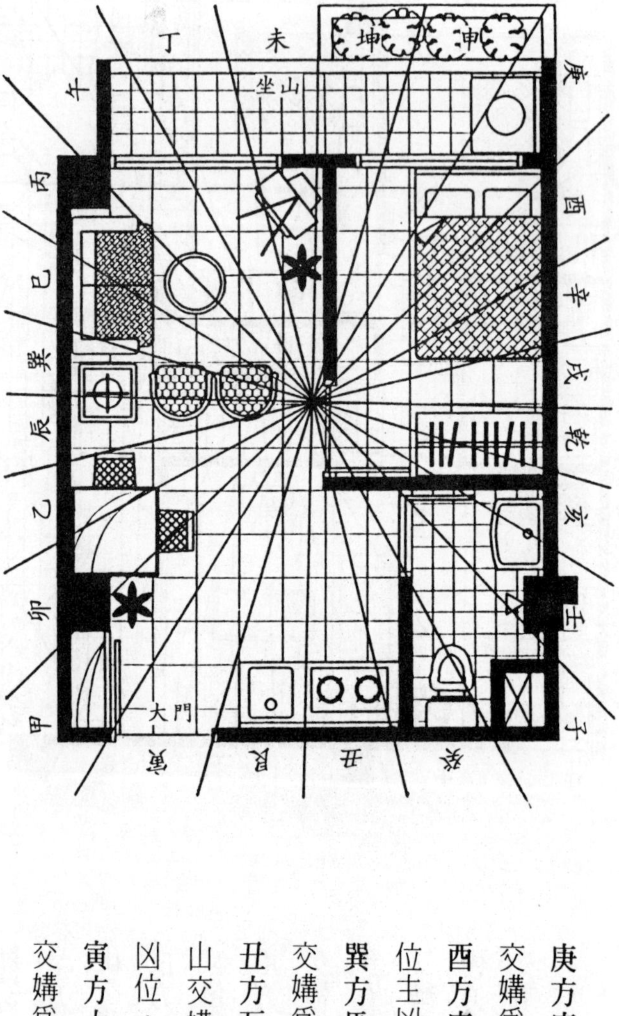

庚方床頭：與坐山交媾爲武曲吉位。

酉方床頭：爲兩宮位主凶。

巽方馬桶：與坐山交媾爲破軍吉位。

丑方瓦斯爐：與坐山交媾爲廉貞五鬼凶位。

寅方大門：與坐山交媾爲巨門吉位。

未山室內佈置斷法說明

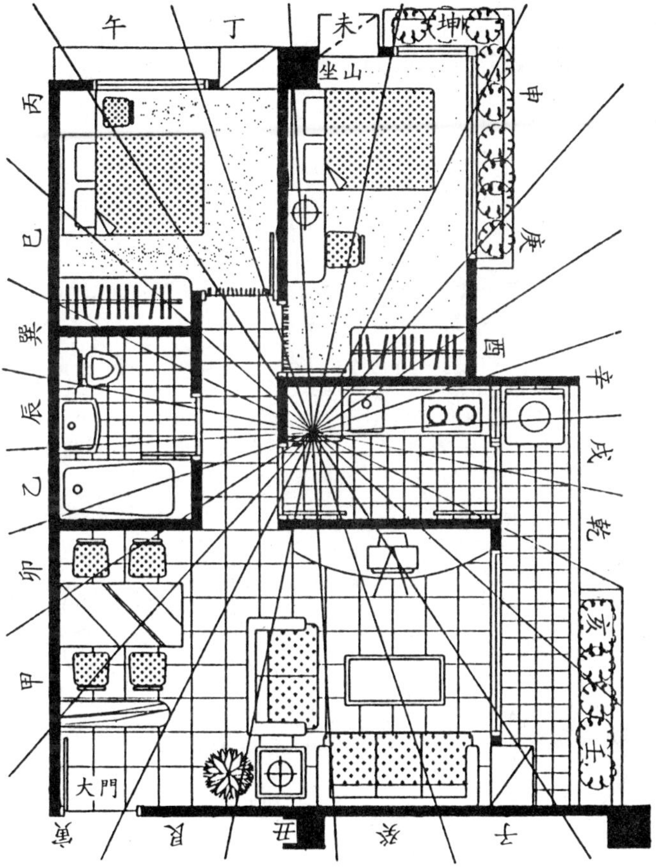

未方床頭：爲本宮位主吉。

辛方瓦斯爐：與坐山交媾爲破軍凶位。

寅方大門：與坐山交媾爲巨門吉位。

巽方馬桶：與坐山交媾爲破軍吉位。

丙方床頭：與坐山交媾爲貪狼吉位。

坤山室內佈置吉凶位

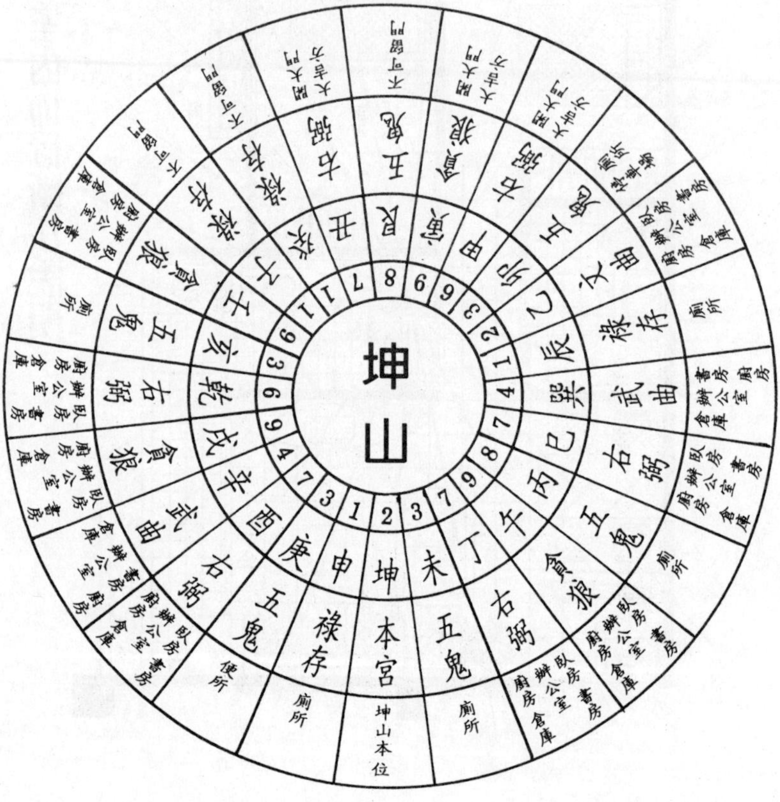

注意事項

坤山：神位、床頭、大門、櫃檯、書房、廚房、倉庫、辦公室等。喜坐方位：貪狼、巨門、武曲、左輔、右弼等吉星之位。忌置祿存、文曲、五鬼、破軍等凶星之位。

坤山室內佈置斷法說明

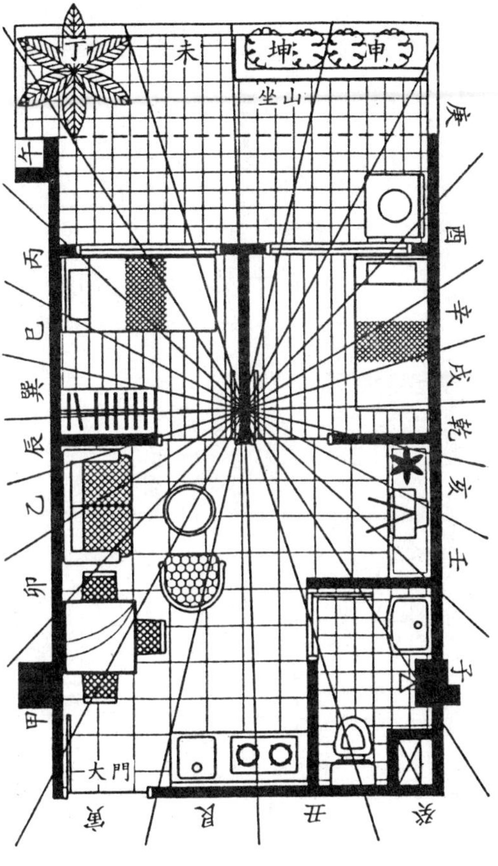

酉方床頭：與坐山交媾爲右弼吉位。

癸方馬桶：與坐山交媾爲祿存吉位。

丑方瓦斯爐：與坐山交媾爲右弼吉位。

艮方瓦斯爐：與坐山交媾爲廉貞五鬼凶位。

寅方大門：與坐山交媾爲貪狼吉位。

丙方床頭：與坐山交媾爲廉貞五鬼凶位。

坤山室內佈置斷法說明

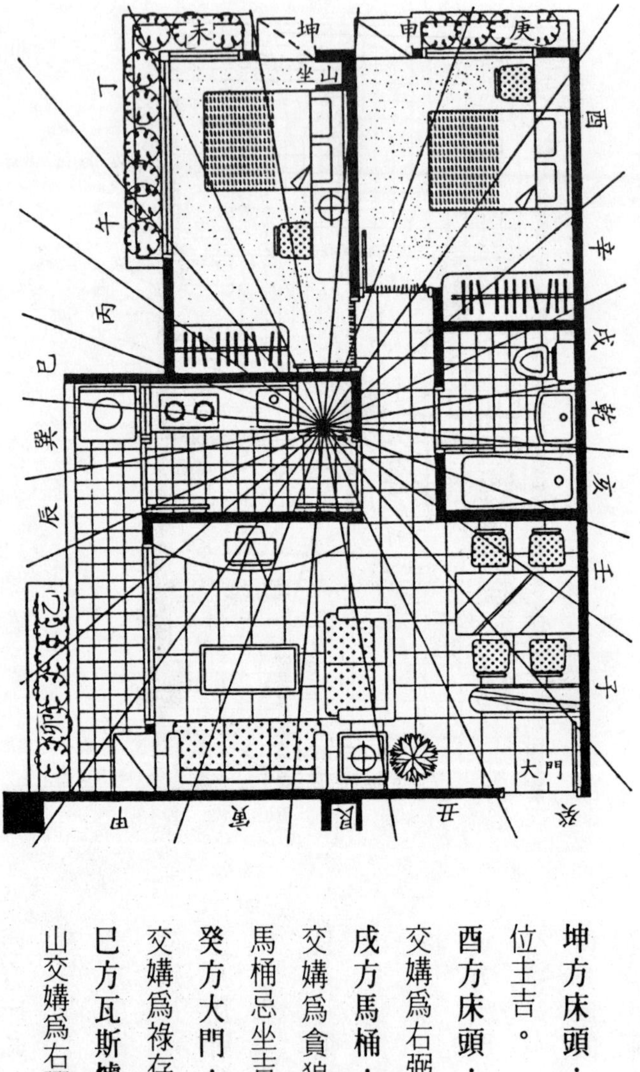

坤方床頭：爲本宮位主吉。

酉方床頭：與坐山交媾爲右弼吉位。

戌方馬桶：與坐山交媾爲貪狼吉星，馬桶忌坐吉星位。

癸方大門：與坐山交媾爲祿存凶位。

巳方瓦斯爐：與坐山交媾爲右弼吉位。

坤山室內佈置斷法說明

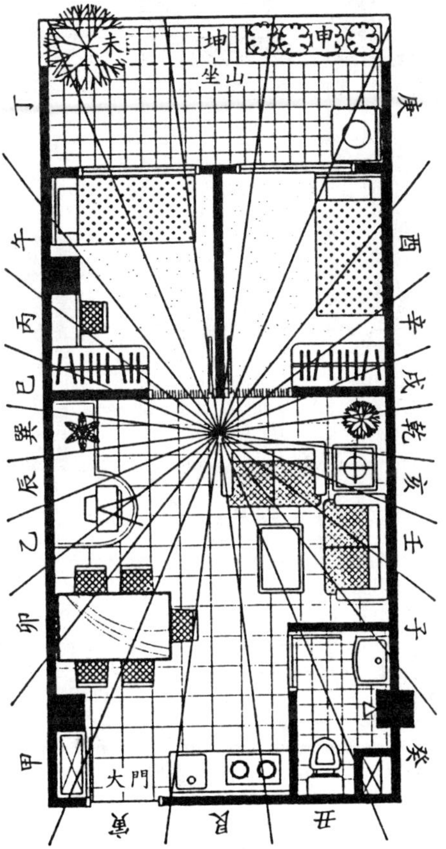

庚方床頭：與坐山交媾爲廉貞五鬼凶位。

丑方馬桶：與坐山交媾爲右弼吉星，馬桶忌坐吉星位。

丑方瓦斯爐：與坐山交媾爲右弼吉位。

艮方瓦斯爐：與坐山交媾爲廉貞五鬼凶位。

寅方大門：與坐山交媾爲貪狼吉位。

丁方床頭：與坐山交媾爲右弼吉位。

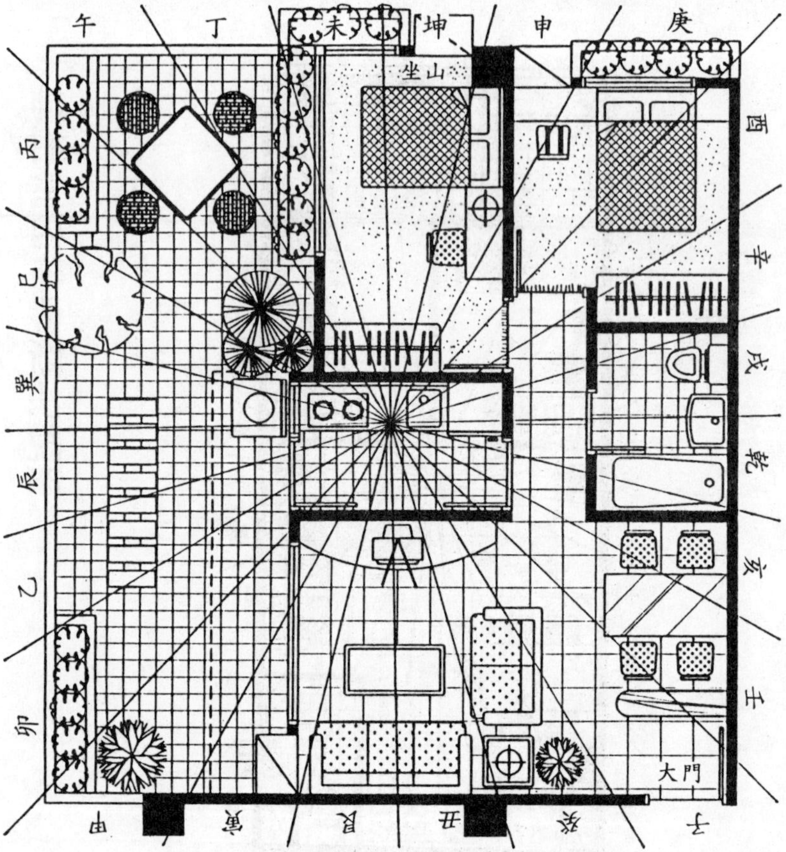

坤山室內佈置斷法說明

申方床頭：與坐山交媾為祿存凶位。

庚方床頭：與坐山交媾為廉貞五鬼凶位。

戌方馬桶：與坐山交媾為貪狼吉星，馬桶忌坐吉星位。

子方大門：與坐山交媾為祿存凶位。

巽方瓦斯爐：與坐山交媾為武曲吉位。

巳方瓦斯爐：與坐山交媾為右弼吉位。

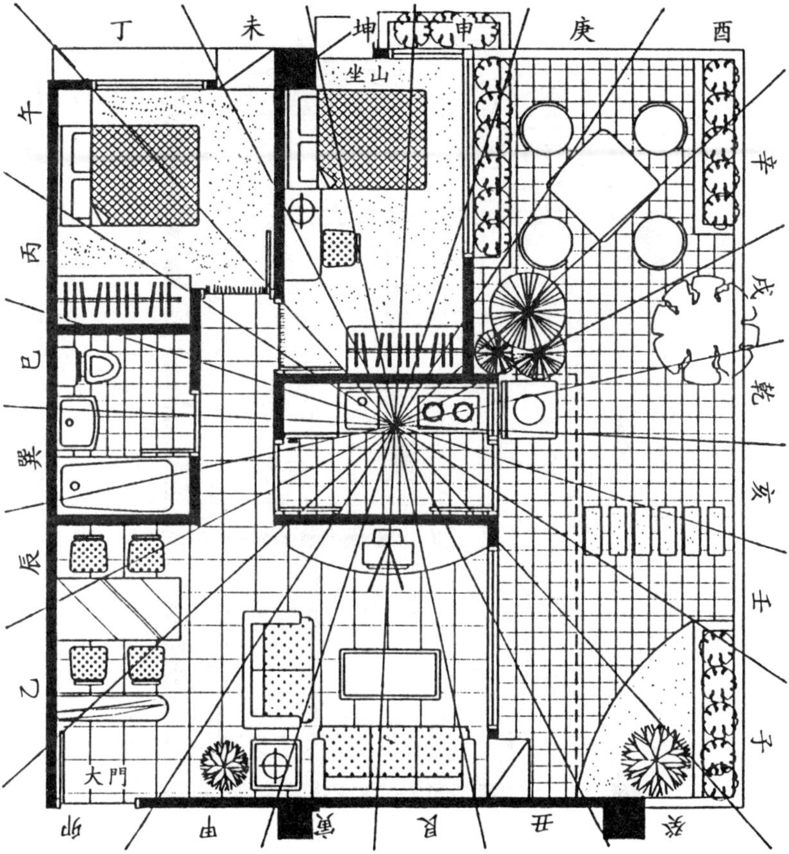

坤山室內佈置斷法說明

戌方瓦斯爐：與坐山交媾爲貪狼吉位。

乾方瓦斯爐：爲兩宮位主凶。

卯方大門：與坐山交媾爲廉貞五鬼凶位。

巳方馬桶：與坐山交媾爲右弼吉星，馬桶忌坐吉星位。

午方床頭：與坐山交媾爲貪狼吉位。

坤山室內佈置斷法說明

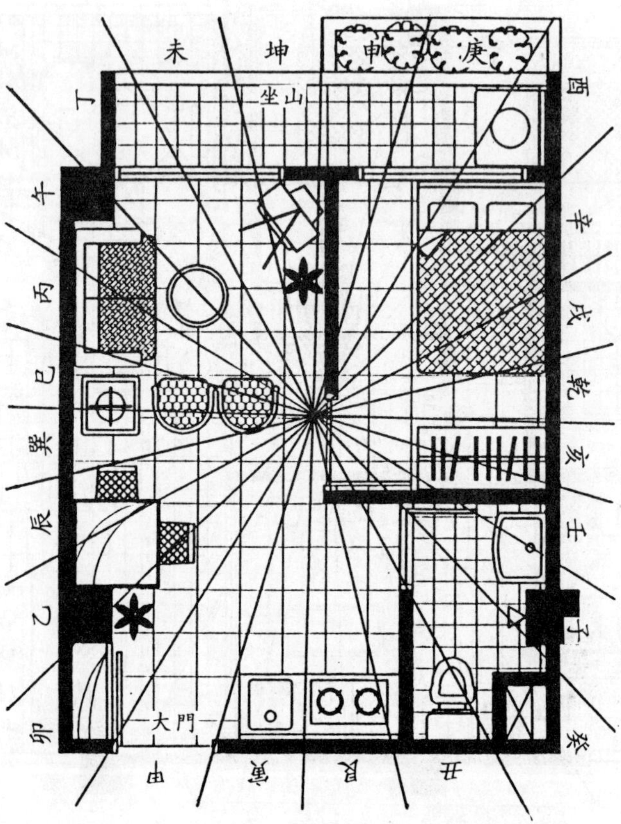

酉方床頭：與坐山交媾爲右弼吉位。

辛方床頭：爲兩宮位主凶。

丑方馬桶：與坐山交媾爲右弼吉星，馬桶忌坐吉星位。

艮方瓦斯爐：與坐山交媾爲廉貞五鬼凶位。

甲方大門：與坐山交媾爲左輔吉位。

坤山室內佈置斷法說明

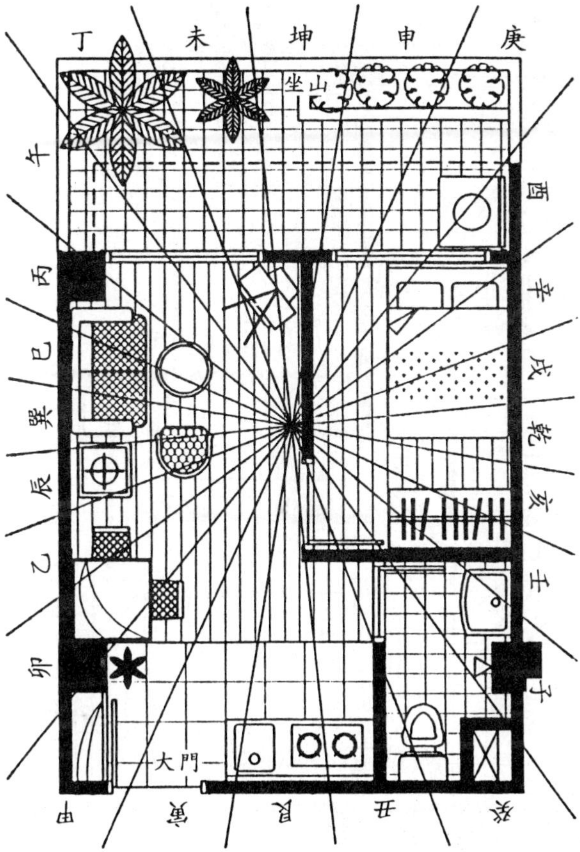

酉方床頭：與坐山交媾爲右弼吉位。

辛方床頭：爲兩宮位主凶。

癸方馬桶：與坐山交媾爲祿存吉位。

丑方瓦斯爐：與坐山交媾爲右弼吉位。

艮方瓦斯爐：與坐山交媾爲廉貞五鬼凶位。

寅方大門：與坐山交媾爲貪狼吉位。

坤山室內佈置斷法說明

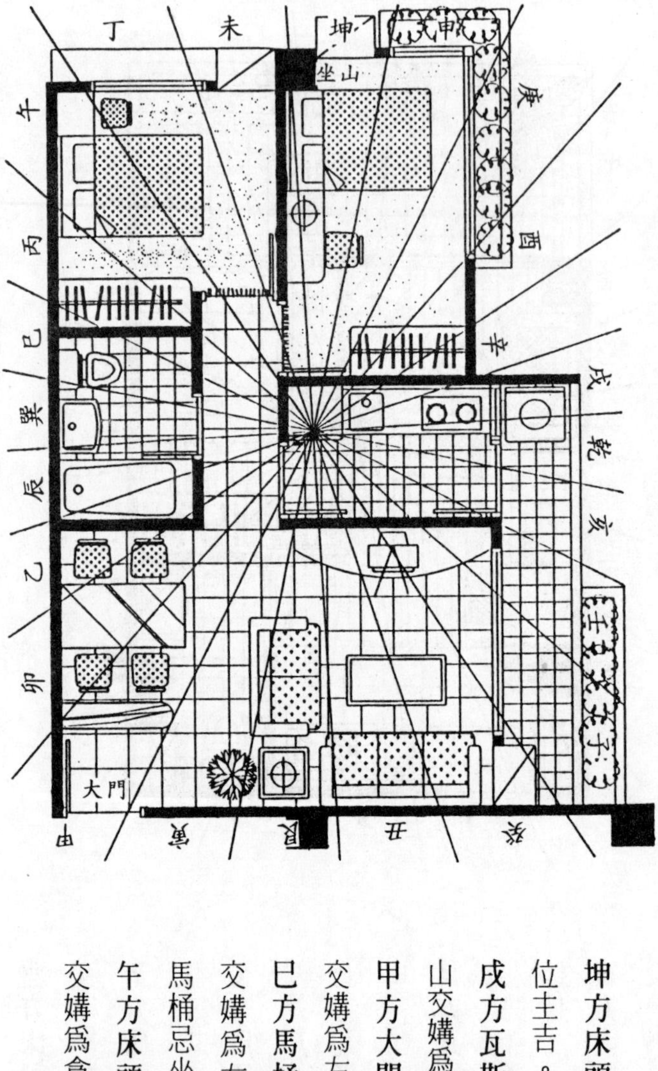

坤方床頭：爲本宮位主吉。

戌方瓦斯爐：與坐山交媾爲貪狼吉位。

甲方大門：與坐山交媾爲左輔吉位。

巳方馬桶：與坐山交媾爲右弼吉星，馬桶忌坐吉星位。

午方床頭：與坐山交媾爲貪狼吉位。

申山室內佈置吉凶位

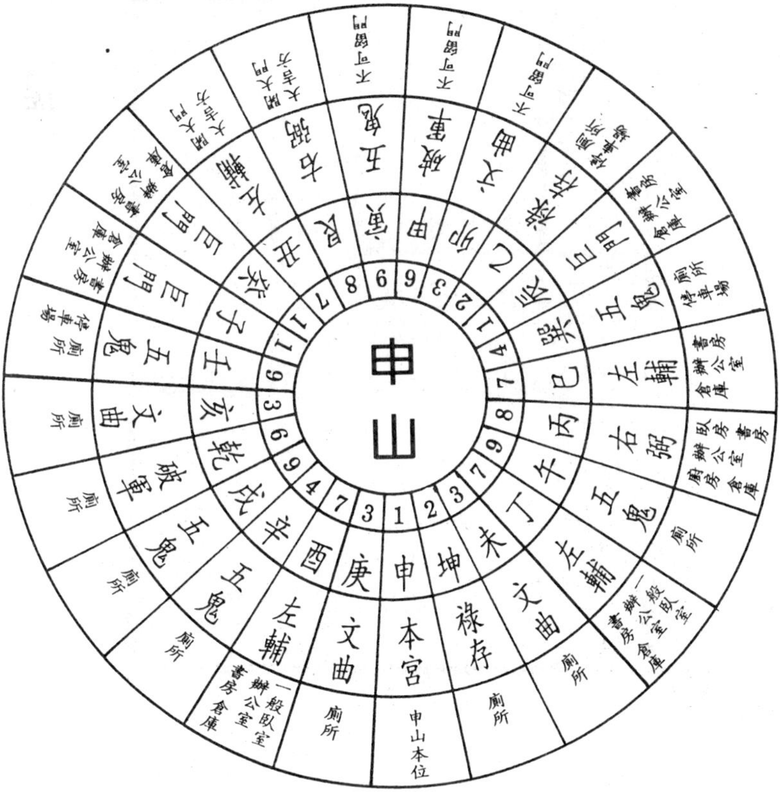

注意事項

申山：神位、床頭、大門、櫃檯、書房、廚房、倉庫、辦公室等。喜坐方位：貪狼、巨門、武曲、左輔、右弼等吉星之位。忌置祿存、文曲、五鬼、破軍等凶星之位。

申山室內佈置斷法說明

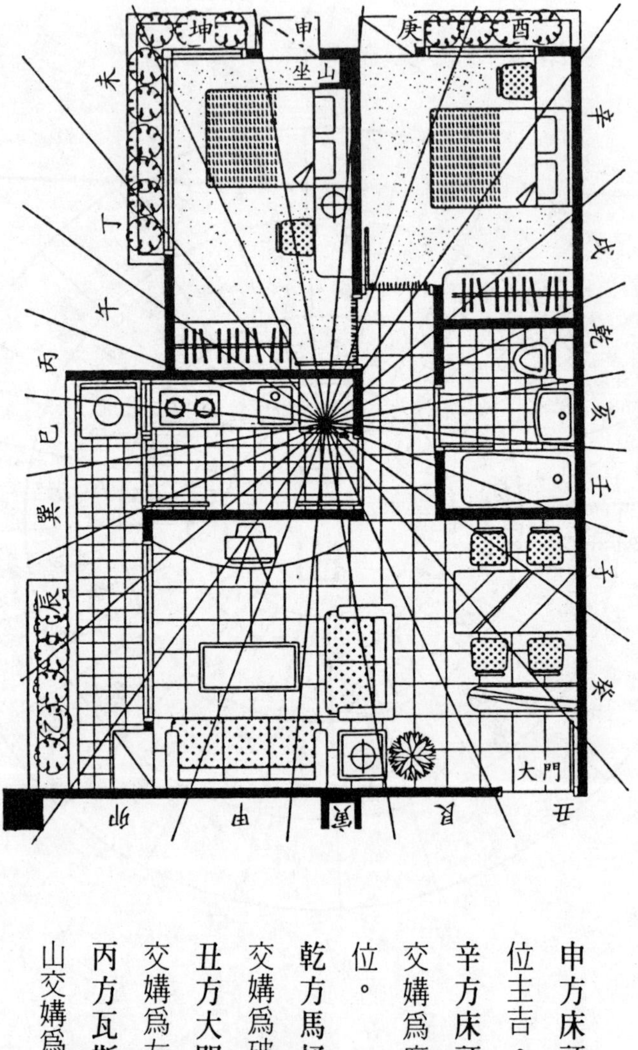

申方床頭：爲本宮位主吉。

辛方床頭：與坐山交媾爲廉貞五鬼凶位。

乾方馬桶：與坐山交媾爲破軍吉位。

丑方大門：與坐山交媾爲左輔吉位。

丙方瓦斯爐：與坐山交媾爲右弼吉位。

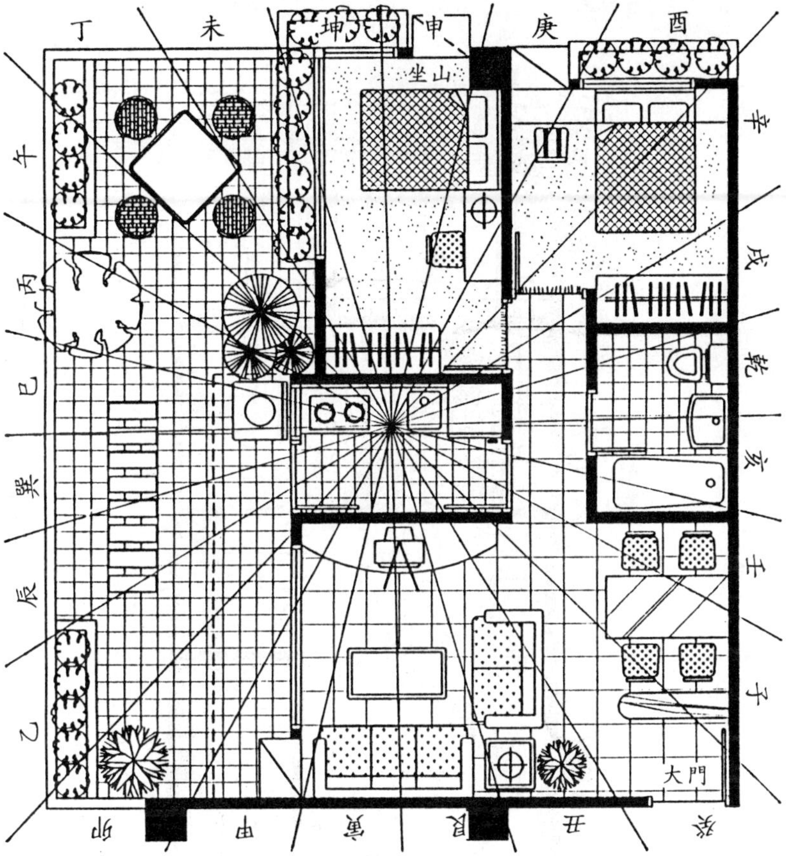

申山室內佈置斷法說明

庚方床頭：與坐山交媾爲文曲凶位。

酉方床頭：與坐山交媾爲左輔吉位。

乾方馬桶：與坐山交媾爲破軍吉位。

癸方大門：與坐山交媾爲巨門吉位。

巳方瓦斯爐：與坐山交媾爲左輔吉位。

丙方瓦斯爐：與坐山交媾爲右弼吉位。

申山室內佈置斷法說明

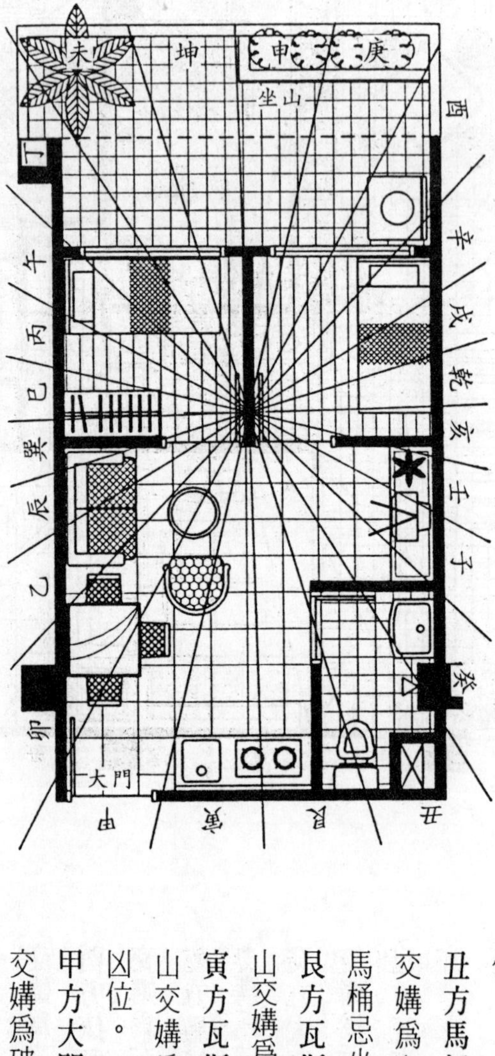

辛方床頭：與坐山交媾為廉貞五鬼凶位。

丑方馬桶：與坐山交媾為左輔吉星，馬桶忌坐吉星位。

艮方瓦斯爐：與坐山交媾為右弼吉位。

寅方瓦斯爐：與坐山交媾為廉貞五鬼凶位。

甲方大門：與坐山交媾為破軍凶位。

午方床頭：與坐山交媾為廉貞五鬼凶位。

申山室內佈置斷法說明

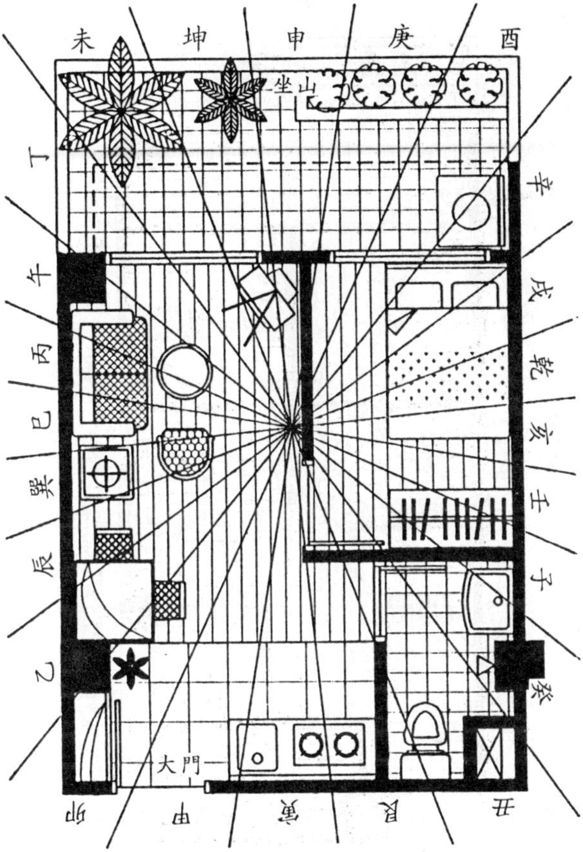

辛方床頭：與坐山交媾為廉貞五鬼凶位。

戌方床頭：為兩宮位主凶。

丑方馬桶：與坐山交媾為左輔吉星，馬桶忌坐吉星位。

艮方瓦斯爐：與坐山交媾為右弼吉位。

寅方瓦斯爐：與坐山交媾為廉貞五鬼凶位。

甲方大門：與坐山交媾為破軍凶位。

申山室內佈置斷法說明

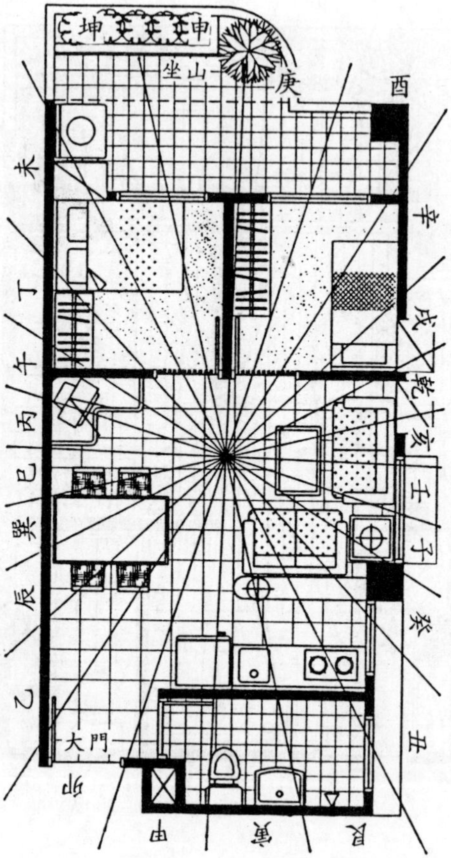

戌方床頭：與坐山交媾爲廉貞五鬼凶位。

丑方瓦斯爐：與坐山交媾爲左輔吉位。

艮方瓦斯爐：與坐山交媾爲右弼吉位。

寅方馬桶：與坐山交媾爲廉貞五鬼吉位。

卯方大門：與坐山交媾爲文曲凶位。

未方床頭：與坐山交媾爲文曲凶位。

申山室內佈置斷法說明

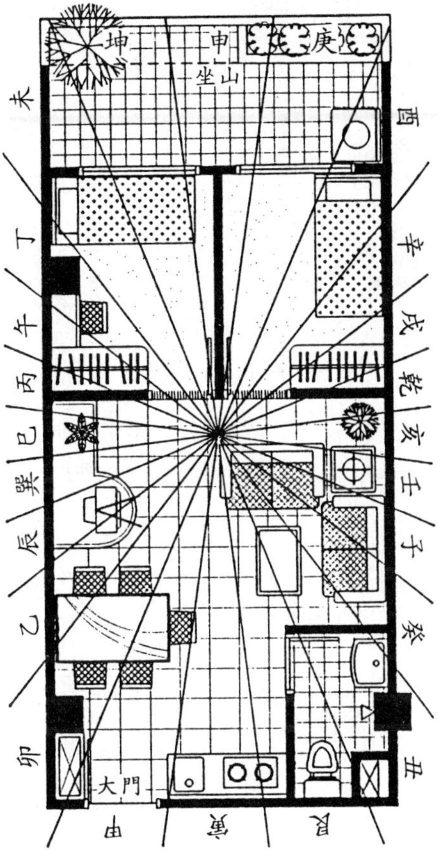

酉方床頭：與坐山交媾爲左輔吉位。

艮方馬桶：與坐山交媾爲右弼吉星，馬桶忌坐吉星位。

艮方瓦斯爐：與坐山交媾爲右弼吉位。

寅方瓦斯爐：與坐山交媾爲廉貞五鬼凶位。

甲方大門：與坐山交媾爲破軍凶位。

未方床頭：與坐山交媾爲文曲凶位。

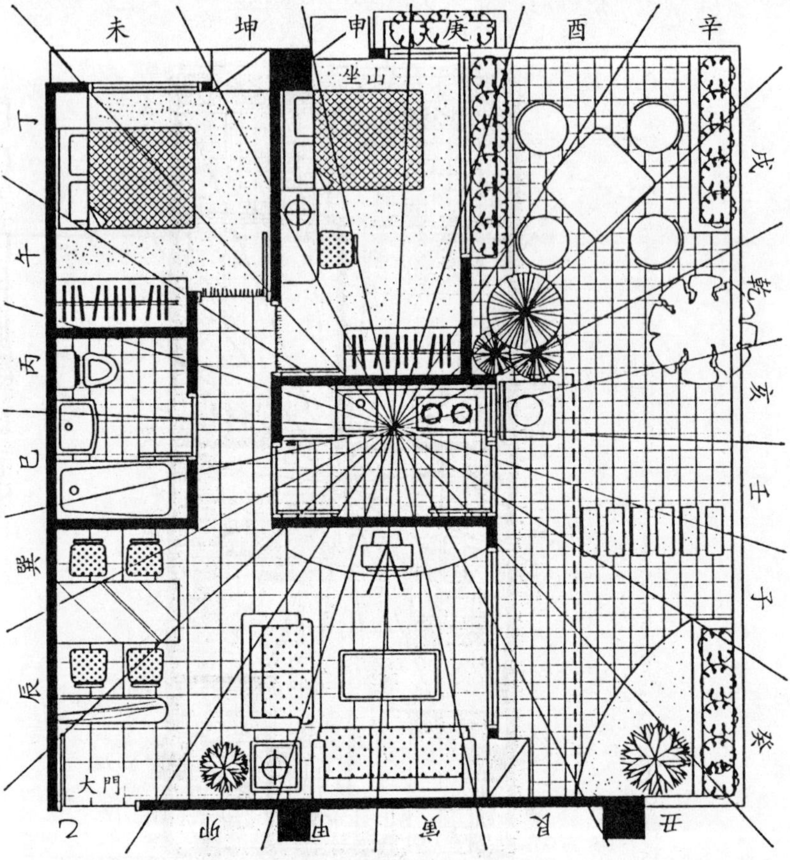

申山室內佈置
斷法說明

乾方瓦斯爐：與坐山交媾爲破軍凶位。

亥方瓦斯爐：爲兩宮位主凶。

乙方大門：與坐山交媾爲祿存凶位。

丙方馬桶：與坐山交媾爲右弼吉星，馬桶忌坐吉星位。

丁方床頭：與坐山交媾爲左輔吉位。

申山室內佈置斷法說明

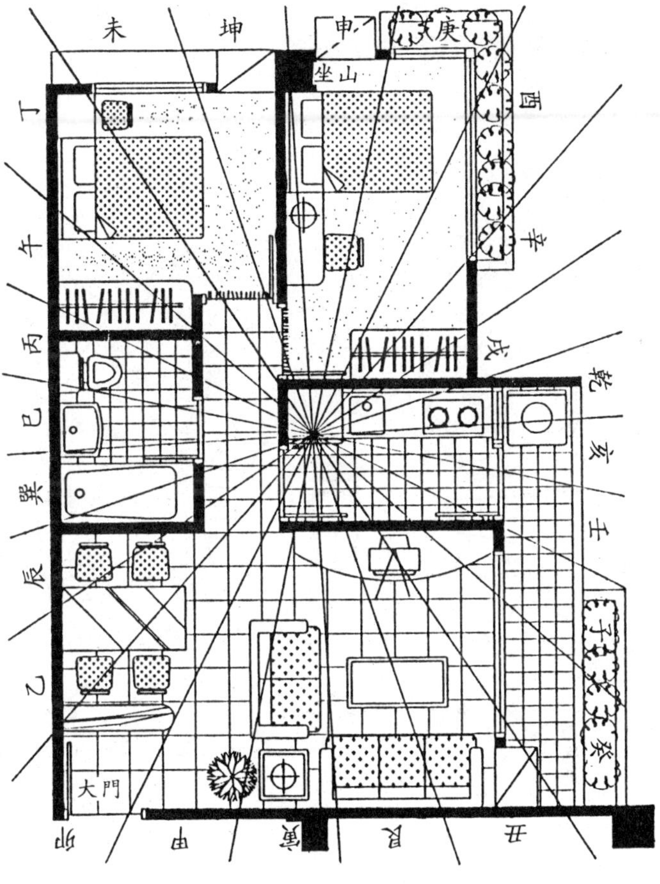

申方床頭：爲本宮位主吉。

乾方瓦斯爐：與坐山交媾爲破軍凶位。

卯方大門：與坐山交媾爲文曲凶位。

丙方馬桶：與坐山交媾爲右弼吉星，馬桶忌坐吉星位。

丁方床頭：與坐山交媾爲左輔吉位。

庚山室內佈置吉凶位

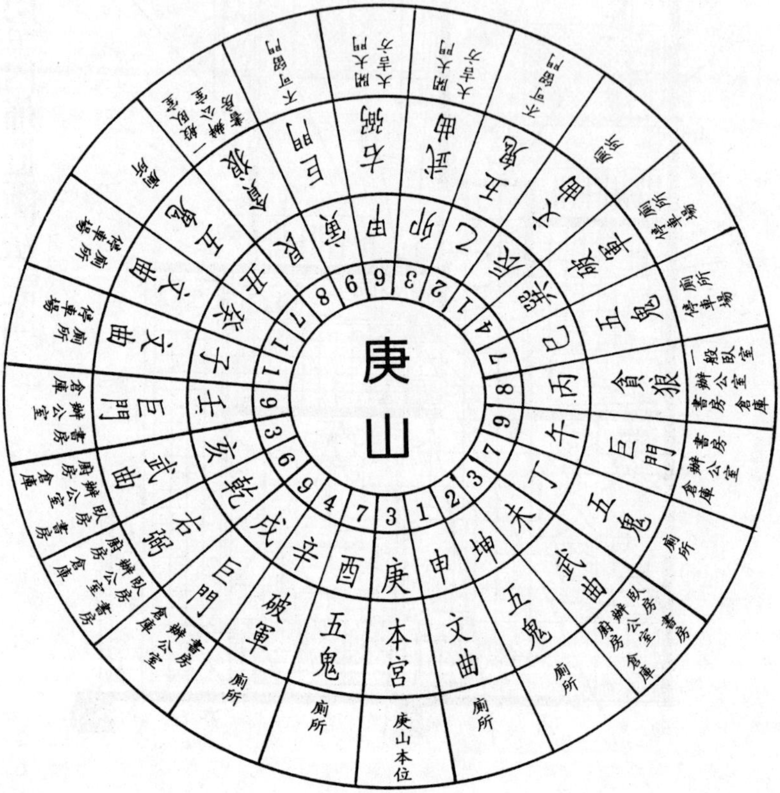

注意事項

庚山：神位、床頭、大門、櫃檯、書房、廚房、倉庫、辦公室等。喜坐方位：貪狼、巨門、武曲、左輔、右弼等吉星之位。忌置祿存、文曲、五鬼、破軍等凶星之位。

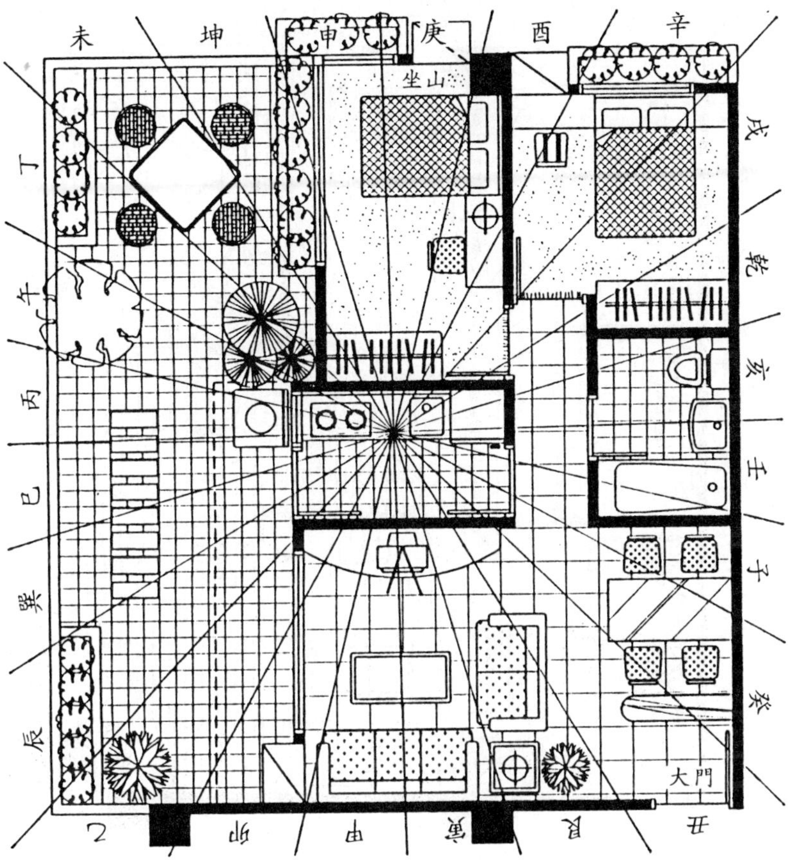

庚山室內佈置斷法說明

酉方床頭：與坐山交媾爲廉貞五鬼凶位。

辛方床頭：與坐山交媾爲破軍凶位。

亥方馬桶：與坐山交媾爲武曲吉星，馬桶忌坐吉星位。

丑方大門：與坐山交媾爲廉貞五鬼凶位。

丙方瓦斯爐：與坐山交媾爲貪狼吉位。

午方瓦斯爐：與坐山交媾爲巨門吉位。

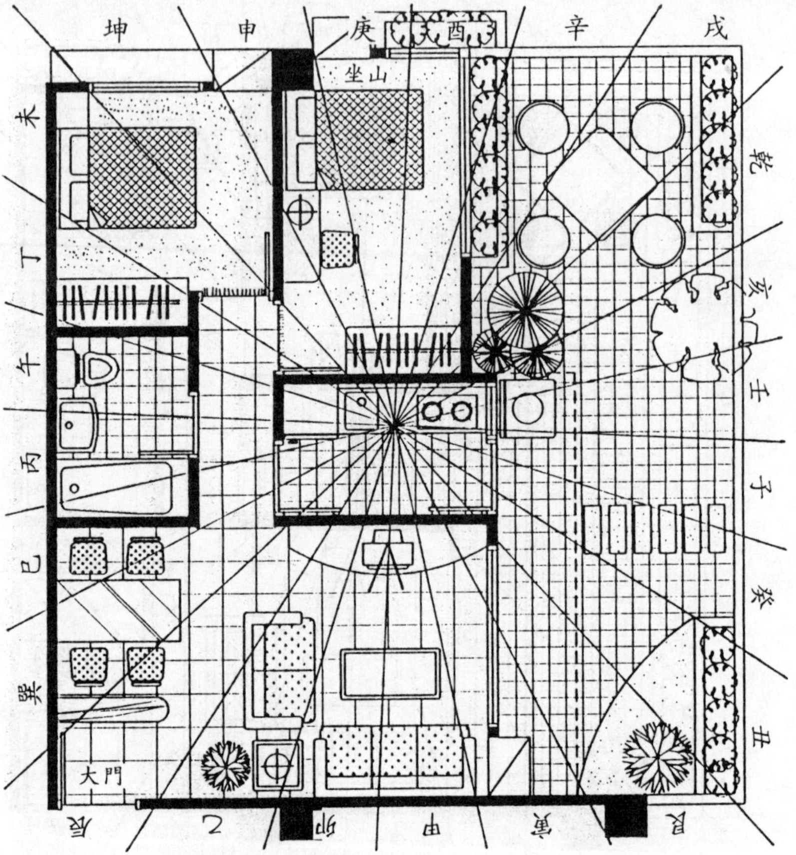

庚山室內佈置斷法說明

亥方瓦斯爐：與坐山交媾爲武曲吉位。

壬方瓦斯爐：爲兩宮位主凶。

辰方大門：與坐山交媾爲文曲凶位。

午方馬桶：與坐山交媾爲巨門吉星，馬桶忌坐吉星位。

未方床頭：與坐山交媾爲武曲吉位。

庚山室內佈置斷法說明

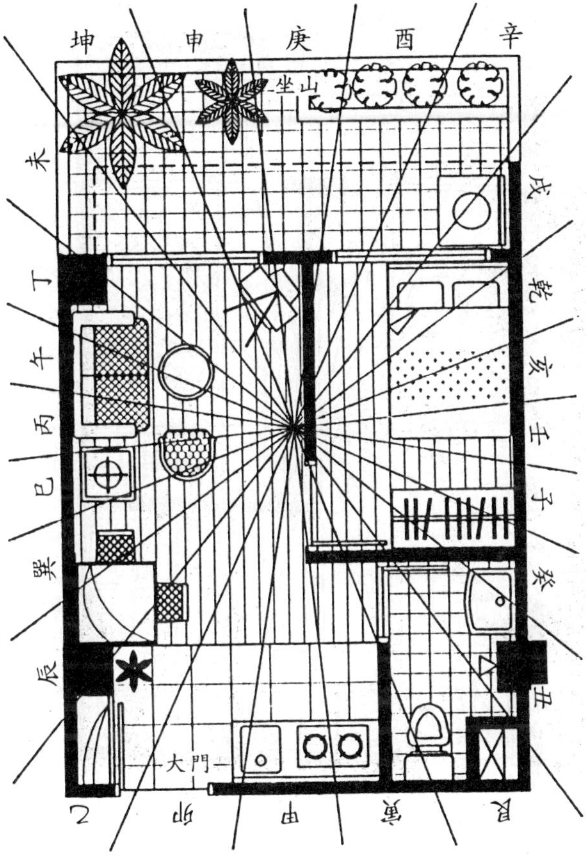

戌方床頭：與坐山交媾爲巨門吉位。

乾方床頭：爲兩宮位主凶。

艮方馬桶：與坐山交媾爲貪狼吉星，馬桶忌坐吉星位。

寅方瓦斯爐：與坐山交媾爲巨門吉位。

甲方瓦斯爐：與坐山交媾爲右弼吉位。

卯方大門：與坐山交媾爲武曲吉位。

庚山室內佈置斷法說明

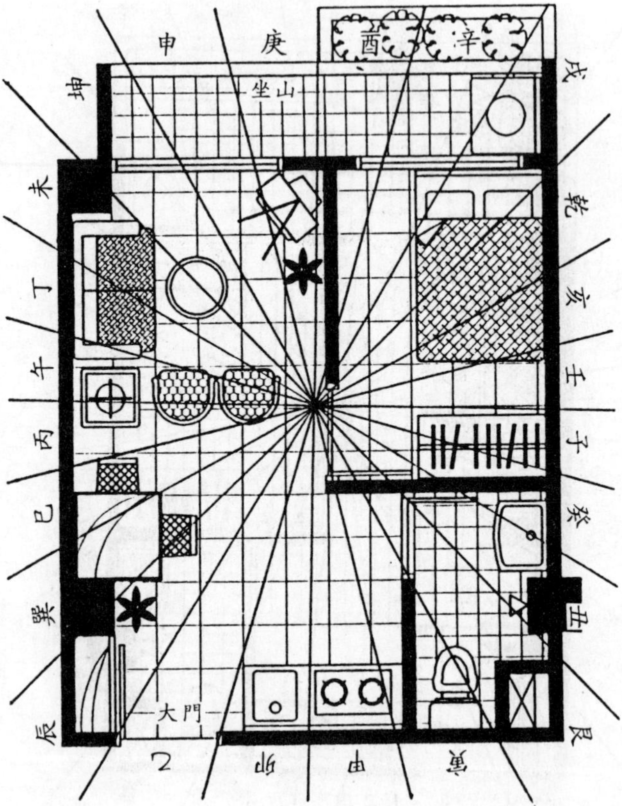

戌方床頭：與坐山交媾爲巨門吉位。

乾方床頭：爲兩宮位主凶。

寅方馬桶：與坐山交媾爲巨門吉星，馬桶忌坐吉星位。

甲方瓦斯爐：與坐山交媾爲右弼吉位。

乙方大門：與坐山交媾爲廉貞五鬼凶位。

庚山室內佈置斷法說明

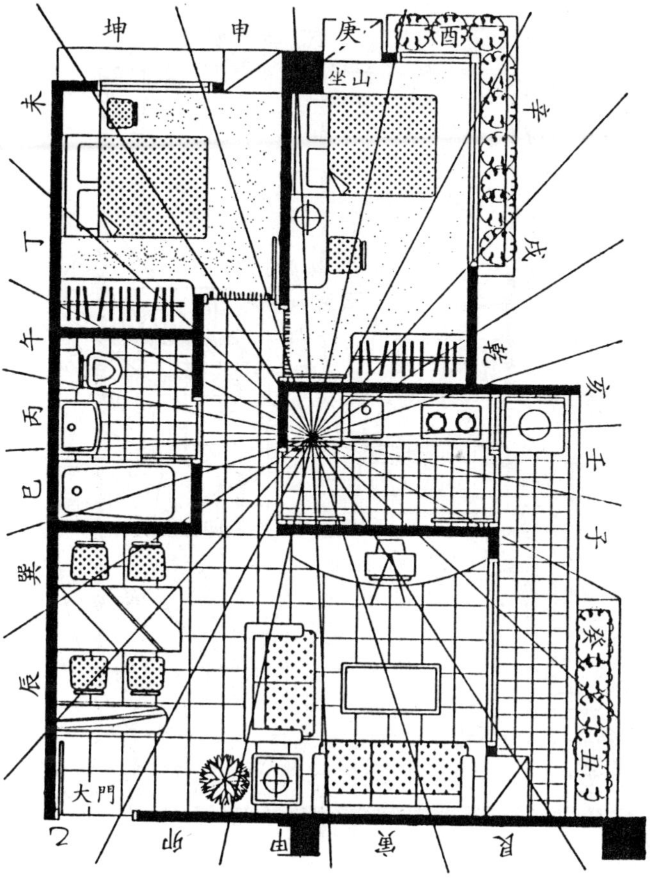

庚方床頭：爲本宮位主吉。

亥方瓦斯爐：與坐山交媾爲武曲吉位。

乙方大門：與坐山交媾爲廉貞五鬼凶位。

午方馬桶：與坐山交媾爲巨門吉星，馬桶忌坐吉星位。

未方床頭：與坐山交媾爲武曲吉位。

庚山室內佈置斷法說明

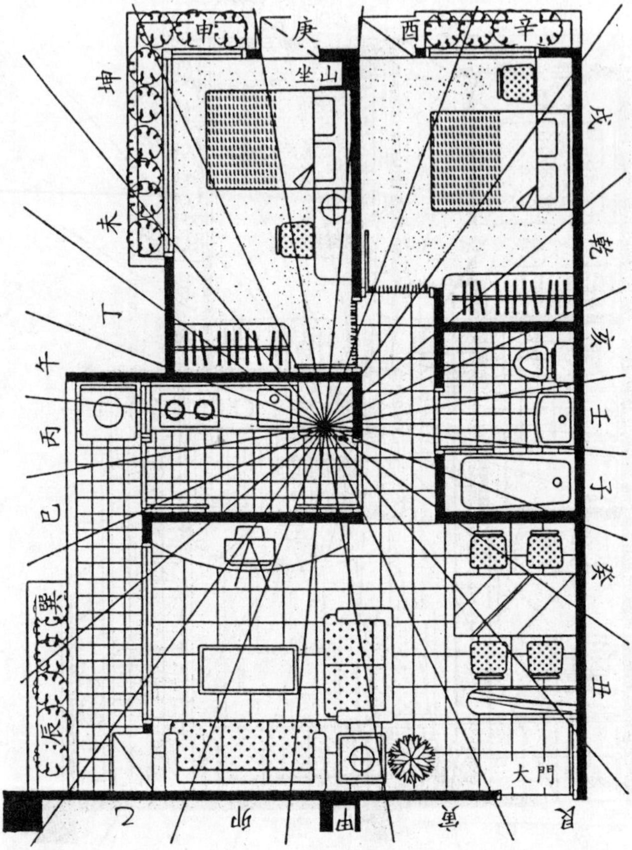

庚方床頭：爲本宮位主吉。

戌方床頭：與坐山交媾爲巨門吉位。

亥方馬桶：與坐山交媾爲武曲吉星，馬桶忌坐吉星位。

艮方大門：與坐山交媾爲貪狼吉位。

午方瓦斯爐：與坐山交媾爲巨門吉位。

庚山室內佈置斷法說明

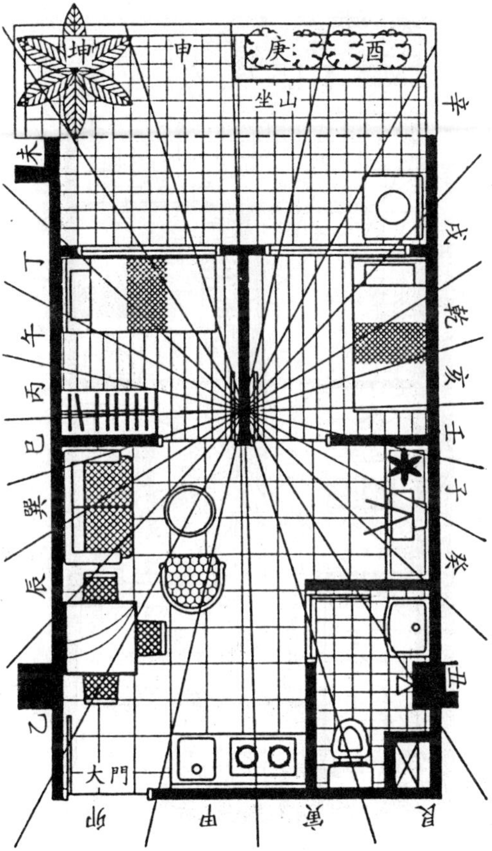

戌方床頭：與坐山交媾爲巨門吉位。

艮方馬桶：與坐山交媾爲貪狼吉星，馬桶忌坐吉星位。

寅方瓦斯爐：與坐山交媾爲巨門吉位。

甲方瓦斯爐：與坐山交媾爲右弼吉位。

卯方大門：與坐山交媾爲武曲吉位。

丁方床頭：與坐山交媾爲廉貞五鬼凶位。

庚山室內佈置斷法說明

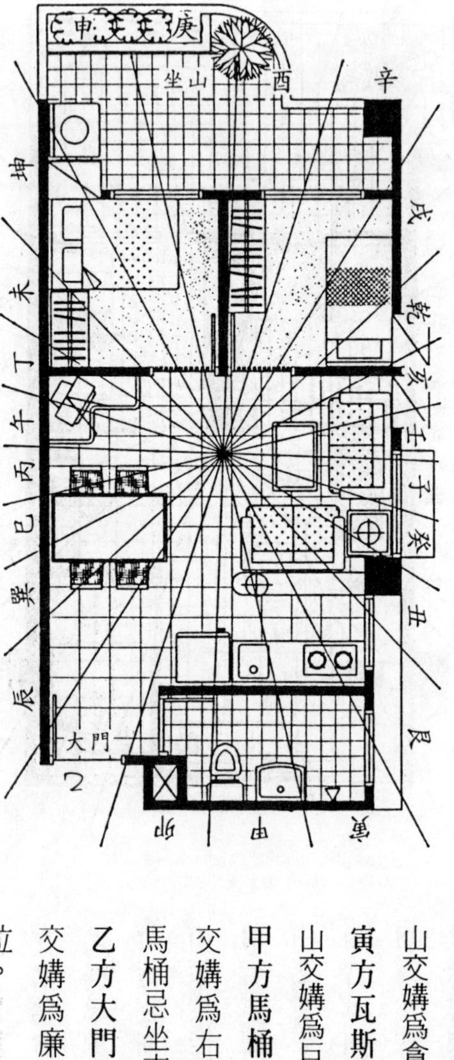

乾方床頭：與坐山交媾爲右弼吉位。

艮方瓦斯爐：與坐山交媾爲貪狼吉位。

寅方瓦斯爐：與坐山交媾爲巨門吉位。

甲方馬桶：與坐山交媾爲右弼吉星，馬桶忌坐吉星位。

乙方大門：與坐山交媾爲廉貞五鬼凶位。

坤方床頭：與坐山交媾爲廉貞五鬼凶位。

酉山室內佈置吉凶位

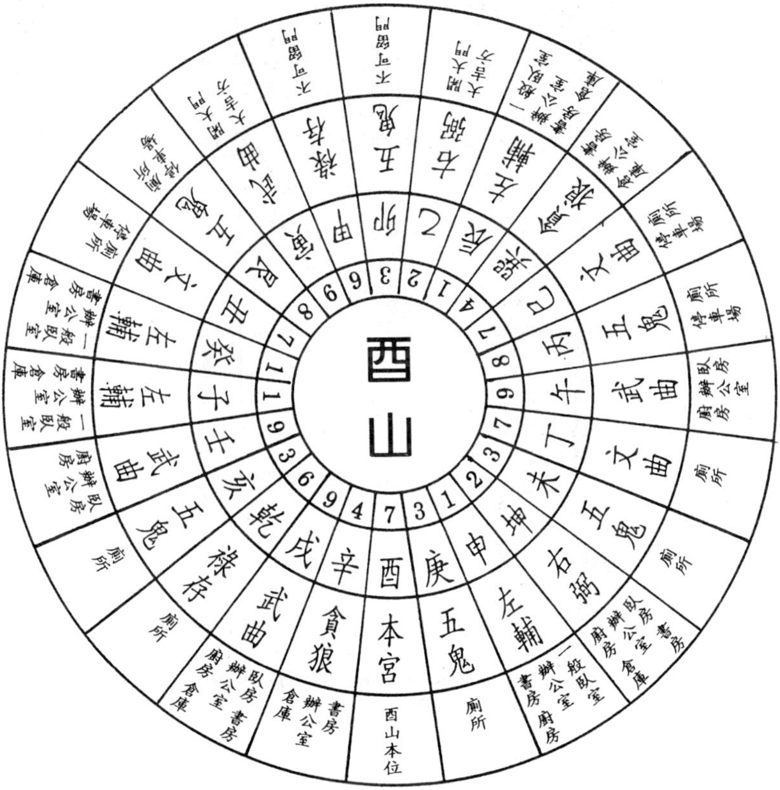

注意事項

酉山：神位、床頭、大門、櫃檯、書房、廚房、倉庫、辦公室等。喜坐方位：貪狼、巨門、武曲、左輔、右弼等吉星之位。忌置祿存、文曲、五鬼、破軍等凶星之位。

酉山室內佈置斷法說明

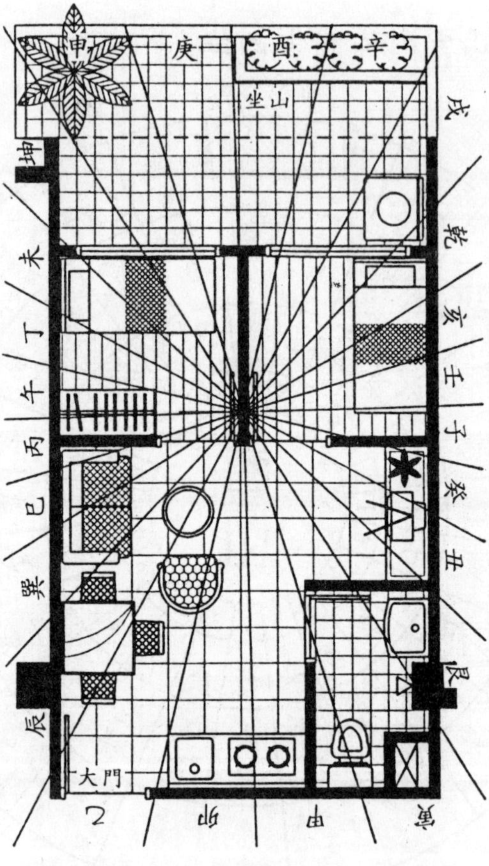

乾方床頭：與坐山交媾爲祿存凶位。

寅方馬桶：與坐山交媾爲武曲吉星，馬桶忌坐吉星位。

甲方瓦斯爐：與坐山交媾爲祿存凶位。

卯方瓦斯爐：與坐山交媾爲廉貞五鬼凶位。

乙方大門：與坐山交媾爲右弼吉位。

未方床頭：與坐山交媾爲廉貞五鬼凶位。

酉山室內佈置斷法說明

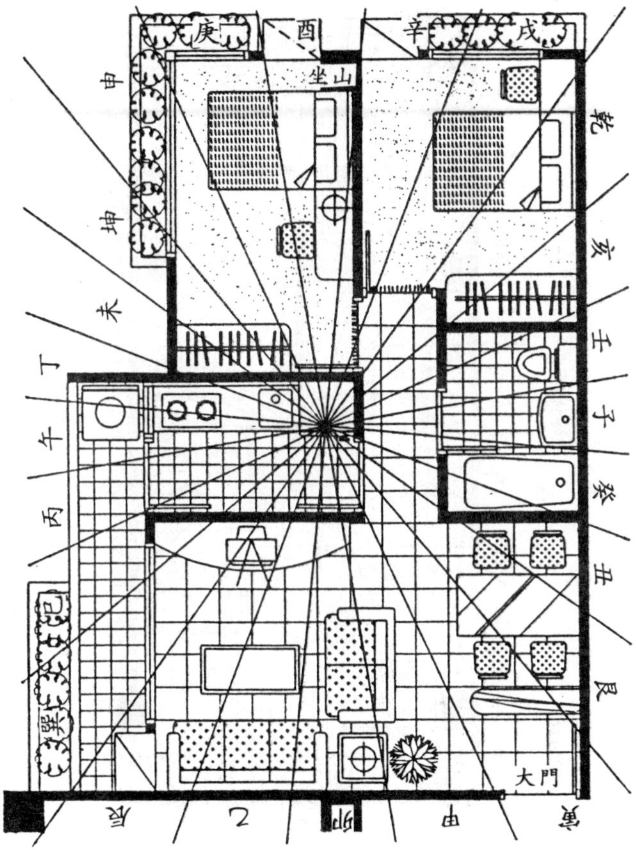

酉方床頭：爲本宮位主吉。

乾方床頭：與坐山交媾爲祿存凶位。

壬方馬桶：與坐山交媾爲武曲吉星，馬桶忌坐吉星位。

寅方大門：與坐山交媾爲武曲吉位。

丁方瓦斯爐：與坐山交媾爲文曲凶位。

酉山室內佈置斷法說明

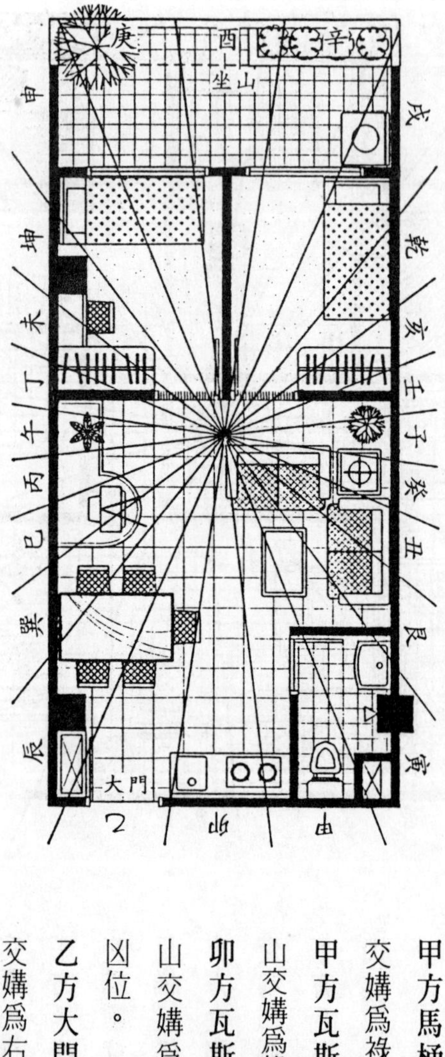

戌方床頭：與坐山交媾爲武曲吉位。

甲方馬桶：與坐山交媾爲祿存吉位。

甲方瓦斯爐：與坐山交媾爲祿存凶位。

卯方瓦斯爐：與坐山交媾爲廉貞五鬼凶位。

乙方大門：與坐山交媾爲右弼吉位。

申方床頭：與坐山交媾爲左輔吉位。

酉山室內佈置斷法說明

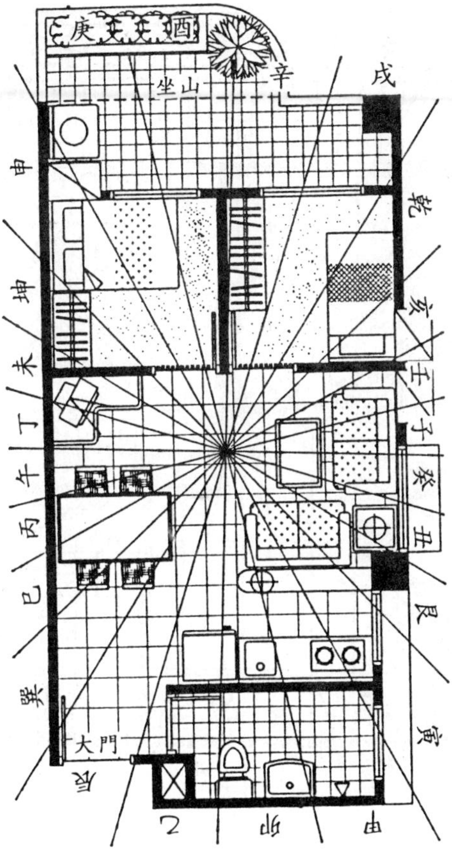

亥方床頭：與坐山交媾爲廉貞五鬼凶位。

寅方瓦斯爐：與坐山交媾爲武曲吉位。

甲方瓦斯爐：與坐山交媾爲祿存凶位。

卯方馬桶：與坐山交媾爲廉貞五鬼吉位。

辰方大門：與坐山交媾爲左輔吉位。

申方床頭：與坐山交媾爲左輔吉位。

酉山室內佈置斷法說明

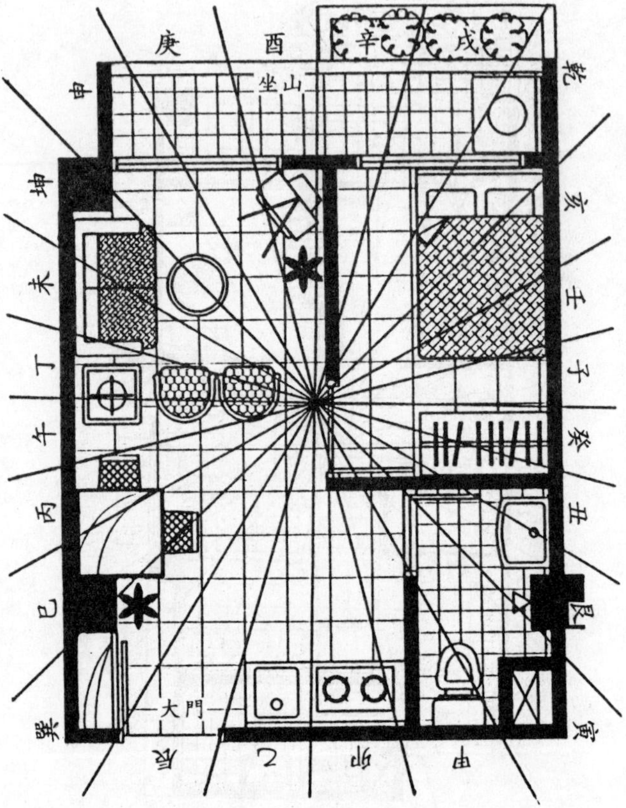

乾方床頭：與坐山交媾爲祿存凶位。

亥方床頭：爲兩宮位主凶。

甲方馬桶：與坐山交媾爲祿存吉位。

卯方瓦斯爐：與坐山交媾爲廉貞五鬼凶位。

辰方大門：與坐山交媾爲左輔吉位。

酉山室內佈置斷法說明

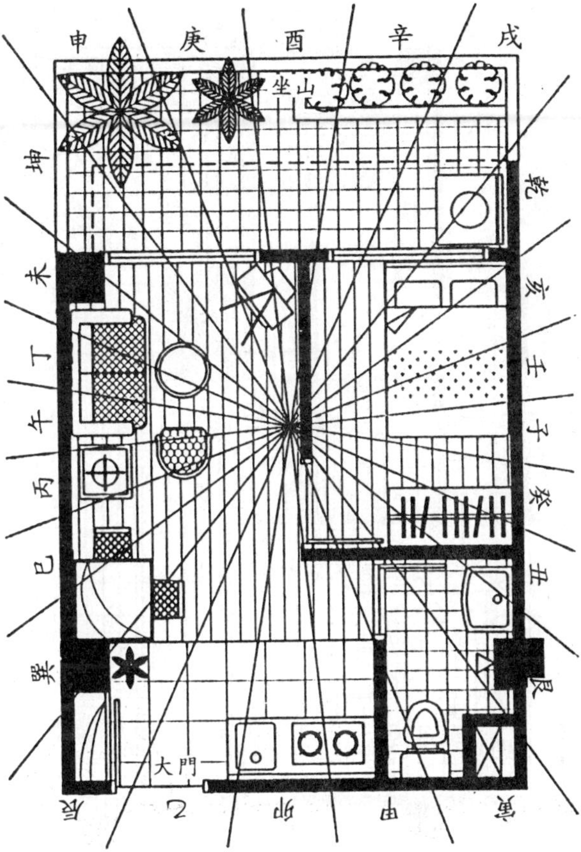

乾方床頭：與坐山交媾爲祿存凶位。

亥方床頭：爲兩宮位主凶。

寅方馬桶：與坐山交媾爲武曲吉星，馬桶忌坐吉星位。

甲方瓦斯爐：與坐山交媾爲祿存凶位。

卯方瓦斯爐：與坐山交媾爲廉貞五鬼凶位。

乙方大門：與坐山交媾爲右弼吉位。

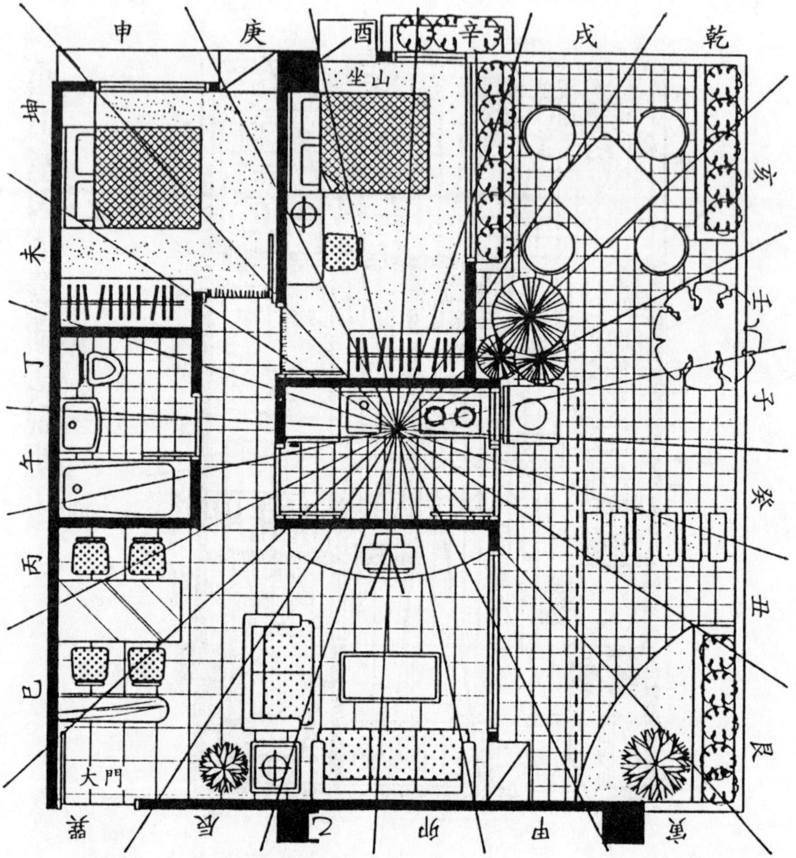

酉山室內佈置斷法說明

壬方瓦斯爐：與坐山交媾爲武曲吉位。

子方瓦斯爐：爲兩宮位主凶。

巽方大門：與坐山交媾爲貪狼吉位。

丁方馬桶：與坐山交媾爲文曲吉位。

坤方床頭：與坐山交媾爲右弼吉位。

庚方床頭：與坐山交媾爲廉貞五鬼凶位。

酉山室內佈置斷法說明

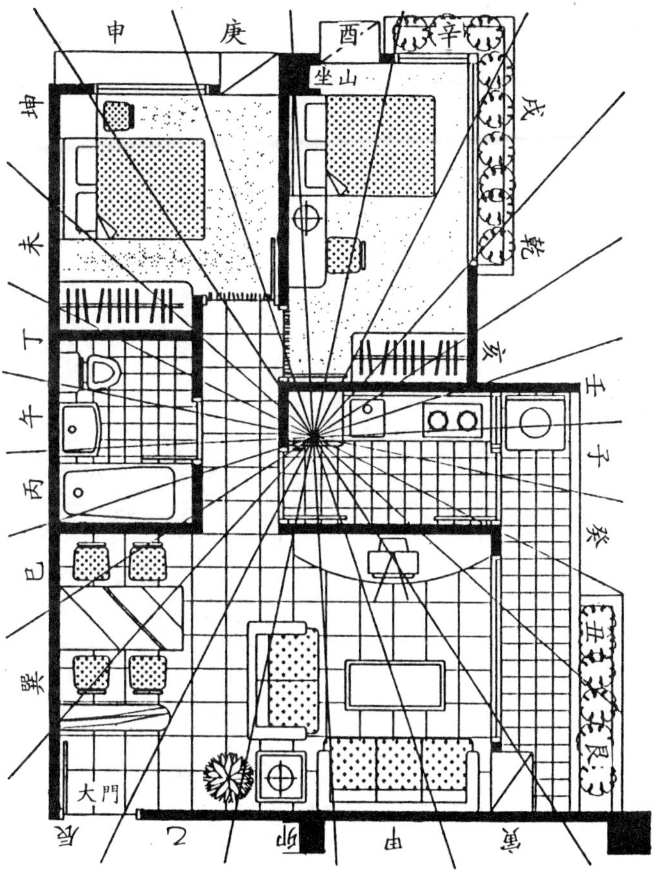

酉方床頭：爲本宮位主吉。

壬方瓦斯爐：與坐山交媾爲武曲吉位。

辰方大門：與坐山交媾爲左輔吉位。

丁方馬桶：與坐山交媾爲文曲吉位。

坤方床頭：與坐山交媾爲右弼吉位。

辛山室內佈置吉凶位

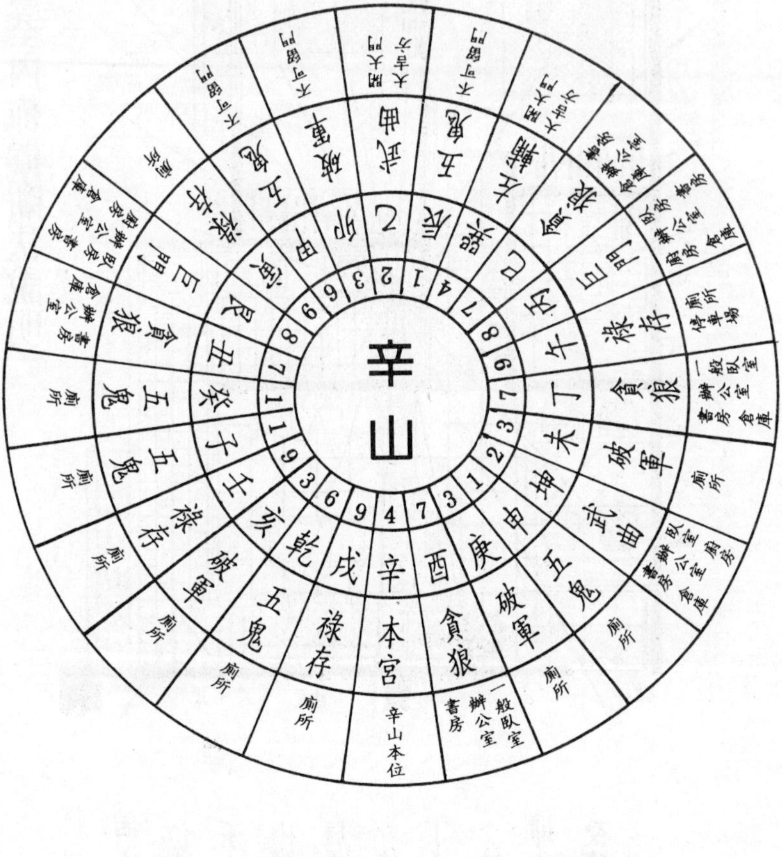

注意事項

辛山：神位、床頭、大門、櫃檯、書房、廚房、倉庫、辦公室等。喜坐方位：貪狼、巨門、武曲、左輔、右弼等吉星之位。忌置祿存、文曲、五鬼、破軍等凶星之位。

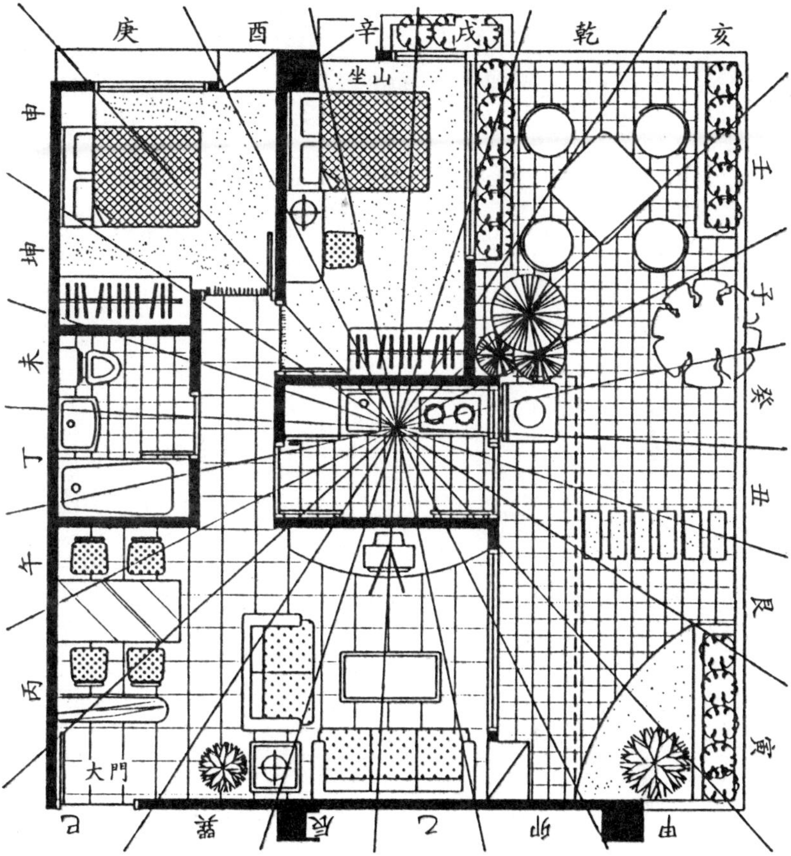

辛山室內佈置斷法說明

子方瓦斯爐：與坐山交媾爲廉貞五鬼凶位。

癸方瓦斯爐：爲兩宮位主凶。

巳方大門：與坐山交媾爲貪狼吉位。

未方馬桶：與坐山交媾爲破軍吉位。

申方床頭：與坐

山交媾爲廉貞五鬼凶位。

辛山室內佈置斷法說明

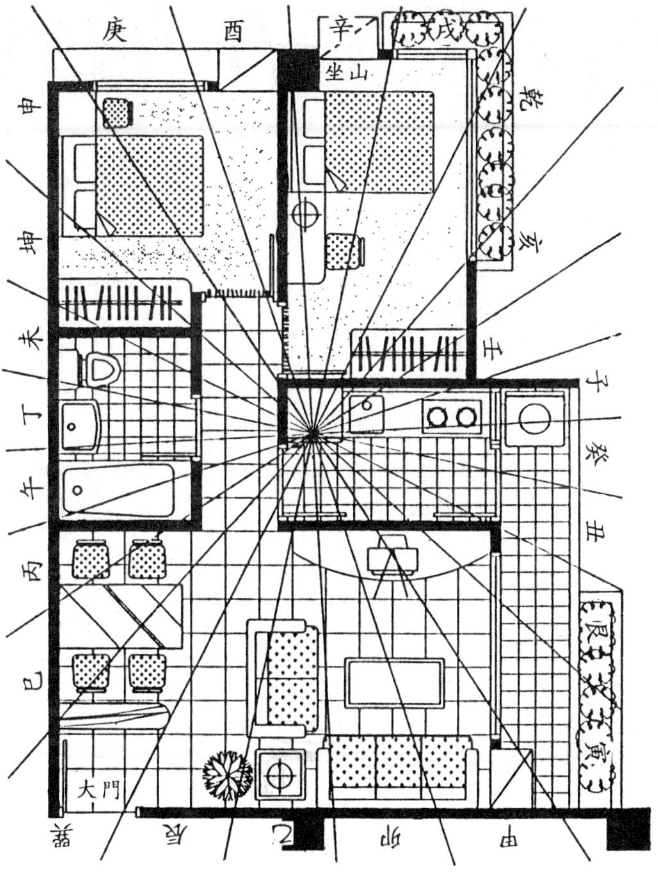

辛方床頭：爲本宮位主吉。

子方瓦斯爐：與坐山交媾爲廉貞五鬼凶位。

巽方大門：與坐山交媾爲左輔吉位。

未方馬桶：與坐山交媾爲破軍吉位。

申方床頭：與坐山交媾爲廉貞五鬼凶位。

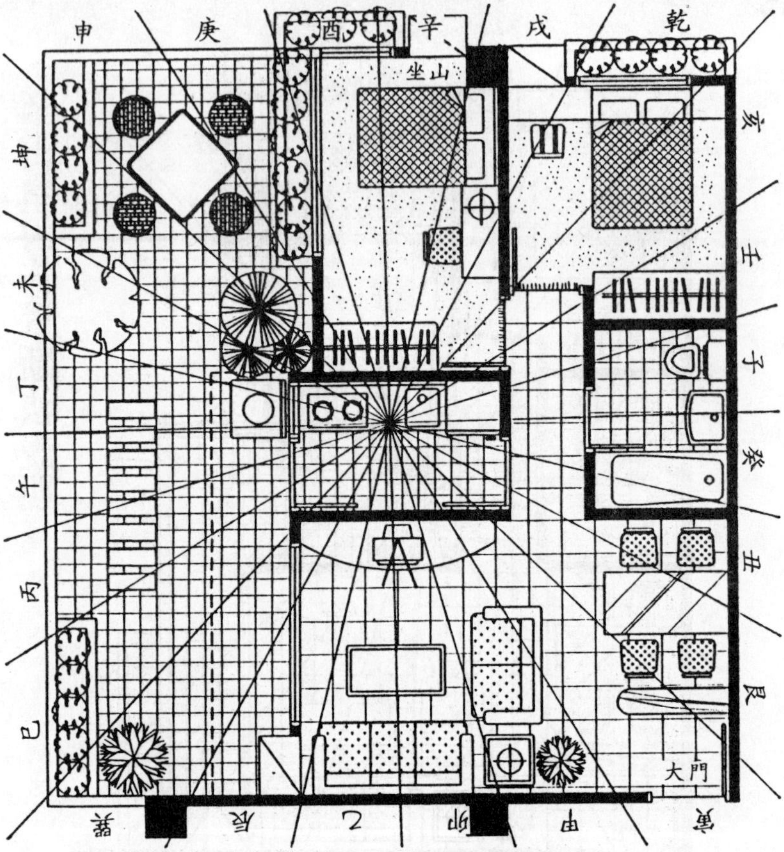

辛山室內佈置斷法說明

戌方床頭：與坐山交媾爲祿存凶位。

乾方床頭：與坐山交媾爲廉貞五鬼凶位。

子方馬桶：與坐山交媾爲廉貞五鬼吉位。

寅方大門：與坐山交媾爲祿存凶位。

丁方瓦斯爐：與坐山交媾爲貪狼吉位。

未方瓦斯爐：與坐山交媾爲破軍凶位。

辛山室內佈置斷法說明

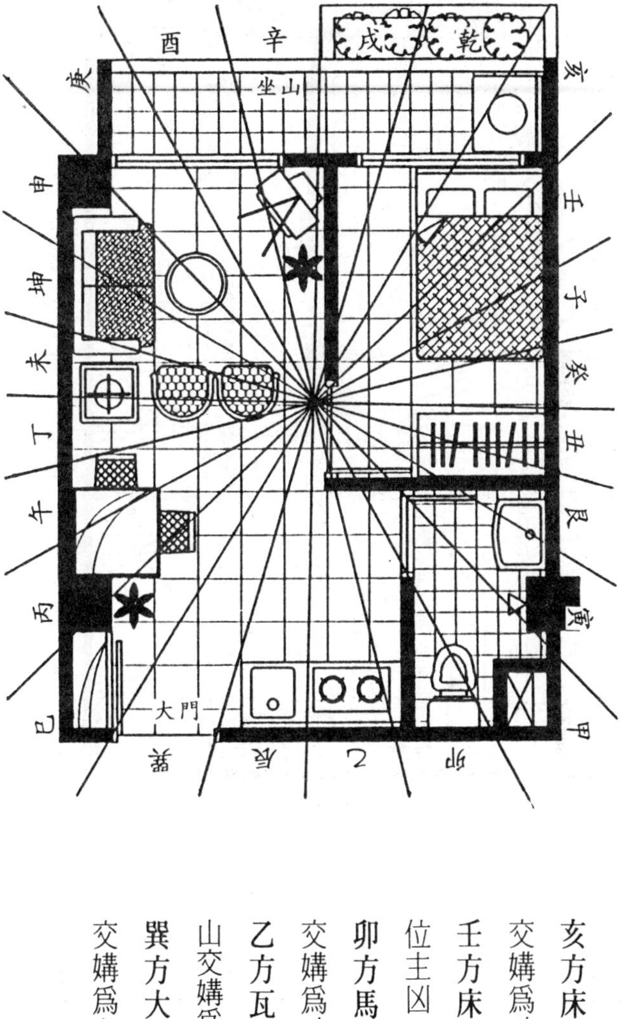

亥方床頭：與坐山交媾爲破軍凶位。

壬方床頭：爲兩宮位主凶。

卯方馬桶：與坐山交媾爲破軍吉位。

乙方瓦斯爐：與坐山交媾爲武曲吉位。

巽方大門：與坐山交媾爲左輔吉位。

辛山室內佈置斷法說明

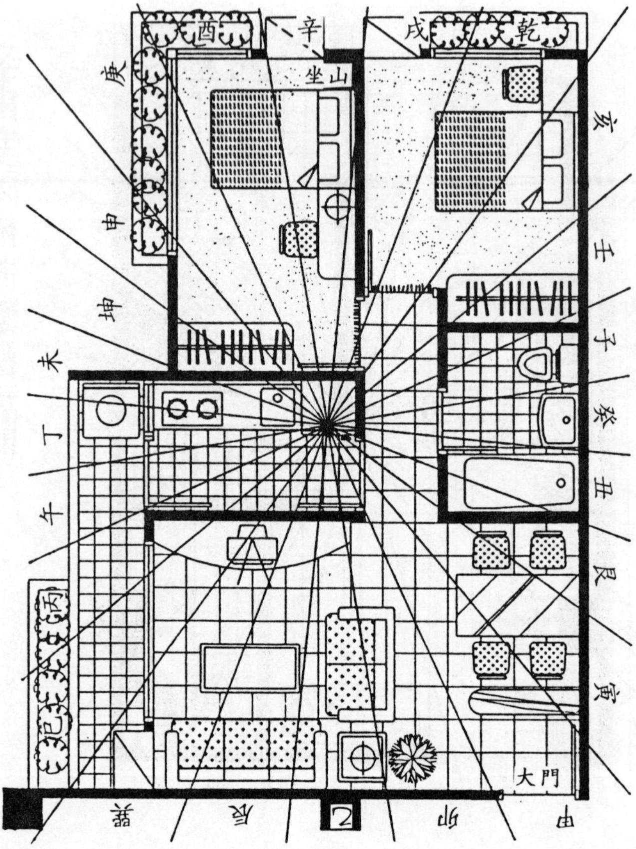

辛方床頭：爲本宮位主吉。

亥方床頭：與坐山交媾爲破軍凶位。

子方馬桶：與坐山交媾爲廉貞五鬼吉位。

甲方大門：與坐山交媾爲廉貞五鬼凶位。

未方瓦斯爐：與坐山交媾爲破軍凶位。

辛山室內佈置斷法說明

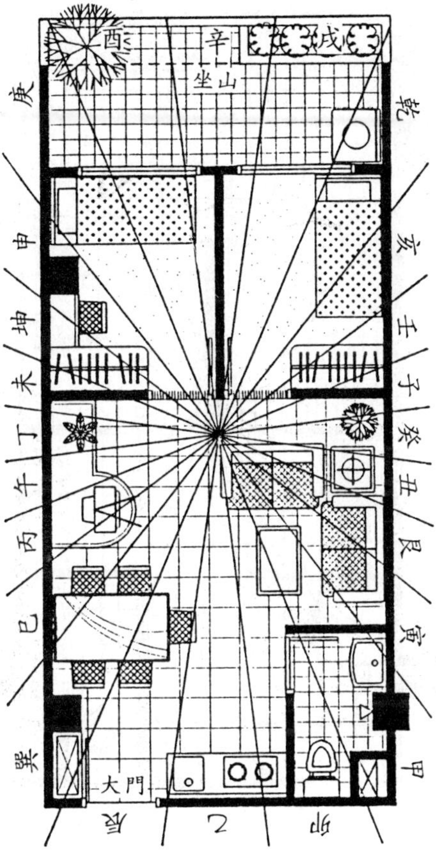

乾方床頭：與坐山交媾爲廉貞五鬼凶位。

卯方馬桶：與坐山交媾爲破軍吉位。

卯方瓦斯爐：與坐山交媾爲破軍凶位。

乙方瓦斯爐：與坐山交媾爲武曲吉位。

辰方大門：與坐山交媾爲廉貞五鬼凶位。

庚方床頭：與坐山交媾爲破軍凶位。

辛山室內佈置斷法說明

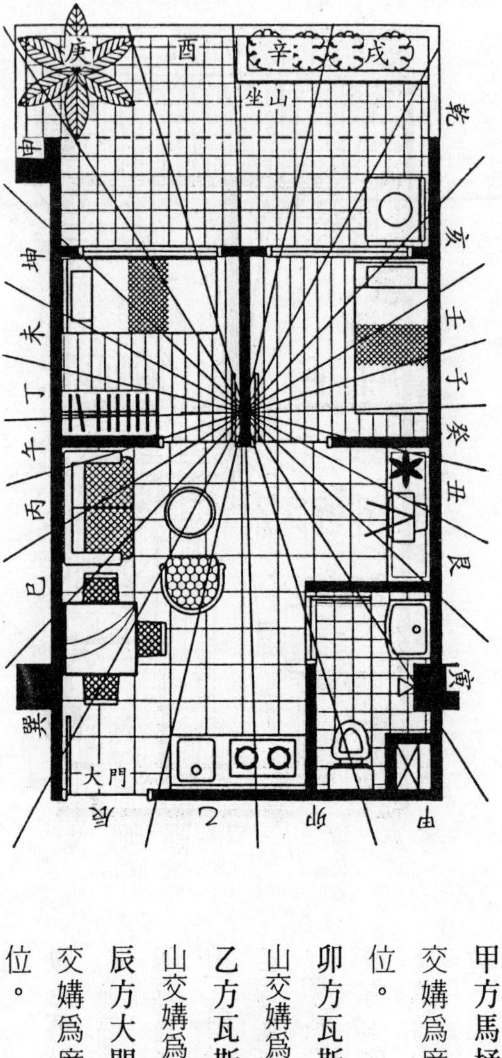

亥方床頭：與坐山交媾爲破軍凶位。

甲方馬桶：與坐山交媾爲廉貞五鬼吉位。

卯方瓦斯爐：與坐山交媾爲破軍凶位。

乙方瓦斯爐：與坐山交媾爲武曲吉位。

辰方大門：與坐山交媾爲廉貞五鬼凶位。

坤方床頭：與坐山交媾爲武曲吉位。

辛山室內佈置斷法說明

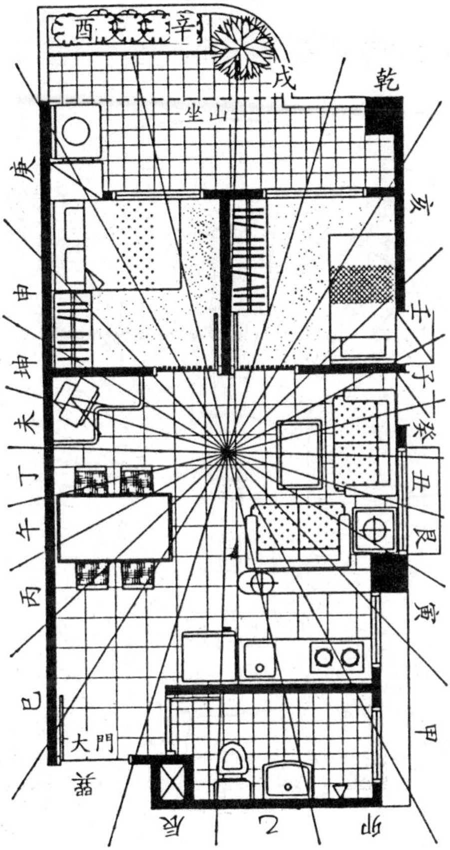

壬方床頭：與坐山交媾爲祿存凶位。

甲方瓦斯爐：與坐山交媾爲廉貞五鬼凶位。

卯方瓦斯爐：與坐山交媾爲破軍凶位。

乙方馬桶：與坐山交媾爲武曲吉星，馬桶忌坐吉星位。

巽方大門：與坐山交媾爲左輔吉位。

庚方床頭：與坐山交媾爲破軍凶位。

戌山室內佈置吉凶位

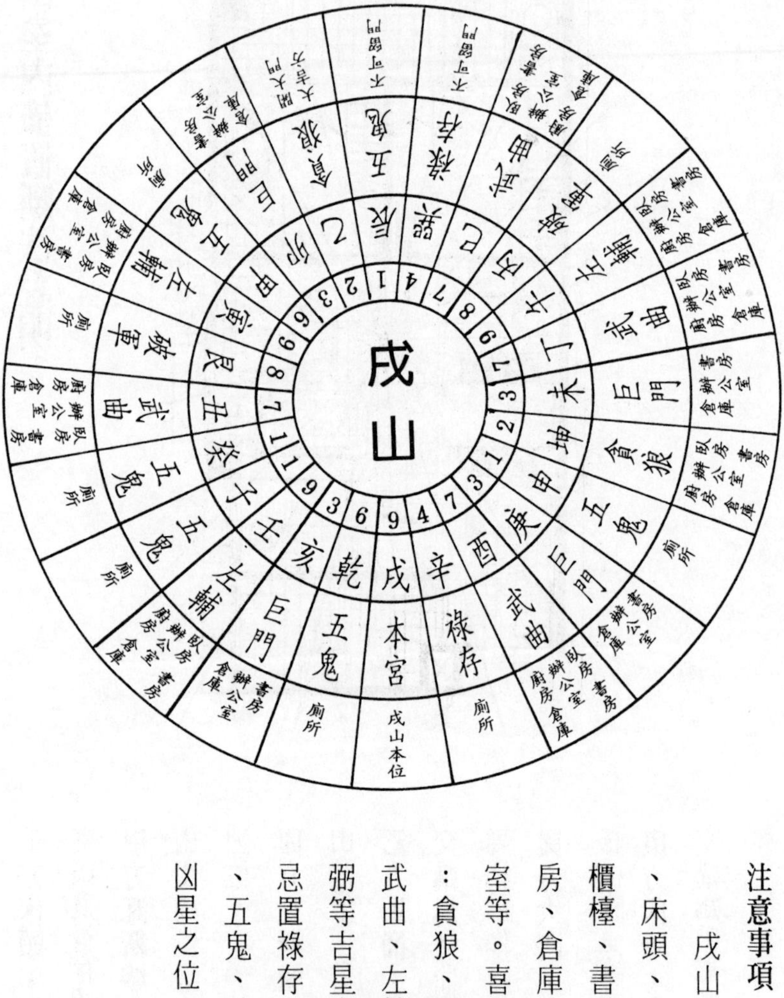

注意事項

戌山：神位、床頭、大門、櫃檯、書房、廚房、倉庫、辦公室等。喜坐方位：貪狼、巨門、武曲、左輔、右弼等吉星之位。忌置祿存、文曲、五鬼、破軍等凶星之位。

戌山室內佈置斷法說明

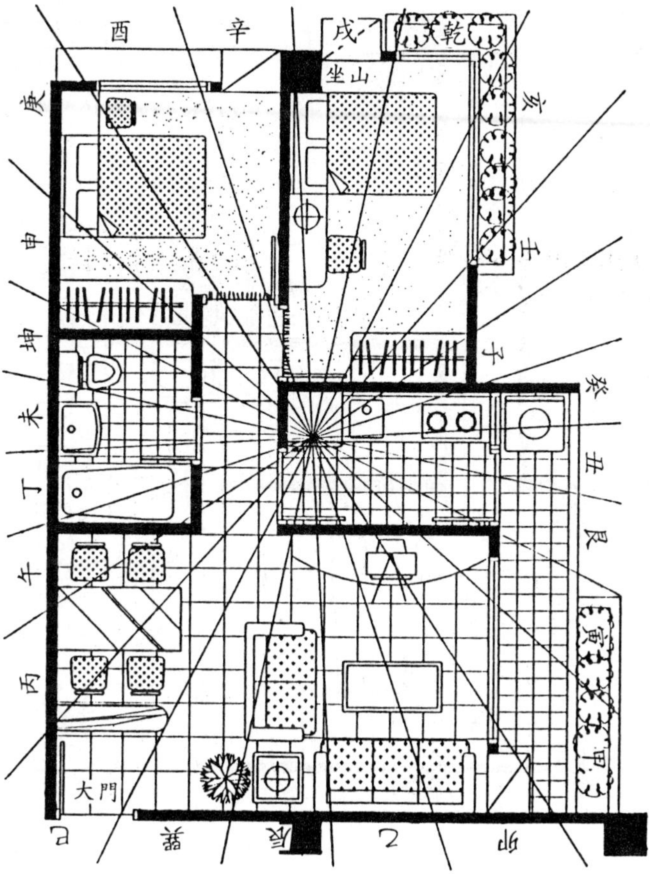

戌方床頭：爲本宮位主吉。

癸方瓦斯爐：與坐山交媾爲廉貞五鬼凶位。

巳方大門：與坐山交媾爲武曲吉位。

坤方馬桶：與坐山交媾爲貪狼吉星，馬桶忌坐吉星位。

庚方床頭：與坐山交媾爲巨門吉位。

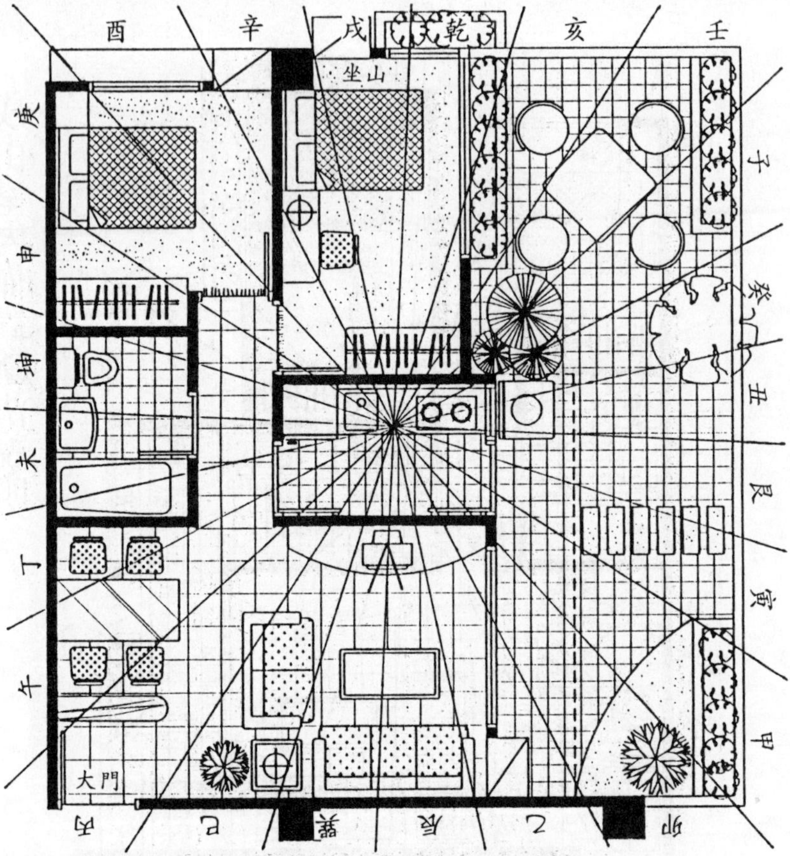

戌山室內佈置斷法說明

癸方瓦斯爐：與坐山交媾為廉貞五鬼凶位。

丑方瓦斯爐：為兩宮位主凶。

丙方大門：與坐山交媾為破軍凶位。

坤方馬桶：與坐山交媾為貪狼吉星，馬桶忌坐吉星位。

庚方床頭：與坐山交媾為巨門吉位。

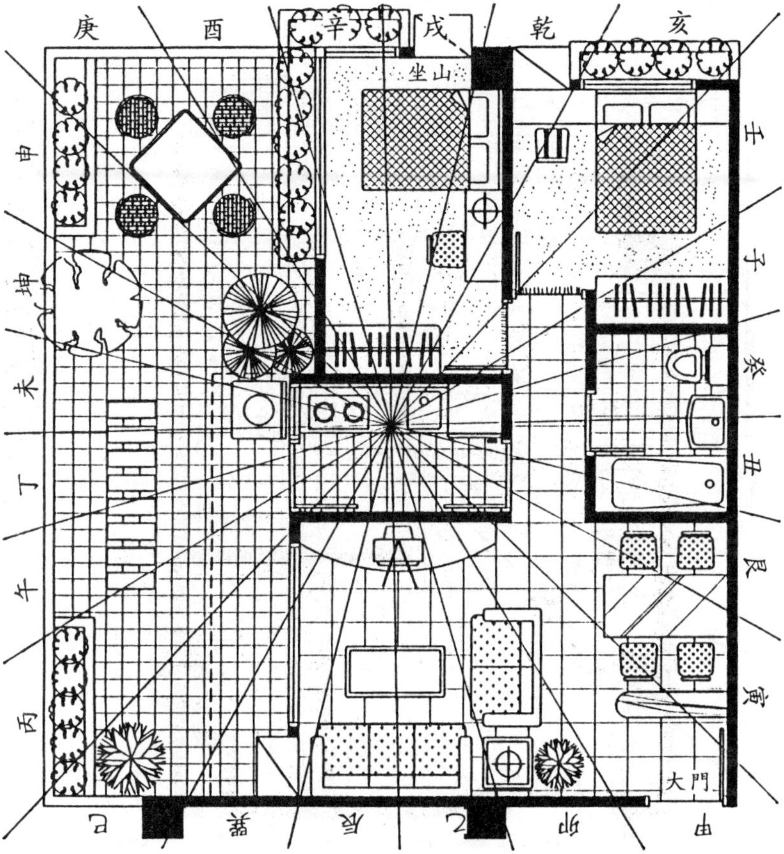

戌山室內佈置斷法說明

乾方床頭：與坐山交媾爲廉貞五鬼凶位。

亥方床頭：與坐山交媾爲巨門吉位。

癸方馬桶：與坐山交媾爲廉貞五鬼吉位。

甲方大門：與坐山交媾爲廉貞五鬼凶位。

未方瓦斯爐：與坐山交媾爲巨門吉位。

坤方瓦斯爐：與坐山交媾爲貪狼吉位。

戌山室內佈置斷法說明

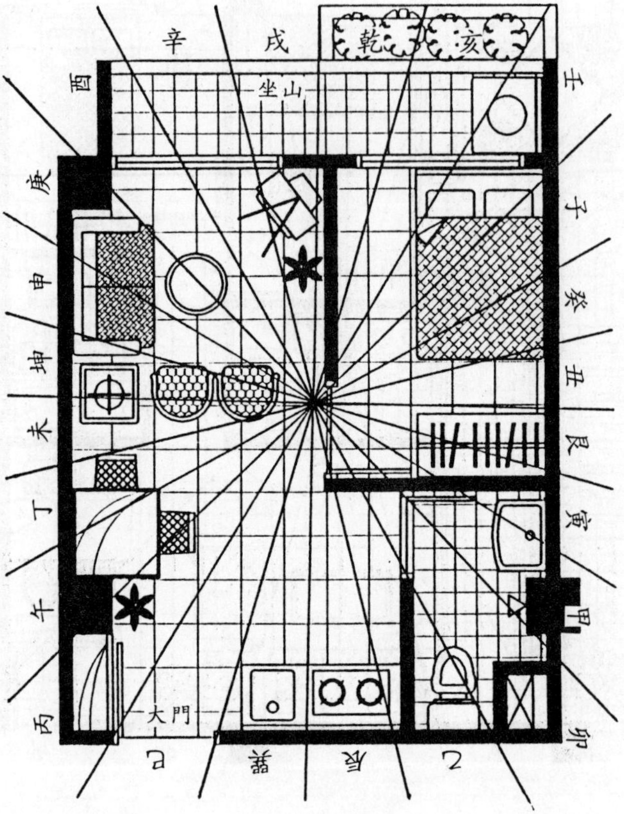

壬方床頭：與坐山交媾爲左輔吉位。

子方床頭：爲兩宮位主凶。

乙方馬桶：與坐山交媾爲貪狼吉星，馬桶忌坐吉星位。

辰方瓦斯爐：與坐山交媾爲廉貞五鬼凶位。

巳方大門：與坐山交媾爲武曲吉位。

戌山室內佈置斷法說明

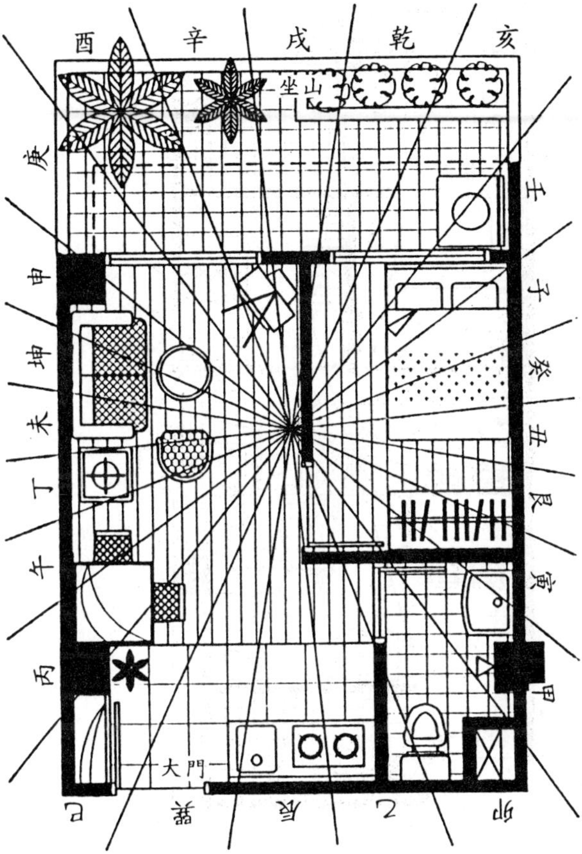

壬方床頭：與坐山交媾爲左輔吉位。

子方床頭：爲兩宮位主凶。

卯方馬桶：與坐山交媾爲巨門吉星，馬桶忌坐吉星位。

乙方瓦斯爐：與坐山交媾爲貪狼吉位。

辰方瓦斯爐：與坐山交媾爲廉貞五鬼凶位。

巽方大門：與坐山交媾爲祿存凶位。

戌山室內佈置斷法說明

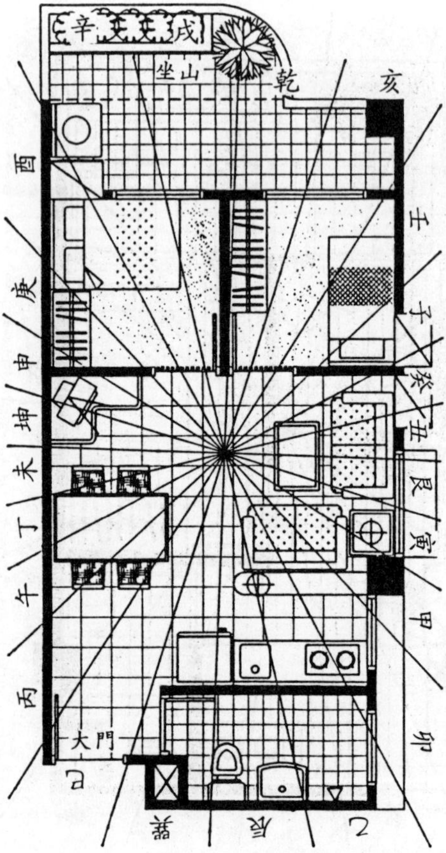

子方床頭：與坐山交媾爲廉貞五鬼凶位。

卯方瓦斯爐：與坐山交媾爲巨門吉位。

乙方瓦斯爐：與坐山交媾爲貪狼吉位。

辰方馬桶：與坐山交媾爲廉貞五鬼吉位。

巳方大門：與坐山交媾爲武曲吉位。

酉方床頭：與坐山交媾爲武曲吉位。

戌山室內佈置斷法說明

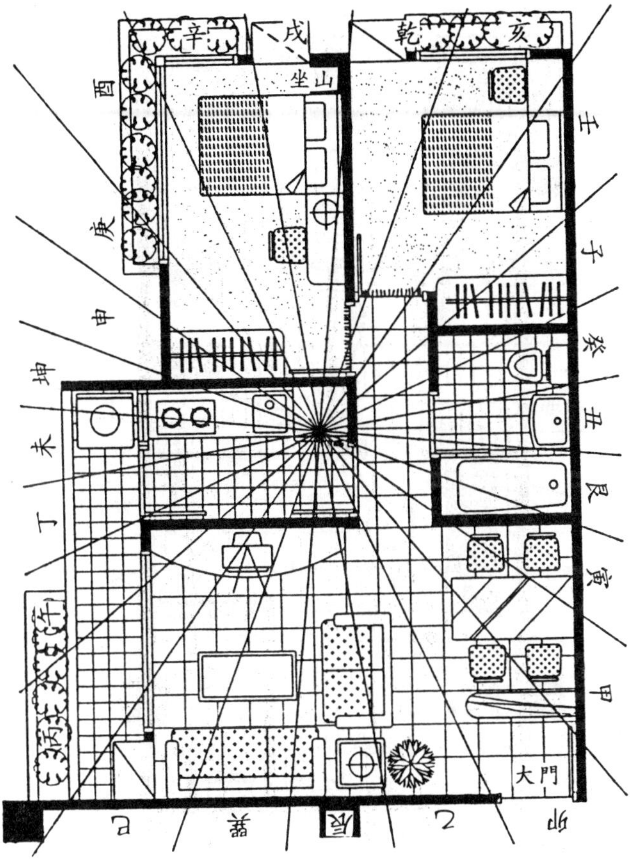

戌方床頭：爲本宮位主吉。

壬方床頭：與坐山交媾爲左輔吉位。

癸方馬桶：與坐山交媾爲廉貞五鬼吉位。

卯方大門：與坐山交媾爲巨門吉位。

坤方瓦斯爐：與坐山交媾爲貪狼吉位。

戌山室內佈置斷法說明

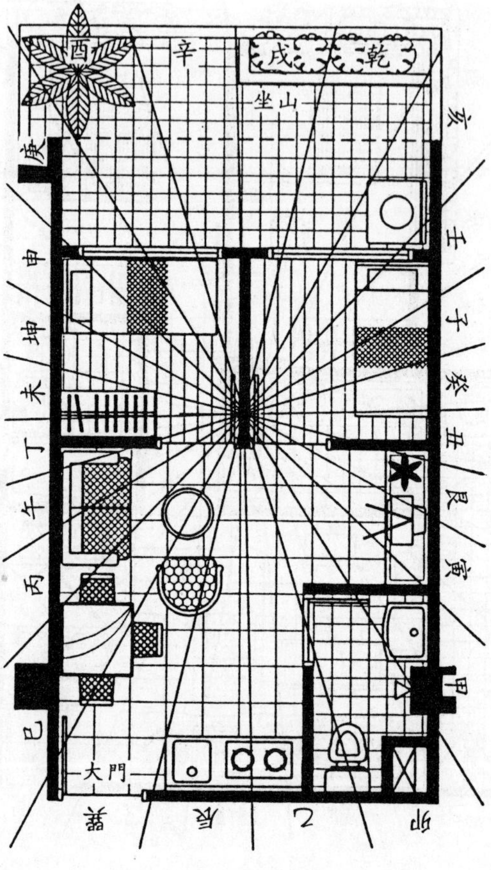

壬方床頭：與坐山交媾爲左輔吉位。

卯方馬桶：與坐山交媾爲巨門吉星，馬桶忌坐吉星位。

乙方瓦斯爐：與坐山交媾爲貪狼吉位。

辰方瓦斯爐：與坐山交媾爲廉貞五鬼凶位。

巽方大門：與坐山交媾爲祿存凶位。

申方床頭：與坐山交媾爲廉貞五鬼凶位。

乾山室內佈置吉凶位

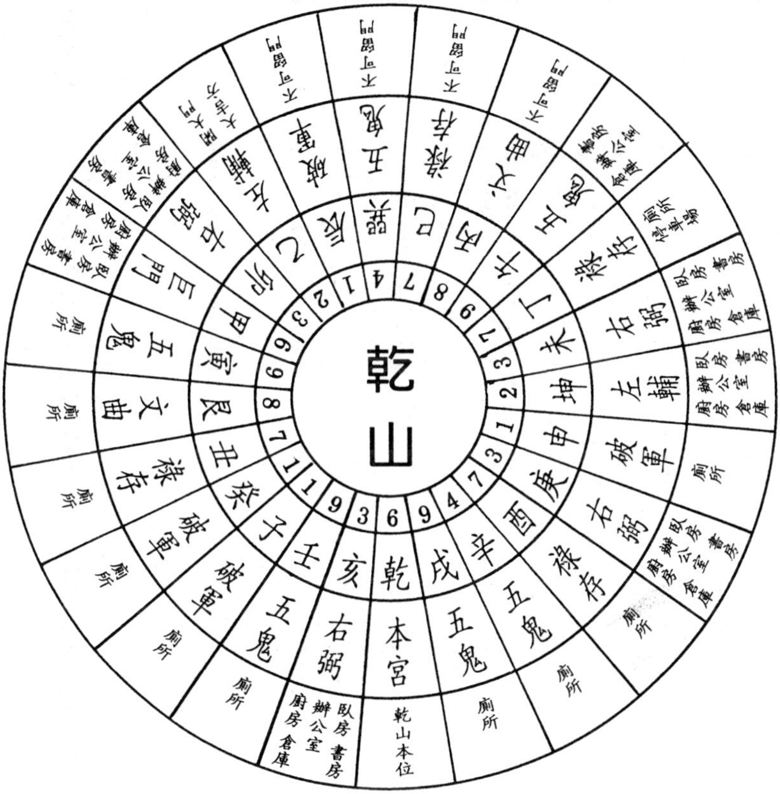

注意事項

乾山：神位、床頭、大門、櫃檯、書房、廚房、倉庫、辦公室等。喜坐方位：貪狼、巨門、武曲、左輔、右弼等吉星之位。忌置祿存、文曲、五鬼、破軍等凶星之位。

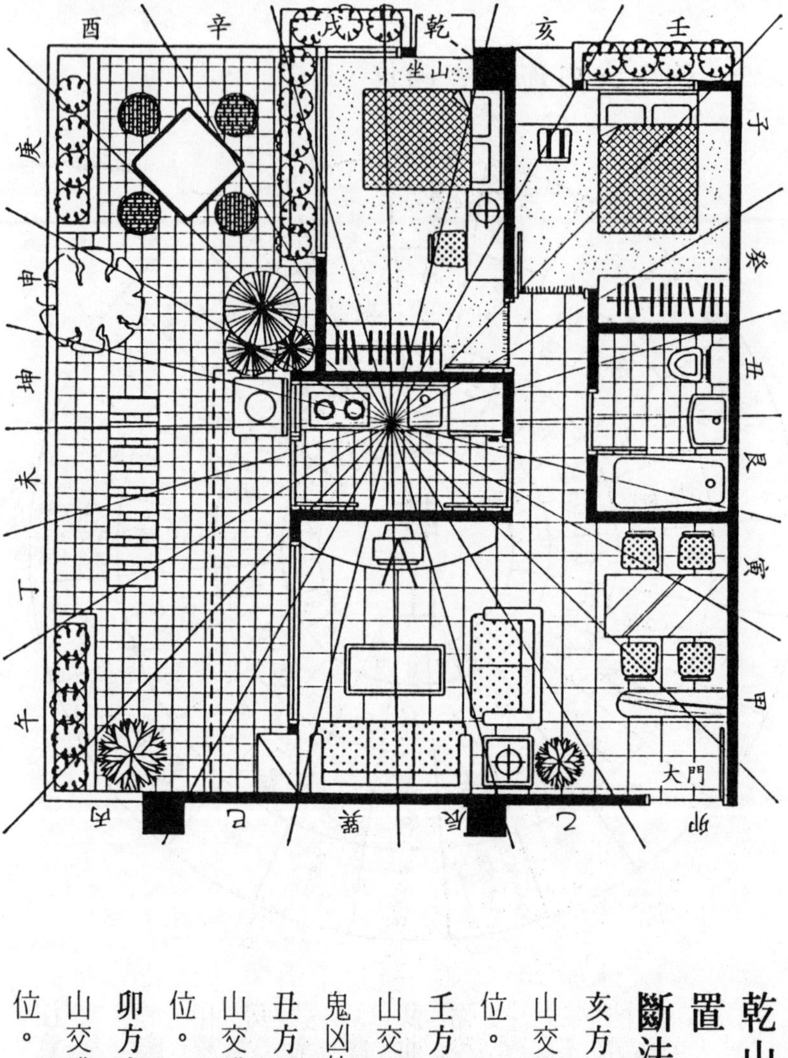

乾山室內佈置

斷法說明

亥方床頭：與坐山交媾爲右弼吉位。

壬方床頭：與坐山交媾爲廉貞五鬼凶位。

丑方馬桶：與坐山交媾爲祿存吉位。

卯方大門：與坐山交媾爲右弼吉位。

坤方瓦斯爐：與坐山交媾為左輔吉位。

申方瓦斯爐：與坐山交媾為破軍凶位。

乾山室內佈置斷法說明

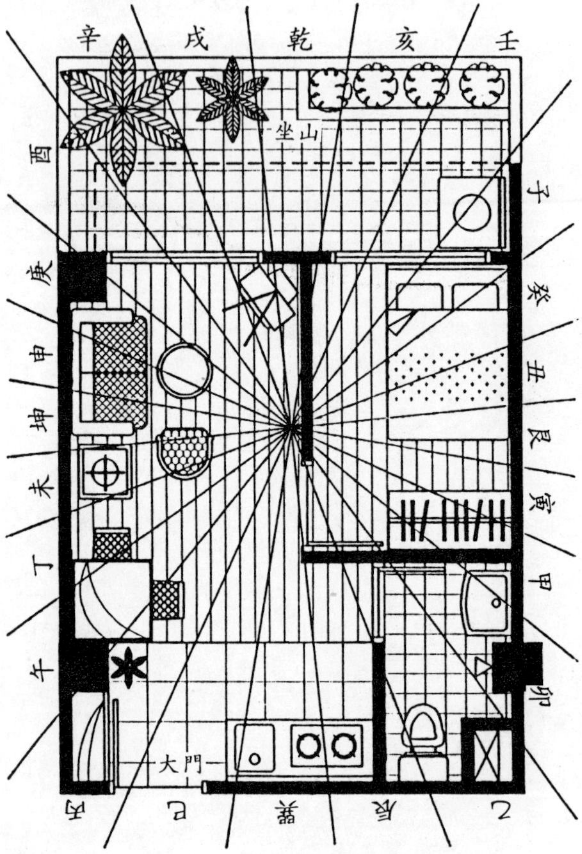

子方床頭：與坐山交媾爲破軍凶位。

癸方床頭：爲兩宮位主凶。

乙方馬桶：與坐山交媾爲左輔吉星，馬桶忌坐吉星位。

辰方瓦斯爐：與坐山交媾爲破軍凶位。

巽方瓦斯爐：與坐山交媾爲廉貞五鬼凶位。

巳方大門：與坐山交媾爲祿存凶位。

乾山室內佈置斷法說明

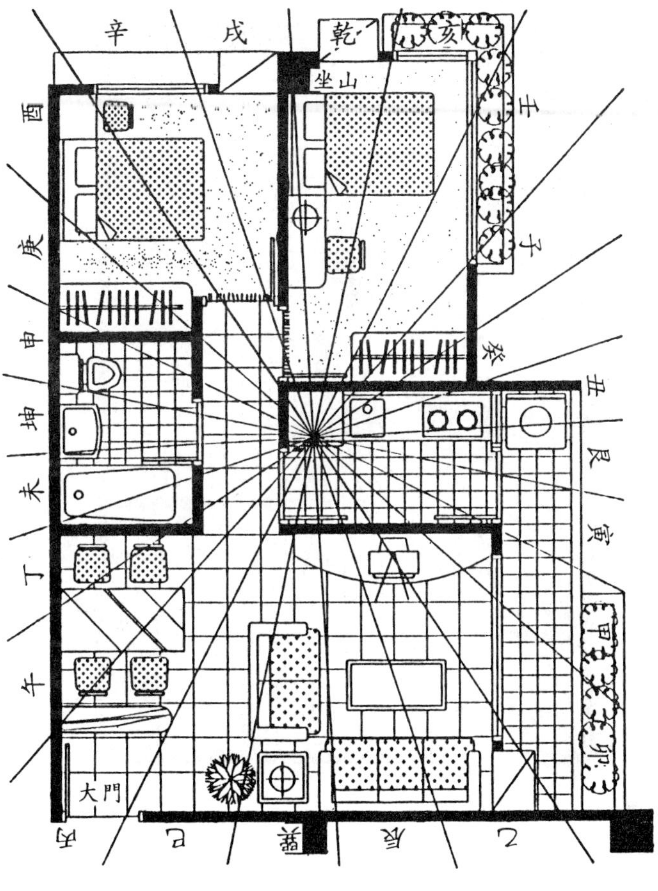

乾方床頭：爲本宮位主吉。

丑方瓦斯爐：與坐山交媾爲祿存凶位。

丙方大門：與坐山交媾爲文曲凶位。

申方馬桶：與坐山交媾爲破軍吉位。

酉方床頭：與坐山交媾爲交祿存凶位。

乾山室內佈置斷法說明

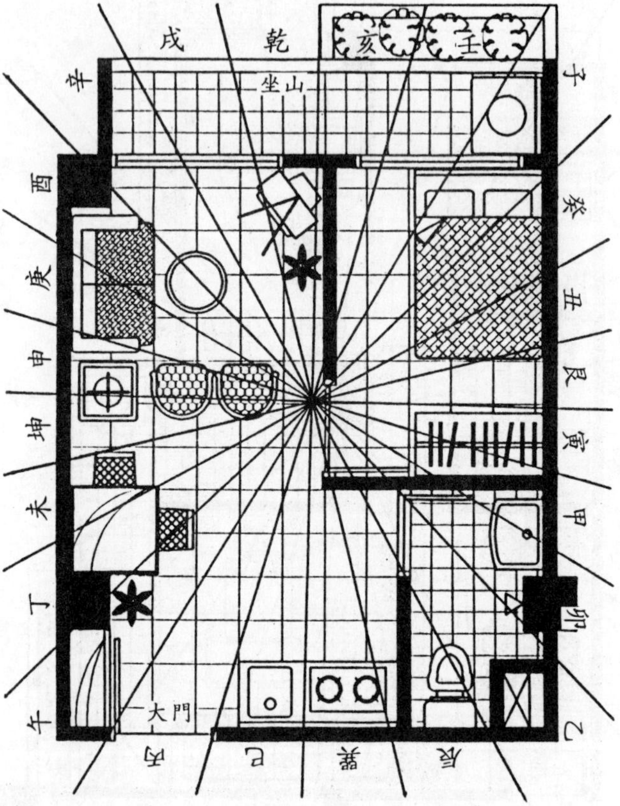

子方床頭：與坐山交媾爲破軍凶位。

癸方床頭：爲兩宮位主凶。

辰方馬桶：與坐山交媾爲破軍吉位。

巽方瓦斯爐：與坐山交媾爲廉貞五鬼凶位。

丙方大門：與坐山交媾爲文曲凶位。

乾山室內佈置斷法說明

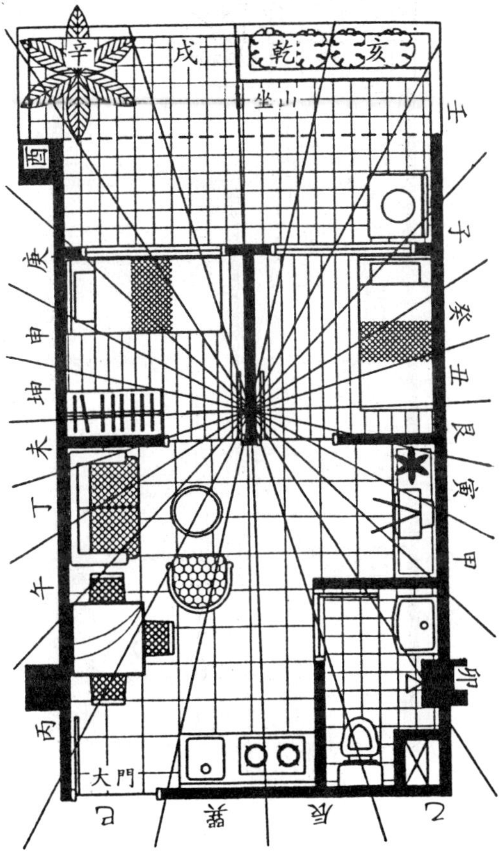

子方床頭：與坐山交媾爲破軍凶位。

乙方馬桶：與坐山交媾爲左輔吉星，馬桶忌坐吉星位。

辰方瓦斯爐：與坐山交媾爲破軍凶位。

巽方瓦斯爐：與坐山交媾爲廉貞五鬼凶位。

巳方大門：與坐山交媾爲祿存凶位。

庚方床頭：與坐山交媾爲右弼吉位。

乾山室內佈置斷法說明

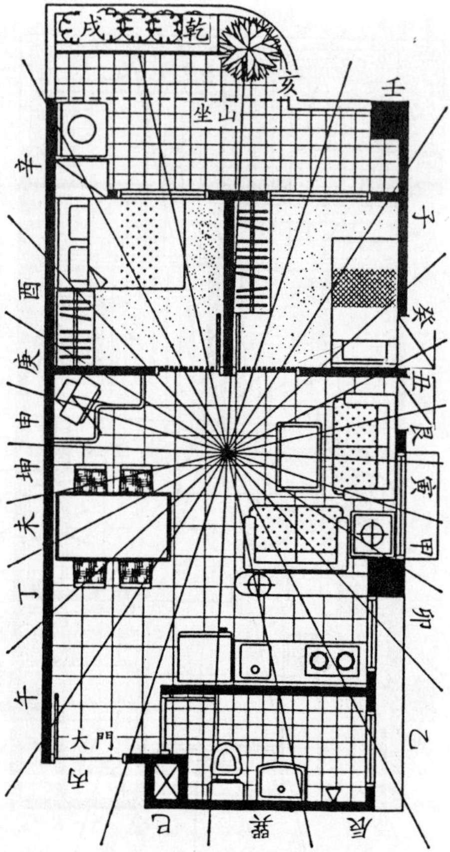

癸方床頭：與坐山交媾爲破軍凶位。

乙方瓦斯爐：與坐山交媾爲左輔吉位。

辰方瓦斯爐：與坐山交媾爲破軍凶位。

巽方馬桶：與坐山交媾爲廉貞五鬼吉位。

丙方大門：與坐山交媾爲文曲凶位。

辛方床頭：與坐山交媾爲廉貞五鬼凶位。

乾山室內佈置斷法說明

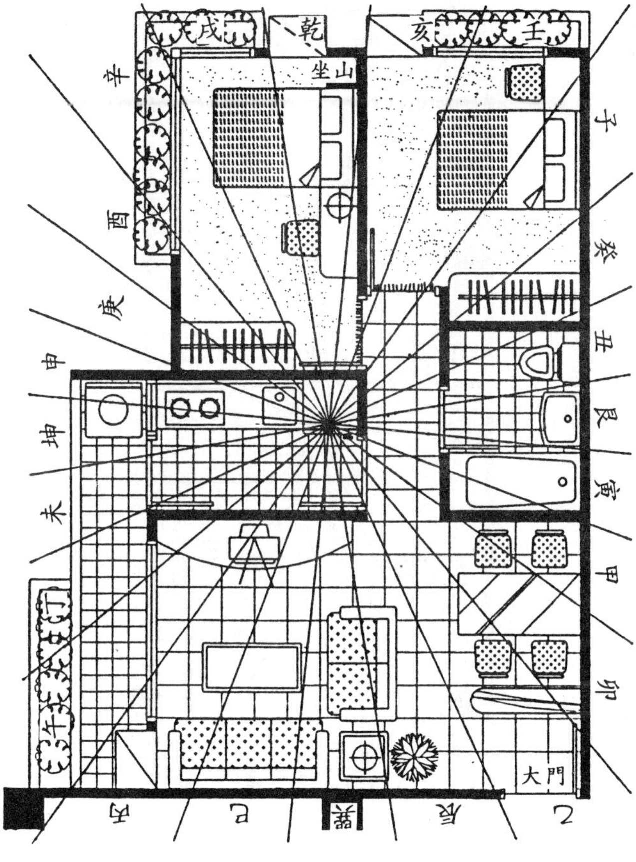

乾方床頭：爲本宮位主吉。

子方床頭：與坐山交媾爲破軍凶位。

丑方馬桶：與坐山交媾爲祿存吉位。

乙方大門：與坐山交媾爲左輔吉位。

申方瓦斯爐：與坐山交媾爲破軍凶位。

乾山室內佈置斷法說明

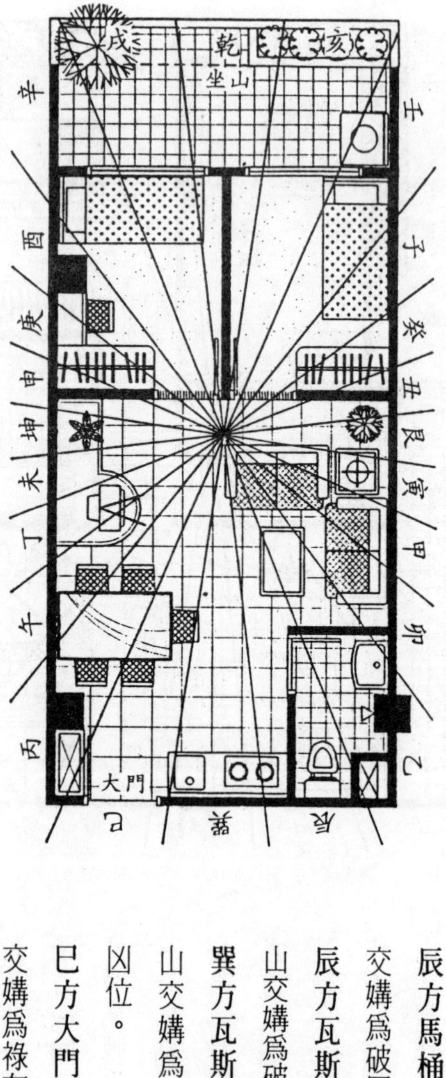

壬方床頭：與坐山交媾爲廉貞五鬼凶位。

辰方馬桶：與坐山交媾爲破軍吉位。

辰方瓦斯爐：與坐山交媾爲破軍凶位。

巽方瓦斯爐：與坐山交媾爲廉貞五鬼凶位。

巳方大門：與坐山交媾爲祿存凶位。

辛方床頭：與坐山交媾爲廉貞五鬼凶位。

亥山室內佈置吉凶位

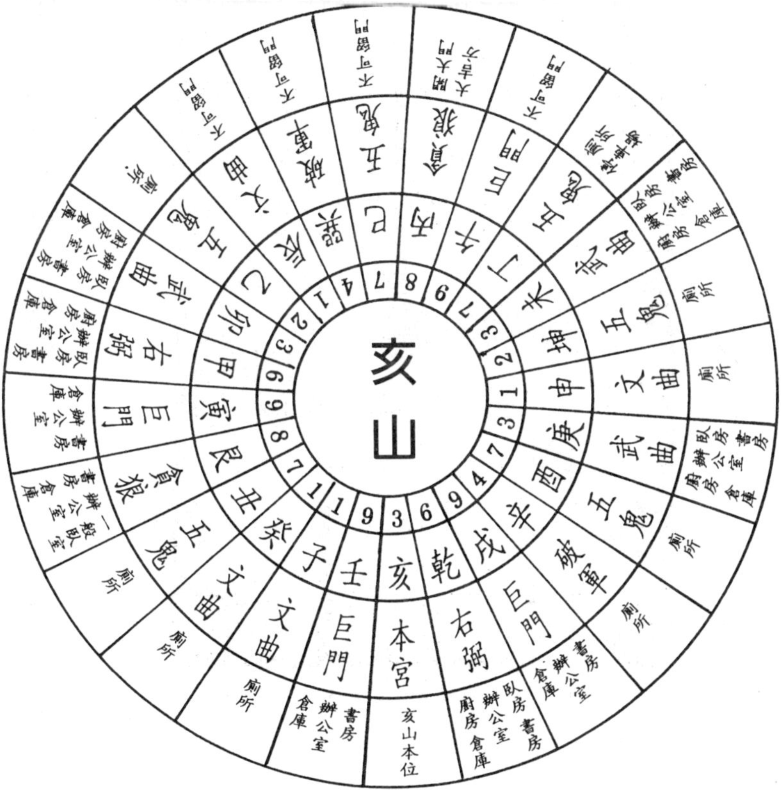

注意事項

亥山：神位、床頭、大門、櫃檯、書房、廚房、倉庫、辦公室等。喜坐方位：貪狼、巨門、武曲、左輔、右弼等吉星之位。忌置祿存、文曲、五鬼、破軍等凶星之位。

亥山室內佈置斷法說明

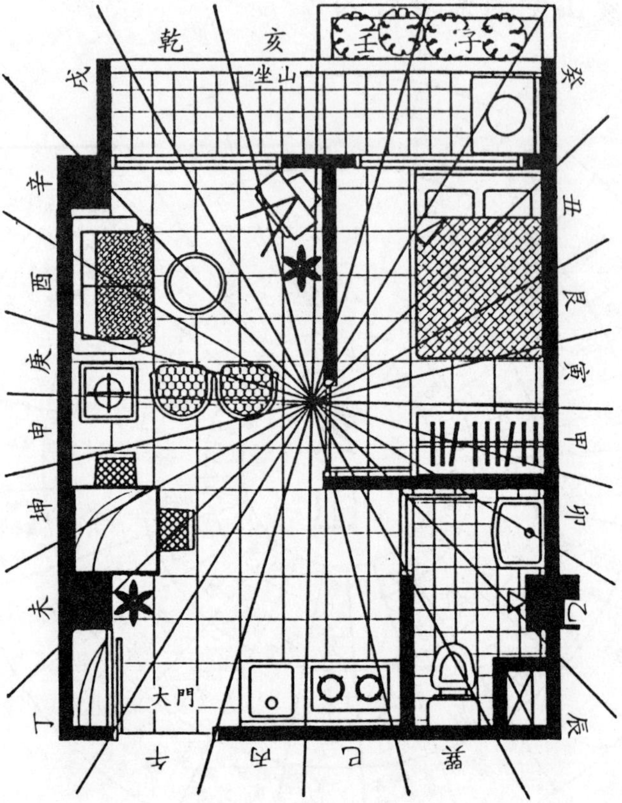

癸方床頭：與坐山交媾爲文曲凶位。

丑方床頭：爲兩宮位主凶。

巽方馬桶：與坐山交媾爲破軍吉位。

巳方瓦斯爐：與坐山交媾爲廉貞五鬼凶位。

午方大門：與坐山交媾爲巨門吉位。

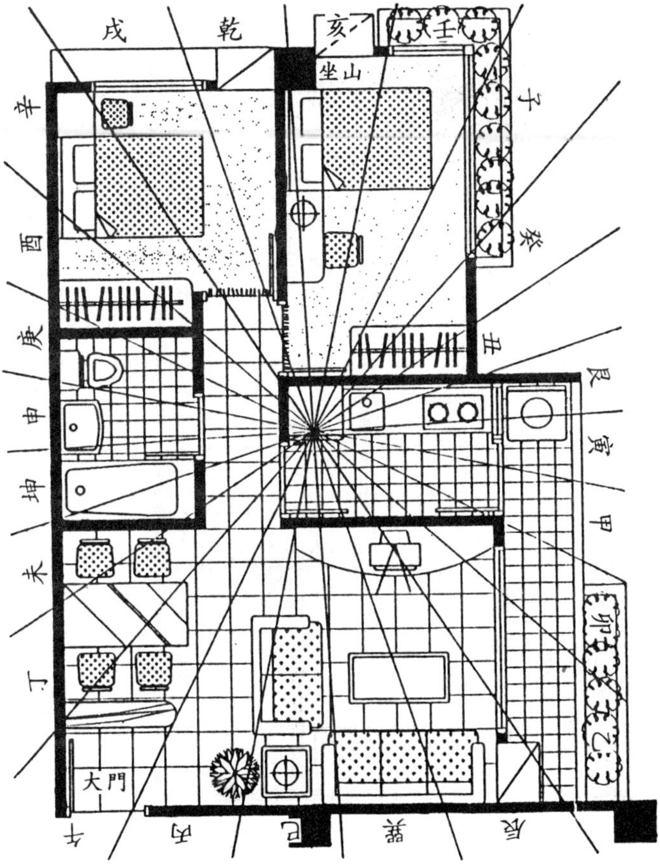

亥山室內佈置斷法說明

亥方床頭：爲本宮位主吉。

艮方瓦斯爐：與坐山交媾爲貪狼吉位。

午方大門：與坐山交媾爲巨門吉位。

庚方馬桶：與坐山交媾爲武曲吉星，馬桶忌坐吉星位。

辛方床頭：與坐山交媾爲破軍凶位。

亥山室內佈置斷法說明

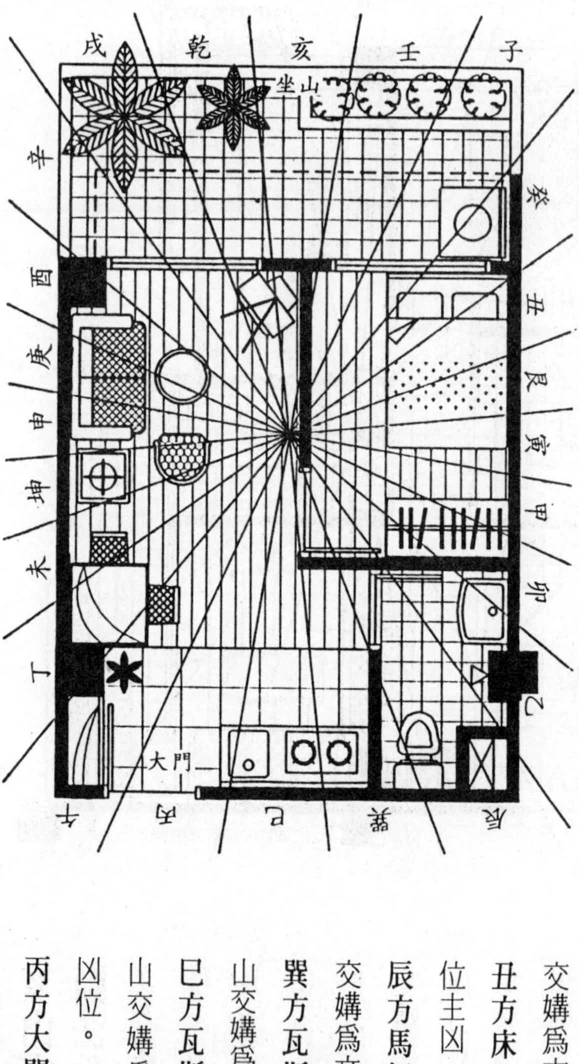

癸方床頭：與坐山交媾爲文曲凶位。

丑方床頭：爲兩宮位主凶。

辰方馬桶：與坐山交媾爲文曲吉位。

巽方瓦斯爐：與坐山交媾爲破軍凶位。

巳方瓦斯爐：與坐山交媾爲廉貞五鬼凶位。

丙方大門：與坐山交媾爲貪狼吉位。

亥山室內佈置斷法說明

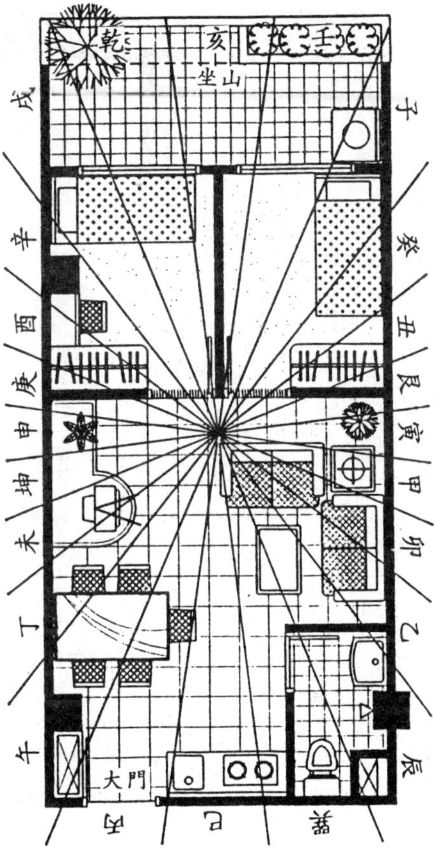

子方床頭：與坐山交媾爲文曲凶位。

巽方馬桶：與坐山交媾爲破軍吉位。

巽方瓦斯爐：與坐山交媾爲破軍凶位。

巳方瓦斯爐：與坐山交媾爲廉貞五鬼凶位。

丙方大門：與坐山交媾爲貪狼吉位。

戌方床頭：與坐山交媾爲巨門吉位。

亥山室內佈置斷法說明

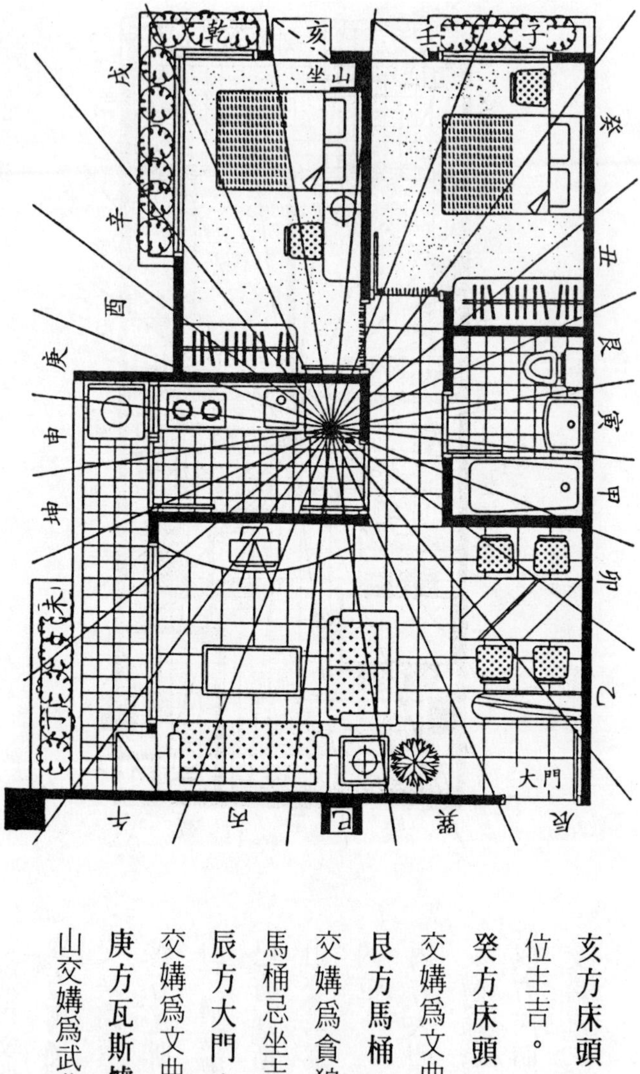

亥方床頭：爲本宮位主吉。

癸方床頭：與坐山交媾爲文曲凶位。

艮方馬桶：與坐山交媾爲貪狼吉星，馬桶忌坐吉星位。

辰方大門：與坐山交媾爲文曲凶位。

庚方瓦斯爐：與坐山交媾爲武曲吉位。

亥山室內佈置斷法說明

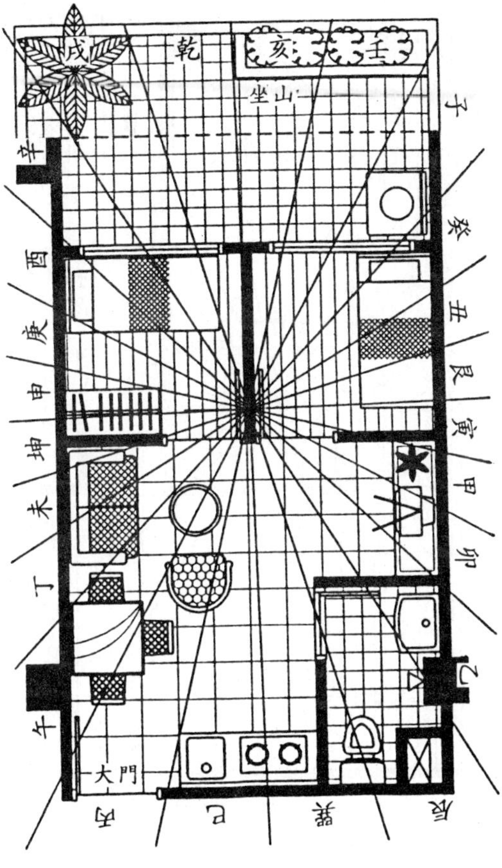

癸方床頭：與坐山交媾爲文曲凶位。

辰方馬桶：與坐山交媾爲文曲吉位。

巽方瓦斯爐：與坐山交媾爲破軍凶位。

巳方瓦斯爐：與坐山交媾爲廉貞五鬼凶位。

丙方大門：與坐山交媾爲貪狼吉位。

酉方床頭：與坐山交媾爲廉貞五鬼凶位。

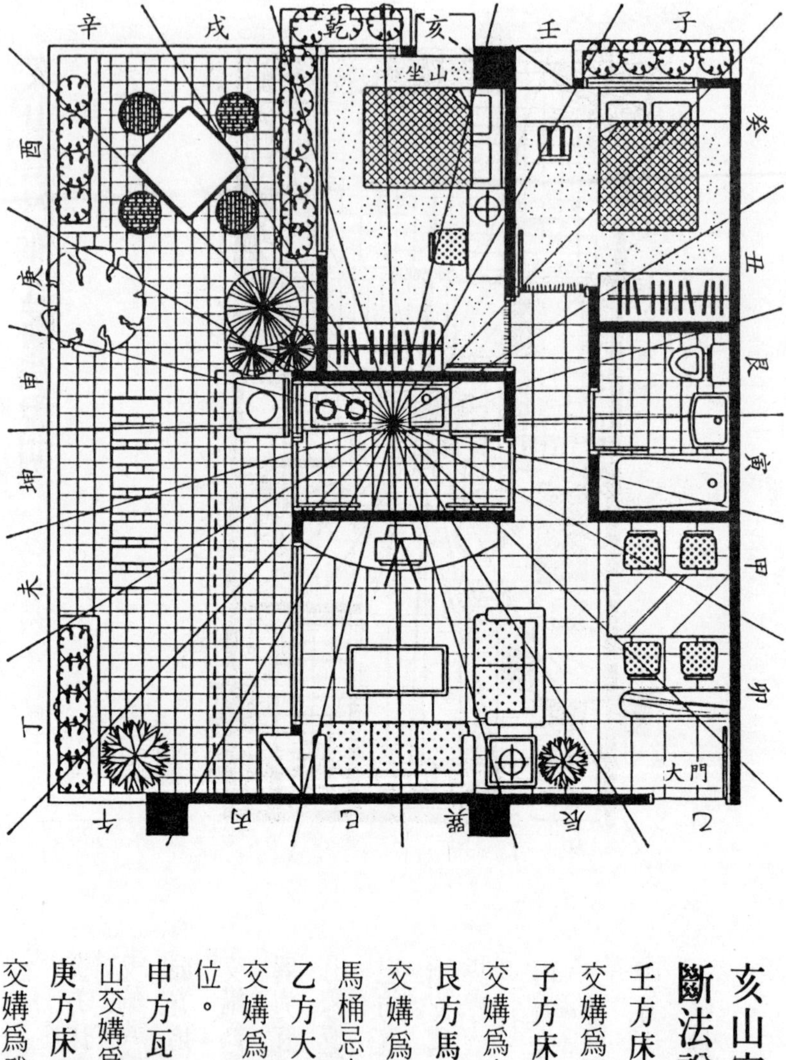

亥山室內佈置斷法說明

壬方床頭：與坐山交媾爲巨門吉位。

子方床頭：與坐山交媾爲文曲凶位。

艮方馬桶：與坐山交媾爲貪狼吉星，馬桶忌坐吉星位。

乙方大門：與坐山交媾爲廉貞五鬼凶位。

申方瓦斯爐：與坐山交媾爲文曲凶位。

庚方床頭：與坐山交媾爲武曲吉位。

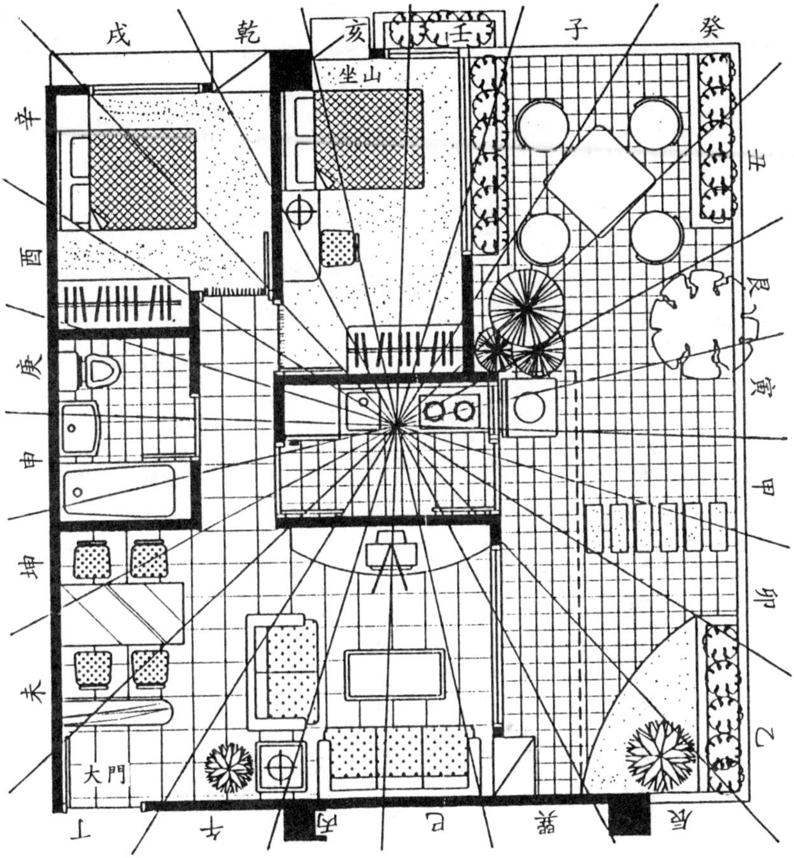

亥山室內佈置斷法說明

艮方瓦斯爐：與坐山交媾爲貪狼吉位。

寅方瓦斯爐：爲兩宮位主凶。

丁方大門：與坐山交媾爲廉貞五鬼凶位。

庚方馬桶：與坐山交媾爲武曲吉星，馬桶忌坐吉星位。

辛方床頭：與坐山交媾爲破軍凶位。

乾方床頭：與坐山交媾爲右弼吉位。

進源書局 圖書目錄

◎堪輿叢書

1001 玉髓真經／附赤霆經 (古本)……精裝 8 鉅冊6000元
1002 大三元廿四山六十四卦秘本全書 (陳建利著)……精裝600元
1003 大三元順子局・逆子局秘本全書 (陳建利著)……精裝500元
1004 正宗三合法廿四山至寶全書 (陳建利著)……精裝500元
1005 正宗九星法廿四山至寶全書 (陳建利著)……平裝上下冊800元
1007 地理統一全書 (古本)……精裝 4 鉅冊5000元
1008 三元九宮紫白陽宅入神秘旨全書 (陳建利著)……平裝500元
1010 現代家相入門 (虛明真人編撰)……平裝250元
1011 陽宅大全 (周繼著・李崇仰編集)……平裝350元
1012 風水二書形氣類則 (瀏陽歐陽純理菴氏著)……精裝600元
1013 地學形勢集 (倪化南保合氏輯)……精裝1200元
1014 地理捷徑秘斷 (張哲鳴)……精裝500元
1015 廿四山造葬祈福便訣 (林靖欽藏書)……平裝500元
1016 天學洞機 (林靖欽藏書)……平裝300元
1017 正宗三元法廿四山至寶全書 (陳建利著)……精裝500元
1018 正宗風水巒頭理氣至寶全書 (陳建利著)……精裝600元
1019 六十仙命廿四山安葬擇日入神秘旨全書 (陳建利著)……精裝500元
1020 陽宅佈局神位實例圖解 (姜健賢編著)……彩色平裝600元
1021 陽宅寶鑑與水晶靈力應用 (姜健賢編著)……彩色平裝750元
1022 陰宅墓相學與環境地質應用 (姜健賢編著)……彩色平裝600元
1023 地理名墓與斷訣 (姜健賢編著)……平裝450元
1024 陽宅紫府寶鑑 (劉文瀾著・金靈子校訂)……平裝250元
1025 三元三合簡易羅經圖解使用法 (天星居士)……平裝500元
1026 渾天星度與透地六十龍 (天星居士)……平裝400元
1027 陽宅與寶石 (姜健賢編著)……彩色平裝600元
1028 三元玄空註解 (姜健賢編著)……平裝400元
1029 剋擇講義註解 (繼成堂三房堂燕原著・天星居士註解)……平裝600元
1030 陽宅個案發微 (陳彥樺著)……平裝300元
1031 堪輿洩秘 (清・熊起磻原著)……平裝600元
1032 地理鐵案 (宋・司馬頭陀原著)……平裝350元

1033 天元五歌陽宅篇註解 (易齋・趙景義著)……………………平裝300元
1034 地理尋龍點穴法訣 (姜健賢編著)…………………………平裝250元
1035 陽宅公寓、店舖、街路圖實際斷法 (天星居士編著)……平裝700元

◎相卜叢書

2001 紫微占病斷訣實例 (沈平山著)………………………………平裝300元
2002 紫微斗數流年災禍總論 (沈平山著)…………………………平裝380元
2003 五行相法秘傳 (永靖大師・英真大師仝著)…………………平裝200元
2004 易經占卜術 (虛明真人編撰)…………………………………平裝200元
2005 四柱推命自習大全 (虛明真人編撰)…………………………平裝300元
2006 創意紫微命學講義 (吳佳錡著)………………………………平裝350元
2007 稀世真本鐵算盤 (劉伯溫著・金靈子編校…………………平裝300元
2008 八字學星宮之鑰 (劉金財著)…………………………………平裝300元
2009 初學卜卦 (鄭景峰著)…………………………………………平裝300元
2010 文王卦實例《第一集》(鄭景峰著)…………………………平裝350元
2011 文王卦實例《第二集(鄭景峰著)……………………………平裝350元
2012 突破傳統八字命學 (姜威國著)………………………………平裝350元
2013 燕山集 (清 ・石楷著)…………………………………………平裝400元

◎符咒叢書

3001 靈寶大法 (虛明真人編撰)……………………………………精裝400元
3002 神法秘術大全 (真德大師等仝著)……………………………精裝500元
3003 符咒秘法入門 (虛明真人編撰)………………………………平裝200元
3004 實用神符精通 (真德大師等仝著)……………………………精裝500元
3005 法師專用符法 (真德大師等仝著)……………………………精裝500元
3006 萬教符咒施法 (真德大師等仝著)……………………………精裝500元
3007 萬教符咒作法 (真德大師等仝著)……………………………精裝500元
3008 辰州符咒大全 (張天師真人秘傳)……………………………精裝600元
3009 辰州真本靈驗符咒全書 (余哲夫著)…………………………精裝500元
3010 符咒秘笈大全 (虛明真人編撰)………………………………平裝250元
3011 秘傳茅山符鑑 (永靖大師著)…………………………………精裝500元
3012 真傳鳳陽符笈 (永靖大師著)…………………………………精裝500元
3013 道法指印總解 (法玄山人編著)……………………彩色精裝1000元
3014 道壇符咒應用秘鑑 (法玄山人編著)…………………………精裝500元
3015 符咒應用妙法全書 (法玄山人編著)…………………………精裝500元

3016　萬教宮廟指印神訣 (永靖大師著)……………………彩色精裝1000元
3017　萬教宮壇符鑑 (永靖大師著)………………………………精裝500元
3018　閭山正宗科儀寶典 (法玄山人編著)………………彩色精裝1000元
3019　閭山正宗開光安神總解 (法玄山人編著)…………彩色精裝1000元
3020　道法指印真傳秘笈 (法玄山人編著)………………彩色精裝1500元
3021　閭山正法 (法玄山人編著)……………………………彩色平裝1000元

◎百科叢書

4001　中國神明百科寶典 (林進源著)……………精裝600元・平裝500元
4002　張三丰神秘奇書 (張三丰仙師著)……………………………平裝350元
4003　祈願必成第一奇書 (雲間金靈子編集)…………………平裝200元
4005　台灣民間信仰神明大圖鑑 (林進源著)…精裝1000元・平裝800元

◎特別推薦：

三合龍門八局陽宅盤 (壓克力製品)……………………大一片1,000元
………………………………………………………………………小一片350元
三元陽宅盤 (壓克力製品)…………………………………大一片1,000元
………………………………………………………………………小一片350元

※用途：陽宅設計圖 (平面圖)、佈局吉凶測量

國家圖書館出版品預行編目資料

陽宅公寓、店鋪、街路圖實際斷法／天星居士作.-- 初版.--臺北市：進源，1997〔民86〕
736面； 公分.--（堪輿叢書；1035）
ISBN 957-8938-39-X（平裝）

1. 相宅

294.1 86000020

◉堪輿叢書1035

陽宅公寓、店鋪、街路圖實際斷法

作 者／天星居士編著
出 版 者／進源書局
發 行 人／林 進 崑
社 址／台北市桂林路144號5樓
登 記 證／新聞局局版台業字第5783號
電 話／（02）304−2670・336−5280
傳 眞／（02）302−9249
門 市 部／台北市華西街觀光夜市A區16號
電 話／（02）304−0856
郵政劃撥／台北1218123−3林莊橙樺帳戶
電腦排版／齊格飛設計製作群
印 刷／興海印刷有限公司
地 址／板橋市田單街11〜6號
初版日期／一九九七年一月
定 價／平裝新台幣700元